言語와 腦

言語와 腦 - 生物言語學의 展望 -

초판1쇄 2011년 11월 15일
초판2쇄 2012년 8월 31일

지 은 이 김 진 우
펴 낸 이 김 진 수
꾸 민 이 이 지 은, 조 소 연
펴 낸 곳 **한국문화사**
등   록 1991년 11월 9일 제2-1276호
주   소 서울특별시 성동구 아차산로 3(성수동 1가) 502호
전   화 (02)464-7708 / 3409-4488
전   송 (02)499-0846
이 메 일 hkm7708@hanmail.net
홈페이지 www.hankookmunhwasa.co.kr

책값은 30,000원입니다.

잘못된 책은 바꾸어 드립니다.
이 책의 내용은 저작권법에 따라 보호받고 있습니다.

ISBN 978-89-5726-916-9 93700

이 도서의 국립중앙도서관 출판시도서목록(CIP)은
e-CIP 홈페이지(http://www.nl.go.kr/cip.php)에서
이용하실 수 있습니다. (CIP제어번호: CIP2011004857)

言語와 腦
— 生物言語學의 展望 —

金鎭宇 著

한국문화사

서문

일단 언어학을 언어의 실체를 과학적인 방법으로 구명하는 학문으로 정의하고 보자면, 21세기에 이르러 그것은 드디어 그것의 궁극적인 과제와 맞닥뜨리게 되었다고 볼 수가 있는데 언어능력의 생물학적 기저를 밝히는 일이 바로 그 과제이다. 그런데 이런 사실을 최근에 공언하고 나선 사람은 촘스키이다. 그는 예컨대 최근에 이르러 여기저기에서 언어학의 과제는 언어능력의 내재성이나 모듈성 등에 대한 생물학적인 근거를 찾는 일이기에 그것은 결국에 생물 언어학이어야 된다는 말을 거침없이 하고 있다.

생물 언어학은 쉽게 말해서 뇌와 언어의 관계를 연구하는 학문인데, 따지고 보자면 이것의 의의와 중요성을 제일 먼저 일깨운 사람은 다윈이었다. 그는 자기의 진화이론의 핵심사상이라 할 수 있는 선택적 적응의 개념 안에서 뇌의 발달에 힘입어서 일정한 지능이 생겨나게 된 다음에는 얼마 뒤에 가서 언어가 생겨나게 되었는데, 이 때부터는 어느 것이 어느 것을 이끌어 가고 있는지를 잘 모를 정도로 언어능력과 지능의 발달은 상호 불가분적으로 이루어졌다는 식의 설명을 하였다. 그러니까 그는 생물 언어학이 결국에는 진화론의 일부분일 수밖에 없다는 점을 이미 암시했던 것이다.

그런데 원래부터 촘스키는 언어능력에 관한 한 진화론은 절대로 맞는 이론으로 볼 수가 없다는, 일종의 반진화론자였다. 그는 인간 특유의 언어능력은 그의 일반적인 지능과 별 관계가 없는 사실로 미루어 보아서, 그것은 오랜 기간에 걸친 선택적 적응의 과정을 통해서가 아니라 비교적 가까운 과거에 일종의 초생물학적인 돌연변이에 의해서 생겨났다고 보아야한다고 주장한다. 따라서 그는 이번에 새삼 생물언어학의 출현의 필요성을 주장하고 나섬으로써 얼마 전에 언어의 기원의 문제를 놓고서 진화론에 던졌던 도전장을 다시 던진 셈이 된 것이다.

물론 그는 자기의 이번 선언이 진화론자들과의 싸움만을 노리고 있지 않다는 것을 익기 알고 있다. 놀랍게도 그는 언어는 뇌의 구조나 기능을 밝히는 데 있어서뿐만 아니라 인간의 정신기구의 실체를 밝히는 데 있어서도 유일한 창구의 역할을 할 수 있는 것이라고 생각한다. 바꾸어 말하자면 그는 지금의 발전수준으로 보았을 때 언어학이 마땅히 뇌과학이나 인지과학과 같은 첨단학문들을 앞에서 이끌어 갈 수 밖에 없다고 생각하는 것이다.

그런데 사실은 그의 이런 도전적인 선언이 있기 전부터 뇌과학자들은 실어증학이라는 이름으로 언어와 뇌의 관계에 대한 연구를 해왔다. 브로카에 의한 브로카 실어증의 발견을 그것의 시작으로 보자면 그것의 역사는 무려 150년이나 되었다고 볼 수가 있는데, 이 기간 동안에 그들은 적지 않은 연구업적을 거둘 수 있었다. 하지만 특기할 것은 촘스키의 언어이론이 출현하면서 그것의 영향을 다소간에 받게 되었다는 사실이다. 그러나 굳이 따지자면 그동안의 연구로 그들은 궁극적인 의미에서는 이것은 그들만의 책임 하에 스스로 해야 할 과제라는 사실이나, 아니면 뇌 구조의 복잡성이나 유연성 등으로 보아서 지극히 난삽하면서도 다분히 시간 소모적인 과제라는 사실 등을 확인할 수 있게 되었다.

이렇게 보자면 언어와 뇌의 관계에 대한 연구가 최첨단적인 과제라는 사실은 다 같이 인정하면서도 그것에 대한 입장만은 언어학자와 뇌 과학자, 진화론자 간에 일정한 차이를 드러내고 있는 것이 이 연구의 지금의 현황이라고 볼 수가 있다. 이 책은 이 연구의 이런 현황을 우선 소개하고, 그 다음으로 이것의 앞으로의 발전방향을 제시하는 것을 주된 목적으로 해서 쓰인 책이다. 특히 이 책에서는 이 연구가 결국에 가서는 언어학과 뇌과학, 진화론의 발전에 크게 기여하게 될 것이라는 검을 부각시키려고 했다.

끝으로 나는 이번에도 이렇게 전문적인 책의 출판을 서슴없이 승낙해 주신 데 대하여 김진수 사장님께 뜨거운 사의를 표하고자 한다. 이런 분의 깊은 뜻으로 인하여 우리나라의 언어학은 더 큰 발전을 이룩하게 되리라 믿는다.

2011년 7월 15일
저자

차례

■ 서문 ·· v

제1장 언어와 뇌의 관계에 대한 연구의 의의와 역사

1. 의의 ·· 1
   (1) Chomsky의 언어이론의 심판 ··· 6
   (2) 학문 발전에의 기여 ·· 10
2. 역사 ·· 15
   (1) 진화론적 과정 ·· 16
      1) Rizzolatti 등의 거울신경이론 ···································· 21
      2) Deacon의 상징지시설 ·· 22
      3) Enard의 언어유전자설 ··· 27
   (2) 뇌과학적 과정 ·· 31
      1) Broca의 브로카 영역설 ·· 35
      2) Penfield와 Roberts의 「언어와 두뇌기구」 ············· 39
      3) Lenneberg의 「언어의 생물학적 기저」 ················· 45
      4) Geschwind의 「반구적 지배설」 ······························· 52
   (3) 언어학적 과정 ·· 61
      1) Jakobson의 두 형태의 실어증설 ····························· 64
      2) Chomsky의 보편문법 이론 ·· 76
         가) 간접적인 기여 ·· 77
         나) 직접적인 기여 ·· 86
      3) Jackendoff의 개념적 구조설 ································· 106

            가) 문법관 ··· 110
            나) 언어진화 이론 ··· 124
        4) Pinker의 언어습득이론 ··· 130
            가) 「언어학습 가능성과 언어발달」 ···························· 132
            나) 「언어본능」 ··· 138
            다) 「빈 서판」 ··· 145

제2장 뇌과학자들의 두 가지 주요 연구과제

1. 언어기능의 측위화 ·· 152
    (1) 증거 ··· 154
    (2) 우반구의 기능 ·· 162
        1) Zaidel의 우반구의 어휘적 기능설 ···························· 168
        2) Benowitz 등의 우반구의 정서적 기능설 ·················· 171
        3) 잘 쓰는 손의 현상과의 관계 ···································· 178
2. 언어처리 체계 ··· 184
    (1) 결합주의적 모형 ··· 188
    (2) 3구조 모형 ··· 193
    (3) 문제점 ·· 205
        1) 언어의 구조나 기능과 관련된 것 ····························· 206
        2) 두뇌의 조직이나 작동절차와 관련된 것 ··················· 212

제3장 실어증 연구의 양면성

1. 언어와 뇌의 관계에 대한 연구를 주도해 온 연구 ············· 222
2. 현황 ·· 226

        (1) 분류법 ··· 226
        (2) 다섯 가지의 기본적 실어증 ······················ 233
            1) 브로카 실어증 ···································· 234
            2) 베르니케 실어증 ································ 242
            3) 전체적 실어증 ···································· 250
            4) 실독증 ··· 253
            5) 실서증 ··· 261
    3. 실어증 연구의 한계성 ·· 264
    4. 국부론과 전체론간의 논쟁 ·································· 273

제4장 뇌과학과 언어학의 이질성

    1. 제기된 문제점 ·· 286
    2. 뇌과학적 언어관 ·· 296
        (1) 언어의 조직성 ·· 297
        (2) 문자언어 ··· 299
        (3) 어휘중심성 ··· 301
        (4) 절차적 체계 ·· 303
        (5) 반언어학적 입장 ····································· 310
    3. 귀납적 연구방법 ·· 316
        (1) 「지각절차의 운동체계와의 연결성
             (Perceptual processing links to the motor system)」···· 318
        (2) 「언어처리의 병렬체계: 정상적인 두뇌에 있어서의
             반구적 상보성(Parallel systems for processing language:
             Hemispheric complementarity in the normal brain)」··· 324
    4. 뇌과학 주도의 연구 ·· 335

(1) 언어학 주도의 학풍 ·· 335
(2) 뇌과학 주도의 학풍 ·· 339

제5장 앞으로의 발전방향

1. **뇌과학 주도의 발전** ·· 348
   (1) 언어장애증에 대한 연구 ································· 350
   (2) 뇌 전체적인 연구방식 ····································· 362
      1) 감각운동 영역에 대한 연구 ························ 363
      2) 우반구에 대한 연구 ···································· 364
      3) 피질하의 부위에 대한 연구 ························ 371
   (3) 연구 주제의 다양화 ·· 376
      1) 새로운 언어관의 도입 ································ 378
      2) 새로운 인지관의 도입 ································ 385

2. **언어학의 기여** ·· 391
   (1) 화용론 ·· 393
   (2) 의미론 ·· 399
   (3) 인지언어학 ·· 403

3. **심리학의 기여** ·· 408
   (1) 심리언어학적 언어처리 모형 ························· 409
   (2) 기억작용 ··· 417
   (3) 인지작용 ··· 422

4. **신경학의 기여** ·· 428
   (1) 신경체계의 두 가지 특징 ······························· 428
      1) 복잡성 ··· 428
      2) 유연성 ··· 432
   (2) 연결주의 이론 ·· 436

1) 반변형주의적 이론 ···································· 436
  2) 두 가지 학습의 실례 ································ 440
  3) 반증적 연구 ·· 444
 5. 진화론의 기여 ·· 453
  (1) 언어 장애증 중심의 연구의 문제성 ············· 455
  1) FOXP2 유전자에 대한 논쟁 ···················· 455
  2) 난독증 유전자에 대한 논쟁 ···················· 461
  (2) 인지력 기반의 진화이론 ····························· 464

■ 참고문헌 ·· 469

제1장
언어와 뇌의 관계에 대한 연구의 의의와 역사

1. 의의

우리 인간이 가지고 있는 종 특이적인 능력은 사고력과 언어력인데 이 두 능력의 「집」에 해당하는 곳이 바로 뇌이다. 그런데 흥미롭게도 우리의 사고력과 언어력은 한 동전의 앞면과 뒷면처럼 서로 붙어 있다. 그러니까 여기에서 일단 우리는 우리가 우리일 수 있는 것은 결국 우리에게는 이렇게 유능한 뇌가 있기 때문인 이상, 이것의 실체를 밝히는 일이야말로 우리의 모든 학문적 노력의 귀결점이 될 수밖에 없다는 어떻게 보면 너무나 상식적인 것 같으면서도 또 다르게 보면 고도로 학술적인 결론에 도달할 수가 있다.

흔히들 우리는 우리의 학문적 수준은 근대이후의 자연과학의 눈부신 발달에 힘입어 그전까지는 감히 상상도 할 수 없을 만큼 높아졌다고 말한다. 예컨대 이제 우리는 달에도 갈 수 있게 되었고, 게놈의 구조체도 알게 되었다. 그러나 뇌의 구조와 기능을 정확히 파악하는 일은 간단히 말해서 여전히 난제중의 난제로 남아있다. 물론 1861년에 Broca가 「브로카 영역」

을 발견한 이래 뇌과학이 엄청나게 발달했다는 것을 인정하지 않으려는 것은 아니다. 더 구체적으로 말해서 1990년경에는 이미 여러 첨단학문들의 집중적인 학제적 연구 덕분에 미국의 의회에서 1990년대는 '두뇌의 연대'로 알려지게 될 것이라고 선언할 수 있을 만큼 두뇌의 비밀이 많이 알려지게 되었다는 사실을 인정하지 않으려는 것은 아니다.

그러나 그동안의 많은 과학자들의 유별난 노력에도 불구하고 우리 인간의 뇌는 아직도 도전의 대상으로 그대로 남아있지 정복되지는 못했다. 철학적으로 말하자면 뇌에 관한 모든 것이 밝혀진다는 것은 곧 우리 인간에 관한 모든 것이 밝혀진다는 것과 같은 것이기에 뇌는 영원한 탐구의 대상으로 남아있게 마련인지도 모른다. 예컨대 오늘날 뇌의 기본적인 구조는 이미 다 밝혀진 것이나 다름이 없다. 그렇지만 아직도 피질에 있는 신경세포의 수가 얼마나 되는지에 대해서는 뇌 전체에 들어있는 총1,000억개의 ¼인 250억개설도 있고 그것의 ½인 500억개설도 있다. 또한 오늘날 뇌과학자 치고서 말을 하거나 알아듣는 일은 좌반구에 있는 브로카 영역과 베르니케 영역에서 주로 이루어지고 있다는 것을 모르는 사람이 없다. 그렇지만 이들 영역 이외에 다른 어떤 조직이나 영역이 이 일에 어떻게 참여하게 되는지는 아직도 잘 모른다. 한마디로 표현해서 지금도 과학자들에게 우리의 뇌는 그들로 하여금 그들의 연구능력의 한계를 느끼게 하는 경탄의 존재일 뿐인 것이다.

과학자들에게는 원래가 한없는 도전과 개척의 정신이 있는 탓으로, 뇌에 대한 연구의 미진함과 어려움이 더 구체적으로 알려지면 알려질수록 그들은 연구의 열을 더 가열시키면 시켰지 그것을 줄이는 일은 절대로 없을 것이라는 것은 조금도 의심할 여지가 없다. 그런데 최근에 와서 그들은 그동안에 자기네들이 해오던 것과는 전혀 다른 연구방식을 받아들여야할지를 결정지어야할 새로운 전기를 맞이하게 되었다. Chomsky와 그의 학파가 내세우는 생물언어학적 연구방식이 바로 그것이다. 이것은 지금의 시대정신에 맞게 생물이라는 한정사가 앞에 붙어있을 뿐이지 사실은 순수한 언어학적 연구방식이다.

물론 크게 보았을 때는 어차피 뇌과학과 같이 우리의 모든 학문적 능력이 총동원되어야만 하는 학문은 일종의 학제적 학문의 모습을 띨 수밖에 없고, 또한 일단 연구의 주제를 언어와 뇌의 관계를 구명하는 것으로 잡는 한은 언어학이 이 연구에 참여하게 되는 것이 너무나 당연한 일이라고 볼 수도 있다. 그러나 문제는 언어학의 참여방식에 따라서 연구의 패러다임이 완전히 바뀔 수도 있다는 데 있다. 더 구체적으로는 편의상 종전까지의 뇌에 관한 연구의 패러다임을 생물학적 패러다임으로 치자면 이제는 언어학의 참여로 그것이 언어학적 패러다임으로 대치될 수도 있다는 데 문제의 심각성이 있는 것이다.

대부분의 뇌과학자들은 틀림없이 이런 견해는 Chomsky 학파의 한낱 일방적인 생각일 뿐이라고 주장할 것이다. 아마도 그들은 언어학의 참여로 그렇게 되기보다는 오히려 종전까지의 생물학적 패러다임이 더 강화될 가능성이 크다고 거꾸로 주장할지도 모른다. 이런 주장의 근거로 그들은 아마도 첫 번째로 유사한 성격의 학제적 학문인 인지과학은 그 동안에 뚜렷한 주도 학문 없이 발전되어온 데 반하여, 뇌과학은 확실하게 생리학이 같이 참여한 생물학과 신경학, 화학, 심리학 정신의학, 컴퓨터공학, 철학 등의 중심부에 선 상태에서 발전되어 왔다는 사실을 내세울 것이다. 그러니까 언어학의 참여는 참여 학문의 수가 하나 더 늘게 된다는 것 이상의 의미는 없다는 것이 그들의 생각인 것이다.

그들은 아마도 두 번째 근거로 그동안의 생물학적 패러다임 안에서도 언어와 뇌의 관계에 대한 연구는 전체연구의 주부가 될 수 있을 만큼 많이 이루어져 왔다는 사실을 내세울 것이다. 이 점을 뒷받침할 수 있는 구체적인 사실로서 그들은 틀림없이 일부에서는 이제는 마땅히 실어증학을 따로 독립시켜야한다고 주장하고 나설 만큼 실어증에 관한 연구가 그 동안 내내 집중적으로 이루어져왔다는 것과, 「뇌와 언어(Brain and Language)」라는 전문학술지를 별도로 간행하게 될 만큼 언어와 뇌의 관계에 대한 연구는 이미 뇌과학 내의 하나의 특수 영역으로 자리를 잡게 되었다는 것 등을 내세울 것이다.

그러나 Chomsky 학파의 입장에서 보면 지금까지의 연구결과가 잘 말해 주고 있듯이 새 패러다임의 도입과 같은 대전환이 없는 한 생물학이나 생리학 주도의 전통적인 언어와 뇌의 관계에 대한 연구는 앞으로도 다분히 암중모색적이고 비능률적인 연구로 남아 있을 수밖에 없었다. 이들이 보기에는 우선 뇌에 대한 지식이 언어와 뇌의 관계에 대한 연구의 기본이 되어야 한다는 발상법 자체가 잘못된 것 일 수가 있었다. 왜냐하면 지금으로서는 누구도 가까운 장래에 우리가 뇌의 조직이나 기능에 대해서 만족할만한 지식을 얻을 수 있을 것이라고 장담할 수 없기 때문이다.

그 다음으로 이들이 보기에는 이 연구가 효율적인 것이 될 수 있으려면 적어도 부분에 대한 연구와 전체에 대한 연구 사이나, 아니면 하향적인 연구방법과 상향적인 연구방법 사이에 일정한 균형이 잡혀있어야 하는데 그렇지를 못했다. 간단히 말해서 지금까지는 대부분 사람들이 주로 실험이나 관찰과 같은 상향적인 방법에 의해서 말소리를 알아듣거나 생성해 내는 절차를 밝히는 일에 전념해 왔다. 그나마도 많은 연구는 실어증과 관련된 것이지 정상적인 언어사용과 관련된 것은 아니었다.

Chomsky학파가 보기에는 따라서 지금이야말로 언어와 뇌의 관계에 대한 연구가 새 패러다임의 도입과 같은 대전환을 필요로 하는 시기인데 지금으로서는 그런 패러다임은 자기네가 생각하는 언어학적인 것밖에 없었다. 이치상 새 패러다임은 옛것과 정반대적인 입장에서 만들어진 것이어야 하는데, 이들이 내세우는 패러다임은 바로 전통적인 것의 정반대적인 입장에서 만들어진 것이었다. 이들이 제안하는 패러다임에 따르자면 무엇보다도 먼저 이 연구는 뇌에 대한 지식을 기본으로 하는 이른바 뇌와 언어의 관계에 관한 것으로부터 언어에 대한 지식을 기본으로 하는 언어와 뇌의 관계에 관한 것으로 바뀌게 되는 것이었다.

이런 양자관계상의 변화는 당연히 연구방법상의 변화도 가져오게 마련이었다. 예컨대 종전까지 이 연구에서 쓰인 연구방법은 다분히 귀납적인 것이었는데, 이제부터는 그것이 연역적인 성격을 많이 띠게 된 것이다. 또한 종전까지는 이 연구가 뇌의 조직이나 기능에 관해서 전체적인 사실을 밝히는 쪽보다는 오히려 그것의 부분적인 사실을 구명하는 쪽에 전념했지만, 이제부터는 그것이 전체적인 것에 대한 연구를 부분적인 것에 대한 것에 우선시키는 식으로 연구방법을 바꾸게 된 것이다. 쉽게 말해서 이제부터는 이 연구의 연구풍토가 상향적인 것에서 하향적인 것으로 바뀌게 된 것이다.

양자관계상의 이런 변화는 더 나아가서 연구 주제상의 변화도 가져오게 마련이었는데, 어떤 의미에서는 이 변화가 연구방법상의 그것보다 더 중요한 변화이었다. 간단히 말해서 이제부터는 그전까지는 으레 이 연구의 최후단계의 것으로 남겨 두어야했던 과제들을 막바로 다루게 되었는데, 그중 가장 대표적인 것이 바로 언어를 구성하는 구조체에는 어떤 것들이 있으며, 그중에는 과연 핵심적인 것이 있는가, 각 구조체마다에 전담 영역이 따로 있는가, 각 구조체는 저마다 자율적이고 독립적으로 움직이는가, 말을 할 때 뇌에서 작동되는 절차는 말을 들을 때의 그것과 어떻게 다른가, 말을 하거나 들을 때는 뇌 전체가 움직이는가 아니면 몇몇의 전담 영역만이 움직이는가 등이다.

물론 이제부터 이 분야에서 논의될 수 있는 주제 가운데는 왜 언어는 인간특유의 것으로 볼 수 있느냐, 언어적 능력이나 지식은 선천적으로 내재된 것이냐 아니면 후천적으로 학습된 것이냐, 언어의 진화와 뇌의 진화는 서로 어떤 관계 속에서 이루어졌느냐, 정신과 육체는 상호 별개의 것이라는 Descartes의 이원론은 맞는 이론인가 아니면 틀린 이론인가와 같이 훨씬 더 근원적이고 철학적인 것들도 들어갈 수가 있다. 결국 이렇게 되면 이 연구야말로 뇌과학은 인간의 본성에 관한 모든 것을 연구하게 되는 학문이기에 당연히 우리의 인지작용의 실체를 밝히는 것을 목표로 하는 인지과학보다는 한 차원 높은 학문이 될 수밖에 없다는 것을 가장 극명하게 드러내주는 연구 분야라는 사실이 분명해진다.

(1) Chomsky의 언어이론의 심판

이렇게 보면 앞으로 언어와 뇌의 관계에 대한 연구가 하게 될 일에는 크게 단기적인 것과 장기적인 것의 두 가지가 있다고 볼 수가 있다. 이 연구가 우선 단기적으로 하게 될 기능은 일반적으로 보편문법의 이론이라고 불리는 Chomsky의 언어이론을 심판하는 일이다. 이 일에 관한 한 무엇보다도 중요한 사실은 사태가 이렇게 되도록 한 장본인은 Chomsky 자신이라는 것과, 이것의 결과는 궁극적으로는 언어학뿐만 아니라 학문 전체의 학풍을 바꿀 수도 있다는 것이다. 한 마디로 말해서 흥미롭게도 이 연구는 바로 Chomsky가 「최후의 결승전」을 벌여야 할 싸움터가 될 것이다.

이 일에 관한 한 어떤 의미에서는 이런 사실보다 더 중요하다고 볼 수도 있는 것은 Chomsky자신은 이미 「개선장군」의 기개를 보이고 있다는 사실이다. 편의상 일단 이 연구를 언어학자와 생물학자간의 싸움의 장으로 보면 그의 태도는 실제로 싸워보지도 않고 한쪽에서 승리를 미리 선언한 셈이나 마찬가지이니까, 이것은 분명히 정당하고 바람직한 사태는 아니다. 그러나 현실은 어디까지나 현실이어서 생물학자들의 입장에서 보자면 이 싸움은 일종의 방어전의 형태로서 시작이 된 것이나 다름이 없다.

Chomsky의 이런 생물학에 대한 도전은 두 말할 필요도 없이 좋게 보자면 자기의 언어이론에 대한 자신감에서 나온 것이고, 나쁘게 보자면 생물학의 실력에 대한 낮은 평가에서 나온 것인데, 따지고 보자면 이것은 그의 두 번째 도전에 해당된다. 그의 첫 번째 도전은 심리학에 대한 것이었다. 그는 1960년대에 변형문법이론을 내세울 당시부터 자기가 목표로 하는 것은 어린이들의 몸 안에 내재되어있는 보편문법의 실체를 찾는 일이라고 주장함으로써, 자기자신을 하나의 언어학자라기보다는 하나의 심리학자로 자처하고 나섰다.

그의 야망찬 선언은 그런데 머지않아서 이른바 학계 전반에 「Chomsky의 혁명」을 불러 일으켰고, 이것은 때로는 「인지적 혁명」이라는 이름으로 불리기도 했다. 그의 언어이론은 크게 세 주장으로 그전까지 경험주의적 행동주의 이론이 지배하던 심리학의 세계를 송두리째 뒤집어 놓게 되었다. 첫 번째로 그는 우리의 몸 안에는 보편문법이라는 언어적 지식이 선험적으로 내재되어 있으며, 따라서 어린이가 말을 배운다는 것은 후천적인 경험이나 학습에 의해서 어른의 언어적 지식을 공유하게 된다는 말로 해석되는 것이 아니라, 공통적인 보편문법이 개별적인 개별문법으로 바뀌게 된다는 말, 즉 일정한 언어자료가 근거가 되어서 보편문법의 매개변항의 수치가 정해지게 된다는 말로 해석되어야 한다고 주장하였다.

두 번째로 그는 우리의 언어적 능력이나 지식은 우리의 일반적인 인지적 능력이나 지식과는 완전히 별개의 것인데 그것은 크게 음운적인 것을 비롯하여, 어휘적인 것, 통사적인 것, 화용적인 것 등으로 나뉘어져 있으므로, 결국 언어적 기구란 저마다 독립적이며 자율적으로 움직이는 몇 개의 하위기구, 즉 「모듈」들의 집합체로 볼 수 있다고 주장했다. 세 번째로 그는 문장이 생성되는 절차는 여러 가지 문법적 규칙들을 정교하게 조작하는 일련의 연산적 절차로서 이들은 크게 심층구조에서 기본문을 만들어내는 구구조 규칙과 그것을 변형시켜서 표층구조의 변형문을 만들어내는 변형규칙으로 나뉠 수 있다고 주장했다.

그의 학문적 야망은 그러나 1980년대에 이르자 드디어 생물학의 세계로까지 뻗치게 되었다. 그동안에 그의 문법모형만 나름대로 적지 않게 달라진 것이 아니라 그의 언어이론의 영향권도 넓어지게 된 것인데, 이런 변화의 원동력에 해당하는 것이 바로 그의 기존의 학문적 패러다임에 대한 가차 없는 공격이었다. 따지고 보자면 그는 자기의 언어이론을 처음으로 내놓을 때라고 해서 그것의 정당성을 궁극적으로 보증 받을 수 있는 곳은 결국 심리학이 아니라 생물학이라는 사실을 모르고 있었던 것은 아니다. 예컨대 1960년대에 이미 그는 그 무렵에 나온 Lenneberg의 논문이나 책에 대해서 깊은 관심을 보였다. 다만 그는 자기가 드디어 최선의 문법모형을 찾게 되었다고 생각하는 시기까지에는 생물학적 문제에는 손을 대지 않는 것이 현명하다고 생각한 것인데, 그 시기가 바로 1980년대 이후가 된 것이다.

우리는 크게 아래와 같은 두 가지 사실에 의해서 그가 1980년대 이후에 이르러 언어학을 더 이상 심리학의 일부로 보지 않고서 생물학의 일부로 보기 시작했다는 것을 익히 알 수가 있다. 첫 번째로 그는 이때에 이르러 언어의 기원이나 진화의 문제를 정식으로 언어학적 토의의 과제로 삼기 시작했다. 그런데 문제는 그의 의견이나 주장이 적어도 Darwin의 진화론을 거부하거나 그것의 수정을 요구하고 나설 만큼 도전적이고 독창적이라는 데 있었다. 그는 예컨대 아주 단언적으로 언어는 오랜 기간에 걸친 자연적 선택의 절차에 의해서 생겨난 것이 아니라 지금으로부터 약 5만 년 전쯤에 특이한 돌연변이의 결과로 생겨난 것이라는 주장을 하고 나섰는데, 어떤 의미에서는 이것은 좁게는 Darwin주의자들에 대한 것이고 넓게는 생물학자 모두에 대한 일종의 선전포고나 비슷한 것이었다.

두 번째로 그는 이 시기에 이르러 언어나 언어학의 문제를 논의함에 있어서 생물학이나 뇌라는 단어를 아주 자주 쓰기 시작했다. 우선 그는 최근에 와서 2002년에는 「자연과 언어에 관하여(On nature and Language)」라는 책의 세 번째 장의 이름을 「언어와 뇌(Language and the Brain)」로 정하거나, 그 후 2005년에는 같은 제목의 논문을 쓰는 식으로 뇌라는 단어를 즐겨 쓰게 되었다. 그 다음으로 그는 최근에 이르러서는 정신과 뇌를 두 개의 실체가 아니라 하나의 실체로 본 나머지 「정신-뇌(mind-brain)」와 같은 일종의 복합어를 많이 쓰게 되었다. 세 번째로 그는 최근에 와서 여러 가지 책이나 논문에서 자기가 하는 일을 「생물언어학적 프로그램(The biolinguistic program)」으로 부르는 식으로 생물언어학이라는 단어를 즐겨 쓰게 되었다.

물론 Chomsky학파에서는 그의 언어이론의 충격은 처음에는 심리언어학이라는 학문이 새로 생겨날 정도로 심리학의 학풍을 바꾸었다가 그 후에는 신경언어학이나 생물언어학이라는 학문이 새로 생겨날 정도로 생물학 전체의 학풍까지 바꾸게 되었다고 주장할 것이다. 간단히 말해서 그들은 그의 언어이론은 출현한지 4,50년 만에 드디어 학문의 세계 전부를 「천하통일」했다고 생각하고 있을는지도 모른다. 그게 그렇다는 것은 Chomsky가 자기의 생물언어학적 언어연구관을 「결론적으로 인간언어의 본성을 발견하기 위하여 뇌를 연구하는 것은 오류인 것 같다. 오히려 언어에 대한 연구가 인간과 함께 공진화했으면서 그들의 일부가 되어있을 특별한 생물학적 실체에 관한 것이어야 할 것이다.」와 같이 나타내고 있다는 사실만으로도 익히 알 수가 있다(2002: p.83).

그러나 문제는 생물학자치고서 어느 누구도 그의 이런 자기중심적인 언어연구관에 동의할 리가 없다는 데 있다. 생물학자의 입장에서 보면 언어에 대한 연구가 일단 「특별한 생물학적 실체」를 밝히는 것을 주제로 삼게 되면 그 일은 이미 언어학자의 소관사항이 아니라 생물학자의 소관사항이 되게 되어있는 것이다. 예컨대 그가 아무리 강력한 어조로 보편문법이나 언어기원의 문제 등에 관한 자기의 이론에는 생물학적 근거가 있다고 주장한들, 생물학자의 입장에서 보면 생물학적인 방법에 의해서 그것의 사실성이 드러나기 이전까지는 그런 주장은 한낱 언어학적 주장에 지나지 않는 것이다. 다시 말해서 지금의 형편은 그 자신이 스스로 자기가 하는 언어학과 전혀 다른 학문을 하는 생물학자에게 자기의 언어이론의 타당성을 검증해달라고 요청한 셈이 된 것이다.

(2) 학문 발전에의 기여

이 연구는 장기적으로 보았을 때는 크게 두 가지 방향에서 학문의 발전에 기여하게 될 것인데, 그중 첫 번째 것은 현존하는 여러 개별학문들, 즉 언어학이나 뇌과학과 같이 이것과 직접적으로 관련된 학문과 심리학이나 진화론, 인지과학, 생리학, 유전학, 의학, 인공지능학, 심리언어학등과 같이 이것과 간접적으로 관련된 학문들의 발전에 일정하게 도움을 주는 것이다. 먼저 언어학의 경우를 살펴보자면 간단히 이것에서 Chomsky의 문법이론의 타당성이 가려지게 된다는 사실 하나가 모든 것을 말해주고 있다. 알기 쉽게 이 연구의 앞으로의 향방은 세 가지로 잡아 볼 수가 있는데, 어느 쪽이 현실로 드러나든 그것은 언어학의 발달에 큰 영향을 끼치게 될 것이 확실하다.

가령 우선 이 연구를 통해서 Chomsky의 생물언어학적 주장들이 다 사실인 것으로 밝혀지게 되었다고 치자. 그렇게 되었을 때는 언어학이 이름을 변형생성문법학으로 바꾸게 될 정도로 그 모습을 완전히 달리하게 될 것이다. 그러나 그 다음으로는 그것과 정반대의 경우도 상정해 볼 수가 있는데, 이때에도 그로인하여 생기게 되는 결과는 똑 같이 결정적인 것일 것이다. 마지막으로 확실한 결론 없이 언어학 측의 주장과 생물학 측의 것이 서로 맞서 있는 상태가 오래 지속되는 경우도 상정해 볼 수가 있는데 이때에는 이것이 아마도 언어학에 있어서의 변형생성문법이론의 위상을 한층 강화시켜주는 역할을 하게 될 것이다.

그 다음으로 이 연구가 뇌과학의 발전에 미치는 영향에 대해서 알아볼 것 같으면 이상의 세 가지 경우 중 어느 것이 현실로 나타나게 되든 그 영향은 이것이 언어학의 발달에 미치게 되는 것보다 더 클 것이라고 추리해볼 수 있다. 간단히 말해서 이 연구는 결국 지금까지의 생물학적 연구의 틀 안에서 이루어지게 마련이니까 결과가 어떻게 되든 그 과정을 통해서 그 틀이 더 정교해지거나 강력해질 것이 분명하다. 언어학에서는 이것이 운명을 건 「도박」일지 모르지만, 생물학에서는 이것도 성장의 한 과정에 불과한 것이다.

예컨대 이 연구에 의해서 Chomsky의 주장들이 모두 사실인 것으로 밝혀지게 되었다고 치자. 그렇게 되면 아마도 뇌과학에서는 언어처리의 문제를 핵심적인 과제로 삼는 지금까지의 연구풍토가 더욱 뚜렷해질 것이고 구체적으로는 좌반구 지배설이나 언어특수 영역설과 같은 종전의 가설들에 대한 연구가 더욱 활발해질 것이다. 그 다음으로 이것에서 이와는 정반대의 결과를 얻게 되었다고 치자. 아마도 그렇게 되면 뇌과학에서는 언어처리시에는 뇌의 일부분만이 움직인다는 국지설보다도 그 전체가 움직인다는 전체설이 더 주목을 받는 상태에서 뇌의 구조와 작동절차에 대한 실험적인 연구와 실어증 환자에 대한 연구가 더 활기를 띠게 될 것이다.

마지막으로 확실한 결론 없이 언어학적 이론과 생물학적 이론이 일종의 평행선을 이루고 있는 상태가 그대로 지속되는 경우도 가상해 볼 수가 있는데, 이때에도 아마 뇌과학의 연구풍토는 지금까지의 그것이 그대로 지속되면서 연구의 방향과 양을 더 늘리는 식의 것이 될 것이다. 다시 말해서 이것에서는 일종의 상향적 연구방법이 주로 쓰이는 가운데서 청음이나 발성 절차를 위시하여 어휘처리절차, 어형 및 통사적 처리 절차 등이 다양하게 연구될 것이며, 더 나아가서는 언어처리절차와 주의력 유지절차와 기억절차 등의 관계에 대해서도 폭 넓게 연구되게 될 것이다. 결국 이렇게 되면 뇌과학자들은 언어처리시에도 다른 지적 작업시와 마찬가지로 지각작용이 인지작용의 바탕이 된다는 종전의 자세를 더욱 굳히게 될 것이다.

이 연구가 그것과 간접적으로 관련되어 있는 학문들에게 주는 영향도 사실은 언어학이나 뇌과학에 주는 것에 못지않다. 우선 심리학의 경우를 놓고 볼 것 같으면 그게 그렇다는 것이 확실해진다. 크게 보았을 때 심리학은 그 동안에 언어학과 생물학의 도움 속에서 발전해왔다고 볼 수가 있는데, 이들의 도움의 방식은 서로 달랐음에도 불구하고, 그것의 크기에는 별 차이가 나지 않았다. 다시 말해서 언어학으로부터의 도움은 일종의 타율적인 것이었는 데 반하여, 생물학으로부터의 그것은 일종의 자발적인 것이었지만 이들이 심리학의 모습을 지금의 것으로 바꾸게 하는 데 기여한 바는 비슷했다고 볼 수가 있다.

먼저 언어학은 그 동안에 심리학에 새로운 패러다임을 받아들이게 하는데 견인차적인 역할을 수행해왔다. 그동안에 심리학에서 일어난 변화 중 가장 중요한 것은 바로 그것의 대세를 이끌어가는 학문이 행동심리학에서 인지심리학으로 바뀌게 된 것이었다. 이로써 드디어 심리학은 언어적 능력이나 인지적 능력과 같은 인간의 가장 본질적인 능력을 다루는 학문의 하나로 다시 태어나게 된 것이다. 결국 이른바 Chomsky에 의한 인지적 혁명은 심리학에서부터 일어난 것이다. 그 다음으로 이런 변화는 자연히 연구방법도 귀납법 일변도의 것에서 연역법적인 것과 귀납법적인 것이 적절히 섞여있는 것으로 바뀌게 되었다.

그 다음으로 생물학은 그 동안에 심리학을 하나의 과학적인 학문으로 만드는 데 결정적인 역할을 해왔다. 어차피 이제부터 내성적이거나 주관적인 연구방법대신에 실험적이거나 객관적인 연구 방법이 쓰이게 된 이상, 자기네들의 연구 대상은 행동적인 변화와 생리 또는 신체적인 변화라는 것을 심리학자들은 익히 알고 있었다. 그런데 따지고 보면 행동적인 변화는 어느 것이나 신체적인 변화의 부수물에 지나지 않았다. 그러니까 애초부터 그들은 자기네 학문의 뿌리는 생물학이나 뇌과학이라는 사실을 잘 알고 있었으며, 그래서 언제나 생물학적 지식을 심리학적 지식의 바탕으로 삼는 데 최선을 다해왔다. 이런 의미에서 보면 최근에 생물심리학이나 진화심리학과 같은 세분화된 심리학이 생겨나는 것은 너무나 당연한 일이었다.

그런데 언어와 뇌의 관계에 대한 연구는 결국 그 동안까지 심리학의 발전을 이끌어온 언어학과 생물학이라는 두 학문의 수준을 한 단계 상승시키는 연구이다. 그리고 어떤 의미에서 보자면 이 연구는 그 동안에 심리학을 근거지로 해서 일어났던 인지적 혁명을 더 확실하게 완결시켜주는 작업일 수도 있다. 그리고 앞에서 이미 논의한 바와 같이 이것은 언어학과 생물학의 실력이 맞붙는 「최전선」이기 때문에 어떤 식으로 상황이 전개되든 두 학문의 미래에 결정적인 영향을 끼치게 되어있다. 그렇다면 그동안까지 이래저래 이들 두 학문에 기대어오던 심리학의 미래도 이것의 결과에 의해서 심대한 영향을 받게 될 것은 불문가지의 사실이다.

이렇게 보자면 결국 심리학의 앞날만큼은 아닐지 모르나, 언어학과 생물학의 발전 양태에 따라서 으레 비례적으로 발전할 수밖에 없는 여타 학문들의 앞날도 이 연구의 결과에 의해서 적지 않게 영향을 받게 될 것이라는 것은 너무나 뻔한 일이다. 예컨대 궁극적인 의미에서 볼 것 같으면 이 연구는 현대에 이르러 새로운 연구 패러다임을 제공해 주게 된 진화론에 대한 연구의 일부일 수도 있고, 최근에 와서 최첨단 학문의 하나로 등장한 인지과학에 대한 연구의 일부일 수도 있다. 그러니까 이 연구의 결과는 경우에 따라서는 앞으로의 학문 전체의 발전 방향을 결정지을 수도 있다. 그 밖에 인체의 조직과 특성을 다루는 생리학이나 의학, 유전학 등의 발전은 더 말할 나이가 없고 인간의 지능과 언어문제를 다루는 인공지능학이나 심리언어학 등의 발전에도 이 연구는 적지 않은 도움을 주게 될 것이다.

이 연구는 그 다음으로는 학문 전체의 수준과 질을 높이는 데도 일정한 기여를 하게 될 것이다. 첫 번째로, 이 연구로 인하여 정신과 의식의 실체가 어떤 것인가 나, 본능과 학습 중 어떤 것이 더 중요한 것인가와 같은, 가장 오래되었으면서도 아직도 정확한 해답을 얻지 못한 철학적 문제들이 다시 학계 전반에 걸친 궁극적인 과제로 등장될 수가 있다. 간단히 말하자면 이 연구는 우리에게 모든 학문은 결국 인간의 본성을 밝히려는 노력, 즉 철학적 노력의 일부여야 한다는 사실을 다시 한 번 깨우치게 해줄지도 모른다.

두 번째로, 이 연구는 필연적으로 어떤 것이 진정한 의미로서의 과학인가의 문제를 제기시키게 마련이다. 19세기 이후 자연과학이 그전까지 인문학이 차지해 오던 자리를 차지하게 되면서 자연과학 내지는 과학이라는 이름은 거의 모든 학문에 붙이게 될 만큼 일반적인 것이 되었다. 더 구체적으로는 이제는 모든 분야의 학자들이 하나같이 자기네들의 진리탐구의 방법은 연역적이거나 사변적인 것이 아니라 귀납적이고 실증적인 것이라고 주장하게 된 것이다. 다시 말해서 19세기 이후에 이르러서는 모든 분야의 학자들이 과학적인 방법이야말로 학문연구의 최선의 방법이라는 데 의견을 같이 하게 된 것이다.

그러나 이른바 과학의 시대에 접어든지 얼마 되지 않아서 학자들 간에는 어떤 것이 진정한 의미로서의 과학인가에 대해서 활발한 논의가 벌어지기 시작했다. Chomsky의 말을 그대로 빌리자면 어느 학문의 과학성은 마땅히 기술의 적절성이 아니라 설명의 적절성에 의해서 판단되어야 하는데 그동안까지는 그렇지를 못했던 것이다. 다시 말하자면 그 동안까지는 많은 학문이 어떤 사실이나 현상을 기술하는 데는 어느 정도까지 성공했는지 몰라도 그런 것들에 관한 원리나 이론을 세우는 데는 그다지 성공적이지 못했던 것이다.

물론 이런 비판에 대해서 많은 과학자들은 따지고 보자면 과학적인 기술치고서 애초에 그것으로부터 일정한 규칙이나 원리를 발견하려는 의도를 갖지 않고서 시행되는 것은 없다는 사실이나, 아니면 어차피 최종적인 원리나 이론은 여러 번에 걸친 가설의 수정과정을 통해서 얻게 되어있다는 사실 등을 내세울 수 있었다. 그렇지만 비판자의 입장에서 보면 그런 과정의 효율성이 문제이었다. 다시 말해서 그들이 보기에는 도저히 최종적인 원리나 이론에 이를 수 없는 가설들을 아무리 철저하게 검증하고 수정한들 그것은 결국 시간과 노력의 낭비일 뿐이었다. 그래서 Chomsky 같은 사람은 「가설 형성법」과 같이 연역법과 귀납법이 하나로 합쳐져서 쓰이는 과학을 최선의 과학으로 제시하게 되었다.

2. 역사

언어와 뇌의 관계를 연구하는 일은 크게 그것을 진화의 결과로 보는 입장에서 하는 것과, 그것을 하나의 생물학이나 신경학적인 현상으로 보는 입장에서 하는 것으로 나뉠 수가 있다. 물론 학문의 영역 상 첫 번째 일은 진화론자의 몫이고 두 번째 일은 생물학자의 몫이다. 그런데 흥미롭게도 최근에 와서 이 일에 언어학자인 Chomsky가 관여하게 되었다. 즉, 그는 최근에 이르러 자기의 언어이론은 궁극적으로는 인간의 본성에 관한 이론이기에 그것의 타당성을 실증하는 일이야말로 진화론과 뇌과학 모두에게 있어서 학문의 운명을 판가름하는 일이라는 식의 말을 서슴지 않고 하게 되었고, 그 결과 두 학문 모두에서 학파가 전통적인 이론과 연구방식을 그대로 유지해가려는 파와 Chomsky의 언어이론을 새롭게 받아들이려는 파로 갈라지는 현상이 나타나게 되었다. 이렇게 볼 것 같으면 이 연구의 발달과정을 하나의 단일과정으로 파악하려고 하는 편보다는 그것을 진화론적 과정과 뇌과학적 과정, 언어학적 과정 등으로 나누어 파악하는 편이 더 합리적이라는 사실이 쉽게 드러난다.

(1) 진화론적 과정

솔직히 말해서 지난 150여년에 걸친 진화론의 역사는 인류의 진화과정은 과연 그것의 창시자인 Darwin이 내세웠던 대로 자연적 선택의 과정으로 볼 수 있는 가를 밝히는 데 총력을 기우려온 역사이었기에 그것에서는 한번도 언어나 뇌와 같이 구체적인 능력이나 기관의 진화과정을 구명하는 일이 주된 연구과제로 등장한 적이 없었다. 그러니까 진화론에서는 좋게 말하자면 일단 자연적 선택이라는 대이론의 타당성이 밝혀지게 되면 그것은 바로 모든 세부적인 능력이나 기관의 진화과정을 설명하는 데도 그대로 쓰이게 마련이니까 이런 현상이 일어나게 되었다고 볼 수도 있고, 나쁘게 말하자면 학문적 역량이 아직은 언어나 뇌와 같이 아주 난해한 능력이나 기관에 관한 이야기를 할 수 있을 만큼 성장되지 않았기 때문에 이런 상황이 벌어지게 되었다고 볼 수도 있다.

그렇지만 사실은 Darwin은 처음부터 언어나 뇌의 문제를 제외시켜서는 진화이론에 대한 논의가 제대로 설득력 있는 것이 되지 못한다는 것을 잘 알고 있었다. 다시 말하자면 그는 언어와 뇌는 인간을 인간답게 만드는 가장 중요한 요소이기에, 이들 두 가지가 어떻게 진화했는가를 밝히는 일이 마땅히 진화론의 중심과제가 되어야 한다고 생각했던 것이다. 다만 그가 「종의 기원(On the origin of species, 1859)」을 발간할 때까지만 해도 언어학이나 뇌과학과 같은 학문이 아직 태어나지도 않은 시기이어서, 그를 위시하여 어느 진화론자도 그런 발상법을 더 발전시킬 수 있을 만큼의 언어나 뇌에 대한 지식을 가지고 있지를 못했던 것이다.

그런데 1871년에 낸 「인간의 하강과 성에 관한 선택(Descent of man and selection in relation to sex)」라는 책에서 아래와 같은 말을 한 사실로 미루어 보았을 때, 그는 이 당시에 이미 이 연구의 의의와 중요성을 누구보다도 뚜렷하게 인식하고 있었을 뿐만 아니라, 앞으로의 이것의 연구방향까지를 정확하게 인지하고 있었음을 알 수가 있다. 표현법으로 보았을 때 그가 한말은 단언적인 것이기보다는 추론적인 것이라고 볼 수도 있다. 그러나 놀랍게도 이 말에서 그가 제안하고 있는 이 연구의 연구방향은 마치 그 후 150년간의 연구방향을 미리 예견하고 있었듯이 정확하다. 다시 말해서 놀랍게도 그에게는 이때 이미 이 연구에 대한 일종의 안내도 같은 것을 그릴 수 있을 만큼의 그것에 대한 충분한 지식이 있었던 것이다.

> 육체의 크기와의 상관관계로 보았을 때 인간의 두뇌의 크기가 하류동물의 그것보다 비교적으로 크다는 사실이 일찍이 그가 단순한 형태의 언어를 사용하게 된 주된 요인인지도 모른다. 그 놀라운 기관은 모든 종류의 사물과 속성에 기호를 붙여주며, 단순한 감각의 인상으로부터는 결코 일어날 수 없는 사고의 연쇄를 유발시킨다. 계속된 언어의 사용은 두뇌에 일정한 반응을 일으키게 해서 유전적 효과를 가져오게 할 것이다. 이렇게 되면 이것은 언어를 개선하는 데도 일정하게 반응을 하게 될 것이다.(pp.390~391)

크게 보았을 때 이 말에서 그는 이 연구의 앞으로의 발전 방향으로 세 가지를 제시하고 있다고 볼 수가 있다. 첫 번째로 그는 이 연구는 앞으로 뇌의 진화가 언어의 진화의 선행사건이었다는 것을 밝히는 일에 주력을 쏟게 될 것으로 내다보았다. 그는 물론 문제가 되는 것은 뇌의 크기가 아니라 그것의 조직이나 구조라는 말은 하지 않았다. 그리고 어떻게 인간은 특별히 큰 뇌를 갖게 되었는가에 대해서도 확실한 말을 하지 않았다. 그러나 여기에서 그는 이 연구의 과제 중 으뜸이 되는 것은 역시 언어의 생물학적 기저, 즉 뇌의 진화과정을 구명하는 일이라는 것을 분명히 했다.

두 번째로 그는 이 연구는 앞으로 언어가 지금의 것처럼 되는 과정을 밝히는 일에 주력을 기울이게 될 것으로 내다보았다. 언어의 진화과정을 그는 여기에서 크게 첫 번째 단계는 커진 두뇌 덕분에 단순한 형태의 것을 쓰게 되는 단계이고, 두 번째 단계는 그것으로 인하여 두뇌에 일정한 상징력과 사고력이 생기게 되는 단계이며, 세 번째 단계는 그것의 사용으로 뇌세포의 유전자에 일정한 변화가 일어나게 되는 단계이고, 네 번째 단계는 뇌세포의 유전자의 변화에 힘입어서 그것의 형태가 복잡하고 정교해지는 단계로 보았다. 물론 이런 발상법의 핵심이 되는 것은 언어사용으로 말미암아 뇌세포의 유전자에 일정한 변화가 일어나게 된다는 가정인데, 그 절차나 과정이 구체적으로 어떤 것인가에 대해서는 그는 아무런 말을 하지 않고 있다.

세 번째로, 그는 이 연구는 앞으로 언어력과 사고력의 상관성을 밝히는 일에 주력을 쏟게 될 것으로 전망했다. 이들 두 능력의 관계를 그는 언어가 먼저 매체가 되어 일정한 사고력이 생기고 나면 이들은 서로가 서로의 능력을 키워주게 된다고 보았다. 그러니까 그는 결국 이 문제에 대해서 언어우위론자의 입장과 상호불가분론자의 입장을 취했던 것인데, 두 번째 것을 놓고서는 이견이 별로 없을지 몰라도 첫 번째 것을 놓고서는 오히려 정반대의 의견이 더 우세할 수도 있다. 그러나 그가 언어와 뇌의 관계를 구명하는 일은 으레 언어와 사고와 뇌의 관계를 구명하는 일이 되어야 한다고 본점은 높이 살만하다.

이 말과 관련하여 한 가지 짚고 넘어가야 할 사실은 같은 책의 앞부분에서는 그가 이것과 전혀 다른 말을 하고 있다는 점이다. 언어의 기원이나 진화의 문제를 논의하는 자리에서는 흔히들 그를 「가창설」의 창시자로 내세우고 있는데, 그것의 근거가 될 수 있는 말을 여기에서 그는 한 것이다. 가창설이란 쉽게 말해서 인간은 그의 감정을 운율적인 노래의 형태로 나타내기 시작한 것이 바로 언어의 최초의 형태라는 것인데, 여기에서 특히 주목할 사실은 이때의 감정은 남녀 간의 애정의 감정으로 보았다는 점이다.

언어를 감정표현의 수단으로 보려는 그의 이런 견해는 물론 그것을 의사소통이나 사고의 수단으로 보려는 그의 또 다른 견해와는 아주 대조적인 것이다. 또한 지금으로서는 누구도 한 책안에서 어째서 그가 이처럼 두 가지의 상반된 언어관을 피력하게 되었는지를 알 수가 없다. 그런데 사실은 이런 모순성을 해결할 수 있는 방법이 아예 없는 것은 아닌데, 그것은 바로 그는 두 가지 형태의 언어를 상정하고 있었을 것이라고 추리하는 것이다. 즉, 틀림없이 그가 가창설을 내세우면서 생각한 언어는 일종의 원시언어이었을 것이고, 반면에 그가 두 번째 견해를 개진하면서 생각한 언어는 일종의 현대 언어이었을 것이라고 추리하는 것이다.

그런데 무엇보다도 중요한 것은 이들 두 견해 중 어느 것이 그 후 언어 기원의 문제나 언어와 뇌의 관계 등을 연구하는 데 있어서 일종의 안내서나 지침서의 역할을 하게 되었는가 인데, 이것에 대한 대답은 그것은 단연 두 번째 것이라는 데 아무도 이의를 제기하지 않는다. 그의 가창설은 얼마 후에는 H. Spencer에게 인계가 되었고, 20세기에 와서는 그것은 Jespersen

에게 다시 인계가 되었다. 그렇지만 진화론자인 그가 내세우는 가창설이라고 해서 일찍이 희랍의 철학자중 일부가 주창했던 그것보다, 아니면 그 뒤에 가서 Rousseau가 내세웠던「자연발성설」보다 더 과학적인 학설일 리가 없었다. 간단히 말해서 그의 가창설은 하나의 사변적 학설로 화석화될 수밖에 없었다.

그에 반하여 그의 두 번째 견해는 한 동안 하나의 대표적인 비과학적인 주제로 낙인이 찍혔던 언어 기원론을 마침내 과학적인 탐구의 대상으로 만드는 데 결정적인 역할을 수행하게 되었다. 20세기의 후반에 이르러 백 년 전까지만 해도 일종의 암흑기를 헤매던 언어의 기원이나 진화에 대한 연구가 일종의 황금기를 맞이하게 된 것은 순전히 크게 보자면 그의 진화이론 덕분이었고, 작게 보자면 언어의 진화과정에 대한 그의 두 번째 견해 덕분이었다. 굳이 따지자면 그의 진화이론 다음으로 이런 변화에 기여한 것은 Chomsky의 언어이론이라고 볼 수도 있다. 그렇지만 현재까지 제안된 언어기원설중 대부분이 진화론의 틀 안에서 만들어진 것이라는 사실 하나만으로도 Chomsky의 기여도는 그의 그것과는 비교도 할 수 없을 만큼 작다는 것을 익히 알 수가 있다.

그런데 그보다 더 중요한 것은 언어의 진화에 관한 그의 두 번째 견해가 그 동안의 이 연구의 향방에 구체적인 방향제시의 역할을 수행해왔다는 사실이다. 이 문제에 대한 그의 두 번째 견해는 간단히 요약하자면 언어의 기원에 관한 논의는 으레 뇌의 진화과정에 대한 지식이 바탕이 되어야 한다는 것인데, 아직도 뇌의 진화과정에 대해서 완전하고 확실한 지식은 획득되지 못한 상태임에도 불구하고 이런 방향에 맞는 학설들이 최근에 와서는 조금씩 제안되고 있다.

1) Rizzolatti 등의 거울신경이론

그런 학설 중 우선 검토해 볼만한 가치가 있는 것이 바로 1998년에 Rizzolatti와 Arbib가 제안한 「거울신경(mirror neuron)이론」이다. 그 동안에 제안된 진화론적 언어기원설중 으뜸의 자리를 차지하고 있는 것이 몸짓이나 손짓으로 의사소통을 한 것이 언어의 시작이었다는 「몸짓설」인데, 이것의 이론적 근거가 되는 것이 지금도 일종의 보조적인 언어로 몸짓이 널리 쓰이고 있다는 사실이나, 어린이들은 말을 배울 때 으레 몸짓언어부터 쓰게 된다는 사실, 침팬지 같은 영장류들도 간단한 몸짓언어는 쓰고 있다는 사실 등이었다.

그런데 사실은 이 학설의 심리적 근거가 될 수 있는 것은 원래 몸짓이나 손짓은 본능성과 모방성을 다 지니고 있는데, 바로 두 번째 특성이 결정적인 역할을 담당하게 되었다는 점이다. 다시 말하면 몸짓언어가 하나의 언어로서 태어날 수 있었던 것은 원래 인간에게는 인간특유의 모방력이 있는 탓으로 짧은 기간 내에 한 사회의 구성원 모두가 공통의 손짓이나 몸짓을 사용할 수 있게 되었기 때문이었다.

이런 발상법을 하나의 학설로 발전시킨 것이 Donald의 「모방력설」이었다. 그는(1998) 예컨대 몸짓언어가 원시언어로 태어날 수 있었던 것은 인간에게는 인간특유의 강력한 모방력이 있었기 때문이고, 그것의 발달 순서는 대략 의도적 손가락질(응시도 포함), 접촉, 상호게임, 자기시범, 연극놀이, 연습, 재연, 무언극, 몸짓(개인 또는 집단), 의식화된 집단행동처럼 되어있다고 주장했다. 그는 그런데 인간의 모방력은 그가 몸짓언어 대신에 음성언어를 사용하게 되는 단계에서도 결정적인 역할을 수행하였다고 보았다. 다시 말해서 그는(1991) 인간의 언어는 본능적 몸짓언어와 모방적 몸짓언어, 음성언어 등의 세 가지 단계를 거쳐서 발달되었으며, 따라서 이 과정에서 가장 중요한 역할을 수행하게 된 것이 바로 모방력이라고 볼 수 있다고 주장했다.

그는 그러나 이런 모방력에 대한 생물학적 근거는 제시하지 못했는데, 이런 약점을 보완해준 것이 바로 Rizzolatti등에 의한 거울 신경 체계의 발견이었다. 이들은 먼저 전기자극장치를 이용한 실험에 의해서 붉은 털 원숭이의 전두엽의 운동영역 내에는 자기가 직접 어떤 손짓을 할 때만 작동되는 것이 아니라 다른 원숭이나 실험자가 같은 손짓을 할 때도 작동되는 신경체계가 있다는 사실을 발견하고서, 그것을「거울신경체계」라고 명명했다. 그 후 인간을 대상으로 한 연구를 통해서 이들은 인간의 경우에는 이 신경체계가 전두엽의 하위영역과 측두엽의 상위영역, 두정엽의 하위영역의 세 곳을 거점으로 해서 발달되어 있음을 확인할 수 있었다. 그러니까 이들은 인간의 경우에는 모방신경체계가 아주 정교하고 넓게 발달되어있으며, 모방의 대상도 아주 정교하고 다양하게 세분화되어있다는 것을 알 수 있었다.

또한 최근에 와서 Keysers등은 이 신경체계는 다른 사람과 동일한 감정이나 정서를 가지게 될 경우에도 활성화되고, 심지어는 다른 사람의 의도를 파악할 때도 활성화 된다는 사실을 확인했다. 그뿐만 아니라 그 뒤에는 일부 뇌과학자들이 이 신경체계의 활동량은 자폐증과도 밀접하게 관련되어있다는 주장도 하게 되었다. 결국 이렇게 보자면 거울신경이론은 직접적으로는 몸짓설과 모방력설의 뇌과학적 근거가 될 뿐만 아니라, 더 크게는 뇌의 조직과 기능의 진화과정에 대한 한 이론도 될 수가 있다.

2) Deacon의 상징지시설

그런 학설 중 두 번째로 검토해볼만한 가치가 있는 학설은 바로 Deacon의「상징지시설」이다. 1997년에 나온「상징적 종 : 언어와 두뇌의 공진화 (The symbolic species : the co-evolution of language and brain)」라는 책의 이름이 잘 말해주고 있듯이, 이 학설의 특징은 크게 언어를 일종의 상징적 체계로 본다는 점과, 언어는 두뇌와 선순환적으로 공진화했다고 보는 점의 두 가지라고 볼 수가 있는데, 첫 번째 것은 분명히 반 Chomsky적인 견해이고, 두 번째 것은 분명히 신 Darwin주의적인 견해이어서 그런지, 제안과 동시에 많은 학자들의 관심을 불러일으킨 것이 바로 이것이다.

이것이 크게는 Chomsky의 언어학적 언어기원론에 대한 진화론자들로부터의 생물학적 대안의 성격을 띠고 있어서 그런지 이것을 비판하는 데맨 먼저 나선 사람이 Chomsky였다. 그는(2002) 「자연과 언어에 대하여」라는 책의 제3장에서 언어의 진화나 기원의 문제는 결국 생물학자들의 두뇌에 대한 연구로는 해결이 되지 않고서, 언어자체와 같이 「초생물학적 실체」에 대한 연구에 의해서만 해결될 수 있다고 주장하는데, 바로 여기에서 Hauser의 학설과 함께 Deacon의 학설을 그것의 근거로 내세웠다.

우선 그가 Deacon이 말하는 「상징적 지시」라는 개념을 하나의 「신비」로 비판하고 나선 것은 너무나 당연한 일이었다. Deacon은 예컨대 Peirce의 이론을 그대로 받아들여 언어를 기호로써 사물이나 의미를 지시하는 체계, 즉 일종의 상징체계로 보았다. 더 나아가서 그는 우리의 몸 안에 내면화 되어 있는 것은 「상징적 범주나 구체적인 규칙이나 원리 같은 것이 아니라 언어매체의 일반적인 특성과 상징의 조작을 위한 연산능력」이라고 보고서(p.339), 「만약에 어린이들의 정신 안에 일정한 문법적 규칙들이 내재되어 있다면 그들은 유전적 동화절차에 의해서 얻어진 것이 아니라 어떤 기적에 의해서 얻어진 것이다」라는 말까지 하였다(p.333)

그러니까 Chomsky가 이런 비판에 맞서서 그의 「상징적 지시」라는 개념자체를 하나의 「신비」라고 비판하고 나선 것은 하등 이상한 일일 수가 없었다. 또한 그는 Deacon은 문법의 문제만이 아니라 진화의 문제에서도 다분히 비과학적인 견해를 가지고 있다고 비판하였다. 예컨대 그가 보기에는 Deacon의 언어 진화관이 얼마나 비과학적인 것인가 하는 것은 「언어는 두뇌 밖에서 그 자체 안에서 진화했다.」는 말이나 「언어는 초인간적 실체이다」, 「세계의 언어들은 자연적 선택과정을 통해서 자연발생적으로 진화했는데, 그것은 인간의 두뇌 밖에서 진행되어온, 일종의 광풍적 적응과정이었다.」는 말 등으로 익히 알 수가 있었다(pp.81~82).

그러나 사실은 Deacon의 학설은 Chomsky의 비판과는 정반대로 지금까지 나온 학설 중 가장 과학적인 것의 하나라고 볼 수가 있는데, 그 이유는 이것에서는 과거의 고전적인 진화이론으로는 해결하지 못했던 문제점들에 대한 해결방안이 제시되어 있기 때문이다. 간단히 말해서 Chomsky의 언어기원설을 반박할 수 있는 신 Darwin주의적 학설중 이만큼 과학성을 지니고 있는 것이 없다고 볼 수가 있는데, 이상하게도 Chomsky는 그가 말한 몇 가지 일반론적인 말들을 근거로 내세워서 이것을 다른 진화론적 학설과 다를 바가 없는 가장 비과학적인 학설로 매도하였다.

그가 여기에서 제시한 신 Darwin주의적 발상법에는 크게 세 가지가 있다고 볼 수가 있는데, 그중 첫 번째 것은 치환의 절차에 관한 것이다. 그는 인간의 두뇌가 지금의 것과 같은 특이한 구조와 기능을 갖게 된 것은 오랜 세월에 걸쳐서 그것만이 어느 특정한 부위로 하여금 특별한 신경체계를 갖게 하는 절차, 즉 치환의 절차를 밟아왔기 때문이라고 본다. 이런 절차의 첫 번째 단계는 생존이나 환경상의 이유로 인하여 어느 특정 영역이나 종류의 정보에 대한 처리나 저장의 양이 늘어나게 되면서 그 일을 담당하는 부위의 신경조직이 더 발달되고 그 부위의 크기가 커지는 단계이다. 그러나 일단 이 단계 다음에는 특별히 커진 부위로 말미암아 그런 정보를 다루는 신경체계가 더 활발하게 작동하게 되는 단계가 온다. 결국 이런 치환의 절차의 순환성으로 인하여 인간의 두뇌의 특이성은 더욱 뚜렷해졌는데, 그의 생각으로는 전액골의 대뇌피질이 유난히 발달한 것이 가장 중요한 특이성이었다. 다시 말해서 그는 인간만이 언어를 갖게 된 것은 바로 이 부위의 크기가 특별히 커졌기 때문이라고 보았다(p.353).

그가 여기에서 제시한 두 번째 발상법은 볼드윈적인 진화과정에 관한 것인데, 이것의 창안자는 Baldwin(1985)이니까, 그가 새롭게 착안한 점은 이 발상법을 언어기원의 문제를 해결하는 데 사용했다는 점이다. 원래가 Baldwin은 간단히 유전적 동화의 개념이라고 부를 수 있는 이 개념을 Darwin이 일찍이 내세웠던 자연선택의 개념에 대한 하나의 수정안으로 제안했다. 다시 말해서 그는 모든 행동이나 능력이 똑같은 자연 선택적인 적응 과정을 통해서 발달된 것이 아니라 어떤 행동을 집중적으로 학습하다 보면 얼마 뒤에는 그로 인하여 일정한 유전적 변화가 일어나게 되며 그 후부터는 그 행동에 대한 학습력이 특별히 더 신장되게 된다고 보았었다.

그가 보기에는 그런데 언어야말로 볼드윈적인 진화과정을 통해서 생겨난 것 중 가장 대표적인 것이었다. 어린이들의 보편적인 언어습득 절차로 보았을 때 인간의 언어능력이나 지식은 몸 안에 내재되어 있다는 것이 Chomsky의 지론이었는데, 그렇다면 그의 긴 진화과정상 어떻게 그것이 내재화 되었느냐가 문제였다. 그는 그동안 내내 그런 현상은 자연선택의 절차가 아니라 일종의 돌연변이적인 절차에 의해서 나타나게 되었다고 주장해왔다. 그러나 진화론자의 입장에서 보면 그런 주장에는 아무런 과학적 근거가 없기에 이 문제는 그 동안 내내 언어학자와 진화론자 사이 뜨거운 논쟁거리가 될 수밖에 없었다. 그러니까 그는 여기에서 이런 발상법을 제안함으로써 진화론 측의 승리를 선언한 셈이었다.

그가 여기에서 제시한 세 번째 발상법은 두뇌발달의 촉발자이며 설계자로서의 언어의 역할에 관한 것으로서, 이것은 그의 학설을 공진화설로 볼 것이 아니라 언어선도설로 보아야 할 정도로 다분히 파격적이고 특이한 견해이다. 그의 특이한 언어관중 첫 번째 것은 언어적 능력이나 지식은 일반적인 지능과는 별개의 것으로서, 볼드윈적인 과정을 통해서 내재화된 것으로 볼 수 있다는 것이다. 이런 생각은 우선 고전적 진화론자들의 그것과 크게 다르다. 고전적 진화론에서는 으레 언어적 능력이나 지식은 일반적인 지능의 일부이고, 따라서 일반적인 지능이 먼저 발달된 다음에 언어는 생겨났다고 생각했다.

이런 생각은 그 다음으로 Chomsky의 생각과 똑 같다. 물론 언어적 능력이나 지식이 어떻게 생겨나게 되었는가의 문제를 놓고서는 그의 생각은 Chomsky의 생각과 크게 다르다. 또한 무엇을 언어적 능력으로 보느냐의 문제를 놓고서도 한쪽에서는 그것을 문법적 규칙의 조작능력으로 보는 데 반하여 다른 쪽에서는 그것을 상징체계의 조작능력으로 보는 식으로 서로 다르다. 그렇지만 인간의 언어능력이 그의 일반적인 지능과는 아무런 관계가 없는 하나의 종 특이적인 특성이라는 생각은 그의 언어이론의 기본사상이 되어왔다.

그의 특이한 언어관중 두 번째 것은 언어를 인간의 두뇌가 지금의 것처럼 되는 데 결정적인 역할을 한 것으로 본다는 점이다. 그의 이런 특이한 언어관이 그의 학설의 기저가 되고 있다는 것을 우리는 그의 책의 11장의 제목이 바로「말씀이 곧 육신이 되었다.」(요한복음 1장 14절)라는 성경구절이라는 사실이나, 그 안에서「아주 먼 조상들의 최초의 상징적 체계의 사용이 그 후 인과의 두뇌가 어떤 자연적 선책 절차에 의해서 진화하게 될 것인가를 결정지었다.」와 같은 말이 여러 번 되풀이 되고 있다는 사실 등에 의해서 익히 알 수가 있다(p.322).

그런데 생물학적으로 보았을 때 언어로 인하여 인간의 두뇌가 지금의 것처럼 발달했다는 말은 곧 언어로 인하여 인간의 지력이 지금의 것처럼 발달했다는 말이나 같은 말이다. 그러니까 결국 그는 인간이 인간일 수 있게 된 것은 그에게는 언어가 있었기 때문이라고 생각한 것인데, 그 동안에 이렇게 극단적인 언어 우위론을 내세운 사람은 별로 없었다. Chomsky도 어느 의미에서는 분명히 하나의 언어우위론자인데, 그의 언어 우위론이 이렇게까지 극단적인 것은 아니다. 그리고 무엇보다도 중요한 사실은 이렇게 되면 그가 자기 학설을 일종의 공진화설로 내세우고 있다는 사실 자체가 우스워질 수밖에 없다는 점이다. 간단히 말해서 그는 마땅히 자기 학설을 일종의 언어선도설로 불렀어야 했던 것이다.

3) Enard의 언어유전자설

그런 학설 중 세 번째로 검토해볼만한 가치가 있는 것은 2002년에 Enard등이 제안한「언어유전자설」이다. 이것은 엄밀히 따지자면 하나의 언어기원설이 아니라 이름 그대로 하나의「언어유전자설」일 뿐이다. 이 학설의 근거지로 볼 수 있는 것이 바로 이들이「Nature」지에 발표한「언어와 관련된 유전자인 FOXP2의 분자적 진화(Molecular evolution of FOXP2, a gene involved in speech and language)」라는 논문인데, 이것에서 실제로 논의되고 있는 것은 언어의 기원이나 진화에 관한 문제가 아니라 FOXP2라는 특이한 유전자의 기원이나 실체에 관한 문제이다. 또한 어떤 의미에서 보면 이것을 과연 진화론적 연구의 일부로 볼 수가 있느냐 하는 것도 문제가 될 수 있다. 왜냐하면 이것은 분명히 크게 보자면 생물학이나 뇌과학적 연구의 일부이고, 작게 보자면 유전학적 연구의 일부이기 때문이다.

그럼에도 불구하고 굳이「언어유전자설」이라는 이름을 만들어 내기까지 하면서 여기에서 이것을 앞의 두 학설과 같은 범주에 집어넣으려고 하는 것은 다음과 같은 두 가지 근거에 의하여 이것은 진화론적 연구의 전통을 이어가고 있다고 볼 수 있기 때문이다. 첫 번째로 이것은 일찍이

Darwin이 가졌던 생각, 즉 「계속된 언어의 사용은 두뇌에 일정한 반응을 일으키게 해서 유전적 효과를 가져오게 할 것이다.」는 생각의 타당성을 과학적으로 실증할 수 있는 연구이다. 이들이 발견한 대로 만약에 언어 유전자가 따로 존재한다면 그 이상의 커다란 유전적 효과는 있을 수 없다.

더구나 이 문제는 최근에 Chomsky가 언어적 사실을 증거로 내세우며 주장하고 나선 내재설과도 직결되어 있는 것이다. 그러니까 만약에 언어 유전자에 관한 사실들이 여기에서 드러난 대로라면 진화론자와 언어학자 간의 최대의 논쟁거리의 하나인 내재설이 문제가 완전히 해결이 된 것이나 다름이 없게 된다. 그래서인지 그 동안에는 Szathmary(2001)와 같이 Chomsky의 내재설을 뇌생리학적으로 실증하려는 사람도 나왔었다. 그는 예컨대 「인간 언어 기능의 기원 : 언어적 아메바 가설(The origin of the human language faculty:the language amoeba hypothesis)」라는 논문에서 좌반구의 「브로카 영역」안에 Chomsky가 말하는 문법적 능력의 「집」이 있는데, 인간의 뇌는 오랜 기간에 걸친 진화의 결과물이라는 사실이 드러난 이상 그 「집」이 생겨나게 된 시기는 뇌의 진화과정 중 어느 시기일 것임이 분명하다고 주장했다.

그러나 그의 가설은 결국 하나의 공허한 가설로 남아 있을 수밖에 없게 되었는데 그 이유는 이것에서는 그럴싸한 이름과 어울릴 수 있을만한 사실이 하나도 제시되어 있지 않기 때문이다. 간단히 말하자면 이것은 Chomsky의 내재설을 합리화하기 위해서 뇌과학의 분야에서 이미 하나의 잘 입증된 지식으로 확립 되어있는 브로카 영역에 관한 지식과, 진화론의 분야에서 이미 하나의 잘 입증된 지식으로 확립되어 있는 뇌조직의 자연 선택적 진화과정에 관한 지식을 하나로 조립한 이론에 불과하다. 그러나 이들 두 지식을 하나로 합친다고 해서 그것이 우리에게는 언젠가부터 「언어적 아메바」라는 신경세포가 따로 있게 되었다는 과학적 근거는 될 수 없다. 따라서 Enard등에 의한 이번의 연구야말로 지금까지의 Chomsky의 내재설을 둘러싼 긴 논쟁에 확실하게 종지부를 찍어주는 것이라고 볼 수가 있다.

두 번째로 이것에서 쓰이고 있는 연구방법은 결국 뇌과학적인 것이 아니라 진화론적인 것이다. 다시 말하자면 이것은 앞으로 진화론의 발전을 이끌어 가는 데 유전학적 접근법이 얼마나 중요한 역할을 수행하게 될 것인가를 잘 보여주는 연구이지, 뇌생리학이나 뇌과학의 발전에 앞으로 그것이 얼마나 중요한 역할을 수행하게 될 것인가를 잘 드러내주는 연구는 아니다. 그게 그렇다는 것은 이들이 실제로 실시한 연구들의 내용이 다분히 진화론적인 것이라는 사실과, 그들을 통해서 얻어낸 결론이 앞으로의 진화론의 발전과 직결되는 것이라는 사실에 의해서 익히 알 수가 있다.

사실은 이 연구는 1년 전인 2001년에 Lai등이 실시한 연구의 후속 연구의 성격을 띠고 있었다. 이들이 실시한 연구의 내용은 「Nature」지에 「새로 변이된 포크해드류의 유전자가 심한 언어장애증의 원인이다(A novel forkhead-domain gene is mutated in a severe speech and language disorder)」라는 제목으로 발표된 논문 안에 자세히 밝혀져 있는데, 이것에 따르자면 이들의 연구는 크게 여기에서 정식으로 FOXP2라는 이름이 붙여지게 된 이 유전자의 위치를 찾아내는 부분과, 이 유전자좌에 있는 총 70개의 유전자 중에서 문제의 유전자를 밝혀내는 부분으로 이루어져있었다. 더 구체적으로 말하자면 우선 이들은 15명의 언어장애증 환자의 게놈 조직을 분석한 결과 그것의 위치는 바로 제7 염색체의 장완부라는 사실을 알아냈고, 그 다음으로 이들은 일찍이 1990년에 Hurst등이 찾아낸, 3대에 걸쳐서 언어장애증을 보이고 있는 KE가족의 게놈 조직과, 그들과 동일한 증상을 가지고 있는 사람들의 그것을 비교한 결과, 이 문제의 유전자는 장완부의 바로 중간에 자리하고 있다는 사실을 알아냈다.

Enard등이 이번에 할 만한 일은 그러니까 FOXP2라는 언어유전자에 관한 진화적인 사실을 밝히는 것이었다. 이들이 이번에 한 일은 크게 두 가지였는데, 그중 첫 번째 것은 이 유전자가 오직 인간만의 것이라는 것을 구명하는 것이었다. 이들이 이 일을 위하여 실시한 연구는 크게 두 가지였는데, 그중 첫 번째 것은 그 동안에 개발된 몇 가지의 신경조직망 방법에 의하여 이 유전자의 단백질 구조를 인간의 것 대 침팬지의 것, 오랑우탄의 것, 붉은 털 원숭이의 것, 고릴라의 것, 생쥐의 것 식으로 비교하는 것이었다. 이 비교를 통해서 이들은 인간의 것과 생쥐의 것을 구별 짓는 세 개의 아미노산의 차이 중 두 개는 인간이 침팬지와 갈라져 나올 때 생겼으며, 따라서 이들 중 나머지 하나가 결국은 인간의 것을 언어적 기능을 담당하는 것으로 만들었을 것이라는 추리를 내릴 수 있었다(p.869).

그중 두 번째 것은 모든 인간이 동일한 제7 염색체의 아미노산 구조를 가지고 있는가를 알아보는 것이었다. 먼저 이들은 서로 다른 대륙에 사는 총 44명의 사람들의 염색체를 비교해본 결과 어떤 **同質異像**의 현상도 발견할 수 없었다. 그 다음으로 이들은 총 91명의 서로 간에 아무런 인척 관계가 없는 유럽계열인의 염색체를 비교해 보았는데, 여기에서는 오직 한 경우에만 두 개의 글루타민 코든이 추가로 삽입되어 있는 것을 알 수 있었다. 결국 이들은 이들 비교 작업을 통해서 인간의 FOXP2 유전자는 일정하게 고정되어 있음을 확인할 수 있었다(p.870).

이들이 이번에 한 일중 두 번째 것은 이들 나름대로의 이 유전자의 출현의 시기와 동기 등에 대한 추리가 언어기원이나 진화에 관한 기존의 학설과 일치하고 있는지를 확인하는 것이었다. 먼저 이들은 일종의 추산 비율법을 사용해서 구체적으로 언제쯤에 인간에게 이 유전자가 생겨나게 되었는가를 알아보았는데, 인구를 고정시킨 상태에서는 이 변화가 지금으로부터 12만 년 전이고, 인구의 팽창을 고려한 상태에서는 그것이 지금으로부터 만 년에서 10만 년 전에 일어난 것으로 대답이 나온 점으로 미루어, 이것은 지난 20만 년 동안에 일어난 일임이 분명하다는 결론을 내릴 수 있었다.

그 다음으로 이들은 이런 변화가 일어나게 된 절차와 동기에 대해서도 일정한 견해를 내놓았다. 이 문제와 관련해서 이들이 여기에서 제안한 것은 이른바 「선택적 싹쓸이(a selective sweep)이론」이었다. 이들은 우선 7명의 남미인과 5명의 아시아인, 3인의 오스트레일리아 및 뉴파푸아인의 FOXP2의 유전자의 염색체의 구조를 비교하고, 그 다음에는 그 결과를 중앙 아프리카산 침팬지 한 마리와 서부 아프리카산 침팬지 한 마리, 오랑우탄 한 마리의 그것과 비교해본 결과, 그것이 가져다주는 커다란 진화적 이득 때문에 비교적 가까운 과거에 모든 인간이 거의 동시에 그런 대립유전자간의 선택작업을 하게 되었을 것이라고 추리할 수 있었다(p.871).

(2) 뇌과학적 과정

우연한 일치인지 몰라도 뇌과학의 역사는 진화론의 역사가 시작되었을 무렵에 같이 시작되었다. Darwin의 「종의 기원」이 발간된 것이 1859년이고, Broca가 브로카 영역의 존재를 알린 것이 1861년이니까 이들 두 학문은 거의 같은 시기에 시작되었다고 볼 수가 있다. 그리고 이들은 궁극에는 모두 다 생물학적으로 인간의 실체를 파악하려고 하는 학문이기에 언젠가에 가서는 한쪽이 다른 쪽을 포섭해야할 정도로 서로 간에 고도의 학문적 유대성을 유지할 수밖에 없는 것들이다. 그렇지만 지난 150년 동안에 이들은 저마다의 독립된 발전의 역사를 밟아왔다. 이들은 그러니까 크게 보자면 오늘날의 학문세계를 생물학적 접근법이 주도하도록 만든 두 주역 학문이면서도, 작게 보자면 서로 다른 학풍을 지닌 두 가지의 첨단

학문인 셈이다.

그런데 진화론의 그것과 비교했을 때 뇌과학의 역사의 진짜 특이성은 처음부터 언어와 뇌의 관계라는 틀 안에서 시작되었다는 점이다. 더 구체적으로는 뇌과학은 「실어증학」이나 「언어 신경학(neurology of language)」이라는 이름으로 불려야 할 정도로, 처음부터 언어처리의 문제를 주된 연구과제로 삼았던 것이다. 사정이 이렇게 된 데는 크게 첫 번째로는 Broca의 언어영역의 발견으로 이 학문이 시작이 된 것이나 다름이 없었다는 사실과, 두 번째로는 뇌의 구조나 기능은 원래가 언어처리에 관한 연구를 통하지 않고는 제대로 밝혀질 수 없을 만큼 정교하고 난해하다는 사실 등이 작용했다고 볼 수가 있다. 싫든 좋든 간에 그러니까 그 동안에 뇌과학자들은 이미 백 몇 십 년 전에 생리학자인 Fournier가 「언어는 생리학자가 뇌의 작동하는 모습을 관찰할 수 있는 유일한 창이다」라고 한 말을 만고의 진리로 받아들여 왔던 것이다(V. Fromkin and R. Rodman, p.28).

어떤 의미에서 보면 이 학문의 이 점보다 중요한 특이성은 바로 이것이야말로 뇌의 구조나 기능을 구명하는 일을 본업으로 삼고 있는 학문이라는 사실이다. 여기에서는 우리의 목적상 언어와 뇌의 관계에 대한 연구의 역사를 진화론적인 것과 뇌과학적인 것, 언어학적인 것으로 나눈 다음에 이들에게 비슷한 비중을 주는 식으로 다루고 있는데, 엄밀히 따지자면 이것은 제대로 된 일은 아니다. 쉽게 말해서 일단 뇌과학이 하나의 학문으로 자리를 잡은 때부터는 바로 그것이 모든 종류의 뇌의 구조나 기능에 관한 연구를 주관하는 학문이 되어야 하며, 따라서 언어와 뇌의 관계에 대한 연구의 역사도 마땅히 그것이 이 학문에서 어떻게 이루어져 왔는가에 초점을 맞춘 상태에서 추적되어야 하는 것이다. 그러니까 토의의 편의상 여기에서는 일종의 현실적 접근법이 시도되고 있다는 사실은 뇌과학의 본연의 위상과 과제는 어떤 것인가의 문제와는 아무런 관계가 없는 것이다.

이렇게 보면 결국 뇌의 구조나 기능을 연구하는 것을 본업으로 삼고 있는 학문의 시작 자체가 언어와 뇌의 관계라는 특정한 틀 안에서 이루어 졌다는 사실은 바로 이 연구가 얼마나 중요하고 핵심적인 것인가를 드러내 주는 사실일 뿐만 아니라, 이 연구의 역사도 결국은 이 학문 내에서의 그것의 역사를 통해서 파악하는 것이 제일 합리적이라는 것을 드러내주는 사실이기도 하다. 그러나 지난 150년 동안의 이 학문의 역사는 크게는 이 학문 전체에 대해서이고, 작게는 이 연구에 대해서 보다 근원적인 사실을 노정시켰다. 다시 말하자면 지난 150년의 역사를 통하여 우리는 크게는 뇌에 대한 연구이고 작게는 언어와 뇌의 관계에 대한 연구에서 그 동안에 쓰인 뇌과학적인 접근법에는 일정한 한계성이 있음을 알게 되었다.

물론 한 학문의 역사치고서 150년이란 그렇게 긴 기간이 아니다. 또한 보기에 따라서는 이 학문의 역사는 부정적으로보다는 오히려 긍정적으로 평가해야 옳다고 주장할 수도 있다. 이런 입장에 서있는 사람들은 예컨대 우리가 뇌의 구조나 특성 등에 대해서 지금만큼의 과학적인 지식을 갖게 된 것도 모두 이 학문에서의 그동안의 연구 덕분이고, 또한 언어처리나 언어습득과 관련하여 측위화의 현상이나 언어영역과 여타 영역간의 밀접한 협조성 등에 대해서 지금만큼의 지식을 갖게 된 것도 모두 여기에서의 지금까지의 연구덕분이라고 주장할 것이다. 그리고 이런 사람들은 틀림없이 우리의 두뇌 자체가 150년의 연구로는 제대로 구명이 되지 않을 정도로 정교하고 난해한 것이지, 그것에 대한 접근법에 문제가 있는 것은 아니라고 주장할 것이다.

그렇지만 솔직히 말해서 이 학문에서는 애초에 진화론에 있어서의 Darwin의 위치나 언어이론에 있어서의 Chomsky의 위치를 차지할 만한 대이론가가 없어서인지, 그 동안에 엄청난 양의 연구업적이 나왔음에도 불구하고, 여전히 실어증이나 언어처리절차에 대해서 결정적인 이론 하나가 발표되지 못하고 있다. 예컨대 오늘날에도 「Brain」을 위시하여 「Brain and Language」, 「Neurology」, 「Archives of neurology」, 「Scientific American」 등과 같은 학술지를 통해서 실어증에 대한 수많은 연구논문이 나오고 있지만 브로카 실어증과 베르니케 실어증을 구분 지을 수 있는 명확한 기준부터가 아직도 정해진 바가 없다.

그런데 더 큰 문제는 이 학문에서 이런 비능률적인 현상은 일시적인 것이 아니라 고질적인 것이라는 데 있다. 예컨대 Broca 이후 실어증 연구의 선구자의 역할을 했던 Henry Head(1926)가 초기 50여 년 간의 연구결과를 「실어증과 유사 언어 장애증(Aphasia and Kindred disorders of speech)」이라는 책으로 정리했는데, 총 일곱 개의 장중 여섯 번째 것의 제목을 「혼돈(chaos)」으로 붙였을 정도로 그의 평가는 자못 비관적인 것이었다. 그런데 그로부터 또 50년 정도가 지난 1968년에 R. Brain은 「언어신경학(The Neurology of Language)」이라는 논문에서 이 당시의 연구현황을 살피면서 「만약에 Head가 실어증에 대해서는 오늘날에 여전히 상충된 견해가 표현되고 있다는 사실을 예견할 수 있었다면, 상황이 그때보다 더 질서정연하다고 보지 않았을 것이다.」와 같은 말을 했다(p.310). 물론 그의 이런 냉엄한 자기비판은 그 후 다시 40여 년이 지난 오늘날도 똑같이 적용될 수가 있다.

이렇게 보자면 뇌과학은 오늘날 중대한 기로에 서 있는 셈이다. 그중의 한길은 실어증 중심의 지난 150년간의 전통을 그대로 유지해 가는 것이고, 다른 한길은 진화론적 학풍이나 언어학적 학풍 쪽으로 그것을 대폭 수정 내지는 보완하는 것이다. 만약에 두 번째 길을 이 학문이 택하게 된다면 지난 150년 동안을 일종의 단일학문으로서의 뇌과학의 정립기로 치자면 앞으로의 150년은 그것이 일종의 학제적 학문으로 변신하는 격상기가 될 수 있을 텐데 실제로는 이런 가능성이 높지가 않다. 그러나 만약에 뇌과학자들이 크게는 뇌의 구조나 기능에 관한 연구이고 작게는 언어와 뇌의 관계에 대한 연구를 주관해 나갈 학자는 결국 자기네들이라는 사실을 한 번 깊게 인식한다면, 다른 학문으로부터의 도움을 받아서라도 지금의 뇌과학의 능력과 수준을 한 단계 높이는 것이 자기네들에게 주어진 중요한 임무라는 것도 같이 인식하게 될 것이다.

1) Broca의 브로카 영역설

우리는 언어신경학자나 뇌과학자들은 으레 자기네 학문이 시작한 해를 지금으로부터 약 150년 전인 1861년에 프랑스의 외과의사 겸 생리학자인 Paul Broca가 「파리 인류학회」에서 이른바 「브로카 영역」에 관한 논문을 발표한 해로 잡고 있다는 사실 하나만으로써 그가 이 학문의 시조 같은 존재라는 것을 익히 알 수 있다. 실제로 그가 발표한 논문의 내용은 뒷날에 가서 그의 이름을 따서 「브로카 영역」으로 명명이 된 언어 전담 영역이 뇌 안에 따로 있다는 것이었으니까 지금의 학문적 수준으로 보았을 때는 비교적 단순한 것이라고 볼 수도 있다. 그러나 이 논문의 의의와 가치는 실로 기념비적인 것이라는 것을 우리는 다음과 같은 몇 가지 사실을 통해서 쉽게 알 수가 있다.

첫 번째로 이것은 뇌의 구조나 기능에 관한 연구 중 가장 손쉬우면서도 실질적인 것이 바로 실어증에 관한 것이라는 것을 뇌과학자들에게 알려주는 논문이었다. 물론 무엇보다도 중요한 사실은 그의 논문은 21년간 실어증을 앓아온 「Tan」이라는 환자에 대한 집중적인 연구와 그 후 8명의 실어증 환자에 대한 보완적인 연구가 바탕이 되었다는 점이었다. 그러니까 결국 그는 처음으로 실어증 가운데는 뒷날에 「브로카 실어증」이라고 명명이 된 실문법증이 있다는 사실을 밝혀낸 것이다. 이렇게 볼 것 같으면 그는 뇌과학이나 신경학의 선구자였을 뿐만 아니라 실어증학의 선구자이기도 했던 것이다.

두 번째로 그는 해부학적인 방법에 의해서 이 영역의 위치를 정확하게 밝히는 데 성공함으로써 뇌과학 연구의 기본 방법은 역시 해부학적인 것이라는 사실을 후배들에게 알릴 수 있었다. 그는 자기 논문에서 이것의 자리가 바로 좌반구의 전두엽의 후단부, 즉 실비우스 열구의 윗부분이라고 밝혔었는데, 이런 사실은 그가 실어증 환자의 두뇌를 해부함으로써 알아낸 것이었다. 그가 이런 작업을 하게 된 것은 물론 이 영역에 이상이 있게 되면 실문법증이라는 실어증이 생기게 된다는 것을 실증하기 위해서였다. 다시 말해서 그는 실어증과 뇌손상과는 일정한 상관관계가 있음을 최초로 실증한 생리학자였다.

세 번째로 그는 그로부터 4년 후인 1865년에 좌뇌 측위화 현상이나 두뇌 조직의 비대칭성에 대해서 다른 논문을 발표할 수 있을 만큼 뇌의 전체구조와 기능에 대해서 상당한 양의 과학적인 지식을 가지고 있었다. 예컨대 그는 좌뇌의 일정한 영역이 손상을 입게 되면 언어장애증이 일어나는 데 반하여 우뇌의 상응영역이 그렇게 되는 경우에는 그런 장애증이 나타나지 않는다는 사실을 근거로 내세워서, 언어에 관련된 작업은 모두가 좌뇌에서 이루어짐이 분명하고, 그런 의미에서 좌뇌와 우뇌는 서로 다른 기능을 수행하고 있음도 분명하다고 보았다. 그러니까 그는 과학적인 방법에 의해서 뇌의 구조와 기능을 구명한 최초의 뇌과학자였던 셈이다.

그런데 사실은 그의 업적이 기념비적인 것이라는 것은 그 후에 와서 분명해졌다. 크게 보았을 때 우리는 다음과 같은 두 가지 의미에서 그의 업적을 기념비적인 것으로 볼 수 있는데, 그중 첫 번째 것은 바로 그의 업적이후 오늘날까지도 실어증 중심의 뇌과학 연구의 전통은 끊임없이 이어져오고 있다는 사실이다. 다시 말하자면 그로 인하여 언어처리의 문제를 뇌과학의 기본과제로 삼는 학풍이 생겨난 것이다. 그중 두 번째 것은 그가 내세웠던 브로카 영역을 중심으로 한 여러 가지 이론들이 그 후 뇌과학의 능력과 수준을 오늘날의 것으로까지 끌어올리는 데 원동력이 되었다는 사실이다.

우선 지금까지의 연구 중 많은 것들이 그의 이론의 타당성을 검증하는 데 매달려왔다. 그 결과는 물론 다분히 긍정적인 것이어서, 좌뇌 손상자의 경우에는 70%가 실어증에 걸리는데 반하여 우뇌손상자의 경우에는 1%만이 실어증에 걸린다는 사실을 밝혀낸 연구이었다. 그 다음으로 지금까지 이 학문에서는 이미 「좌반구설」이나 「뇌구조의 비대칭성」, 「언어 습득의 결정적 시기설」과 같은 그의 이론에 근거했거나 그것과 연관된 몇 가지의 중요한 신경언어학적 이론들이 세워지게 되었다. 쉽게 말해서 그 동안의 뇌과학이나 신경언어학의 발달은 그의 이론이 중심이 되어서 이루어진 것이다.

세 번째이며 마지막으로 특히 최근에 와서 그의 이론은 진화론이나 언어학과 뇌과학이 협조적으로 발전할 수 있는 근거가 되어 주었다. 예컨대 그의 「브로카 영역설」은 바로 언어학 측에서 내세우는 내재설이나 모듈성 이론을 직접적으로 뒷받침할 수 있는 것이기에, 언어학자들은 이제야말로 정식으로 생물언어학을 출발시킬 수 있는 때라고 주장하게 되었다. 또한 그가 내세우는 브로카 영역은 진화론자들이 자기네들의 선택적 적응이론의 타당성을 검토하는 시험장이 될 수 있었다.

오늘날 뇌과학계에서 더 이상 논쟁의 여지가 없이 확실하게 이미 실증된 사실중의 하나로 받아들여지고 있는 것이 「브로카 영역」과 「베르니케 영역」이 두 곳의 뚜렷한 언어 전담영역이라는 것이다. 따라서 Broca가 공헌한 바를 논하면서 Carl Wernicke가 공헌한 바를 논하지 않는다는 것은 정당하지 못하다. 그가 이른바 「베르니케 영역」을 발견한 것은 Broca

가 「브로카 영역」을 발견한지 13년 후인 1874년인 데다가, 그의 언어처리 이론은 어떤 의미에서는 Broca의 것에 대한 일종의 수정 이론이라고 볼 수도 있다. 그러니까 일단은 뇌과학 발전의 역사에서 그가 기여한 것은 Broca가 기여한 것만은 못하다고 보는 것이 맞는 말이다.

그렇지만 우리는 「브로카 영역」이 그랬듯이 「베르니케 영역」도 그의 이름을 따서 명명되었다는 사실 하나만으로써 그의 업적이 실제로는 Broca의 그것에 버금가는 것이라는 것을 익히 알 수가 있다. 독일의 의사였던 그는 우선 Broca가 사용했던 연구방법을 그대로 답습해서 언어를 전담하는 영역에는 「브로카영역」이외에 「베르니케영역」이 또 있다는 사실을 밝혀냈다. 그가 발견한 이 제2의 언어영역은 바로 좌뇌의 측두엽의 아랫부분에 있었다. 이와 함께 그는 이 영역에 손상이 있게 되면 브로카 영역에 손상이 있게 되었을 경우와 전혀 다른 성격의 언어장애가 생겨나게 된다는 사실도 밝혀냈다. 뒷날에 가서 그가 찾아낸 실어증은 「베르니케 실어증」이나 「이해적 실어증」으로 이름이 붙여져서, 실문법증 실어증이나 「브로카 실어증」과 대비를 이루게 되었다. 즉, 실어증학자들은 「브로카 실어증」은 주로 언어의 생산절차에 이상이 생기는 증상인데 반하여, 이 실어증은 주로 언어의 이해절차에 이상이 생기는 증상으로 보았던 것이다.

그 다음으로 그는 여기에서 한 걸음 더 나아가서 하나의 결합주의적 언어처리 모형을 제시하기도 했다. 그가 보기에는 좌뇌의 「브로카 영역」이 주된 언어 영역인 것은 틀림이 없지만, 그렇다고 해서 그곳 한곳만이 언어처리시에 작동되는 것은 아니었다. 다시 말해서 그는 언어처리시에는 「브로카 영역」과 「베르니케 영역」, 「시각 영역」 등이 결합적으로 움직이게 된다고 생각했던 것이다. 이 모형은 그 후에 가서 Geschwind (1979)에 의해서 「베르니케-게쉬윈드 모형」으로 발전이 되었을 만큼 그

동안 내내 뇌과학 학계에서 가장 그럴싸한 언어처리 모형으로 받아들여 졌었다.

2) Penfield와 Roberts의 「언어와 두뇌기구」

오늘날 대부분의 뇌과학자들은 Broca와 Wernicke의 업적 이래 1959년에 나온 W.Penfield와 L.Roberts의「언어와 두뇌 기구(Speech and Brain Mechanism)」라는 책만큼 작게는 실어증학의 발전이고 크게는 뇌과학의 발전에 크게 기여한 연구업적은 없다는 사실에 동의를 한다. 아마도 이 책의 가치와 기여성이 얼마나 큰가하는 것을 단적으로 나타낸 말이 일찍이 Lenneberg가 이것의 서평의 모두에서 한「펜필드와 로버쓰의 새 책은 이 이론적으로 말이 많은 분야에서 사실과 환상 간에 바람직한 균형을 이루고 있고, 언어 행위에 대한 생리학적 연구와 관련하여 그전까지 보고된 바가 없는 엄청난 양의 자료를 제공하고 있다는 의미에서 하나의 陸標와 같은 것이다」라는 말일 것이다(pp.333~334).

이 책에 의하면 이들이 실어증학이나 뇌과학의 발전에 기여한 바는 크게 세 가지라고 볼 수가 있다. 첫 번째로 이들은 실어증이나 뇌기구의 연구에 쓰일 수 있는 방법 중 최선의 것은 바로 임상실험법이라는 사실을 드러내주었다. 임상 실험법이란 간단히 말해서 간질병과 같은 뇌질환을 앓고 있는 환자가 필요한 뇌수술을 받는 과정과 그 후에 어떤 언어장애를 갖게 되는가를 관찰하는 방법으로서, 실어증이 결국은 심리적 현상이 아니라 생리적 현상이라는 사실을 밝히는 데 이것만한 것이 있을 수가 없었다.

카나다의「몬트리올 신경 연구소(Montreal Neurological Institute)」에서 신경외과 의사로 근무하면서 이들은 무려 273명의 간질병 환자에게 환부를 제거하는 뇌 수술을 시술하게 되었는데, 이런 수술에서 제일 문제가 되는 것이 바로 어떻게 하면 환자가 실어증에 걸리지 않게 하는가였다.

이들은 우선 뇌피질의 특정한 영역에 전기적 자극을 주어서 그것에서 오는 결과를 관찰하는, 전기자극법을 사용하였다. 예컨대 좌뇌의 언어영역에 전기적 자극을 가하게 되면 환자는 으레 말하는 어려움을 겪거나 아니면 무슨 말인지 알 수 없는 모음 같은 소리를 내거나 하는 반응을 보였다.

그 다음으로 이들은 주사기로 경동맥에 마약을 집어넣어서 뇌를 억제된 상태에 있게 하는 약물간섭법을 사용하였다. 좌우 두 개의 경동맥에 시간차를 둔 상태에서 차례로 마약을 주입함으로써 이들은 일단 좌뇌의 지배성이나 두뇌의 비대칭성 등을 분명하게 확인할 수 있었다. 그렇지만 이 방법은 실어증 연구에는 아무런 도움을 줄 수 없는 것이라는 사실도 밝혀졌는데, 그 이유는 마약을 주입받은 환자는 일종의 무의식의 상태에 빠지게 되어서 정상적인 대화행위를 수행할 수 없게 되기 때문이었다.

두 번째로 이들은 두뇌의 구조와 기능에 관해서 그 동안까지 알려진 사실들을 다시 한 번 확인해 주었을 뿐만 아니라 그것을 좀 더 확대하거나 보완해 주기까지 했다. 이들이 얻어낸 지식은 크게 두 종류의 것이라고 볼 수가 있는데, 그중 첫 번째 것은 운동영역과 감각영역의 기능에 관한 것이었다. 이들은 전기자극법을 이용하여 뇌과학의 역사상 처음으로 여러 신체부위의 움직임을 통제하는 운동영역과, 여러 신체 부위로부터 감각적 정보를 입수하는 감각 영역을 신체 부위 별로 세분화하는 데 성공했다. 알기 쉽게 하기 위하여 이들은 이 결과를 두 명의 난쟁이가 각각 뇌의 둥근 바깥표면에 등을 대고 기대어있는 그림으로 나타냈는데, 이것에 의하면 이들 난쟁이들은 하나같이 유난히 큰 얼굴과 손에 짧은 다리가 직접 붙어있는 모습을 하고 있었다. 이것은 물론 전두엽에 있는 운동영역에서 통제하는 신체부위가 얼굴이나 입, 손등에 집중되어 있듯이, 두정엽의 감각영역에 감각적 정보를 대주는 곳도 그런 몇 곳에 집중되어 있다는 의미였다.

그 밖에 이들은 운동영역의 운동통제 방식이, 우반구의 그곳은 왼쪽에 있는 신체부위들의 움직임을 통제하는 데 반하여 좌반구의 그 곳은 오른쪽에 있는 신체부위들의 움직임을 통제하는 식으로 상호 교차적인 사실도 밝혀냈다. 이런 현상은 그런데 언어처리는 으례「교차적 듣기(diachotic listening)」에 의해서 이루어진다는 사실과 일치하는 것이다. 즉, 두 반구의 운동영역이 각각 반대쪽 신체부위의 동작을 통제한다는 것은 곧 오른쪽 귀로 들어온 언어음은 좌뇌에 송부되어 처리되는데 반하여 왼쪽 귀로 들어온 언어음은 우뇌에 송부되어 처리되는 현상과 비슷한 것이다.

이들이 획득한 지식 중 두 번째 종류의 것은 언어처리와 관련된 것인데, 책의 제목이 익히 말해주고 있듯이 실어증학이나 뇌과학의 발달에 획기적으로 기여를 한 것은 첫 번째 종류의 것이 아니라 바로 이 두 번째 종류의 것이다. 언어처리와 관련하여 이들이 발견한 사실 중 중요한 것은 크게 세 가지라고 볼 수가 있는데, 그중 첫 번째 것은 좌반구가 역시 언어처리를 전담하는 반구라는 사실이었다. 이들의 연구에 따르면 이 점에서는 왼손잡이와 오른손잡이 간에 아무런 차이가 없었다.

그중 두 번째 것은 언어처리의 3대 거점은 브로카 영역과 베르니케 영역, 보조운동 영역이라는 사실이었다. 이들이 발견한 이 사실은 두 가지 점에서 특별한 의미를 지니고 있었다. 첫 번째로 이것으로써 일찍이 Broca가 내세웠던「브로카 영역설」의 타당성을 재확인할 수 있었다. 이들은 많은 환자들에 대한 임상적 연구를 통하여 다른 영역의 제거는 그렇지 않은데 반하여, 유독 브로카 영역의 제거만은 영구적 실어증의 원인이 된다는 사실을 밝혀냈다. 두 번째로 이것으로써 그 동안까지 가장 지배적인 모형으로 받아들여졌던 Wernicke의「연합적 언어처리 모형」이 크게 수정을 받게 되었다. 이들의 연구를 통해서 결국 언어처리시에는 전두엽의 로란도 열구 근처에 있는 보조운동영역도 브로카 영역이나 베르니케 영역에 못지않는 역할을 수행하게 된다는 사실이 처음으로 밝혀지게 된 것이다.

그중 세 번째 것은 좌뇌에는 이름 붙이기나 읽기, 쓰기 등을 전담하는 영역이 따로 존재하지 않는다는 사실이었다. 예컨대 좌뇌의 측두엽과 후두엽이 연결되는 영역에 손상을 입게 되면 으레 시각적 인식력이 떨어지면서 가벼운 부전실어증이 나타나곤 했다. 그러나 그 자리를 읽기나 쓰기를 전담하는 영역으로 볼 수는 없었다. 이런 사실은 물론 실독증이나 실서증의 원인은 생각보다 훨씬 더 복합적인 것이라는 것을 드러내주고 있었다. 일반적으로 실서증은 시각영역과 청각영역을 연결하는 각상회에 이상이 있으면 발생되는 것으로 알려져 있는데, 이들의 연구결과로는 이것도 확실한 사실이 아니었다.

세 번째로 이들은 이 책이 나온 지 50여 년이 지난 오늘날까지도 언어신경학자나 뇌과학자들 사이에서 가장 뜨거우면서도 본질적인 쟁점거리로 받아들여지고 있는 두 가지 중요한 가설을 내놓았다. 이중 첫 번째 것은「중앙 뇌수체계」이론으로서, 이것은 크게 두 가지 측면에서 그 동안까지의 언어처리에 관한 학설에 대한 새로운 도전이라고 볼 수가 있다. 이것은 첫 번째로 언어처리의 절차를 몇 가지 모듈들의 자율적인 작동의 절차로 보려는「국부론」과, 그것을 중앙통제부의 통제 하에서 뇌 전체가 조직적으로 작동되는 절차로 보려는「전체론」사이의 싸움에서 후자의 손을 맞다고 들어주는 가설이다.

그게 그렇다는 것은 이들이「중앙 뇌수체계」에 대한 정의를「이것은 뇌간 내에 있는 중앙체계로서 한 반구 안의 서로 다른 부위에서 수행되는 여러 가지 기능들을 통합시키는 일을 책임지게 된다」라고 내리고 있다는 사실로써 익히 알 수가 있다(p.21). 앞에서 이미 살펴보았듯이 최초의 뇌과학자격인 Broca는 아니었을지 몰라도 그 후의 뇌과학자들은 대부분이

「전체론」쪽으로 의견이 기울어져 있었다. 그러나 최근에 이르러 이 학문이 Chomsky의 언어이론의 영향을 받게 되면서 「국지론」쪽으로 일부 사람들의 견해가 돌아가기 시작했다. 그러니까 이들의 「중앙뇌수 체계」이론은 뇌과학자들 사이에서 언제라도 다시 열띤 논쟁거리가 될 수 있는 것이다.

이 가설은 두 번째로 시상의 기능에 대해서 이들의 발상법보다 더 확대된 견해도 가질 수 있는 가능성을 열어놓은 것이다. 이들의 주장에 따르자면 「중앙뇌수 체계」가 자리하고 있는 것은 바로 시상의 아랫부분이니까 결국 시상의 역할 중 한 가지가 언어처리절차를 통합하고 조정하는 일이라는 말이 된다. 그렇다면 응당 여기에서 시상의 중앙 통제적 기능이 과연 언어처리시에만 한정적으로 발휘되느냐, 아니면 다른 행동이나 인지절차가 수행되는 때도 똑같이 발휘되느냐의 문제가 제기될 수가 있다.

예컨대 이미 뇌과학에서는 이 사상이 감정 작용이나 기억작용을 수행하는 데 있어서도 해마상 융기나 편도체등과 함께 일정한 역할을 담당하게 된다는 사실이 밝혀져 있다. 그리고 이름 그대로 이 부위의 주된 기능은 시각작용을 통제하는 것이다. 그러니까 일단 사람에 따라서는 얼마든지 이들이 내세운 가설을 언어처리시로 제한할 것이 아니라 다른 행동을 할 때나 감정작용시, 인지작용시 등으로 확대할 수도 있다고 생각할 수가 있다. 이런 발상법은 또한 우리의 일반적인 행동이나 언어행위가 많은 경우에서 행위자의 태도나 감정 상태와 밀접하게 연관되어 있다는 사실에 의해서도 뒷받침될 수 있다.

이들이 내놓은 가설 중 두 번째 것은 「신경적 유연성」의 이론인데, 이것은 크게는 뇌의 구조나 기능적 특성 중 가장 중요한 특성으로 간주될 수 있는 것인 데다가, 작게는 좌뇌의 지배성의 이론이나 특수언어 영역의 이론과 같이 언어습득이나 언어처리에 관한 이론과 직결되어 있는 것이기에 뇌과학자들 사이에서 그동안 내내 가장 뜨거운 논쟁거리가 될 수밖에 없었다. 쉽게 말하자면 이 이론은 인간의 두뇌에서의 영역과 기능간의 관계는 경우에 따라서는 한 영역에서 수행하던 일을 다른 영역에서 수행할 수 있을 만큼 유연한 것이라는 것이기 때문에, 만약에 이 이론의 타당성이 인정된다면 그 동안에 내세워진 많은 실어증이나 언어처리에 관한 이론들은 당연히 일정한 조건이나 예외 사항을 인정하는 이론으로 바뀌게 마련인 이상, 뇌과학계에서는 이것의 타당성에 대한 논란이 계속될 수밖에 없었던 것이다.

물론 이들이 이 가설을 제안하게 된 것은 수많은 뇌 환자를 상대로 한 임상적 연구가 있었기 때문이다. 예컨대 이 책의 여러 곳에서 이들은 한 영역에서 수행하던 기능을 다른 영역에서 「인계」하는 것은 얼마든지 있을 수 있을 뿐만 아니라 실제로 일어나고 있는 일이라는 말을 하고 있다. 그리고 무엇보다도 중요한 사실은 Lenneberg가 그의 서평에서 명확히 지적했듯이, 이 무렵에는 이미 Gellhorn이나 Sperry, Weiss등과 같은 저명한 뇌과학자들의 의견이 이런 이론과는 정반대쪽으로 기울어져 있었다는 것이다. 그러니까 이들이 내놓은 이 이론은 다분히 혁명적이거나 반전통적인 성격의 것이었던 것이다(pp.346~7).

그러나 이것의 타당성에 대한 논쟁은 그 후 내내 어느 쪽으로든 쉽게 결판이 날 수 없었는데, 그 이유는 일부 뇌과학자들에 의해서 어릴 때 좌반구에 이상이 있어서 언어능력을 상실하게 된 환자의 경우에는 얼마 후에는 우반구에서 그 기능을 수행하게 된다는 사실이나, 8세나 10세 이전에 좌반구 쪽의 뇌질환으로 실어증에 걸린 경우에는 머지않아서 언어능력이 회복될 가능성이 매우 높다는 사실 등이 밝혀졌기 때문이다. 그러니까 결국 Lenneberg의 말을 그대로 빌리면 이들이 말하는 「인계」가 정확히 어떤 의미인가의 문제를 놓고서 뇌과학자들의 의견은 언제나 쉽게 갈라질 수가 있는 것이다(p.346).

3) Lenneberg의 「언어의 생물학적 기저」

우선 이들의 고전적 가치로 보아서는 Lenneberg가 1967년에 낸 「언어의 생물학적 기저(Biological Foundations of Language)」라는 책은 그보다 몇 년 앞서서 Penfield와 Roberts가 낸 책에 못지않은 것이다. 그러니까 그에게는 뇌과학이나 생물언어학의 발전에 누구의 업적이 가장 큰 기여를 하게 되었는가를 알아볼 수 있는 능력만 있었을 뿐만 아니라 스스로 그렇게 할 수 있는 능력도 있었던 것이다. 그리고 무엇보다도 놀라운 사실은 신경학자나 뇌과학자가 아니라 정신의학자인 그에게 Penfield와 Roberts의 책의 높은 가치를 발견할 수 있을만한 능력이 있었다는 점이다.

그런데 어떤 의미에서는 그의 책이 그 후 뇌과학이나 생물언어학의 발전에 기여한 바는 Penfield와 Roberts의 책이 기여한 것보다도 훨씬 더 컸다고 볼 수도 있는데, 그 이유는 그들의 책은 이미 설정된 신경학이나 뇌과학의 지식을 넓히는 데 일정하게 기여를 했는데 반하여, 그의 책은 앞으로 생물언어학이라는 새로운 학문이 태어나게 되는 데 일종의 산파역을 담당하게 되었기 때문이다. 바꾸어 말하자면 일단 그들의 책을 일종의 미시적 뇌과학의 발전에 큰 공로를 세운 것으로 보면 그의 책은 거시적 뇌과학의 발전에 큰 공로를 세운 책으로 볼 수가 있는 것이다.

이 책이 그동안에 생물언어학의 탄생에 일종의 산파역을 담당하게 되었다는 것은 크게 두 가지 사실을 통해서 확인될 수가 있다. 그중 첫 번째 것은 생물언어학의 중요성을 역설하기 시작한 1980년대부터는 Chomsky가 이 책을 자기의 언어이론의 타당성을 생물학적으로 뒷받침하는 것으로 내세우게 되었으며, 그래서인지 그 후부터는 이 책의 제목인 「언어의 생물학적 기저」라는 표현이 다른 언어학자들 사이에서도 자주 쓰이게 되었다는 사실이다. 예컨대 그는 1980년에 낸 「규칙과 표현(Rules and Representations)」이라는 책의 제5장의 제목을 「언어능력의 생물학적 바탕에 대하여(On the Biological basis of language capacities)」로 정하고서 이 장의 서두에서 「이 장의 제목은 물론 지금은 이 분야의 고전이 된 에릭 레너버그의 언어와 생물학에 대한 주된 연구서(1967)에서 따온 것이다」라는 말과 함께 일찍이 그가 이 책에서 「언어연구의 과제를 「바로 인간의 생물학적 성격의 일면을 생리학을 연구하듯이 연구하는 것」이라고 본 것은 맞는 일이라는 말을 하고 있다(p.185).

  그중 두 번째 것은 이 책과 그 밖의 많은 논문을 통해서 그가 생물언어학의 탄생의 당위성과 그것이 나아갈 방향등에 관해서 일종의 선각자적인 설명을 했다는 사실이다. 두말할 필요도 없이 Chomsky가 그의 저서나 말을 원용하게 된 것은 궁극적인 의미에서는 그의 언어관은 자기의 그것과 같다고 판단했기 때문이다. 이런 의미에서 볼 것 같으면 첫 번째 사실은 바로 이 두 번째 사실이 원인이 되어 나타난 하나의 현상에 불과하다. 아마도 Chomsky는 정신의학자가 쓴 「언어의 생물학적 기저」 같은 책이야말로 천만의 원군에 해당하는 것이라고 생각했을 것이다. 그가 「언어의 형식적 성격(The formal nature of language)」이라는 제목의 글을 이 책의 부록으로 실었다는 사실이 이 점을 익히 뒷받침하고 있다.

  생물언어학과 관련된 그의 선각자적인 생각은 이 책이 나오기 3년 전에 발표된 「언어의 생물학적 전망(A biological perspective of language)」라는 논문에 잘 요약되어있다. 그런데 이것에 정리되어 있는 그의 언어관이나 언어연구관은 간단히 말해서 Chomsky의 그것과 너무나 흡사하다. 한 가지 흥미로운 것은 여기에서 언어의 보편성을 논하면서 Chomsky가 1957년에 낸 「통사적 구조(Syntactic Structures)」가 언급되고 있다는 사실이다. Chomsky의 내재주의적인 언어관이 정식으로 발표된 것은 1965년에 나온 「통사이론의 양상(Aspects of The Theory of Syntax)」라는 책에서였다. 이런 점으로 보아서도 생물언어학적 발상법에 관한 한 그가 Chomsky보다 한 발 앞서 있었다는 것이 분명하다.

그가 이 논문에서 밝히고 있는 것은 크게 왜 언어는 앞으로 생물학적으로 연구 되어야 하는가 하는 생물언어학의 당위성에 관한 것과, 그렇다면 이 학문은 앞으로 어떤 것들을 주된 연구과제로 삼아야 하겠는가하는 연구방법론에 관한 것 등의 두 가지라고 볼 수가 있는데, 두말할 필요 없이 Chomsky의 눈을 특별히 끌 수 있었던 부분은 첫 번째 부분이다. 그가 생물언어학의 당위성이나 필요성과 관련하여 밝히고 있는 바는 크게 두 가지인데 흥미롭게도 이들 두 가지는 바로 Chomsky가 언어학의 궁극적인 목표로 내세우고 있는 것들이다.

이들 중 첫 번째 것은 생물언어학의 탄생의 당위성에 관한 것인데, 그는 여기에서 인간언어의 특성중 제일 중요한 것은 바로 그것은 오직 인간만이 가지고 있는 것이라는 점과, 그것은 학습된 능력이 아니라 내재적인 능력이라는 점인데, 그런 사실을 구명하기 위해서는 결국 앞으로는 언어연구는 마땅히 생물학적으로 접근되어야한다고 주장하였다. 그런데 사실은 이런 말은 Chomsky가 자기 언어이론의 철학적 기저로 삼았던 말이다. 그는 처음부터 자기 언어이론이 다른 어느 것보다 나은 것은 바로 이것에서는 인간언어의 종 특이성과 그것의 내재성을 밝히는 것을 궁극적인 목표로 삼고 있기 때문이라고 주장했다.

이들 중 두 번째 것은 생물언어학의 궁극적인 목적에 관한 것인데, 이것 역시 Chomsky가 내세우는 언어연구의 궁극적인 목적과 똑 같다. 예컨대 이 논문의 결론을 그는 「결론적으로 나는 이상과 같은 고려사항들은 하나의 가설을 설정하고 인간성에 대한 연구를 위한 새로운 방향을 촉진하는 데 기여하게 된다는 점을 강조하고 싶다. 그러나 제시된 사실들이 하나의 이론을 구성하지는 않는다. 미래에 가서 그들이 하나의 이론으로 발전되기를 다 같이 바라자」처럼 내리고 있는데, 여기에서 우리는 이들 간의 한 가지 공통점과 한 가지 차이점을 찾아 볼 수가 있다(p.85).

이들 간의 한 가지 공통점이란 바로 언어학의 궁극적인 목적을 인간성의 파악으로 잡았다는 점이다. Chomsky의 언어이론의 제일 큰 특징은 언어학을 하나의 인간학으로 규정했다는 점이다. 즉, 그는 처음부터 언어는 결국 인간특유의 것일 뿐만 아니라 그의 정신기구의「거울」이기 때문에 그것의 목적을 작게는 그의 인지능력의 파악이고, 크게는 그의 본성의 파악에 두어야한다고 주장했다. 그러나 이렇게 고차원적인 언어학이 과연 언제쯤 탄생될 것인가의 문제를 놓고서는 이들은 거의 정반대적인 의견을 내놓고 있다. 그는 분명히 여기에서 미래에 그런 언어학이 태어나기를 바랄뿐이라는 말만을 하고 있다. 그에 반하여 Chomsky는 처음부터 자기가 내세우는 보편문법이론이 바로 그런 언어학이라는 태도를 보여 왔다. 두말할 것 없이 바로 이런 차이점은 오늘날의 생물학자와 언어학자들 사이에서도 여전히 찾아볼 수 있는 것이다.

그가 이 논문에서 두 번째로 밝히고 있는 것은 생물언어학의 연구과제나 영역에 관한 의견인데, 이 학문이 결국에는 얼마나 앞으로 갈 길이 멀고 종합과학적인 학문인가하는 것을 익히 드러내 주고 있는 부분이 바로 이 부분이다. 그는 우선 여기에서 언어능력의 생물학적 특이성을 일단 인정할 수밖에 없는 이유로 다음과 같은 다섯 가지를 들고 있는데, 따지고 보자면 이들 다섯 가지 이유는 바로 생물언어학의 연구영역에 해당한다. 예컨대 그는 1) 생리학적 상관관계와 2) 발달적 계획성, 3) 언어억제의 어려움, 4) 언어교육의 불가능성, 5) 언어의 보편성 등의 다섯 가지를 그 이유로 내세우고 있는데, 이들 하나하나의 타당성 여부를 구명하는 일을 생물언어학의 과제로 보면 그 영역은 1) 뇌과학적인 것과 2) 언어습득학적인 것, 3) 비정상아들의 언어습득에 관한 것, 4) 영장류에 대한 언어교육에 관한 것, 5) 언어구조의 보편성에 관한것 등으로 나뉠 수 있다(pp.65~68).

그는 그 다음으로 일단 이상과 같은 다섯 가지의 고려사항을 통해서 「언어는 여러 가지의 생물학적 기구에 기초한 하나의 종 특이적인 특성」이라는 사실이 밝혀진 연후에는 생물언어학자들에게는 응당 아래와 같은 세 가지의 질문에 대한 대답을 찾아내어서 결국에는 그 기구의 구체적인 실체를 밝혀야할 책무가 주어지게 된다는 주장을 하고 있다. 그들 질문은 1) 행동이나 형식의 유일성은 진화라는 측면에서 받아들여질 수 있는가, 2) 언어적 성향의 유전적 기저에 대한 증거가 있는가 3) 언어적 성향은 「지적능력」의 일반적인 증가에 따르는 하나의 단순한 결과인가, 아니면 우리는 어떤 「언어 특이적인」 상관관계를 가정해야 하는가처럼 되어 있다(p.69).

그가 던진 이들 세 가지 질문을 그가 제안한 세 가지 연구 영역으로 간주하면 그들은 1) 진화론적인 영역, 2) 유전학적인 영역, 3) 비교심리학적인 영역처럼 된다. 이렇게 보면 그가 이 논문에서 제안하고 있는 생물언어학의 연구 영역에는 모두 여덟 가지가 있는 셈이다. 이것을 다시 기존의 학문별로 정리해 보자면 생물언어학의 접근법에는 뇌과학적인 것을 비롯하여, 심리학적인 것, 언어습득학적인 것, 언어학적인 것, 진화론적인 것, 유전학적인 것, 동물행동학적인 것 등이 있다는 말이 된다. 이것은 곧 앞으로 생물언어학은 지금까지는 유례를 찾아볼 수 없는 대단한 종합과학의 모습을 띠게 된다는 말이나 같은 말이다.

그런데 사실은 그는 언어습득의 「결정적 시기설(The critical period hypothesis)」의 창안자로서 더 유명하다. 앞에 열거한 여덟 가지의 연구영역 중 언어습득과정에 관한 것이 그의 전문영역이었던 것인데, 이 영역에서 그의 연구는 이 유명한 가설을 낳을 수 있을 만큼 독보적이고 광범위한 것이었다. 다시 말하면 그는 그 동안에 연구 과제나 영역별로 수많은 학자들이 얻어낸 연구결과들의 타당성을 언어습득의 절차를 통해서 확인할 수 있었던 것이다.

그런데 어떤 의미에서 보자면 이 가설이 그토록 유명해진 것은 거의 같은 시기에 출현한 Chomsky의 언어이론 때문이라고 볼 수도 있다. Chomsky가 자기의 내재설의 근거로 내세운 것은 바로 언어습득과정의 규칙성과 보편성이었다. 그뿐만 아니라 그는 인간의 언어가 종 특이적인 것은 그에게는 원래가 그의 일반적인 지능과는 아무런 관계가 없는 보편문법이라는 특수한 지식이 내재되어 있기 때문이라는 주장도 폈다. 그런데 그의 이런 주장은 전적으로 언어의 문법적 구조에 대한 연구결과를 근거로 한 것이었다. 따라서 그로서는 당연히 무엇보다도 심리학적이거나 언어습득학적 연구결과의 뒷받침을 필요로 했던 것인데, 이런 필요를 100% 충족시켜준 것이 바로 이 가설이었던 것이다.

그가 내세운 결정적 시기설이 그동안에 자기 스스로와 그 밖에 여러 학자들에 의해서 얻어진 다양한 생물언어학적 연구결과들을 종합적으로 집약시킨 것이라는 사실은 1966년에 발표된 「언어의 자연적 역사(The Natural History of Language)」라는 논문의 내용을 살펴보게 되면 쉽게 확인될 수가 있다. 그가 여기에서 밝히고 있는 바는 크게 세 가지로 요약될 수 있는데, 그중 첫 번째 것은 어린이들의 언어습득과정에는 일정한 규칙성과 보편성이 있다는 사실이다. 예컨대 그가 총 500명의 어린이들을 관찰해 보았더니 10명중 9명은 39개월째에 이름 붙이기와 알아듣기, 복문 사용 등의 능력을 가지고 있었다(p.225). 그러니까 어린이들의 언어습득과정은 후천적인 교육이나 가정환경등과 아무런 관계가 없었다.

그중 두 번째 것은 인간에게는 언어특유의 성숙과정이 있다는 사실이다. 우선 그가 보기에는 인간의 종 특이적 운동협력유형(Erbkoordination)들은 반드시 일종의 성숙적 계획대로 나타나고 있었다. 그러나 그의 언어능력의 습득과정만은 일반적인 운동협력유형의 성숙과정과 별관계가 없었다. 이것의 가장 좋은 근거가 바로 듣기능력은 말하기 능력보다 훨씬 일찍 발달된다는 것이었다(p.223). 이와 관련하여 또 한 가지 중요한 사실은 인간의 언어력은 그의 일반적인 지력의 발달과 관계없이 발달된다는 것이었다. 이런 사실을 그는 실어증 어린이와 정신지체아, 귀머거리 등을 상대로 한 연구를 통해서도 확인할 수 있었다.

그중 세 번째 것은 크기나 성숙의 속도 등으로 보았을 때 인간의 뇌는 침팬지와 같은 영장류의 그것과 뚜렷이 다르다는 사실이다. 언어가 인간에게만 있을 수 있는 것은 그의 뇌가 특이하기 때문인데, 그 특이성은 크게 두 가지 면에서 파악될 수 있었다. 첫 번째로 인간의 뇌의 성숙기간은 다른 영장류의 그것보다 훨씬 길었다. 예컨대 2세에서 13세 사이의 어린이에게 좌반구의 이상으로 실어증이 생기게 되면 으레 우반구에서 그 기능을 대신해서 하게 되는 사실로 미루어 보아서, 사람의 뇌의 성숙은 대단히 느리게 이루어지고 있음을 알 수 있었다.

두 번째로 인간에게 언어가 있다는 것은 그의 두뇌의 크기와는 아무런 관계가 없었다. 일부에서는 일찍부터 인간이 언어를 가질 수 있는 것은 결국 그의 두뇌의 무게는 몸 전체의 그것과의 비율로 보았을 때 특별히 무겁기 때문이라는 주장이 나오고 있었기에, 사실 여부를 이번에 조사해 보았는데, 그 결과는 그런 주장은 사실과는 거리가 먼 것이라는 점만을 분명하게 했다. 예컨대 난쟁이의 체중과 두뇌 무게간의 비율은 침팬지의 그것과 똑같음에도(둘 다 34) 불구하고 오직 그에게만 언어가 있다는 사실을 밝혀낼 수 있었다. 이런 사실로 미루어 보아서 인간의 두뇌의 특이성은 그것의 크기에 있는 것이 아니라 그것의 구조성이나 조직성에 있다는 것이 확실했다.

그가 1967년에 낸 책은 자기가 그동안까지 거두어들인 여러 가지 생물언어학적 연구업적들을 총 정리해 놓은 것이다. 따라서 그의 생물언어학적 발상법의 결정체라 할 수 있는 결정적 시기설의 실체도 이 책안에 가장 확실하게 드러나 있다. 이 책에 따르면 인간의 언어습득은 사춘기 이전에 반드시 이루어지게 되어 있는데, 그 까닭은 바로 태어나서부터 점진적으로 진행되는 좌뇌로의 측위화 절차가 으레 11세에서 14세 사이에 종료되게 되어있기 때문이었다. 그는 그래서 사춘기 전후의 시기를 가리켜서 언어습득의 결정적 시기라고 불렀다.

그가 연구한 바에 의하자면 좌뇌로의 측위화의 절차는 크게 2세 이전의 단계로부터 시작하여 3세까지의 단계와 10세까지의 단계, 14세까지의 단계를 거쳐서 15세 이후의 단계에 이르는 식으로 총 다섯 단계에 걸쳐서 점진적으로 이루어지고 있었다. 이 기간 동안에는 물론 어린이들의 운동과 지각능력도 점진적으로 발달되고 있었고, 또한 그들의 언어적 능력도 점진적으로 발달되고 있었다. 그러니까 어린이들의 언어습득과정은 결국 그들의 생물학적 성숙과정과 일정한 비례관계에 있는 것이었다. 그가 조사한 어린이들의 97%가 결정적 시기 이전에 측위화 절차를 마치고 있는 점으로 미루어 보아서 자기의 가설이 맞는 것임이 분명했다. 흥미롭게도 이 가설은 그 후 외국어 학습 분야에서도 널리 받아들여지게 되어서 이것은 외국어는 으레 사춘기 이전에 배우는 것이 바람직한 일이라는 말로 해석되게도 되었다(pp.175~181).

4) Geschwind의 「반구적 지배설」

Broca의 「브로카 영역설」이래 형성된 뇌과학의 전통을 오늘날 가장 창조적으로 이어가고 있는 뇌과학자 중 가장 대표적인 사람을 하나 꼽으라면 아마도 많은 사람이 Geschwind를 꼽을 텐데, 거기에는 크게 두 가지 이유가 있다고 볼 수가 있다. 첫 번째로 그는 바로 일찍이 Penfield와 Roberts이 보조운동영역의 발견으로 Broca와 Wernicke에 의해서 세워진 언어처리에 관한 이론을 확대발전시켰듯이, 이른바 「개념영역」의 발견으로 그것을 다시 한 번 확대발전시킨 사람이다. 그러니까 약간 과장해서 말하면 지난 150년간의 뇌과학의 역사는 그에 의해서 이어져가고 있다고 볼 수가 있다.

그의 주장에 따르자면 그런데 그의 가장 큰 업적은 「개념영역」의 발견이 아니라 좌반구의 측두엽의 「베르니케 영역」의 일부가 우반구의 상응영역보다 크다는 사실을 알아냄으로써 좌우반구의 비대칭성이나 좌반구 지배성을 보다 분명하게 확인한 사실이다. 그는 예컨대 자기가 1968년에 Levinsky와 함께 대부분 사람에게는 좌뇌의 측두엽에 있는 헤슬회의 뒷부분은 우뇌의 상응부분보다 크다는 사실을 밝혀내기 이전까지는 좌우반구의 비대칭설이나 좌반구 지배설 등을 아무도 자신 있게 하나의 이론으로 내세울 수가 없었다고 말할 정도로 이 사실의 발견의 의의를 크게 보고 있다.

그러나 다른 사람들이 보기에는 그의 좌뇌의 헤슬회의 발견은 그의 두정엽에 있는 각상회의 그것만큼 그 의의가 크지 못하다. 그 이유는 엄밀히 따지자면 일찍이 Broca는 브로카 영역을 발견함으로써 좌우반구의 비대칭성이나 좌반구 지배성을 하나의 이론으로 맨 처음에 내세운 셈이 된 데다가 그 후 Wernicke와 Penfield등은 각각 베르니케 영역과 보조운동영역을 추가로 발견함으로써 그것을 다시 한 번 내세운 셈이 되었으니까, 그의 헤슬회의 발견은 기껏해야 기존의 이론의 타당성을 재확인하는 역할 밖에 하지 못했다고 볼 수 있는데 반하여 그의 각상회의 발견은 역사상 네 번째의 언어영역의 발견이기 때문이다.

그런데 사실은 이런 사실을 본인 자신이 누구보다도 잘 알고 있었는데, 그것의 증거가 될 만한 사실로는 그가 이 문제와 관련해서 두뇌의 발달과 언어의 진화(The Development of the brain and the evolution of language)」라는 논문과, 「동물과 인간에서의 이단 증후군(Disconnection syndromes in animal and man)」이라는 논문을 1964년과 1965년에 연속해서 발표했다는 사실을 들 수가 있다. 이들에서 그가 밝혀낸 바는 크게 두 가지라고 볼 수가 있는데, 그중 첫 번째 것은 동물의 경우에는 감각이나 운동영역과 변연체계가 직결되어 있는데 반하여, 인간의 경우에는 그들 사이에 각상회가 있어서 이곳에서 여러 감각이나 운동 정보들이 교류되고 있는 사실로 미루어보아서, 인간만이 언어를 가질 수 있게 된 것은 그의 두뇌만이 진화의 과정상 최근에 이런 식으로 발달했기 때문임이 분명하다는 사실이었다.

그중 두 번째 것은 이 부위가 언어처리에 있어서 수행하는 기능에는 크게 두 가지가 있다는 사실이었다. 이곳에서는 우선 청각영역과 시각영역에서 얻어진 정보들을 개념이나 의미로 바꾸는 일이 수행되고 있었다. 다시 말하면 이곳이 바로 개념이나 의미를 다루는 곳이었다. 그 다음으로 여기에서는 시각과 청각, 운동영역에서 얻어진 정보들을 서로 교류시키는 일을 담당하고 있었다. 특히 시각영역은 변연체계와 운동피질, 반대쪽 반구와 연결되어 있는 점으로 미루어 보아서 여러 영역 중 시각 영역이 가장 중요한 영역임을 알 수 있었다. 이곳은 그런데 측두엽과 두정엽, 후두엽이 서로 붙어있는 부위이다. 그러니까 이 부위가 「연합영역중의 연합영역」이라는 이름으로 불린다는 것은 너무나 당연한 일이었다(pp.273~283).

그가 발견한 개념영역은 뇌과학의 역사상 브로카 영역과 베르니케 영역, 보조운동영역에 이어서 발견된 네 번째 언어영역이다. 그러니까 이 영역을 새롭게 발견한 것 자체가 크게는 뇌과학의 발전이고 작게는 언어와 뇌의 관계에 대한 연구의 발전에 커다란 기여를 한 것이라는 사실을 누구도 부정 못한다. 그런데 사실은 이 영역의 발견은 단순히 그전까지 셋으로 알고 있던 언어영역의 수를 넷으로 바꾼 것 이상의 의미를 지니고 있다. 한마디로 말해서 이 영역의 발견으로 언어처리의 이론의 수준이 한 단계 올라가게 된 것이다.

그게 그렇다는 것을 우리는 크게 두 가지 사실을 통해서 익히 확인할 수가 있다. 그중 첫 번째 것은 이로써 언어처리의 이론에서 처음으로 의미의 문제를 다룰 수 있게 되었다는 사실이다. 굳이 따지자면 우선 언어란 개념이나 의미를 소리로 바꾸어 나타내는 것이기에 개념이나 의미의 문제를 제외시킨 상태에서의 언어처리의 절차에 관한 논의는 결국 반쪽자리 논의밖에 될 수밖에 없다. 또한 엄격히 따지자면 그런 논의는 그만도 못한 것이라고 볼 수도 있다. 왜냐하면 의미나 소리 중 기본이 되는 것은 역시 의미이기 때문이다.

그런데 그동안까지의 언어처리의 이론들은 하나같이 쉽게 말해서 소리처리의 이론에 불과했다. 그동안에 밝혀진 세 곳의 언어영역들은 예컨대 브로카 영역은 말의 발성절차를 주관하는 곳이고, 베르니케 영역은 말의 청각절차를 주관하는 곳이며, 보조운동영역은 브로카 영역을 돕는 곳인 식으로 모두가 소리의 처리에 관여하는 영역들이기 때문에 이들을 중심으로 한 언어처리의 이론들은 결국은 소리의 처리에 관한 이론이 될 수밖에 없었다. 그러니까 그동안까지는 뇌 과학자들이 언어형성의 절차가 아니라 언어해석의 절차를 밝히는 일에 매달려 있었던 셈이다.

물론 개념영역이 발견되었다고 해서 아주 복잡할 것으로 추정되는 개념이나 의미 처리의 절차가 완전히 밝혀진 것은 아니다. 그는 이 영역에서 하는 일중 중요한 것이 바로 이름 붙이기 같은 것이라는 말만 했지 이곳과 기억부가 어떻게 연결되어 있는가나, 아니면 문법부가 과연 따로 있는가 와 같은 문제들은 아예 다루고 있지를 않다. 그렇지만 이곳이 시각이나 청각적 정보를 개념이나 의미로 바꾸는 영역이라는 주장을 한다는 것은 바로 이곳을 언어처리의 중심부로 본다는 말이나 같은 말이다. 이런 의미 기반적인 발상법은 분명히 획기적인 것이다. 그리고 분명히 이로써 언어 처리의 이론은 수준이 한 차원 격상될 수 있게 된 것이다.

그중 두 번째 것은 이로써 「베르니케-게쉬윈드 모형」이라는 이름의 가장 그럴싸한 언어처리의 모형이 생겨날 수 있게 되었다는 사실이다. 우선 이름 그대로 이 모형은 일찍이 Wernicke가 내세웠던 결합주의적 모형을 Geschwind가 근 백 년 만에 수정 확대한 것이니까, 그 동안까지의 뇌과학 연구의 모든 업적들이 이것에 집약되어 있다는 의미만으로도 이것의 가치는 대단한 것이다. 그리고 이 모형은 결국 언어처리의 절차는 여러 언어 영역들이 결합적으로 작동하는 절차라는 것을 드러내주는 모형이다. 그러니까 이 모형에 따르면 그동안 내내 뇌과학의 핵심적 쟁점의 하나였던 국부화 이론과 전체적 기능이론 간의 논쟁도 간단히 마무리 지어질 수 있는 것이다. 아마도 바로 그래서 오늘날 대부분 사람들이 이것을 가장 그럴듯한 모형으로 받아들이고 있을 것이다.

그러나 이것의 진짜 가치는 이것의 명목성에 있는 것이 아니라 이것의 과학성에 있다. 앞에서 이미 언급이 되었듯이 이것에서는 우선 언어처리의 절차를 소리와 의미를 연결시키는 절차로 보고 있다. 그러니까 이것은 우리가 익히 알고 있는 언어학적 사실과 잘 맞아 떨어지는 모형인 것이다. 그 다음으로 이것은 우리가 잘 알고 있는 심리학적 사실과도 잘 맞아떨어지는 모형이다. 이 모형의 개요는 1979년에 발표된 「인간 두뇌의 특이화 (Specialization of the human brain)」라는 논문에 밝혀져 있는데, 이것에 따르면 언어처리시에 작동되는 영역은 시각영역을 위시하여 청각영역,

개념영역, 베르니케영역, 브로카 영역, 운동영역 등의 여섯 영역이다.

그러니까 이 모형의 제일 큰 특징은 시각영역을 언어처리의 여섯 거점 중의 하나로 집어넣었을 만큼 언어처리의 체계가 최대로 확장되었다는 점이다. Wernicke의 것을 최소의 결합주의적 모형으로 치자면 그가 내세운 것은 최대의 결합주의적 모형인 셈이다. 그가 이렇게 한 이유는 두말할 필요도 없이 우리가 사용하는 언어에는 음성언어만 있는 것이 아니라 문자언어도 있는 탓으로 이들 간에는 으레 상호교섭관계가 있게 되어있다는 사실을 익히 알고 있기 때문이었을 것이다. 예컨대 이 모형으로는 말로 들은 정보를 근거로 해서 글을 쓰게 되는 과정도 쉽게 설명될 수 있고, 또한 그와는 반대로 글을 읽어서 얻은 정보를 근거로 해서 말을 하게 되는 과정도 쉽게 설명될 수가 있다.

오늘날 많은 사람들이 그를 가장 대표적인 뇌과학자로 꼽는 이유 중 두 번째 것은 실어증에 대한 연구를 그만큼 광범위하게 한 사람이 없기 때문이다. 앞에서 이미 설명이 있었듯이 그동안의 신경학이나 뇌과학의 발달은 실어증의 연구를 통해서 이루어진 것이나 다름이 없다. 그런 의미에서 보면 그가 실어증에 대한 연구를 많이 했다는 것은 그야말로 누구보다도 더 충실하게 일찍이 Broca에 의해서 시작된 뇌과학 연구의 전통을 이어가고 있는 사람이라는 의미가 된다.

그가 우선 하나의 충실한 전통주의자라는 것은 그는 실어증에 관한 다양한 연구를 통해서 그동안에 많은 선배들에 의해서 수립된 여러 이론이나 가설들의 타당성을 재확인하고 있다는 사실로써 익히 알 수가 있다. 그동안의 그의 다양한 실어증에 관한 연구결과를 총 정리해 놓은 것이 바로 1983년에 발표한 「언어의 생물학적 기저와 반구적 지배성(Biological Foundations of Language and Hemispheric dominance)」라는 논문인데, 흥미롭게도 이 논문의 제목자체가 다분히 전통적이다.

물론 언어의 생물학적 기저라는 말을 제일 먼저 쓴 사람은 Lenneberg이다. 그러나 그가 이 술어를 굳이 인용부호안에 넣어서까지 자기 논문에서 쓰게 된 것은 뇌과학이나 생물언어학 연구목적과 방법 등을 논하면서 이것보다 더 적절한 것이 없다고 판단했기 때문이다. 이 연구의 연구방법에 대해서는 그도 일단 일찍이 선배 뇌과학자들이 내세웠듯이 「해부학적인 것을 위시하여 화학적인 것, 약리학적인 것 유전학적인 것」 등이 있다고 주장한다. 그런데 한 가지 특이한 것은 앞으로 동물을 대상으로 한 연구를 통해서 「동물의 모형」을 개발하는 것이 이 연구의 발전을 크게 촉진시키게 될 것이라고 본 점이다.

이 연구의 목적에 대해서도 그는 일찍이 선배 뇌과학자들과 똑같은 의견을 가지고 있다. 예컨대 그는 궁극적으로는 이 연구가 언어가 어떤 것인가에 대한 우리의 지식을 깊게 하는 것을 목적으로 하지만, 그렇다고 해서 언어학 측에서 얻어낸 언어에 대한 지식이 이 연구의 성격이나 방향을 결정짓는 식으로 되어서는 절대로 안 된다고 주장한다. 예컨대 그는 「많은 감추어진 기구들이 동일한 외적 행동을 유발할 수가 있는 것이기 때문에 오직 그 기저까지 침투해 들어가서만이 어느 특별한 경우에 있어서의 어느 특수한 행동의 원인을 구명할 수 있다.」와 같은 말을 통해서 크게는 뇌과학적인 연구의 필요성이나 당위성이고 작게는 실어증에 대한 연구의 난삽성을 역설하고 있다(p.62)

그가 하나의 충실한 전통주의자라는 것은 그 다음으로 그가 실어증에 대한 연구를 근거로 해서 내세우게 된 여러 가지 이론들은 하나같이 일찍이 선배 뇌과학자들이 내세웠던 것이라는 사실이다. 예컨대 이 논문의 제목의 일부로 내세워진 반구적 지배성의 이론은 좌우반구 비대칭성의 이론이나 좌반구 측위화의 이론 등의 이름으로 이미 여러 뇌과학자들에 의해서 제안된 것이다. 또한 그가 내세우는 「언어능력의 생물학적 결정설」이나 「언어능력의 특이성설」 등도 따지고 보면 이미 여러 뇌과학자들이 내세웠던 「언어특수영역설」이나 「언어능력의 내재설」 등과 똑같은 것이다. 그러니까 큰 의미에서 보면 그 동안의 그의 실어증 연구는 이미 뇌과학 분야에서 하나의 정설로 받아들여지고 있는 이론들의 타당성을 재확인하는 수단이 되었던 것이다.

그렇지만 아마도 만약에 그의 실어증 연구가 기존의 이론이나 가설들의 타당성을 재확인하는 일로 그쳤더라면 오늘날 많은 사람들이 그를 이 분야의 대가로 보지는 않을 것이다. 한 마디로 말해서 그의 실어증에 대한 연구는 전에 없이 심층적이고 생산적인 것이었는데, 그것의 산 증거가 될 수 있는 것이 바로 그의 실독증과 관련된 연구이었다. 이 논문에 따를 것 같으면 그는 그동안의 실독증에 대한 연구로 크게 다음과 같은 다섯 가지 사실들을 새로 발견할 수 있었다.

첫 번째로 그가 찾아낸 사실은 실독증이나 난독증에 걸린 어린이의 두뇌구조는 정상아의 그것과 다르다는 것이었다. 앞에서 이미 언급이 있었듯이 정상인들의 두뇌는 좌반구의 측두엽의 헤슬회 근처가 우반구의 상응부위보다 더 크게 되어있었는데 실독증 어린이의 두뇌는 그렇지를 않았다. 한편 실서증 어린이의 우반구는 정상이었다. 이로써 그는 실독증이나 난독증의 원인은 학습적인 것이 아니라 생물학적인 것이라는 사실을 확인할 수 있었다. 다시 말해서 그가 보기에는 난독증이나 실독증은 「언어피질간의 잘못된 신경연결의 결과」이었다(p.67)

두 번째로 그가 발견한 사실은 실독증은 일반적으로 좌반구의 시각영역과 뇌량의 후단부의 손상이 그 원인이라는 것이었다. 그가 연구한 바에 의하면 실독증은 이들 두 부위가 같이 손상을 입었을 경우에만 발생하지 그중 어느 한곳의 손상만으로는 발생되지 않았는데, 이것은 그동안까지의 실어증 내지는 실독증에 대한 설명법을 완전히 뒤집을 수 있는 사실이었다. 예컨대 시각영역은 피질의 일부이면서 이것의 기본 기능은 모든 시각적 정보를 입수하는 것이고, 뇌량은 일종의 신경섬유이면서 이것의 기본 기능은 두 반구간에 정보를 교류시키는 것이다. 이런 사실로 미루어서 그는 결국 「신경체계의 구조에 대한 지식 없이는 두뇌의 언어체계가 어떻게 조직되었는가에 대해서 으레 틀린 결론을 내릴 수밖에 없다」는 결론을 내릴 수 있었다(p.65).

세 번째로 그가 발견한 사실은 실어증은 분명히 운동불능증과 일정한 관련성을 가지고 있다는 것이었다. 그가 1975년에 연구한 바에 의하면 좌뇌의 손상으로 실어증을 앓게 된 환자들은 흥미롭게도 다른 명령들은 그렇지 못하는데 반하여, 눈과 몸통의 움직임을 필요로 하는 명령들은 제대로 수행을 하고 있었다. 이것은 곧 언어영역과 운동체계를 연결하는 신경체계에 일부는 정상적이고 일부는 비정상적인 식으로 일정하게 변화가 왔다는 의미였다. 물론 그는 이것으로써 실어증의 원인은 좌뇌의 피질에 대한 분석만으로는 제대로 밝혀질 수 없다는 것을 알 수 있었다.

네 번째로 그가 발견한 사실은 언어습득에 장애가 있는 어린이들에 대한 연구는 그들의 두뇌 내에 언어조직은 정상인들의 그것과 유사할 것이라는 가정 하에서 해서는 안 된다는 것이었다. 그가 보기에는 일단 언어영역에 손상이 생기게 되면 으레 뇌전체의 신경연결의 유형이 달라지며, 따라서 그 자체가 일으키는 문제의 크기보다는 그로 인해서 일어나는 잘못된 신경연결이 일으키는 문제의 크기가 더 클 수가 있었다. 이런 의미로 보아서도 실어증에 대한 연구는 생각보다 훨씬 복잡한 과제임이 분명했다.

다섯 번째로 그가 발견한 사실은 한번 뇌 손상에 의해서 실어증이 생기고 나면 뇌전체가 신계체계를 재형성하는 식의 큰 변화를 겪게 되므로, 결국은 「어느 정도까지의 기능은 회복될 수 있을지 모르지만 정상적인 상태로의 복귀는 불가능하다」는 것이었다. 다시 말하자면 상실된 신경체계에 대한 대안적 체계는 마련될 수 있겠지만, 그것의 완전한 원상회복은 가능하지 않다는 것이었다. 그가 보기에는 따라서 뇌 손상에 의한 언어능력의 상실은 부분적이기 때문에, 그 부분을 제외한 나머지 언어능력에는 아무 변화가 일어나지 않는다고 생각한다는 것 자체가 너무나 단순한 생각일 뿐이었다(pp.67~8).

(3) 언어학적 과정

오늘날 최신의 첨단학문의 하나로 등장한 것이 이른바 생물언어학인데, 이것의 창시자에 해당하는 사람은 바로 Chomsky이다. 따지고 보자면 이런 학명을 Chomsky 자신은 한 번도 쓴 적이 없다. 그는 변형생성 문법이론을 새로운 언어이론으로 들고 나온 지 20여 년이 지난 1980년경에 언어연구는 이제부터 마땅히 언어의「생물학적 기저」를 밝혀내는 데 지향되어야 한다는 말만했지, 구체적으로 그런 언어학에「생물언어학」이나「언어생물학」과 같은 이름을 붙이지는 않았다.

그럼에도 불구하고 그를 이 학문의 창시자로 보려고 하는 것은 우리는 어렵지 않게 그럴 수 있을 만한 외형적인 근거와 내부적인 근거를 찾을 수 있기 때문이다. 무엇보다도 먼저 내세울 수 있는 근거는 2000년대에 와서 Chomsky자신이 새롭게 책이나 논문에서「생물언어학적 프로그램(The biolinguistic program)」이나「생물언어학적 견해(the biolinguistic point of view)」라는 말을 쓰기 시작한 것과 때를 맞추어서, 언어학계에서는 많은 학자들이 가까운 장래에「생물언어학(biolinguistics)」의 출현을 기정사실로 받아들이기 시작했다는 것이다. 이것의 가장 좋은 예가 Jenkins가 2000년에「생물언어학(Biolinguistics)」이라는 책을 써낸 사실이다.

그런데 사실은 이런 외형적인 근거보다도 더 근원적인 근거로 볼 수 있는 것이 그의 언어이론 중 가장 기본적인 것들은 거의 다가 궁극적으로는 생물학적인 방법에 의해서만이 타당성이 검증될 수 있는 것들이라는 사실이다. 예컨대 그가 일찍부터 즐겨 주장하던 인간언어의 종 특이성이나 언어능력이나 언어지식의 내재성, 언어능력의 모듈성, 언어능력의 특수성 등에 관한 이론들은 궁극적인 의미에서 보자면 모두가 언어학적인 이론들이 아니라 생물학적인 이론들이다. 그러니까 그는 말로는 언제나 자기가 하고 있는 것은 언어학적인 일이 아니라 인지심리학적인 일이라고 주장해 왔지만, 실제는 그것은 생물언어학의 기초를 닦는 일이었던 셈이다. 결국 이런 의미에서 보자면 새로 태어난 생물언어학은 기존의 심리언어학이나 신경언어학의 연장선상에 있는 학문이 아니라 언어학 자체의 연장선상에 있는 학문인 것이다.

생물언어학의 탄생을 이런 식으로 볼 것 같으면 그것의 역사는 뇌과학이나 진화론의 그것보다 비교도 할 수 없을 만큼 짧다. 진화론이나 뇌과학의 역사는 150년이나 되는데 비하여 생물언어학의 그것은 길게 잡으면 50년이고 짧게 잡으면 10년밖에 되지 않는다. 따라서 일단은 누구나 언어학이 언어와 뇌의 관계에 대한 연구의 발전에 기여한 바는 진화론이나 뇌과학의 그것보다 훨씬 못할 것이라고 생각하기가 쉽다. 또한 일찍이 Geschwind가 주장했던 대로 사람에 따라서는 이 연구는 기본적으로 생물학에서 언어학으로 가는 식이 되어야지 그 반대가 되어서는 안 되게 되어 있으니까, 그동안의 발전과정은 제대로 된 것이라고 생각할 수도 있다.

그렇지만 다음과 같은 두 가지 사실에 의해서 우리는 생물언어학의 출현이 최근의 일이라는 사실은 그것이 언어와 뇌의 관계에 대한 연구의 발전에 얼마만큼 기여를 했느냐의 문제와는 별 관계가 없다는 것을 익히 확인할 수가 있다. 그중 첫 번째 것은 학문적 당위성으로 보았을 때 언어에 관한 모든 연구를 일차적으로 책임지고 있는 학문은 언어학이며 따라서 현재 우리가 알고 있는 언어에 대한 지식의 대부분은 언어학자들에 의해서 얻어진 것이라는 사실이다.

이 연구는 그런데 본질적으로는 생물학과 언어학의 학제적 학문의 성격을 띨 수밖에 없다. 그러니까 현실적으로는 언어학과 생물학중 어느 쪽이 연구의 주도권을 잡느냐가 이 연구의 제일 큰 문제가 되겠지만, 적어도 이론상으로는 이들 두 학문이 50대 50식으로 기여를 하는 것이 가장 바람직한 일인 것이다. 그리고 무엇보다도 중요한 사실은 뇌과학은 아직도 일찍이 Marshall(1970)이 지적했던 수준, 즉「지식의 방대한 누적에도 불구하고 학자들은 여전히 언어의 생물학적 이론 하나도 제안할 수 없는」수준을 벗어나지 못하고 있는데 반하여(p.241), 언어학은 최근에 Chomsky(2002)가 감히「사실 나는 지난 20년 동안에 그전의 2,000년 동안에 알게 된 것보다도 더 많은 것을 언어에 대해서 알게 되었다고 말할 수 있다고 생각한다.」라고 말하게 될 정도로 크게 발전했다는 사실이다(p.96).

이렇게 보면 결국 언제 언어학이 생물언어학이라는 이름으로 이 연구에 참여하게 되었느냐는 하등 문제가 될 일이 아니고, 그것의 참여 자체가 이 연구의 역사에 커다란 전환점을 가져다 줄 수 있을 만한 사건인 것임이 분명하다. 앞에서도 이미 말이 나왔듯이 우선 언어학적 지식은 뇌과학자들에게 종전까지의 실어증 중심의 연구는 자칫 잘못하면「항해도 없는 항해」나「숲은 보지 않고 나무만 보는 일」처럼 될 위험성이 있다는 것을 깨닫게 했다. 또한 그것은 그들에게 언어란 음운조직과 어휘조직, 문법조직, 의미조직 등으로 이루어진 아주 복잡한 체계라는 사실도 알게 했다. 그리고 언어학이 현재의 학세를 그대로 유지한다면 앞으로 언어에 대해서 더 새롭고 많은 지식을 생산해낼 것이라는 것도 의심할 여지가 없다. 그러니까 이 연구의 발전에 언어학은 앞으로도 계속적으로 중요한 기여를 하게 될 것이 틀림없다.

그중 두 번째 것은 우연인지 필연인지 몰라도 그동안까지 뇌과학의 발전을 이끌어온 연구과제들은 거의다가 언어학 측에서 최근에 가장 기본적인 언어이론으로 내세운 것들인 데다가, 크게 보았을 때는 지금까지 뇌과학 측에서 거두어들인 업적 중 가장 괄목할 만한 것은 바로 언어학 측에서 내세운 언어이론들의 타당성을 실증한 것이라고 볼 수 있다는 사실이다. 아마도 이런 사실을 가장 쉽게 확인할 수 있는 방법 중의 하나는 뇌과학의 전통을 오늘날 가장 발전적으로 계승하고 있다고 볼 수 있는 Geschwind의 연구업적들을 종합적으로 평가해보는 것일 것인데, 놀랍게도 그가 뇌의 구조와 기능에 대해서 밝혀낸 사실들은 거의 다 큰 의미에서 보면 Chomsky가 내세운 언어 이론들의 타당성을 뒷받침하는 것들이었다.

구체적으로 말하자면 그가 실어증에 대한 광범위한 뇌과학적 연구를 통해서 얻어낸 사실들은 모두가 이미 Chomsky가 내세웠던 인간언어의 종 특이성의 이론이나 언어능력이나 언어지식의 내재성의 이론, 언어능력의 모듈성의 이론, 언어능력의 특수성의 이론들에 대한 뇌과학적인 증거나 다름이 없었다. 물론 그는 실제로는 Chomsky의 언어이론은커녕 그의 이름조차도 언급하지 않을 뿐만 아니라 「좌뇌 지배성의 이론」이나 「좌우뇌 비대칭성의 이론」 「개념영역의 이론」 등과 같이 전혀 새로운 이름의 이론들을 내세우고 있다. 그러나 내용상으로는 분명히 그가 내세우는 이론들은 Chomsky가 내세우는 것들과 동일한 것들이다. 아마도 이런 사실보다 더 분명하게 언어와 뇌의 관계에 대한 연구의 발전에 언어학이 이미 얼마나 큰 기여를 했는가를 드러내주는 사실은 없을 것이다.

1) Jakobson의 두 형태의 실어증설

Jakobson은 구조주의 언어학의 출현을 계기로 삼아서 시학이나 문학과 언어학 사이의 벽을 허물려고 애쓴 사람으로 잘 알려져 있다. 구체적으로 그는 최초로 언어학적 기법을 시의 분석에 적용해서 시의 형식적 특징을 밝혀내는 데 성공한 사람으로 유명하다. 더 구체적으로 말하자면 그는 「병렬구조성의 이론」과 같은 중요한 시 이론을 개발해낸 가장 대표적인 신문체론자이기도 하고 언어학적인 분석 작업을 문학작품을 대상으로 해서 한 최초의 언어학자이기도 했다. 크게 보자면 그는 그러니까 「문학안의 언어(Language in Literature)」라는 그의 대표작의 서명처럼 문학과 언어학의 두 영역을 자유롭게 왕래하려는 일종의 신고전적인 학자이었다.

그렇지만 굳이 따지자면 그는 하나의 신문학이론가라기보다는 하나의 신언어학자로 불려야 마땅한데, 그 이유는 그는 처음부터 실어증에 대한 연구에 깊은 관심을 표했기 때문이다. 그가 일찍이 언어학의 가치와 중요성을 새롭게 강조하고 나선 것은 어떤 의미에서 보면 너무나 당연한 일이었는지도 모른다. 왜냐하면 이 시기는 바로 Saussure나 Bloomfield등에 의해서 창안된 구조언어학이 인문학의 학풍을 주도하는 신학문으로 등장한 때였기 때문이다. 인간의 언어의 기저는 정교한 규칙성과 구조성을 지니고 있는 음운조직이라는 구조언어학자들의 주장에 그도 매료되었던 것이다.

그런데 흥미롭게도 그가 추구하려는 언어학은 구조 언어학자들이 추구하려는 그것과 너무나 달랐다. 쉽게 말해서 그의 언어학은 자기고유의 언어학이었는데, 그게 그렇다는 것은 우선 그가 1941년에 낸 「유아 언어와 실어증, 음운적 보편성(Kindersprache, Aphasia und Allgemeine lautgesetze)」이라는 책의 이름이 잘 말해주고 있다. 이 책이 특별히 기여한 바는 크게 두 가지라고 볼 수가 있는데, 그중 첫 번째 것은 언어의 조직성이나 구조성은 유아 언어와 실어증에 대한 연구를 통해서 가장 확실하게 밝혀질 수 있다고 내세운 점이다. 예컨대 그는 이 책에서 「중심적인 성격의 병리적 언어장애는 우리에게 분해된 상태의 언어를 관찰할 수 있게 하는 유일한 기회를 제공한다」와 같은 말을 하고 있다.

그중 두 번째 것은 어린이들의 음운조직의 발달은 보편적인 순서에 따라서 변별적인 자질별로 이루어진다고 내세운 점이다. 예컨대 그가 보기에는 그 순서는 /p/와 /a/를 구분하는 제 1단계로부터 시작하여 /p/와 /m/을 구분하는 제2단계와 /p/와 /t/를 구분하는 제3단계, /a/와 /i/를 구분하는 제4단계, /i/와 /u/를 구분하는 제5단계를 거쳐서 /t/와 /k/를 구분하는 제6단계에 이르는 식으로 되어있었다. 이 이론은 음운을 변별적 자질의 집합체로 보았다는 점과, 언어습득의 과정에는 일정한 보편성이 있다고 보았다는 점에서 특별히 주목할 만한 가치가 있는 것임이 분명했다.

이상과 같은 그의 견해는 그 후 30년이 지난 1971년에 나온 「유아 언어와 실어증(Studies on child language and aphasia)」라는 유사한 서명의 책에서 다시 강조가 되었다. 이런 사실로 미루어 보아서 언어의 구조적 원리와 그것의 원형은 어린이들의 말이나 언어의 분해현상을 통해서 가장 쉽게 파악될 수 있다는 그의 발상법은 그의 언어관의 일부나 다름이 없었다는 것을 익히 알 수가 있다. 구조주의자들이 하나같이 개별언어의 개별성이나 지금의 언어의 구조성을 구명하는 데 매달려 있을 때, 유독 그만은 언어의 보편성이나 그것의 원형을 찾는 일에 눈을 돌리고 있었던 것이다.

그런데 그는 원래부터 그것보다 한 차원 높게 실어증에 대한 연구는 궁극적으로는 우리의 정신구조나 정신작용에 대한 이해력을 높이게 된다고 생각하고 있었다. 다시 말하자면 그는 실어증에 대한 연구를 통해서 우리는 우리의 언어적 능력이나 시적 능력이 어떤 것인가를 알게 된다는 말은 곧 우리는 그런 연구를 통해서 우리의 정신구조나 정신작용이 어떻게 되어 있는가를 알게 된다는 말이나 같은 말이라고 생각하고 있었던 것이다. 이런 의미에서는 그는 분명히 Chomsky가 그렇게 생각하기 이전에 언어야말로 우리의 마음을 들여다 볼 수 있는 유일한 창문이라고 생각했던 것인데, 이것의 근거로 내세울만한 것이 바로 다음과 같은 두 개의 논문이다.

1984년에 그가 Grete Lubbe-Grothues와 함께 발표한 「횔덜린의 광기에 드러난 두 가지 담화형(Two types of discourse in Hölderlin's madness)」라는 논문은 크게는 시학과 언어학을 같이 아우르려는 그의 독특한 학풍을 잘 드러내주는 것이라는 점에서이고, 작게는 문법적 능력과 화용적 능력은 서로 별개의 것이라는 사실을 실증하는 것이라는 점에서 많은 사람의 특별한 주목을 받기에 족한 논문이다. 한마디로 말해서 이것은 분명히 주제의 특이성이나 그것의 분석방법 등으로 보아서 그의 대표적인 논문의 하나로 볼 수 있는 것이다.

Hölderlin은 정신병자로서 훌륭한 시를 많이 남긴 점으로 유명한 19세기의 독일의 시인인데, 20세기에 이르러서 Jaspers나 Heidegger와 같은 철학자들이 그의 시에 대해서 높은 평가를 내리게 되면서 그의 시인으로서의 위상은 더욱 견고해졌다. 예컨대 Jaspers는 1926년에 「스크린드버그와 반 고흐(Strindberg und Van Gogh)」라는 책에서 이 시인의 생애와 시를 분석하면서 정신의학과 언어학, 시학 등이 연합하면 정신분열증의 분석이 보다 쉬워질 것이라는 말을 했고, 또한 Heidegger는 그 후 10년 후인 1936년에 「횔덜린과 시의 본질」이라는 연설에서 이 시인의 시의 다섯 주제들을 명석하게 정리했었다.

Jakobson의 견해에 따르면 특히 이 시인의 시가 Heidegger의 사상에 미친 영향은 대단히 큰 것이었다. 예컨대 그는 1971년에 낸 「횔덜린의 시 해석(Erlanterungen zu Hölderlins Dichtung)」이라는 책에서 이 시인의 「우리는 하나의 회화이기 때문에」라는 시 구절을 그대로 되풀이해서 「우리 인간들은 하나의 회화이다. 인간의 본질은 언어에 뿌리를 내리고 있는

데, 그것은 최초에 회화를 통해서 그 모습을 진실되게 드러낸다」와 같은 말을 했다. 간단히 말해서 그의 철학적 사상의 일부가 이 시인으로부터 비롯된 셈이었다(p.132).

그런데 Jakobson이 보기에는 이 시인의 시만큼 언어와 시의 본질에 대해서 많은 것을 말해주고 있는 것은 없었다. 이 시인의 시는 크게 대화적 시와 독백적 시의 두 종류로 나뉠 수가 있는데, 이런 나뉨이 그의 정신병과 밀접하게 관련되어 있다는 것이 우선 이것의 제일 두드러진 특징이었다. 그는 32세 때 정신분열증에 걸려서 그 후 42년간을 정신병원에 갇혀 살게 되었는데, 바로 이때에 그의 언어와 시는 다 같이 대화적인 것에서 독백적인 것으로 바뀌게 된 것이다. 그러니까 그의 시를 분석해 보게 되면 시적 언어는 한편으로 보면 일상적인 언어의 연장선상에 있으면서도 다른 한편으로 보면 그것과 전혀 별개의 것이라는 사실이 저절로 드러나게 되어 있었던 것이다.

Heidegger가 영향을 받은 시들은 물론 그가 정상인일 때 쓴 것들이었다. 그가 정상인일 때는 그의 언어능력도 정상적이었다. 그는 다른 사람들과 만나기도 좋아했고 대화하기도 좋아했으며, 그의 회화력은 다른 사람들의 것과 하등 다를 바가 없었다. 그래서인지 이 시기에 그가 쓴 시들은 모두가 주제나 형식 등으로 보아서 다분히 대화적인 것들이었다. 그런데 그가 정신병에 걸리면서 그는 사람들을 만나기도 꺼릴 뿐만 아니라 대화력을 완전히 상실해버렸다. 쉽게 말해서 그에게는 이때부터 혼자서 시를 쓸 수 있는 언어력만 남게 되었으며, 그 결과 이때 쓴 시들은 하나같이 독백적이고 즉흥시적인 것들이었다.

Jakobson의 관심거리가 되는 것은 두말할 필요도 없이 이들 두 가지 형태의 시중 두 번째 것이었다. 그가 보기에는 일반적인 언어력은 상실되었으면서도 시적인 언어력은 그대로 유지되었다는 사실이 언어와 시의 본질이 어떤 것인가를 다른 어느 사실보다도 더 확실하게 가르쳐 주고 있었다. 물론 이런 의미에서 볼 때 제일 중요한 것이 과연 이 두 번째 형태의 시가 시로서의 구비 조건을 갖추고 있느냐 하는 것이었다. 그리고 그 동안에 일부 비평가들은 이 문제에 대해서 자못 부정적인 의견을 내놓았었다. 그래서 이번에 그가 직접 그런 시 중 하나를 분석해 보기로 한 것이다.

그가 여기에서 분석한 시는 「Die Aussicht(전망)」인데 이를 통해서 얻은 결론은 일부 비평가들의 부정적인 의견과는 정반대로 이 시인의 후기 시들은 「정교하게 구조된 전체성」을 유지하고 있을 뿐 아니라 「겹겹의 등가적인 표현들이 하나의 구조체」를 이루고 있는 훌륭한 시들이라는 것이었다. 이 시의 첫 연의 첫 부분은 예컨대 「인간의 도덕적 삶이 저 먼 곳에 사라져갈 때/익어가는 포도의 계절이 저 멀리 반짝이는 곳에는/여름의 빈 뜰들도 있고/숲이 어두운 모습으로 나타난다(When into the distance fades the moral life of human beings,/Where into the distance gleams the season of the ripening vines/There too are the summer's empty fields,/The wood appears with its dark image.)」처럼 되어 있으니까 이것을 일종의 무구조시로 비판한다는 것은 분명히 잘못된 것이었다(p.130).

이 시인의 이런 후기 시들이 그의 전기 시와는 판이하게 다른 일종의 독백적인 시이고 즉흥시적인 시라는 것은 틀림이 없는 사실이었다. 그리고 Jakobson이 보기에는 이들은 그가 타인과의 대화력뿐만 아니라 산문을 쓰는 능력마저 완전히 상실한 시기에 쓰인 것이라는 사실만큼 의미심장한 것은 없는데, 그 이유는 이들은 결국 그에게 있어서는 이 시기에는 「언어는 하나의 회화로서가 아니라 시로서 존재했다」는 사실을 말해주고 있기 때문이었다. 또한 그가 보기에는 이들 시에서는 언제나 오직 현재시제만이 쓰이거나 지시사가 전혀 쓰이고 있지 않다는 등과 같은 문법적 특이점들이 발견되었지만 이들을 구성하는 시행이나 문장 하나하나는 으레 완전한 의미를 나타내고 있다는 사실이 중요했다. 이런 어휘 중심의 언어현상을 그는 「내향적 기호작용」이라고 불렀다. 이 시인의 이런 후기 시에 대한 분석을 통해서 얻은 결론은 결국 1974년에 「형식과 감각(Form und Sinn)」이라는 책에서도 이미 언급이 될 정도로 그의 언어이론이나 시 이론의 기저가 되는 것이었다(p.133).

언어현상을 통하여 인간의 정신구조나 정신작용을 밝힌다는 의미에서 볼 때 Hölderlin의 시에 대한 논문보다 한 차원 높은 수준의 것으로 볼 수 있는 것이 바로 1987년에 낸 「문학 안의 언어」에 들어있는 「언어의 두 양상과 실어증의 두 형태(Two aspects of language and two types of aphasic disturbances)」라는 논문이다. 이것은 우선 그의 독특한 기호론적 언어이론을 근거로 해서 실어증을 전통적으로 실어증학이나 뇌과학에서 해오던 것과는 전혀 다른 식으로 분류했다는 점에서, 그의 언어나 실어증에 대한 연구방법이 얼마나 특이한 것이었는가를 익히 드러내 주는 논문이라고 볼 수가 있다. 그러나 이 논문의 진짜 가치는 학문의 역사상 처음으로 여기에서는 언어와 실어증과 문학을 결국은 동일한 정신작용의 발로로 보았다는 점이다. 물론 어떤 의미에서 보자면 그가 여기에서 하고 있는 일은 일종의 응용작업이라고 볼 수도 있다. 왜냐하면 인간의 정신작용의 기본이 되는 것이 연상 작용인데, 이것은 바로 자질적 유사성의 원리와 시공적 인접성의 원리에 의해서 작동된다는 것은 오래전부터 철학자나 심리학자들에 의해서 내세워지고 있는 이론이기 때문이다. 그러나 이 이론을 언어와 실어증, 문학 등에 같이 적용시킬 수 있는, 일종의 통합이론으로 격상시킨 사람은 분명히 그 뿐이다.

이것은 그러니까 기본적으로는 유사성의 원리와 인접성의 원리라는 두 가지 심리적인 원리에 관한 논문으로서 크게는 언어에 관한 부분과 실어증에 관한 부분, 문학에 관한 부분 등의 세부분으로 이루어져 있다고 볼 수가 있다. 그중 첫 번째 것은 언어의 구조를 이들 두 가지 심리적 원리로써 설명하는 부분인데, 여기에서는 그가 결국은 Saussure와 Peirce의 영향을 크게 받은 하나의 기호론자라는 사실이 분명히 밝혀져 있다. 그의 언어관은 우선 이 부분의 서두에 나오는 「말을 한다는 것은 일정한 언어적 실체들을 선택해서 그들을 복잡성이 더 높은 언어적 단위로 조립해간다는 것을 의미한다」라는 말 가운데 익히 드러나 있다. 다시 말하면 언어의 구조성은 어떤 단위들이 선택되었는가와 그들이 어떤 식으로 연결되어있는가의 두 기준에 의해서 결정되게 되어 있다는 것인데, 이 양면성의 원리는 언어기술의 모든 수준에서 적용될 수 있다는 것이 그의 언어이론의 제일 큰 특징이다. 예컨대 「pig」와 「fig」와 같은 낱말은 각각 정해진 음소목록에서 선택된 음소들을 규칙에 맞게 배열함으로써 만들어지듯이, 여러 가지 문장들은 각각 정해진 어휘목록에서 선택된 낱말들을 규칙에 맞게 배열함으로써 만들어진다고 보는 것이다(p.97).

그런데 그의 언어이론의 제일 특이한 특징은 이런 두 언어적 절차는 바로 우리의 정신작용의 기본이 되는 인접성의 원리와 유사성의 원리에 의해서 작동된다고 보는 점이다. 그는 우선 몇 개의 구성요소들이 어떤 구조체를 이루게 되느냐 하는 것은 인접성의 원리에 의해서 정해지게 마련이고, 그 다음으로 어떤 구성요소들이 선택되느냐 하는 것은 유사성의 원리에 의해서 정해지게 마련이라고 본 것이다. 다시 말해서 그는 선택의 절차란 유사성의 정도에 따라서 어떤 요소를 선택하거나 대치하는 절차이고, 조립의 절차란 인접성의 정도에 따라서 여러 요소들을 동시적으로 배열하거나 연쇄적으로 배열하는 절차로 본 것이다.

이 논문의 두 번째 부분은 실어증을 유사성 장애증과 인접성 장애증의 두 형태로 나눈 부분인데, 여기에서 그는 놀랍게도 「이 양분법은 아마도 실어증을 방출적인 것과 수용적인 것으로 나누는 고전적인 것보다 훨씬 더 제시성이 있는 것」일 것이라고 말하고 있다. 어차피 실어증의 증상을 두 가지 유형으로 나누는 것 자체가 무의미한 일 일수 있는 것인데, 그렇다고 해서 그것을 언어수행의 두 양상에 따라서 방출적인 것과 수용적인 것으로 나눈다는 것은 언어학적이나 심리학적인 지식을 완전히 무시한데서 나온 결과에 지나지 않는다고 그는 생각한 것이다. 다시 말해서 그는 언어의 구조성이 파괴된 것이 곧 실어증의 증상일 테니까 언어의 구조성을 만들어내는 두 가지 정신작용 별로 그것을 나누는 것이 언어학적으로나 심리학적으로 맞는 일이라고 본 것이다.

우선 그의 정의에 따르자면 유사성 장애증이란 단어를 연결하거나 문맥화하는 능력에는 큰 결함이 없으면서 단어를 선택하거나 대치하는 능력에는 결정적인 결함이 생겨서 나타나는 증상을 말했다. 선택성 결함증이라 명명된 이 첫 번째 유형의 실어증의 증세 중 특별히 두드러진 것은 크게 두 가지였다. 그중 첫 번째 것은 폐쇄된 담론이나 독백 등은 수행하기도 힘들어하고 이해하기도 힘들어할 만큼 상황이나 문맥에의 의존성이 높아지는 증세이었다. 예컨대 이 실어증 환자는 실제로 비가 오고 있는 상황에서만 「It rains.」라는 말을 할 수 있었다.

그중 두 번째 것은 정확한 어휘를 선택하거나 유사한 것으로 대치할 수 있는 능력이 현저히 저하되는 증세였다. 우선 이 실어증 환자에게는 일찍이 Freud가 지적했듯이 특수명사를 으레 일반명사로 대치하는 경향이 있었다. 그 다음으로 이런 환자에게는 어떤 명사를 독립적으로는 쓰지 않고서 그것의 용법이나 상황과 같이 쓰려는 경향이 있었다. 예컨대 Goldstein이 관찰한 환자는 「knife」라는 명사를 독립적으로는 단 한 번도 쓴 적이 없고 으레 「pencil-sharpener」나 「apple-parer」, 「bread-knife」, 「knife-and-fork」식으로 다른 말과 묶어서 쓰고 있었다(p.102).

세 번째로 이런 환자에게는 동의어라는 개념이 없었다. 예컨대 이런 환자에게는 「bachelor」와 「unmarried man」이라는 두 단어는 상호대치 할 수 있는 것이 아니라 서로 상보적 분배관계에 있는 것들이었다. 예컨대 실험자가 연필을 가리키면서 「This is (called) a pencil.」이라고 말하면 이 환자는 그 말을 반복하지 못하고 그저 「To write」라고 응답할 뿐이었다.

그 다음으로 인접성 장애증이란 보통 실문법증이라고 불리는 것으로서, 쉽게 말해서 「작은 언어적 실체들을 더 복잡한 단위로 연결시키는 능력, 즉 명제화의 능력」에 이상이 생기는 장애증이었다. 이 장애증 환자의 언어의 첫 번째 특징은 접속사나 전치사, 대명사, 관사등과 같은 기능어가 사라지고 문장의 어순이 제멋대로라는 점이었다. 이 환자의 말은 Jackson의 표현을 그대로 빌리자면 「낱말의 누적」일 따름이었고, 따라서 으레 일종의 전보문의 모양새를 띠고 있었다. 특히 이 환자의 말은 한번에 한 문장만을 쓰면서도, 많은 경우 이것은 단어 하나만으로 되어있는 일어문이었다.

이것의 두 번째 특징은 동사나 대명사의 굴절형들이 모두 사라졌다는 점이었다. 예컨대 여기에서는 언제나 동사 같으면 지배나 일치의 규칙에 따르는 정형 동사대신에 똑같은 부정형 동사만 쓰이고 있고, 대명사 같으면 문법적 기능에 따르는 격변화형 대신에 주격형 하나만이 쓰이고 있었다. 다시 말해서 여기에서는 「He votes.」나 「He voted.」와 같은 정문대신에 「He vote.」라는 비문만이 쓰이고 있었고, 「his」나 「him」라는 굴절형 대신에 「he」라는 기본형만이 쓰이고 있었다.

이것의 세 번째 특징은 명사의 파생형들이 모두 사라졌다는 점이었다. 정상인의 말에서는 예컨대 「grant」라는 원형과 그것에서 파생된 「grantee」나 「granter」라는 파생어들이 같이 쓰이게 마련이지만, 이 실어증 환자의 말에서는 오직 「grant」라는 원형 하나만이 쓰이고 있었다. 그뿐만 아니라 이런 환자에게는 복합명사를 몇 개의 구성명사로 해체하는 능력도 없었다. 예컨대 이런 환자는 「thanks-giving」이나 「battersea」와 같은 복합명사를 각각 「thanks」와 「giving」과 「batter」와 「sea」로 나눌지를 몰랐다. 심지어 Goldstein이 관찰한 바에 의하면 이런 환자는 「단어들은 지각할 수 있지만 그들을 구성하고 있는 음소들은 지각할 수 없었다.」 간단히 말해서 이 환자에게는 단어나 문장을 통째로 인지할 수 있는 능력만 있지, 그것의 구성소를 인지할 수 있는 능력은 없었던 것이다.

 이 논문의 세 번째 부분은 문학적 기법 중 가장 핵심적인 것이 바로 은유적인 것과 환유적인 것인데, 이들은 각각 유사상의 원리와 인접성의 원리에 의해서 작동되는 것이라는 사실을 밝힌 부분이다. 그가 보기에는 유사성의 원리를 근거로 한 은유법과 인접성의 원리를 근거로 한 환유법이 바로 문학적 기법의 「두 축」이라는 것은 다음과 같은 일곱 가지 사실에 의해서 익히 확인될 수 있었다. 첫 번째로 내세울 수 있는 것은 문학이란 결국 우리의 일상적인 언어로 예술적인 작품을 만든 것인데, 우리의 담론은 으레 은유적 기준이나 환유적 기준에 의해서 전개되고 있다는 사실이다. 다시 말하자면 하나의 담론의 주제나 의미상의 일관성은 으레 유사성의 원리나 인접성의 원리에 의해서 유지되어가고 있는 것이다. 그가 보기에는 이들 두 원리 중 어느 것이 더 크게 작용하느냐 하는 것은 개성이나 문화에 따라서 달라지게 되어있었다.

 두 번째로 내세울 수 있는 것은 어린이들을 대상으로 한 실험의 결과이다. 최근에 실시한 심리적 실험에 의하면 어린이들에게 하나의 명사를 제시하고서 제일 먼저 머리에 떠오르는 말이 무엇이냐고 물었더니 그것은 제시어의 한 대용어이거나 아니면 그 말에 대한 보어였다. 이들 두 반응은 일단은 대치적 반응과 서술적 반응이라고 이름 붙일 수 있는데,

심리학적으로 보자면 전자는 유사성이나 은유성의 원리에 의한 것이고 후자는 인접성이나 환유성의 의한 것이었다. 예컨대 「hut」라는 제시어가 주어지면 어린이들은 「cabin」이나 「hovel」이라고 반응하거나, 아니면 「burnt out」나 「is a poor little house」라고 반응했다(p.110).

세 번째로 내세울 수 있는 것은 유사성 장애증 환자들은 은유법을 잘 쓰지 못하는데 반하여, 인접성 장애증 환자들은 환유법을 잘 쓰지 못한다는 사실이다. 그가 보기에 무엇보다도 흥미로운 사실은 이들 환자들에게 있어서는 이들 두 수사법들은 서로 상보적인 관계를 유지하고 있다는 점이었다. 예컨대 유사성 장애증 환자들은 은유법은 전혀 쓰지 못하면서, 환유법은 자주 쓰이고 있었다. 다시 말하자면 이런 환자들은 「fork」 대신에 「knife」를 쓰고, 「table」 대신에 「lamp」를 쓰며, 「eat」 대신에 「toaster」를 쓰고 있었다(p.105).

네 번째로 내세울 수 있는 것은 시의 구조는 크게 은유법에 의한 것과 환유법에 의한 것으로 나뉠 수 있다는 사실이다. 시는 으레 하나의 병렬 구조체를 이루고 있게 되어있는데, 이런 구조체는 바로 연접되는 시행 간에 어형적이거나 어휘적, 통사적, 어구적 수준 등에서 유사성의 관계나 인접성의 관계가 유지되어있는 구조체인 것이다. 이런 사실은 성경에 나오는 시와 핀란드와 러시아의 민요 등을 통해서 익히 확인될 수가 있었다. 러시아의 민요의 경우, 서정시는 은유적 구조가 지배적이었고, 서사시는 환유적 구조가 지배적이었다.

다섯 번째로 내세울 수 있는 것은 그 동안의 문학사조는 은유법과 환유법이 상호교차적으로 이끌어왔다는 사실이다. 우선 낭만주의와 상징주의가 은유법이 주된 문학적 기법으로 작동되는 문학사조였다는 것은 이미 널리 알려진 사실이다. 그런데 이들 두 사조 사이에서 일종의 연결고리의 역할을 한 것이 바로 사실주의인데, 이것에서는 환유법이 주된 문학적 기법으로 작동되고 있었다. 예컨대 사실주의자들은 으레 인접성의 원리에 따라서 작품의 주안점을 플롯으로부터 분위기로나 아니면 인물로부터 배경으로 바꾸어갔다.

여섯 번째로 내세울 수 있는 것은 다른 예술분야에서도 이들 두 절차가 상호교차적으로 기본적인 사조를 이끌어 왔다는 사실이다. 간단히 말하자면 언어 이외의 기호체계에서도 은유법과 환유법이 교차적으로 그것의 흐름을 이끌어온 것인데, 이것이 가장 현저한 예가 바로 현대의 회화사이다. 큐비즘 때는 대상이 일조의 제유로 변형되는 식으로 환유법이 화법을 지배했다. 그러나 초현실주의 때는 은유법이 그런 역할을 하게 되었다. 흥미롭게도 이 시기에는 이런 현상이 영화의 분야에서도 똑같이 일어났다. 즉, 한때는 많은 영화에서 제유적 클로즈업이나 환유적 조립의 기법이 쓰이다가 곧 이어 그런 것들은 은유적 몽타쥬나 영상적 직유의 기법으로 대치되었다(p.111).

일곱 번째이며 마지막으로 내세울 수 있는 것은 개인적인 것이든 사회적인 것이든 상징적 활동들은 모두 크게 환유적인 것과 은유적인 것으로 나뉠 수 있다는 사실이다. 예컨대 Freud는 꿈을 환유적인 「대치나 농축형」과 은유적인 「일체화나 상징형」의 두 유형으로 구분했다. 또한 Frazer는 마술적 의식을 유사성의 원리에 의한 「동정요법적」인 것과 인접성의 원리에 의한 「감염적」인 것으로 양분했다. 이렇게 보면 인간의 모든 상징적 활동에서는 그의 은유력과 환유력이 그것의 원동력이 되고 있음이 분명했다. 이런 현상은 궁극적으로는 시의 기저에는 은유력이 깔려있고, 산문의 그것에는 환유력이 깔려있는 현상과 동일한 것이었다(p.113).

2) Chomsky의 보편문법 이론

Chomsky가 오늘날 추상적으로는 생물언어학적 연구이고 구체적으로는 언어와 뇌의 관계에 대한 연구의 한가운데 서 있게 된 것은 크게 간접적인 원인과 직접적인 원인 때문이라고 볼 수가 있다. 우선 지금의 그의 언어학자로서의 업적과 위상은 언어와 관련되는 연구에서 그의 이름을 거명하지 않는다는 것은 상상도 할 수 없는 일이라는 것을 보증하기에 족하다. 또한 논리적으로 따져 보았을 때 이 연구는 어차피 결국에는 하나의 학제적 학문이 되게 되어있으니까 언어학자중 누군가가 뇌과학자와 같은 크기의 기여나 참여를 하는 것은 너무나 당연한 일임과 동시에 바람직스런 일이기도 하다. 이것이 바로 오늘날 그가 이 연구의 중심에 서있게 된 간접적인 원인이다.

그러나 만약에 그가 최근에 이르러 자기의 언어이론의 타당성을 생물학적으로 밝히는 일이야말로 작게는 언어학의 궁극적인 과제일 뿐 아니라 크게는 지금의 학문 전체의 궁극적인 과제가 되어야한다는 말을 하지 않았더라면 이 연구에서 그의 위상이 그것의 중심에 있게 될 정도로 높아지지 않았을지도 모른다. 그러니까 그의 최근의 자발적인 참여 선언이 그를 이 연구에서 지금의 자리에 있게 한 직접적인 원인이 된 것이다. 앞에서 이미 설명이 있었듯이 그의 최근의 생물학적 언어연구의 필요성에 관한 발언은 생물언어학의 탄생에 일종의 촉진제의 역할을 하게 되었다. 이런 점으로 보아서도 직접적인 원인이 간접적인 원인보다 더 크게 작용한 원인임이 확실하다.

가) 간접적인 기여

그가 이 연구에서 지금의 자리에 있게 된 것은 크게 간접적인 원인과 직접적인 원인 때문이라는 말은 곧 그가 그동안에 이 연구의 발전에 기여한 바는 크게 간접적인 것과 직접적인 것으로 대별될 수 있다는 말이나 같은 말이다. 또한 그의 연구업적은 발표 순서나 주요 저서별로 검토하기에는 너무나 방대하다. 그리고 그의 언어이론이 지금의 것으로 성장한 기간을 지난 50년으로 치자면 간접적인 기여를 한 기반이 직접적으로 기여를 한 기간보다 더 먼저이고 더 길다. 그러니까 그의 언어이론이 이 연구의 발전에 기여한 바를 살펴보는 데는 그것을 간접적인 것과 직접적인 것으로 대별하여 살펴보는 것이 가장 합리적인 방법인 것이다.

크게 보았을 때 그 동안 그의 언어이론의 이 연구의 발전에의 간접적인 기여는 다음과 같은 세 가지 측면에서 이루어 졌다고 볼 수가 있다. 그의 언어이론의 간접적인 기여 중 첫 번째로 꼽을 수 있는 것은 언어의 실체를 뇌과학자들에게 알게 한 점이다. 언어와 뇌의 관계에 대한 연구는 이론적으로 따져 보았을 때 언어와 뇌에 대한 정확한 지식이 있을 때만 제대로 발전될 수가 있다. 그런데 그의 언어이론이 나오기 이전까지는 그들이 의지할 수 있을만한 언어적인 지식이 아직 언어학 자체에서도 획득되지 못한 상태이어서 그런지, 뇌과학자들은 으레 언어란 소리로 되어 있다거나, 아니면 언어란 낱말의 집합체라는 정도의 상식적인 지식만 가지고서 연구를 진행해 나갔다.

그의 언어이론은 변형생성문법 이론이라는 표준 이론 때의 명칭이 잘 말해주고 있듯이 일종의 문법이나 통사론 중심의 이론이었다. 따라서 그가 제공한 언어적인 지식은 뇌과학자들의 상식적인 언어관을 코페르니쿠스적으로 바꾸어 놓을 수 있을 만한 것이었다. 우선 그의 언어이론을 통해서 그들은 언어의 전 구조체에 관한 지식, 즉 언어란 음운조직과 어휘조직, 문법조직, 의미조직 등으로 이루어진 일종의 다층적인 구조체라는 사실을 알게 되었는데, 이것만으로도 그들은 자기네들의 연구를 미시적이고 일면적인 성격의 것에서 거시적이고 전면적인 성격의 것으로 바꿀 수 있었다.

그 다음으로 그의 언어이론을 통해서 그들은 언어조직 중 가장 핵심적인 조직이 바로 문법이나 통사적 조직이라는 사실을 알게 되었는데, 이런 사실은 그의 언어이론에서 내세우는 여러 가지 혁신적인 가설들과 직접적으로 관련이 되는 것이기에 이것으로 인하여 그들의 연구방향은 크게 달라지게 마련이었다. 예컨대 그가 인간의 언어의 종 특이성이나 언어지식이나 능력의 내재성 등을 말할 때는 으레 다름 아닌 인간 특유의 통사적 능력을 두고 하는 말이라는 사실을 알게 된 다음부터는 그들의 뇌구조에 대한 연구방향은 통사적 능력을 전담하는 영역을 찾는 쪽으로 향하게 되어 있었다. 또한 그의 말대로 인간언어의 제일 큰 특징을 몇 개의 정해진 규칙으로써 무한한 문장을 만들어낼 수 있는 특성, 즉 언어적 창조성을 가지고 있는 점으로 보자면, 그들은 자기네들이 그 동안에 거둔 연구결과는 하나의 그럴싸한 생물학적 언어이론을 만들어내기에는 턱없이 미약한 것이라는 것을 쉽게 깨달을 수 있었다.

그의 언어이론이 간접적으로 기여한 것 중 두 번째로 꼽을 수 있는 것은 앞으로 만들어질 생물학적 언어이론의 기본 원리가 될 만한 가설이나 이론들을 제공해 주었다는 점이다. 그가 그동안에 내세운 가설이나 이론 중 대표적인 것으로는 인간 언어의 종 특이성의 가설을 비롯하여 언어지식이나 능력의 내재성의 가설, 언어구조의 모듈성의 가설, 통사구조의 자율성의 가설 등을 들 수가 있는데, 따지고 보면 이런 것이야말로 앞으로 뇌과학자들에 의해서 만들어지게 될 생물학적 언어이론의 기저적 거점이 될 수 있는 것들이다. 이런 의미에서 보면 그의 언어이론은 이미 뇌과학자들에게 앞으로 그들이 매달려야할 연구의 주제들을 미리 대 주었다고 볼 수도 있다.

그런데 1980년대에 나온 그들의 논문의 내용을 살펴보게 되면 이런 추측이 크게 잘못된 것이 아니라는 사실을 익히 확인할 수가 있다. 이런 논문의 가장 대표적인 것 중 하나가 바로 앞에서 검토해본 Geschwind의

「언어의 생물학적 기저와 반구적 지배성」이라는 논문이다. 한마디로 말해서 그는 여기에서 Chomsky가 언어적 사실을 통해서 얻어낸 여러 가지 가설들이 틀린 것이 아니라는 것을 자기를 포함한 여러 뇌과학자들에 의한 실정증에 대한 연구의 결과에 의해서 실증하고 있다. 또 하나 그런 종류의 논문으로 볼 수 있는 것은 Dennis(1983)의 「뇌손상 어린이에 있어서의 통사적 능력(Syntax in brain-injured children)」이라는 논문인데, 이것은 어떤 의미에서는 Chomsky의 언어이론에 의해서 유발된 1980년대의 통사적 능력 지향의 뇌과학 연구의 결과를 총결산하고 있는 것이기에 그 가치가 더욱 크다고 볼 수가 있다.

크게 보았을 때 이 논문의 결론은 다음과 같은 두 가지라고 볼 수가 있는데, 그중 첫 번째 것은 그동안의 자기를 위시한 많은 뇌과학자들에 의한 실험결과를 종합해 볼 때 통사적 능력을 중심으로 해서 내세워진 여러 가지 언어학적 가설들은 큰 의미에서 보면 뇌과학적인 근거가 있는 것으로 판단된다는 것이었다. 예컨대 그는 지난 몇 년 동안에 Kohn이나 Whitaker등과 함께 병으로 우반구만을 갖게 된 어린이들을 대상으로 해서 이 과제를 집중적으로 연구해왔는데 그것에서 얻은 결론은 대략 1) 좌반구에서 발달되는 그것에 비할 때 우반구에서 발달되는 통사적 능력은 크기나 책략 등에 있어서 크게 떨어진다는 것을 비롯하여 2) 이런 어린이에 있어서의 통사적 능력의 결손현상은 듣기에 있어서만 나타나는 것이 아니라 읽기에 있어서도 똑 같이 나타난다는 것, 3) 이런 어린이에 있어서의 통사적 능력의 결손현상은 그들의 일반적인 언어적 인지능력이나 음운적 능력, 어휘적 능력과는 독립적인 현상이라는 것 등이었다(p.197).

그중 두 번째 것은 이 과제에 대한 뇌과학자들의 연구는 다음과 같은 두 가지 이유로 인하여 앞으로도 더 계속되어야할 것이 분명해졌다는 것이었다. 첫 번째로 어린이들의 경우에 있어서는 뇌손상을 언제 입었느냐에 따라서 그들의 통사적 능력의 결손이나 회복의 양태가 많이 달라지게 되어있는데도 지금까지는 어린이를 대상으로 한 연구보다는 성인을 대상으로 한 연구가 더 많이 이루어졌기 때문이었다. 두 번째로 지금까지의 연구를 통해서「통사론의 자율성에 관한 한 그것이 언어의 다른 면으로부터 분리될 수 있는 것은 사실이지만, 그것이 지시적 응집성과 같은 다른 면들과 아주 복잡하게 연관되어있다.」는 사실이 밝혀졌기 때문이었다 (p.202). 결국 그는 앞으로는 언어학적 이론이 뇌과학의 연구를 주도하는 학풍대신에 그것과는 정반대적인 학풍이 자리잡아야 할 것이라고 주장하였다(p.196).

그의 언어이론이 간접적으로 기여한 것중 세 번째로 꼽을 수 있는 것은 문법에 관한 문제를 검토하는 데 필요한 분석의 틀이나 절차 용어 등을 제시해줌으로써 이른바「언어학적 실어증학」이 생겨날 수 있게 한 점이다. 그 동안까지의 실어증 연구는 거의다가 자료 수집과 분석의 방법에 의한 것이었기 때문에 굳이 언어학적 지식을 원용할 필요가 없었다. 그렇지만 일단 이 분야에서도 그런 관찰적인 방법에 더 해서 실험적인 방법이 쓰일 수 있으려면 연구자에게는 언어학적 지식이 필요불가결한 요소가 되지 않을 수 없었다. 특히 연구의 과제가 문법적인 능력을 분석하려는 경우에는 더욱 더 그랬다. 그의 언어이론은 이런 용도로 쓰이기에 안성맞춤이었다.

그게 그렇다는 것을 웅변적으로 드러내주고 있는 논문이 바로 Caplan (1983)의 실문법증에 있어서의 통사적 능력-어휘적 가설(Syntactic Competence in Agrammatism-A Lexical hypothesis)」라는 논문이다. 우선 여기에서 내세워진 어휘적 가설은 Chomsky가 내세운 통사적 가설과는 거의 정반대적인 것이다. 그런데 여기에서 쓰이고 있는 문법분석의 틀이나 자료, 방법, 용어 등은 거의다가 그의 표준이론의 원전이라 할 수 있는「통사 이론의 양상」에서 빌려온 것이다. 그러니까 어떤 의미로 보아서도 이것만큼 그 동안에 그의 언어이론이 얼마나 많이 실어증 연구에 영향을 주었는가를 보여주고 있는 것은 없다고 볼 수가 있다.

 이 논문의 전반부에서는 먼저 그동안에 실시된 실험 중 많은 것이 그의 통사적 가설의 타당성을 뒷받침하는 것이었다는 사실을 확인하고 있다. 예컨대 1979년에 Goodglass등이 실시한 실험에서는 브로카 실어증 환자들은 관계절 구문의 문장들보다는 등위구문의 문장들을 더 쉽게 이해한다는 사실이 밝혀졌고, 또한 1980년에 Saffran등이 실시한 실험으로는 이런 환자들은 능동문과 수동문간의 어순적인 관계를 파악하지 못한다는 사실이 밝혀졌다. 이런 증세를 이들은 Fillmore가 말하는 「격문법적」지식이 결여된 증세로 보았다.

 이런 종류의 실험가운데는 물론 실험의 결과를 근거로 해서 연구자가 결국 통사적 이론의 타당성을 부정할 수 있게 된 것도 있었는데, 그중 대표적인 것이 바로 1976년에 Zurif와 Caramazza가 실시한 관계절문 해석에 관한 실험이었다. 이들은 실문법증 환자들은 으레 똑같은 관계절 구조의 문장이더라도 의미적으로 있을 수 있는 문장은 오해를 덜 하는 데 비하여, 의미적으로 있을 수 없는 것은 오해를 많이 하는 사실로 미루어서, 실문법증 환자들은 「연산적 절차」를 구사하는 대신에 「자기발견적인 책략」을 쓰고 있다는 결론을 냈다. 다시 말해서 이들은 이런 환자들은 문장을 해석하는 데 있어서 구조나 통사적인 특징을 기준으로 쓰고 있는 것이 아니라 실세계와의 연관 하에서의 의미나 개념의 내용을 기준으로 쓰고 있다고 본 것이다. 흥미롭게도 1980년에 Caramazza는 Berndt와 같이 실시한 실험의 결과를 해석하면서 이런 환자를 Kimball이 말하는 「문해부기」의 기능을 상실한 사람으로 봄으로써 결국은 통사적 이론의 타당성을 인정하는 식으로 자세를 바꾼 셈이 되었는데, 결과적으로 이런 사실은 실문법증의 증세를 어느 하나의 언어이론으로 설명한다는 것은 무모한일이라는 것을 말해주고 있었다.

이와 같은 사실들을 배경으로 해서 그가 어휘적 가설이라는 통사적 가설에 대한 하나의 대안을 내세우고 있는 부분이 이 논문의 후반부이다. 그런데 무엇보다도 주목할 만한 사실은 바로 이 부분에서 그는 Chomsky의 문법 모형이나 술어 등을 집중적으로 쓰고 있다는 점이다. 먼저 그는 1981년에 Matthei와 Gigley와 함께 브로카 실어증 환자를 대상으로 실시한 실험의 결과를 소개하고 있는데, 그 이유는 물론 이것이 계기가 되어서 그가 새로운 가설을 구상하게 되었기 때문이었다.

이 실험은 인형을 가지고 하는 놀이 과제를 통해서 브로카 실어증환자들의 관사와 동명사에 관한 지식을 알아보는 것이었는데, 우선 여기에서 시험문으로 쓰인 것은

1) Can you show John fighting the soldiers?
2) Can you show John the fighting soldiers?
3) Can you show John the fighting of the soldiers?
4) Can you show John the bravely fighting the soldiers?,
5) Can you show John the brave fighting of the soldiers?

등의 다섯 문장이었다. 이것은 그러니까 피실험자가 「fighting」이라는 단어는 동명사와 분사 중 한 가지로 쓰일 수 있는데, 이런 구별을 확실하게 해주는 것이 「the」라는 정관사라는 사실을 알고 있는지를 시험해보는 실험이었던 것이다(p.180).

실험의 결과는 그런데 실어증의 경중에 따라 두 가지로 나타났다. 이 실험에서는 총 11명의 실어증환자를 대상자로 삼았었는데, 그 가운데서 실어증의 증상이 비교적 가벼운 다섯 명은 이 과제를 거의 완전할 정도로

수행했는데 반하여, 그 증상이 상대적으로 무거운 여섯 명은 그렇지를 못했다. 다시 말해서 이 실험을 통해서 피실험자 중 절반정도는 문장을 이해하는 데 있어서 관사의 도움으로 동명사와 분사를 구별하는 식으로 일정한 통사적 절차를 밟고 있는데 반하여, 나머지 절반은 오로지 낱말들의 선형적 순서에만 크게 의존하고 있다는 것이 밝혀진 것이었다.

그런데 Caplan이 보기에는 이 실험의 결과가 말해주는 것 중 가장 중요한 것은 이들 환자들이 가지고 있는 통사적 지식은 구조나 형식에 관한 것이 아니라 어휘의 배열에 관한 것이라는 것이었다. 바꾸어 말할 것 같으면 그는 이 실험을 통해서 문법적 표현체는 Chomsky가 내세웠듯이 구구조분석이나 변형과 같은 형식적 조작에 의해서 실현되는 것이 아니라 어휘문법론자들이 내세웠듯이 어휘들의 적정한 선택이나 배열에 의해서 실현된다는 것을 알게 되었으며, 결국 그래서 여기에서 어휘적 절점의 가설이라는 반통사적인 가설을 주장하게까지 된 것이다.

그가 생각하는 어휘적 절점의 가설이란 문장의 이해나 생산은 어휘의 선택과 배열에 의해서 이루어지되, 이때에 필요한 통사적 정보는 크게 다음과 같은 세 가지 방책에 의해서 획득된다고 보는 이론이다. 그중 첫 번째 것은 문장의 의미나 용도 등을 근거로 해서 단어 간에 일정한 주제 관계가 성립되도록 하는 것이고, 그중 두 번째 것은 선택된 어휘에 어휘 범주적 정보에 따라서 N(명사)나 V(동사), 형용사(A)와 같은 통사적 표지를 부여하는 것이며, 그중 세 번째 것은 각 어휘에 하위 범주화의 자질을 표시하는 것이다.

그러니까 그는 쉽게 말해서 Chomsky가 말하는 문장의 구조나 형식은 어휘들의 「하위범주화의 틀」에 지나지 않는 것이라고 생각한 것인데, 무엇보다도 여기에서 흥미로운 것은 하위범주화라는 용어와 개념 자체가 Chomsky가 처음으로 1965년에 낸 책에서 사용했던 것이라는 점이다. 이런 식의 언어이론의 원용법을 일단 역설적 원용법이라고 명명하고 보자면, 이것의 압권은 Chomsky가 그 동안에 보도처럼 휘두르던 예제를 자기의 예제로 삼아 그의 해석법 보다는 자기의 해석법이 훨씬 더 합리적이라고 주장하는 대목이다.

Chomsky가 그 동안에 보도처럼 휘두르던 예제는 바로「John promised Bill to see a doctor.」와 「John persuaded Bill to see a doctor.」라는 두 문장의 구조적 차이를 밝히는 것이었다. 간단히 말하자면 그의 설명의 요지는 오로지 자기가 내세우는 변형문법적인 설명법에 의해서만 표면구조상으로는 이들은 같은 문장임이 분명하지만 심층구조상으로는 서로 다른 문장이라는 사실이 밝혀질 수 있다는 것이었다. 즉, 첫 번째 문장에 있어서의 부정사구의 사실상의 주어는 「John」인데 반하여 두 번째 문장에 있어서의 부정사구의 그것은 「Bill」이라는 사실은 이들이 생성되는 변형적 절차에 의해서만 확실하게 밝혀질 수 있다는 것이었다.

그런데 그는 이 예제를 자기가 내세우는 어휘적 절점의 가설의 타당성을 실증하는 데 사용했다. 쉽게 말하자면 그는 이들 두 문장 간의 구조적 차이는 모문에 있는 동사들이 서로 다른 하위범주화의 자질을 가지고 있는데서 비롯된 것이라고 주장했다. 여기에서 문제가 되는 것은 이들 동사에 하위 범주화 자질을 부여함에 있어서 전치사구(PP)나 명사구(NP), 동사구(VP), 문(S), 바문(S̄)과 같은 어휘보다 큰 통사적 단위의 개념을 도입해야 하느냐하는 것이었다. 왜냐하면 이런 개념을 도입한다는 것은 곧 통사적 지식은 어휘적 지식과 별도로 존재한다는 것을 인정하는 셈이 되기 때문이었다. 그는 물론 이런 의견에 동의하지 않았다. 결국 이 세 번째 방책은 단독으로 쓰이지 않고서 다른 방책과 합동으로 쓰인다는 점을 그는 강조했다(p.184).

그는 마지막으로 그가 이번에 이런 가설을 제안하게 된 동기는 앞으로 생겨나게 될 언어학적 실어증학의 연구 자세를 보여주는 데 있다는 말까지하고 있다. 한 마디로 말해서 어느 한 언어학적 이론을 정당화하기 위하여 실어증 환자에게서 사실적인 자료들을 수집하는 것이 아니라, 그런 자료를 가지고서 여러 언어학적 이론중 제일 그럴싸한 것을 가려내는 것이 언어학적 실어증학의 과제가 되어야한다는 것이다. 원래 Kean(1981)이 언어학적 실어증학이라는 용어를 처음으로 사용했을 때는 실어증학이 앞으로는 언어학의 도움을 적지 않게 받아야 한다는 의미가 강했다. 그러니까 그의 이런 견해는 최고로 야심찬 것인 것이다.

나) 직접적인 기여

너무나 당연한 일일는지 몰라도 그가 언어와 심리학의 관계에 대해서 언급하면서 드러냈던 그의 안하무인적인 고자세는 그의 언급이 언어와 생물학의 관계에 대한 것으로 바뀌어서도 조금도 달라지지 않았는데, 크게 보았을 때 그의 이런 고자세는 두 가지 방식으로 표출이 되었기에 그것이 다른 학문에 미친 영향도 부정적인 것과 긍정적인 것의 두 가지로 나뉘게 되었다고 볼 수가 있다. 다른 학문의 지금의 한계성이나 무능함을 지적하는 것과 다른 학문이 앞으로 지향해야 할 방향을 제시하는 것이 바로 그 두 가지 방식이었다.

그런데 사실은 언어와 생물학의 관계에 대한 그동안의 그의 언급은 진화론에 관한 것과 생물학에 관한 것으로 나뉘어져 있었는데, 흥미롭게도 첫 번째 방식은 진화론에 관한 논의를 하는 경우에 더 많이 쓰이게 되었고, 두 번째 방식은 생물학에 관한 논의를 하는 경우에 더 많이 쓰이게 되었다. 다시 말할 것 같으면 그가 언어와 진화론의 관계를 논의하던 시기를 지나서 언어와 생물학의 관계를 논의하게 되면서 그의 다른 학문에 대한 비평적 태도는 지금의 과학이나 학문 전체의 한계성이나 잘못된 흐름을 지적할 만큼 대담해진 것이다.

　넓은 의미에서 보자면 진화론도 생물학적인 연구방법에 의해서 시작된 학문이다. 그래서 그의 생물학에 대한 비판은 그가 진화론에 대한 비판을 시작할 때 이미 시작된 것이나 마찬가지이다. 그런데 엄밀히 그동안의 그의 다른 학문에 대한 언급의 역사를 살펴보면 그가 심리학을 그런 대상으로 삼았던 바로 그 무렵에 그는 진화론도 그런 대상으로 삼았다는 사실이 쉽게 드러난다. 그러니까 그의 언어이론이 언어와 생물학의 관계를 밀착시키는 데 직접적으로 기여한 것은 먼저 진화론을 통해서였던 것이다.

　그가 심리학을 비평의 대상으로 삼았던 것과 거의 같은 시기에 진화론을 그런 대상으로 삼게 된 것은 그 동기가 자기의 언어이론의 우월성이나 타당성을 강조하는 데 있었기 때문이다. 예컨대 그가 자기의 언어이론의 기본사상으로 내세운 것은 「언어적 지식이나 능력의 내재성」과 「인간언어의 종 특이성」 등이었는데, 이들이 모두 궁극적으로는 언어학적 문제가 아니라 심리학이나 생물학적 문제라는 것을 그는 익히 알고 있었던 것이다. 그리고 더 구체적으로는 자기의 언어이론의 우월성을 알리기 위해서는 이런 특성들은 지금의 심리학이나 생물학이 학문적 수준으로는 도저히 검증이나 반증이 불가능할 정도로 근원적이고 심오한 것이라는 점을 부각시키면 된다는 것을 그는 잘 알고 있었던 것이다.

　크게 보았을 때 그동안의 그의 진화론에 대한 비평은 다음과 같은 두 가지 취약점을 들춰내는 데 초점이 맞추어졌다. 그가 보기에는 진화론의 첫 번째이면서 제일 결정적인 취약점은 인간의 모든 자질이나 능력을 이른바 자연적 선택의 절차에 의해서 생겨난 것으로 본다는 것이었다. 물론 자연적 선택이라는 개념은 일찍이 다윈이 진화론을 창안할 때 그것의 핵심 사상으로 삼은 것이다. 그러니까 그는 진화론의 생명과 같은 이론을 바로 그것의 치명적인 이론으로 뒤집어 버리고만 것이다.

자연적 선택의 개념은 결국 인간의 언어의 기원이나 진화의 문제를 해명하기에는 지극히 부적절한 것이라는 점을 그는 그동안에 적어도 두 번에 걸쳐서 강력히 주장했다. 그중 첫 번째 것은 1975년에 나온 「언어에 대한 성찰(Reflections on Language)」이라는 책안에서의 다음과 같은 말이다. 이 말은 화행론자인 Searle의 기능주의적 언어관을 비판하면서 나온 말이다. Searle은 그런데 언어를 의사소통의 도구로 본다는 점에 있어서 진화론자들과 같은 언어관을 가지고 있다고 볼 수가 있다. 따라서 여기에서 그는 Searle과 진화론자를 같이 묶어서 비판하고 있는 것이다.

> 진화과정을 통해서 인류가 갖게 된 능력 가운데는 과학형성의 능력과 수 체계의 심층적 특성을 직관적으로 다룰 수 있는 능력 등이 있다. 우리가 아는 한 이런 능력들은 어떤 선택적 가치도 가지고 있지 않다. 그러나 그들이 그런 가치를 가지고 있는 다른 체계의 일부로서 발달되었을 가능성은 얼마든지 있다. 우리는 10^{10}개의 신경세포들이 농구공 크기의 머리 안에 결집되어 있는 상태에서 그것에 어떤 조건을 부여했기에 결국에는 이런 체계가 발달되게 되었는지에 대해서 아는 바가 거의 없다. 진화한 어느 구조의 모든 또한 주목할 만한 자질들이 자연적 선택이라는 말로써 설명될 수 있다고 가정하는 것은 심각한 오류이다. 분명히 신체적 구조들에 대해서도 그런 가정을 할 수가 없다(pp.58~59).

그중 두 번째 것은 1982년에 나온 「생성적 기획(The generative enterprise)이라는 책에서의 다음과 같은 말이다. 이 책은 일종의 대화형식의 책인데, 우선 이것의 앞부분에는 그가 이때쯤에는 이미 꽤 깊숙이 생물학의 영역에도 발을 들여 놓고 있었다는 사실이 밝혀져 있다. 그가 자기의 최근의 연구 경향을 설명하면서, 이미 자기학교에서 Salvador Luria와 함께 언어생물학이라는 과목을 가르친바가 있다는 말에 이어서, 「그의 언어학이 미국에서 살아남는다면 언어학과에서가 아니라 생물학, 컴퓨터과학 심리학, 수학, 공학, 철학 등으로 이루어진 인지과학의 영역 내에서일 것이다」라는 말을 한 것이 바로 그런 사실이다(p.8).

그러나 이 책을 통해서 알 수 있는 것 중 제일 중요한 사실은 그가 언어생물학과 같은 학문을 구상하게 된 동기는 생물학으로부터 어떤 도움을 얻으려는 것이 아니라 그것의 한계성을 지적해냄으로써 결과적으로는 자기의 언어이론의 우월성을 드러내려는 데 있었다는 것이다. 이런 점을 가장 확실하게 실증할 수 있는 것이 바로 그는 왜 언어는 인간만이 가질 수 있고 다른 영장류들은 가질 수 없는지를 다음과 같이 설명했다는 사실이다. 원래 질문자는 1979년에 Herbert Terrace등이 「Nim Chimsky」라는 침팬지에게 손짓언어의 교육을 실시해본 결과 문법의 습득은 그것에게는 불가능한 일이라는 것이 밝혀졌다는 사실을 들어서 이 문제를 제기했다. 그런데 그는 그것에 대한 해명을 생물학적으로 한 것이다.

> 인간의 언어기능과 영장류의 두뇌 안의 어떤 것 사이에는 아무런 유사성이 없을 것이라고 내가 믿게 된 이유는 다른 데 있다. 그것은 곧 종의 보존을 위하여 아주 유용하고 높은 가치가 있으며, 따라서 하나의 분명한 선택적 가치를 지니고 있다고 볼 수 있는 어느 생물학적 능력이 전혀 사용되지 않고서 그대로 잠복되어있을 개연성은 거의 없다는 것이다. 그것이 사실이라면 놀라운 일일 것이다. 그러나 설사 그것이 사실로 밝혀진다고 해도 크게 바뀌는 것은 없다고 생각된다. 그전에 있던 문제들은 그대로 남아있게 마련이다. 그렇게 되면 우리는 그전의 것보다 더 어려운 문제 즉 어떻게 이 능력이 한번도 쓰이거나 선택되지 않았는데도 발달될 수 있었느냐를 설명해야 한다(pp.18~19).

그가 보기에는 진화론의 두 번째로 결정적인 취약점은 돌연변이라는 개념을 무분별하게 쓰고 있다는 것이었다. 진화론에서는 원래부터 정상적으로 진화한 것은 선택적 적응절차에 의한 것으로 보는 반면에 예외적으로 진화한 것은 돌연변이의 절차에 의한 것으로 보는 식으로 이 개념을 편리하게 써왔다. 그러니까 이것도 자연적 선택이라는 개념에 못지않게 진화론 자체를 떠 받들어온 기본 개념인 셈인데, 문제는 이것이 구체적으로 어떤 절차인가에 대해서 정의적인 수준의 것 이상으로는 논의된 적이 없다는 데 있었다. 예컨대 진화론자들은 으레 진화 과정 중 갑자기 하나의 개체나 종의 유전자나 염색체 일부가 부모의 것과 달라지는 현상을 돌연변이라고 정의하고만 있지, 그것의 원인이나 시기, 절차들에 관해서는 입을 다물고 있었다.

그런데 그가 보기에는 진화론에 있어서 이 개념이 실제로는 얼마나 무의미하게 쓰이고 있는가를 가장 웅변적으로 드러내주고 있는 사례가 바로 언어의 기원을 돌연변이에 의한 것으로 보는 것이었다. 진화론의 틀에서는 선택적 적응 절차에 의한 것이 아닌 것은 모두 돌연변이의 절차에 의한 것으로 보게 되어있으니까 언어기원의 문제도 일단 이런 식으로 처리하면 간단히 해결되는 것이었다. 그러나 그의 생각으로는 이런 처리는 오직 진화론의 한계성을 드러내줄 따름이었는데, 그 이유는 그렇게 하다 보면 결국 돌연변이라는 개념의 무의미성만을 더욱 부각시킬 뿐이지, 언어의 기원의 문제는 「신비스런 문제」로 남아있게 되어있기 때문이었다. 간단히 말해서 그는 진화론에서 언어 기원의 문제를 제대로 설명할 수 있을 때가 바로 돌연변이의 개념을 제대로 쓰기 시작하는 때라고 몰아붙였던 것인데, 그는 이런 생각을 1968년에 낸 「언어의 정신(Language and Mind)」이라는 책에서 다음과 같이 드러내고 있다.

> 우리가 아는 한 인간의 언어소유는 단순히 고도의 지능과 연결되어있는 것이 아니라 특수한 형태의 정신적 조직과 연결되어 있다. 인간의 언어는 동물의 세계에서 발견될 수 있는 것의 보다 복잡한 형태라는 견해는 사실에 근거한 것이 아니다. 이런 주장은 생물학자에게 커다란 문제를 제기하고 마는데, 그 이유는 조직이 복잡해져가는 과정 중 어느 특수한 단계 때 질적으로 전혀 다른 현상이 나타난다는 것은 진정한 의미에서의 「돌연변이」의 한 예이기 때문이다(p.70).

진화론과 그의 언어이론은 그러니까 그동안 내내 좋게 말하자면 일종의 평행선과 같은 관계를 유지해온 것이고, 나쁘게 말할 것 같으면 일종의 대척적인 관계를 유지해온 것인데, 흥미롭게도 최근에 이르러서 그것이 협조나 화해의 관계로 바뀌는 사건이 일어나게 되었다. 그가 2002년에 생물학자인 Hauser와 Fitch와 함께 「언어기능 그것은 무엇이고, 누가 가지고 있으며 어떻게 진화하였는가(The faculty of language what is it, who has it, how did it evolve)」라는 논문을 쓰게 된 것이 바로 그 사건이었다. 두말할 필요도 없이 일단 겉으로만 보았을 때는 이 논문은 학계 전체에 근래 보기 드문 반향을 일으키기에 부족함이 없는 논문이었다. 지금의 지성세계를 이끌어가고 있는 학문 중 기간 학문격인 진화론과 언어학이 서로 맞서지 않고서 힘을 합치기 시작했다는 것 자체가 획기적인 일이 아닐 수 없었다. 예컨대 이 논문이 실린 같은 학술지에 낸 논문에서 Bever와 Montalbetti(2002)는 「Hauser 등은 어떻게 실증적으로 인간언어의 진화적 기저를 밝혀낼 수 있는가에 대한 큰 발걸음을 내딛었다.」나 「이 논문을 통해서 언젠가에는 Darwin의 정서력 중심의 언어관과 Chomsky의 연산력 중심의 언어관을 하나로 통합시킬 수 있는 이론이 나올 수도 있겠다는 희망도 갖게 되었다」와 같은 말을 하였다. 이 논문의 제목을 이들은 놀랍게도 Chomsky의 이름을 그대로 써서 「노암의 방주(Noam's Ark)」로 잡았다.

그러나 사실은 이 논문은 일종의 선언적인 것 이상도 이하도 아니다. 그게 그렇다는 것은 우선 이것의 주제는 제목에 나와 있는 대로 언어기능이란 어떤 것인가와 그것은 누가 가지고 있는가, 그것은 어떻게 진화했는가의 세 가지인 셈인데, 그동안 내내 두 학문 간에 논쟁거리가 되어 왔으면서 이들 중 가장 핵심적인 주제라 할 수 있는 세 번째 주제에 대해서는 아무런 의견도 내지 못하고 있다는 사실하나 만으로써 익히 알 수가 있다.

나쁘게 말하면 그러니까 이 논문은 우리의 학문적 수준은 언어의 기원이나 진화에 관해서 하나의 과학적인 이론을 내세우기에는 아직도 먼 거리에 있다는 사실만을 드러내주고 있다.

이 논문의 내용과 그것에서 얻어진 결론을 구체적으로 살펴보게 되면 이런 점이 더욱 분명해진다. 우선 이 논문의 내용 중 특이한 것은 크게 두 가지라고 볼 수 있는데, 그중 첫 번째 것은 언어기능을 중심부에 위치한 협의의 것과 그것을 에워싸고 있는 광의의 것으로 나누면서 협의의 것을 Chomsky의 언어이론대로 규칙의 순환성을 특징으로 하는 하나의 연산적 기구의 능력으로 보았다는 점이다. 광의의 것에는 개념적인 능력을 위시하여 의도적인 능력, 지각운동적인 능력 등이 포함되니까, 결국 이런 이분법은 그동안까지의 언어의 실체를 놓고서 언어학자와 생물학자 간의 싸움을 무의미하게 만들어버리는 최선의 방법이 된 것이다.

그중 두 번째 것은 언어기능의 진화에 대한 제3의 가정을 내세웠다는 점이다. 그동안까지 진화론자들은 이 문제와 관련하여 크게 두 가지 가정을 가지고 있었는데, 그중 하나는 언어기능은 인간에게만이 아니라 동물에게도 있다는 것이고, 다른 하나는 언어기능은 오직 인간에게만 있는 것으로서 그것은 자연적 선택의 절차에 의해서 지금의 것으로 진화되었다는 것이었다. 그런데 이들이 보기에는 이들 두 가정은 언어기능의 진화 과정을 제대로 설정하기에는 부적절한 것이었다. 그래서 이들은 광의의 언어기능은 동물에게도 있을 수 있지만 협의의 언어기능은 오직 인간에게만 있을 수 있는 것이라는 제3의 가정을 내세우게 되었다.

그 다음으로 이 논문에서는 다음과 같은 세 가지 결론을 내리고 있는데, 무엇보다도 먼저 주목할 것은 이들은 모두가 앞으로 수행해야 할 과제에 대한 양자 간의 합의문의 형식으로 되어 있다는 점이다. 결국 이 사실 하나만으로써 이 논문은 하나의 학술적인 논문이라기보다는 생물학자와 언어학자가 드디어 서로 상대방의 주장을 인정하기로 합의했다는 것을 분명히 밝혀 두려는 일종의 선언적인 논문이라는 것을 익히 확인할 수가 있다. 그러나 어떤 의미에서는 이들 세 가지 결론들이 언어의 기원이나 진화에 관해서 구체적으로 말해주고 있는 것은 한 가지도 없다는 점이 그것보다 더 중요하다고 볼 수도 있다. 다시 말해서 이 논문은 앞으로는 Chomsky의 생물학이나 진화론에 대한 공격적인 자세가 조금 부드러워질 것이라는 희망의 메시지를 전달하고 있을 따름이다.

1) 언어기능 중 인간 특유의 요소와 동물과 공유하는 요소를 구별해내는 데 있어서 언어학자와 생물학자가 더 이상 이론적 토의에 매달리지 말고 협조적으로 실증적이고 비교적인 연구를 해나가기로 했다.
2) 광의의 언어기능의 대부분은 다른 종들과 공유하는 것이지만 협의의 언어기능은 인간 특유의 것이라는 가설은 앞으로 더 많은 실증적인 연구를 필요로 한다는 데 합의했다.
3) 비교적 접근법에 의해서 언어기능의 공유적 및 특유적 자질에 대한 새로운 통찰을 할 수 있게 될 뿐만 아니라, 그것의 진화력에 관한 새로운 가설도 얻을 수 있게 될 것이라는 데 합의했다.

원래가 진화론은 하나의 이론인데 반하여 생물학은 하나의 학문이기에 너무나 당연한 현상인지 몰라도 그의 생물학에 대한 언급은 거의다가 부정적이고 비판적인 성격의 것이라기보다는 긍정적이고 제시적인 성격의 것이었다. 그의 언급은 지금의 생물학의 취약성이나 한계성을 지적하는 데 보다는 언어학이 왜 앞으로는 일종의 생물학이어야 하는가, 생물학은 앞으로 어떻게 해야 하나의 진정한 의미에서의 과학으로 탈바꿈 할 수 있겠는가에 대한 자신의 의견을 개진하는 데 초점이 맞추어져 있었다.

앞에서 이미 말이 나왔듯이 그가 정식으로 언어와 생물학의 관계에 대해서 자신의 의견을 개진한 것은 1980년에 나온 「규칙과 표현체」라는 책에서였다. 그러니까 우선 이 책에서 그가 언어학이나 생물학에 대해서 어떤 말을 하고 있는가를 살펴보게 되면 그가 생물학에 대해서 어떤 자세를 가지고 있는가에 대한 대답은 저절로 나오게 되어있는 것이다. 이 때가 바로 그가 자기의 보편문법이론에 대한 소신을 확실히 굳힌 시기라는 점을 감안한다면 그가 이때부터 정식으로 자기의 언어와 생물학의 관계에 대한 견해를 밝히기 시작한 것은 너무나 당연한 일이었다고 볼 수가 있다.

이 책에서 그는 언어학의 바람직한 모습이라는 주제를 다루기전에 먼저 생물학의 바람직한 모습에 대해서 의견을 나타내고 있는데 그가 이렇게 한 이유는 두말할 필요도 없이 그가 궁극적으로 실현시키고자하는 언어학은 일종의 생물언어학이기 때문이다. 그런데 여기에서 그가 이렇게 하게 된 진짜 이유는 따로 있는 셈이었는데, 그것은 바로 그에게 애당초 생물언어학적 발상법을 제시해 주었던 Lenneberg가 이미 언어의 생물학적 기저에 대해서 논의하면서 생물학의 바람직한 모습에 대해서 그가 원하는 의견을 개진한 바가 있었다는 것이었다. 그러니까 쉽게 말해서 그가 여기에서 그의 생물학에 대한 정의를 원용하게 되면, 첫 번째로는 생물학이라는 다른 사람의 학문에 대해서 장황한 토의를 할 필요가 없어진다는 이점이 있게 되고, 두 번째로는 자기의 생각이 학리적 근거가 있는 것이라는 것을 알린다는 이점이 있게 되는 것이었다.

Lenneberg가 일찍이 언어생물학의 기본 개념으로 내세운 것은 「생물학적 母型」이라는 개념이었는데, 이것은 간단히 말해서 그가 말하는 내재적 기구에 상응하는 것이었다. 예컨대 Lenneberg는 문법의 문제를 설명하는 마당에 「우리가 규칙들은 문법적 분석기내에 구축되어있음이 분명하다고 말을 할 때는 특수한 구조적 자질이나 특수한 내적 조직을 가진 기구가 있다는 것을 가정하게 된다」라는 말과 함께 「기저적 모형」이나 「생물학적 모형」이라는 술어를 쓰기 시작했다. 이런 이유에서 이겠지만 그는 여기에서 생물학적 모형이라는 술어를 제일 먼저 원용하고 있다.

그런데 사실은 Lenneberg는 바로 이 자리에서 자기 나름대로 생물학에 대한 정의를 내리게 되었는데, 그가 보기에는 이 정의야말로 일차적으로는 앞으로 생물학이 지향해야할 바를 정확히 적시해준 정의였으며, 이차적으로는 언어학을 위시한 모든 과학이 앞으로 지향해야할 바를 정확히 적시해준 정의였다. 그러니까 그가 진짜로 원용하고 싶은 것은 「생물학의 과제는 다름 아닌 다양한 형식들이 어떻게 내재적으로 구성되어 있는가를 발견하는 것으로서, 이것에는 환경적 힘에 대한 생물의 반응에 대한 기술도 포함된다. … 내재적 기구를 발견하고 기술하는 일은 철두철미하게 경험적인 절차이며 현대적 과학적 탐구의 본질적인 부분이다」라는 Lenneberg의 말이었다(p.186).

그에게 있어서 일단 Lenneberg의 이런 내재주의적 과학관이나 생물학관을 받아들인다는 것은 곧 자기가 지향하는 언어학이 왜 결국에는 일종의 생물언어학이어야하는가에 대한 설명을 이미 마친 것이나 마찬가지였다. 그가 보기에는 그의 언어학에 대한 설명은 보편문법이라는 개념과 생물학적 모형이라는 개념을 같은 것으로 보고나면 끝나는 것이었다. 그래서 실제로 그는 「많은 언어학자들이 말하는 "보편문법"은 내재적 기구 즉 언어성장이 진행되는 틀을 마련해 주는 생물학적인 기저 모형에 대한 하나의 이론이라고 간주될 수 있다.」나 「제안된 보편문법의 원리는 유전적 프로그램의 추상적인 설명서라고 볼 수 있다」, 「언어학은 이렇게 보자면 일정한 기구의 성장과 성숙 과정을 추상적으로 연구하는 것이다.」와 같은 말들을 하였다. 간단히 말해서 그는 언어학은 크게는 일종의 과학이고, 작게는 일종의 생물학이라고 본 것이다(pp.187~188).

그의 「자연과 언어에 대하여」라는 책이 나온 것은 앞의 책이 나온 지 20여년이 지난 2002년이다. 바로 이 기간 동안에 그의 언어이론은 결속과 지배의 이론을 거쳐서 최소주의 이론으로 귀착이 될 만큼 크게 바뀌었고, 구체적인 언어분석이나 기술을 위한 기법도 크게 달라졌다. 그러나 한 가지 달라지지 않은 것이 있는데, 그것은 바로 그의 특이한 내재주의적 언어관과 그것을 바탕으로 한 생물언어학에 대한 소신이었다. 더 정확히 말하면 이 기간 동안에 언어에 관한 연구실적이 증거됨과 비례해서 생물언어학에 대한 그의 믿음은 더 굳어져만 갔던 것이다.

그러니까 우선 큰 의미에서 보면 이 책에 개진되어 있는 그의 생물언어학에 대한 견해는 그가 일찍이 1980년에 낸 책에서 개진했던 것의 확대판이라고 볼 수가 있다. 그러나 그것의 내용을 구체적으로 살펴보게 되면 확대판은 결국 복사판과는 다르다는 것을 익히 알아차릴 수가 있다. 한마디로 말해서 여기에서는 지금의 생물학의 능력으로는 내재적 언어기능을 밝혀낼 수 없으니까, 그것과는 정반대로 언어학에서 획득한 언어기능에 관한 지식이 기저가 되어서 생물언어학은 발달될 수밖에 없다는 점이 강조되고 있다. 결국 여기에서는 그의 그동안 내내 견지해온 다른 학문을 폄하하는 자세가 드디어 극단적인 것으로 바뀌게 되었음을 보여주고 있다.

내용상으로 보았을 때 그가 이 책에서 내세우고 있는 바는 크게 세 가지라고 볼 수가 있는데, 그중 첫 번째 것은 적어도 당분간은 그가 제안하는 보편문법이론이 생물언어학의 기본이론이 되어야 한다는 것이었다. 그의 이런 주장은 크게 세 부분으로 나뉘어져 이루어지고 있다고 볼 수가 있는데 그중 첫 번째 부분은 왜 언어학은 결국은 하나의 생물학이어야 하는가를 설명하는 부분이다. 간단히 말하자면 언어학은 우리 안에 생물학적으로 내재되어있는 언어기능을 연구하는 학문이기 때문에 하나의 생물학이어야 한다는 그의 지론이 여기에서도 반복이 되고 있다. 그러나 다른데서는 아래와 같은 대담한 선언은 한 적이 없었다.

언어학은 언어를 하나의 자연적 대상으로서 연구하는 것, 즉 인간의 두뇌 안에 생리적으로 표현되어 있으면서 자연과학의 연구지침 내에서 연구가 가능한 우리 종의 생물학적 자질의 일부인 인지적 능력을 연구하는 것이다(서문).

그중 두 번째 부분은 그 동안에 그가 제안한 언어이론의 탁월성, 즉 이것으로써 그가 언어기능의 특성에 관해서 얼마나 많은 것을 밝혀낼 수 있었는가를 설명하는 부분이다. 당연히 이 설명은 크게 원리와 매개변항의 개념을 기본으로 한 보편문법이론의 탁월성과, 최신의 문법이론으로 제안된 최소주의 이론의 탁월성을 드러내는 데 초점이 맞추어졌다. 우선 지금까지의 연구를 통해서 언어학자들은 원리와 매개변항의 모형은 언어적 보편성을 기술하는 데 최적의 모형이라는 사실을 밝혀낼 수 있었는데, 이런 연구 중 대표적인 것이 바로 의문사 의문문에 관한 것이었다. 이들은 예컨대 의문사 의문문의 경우 의문사는 언제나 높은 통사적 위치로 이동된다는 사실과, 의문사의 이동은 언어에 따라 명시적인 것과 암묵적인 것으로 나뉘어져 있다는 사실, 의문사의 위치는 문두와 문미 두 곳뿐이라는 사실 등을 밝혀낼 수 있었다(p.18).

그 다음으로 이들은 지금까지의 연구를 통해서 최소주의 이론이 우리의 생물학적 조건이나 원리와 가장 잘 어울리는 이론이라는 사실을 밝혀냈다. 이미 오래전에 심리학과 생물학 등에서는 우리의 인지적 활동이나 신체적 활동을 지배하는 원리중 제일 기본이 되는 것이 경제성의 원리라는 사실을 구명해 놓았는데, 따지고 보자면 최소주의 이론이야말로 이름 그대로 표현의 방식과 도출의 절차를 최대로 간소화한 이론이라는 의미에서 바로 이 원리에 입각한 이론이라고 볼 수가 있다. 예컨대 이 이론에서는 변형절차를 오직 이동절차 하나만을 인정하는 식으로 최대로 간소화했을 뿐만 아니라, 그것의 적용도 연산상의 필요에 의하여 마지막 수단일 경우로 제한하는 식으로 엄격히 한정시키고 있다.

예컨대 이 이론에서는 논리형식은 마지막으로 의미를 도출하는 부분이기 때문에 여기에서는 응당 모든 문법적 자질들이 해석되게 되어있으며, 이때 가장 경제적으로 쓰일 수 있는 것이 바로 이동의 절차라고 본다. 다시 말하자면 이 이론에서는 이동은 해석이 안 되는 자질을 제거시키는 최적의 수단인 셈인데, 이런 사실은 상승이동절차가 적용되는 경우를 살펴보면 익히 확인될 수 있다고 본다. 더 구체적으로는 이 이론에서는 a) __seems[-to be[a man in the garden]]]이라는 기저문에서 b) A man seems [t' to be [t in the garden]]]과 c) There seems [t to be [a man in the garden]]]과 같은 문장은 도출이 가능하나, d) *There seems [a man to be [t in the garden]]]같은 것은 그렇지 못한 것은 병합이 더 경제적이어서 이동을 막기 때문이라고 본다(p.38).

그중 세 번째 부분은 지금의 생물학의 수준이 이상과 같은 언어기능의 특이성이나 정교성을 밝혀낼 수 있을 만큼 높지 않은 이상, 앞으로 생길 생물언어학의 주도권은 응당 언어학 측에서 맡을 수밖에 없다는 것을 설명하는 부분이다. 우선 언어학자들은 그 동안에 언어학에서 구명해낸 통사적 작동의 원리나 이론가운데는 흔적의 이론이나 완전해석의 원리 등이 있는 점으로 미루어보아서 언어란 지각운동체계와 사고체계에서 해독가능한 표현체들로 이루어진 「최적의 모양으로 구도된 체계」라는 가정을 할 수 있었다. 그렇지만 현재의 뇌과학의 수준으로 보아서 그들은 「생리적 하층구조를 세부적으로 탐구하는 것은 두뇌과학의 주요 발달을 기다리면서 전적으로 새로운 개념의 도입을 필요로 할지도 모르는 하나의 먼 목표이다(거기에 관련된 발생학적 및 유전적 요소들에 대한 탐구는 더 말할 필요도 없다)」와 같이 비관적인 결론을 내릴 수밖에 없었다(p.30).

그가 이 책에서 두 번째로 내세우고 있는 바는 현재까지 진화론을 이끌어온 주된 사상은 일찍이 Darwin이 내세웠던 자연적 선택이라는 사상인데, 이것으로는 언어기원의 문제는 절대로 제대로 해결 될 수 없다는 점이었다. 그는 이 책에서 이런 목적으로 두 진화론자의 이론을 반박하고 있는데, 여기에서 무엇보다도 흥미로운 사실은 그중 한 사람인 Hauser는 바로 이 책이 나온 2002년에 그와 함께 그 유명한 대타협의 논문을 쓴 사람이라는 점이다. 이 책에 드러나 있는 그의 진화론에 대한 자세는 분명히 그 논문에 나타나있는 것과 같이 타협적인 것이 아니다. 추측컨대 이 책에서 보인 마음이 그의 본심일 것이다.

그는 기존의 진화이론을 공격함에 있어서 Hauser가 1996년에 낸 「의사소통의 진화(The Evolution of communication)」라는 책을 첫 번째 표적으로 삼았다. 그가 보기에는 Hauser가 이 책에서 내세우고 있는 언어진화론은 그 동안 내내 다윈주의자들이 내세워 온 것의 한 예에 불과한 것이었다. 우선 Hauser는 앞으로는 언어연구의 기본양상을 기구와 개체발생과정, 적절성의 결과, 진화적 역사 등을 구명하는 쪽으로 잡아야 하는데, 그러기 위해서는 제일 먼저 언어를 하나의 의사 소통체계로 보고서 비교적 방법에 의한 연구를 많이 해야 한다고 주장했다.

Hauser는 또한 언어진화의 두 큰 사건은 어느 날 갑자기 어휘량이 폭발적으로 증가했다는 것과 무한한 수의 문장을 생성하는 데 필요한 순환적 체계가 생겨났다는 것인데, 이들은 모두가 결국은 새로 진화한 모방력에 의해서 일어났다고 주장했다. 더 나아가서 Hauser는 동물의 의사소통체계와 인간의 그것간의 공통점은 감정 상태의 표현을 주된 기능의 일부로 삼고 있다는 점이라는 주장도 하였다. 결론적으로 Hauser는 Darwin의 말을 그대로 빌려서 언어의 구조와 기능은 자연적 선택의 절차에 의해서 발달된 것이라는 말을 하였다.

그는 Hauser의 이런 주장을 전면적으로 거부했다. 먼저 그의 생각으로는 의사소통체계를 비교적으로 연구하는 일은 언어의 형식적 특성을 연구하는 일과 아무런 관계가 없을 뿐만 아니라 「궁극적으로 언어는 일종의 사고표현의 체계이지 의사소통의 체계는 아니었다」(p.76). 그 다음으로 그의 생각으로는 언어기능은 자연적 선택의 절차에 의해서 생겨난 것이 아니었다. 그의 주장은 인간의 시각기관이나 기린의 목, 中耳의 뼈 등의 진화과정을 그런 식으로 설명할 수 없듯이 언어기능의 진화과정도 그런 식으로는 설명할 수 없다는 것이었다. 결국 그가 보기에는 Hauser는 이 책에서 일찍이 Lewontin이 「인지의 진화는 현대과학의 능력 밖에 있을 따름이다.」라고 한 말을 되풀이하고 있을 뿐이었다(p.80).

그가 기존의 진화이론을 공격함에 있어서 두 번째 표적으로 삼은 것은 Deacon이 1997년에 낸 「상징적 종 : 언어와 두뇌의 공진화」라는 책이었다. 앞에서 이미 상세한 소개가 있었듯이 Deacon이 여기에서 내세운 「상징지시설」은 간단히 말해서 그가 내세우는 언어학적 언어기원설에 대한 하나의 신 다윈주의적인 대안이었다. 실제로 Deacon은 「만약에 어린이들의 정신 안에 일정한 문법적 규칙들이 내재되어 있다면 그들은 유전적 동화절차에 의해서 얻어진 것이 아니라 어떤 기적에 의해서 얻어진 것이다」와 같은 말로써 그의 언어기원설을 가장 비과학적인 것으로 치부해 버렸다(p.333).

그러니까 쉽게 말해서 Deacon은 이 이론으로써 그동안에 공격을 받아 오던 진화론자들을 대표해서 그에게 크게 반격을 가한 셈이고, 그가 이 이론을 여기에서 정면으로 공격하고 나선 것은 반격에 대한 재공격에 해당하는 셈이다. 그런데 이상하게도 Deacon의 이론을 비판하는 양은 Hauser의 이론을 비판하는 양보다 훨씬 적고, 따라서 비평의 구체성에 있어서도 이것이 훨씬 떨어진다. 그 이유는 아마도 그가 Deacon의 이론에 대해서는 Hauser의 이론에 대해서만큼 깊게 알지 못하기 때문이거나, 아니면 똑같은 진화이론이면서도 Deacon의 것은 Hauser의 것만큼 깊게 분석할 가치가 없다고 보았기 때문일 것이다.

크게 보았을 때 그가 Deacon의 이론의 맹점으로 보고 있는 것은 두 가지인데, 그중 첫 번째 것은 상징적 지시라는 개념의 부적절성이었다. Deacon은 기호론자인 Peirce의 언어 이론을 그대로 받아들여서 그것을 그의 변형주의적 언어이론보다 더 과학적인 것이라고 주장하는데, 그가 보기에는 언어가 기호로써 사물이나 의미를 지시하는 하나의 상징체계라기보다는 문법적 규칙을 조작하는 하나의 연산체계라는 것은 언어학계에서 이미 널리 공인된 사실이었다. 다시 말하자면 그가 보기에는 Peirce나 Deacon이 말하는 상징체계란 언어를 어휘의 수준에서 보았을 때 쓰일 수 있는 개념인데 반하여, 자기가 말하는 연산체계란 그것을 문장의 수준에서 보았을 때 쓰일 수 있는 개념이라는 사실 자체가 이미 언어의 본질을 파악하는 데 어느 것이 더 적절한 개념일 수 있겠는가 하는 질문을 던져주고 있었다.

그중 두 번째 것은 적응적 절차라는 개념의 부적절성이었다. 그는 Deacon의 언어진화관의 비과학성은 「세계의 언어들은 자연적 선택과정을 통해서 자연발생적으로 진화했는데, 그것은 인간의 두뇌 밖에서 진행되어온, 일종의 광풍적 적응과정이었다.」와 같은 말에 가장 잘 드러나 있다고 주장했다(p.82). 우선 그의 이런 비평은 Deacon 자신은 당장 몰이해의 극치라고 반박하고 나설 만큼 일방적인 것일 수가 있다. 왜냐하면 Deacon은 분명히 치환의 절차와 볼드인적인 진화절차, 두뇌발달의 촉발자로서의 언어의 기능 등의 개념들을 도입하여 고전적 진화이론과는 크게 다른 진화이론을 제시했기 때문이다(pp.353~400).

그의 이렇게 다분히 주관적인 비평을 놓고서 우리는 두 가지 해석을 내릴 수 있다. 첫 번째로 그는 Deacon이 내세운 볼드원적인 것이나 치환과 같은 대안적인 절차등도 근본적인 의미에서 보자면 적응적인 절차에 불과하다고 생각했을 수가 있다. 특히 그는 Deacon의 진화이론의 골간이라 할 수 있는 공진화라는 발상법이 사실은 일찍이 Darwin이 내세웠던 것이라는 점을 중요시했을 수도 있다. 다시 말해서 그는 언어의 변화와 같이 두뇌 밖에 있는 요소들의 변화가 결국에는 두뇌의 변화를 유도하게 되었다는 사고방식이 바로 정통파의 진화론자들의 것이라고 본 것이다.

두 번째로 그는 여기에서도 자기의 언어학적 언어기원설의 우월성을 부각시키겠다는 욕심이 지나치게 강하게 작용한 나머지, 생물학적 언어기원설은 어느 것이든 비과학적인 것으로 매도해버리는 태도를 갖게 되었을 수가 있다. 이런 추측의 근거로는 그가 바로 이 대목에서 그가 늘 내세워오던 언어습득장치(LAD)의 이론이나 모듈성의 이론의 내용을 다시 소개하고 있다는 사실을 들 수가 있다. 놀랍게도 그는 여기에서 다른 곳에서는 거의 기피하다시피 한 어휘습득에 관한 문제도 「어휘도 내재된 생물학적 능력의 일부로서 습득된다」는 식으로 설명하고 있다.

그가 이 책에서 세 번째로 내세우고 있는 바는 생물학을 포함한 모든 학문의 궁극적인 과제는 다양한 현상을 간명하게 설명할 수 있는 통합된 이론을 세우는 것인데, 각 분야에 있어서의 그 동안의 많은 노력의 결과가 익히 말해주고 있듯이 이것이 결코 쉬운 일이 아니기 때문에 앞으로 더 많은 노력을 경주할 수밖에 없다는 점이었다. 간단히 말하자면 그는 여기에서 자기가 그동안 내내 강조해 오던 언어학의 바람직한 모습에 대한 지론을 학문 전체로 대상을 확대해서 적용시킨 것이다. 그러니까 결국 그는 여기에서 앞으로 생겨날 생물언어학의 바람직한 모습을 제시하고 있다고 볼 수가 있다.

이 문제와 관련하여 그가 여기에서 특별히 강조하고 있는 것은 크게 두 가지라고 볼 수가 있는데, 그중 첫 번째 것은 따지고 볼 것 같으면 자연과학의 역사 자체가 그것의 앞으로의 발전방향을 정확히 제시해 놓은 것이나 다름이 없다는 것이었다. 이것의 근거로 그는 바로 Galileo의 통합이론적인 과학관이 그 동안에 일어났던 몇 번의 과학적 혁명의 원동력이었다는 사실을 들었다. 예컨대 Galileo는 기술이 아니라 설명이 과학의 궁극적인 과제라고 믿은 나머지 이해 불가능한 현상을 간단명료하게 설명할 수 있는 통합적인 이론을 만들려고 힘썼는데, 이런 학풍으로 인하여 결국은 현대수학에 Euclid의 기하학이나 Newton의 미적분학 등이 생겨나게 되었다는 것이다.

이런 시각에서 보자면 오늘날의 자연과학의 모습은 크게 두 가지 면에서 잘못되어 있다고 그는 생각했다. 첫 번째로 그것은 설명보다는 기술 쪽에 관심이 가있다는 문제점을 지니고 있었다. 물론 어떻게든 Galileo식인 학풍을 이어가려는 D'Arcy Thompson과 같은 생물학자나 Alan Turing과 같은 인공지능학자가 전혀 없는 것은 아니었다. 그러나 대부분 과학자들은 「땜장이 짓」이라는 진화이론을 내세운 Francois Jacob이나 「의사소통체계」라는 진화이론을 내세운 Hauser처럼 기본적인 이론을 세우는 일이 아니라 현상을 부분적으로 기술하는 일에 매달려왔다.

두 번째로 그것은 각 분야나 영역마다 독특한 이론이 있어야한다고 전제하는 문제점을 지니고 있었다. 예컨대 현대에 이르러 자연과학이 물리학이나 화학, 생물학 등으로 세분되다 보니까 과학자들은 자연히 자연과학 전체에서가 아니라 자기 학문이나 영역에서만 적용될 수 있는 이론을 찾게 되어있었다. 더구나 많은 과학자들은 처음부터 현상을 설명하기보다는 기술하는 데 더 많은 관심을 가지고 있었기에 각 학문에서 찾아낸 이론은 모두가 통합적인 이론과는 거리가 먼 것들이 될 수밖에 없었다. 그래서 그의 생각으로는 현대과학이 다시 Galileo나 Newton의 꿈꾸던 모습을 갖게 되려면 물리학과 화학, 생물학 등이 우선 하나로 통합되어야만 되었다.

그가 여기에서 두 번째로 강조하고 있는 것은 학문이나 과학 전체가 Galileo가 일찍이 꿈꾸던 모습을 갖게 되려면 정신과 육체의 문제를 그들을 두 개의 개별적 실체로 보는 입장에서가 아니라 하나의 통합된 실체로 보는 입장에서 다루게 되어야 한다는 것이었다. 그가 보기에는 이렇게 하기 위해서는 두 가지 고정관념이 깨져야만 되었는데, 그중 첫 번째 것은 Descartes의 이원론이었다. 일찍이 Galileo는 「세계는 그저 아르키메데스적인 단순한 기계들이 한 묶음으로 엮여있는 것일 따름이다.」라는 말로 집약될 수 있는 일종의 기계주의적 철학을 가지고 있었는데, 이런 입장에서 보면 Descartes가 말하는 정신이란 「기계 안에 있는 귀신」에 불과했다.

그중 두 번째 것은 Lewonton등이 주장하는 불가능론이었다. 최근에 이르러 학자들의 인간의 정신이나 인지 절차를 구명하려는 노력이 증가되면 될수록 그들은 그 일이 보통 어려운 일이 아니라는 사실만을 확인하게 되어서인지, 1990년에 Lewonton이 「인지의 진화(The evolution of cognition)」라는 논문에서 「인지의 진화는 현대 과학의 능력을 벗어난 것이다」나, 「인간의 고차원적인 정신 절차에 대한 대답을 우리는 결코 알지 못할 것이다.」와 같은 말을 했을 때 누구나 할 수 있을 만한 말이라고 생각했다(p.80). 그러나 그의 생각으로는 이런 불가능론을 옳다고 볼 수는 없는 일이었는데, 그 이유는 「이런 목표가 어떻게 달성될지는 아직 모르지만, 현재로서 언어와 여타 정신기능에 대한 연구는 일찍이 화학이 발전했던 식으로 결국에는 그들을 하나의 이론으로 통합시키려는 의도를 가지고서 풍부한 이론들을 내세우고 있기 때문이었다」(p.56).

그런데 그가 보기에는 다행스럽게도 생물학자 중에는 정신과 육체의 문제에 대해서 일종의 일원주의나 통합주의적인 의견을 가지고 있는 사람도 있었는데, Vernon Mountcastle이나 Gallistel이 그중 가장 대표적인 사람이었다. 예컨대 첫 번째 사람은 「정신은 두뇌의 소산이다.」와 같은 말로써 Descartes의 이원론을 무의미한 것으로 치부해 버렸고, 또한 두 번째 사람은 「기관들은 극도로 불리한 환경 하에서도 아주 용이하게 특수한 문제들을 해결할 수 있도록 연산적으로 특수화되어 있는데, 두뇌는 특수화된 이들을 통합시킨다」와 같은 말로써 모듈성의 이론의 타당성을 강조했다(p.64).

두말할 필요도 없이 그에게는 이런 의견들이 추상적으로는 앞으로 언어학은 하나의 생물학이어야 한다는 것이고, 구체적으로는 앞으로 언어이론과 두뇌이론은 하나로 통합되어야 한다는 자기의 소신에 대한 일종의 보증서와 같은 것이었다. 마지막으로 그는 여기에서 이렇게 되기 위해서는 이론상으로는 생물학과 언어학 모두가 이런 방향으로 더 노력을 기울여야 하겠지만 실제에 있어서는 언어학 쪽의 노력이 더 중요하다는 말을 하고 있다. 우선 생물학자 가운데는 E. Wilson과 같이 앞으로는 진화생물학 쪽으로 생물학의 모습이 바뀌게 되면 이런 목표가 쉽게 달성될 수 있다고 생각하는 사람도 있다. 그러나 그의 생각으로는 생물학이 단독으로 그런 식으로 바뀐다는 것은 쉬운 일이 아니었다.

그에 반하여 언어학은 이런 변화를 위하여 상당한 준비가 되어 있다고 볼 수가 있는데, 그것의 근거로 내세울 수 있을만한 것이 바로 자기가 만들어낸 원리와 매개 변수의 이론이나 최소주의 이론의 문법이론으로서의 우월성이었다. 이런 언어이론의 기저가 되고 있는 몇 가지 내재주의적 가설들은 앞으로 생겨날 생물언어학의 주요 연구 주제가 되기에 충분한 것이었다. 예컨대 그는 자기가 이미 세운 언어습득 이론만으로도 인간의 정신문제와 관련된 「고르디우스의 매듭」은 간단히 풀릴 수 있다고 주장하기까지 했다.

이와 동시에 그는 그렇다고 해서 지금의 이런 언어이론들이 완전한 것이라고는 볼 수 없다는 점도 분명히 했다. 특히 그는 통사체계와 다른 인지체계가 서로 어떻게 「인터페이스」하는지에 대해서는 아는 것이 전무한 상태라는 사실을 강조했다. 끝에 가서 그는 「언어의 모든 현상은 최소주의 이론을 거부하는 것처럼 보이는데 이것은 세상의 현상이 코페르니쿠스의 이론을 거부하는 것처럼 보이는 것과 같은 것이다. 문제는 그것이 진짜 거부인가 하는 것이다.」라는 말로써 자기의 언어이론의 불완전성을 인정하고 있다(p.124). 심지어 그는 자기의 언어이론은 결국은 하나의 이론이 아니라 「프로그램」이라는 말로써 일종의 도피구까지 마련하고 있다.

3) Jackendoff의 개념적 구조설

Chomsky의 언어이론이 심리학이나 인지과학의 발전에 결정적으로 영향을 주기 시작할 때, 그의 선봉장 격으로 그와 함께 이런 일에 앞장선 사람은 바로 Fodor이었다. 예컨대 Chomsky의 내재주의적 언어사상의 핵심이론이 모듈성의 이론인데, 이것이 갑자기 유명해지게 된 것은 그의 책이나 논문을 통해서가 아니라 Fodor가 1983년에 낸 「정신의 모듈성 (The Modularity of mind)」이라는 책을 통해서였다고 볼 수가 있다. 그가 이 책에서 내세운 「사고언어(Language of Thought : LOT)설」은 삽시간에 인지심리학의 주요 연구 과제중 하나로 부상되었다.

그런데 Fodor의 학풍과 관련하여 무엇보다도 흥미로운 것은 그는 자기도 모르는 사이에 Chomsky보다도 더 열렬한 변형주의의 숭배자가 되어 있었다는 사실이다. 이것을 뒷받침할 수 있는 사실로는 크게 세 가지를 들 수가 있는데, 그중 첫 번째 것은 일찍이 Chomsky가 내세웠던 내재성의 이론과 모듈성의 이론을 그가 한 수준 높게 발전시켰다는 사실이다. 예컨대 원래 Chomsky는 두뇌 안에 모듈을 이루고 있는 것은 언어의 여러 조직들만이라고 생각했는 데 비하여, 그는 그런 것들을 「입력 체계」라고 부르면서, 그것들에 더하여 「중앙체계(일반인지체계)」라는 전혀 다른 성격의 모듈을 세우게 되었을 뿐만 아니라, 이것의 기능을 신념적 판단과 추리, 문제해결, 공상등과 같은 것으로 봄으로써 결국은 바로 이것에 의하여 높은 수준의 인지작업은 이루어지게 되어 있다고 생각하였다. 그는 더 나아가서 입력체계와 마찬가지로 이「중앙체계」도 내재화되어있을 뿐만 아니라 이것에서의 모든 절차는 연산적인 것이라고 생각했다. 여기에서 한 가지 특기할 사실은 그의 이런 인지이론은 Sperber와 Wilson이 관련성의 이론을 내세우는 데 있어서 그것의 기본이론의 일부로 쓰이게 되었다는 점이다.

그중 두 번째 것은 Chomsky는 변형의 절차를 언어적인 차원에서만 쓰이는 것으로 생각한 데 비하여 그는 그것을 정신적인 차원에서도 똑같이 쓰이는 것으로 보았다는 사실이다. 따지고 보면 그가 사고 언어라는 언어와 거의 같은 내적 표현체를 설정하게 된 것도 바로 변형의 개념을 인지나 정신적인 차원으로까지 확대해서 쓰기 위해서였던 것이다. 예컨대 그가 1987년에 낸「심리의미론(Psychosemantics)」이라는 책 안에서는「정신적 상태는 내적 표현체의 변형의 결과이다.」나「인지절차는 사고언어라는 내적 표현체가 변형과정을 밟는 절차이다.」와 같은 말들이 자주 발견될 수 있다(p.200).

그중 세 번째 것은 그는 1980년대 후반에 이르러 연결주의와 변형주의가 일종의 대결상태에 들어서게 되자 그것의 허점을 드러내고 변형주의의 타당성을 주장하는 데 누구보다도 적극적으로 나섰던 사람이라는 사실이다. Chomsky가 자기의 변형주의적 인지이론의 타당성을 주장하고 나설 당시에는 행동주의적인 인지이론은 더 말할 나위가 없고 인지주의적인 인지이론을 비판하는 일을 자기 이론을 소개하는 일만큼 열심히 했다. 그런데 이상하게도 그는 그 후 이른바 신경험주의나 신행동주의의 기수로 불리는 연결주의가 등장하여 자기의 이론을 정면으로 공격하고 나섰을 때는 아예 입을 다물어 버렸다.

바로 이때 Chomsky의 대리인의 역할을 담당하고 나선 사람이 그였다. Rumelhart와 McClelland 등에 의해서 창안된 연결주의는 변형주의에서 내세우는 모든 것을 부정하는, 심하게 말하자면 그러니까 변형주의적인 인지이론을 부정하기 위해서 태어난 인지이론이었다. 예컨대 그들은 가장 과학적인 인지이론은 마땅히 뇌생리학적 원리와 컴퓨터 공학적 원리에 맞는 것이어야 한다면서, 인지절차를 신경망의 절점들이 일정한 유형에 따라 연결되어가는 과정으로 보았다. 다시 말해서 여기에서는 언어를 포함한 모든 지식은 자극대 반응의 절차를 통해서 얻어진다고 본 것이다.

연결주의와 변형주의간의 싸움은 당연히 무엇을 인지적 조작의 기본단위로 볼 수 있느냐의 문제로 귀착이 되었다. 예컨대 연결주의 측에서는 낱말이나 언어적 자질 등이 신경망의 절점들의 자리에 있게 된다고 보는 데 반하여, 변형주의 측에서는 문장 단위의 표현체들을 인지적 조작의 기본단위로 보았다. 또한 연결주의 측에서는 몸 안에 미리 내재된 것은 신경조직과 그것의 작동원리라고 보는데 반하여, 변형주의 측에서는 기본적인 표현체들과 그들을 조작하는 구구조규칙이나 변형규칙들을 그런 것으로 보았다.

그는 그런데 이 싸움에서 변형주의 측의 선봉장의 역할을 떠맡았다. 예컨대 그는 1988년에 Pylyshyn과 함께 「연결주의와 인지적 구조: 비판적 분석(Connectionism and cognitive architecture : a critical analysis)」이라는 논문을 낸 것을 시작으로 그 후 계속적으로 단독이나 공동으로 그런 종류의 논문을 냈다. 그가 주장하는 바는 인지적 연산 작업은 상징적 내지는 의미적 표현체를 기본단위로 해서 이루어지기 때문에 높은 수준의 구조성과 체계성, 생성성 등이 유지되게 되어있다는 것이었기에 흔히들 이런 것을 고전주의적 주장이라고 부르기도 했다.

그에 반하여 연결주의 측의 반고전주의적 주장은 으레 정신적 표현체는 연결단위의 활동 상태에 대한 「벡터」로 표현되어있기 때문에 그것의 구성성이나 체계성은 저절로 드러나게 되어있다는 것이었다. 물론 그가 보기에는 고전주의 측에서 표현체의 구성성이나 체계성을 중요시하는 것은 이런 특성이 근거가 되어서 표현체간의 변형작업이 이루어지게 된다고 보기 때문이었는데, 연결주의 측에서는 아예 변형과 같은 형식적 조작의 개념 자체를 인정하지 않으니까 그들의 이런 주장이 일종의 억지나 강변에 불과하다는 것은 더 이상 의심할 여지가 없었다.

변형주의자로서의 그의 이렇게 뚜렷한 위상에도 불구하고 여기에서는 그의 언어이론보다는 Jackendoff의 언어이론을 자세히 살펴보려고 하는 것은 간단히 말해서 언어와 뇌의 관계나 생물학적 언어연구의 필요성에 대해서는 Jackendoff가 훨씬 더 많은 관심을 보였기 때문이다. Foder와는 달리 그동안에 그는 이 문제와 직접적으로 관련되어있는 두 가지 연구업적을 내놓았는데, 1994년에 낸 「정신의 유형 : 언어와 인간성(Patterns in the mind : Language and human nature)」이라는 책과 2002년에 낸 「언어의 기저(Foundations of language)」라는 책이 바로 그들이다.

그런데 사실은 그도 하나의 변형주의자였다. 따라서 피상적으로 보았을 때는 누구나 그가 심리언어학이나 신경언어학 쪽으로 언어학의 영역을 넓히려고 했던 것은 Chomsky의 학풍을 그대로 흉내 낸 것이라고 생각하기가 쉽다. 그렇지만 엄밀하게 따지자면 그는 Fodor와 같은 변형주의의 정통파는 아니었다. 예컨대 그는 비록 변형이론이 의미의 문제로 확대표준이론(해석의미론)과 생성의미론으로 나뉠 때 Chomsky와 같은 편에 들기는 했어도 반대파인 Gruber나 Lakoff등이 내세우는 바도 근본적으로는 일리가 있는 것이라고 생각했다. 그러니까 쉽게 말하면 그에게는 처음부터 자기 나름대로의 언어관이 있었기 때문에 그의 언어이론이 이런 식으로 발전되게 되었다고 생각할 수 있다.

가) 문법관

이런 의미에서 볼 때 그의 언어관을 먼저 알아본 다음에 앞서 말한 그의 두 책의 내용을 살펴보는 것이 논리적으로 맞는 일인 것 같다. 그가 1978년에 발표한 「개념적 구조에 대한 증거로서의 문법(Grammar as evidence for conceptual structure)」이라는 논문이 그의 문법관이나 언어관을 가장 잘 드러내주고 있는 논문 중 하나이기 때문에, 여기에서 그가 구체적으로 어떤 이론을 내세우고 있는가를 알아보기로 한다. 이것에서는 물론 1972년에 낸 「생성문법에 있어서의 의미해석(Semantic interpretation in generative grammar)」이라는 책에서만큼 전반적인 문법기술의 모형이나 절차 등에 관해서 상세하게 논의되고 있지는 않다. 그렇지만 이것만으로도 문법규칙 대신에 어휘삽입의 개념을 중시하려는 그의 특이한 변형문법관을 충분히 알아볼 수가 있다.

이 논문을 통해서 우리가 확인할 수 있는 사실중 제일 중요한 것은 일반적으로 알려진 것과는 다르게 실제로는 그는 Chomsky가 생각했던 해석의미론자는 아니었다는 점이다. 간단히 말해서 그는 순수한 통사론자가 아니라 문법조직과 의미조직을 대등한 것으로 보려는 일종의 절충론자였다고 볼 수가 있는데, 그것의 근거로는 그가 한 문장의 정형성에는 통사적 정형성만 있는 것이 아니라 의미적 정형성도 있으며, 의미적 구조는 통사적 구조에 투사규칙을 적용함으로써 생겨나는 것이 아니라 그것과 대등하게 독립적으로 존재하는 것이라고 주장하고 있는 사실을 들 수가 있다(p.202).

이 논문에서 우리가 두 번째로 확인할 수 있는 것은 엄밀하게 따지자면 그는 하나의 절충론자라기보다는 하나의 의미론자였다는 사실이다. 그는 우선 언어는 우리가 가지고 있는 개념구조의 표현체라고 생각했다. 예컨대 그는 「자연언어의 의미론의 이론은 개념구조에 대한 일반이론의 한 하위이론일 따름이다」라는 말이나, 「의미구조의 기본요건에는 첫 번째로 그것에는 심리적 사실성이 있다고 가정한다는 것과, 두 번째로 그것으로는 함의 관계와 동의관계, 변칙관계 등이 제대로 밝혀질 수 있다고 가정한다는 것, 세 번째로 그것은 언어와 검증절차간의 「인터페이스」이어야한다고 가정한다는 것 등의 세 가지가 있다는 말을 하고 있다(p.203).

그는 그 다음으로 의미적으로 보았을 때는 명사구와 전치사구 사이에는 「문법적 병렬관계」가 존재한다고 보았다. 예컨대 명사구의 통사적 특징에는 수식어를 붙여서 수의 개념을 나타낸다는 점과 (예: four cats), 대명사로서 앞서 말한 것을 다시 지시할 수 있다는 것(예: My cat left the room and I followed it.), 「this」와 「that」와 같은 지시사에 의해서 표현될 수 있다는 것(예: This is green), 「which (one)」라는 의문사에 의해서 개별화될 수 있다는 것(예: Which (one) is the heaviest?) 등의 네 가지가 있는데, 똑같은 특징들을 전치사구도 가지고 있다는 것이다(예: 첫 번째 것, quite far into the air, 두 번째 것, Fred was in the room and Bill was there too. 세 번째 것, Your coat is here and your hat is there, 네 번째 것, Where is my hat? - In the attic). 이런 사실로 미루어 보아서 그는 우리의 의미구조를 구성하고 있는 실체에는 물질적 대상이나 사물 이외에 그것의 위치와 이동 통로도 있어야 한다는 결론을 내릴 수 있었다 (p.209).

이 논문을 통해서 세 번째로 우리가 확인할 수 있는 것은 그는 의미론은 궁극적으로 인지심리학과 상호의존적인 관계를 유지하고 있을 수밖에 없다고 생각했다는 사실이다. 그는 「의미구조를 개념구조의 한 하위구조로 본다는 것은 곧 문법적인 증거는 인지이론을 만들어 내거나 검증하는

데 직접적인 역할을 하게 된다는 의미」라는 말이나, 「의미구조를 이루고 있는 실체들은 인간의 정신이 이 세계에 대해서 만들어낸 구조체, 즉 우리의 내재적 인지능력의 일부이다」라는 말 등과 함께, 언어학은 앞으로 인지심리학의 발전에 선도적인 역할을 하게 될 것이라고 예측하였다(p.204).

물론 우리의 의미구조에서는 사물이나 대상 자체에 관한 정보뿐만 아니라 그것의 위치와 이동통로에 관한 정보도 다루어지고 있다는 사실도 이런 예측의 한 근거가 될 수 있었다. 그밖에 그는 그것의 근거로 다음과 같은 두 가지 사실을 들었는데 그중 첫 번째 것은 의미적 구조 내에서는 자주 하나의 단어가 어느 사물을 대신해서 표현하는 표현체 즉, 일종의 정신적 표현체로 쓰이고 있다는 것이었다. 예컨대「John put Mary in the garbage can.」에서는「Mary」가 실재인물을 가리키고 있지만「John put Mary in the picture.」에서는 그것이 심상으로서의「Mary」를 가리키고 있었다.

그중 두 번째 것은 개념적 구조에 있어서는 공간적 개념이 추상적인 개념으로 일반화되는 현상, 즉 한 개념의 의미적 장들이 일반화되는 현상이 자주 일어나고 있다는 것이었다. 예컨대「go」와「be」, 「stay」의 개념은 으레 위치적 장과 소유적 장, 동일시적 장중 어느 장에서 쓰이느냐에 따라서 의미가 달라지게 되어 있었다. 예컨대「The coach turned into a driveway.」에서는 동사가 위치적 장안에서 쓰이고 있지만「The coach turned into a pumpkin.」에서는 그것이 동일시적 장안에서 쓰이고 있으며, 또한「The train went to Texas.」에서는 동사가 위치적 장안에서 쓰이고 있지만「The inheritance went to Philip.」에서는 그것이 소유적 장안에서 쓰이고 있다(p.222).

그가 결국은 크게 보면 Chomsky가 일으킨 변현주의적 혁명에 동참하고 있는 듯하면서도 자세히 보면 자기 나름의 독자적인 언어이론을 내세우고 있었던, 쉽게 말해서 하나의 양면성을 지닌 언어학자라는 것은 1994년에 내놓은 「정신의 유형 : 언어와 인간성」이라는 책의 내용을 분석해보면 더욱 분명해진다. 우선 처음 보기에는 다분히 철학적이면서 독창적인 것으로 보이는 이 책의 제목이 따지고 보면 그 동안 내내 Chomsky가 내세워오던 이성주의적 언어관을 약간 다르게 표현한 것에 지나지 않는다. 이 점 하나만 보아도 우리는 큰 의미에서는 그가 이 책에서 주장하고 있는 바는 Chomsky가 지금까지 주장했던 바를 자기 식으로 약간 수정했거나 확대한 것이라는 것을 익히 알 수가 있다.

이 책의 성격을 그렇게 잡을 수 있다는 것을 가장 빠르게 확인할 수 있는 방법은 아마도 이것의 서두에 제시되어 있는 세 가지 전제가 어떤 것인가를 살펴보는 것일 텐데, 그 이유는 흥미롭게도 이들 중 처음 두 가지는 Chomsky적인 발상법을 되풀이하고 있는 것이고, 마지막 한 가지는 그의 독창적인 지식관을 드러내주고 있는 것이기 때문이다. 그리고 무엇보다도 중요한 사실은 이들 세 가지 모두가 두뇌의 역할에 관한 것들이어서, 결국에는 언어학은 일종의 생물학이어야 한다는 Chomsky의 입장이 그대로 반영되어 있다는 점이다(pp.6~7).

첫 번째 전제는 그가 「정신적 문법에 대한 주장」이라고 이름붙인 것인데, 그 내용은 「언어사용의 표현적 다양성은 언어사용자의 두뇌에는 일종의 무의식적인 문법적 원리들이 들어가 있었다는 것을 말해주고 있다.」처럼 되어있다. 그가 여기에서 말하는 정신적 문법이 Chomsky가 말하는 보편문법과 동일한 것이라는 것은 제2장과 제3장에서 보편문법에 대해서 상당히 긴 설명을 하고 있다는 사실로써 익히 할 수가 있다. 그러니까 나쁘게 말하자면 그는 자기 이론의 독창성을 드러내는 데 제일 쉬운 길은 일단 보편문법이라는 용어를 정신적 문법과 같은 것으로 바꾸는 것이라는 것을 잘 알고 있었던 것이다.

그런데 사실은 그는 여기에서 보편문법이나 정신적문법이라는 용어를 하나의 학술적인 용어라기보다는 일반적인 용어로 쓰고 있다는 데 문제점이 있다. 우선 그는 자기가 말하는 정신적 문법이 구체적으로 어떤 것인가에 대해서 상식적인 설명 이상의 것은 하지 않고 있다. 예컨대 정신적 문법에 대한 그의 설명은 우리가 쓰는 문장에는 일정한 유형들이 있을 뿐만 아니라 그들이 반복적으로 쓰임으로써 우리의 언어에는 창조성도 있게 된다는 것을 익히 알 수가 있는데 바로 이런 사실을 통해서 우리는 우리의 몸 안에는 정신적 문법이 있다는 것을 익히 알 수 있다는 정도이다.

그 다음으로는 그의 보편문법에 대한 설명도 다분히 일반적인 것이다. 예컨대 그는 여기에서 Chomsky가 내세우는 「원리와 매개변항의 이론」에 대해서는 아무런 언급도 없이, 보편문법은 「모든 언어에서 쓰일 수 있는 가능한 단위와 관계에 대한 보편적 조건의 집합체」이며, 이것의 존재 근거로는 우리에게는 국부적인 하위구조를 더 크게 조립시킬 수 있는 지식이 있다는 사실과, 모든 언어에는 명사와 동사가 있으며 이들은 으레 하나로 합쳐진다는 사실, 모든 언어에는 의문사 의문문이 있다는 사실, 장거리 의존성의 현상에는 내재적 제약이 있다는 사실 등을(예: *What did General Washington eat kippers and ∧ for breakfast?) 들 수 있다는 말만 하고 있다(p.81).

이렇게 보자면 이 전제의 제목을 차라리 보편문법에 대한 주장이라고 하는 편이 훨씬 낫다고 볼 수도 있다. 왜냐하면 일반사람들에게는 정신적 문법이라는 용어보다는 보편문법이라는 용어가 더 친숙하기 때문이다. 용어의 문제야 어쨌든 중요한 것은 이것의 내용인데, 이런 주장을 최근에 새삼스럽게 하고 나선 사람은 바로 Chomsky라는 것은 이미 세상에 널리 알려진 사실이다. 간단히 말하자면 이것은 Chomsky의 이성주의적 언어이론을 다른 말로 풀이한 것이다. 실제로 이 책에서는 「보편문법은 그런 본능의 조직체이다」와 같은 표현을 여러 곳에서 발견할 수가 있다(p.82).

두 번째 전제는 그 다음으로 그가 「내재적 지식에 대한 주장」이라고 이름붙인 것인데, 그 내용은 「어린이들이 말을 배우는 양태는 인간의 두뇌에는 유전적으로 결정된 언어 특수 영역이 있다는 것을 말해주고 있다」처럼 되어 있다. 이 전제는 간단히 말할 것 같으면 어린이들의 언어습득 절차에 관한 것이기에 우선 제목부터가 부적절하게 붙여져 있다고 볼 수가 있다. 분명히 Chomsky의 언어이론에서는 보편문법과 내재적 지식이라는 말은 동의어처럼 쓰일 수 있는 말들이므로, 이 전제의 제목은 결국 첫 번째 전제의 제목을 다시 한 번 반복한 것에 지나지 않는다.

그런데 사실은 누구나 이 전제와 첫 번째 전제가 서로 같은 것이 아니라는 것을 어렵지 않게 알아차릴 수 있는데, 그 이유는 여기에서의 그의 입장은 첫 번째 전제를 논의할 때의 그의 입장과 판이하게 다르기 때문이다. 간단히 말해서 첫 번째 전제를 검토하는 데 있어서의 그의 입장은 친Chomsky적인 것이었지만 여기에서의 그것은 친Chomsky적인 것과 반Chomsky적인 것을 함께 아우르는 일종의 절충적인 것이다. 그러니까 겉 다르고 속 다르다는 식의 그의 언어관의 양면성이 여기에서부터 보다 뚜렷하게 드러나기 시작한 것이다. 이런 의미에서 보자면 그가 내세우는 세 가지 전제 중 두 가지가 아니라 첫 번째 것 한 가지만을 Chomsky의 언어이론의 복사품으로 보는 것이 맞는 일일지도 모른다.

겉으로 보기에는 그가 이 전제의 타당성을 인정하고 있으면서도 실제에 있어서는 그렇지 않다는 것을 우리는 크게 다음과 같은 두 가지 사실로써 익히 알 수가 있다. 첫 번째로 그는 「언어 능력의 내재적 부분 중 일부는 언어만을 위한 특수한 자질에 의한 것이고 일부는 정신의 일반적 속성에 의한 것」이라는 말을 함으로써 적어도 두 가지 의미에서 그의 언어습득이론이 변형주의적인 것이 아니라 일종의 절충주의적인 것이라는 사실을 드러내고 있다. 한마디로 말해서 Chomsky와는 다르게 그는 언어습득 과정을 하나의 「역설적인 과정」으로 보고 있는 것이다(p.34).

그의 언어습득이론에서는 우선 내재적 언어능력을 언어특수적인 것과 일반지능적인 것으로 양분하고 있는데, 이런 견해는 크게는 Chomsky적인 이론과 Piaget적인 이론을 하나로 합치려는 의도에서 나온 것이라고 볼 수가 있다. 그렇지만 사실은 이런 견해는 그가 일찍부터 제창해 오던 자기만의 의미나 개념 기반적인 언어관을 그대로 반영한 것일 것이다. 그런데 특별히 흥미로운 것은 그는 여기에서 이들 두 능력 중 언어 특유적인 것에 대한 설명만을 하고 있다는 점이다. 예컨대 그는 「Whom did Sam say Harald thought the teacher had told us that Fred would get Susie to ∧ kiss last Tuesday?」와 같은 문장은 「어색하기는 해도 이해가 가능한」 문장인데 반하여, 앞에서 이미 예시한 「*What did General Washington eat kippers and ∧ for breakfast?」와 같은 문장은 그렇지가 못한 사실로 미루어 보아서 「모듈성의 가설」이 타당성이 있는 것임을 알 수 있다고 주장을 하면서도, 내재적 언어능력 중 구체적으로 어떤 것이 일반지능적인 것인가에 대해서는 아무런 설명도 하지 않고 있다(p.78).

그의 언어습득이론에서는 그 다음으로 우리의 언어능력에는 내재된 것 이외에 학습된 것도 있다고 본다. 그러니까 쉽게 말해서 그의 언어습득이론은 Chomsky적인 것과 Piaget적인 것, Skinner적인 것 등을 하나로 합친 것인데, 굳이 이것에 어떤 특징이 있다면 그것은 이들 세 가지 중 첫 번째 것을 가장 핵심적인 것으로 보고 있다는 점이다. 그런데 그가 「어린이들은 말을 어떻게 배우는가」라는 제목을 붙인 제8장에서 지금으로서 이 과제의 제일 큰 문제는 「언어능력 중 어느 것이 학습된 것이고 어느 것이 내재되어 있는 것인지와, 내재되어 있는 것 중 어느 것이 언어 특수적인 것이고 어느 것이 일반지능적인 것인지가 제대로 밝혀지지 못하고 있는 것」이라고 말하고 있는 사실로 미루어 보아서는 그에게는 그 정도의 소신도 없다고 볼 수도 있다.

두 번째로 그는 아직까지는 「유전적 가설」보다는 차라리 「영의 가설(null hypothesis)」을 더 타당한 것으로 보아야 한다」와 같은 말을 함으로써 「인간의 두뇌에는 유전적으로 결정된 언어 특수영역이 있다」는 주장을 완전히 검증된 것으로는 볼 수 없다는 입장을 취했다. 물론 어떤 의미에서는 이런 입장은 이 문제의 난해성과 지금의 뇌과학의 수준을 정확히 파악한데서 비롯된 것이라고 볼 수도 있다. 그렇지만 그것의 문제점은 「두뇌의(혹은 심장이나 귀나 손목의) 섬세한 분화 절차에 관해서는 우리는 어둠 속에 묻혀있다. 더 나아가서 우리는 두뇌의 구조가 어떻게 사고의 성격을 지배하게 되는지에 대해서도 아무것도 모른다」나, 「이런 문제의 유일한 해결책은 진화론적인 접근법을 택하는 것인데, 이것에의 기대는 더욱 어려운 상태이다」와 같은 말을 할 정도로 과장되게 비관적이라는 데 있다(p.34).

그런데 사실은 유전적 가설에 대한 그의 입장의 진짜 문제점은 이 책의 뒷부분에 가서는 현재로서는 이것의 타당성을 인정하는 것이 옳은 일이라는 식으로 달라지는 데 있다. 그러니까 간단히 말해서 이 가설에 대한 그의 입장은 다분히 회색적이거나 우유부단한 것임이 분명한데, 따지고 보자면 이런 문제성은 그가 내재된 언어능력을 Chomsky나 대부분의 뇌과학자들의 생각과는 다르게 언어특수적인 것과 일반지능적인 것으로 나눈데서 비롯되었다고 볼 수가 있다. 알기 쉽게 말할 것 같으면 그는 유전적 가설은 대상을 언어특수적인 것으로 보았을 때는 맞는 것으로 판명되었을지 몰라도, 그것을 일반지능적인 것으로 보았을 때는 아직 그렇지가 않다고 생각하니까 이것에 대한 그의 입장이 확고부동한 것이 되지 못하는 것이다.
  이런 판단이 정당한 것이라는 것은 그가 이것의 타당성을 인정하는 근거로 내세우고 있는 사실들은 모두가 그동안에 Chomsky나 대부분의 뇌과학자들이 생각했던 의미로서의 내재된 언어능력에 관한 것들이라는 사실로써 익히 알 수가 있다. 비록 모두 15쪽 밖에 되지 않는 짧은 장이긴 하지만 「언어와 두뇌」라는 제목을 가진 장을 따로 설정할 정도로 그는 언어의 생물학적 기저의 문제를 이 책의 주요 주제로 생각했던 것인데, 흥미롭게도 이 장에서 소개되거나 논의된 사실은 모두가 그 동안까지 신경언어학이나 뇌과학의 분야에서 Chomsky의 내재설을 익히 뒷받침하고 있는 것으로 받아들여진 것들이다. 그러니까 그는 자기도 모르는 사이에 이 자리에서는 Chomsky학파가 되어있었던 것이다.
  구체적으로 이 장에서 어떤 사실들이 논의되었는가를 살펴볼 것 같으면, 첫 번째로 논의된 것은 시각작용의 국지화 현상이었다. 현재까지 뇌과학에서 밝혀진 바에 따르면 우선 시각작용은 한쪽 시각피질에 손상이 있게 되면 반대쪽 반구의 시각기능이 마비되는 식으로 그 작용이 대칭적으로 이루어지며, 그 다음으로는 형태인식은 측두엽에서 이루어지는데 반하여 위치인식은 두정엽에서 이루어지는 식으로 그 기능이 국지화되어 있었다. 그 다음에 두 번째로 논의된 것은 두뇌의 비대칭성의 현상이었다. 그 동안의 뇌과학자들의 연구 덕분에 좌뇌는 언어나 분석적인 작업을 주로하고, 우뇌는 주로 통합적이거나 정서적인 작업을 하지만, 시각이나 지각, 운동과 관련된 기본적인 작업은 양쪽에서 같이 수행하게 된다는 사실이 밝혀지게 되었다.
  그것에 이어서 세 번째로 논의된 것은 지금까지의 실어증에 관한 연구결과였다. 그 동안의 실어증 학자들의 연구에 의해서 실어증에는 브로카 실어증을 위시하여 베르니케 실어증, 단어 실어증, 발음 실어증, 실독증 등이 있으며, 따라서 언어 기능을 담당하는 영역도 여럿으로 나뉘어져 있음이 밝혀지게 되었다. 실어증 문제를 다루는 데 있어서도 그는 자기 특유의 언어관을 반영하게 되었는데, 베르니케 실어증의 한 원인으로 사고체계 수립상의 이상을 들었다는 사실이 바로 그것이다(p.150). 그러나 그의 이런 주장은 결국 좌뇌의 측두엽에 있는 베르니케 영역이 사고체계를 담당하는 곳이라는 말이나 같은 말인데, 아직까지는 베르니케를 위시하여 어떤 뇌과학자도 이 영역의 기능을 이렇게 본 적이 없다.

마지막으로 네 번째로 논의된 것은 미국의 귀머거리들에게서 일어나는 실어증 현상이었다. 이들은 「ASL」이라는 손짓언어를 사용하는데, 이들 가운데서도 브로카 실어증 환자와 베르니케 실어증 환자가 발견될 수 있었다. 예컨대 「ASL」 브로카 실어증 환자는 위치나 운동 양식을 나타내는 굴절형을 쓰지 못했고, 「ASL」 베르니케 실어증 환자는 문장의 의미를 제대로 이해하지 못했다. 한 가지 흥미로운 것은 정상인의 경우에는 으레 우반구에 손상을 입게 되면 좌측 공간을 제대로 인식하지 못하는 증상이 오게 되는 데 반하여 이들은 그런 때에도 좌측 공간을 그대로 사용한다는 사실이었다. 이런 사실로 미루어서 그는 「ASL」에서도 음성언어에서 쓰이는 것과 같은 형태의 문법이 쓰이고 있다는 것과, 따라서 문법이 내재되어 있는 영역도 결국은 같은 곳이라는 것을 알 수 있었다.

마지막으로 세 번째 전제는 그가 「경험의 구축에 대한 주장」이라고 이름붙인 것인데, 그 내용은 「이 세상에 대한 우리의 경험은 두뇌 안에서 작동되는 무의식적인 원리에 의해서 능동적으로 구축된다」처럼 되어있다. 이것에서 전제하고 있는 사항은 우선 Chomsky의 언어이론과는 아무런 관련성이 없거나 아니면 그것과는 정면으로 배치가 되는 것이다. 한마디로 말해서 그는 여기에서 우리의 일반적인 지력이 어떤 것인가나 혹은 우리의 지식이나 개념체계가 어떻게 획득되는가의 문제를 다루고 있는데,

처음부터 이런 문제를 Chomsky는 언어와 관련된 문제로 생각한 적이 없었다. 그러니까 이것을 구분선으로 해서 Chomsky의 언어이론과 그의 언어이론은 두 개의 서로 다른 이론으로 갈라서게 되는 것이다.

그 다음으로 이것은 아직까지는 아무런 생물학적 근거도 없다는 것이 분명한데도 내세우게 되었다는 점에서 첫 번째와 두 번째 전제와 구별이 된다. 예컨대 그는 「언어나 음악, 시각 등과는 다르게, 우리는 아직까지 개념적 사고를 위한 특수한 두뇌 영역이 있다는 것을 보여주지 못했다. 이것은 신경과학이 더 성숙되기를 기다려야 할 과제라고 나는 생각한다.」라는 말로써 궁극적으로 이것은 순전히 자기의 언어에 관한 지식이 근거가 되어서 만들어진 것이라는 사실을 밝히고 있다. 그러니까 결국은 「이 세상에 대한 우리의 경험은 두뇌 안에서 작동되는 무의식적인 원리에 의해서 능동적으로 구축된다」는 그의 주장은 기껏해야 지금까지 언어적 능력이나 지식에 대해서 알게 된 사실들을 근거로 해서 하게 된 일종의 가정이나 추측의 수준의 것인 것이다(p.203).

편의상 그의 이런 발상법을 확대된 내재주의적 발상법이라고 명명하고 보자면, 이 이름이 크게 잘못된 것이 아니라는 사실은 실제로 그가 어떤 식으로 자기의 주장을 전개하고 있는가를 살펴보게 되면 당장 드러난다. 그는 크게 보았을 때 세 가지 단계에 따라서 자기의 세 번째 전제에 대한 입장을 드러내고 있다고 볼 수가 있는데 그중 첫 번째 것은 음악과 시각작용의 작동 원리를 밝히는 단계이다. Chomsky도 사실은 언어능력의 내재성을 방증하는 근거로 시각작용의 특이성을 들었었다. 그런데 여기에서 그는 그것에 더해서 음악적 현상까지를 그런 근거로 내세우고 있다.

먼저 그의 음악에 대한 설명은 한마디로 말해서 Chomsky의 언어에 대한 설명의 복사판이다. 예컨대 그는 「음악은 본능적 내지는 직관적 소리들을 유형화한 것이라는 의미에서 언어와 똑같다」와 같은 말과 함께 「음악적 보편문법」이 있다고 주장한다(p.161). 더 나아가서 그는 그것이 내재되어 있는 곳은 아마도 우반구일 것이라는 주장도 한다. 그리고 그는 음악은 오직 인간에게만 있는 것이라는 것과, 일반적 지능과 음악적 능력은 별개의 것이라는 사실도 강조한다. 그 다음으로 그의 시각작용에 대한 설명은 쉽게 말해서 형태심리학자들의 그것의 복사판이다. 예컨대 그는 우리에게는 원래 이상적 형태나 원형에 대한 지식이 내재되어 있기 때문에 그런 형태로 시각적 정보를 수렴시키려는 경향이 있거나, 시각적 지각절차에도 정신적 문법이 있다와 같은 말을 하고 있다. 그런데 흥미롭게도 그는 일찍이 형태심리학자들이 그랬던 것처럼 이런 형태적 지식이 뇌의 어느 부분에 내재되어 있는지, 아니면 형태인지작업이 뇌 안에서 어떻게 이루어지는지에 대해서는 아무 말도 하지 않고 있다.

그중 두 번째 것은 사고의 틀과 절차를 밝히는 단계이다. 우선 이 과제를 다루는 장의 이름을 그는 「사고에 대한 창으로서의 언어」라고 붙였는데, 따지고 보면 이것은 그의 언어관을 단적으로 표현한 것이다. 그러니까 어떤 의미에서는 이 장이 이 책을 이루고 있는 총 15개의 장 중 제일 중요한 장인 셈인데, 안타깝게도 그 내용은 그 동안에 일부 인지심리학들이 주장하던 바를 언어적 사실로 반복한 것에 지나지 않는다. 예컨대 그는 사고 자체는 무의식적인 절차인데, 그것을 의식적으로 표현한 것이 언어이다나, 언어와 사고는 불가분적인 관계에 있다와 같이 다분히 상식적인 말을 가지고서 이 과제의 당위성과 중요성을 주장하고 있다.

그런데 사실은 그가 사고의 문제를 다루는 데 있어서 그의 특이성을 발휘하지 않은 것은 아닌데, 그것은 바로 그는 여기에서도 음악이나 시각의 문제를 다루던 때와 마찬가지로 다분히 언어모형적인 발상법을 내세웠다는 점이다. 예컨대 그는 여기에서 사고의 틀이 되는 것은 바로 개념적 구조인데 그것은 개념적 원어와 개념적 문법으로 이루어져 있다나, 모든 어린이에게는 개념적 보편 문법이 있다와 같은 말을 하고 있는데, 따지고 보면 이것은 Chomsky가 언어에 대해서 하던 말을 그대로 사고의 경우에 옮겨 놓은 것에 지나지 않는다(p.188). 이런 의미에서 볼 것 같으면 결국 그의 사고관은 Fodor의 그것과 대동소이한 것이다.

이렇게 다분히 언어모형적인 발상법을 내세우다 보니까 여기에서의 그의 설명은 자기의 언어관을 뒷받침하는 것이 아니라 도리어 그 타당성을 의심하게 만드는 결과도 가져왔다. 그의 언어 사상의 핵심이 되는 것은 언어는 언제나 사고체계의 지배하에 있게 되어 있다는 것이다. 따라서 논리적으로 따지자면 그가 여기에서 하듯이 언어적 사실을 근거로 해서 사고 절차의 특성을 논의한다는 것은 자기의 언어 사상과 정반대의 사상을 옹호하는 경우에 쓸 만한 방법이다. 다시 말해서 제목처럼 「언어를 사고의 창으로」 볼 수 있다는 생각은 Whorf식인 것인지 Piaget식인 것은 아닌 것이다.

예컨대 그가 여기에서 제시하는 근거는 모두가 언어적인 것들이다. 첫 번째로 그는 우리의 인지구조는 공간내의 사물을 인지할 때 으레 전경대 배경관계가 일정하게 유지시키도록 되어 있다는 것을 「The cat sat on the mat.」라는 말은 쓰일 수 있지만 「*The mat lay under the cat.」이라는 말은 쓰일 수 없거나, 「The bike is next to the house.」라는 말은 쓰일 수 있지만 「*The house is next to the bike.」라는 말을 쓰일 수 없다는 사실로써 익히 알 수 있다고 주장한다. 그런데 이것은 인지언어학에서 자주 쓰이는 예이다.

그 다음으로 그는 여기에서 다시 한 번 앞에서 이미 살펴본 것과 같은 문법적 병렬관계, 즉 의미적 상동관계가 언어에는 엄연히 존재한다는 사실을 강조하고 있다. 한 가지 특이한 사실은 무슨 이유에서인지 여기에서는 자기가 과거에 제시했던 예문들을 다시 쓰지 않고서 가장 대표적인 생성의미론자 중 한 사람이었던 Gruber의 것을 쓰고 있다는 점이다. 예컨대 Gruber가 생성의미론의 타당성을 내세우면서 일찍이 들었던 예, 즉 사물의 위치와 이동에 관해서는 언어로 위치와 이동, 현상 유지 등의 세 가지 의미를 나타내게 되는데, 이런 현상은 사물의 소유와 속성의 기술, 행사 계획 등에 관한 표현에서도 똑같이 발견될 수 있다는 예를 그는 그대로 쓰고 있다(예: 사물의 위치와 이동, a) The messenger is in Istanbul<위치>. b) The messenger went from Paris to Istanbul<위치변화>. c) The gang kept the messenger in Istanbul<현상유지>.)(p.195)

그중 세 번째 것은 사회문화적 지식을 획득하는 절차를 밝히는 단계이다. 간단히 말하자면 문화란 우리가 한 사회를 구성하고서 살아가면서 갖게 되는 모든 유형무형적 표현체이기 때문에 우리가 문화적 지식을 어떻게 획득하게 되는가를 밝히는 일은 곧 우리의 본성이 어떤 것인가를 밝히는 일이 되게 마련이다. 그러니까 결국 만약에 그가 사회문화적 문제를 다루는 마당에서도 앞에서와 같은 언어모형적인 발상법을 적용한다면 그는 이것을 인간성과 관련된 모든 현상을 설명할 수 있는 하나의 대이론으로 생각하고 있다는 것을 의미하게 되는데, 놀랍게도 그는 실제로 그렇게 하고 있다.

예컨대 그는 우리는 문화의 힘에 의해서 사회를 이룩할 수 있는데 기본적으로 그것의 특성과 언어의 그것 사이에는 아무런 차이가 없다고 본다. 다시 말해서 그는 우리에게는 내재적 문화적 지식이 있다나, 문화적 지식은 구조화되어 있다, 우리는 문화를 언어처럼 배운다, 사회적 지각작용을 위하여 두뇌는 특수화되어 있다와 같은 말을 자신만만한 어투로 말하고 있다. 이런 견해는 물론 언어에 의해서 사고나 문화의 유형이 결정된다는 Whorf의 가설과도 아무 관계가 없는 것이다. 단지 그는 언어는 사고의 창일 뿐만 아니라 문화의 창이기도 하다고 생각하고 있는 것이다.

언어와 마찬가지로 사고와 문화는 인간과 인간 아닌 것을 구별시켜 주는 가장 기본적인 특성이다. 따라서 인간의 언어를 통해서 그의 사고와 문화의 속성들이 밝혀질 수 있다고 생각한다는 것은 결국 그것을 통해서 그의 본성 자체가 밝혀질 수 있다는 생각한다는 말이나 같은 말이다. 다시 말해서 이 세 번째 단계에서의 그의 주장까지를 살펴보게 되면 왜 그가 이 책의 제목을 그렇게 붙이게 되었는가가 자동적으로 해명이 되는 것이다. 실제로 그는 결론삼아 이 책의 끝부분에서 「우리의 인간성은 내재적 두뇌의 특수화 또는 모듈의 집합체를 가진 것으로 설명이 될 수 있으며, 그들 하나하나는 우리에게 일정한 인지적 능력을 부여하고 있다」와 같은 말을 하고 있다(p.218).

나) 언어진화 이론

2002년에는 그가 낸 「언어의 기저」라는 책의 특징은 「두뇌, 의미, 문법, 진화(Brain, Meaning, Grammar, Evolution)」라는 부제가 단적으로 말해주고 있다. 한마디로 말해서 오늘날 언어학이 심리언어학으로의 변모의 단계를 지나서 신경언어학이나 생물언어학으로 변모하려는 단계에 들어서 있음을 익히 알고 있는 그로서는 당연히 그동안까지의 자기의 언어이론을 생물학적 연구의 틀 안에 집어넣어 보려는 욕심을 갖게 되었을 것이고, 그것의 결과가 바로 이 책이다. 그러니까 부제로 내세운 네 가지 주제 중 두뇌와 진화라는 두 가지가 이 책에서 그가 새롭게 다루게 된 주제인 셈인데, 실제로는 그렇지도 못하고 진화의 문제 한 가지만이 이 책과 그의 다른 책들을 구별시켜 주고 있다. 그가 욕심 같아서는 응당 두뇌에 관한 논의를 여기에서 제일 많이 하고 싶었겠지만, 실제에 있어서는 두뇌라는 제목을 가진 장 하나도 설정되어 있지 않다. 결국 이 책의 제목은 Lenneberg의 책의 제목을 방불케 하는 것이지만 그 내용은 전혀 다른 것이다.

 우선 그가 한 언어학자로서 언어진화론의 중요성을 깨달은 나머지 나름대로의 한 가지 이론을 내세우게 된 것 자체가 대단히 특이한 일임이 분명하다. Chomsky가 일찍이 1980년대부터 이 문제에 관심을 나타내기 시작한 것은 사실이지만, 따지고 보자면 그가 그 동안에 한 일은 지금의 진화론의 한계성을 지적한 것뿐이지 하나의 독자적인 이론을 제시한 것은 아니다. 그러니까 사람에 따라서는 그가 큰 의미로 보았을 때는 Chomsky학파에 속하는 언어학자라는 사실을 고려한다면 그가 여기에 자기 나름의 언어진화론을 내세우게 된 것을 일종의 청출어람식의 발전이라고 생각할지도 모른다.

 그렇지만 그가 여기에서 내세우고 있는 언어진화론이 어떤 것인가를 살펴보게 되면 그가 겉으로는 Chomsky학파인 척 하면서도 실제에 있어서는 하나의 반Chomsky 주의자라는 사실이 당장 드러난다. 그런데 그보다 더 놀라운 점은 그 동안 내내 그래왔듯이 이 책의 앞부분에는(예: 제2장: 정신적 현상으로서의 언어) Chomsky의 언어이론을 하나의 확립된 진리처럼 소개하고 있다는 사실이다. 이런 의미에서 볼 때 사람에 따라서는 충분히 이 책에 제시되어 있는 그의 언어진화론은 그의 평소의 언어관과 아무런 관련성이 없는 것이 아닌가 하는 의심을 가질 수도 있다. 그렇지만 일단 그의 언어진화론의 내용을 정확히 파악하고 나면 그런 의심은 저절로 사라진다. 너무나 당연한 일이겠지만 그가 이 책에서 제안하고 있는 언어진화론은 간단히 말해서 그의 평소의 언어관의 정확한 표현체 중 하나이다. 그렇다는 것은 그의 언어진화론을 크게 다음과 같은 세 가지 특징들을 가지고 있다는 사실로써 익히 확인할 수 있다. 첫 번째로 이 이론은 그 자신이 분명히 밝히고 있듯이 크게 Toulmin의 「점진적 발달설」과 Bickerton의 「원형언어설」을 하나로 합쳐서 만든, 일종의 재조립

이론이다. 그래서인지 그는 자기 이론에 아무런 이름도 붙이지 않았다. 그러나 이상과 같은 이유로 이것은 「점진적 진화 단계설」로 명명될 수 있을 것이다.

그는 이 이론을 만드는 데 있어서 이들 두 사람의 구도상의 발상법 이외에 여러 진화론자나 심리학자의 의견을 참고로 했다. 그러니까 이 이론은 진정한 의미에서 조립형 진화이론인 셈이다. 많은 사람들의 의견을 바탕으로 하여 그가 자기 이론의 기본적인 가정으로 삼은 것에는 다음과 같은 여덟 가지가 있었다. 1) 인간의 특이성의 문제에는 관심을 갖지 않는다. 2) 언어는 기본적으로는 의사소통의 능력을 증진하기 위해서이고 이차적으로는 사고의 능력을 증진하기 위해서 생겨났다고 본다. 3) 언어는 몸짓과 시각적 양식이 아니라 목소리와 청각적 양식으로 발달했다고 본다. 4) 그것의 복잡성과 특이성 등으로 보아서 언어는 기억력과 계획력, 운동 기능성, 기타 일반적 기능성 등이 증진됨에 따라서 자연적으로 발달되게 되었다는 것은 받아들일 수 없는 주장이다. 5) 의사소통체계에 있어서 표현력과 정밀성이 증가하게 된 것은 적응적 절차에 의해서였다고 본다. 6) 「볼드윈 효과」의 문제와 같이 어떻게 인구 전체가 증가된 표현력을 갖게 되었는가의 문제는 다루지 않기로 한다. 7) 언어의 논리적 진화단계에만 관심을 갖고 매 단계의 정확한 시기의 문제에는 관심을 갖지 않기로 한다. 8) 유기체의 행동의 확장은 하나하나가 독립적인 진화의 단계를 밟은 것으로 본다(pp.237~238).

이상과 같은 발상법과 가정들을 바탕으로 해서 그는 나름대로의 독자적인 「점진적 진화 단계도」를 만들어 내게 되었는데, 이것의 특징으로는 다음과 같은 두 가지를 들 수가 있다. 첫 번째로, Bickerton의 이론대로 이것에서도 언어진화의 과정을 크게는 「기존 영장류의 개념구조」가 기초가 되어서 「원형언어」가 생겨나게 되는 첫 번째 단계와 「원형언어」가 기초가 되어서「현대언어」가 생겨나게 되는 두 번째 단계로 이루어진 것으로 보고 있다(p.238).

두 번째로 여기서는 이들 두 대단계 안에 네 개의 소단계들이 존재하는 것으로 보고 있다. 그러니까 그 자신은 이런 말을 하고 있지 않지만 사실상으로는 그는 언어진화과정을 모두 여덟 개의 단계로 이뤄져 있다고 보고 있는 것이다. 그들이 구체적으로 어떤 것인가를 살펴보면 우선 첫 번째 대단계는「기존 영장류의 개념구조」를 가진 단계로부터「상황 특수적이 아닌 방식으로 상징을 사용하는 단계」로 진화하는 제1단계와, 그것이 한편으로는「개방적이고 무제한적인 종류의 상징」을 사용하고, 다른 한편으로는「상징들을 연결할 수 있는」단계로 진화하는 제2단계, 그들은 각각「음운결합체계의 발달로 개방적이고 무제한적으로 상징의 종류」가 확장되고,「상징의 위치로 기본적인 의미관계」를 나타낼 수 있는 단계로 진화하는 제3단계, 그들이 하나로 합쳐져서「원형언어」를 만들어 내게 되는 제4단계로 이루어져 있다.

그 다음으로 두 번째 대단계는「원형언어」가「위계적 구구조」를 갖게 되는 단계로 진화하는 제1단계와, 그것으로써 한편으로는「상징으로 추상적 의미관계를 명시적으로」나타낼 수 있고, 다른 한편으로는「문법적 범주」를 나타낼 수 있는 단계로 진화하는 제2단계, 그것으로써 한편으로는「굴절체계로 의미 관계」를 나타낼 수 있고, 다른 한편으로는「문법적 기능체계로 의미관계」를 나타낼 수 있는 단계로 진화하는 제3단계, 그들이 하나로 합쳐져서「현대언어」를 만들어내게 되는 제4단계로 이루어져 있다.

두 번째로, 이 이론은 그동안까지 그가 내세워 온 의미나 개념 중심의 언어관이 그대로 반영된 것이다. 그게 그렇다는 것은 우선 체계도의 기본 줄기가 개념적 구조체계를 가지고 있는 단계로부터 시작하여 상징적 나열로 의미관계를 표현하는 단계를 거쳐서 궁극에는 문법적 수단으로 의미관계를 나타내는 단계로 이르는 식으로 되어 있다는 사실로써 익히 알 수가 있다. 그 자신은 상징 사용의 단계를 언어진화과정 중 제일 중요한 단계로 보고 있는데, 사실은 이것도 그가 언어를 하나의 의미표현의 체계로 보고 있다는 것을 실증하고 있는 사실에 지나지 않는다(pp.241~244).

그게 그렇다는 것은 그 다음으로 이 이론에서는 현대 언어의 바탕이 된 원형언어가 「기존 영장류의 개념구조」로부터 진화되어 나온 것으로 되어 있다는 사실로써 익히 알 수가 있다. 그의 의미기반적인 언어관은 결국 바로 이 개념구조라는 개념이 기본이 되어서 만들어진 것이라는 것은 그가 이 책의 앞부분에서 문법을 음운적 구조와 통사적 구조, 개념적 구조 등이 상호 협조적이면서도 병렬적으로 작동하는 「3부 병렬 구조물」로 보고 있다는 사실이 단적으로 실증하고 있다(p.125).

세 번째로, 이 이론은 다분히 진화론적인 이론이다. 이런 주장의 근거로는 크게 세 가지 사실들을 내세울 수가 있는데, 그중 첫 번째 것은 이름 그대로 이 이론에서는 언어를 수백만 년 전에 쓰이던 원형언어가 점진적으로 진화해서 생겨난 것으로 보고 있다는 사실이다. 이런 점에 있어서 이 이론은 원형언어의 존재를 인정하지 않는 Chomsky의 언어기원이론과 크게 다르다. 물론 진화이론의 핵심적 문제는 무엇을 선택적 적응절차의 원동력으로 보느냐 하는 것인데, 이 문제에 대해서 그는 단순히 「사람들은 모두가 증진된 표현력으로 이득을 보게 되었을 것이다」라는 말로써 직답을 피하고 있다(p.237).

그중 두 번째 것은 이 이론에서는 상징력의 발달을 언어진화의 기본 조건으로 보고 있다는 사실이다. 우선 상징력은 지력의 일부라고 볼 수가 있는데, Darwin을 위시한 대부분의 진화론자들은 으레 지력의 발달이 언어력의 발달보다 앞섰다고 생각해 왔다. 또한 그 가운데는 더 구체적으로 상징력의 발달을 언어진화의 기본조건으로 본 사람들도 적지 않았는데, 상징지시설을 제안한 Deacon과, 모방력설을 내세운 Donald, 언어와 의식의 공진화설을 제창한 Knight 등이 바로 그런 사람들이었다.

그중 세 번째 것은 이 이론을 내세우는 그는 언어진화 이론의 핵심적 쟁점거리인 보편 문법의 개념과 출현과정 등에 대해서 Chomsky의 견해와는 크게 다른 견해를 가지고 있다는 사실이다. 우선 그는 보편분법의 참모습은 Chomsky가 내세우는 「원리와 매개변항의 이론」과 Prince와 Smolensky가 내세우는 「최적성의 이론」과 같은 극단론들의 중간쯤에서 찾을 수 있다고 보고서, 일단 그런 보편 문법을 「툴킷(toolkit)문법」이라고 이름 붙였다. 그가 보편 문법의 이름을 이렇게 붙인 이유는 그것을 필요에 따라서 골라서 사용할 수 있는 문법적 도구들의 집합체로 보았기 때문이었다(p.102).

그 다음으로 그는 보편문법이 어떻게 우리의 몸 안에 내재되게 되었는가의 문제를 놓고서도 Chomsky와는 전혀 다른 입장을 취했다. 그동안까지의 Chomsky의 입장은 이런 특이한 능력이나 지식은 어느 날 갑자기 생겨난 것이지 오랜 진화 절차의 결과로 생겨난 것이 아니라는 것이었다. 그리고 사실은 Bickerton도 1981년에 낸 「언어의 뿌리(Roots of Language)」라는 책과 1990년에 낸 「언어와 종(Language and Species)」이라는 책에서 이른바 「언어적 빅뱅(big bang)의 가설」을 내세웠다. 그러나 그는 볼드윈 효과의 이론을 지지하고 나섰다. 다시 말해서 그는 오랜 동안의 선택적 적응 절차에 의해서 문법학습에 유리한 유전자가 생겨나게 되었으며, 결국 그래서 보편문법이 모든 사람의 몸 안에 내재되게 되었다고 보았다.

4) Pinker의 언어습득이론

Pinker는 심리학자이지 언어학자는 아니다. 그럼에도 불구하고 그의 언어습득에 관한 이론을 굳이 언어학자들의 언어이론들을 다루는 마당에서 다루는 이유는 외형상으로는 여기에서는 심리학자들의 심리학적 이론을 다루는 자리가 따로 설정되어 있지 않기 때문이고, 내용상으로는 그가 내세우는 바가 크게 보았을 때는 Chomsky와 Jackendoff 등의 언어 이론에 뿌리를 내리고 있기 때문이다. 간단히 말하자면 그는 Chomsky가 언어이론은 곧 언어습득이론이어야 한다고 선언하고 나섰을 바로 그때 그의 움직임에 기간요원의 한 사람으로 참여하게 된 특별한 심리학자였다.

더 구체적으로 말할 것 같으면 Chomsky의 언어학적 언어습득이론이 등장하자 심리학계는 머지않아서 그것을 반대하는 파와 그것을 찬성하는 파로 나뉘게 되었는데, 이런 혼란기에 가장 적극적이면서도 창조적인 자세로 그것을 지지하고 나선 사람이 바로 그였다. 원래가 언어습득의 문제는 언어학적 과제라기보다는 심리학적 과제이기에, 심리학자가 그의 파에 가담한다는 것은 Chomsky에게는 백만의 원군을 얻은 것만큼 값진 일이었다.

그런데 실제로 그는 지난 몇 십 년 동안에 Chomsky의 언어이론을 옹립하거나 전파하는 데 백만의 원군의 역할을 수행하게 되었다. 크게 보았을 때 그의 기여는 두 가지 면에서 이루어졌다고 볼 수가 있는데, 그중 첫 번째 것은 그가 그동안 내내 Chomsky의 변형주의적 언어 이론의 타당성을 실증하는 일에 누구보다도 적극적으로 참여해 왔다는 것이다. 우선 그의 언어습득이론은 그 핵심부가 Chomsky의 언어습득이론과 동일한 것이었기에, 그가 그것을 설명하고 주장하는 것 자체가 결국은 Chomsky의 변형주의적인 언어이론의 타당성을 옹립하고 전파하는 행위나 다름이 없었다.

이런 것을 일종의 간접적인 옹립행위로 보자면 그의 그런 행위에는 직접적인 것도 있었는데, 1980년대에 이르러 변형주의가 연결주의와 대결상태에 들어서게 되자 그가 연결주의의 문제점을 드러내는 데 앞장서게 된 것이 바로 그것이다. 앞에서 이미 말이 나왔듯이 사실은 Foder도 이 일에 앞장섰었다. 그런데 Foder의 논법은 다분히 언어학적이고 이론적인 데 반하여 그의 논법은 다분히 심리학적이고 실증적이었으므로 설득력의 면에서 그의 것이 낫다고 볼 수가 있었다. 특히 연결주의자들이 근거로 내세우는 것이 동사의 굴절형과 같은 어형의 습득절차에 관한 것이었기에 그의 논법이 더 큰 효과를 나타내게 마련이었다.
　그중 두 번째 것은 궁극에 가서는 그의 학풍이 Chomsky의 것과 거의 동일한 것으로 바뀌게 되었다는 사실이다. 우선 그는 그 동안에 Chomsky에 못지않은 극단적인 내주주의자가 되어 있었다. 예컨대 Blackburn (2002)은 그가 2002년에 낸「빈 서판 : 인간성의 현대적 거부(The Blank Slate : The modern denial of human nature)」이라는 책을 비판하면서 그의 내재주의의 극단성은「1에서 10까지의 잣대에서 9」에 해당한다고 몰아붙였다. 그러니까 결국 그는 그동안에 Chomsky가 일으킨 현대판 이성주의 대 경험주의의 싸움판에서 이성주의편의 가장 용맹한 투사가 되어 있었던 것이다.
　그 다음으로 그는 그동안의 자기의 연구동향을 통해서 언어습득의 연구는 궁극적으로 심리학이나 심리언어학에서 다루어지는 단계를 거쳐서 신경언어학이나 뇌과학에서 다루어지는 단계에 이르러야 한다는 사실을 익히 보여주었다. 이런 연구동향은 물론 언어는 인간의 본성의 표현체라는 사실을 감안한다면 너무나 당연한 현상이라고 볼 수가 있다. 그렇지만 현실적으로는 그것은 언어학을 결국에 생물언어학으로 만들어가려는 Chomsky의 학풍과 일치하는 것이었다. 예컨대 그가 1984년에 나온「언어학습가능성과 언어발달(Language Learnability and Language Development)」라는 책에서 다룬 내용들은 모두가 언어학적이거나 심리학적인 것들이었다. 그러나 1994년에 나온 「언어본능(The Language Instinct)」이라는 책에서 그가 다룬 내용들은 다분히 뇌과학적이거나 생물학적인 것들이었다. 그리고 2002년에 나온 「빈 서판」에서 그가 다룬 내용들은 다분히 진화심리학적이거나 철학적인 것들이었다.

가)「언어학습 가능성과 언어발달」

그동안에 그의 학풍은 적지 않게 바뀌었어도 그의 언어습득이론만은 그가 초기에 갖게 된 것이 그 후에도 그대로 유지가 되었다고 볼 수가 있다. 이런 의미에서 보면 그의 책 가운데서 그의 초기의 언어습득이론이 밝혀져 있는 이 책만큼 자세히 분석해 볼 가치가 있는 것은 없다. 또한 이 책은 하버드 대학교에서 계획했던 인지과학총서의 일부로서 출판된 것이기도 하기에, 언어습득연구가 인지과학의 영역에 속하는 학문이라는 것을 정식으로 알린 최초의 책이기도 하다.

우선 사람에 따라서는 이 책의 제목에 먼저 유인된 나머지 그의 언어습득이론의 제일 큰 특징으로 잡을 수 있는 점은 상호이질적인 언어학적 언어습득이론과 심리학적 언어습득이론을 하나로 합친, 일종의 통합적 이론이라는 것이라고 생각할 수도 있다. 그렇지만 그 내용을 자세히 살펴보게 되면 그런 점은 크게 세 가지로 볼 수 있는 특징 중 두 번째의 것으로 잡아야 한다는 사실이 당장 드러나게 된다. 다시 말하자면 그 제목의 두 부분 중 앞의 것인 학습가능성의 이론을 기본 바탕으로 한 이론이라는 것이 그의 언어습득이론의 첫 번째 특징인 것이다.

학습가능성이라는 단어를 새로 만들어가면서 학습가능성의 이론이라는 언어습득이론을 처음으로 내세운 사람은 Wexler와 Culicover이었다.

이름이 새로우니까 그 내용도 새로울 것이라고 생각하기가 쉬운데 사실은 이것은 Chomsky의 변형문법을 아무런 실증적인 연구도 없이 언어습득의 절차로 보려는, 이름만 바꾼 일종의 정통적인 언어학적 언어습득이론이다. 그러니까 Chomsky의 언어습득이론의 등장과 함께 변형규칙의 심리적 실재성의 문제로 학계가 한참 시끄러울 때, 이들 두 사람은 심리학적 방법을 모색하려는 일반적인 경향과는 정반대로 언어학적 방법을 그대로 써서 그것의 타당성을 내세우게 된 것이다.

이 이론이 얼마나 Chomsky의 문법이론에 충실한 이론인가 하는 것은 이들이 1983년에 낸 「언어습득의 형식적 원리(Formal Principles of Language Acquisition)」라는 책의 내용을 살펴보게 되면 쉽게 알 수가 있다. 여기에서 말하는 형식적 원리란 Chomsky학파에서 그동안에서 내세운 변형문법적 규칙들을 일컫는 말에 지나지 않는다. 여기에서 내세우는 원리 중 가장 대표적인 것이 「동결의 원리」와 「양항대립의 원리」 등인데, 이들은 모두 이미 Chomsky나 그의 학파 사람들이 밝혀 놓은 변형문법적 규칙들이다. 예컨대 동결의 원리란 「절점A가 상승되고 나면 그 밑에 있는 절점에는 더 이상 변형규칙들을 적용시킬 수 없다」는 것인데, 이런 사실은 이미 Chomsky나 그의 학파 사람들이 밝혀놓은 것이다.

이들이 335쪽에서 제시하고 있는 다음과 같은 예들이 그게 그렇다는 것을 단적으로 드러내고 있다. 「A review Ø came out last week of a new book by Fred」라는 문장은 밑줄 친 전치사구를 외치시킨 변형문이다. 따라서 동결의 원리에 의하여 의문사 전치의 변형규칙을 이것에 적용시킬 수 없다(*Which book did a review come out last week of Ø?). 그러나 목적어 자리에 있던 명사는 의문사와 함께 전치가 가능하다(Which book did you volunteer to write a review of Ø?).

그런데 흥미롭게도 그가 자기의 언어습득이론에서 기본적인 문법모형으로 삼고 있는 것은 Chomsky가 일찍이 내세웠던 것이 아니라 그것을 그 후에 Bresnan과 Kaplan 등이 크게 수정해서 만든 「어휘기능문법 (Lexical Functional Grammar)」이다. 이들이 제안한 어휘기능문법은 문법을 문장의 구구조를 밝혀내는 구성소 구조와 그 안의 어휘들의 문법적 기능을 밝혀내는 기능구조로 이루어진 것으로 봄으로써 Chomsky의 문법에서 변형규칙들이 주로 담당하던 일을 기능구조에서 개별어휘들이 담당하게 되는 문법이다. 예컨대 어린이가 배운 「Mommy [draws an] eye」라는 문장은 이 모형으로는 아래의 도표처럼 기술될 수 있다(p.161).

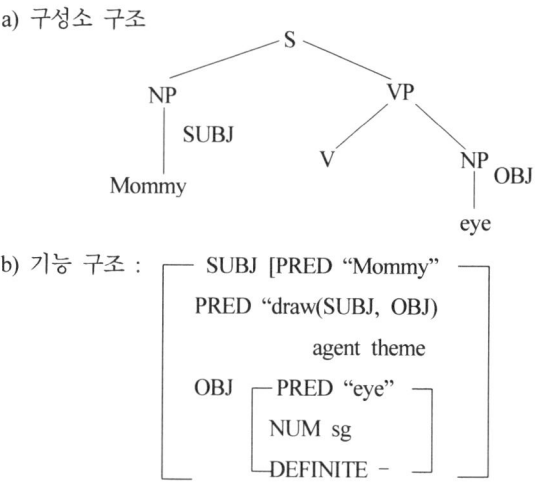

그런데 엄밀한 의미에서 볼 것 같으면 그가 여기에서 어린이가 배우는 문법의 모형을 논의하면서 다루고 있는 것은 Chomsky의 변형문법이론을 시발점으로 해서 파생되어 나온 여러 가지 통사적 문제점들이지 Kaplan과 Bresnan이 그들 나름의 문법모형을 만들면서 제시했던 문제점들은 아니다. 그는 그러니까 Chomsky의 변형문법이론에 대한 토의 없이 그들의 어휘기능문법에 대한 토의를 하는 것은 무의미하다는 것을 잘 알고 있었

던 것이다. 예컨대 그가 여기에서 구성소 구조를 기술하는 데 쓰고 있는 도형과 기호는 Chomsky의 X-바 이론에 나오는 것과 동일한 것이다.

또한 그가 여기에서 집중적으로 다루고 있는 문법적 문제가 바로 보문구조의 문제인데, 원래 이것을 문법이론의 핵심적 과제로 등장시킨 것은 Chomsky이었지 Kaplan이나 Bresnan은 아니었다. 예컨대 이것과 관련하여 상승이나 동일어구조, 「tough 이동」 등의 술어를 크게 유행시킨 장본인은 바로 Chomsky였다. 그리고 무엇보다도 이런 문법적 능력이나 지식의 보편성과 내재성을 강조하고 나온 사람은 Chomsky였다. 이렇게 볼 것 같으면 그의 언어습득이론의 기본이 되고 있는 것이 작게는 학습가능성의 이론이고 크게는 변형문법의 이론인 셈이다.

그의 언어습득이론의 두 번째 특징은 언어습득에 관한 언어학적인 이론과 심리학적인 이론을 하나로 통합시킨 것이라는 점이다. 그는 우선 현재로서 가장 과학적인 언어습득이론을 만들어 낼 수 있는 방법은 학습가능성의 조건이라는 언어학적 이론과 계속성의 가정이라는 인지심리학적 이론을 하나로 합치는 것이라는 생각에서, 구구조규칙을 비롯하여 굴절규칙, 보문구조규칙, 조동사규칙, 어휘규칙 등을 습득하는 절차를 언어학적인 것과 인지심리학적인 것의 두 가지 시각에서 검토하였다. 이런 의미에서 볼 때 이들 검토 중 한 가지 예외적인 것으로 볼 수 있는 것은 굴절규칙의 습득절차에 관한 것인데, 그 이유는 여기에서는 그가 문법적 어형소는 으레 기능구조 내에서의 어휘적 특성으로 밝혀지게 되어 있다는 어휘기능 문법적 입장을 완전히 무시하고서, 「패러다임 형성의 이론」이라는 자기 특유의 심리학적 이론을 내세우게 되었기 때문이다(p.174).

그의 언어습득이론의 세 번째 특징은 통합주의나 절충주의적 이론의 본래적 한계성을 그대로 노출시킨 것이라는 점이다. 다른 인간의 지식이나 능력의 획득에 관한 이론과 마찬가지로 하나의 언어습득이론이 궁극적으로 부딪쳐야 할 문제도 크게는 선험적으로 내재된 지식과 후천적으로 학습된 지식 중 어느 것을 더 기본적인 것으로 보느냐의 문제이고, 작게는 문법을 배우는 데 있어서 일반적인 지력이 얼마만큼 개입되느냐의 문제인 관계로, 학계는 으레 이성주의와 경험주의가 서로 대립되거나 아니면 내재주의와 인지주의가 서로 대립되는 모습을 띠고 있게 마련이고, 따라서 학자 중에는 그처럼 지혜롭게 통합주의나 절충주의적인 입장을 취하는 사람이 나오게 마련이다.

그런데 대부분의 통합적이거나 절충적인 이론들이 가지고 있는 공통적인 문제점은 얼핏 보아서는 상반된 두 가지 이론들이 하나로 융합되어 있는 것 같으면서도 실제에 있어서는 그들이 따로따로 나열되어 있는 상태에 있다는 점인데, 그의 언어습득이론도 이런 의미에서는 예외적인 이론이 아니다. 이런 판단의 근거로는 크게 세 가지 사실을 들 수가 있는데, 그중 첫 번째 것은 엄밀하게 따지자면 이 이론은 어휘기능문법에 관한 내재적 지식이 언어습득 과정 전체를 지배한다는 전제하에서 만들어진 것이라는 점이다. 예컨대 그는 이 책의 결론부분에서「어휘기능문법의 보편적 제약 중 많은 것들은 학습가능성의 문제를 해결하거나 발달적 유형을 설명하는 데 도움이 되도록 습득의 절차와 직접적으로 결합이 되었다」라는 말을 하고 있는데, 이 말은 곧 이 책에 제시된 발달이나 인지심리학적 사실들은 모두가 결국은 자기의 어휘기능문법이론 중심의 언어습득이론을 합리화하는 데 쓰인 것이라는 말이나 같은 말이다(p.366).

그중 두 번째 것은 어휘기능문법 이론의 일부분으로서 문법적 지식의 내재성을 논의하는 자리에서 겉으로는 그것의 지지이론과 반대이론을 공평하게 다루는 척 하면서도 내용적으로는 그것을 지지하는 것이 더 과학적이라는 견해를 보였다는 점이다. 여기에서 문제가 될 수 있는 것이 일부 심리학자들이 내세운 이른바「의미적 도움의 가설(The semantic boothtrapping hypothesis)」을 받아들이느냐 그렇지 않느냐의 문제인데, 그는 이 가설이 일리가 없는 것은 아니지만, 그것보다는 「구조의존의 분배적 학습의 이론」이 더 합리적인 것이라는 의견을 내놓았다(pp.52~62). 그의 언어습득이론에서는 언어란 어디까지나 문법적 규칙이나 구조성의 표현체이지 의미나 기능의 표현체는 아닌 것이다.

그중 세 번째 것은 어휘규칙을 배우는 기구들이 언어 특유적인 것인지 아니면 일반 지능적인 것인지에 대해서 애매한 태도를 보였다는 사실이다. 앞에서 이미 말이 나왔듯이 Chomsky의 변형문법이론 대신에 어휘기능문법이론을 그의 언어습득이론의 근간으로 삼은 이상, 어휘항목에 명시될 어휘의 하위범주화 규칙들을 어린이들이 습득하는 절차를 제대로 밝히는 것이 결국은 그것의 전부나 다름이 없다. 그래서 그도 이것을 이 책의 마지막 주제로 내세우고서 언어학적 이론과 심리학적 이론을 모두 동원해 가면서 이 문제에 대하여 자기 나름의 최선의 의견을 제시하였다.

어휘규칙은 원래가 대단히 복잡하고 다양한 규칙이기 때문에 어린이들이 그것을 배우는 절차도 결코 단순할 리가 없다는 것을 익히 알고서, 그는 그 기구로 긍정적 증거에 의한 직접적인 학습과 기준적인 사상, 어휘규칙의 응용, 비기준적 사상 등의 네 가지를 제시했다. 그런데 문제는 이런 기구들은 심리학적으로 보자면 분명히 일반적인 지력에 의해서 작동되는 절차인데도 마치 그들이 언어 특유의 능력과 그것의 한 합작품인 것처럼이나 아니면 언어적 능력이 기초가 되어서 그것이 작동한 결과인 것처럼 설명하고 있다는 점이다.

예컨대 직접적인 학습의 절차를 그는 「어린이가 문장의 논항을 취하는 술어를 입력시키게 되면, 그의 인지적 능력에 의해서 그 술어가 몇 개의 논항을 취하고 각 논항이 어떤 주제적 역할을 담당하게 되는지를 알게 된다. 그 아이는 기존의 구구조규칙과 수형도 형성의 절차를 결합시켜서 입력된 문장을 해부하게 된다」처럼 설명하고 있다(p.295). 자기의 이런 통합적 설명방법에 별로 자신감이 없어서인지, 그는 이 장의 마무리를 「여기에 제안된 것 중 많은 것들은 틀림없이 여러 가지 이유로 인하여 맞지 않은 것으로 판명될 것이다. 그러나 나는 이 장에서는 언어적인 증거와 발달적인 증거에 연합적으로 의존함으로써 특수한 학습이론들의 진위를 가리는 데 적은 양이나마 진전을 이룰 수 있었다고 생각한다」처럼 하고 있다(p.347).

나) 「언어본능」

이 책은 그의 첫 번째 책이 나온 지 10년 뒤에 나온 것이기에 우선 그 동안의 그의 학문적 성장과정을 익히 들여다 볼 수 있는 책이라고 볼 수가 있다. 물론 엄밀하게 따지자면 첫 번째 책은 자기 나름의 언어습득이론을 내세운 하나의 학술적인 책인데 반하여, 이것은 일반인들에게 언어에 관한 흥미로운 사실들을 소개한 일종의 대중적인 책이다. 그렇지만 「언어본능」이라는 서명이 잘 말해주고 있듯이 이 책은 다분히 철학적인 성격을 띠고 있는 책이다. 쉽게 말해서 이것은 일차적으로는 그동안에 그의 언어습득에 관한 연구가 어떻게 그 영역을 확대해 왔는가를 보여주는 책일 수 있고, 이차적으로는 그동안에 Chomsky가 애써 주장했던 바, 즉 언어연구는 으레 정신연구의 한 창이어야 한다는 말이나 언어학은 결국에는 생물언어학이어야 한다는 말이 맞는 말이라는 것을 확인시켜 주는 책일 수 있다.

이 책의 주제는 크게 언어와 정신의 관계와 언어 진화의 문제, 언어와 뇌의 관계 등의 세 가지라고 볼 수가 있는데, 이들은 모두가 Chomsky가 그 동안 내내 언어연구의 궁극적인 과제로 삼아 온 것들이다. 큰 의미에서 보자면 그러니까 이것은 Chomsky의 보편문법이론을 확대시킨 책이라고 볼 수가 있다. 그렇지만 사실은 이들 세 가지 주제에 대한 그의 견해가 서로 다른 데 이 책의 특징이 있다. 예컨대 첫 번째 주제에 대한 그의 입장은 완전히 Chomsky적인 것이지만, 두 번째와 세 번째 주제에 대한 그의 입장은 다분히 진화론적인 것이다. 간단히 말해서 이 책을 통해서 그는 하나의 인지심리학자가 아니라 하나의 진화심리학자라는 사실을 분명하게 드러내고 있는 것이다.

순서에 따라 먼저 첫 번째 주제에 대해서 그가 어떤 말을 하고 있는가를 살펴볼 것 같으면, 쉽게 말해서 그가 이 부분에서 하고 있는 말은 모두가 Chomsky나 Jackendoff가 그동안 내내 해 오던 말이다. 예컨대 그는 여기에서 인간의 지식이나 행동 등이 생겨나게 되는 과정은 대략 아래의 모형처럼 표현될 수 있는데, 이것이 틀린 것이 아니라는 것은 언어의 가장 중요한 특징은 보편문법이라는 공통의 기저를 가지고 있다는 사실에 의해서 익히 알 수가 있다고 주장하고 있는데, 이런 주장을 제일 먼저 한 사람은 분명히 Chomsky나 Jackendoff였다.

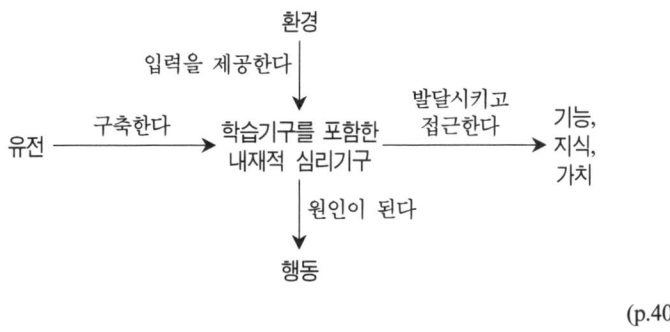

(p.408)

이 모형이 결국은 그의 극단적인 내재이론을 요약한 것이라는 것은 더 말할 나위가 없는데, 굳이 이것의 특이성을 밝히자면 그것은 다음과 같은 두 가지 점이라고 볼 수가 있다. 첫 번째로 이 모형에서는 내재적 심리기구 내에 학습기구를 포함시키고 있다. Chomsky나 Jackendoff가 내재된 것으로 보았던 것은 보편문법적 지식이나 능력이었지 일반적인 학습기구는 아니었다. 그러니까 그가 첫 번째 책에서 내세웠던 일종의 통합적 내지는 절충적 언어습득이론은 이제는 완전무결하게 내재주의적인 것으로 바뀌게 된 것이다. 물론 지금까지 알려진 인지심리학자 중 이 정도로 강력한 내재주의자는 없었다.

두 번째로 이 모형에서는 유독 내재적 심리기구와 획득물 사이에만은 절차가 양방적으로 이루어지는 것으로 되어 있다. 누가 보아도 이 부분은 인간의 정신기구나 문화가 어떻게 생겨나게 되는가를 설명하는 부분이기에 이 모형의 핵심부임이 분명한데, 이상하게도 왜 이 부분을 이런 식으로 보아야 하는지에 대해서 아무런 말도 하지 않고 있다. 그런데 더욱 이해가 되지 않는 점은 모형은 이렇게 만들어놓고서 실제로 그가 강조하고 있는 것은 최근에 다행히도 Tooby와 Cosmides와 같은 학자들이 그 동안까지 유행해 오던 「표준 사회과학모형(Standard Social Science Model)」의 오류성을 지적하고서 「통합적인 인과모형(Integrated Causal Model)」이라는 대안을 제시하게 되었다는 사실이다.

그는 그러니까 여기에서 이제는 인간의 정신이나 문화의 문제는 진화심리학적으로 다루어져야 한다고 생각한다는 점을 분명히 한 셈인데, 자기의 이런 입장을 아래와 같이 그들의 대안모형의 원리를 설명하는 식으로 밝히고 있다.

> Tooby와 Cosmides은 「문화의 심리학적 기저」라는 최근의 중요한 논문에서 그것을 통합적 인과 모형이라고 부르고 있는데, 그 이유는 그것은 어떻게 진화가 두뇌의 출현의 원인이 되었고, 이것은 그 다음에는 앎과 학습과 같은 심리적 절차의 원인이 되었으며, 이것은 결국에 인간의 문화를 형성하는 가치와 지식의 획득의 원인이 되었는가를 설명하려고 하는 것이기 때문이다. 그것은 이렇게

심리학과 인류학을 특히 신경과학과 진화생물학 등의 여타 자연과학들과 통합시킨다. 이런 마지막 연결 때문에 그들은 그것을 진화심리학이라고 부르고도 있다(p.409).

그 다음으로 그가 두 번째 주제에 대해서 어떤 말을 하고 있는가를 살펴볼 것 같으면 한마디로 말해서 그는 여기에서 언어진화의 문제에 관한 Chomsky의 그동안의 주장은 일종의 억지나 허구에 불과하다는 사실을 강조하고 있다. Chomsky와 다윈주의자 간의 이 문제에 대한 싸움은 그것에 의해서 20세기의 시대정신이 판가름 날만큼 큰 싸움이라는 것을 익히 알고 있기에 그는 여기에서 이것과 관련된 여러 학문 분야의 연구결과와 이론들을 누구보다도 더 종합적이고 심도 있게 다루었다. 그런데 따지고 볼 것 같으면 그의 이런 논의는 미리 결론을 내놓고 하는 논의가 될 수밖에 없었는데, 그 이유는 Chomsky가 그동안에 주장한 바는 단지 진화론으로는 보편문법이 어떻게 생겨나게 되었는가를 설명할 수 없다는 것이었지, 그것에 대해서 어떤 대안이 제안된 것은 아니었기 때문이다. 다시 말하자면 그는 여기에서 이 문제와 관련해서 지금까지 여러 학문분야에서 거두어들인 연구 결과들을 종합해 본 결과 진화론적으로 보편문법의 탄생절차가 설명이 된다는 사실이 밝혀졌다는 말만을 하면 되는 것이었다.

그러니까 결국은 「비록 언어본능이 어떻게 진화했는지에 대해서 우리가 구체적으로 아는 것은 거의 없지만 주된 설명방법은 다른 복잡한 본능이나 기관에 대한 것과 똑같이 Darwin의 자연적 선택의 이론에 의한 것이라는 것을 의심할 이유는 없다.」는 것이 그의 이 문제에 대한 결론인데(p.333), 이것을 뒷받침할 수 있는 사실로는 크게 세 분야의 것을 들고 있다. 첫 번째로 그가 들고 있는 사실은 그동안에 비교동물학이나 진화생물학의 분야에서 발견해 낸, 동물과 인간의 두뇌조직의 상동성에 관한 것이었다. 예컨대 신경생리학자인 Galaburda와 Deacon은 최근에 원숭이의 두뇌 내에 인간의 베르니케와 브로카 영역과 위치와 입출력 연결망, 세포조직 등에 있어서 상동적인 부위가 있음을 밝혀냈는데, 그가 보기에는 아직은 이런 현상의 원인을 정확히 설명할 방법은 없지만, 이로써 원숭이와 인간의 같은 조상의 두뇌에도 이와 같은 부위가 있었다는 것을 추론할 수는 있었다(p.350).

두 번째로 그가 내세우고 있는 사실은 우리의 눈의 발달과정으로 보았을 때 「자연적 선택은 단순히 신에 의한 창조에 대한 하나의 과학적으로 근거를 가진 대안인 것이 아니라 우리의 복잡한 기관의 진화를 설명할 수 있는 유일한 대안」이라는 것이 분명하다는 것이었다(p.360). 그가 보기에는 우리의 눈의 최초의 것은 지금의 것처럼 높은 시각적 기능을 수행할 수 있고 정교한 구조를 가지고 있는 것은 아니었다. 다시 말하자면 그는 「과거보다 조금 더 잘 볼 수 있게 된 많은 조상들의 능력이 원인이 되어서 지금처럼 극도로 잘 볼 수 있는 눈이 태어나게 되었다」고 보는 것이다(p.361). 그러니까 그의 생각으로는 일찍이 Darwin이 증식과 변이, 유전 등의 세 가지 개념을 중심으로 해서 만들어 낸 자연적 선택의 이론이 타당한 이론이라는 것을 확인하는 데는 우리의 눈의 발달과정을 살펴보는 것 만한 것이 없는 것이었다.

세 번째로 그가 들고 있는 사실은 고고학자나 인류학자들이 그동안에 밝혀놓은 대로의 인류 진화에 관한 사실이었다. 지금까지 발견된 인류의 화석 중 가장 오래된 것은 4백만 년 전의 것으로 여겨지는「루시(Lucy)화석」이다. 그러니까 인류는 4, 5백만 년이라는 긴 진화과정을 밟은 결과, 지금의 우리가 된 것인데 정확히 말하자면 약 4, 5백 만 년 전에 나타난 우리의 조상은 「호모 하비리스(Homo habilis)」인과 「호모 이렉터스(Homo elrectus)」인의 단계를 지나서 약 20만 년 전에「호모 사피엔스(Homo sapiens)」라는 현대인으로 바뀌게 된 것이다. 그런데 홍미롭게도 그는 여기에서 「생물학적으로 지금의 우리와 똑같고, 생물학적으로 현대적인 인간은 모두가 언어를 가지고 있다는 사실로 미루어 보았을 때 호모 사피엔스인들이 언어를 가지고 있지 않다고 믿기는 어렵다.」와 같은 말을 하고 있다. 이런 추측은 물론 3만 년 전인 후기 구석기시대에 나타난 크로마뇽인이 높은 수준의 동굴문화와 도구를 발달시킨 점으로 보아서 이때를 바로 언어가 처음으로 출현한 시기로 보아야 한다는 일반적인 통설과 크게 다르다. 그는 그러니까 언어의 진화과정을 3만년보다 훨씬 긴 것으로 보는 것이다(p.353).

마지막으로 그가 세 번째 주제에 대해서 어떤 말을 하고 있는가를 살펴볼 것 같으면 한마디로 말해서 그는 여기에서 문법적 지식이나 능력의 근원이 되는 「문법 유전자」라는 것은 존재하지 않는다는 사실을 밝히고 있다. 우선 그가 보기에도 언어를 일종의 본능으로 볼 정도의 강력한 내재이론이 Chomsky와 같은 학자들에 의해서 내세워지자, 크게는 언어와 뇌의 관계를 집중적으로 연구하는 언어생물학이나 생물언어학이 하나의 첨단학문으로 등장하게 되고, 작게는 유전학적으로 문법 유전자를 발견하는 것을 앞으로 뇌생리학자나 유전학자가 해야 할 시급한 과제로 생각하게 되는 식으로 학문 전체의 모습이 적지 않게 바뀌게 된 것은 부인할 수 없는 사실이었다.

그렇지만 그의 생각으로는 문법 유전자라는 말 자체가 일반인들의 호기심을 유발하기에는 더할 나위가 없는 것일지 몰라도 과학적 근거는 아무것도 없는 하나의 허상어일 뿐이었다. 다시 말하면 그것은 그가 말하는 언어본능이라는 말과는 성격이 전혀 다른 말이었다. 예컨대 그의 말을 그대로 빌리자면 언어를 구성하고 있는 어형조직이나 음운조직, 어휘조직과 같은 조직과 마찬가지로 문법조직도 「시기를 정확하게 맞춘 일련의 유전자 관련 사건들에 의해서 형성된, 정교하게 구조된 신경회로로 실현되어 있는 것」이었다(p.362).

자기의 이런 생각이 생물학이나 뇌생리학적으로 타당한 것이라는 것을 실증할 수 있는 근거로 그는 여기에서 크게 두 가지 사실을 들고 있는데, 그중 첫 번째 것은 좌반구로의 언어능력의 측위화 현상에 관한 것이었다. 이에 관한 사실은 물론 그동안에 뇌과학이나 실어증학에서 집중적으로 검토된 것이기에, 그로서는 이미 검증된 내용들을 반복만 하면 되게 되어 있었다. 예컨대 좌반구내의 브로카 영역과 베르니케 영역이 두 곳의 주요 언어영역이라는 것은 실어증에는 비문법적인 말을 하는 브로카 실어증과 무의미한 말을 하는 베르니케 실어증이 있다는 사실로써 익히 알 수 있다는 말이나, 또는 오른손잡이의 97%는 언어가 좌반구에 측위화되어 있지만 왼손잡이의 경우에는 19%만이 언어가 우반구에 측위화되어 있다는 말 등은 이미 다른 사람들이 자주 해 오던 말이다.

그런데 한 가지 흥미로운 사실은 그는 여기에서 왜 이런 측위화 현상이 일어나게 되었는가에 대한 자기 나름의 추리를 하고 있다는 점이다. 그 이유를 그는 크게 두 가지로 보고 있는데, 그중 첫 번째 것은 정보처리의 효율성에 관한 것이다. 언어처리에 관련된 영역들이 두 개의 반구의 여러 곳에 흩어져 있는 경우보다 그들의 한쪽 반구의 한곳에 집중되어 있는 경우에 그 작업이 더 빠르고 쉽게 이루어지게 되어 있다는 것이었다. 그중 두 번째 것은 언어의 진화과정에 관한 것으로서, 「이미 일정한 대상들을 정교하고 의도적이며 서순적으로 조작하기에 필요한 연산적 최소 회로를 가지고 있던 반구가 역시 서순적 통제가 요구되는 언어를 집어넣는 데 가장 자연스런 곳이었을 것」이라는 것이 그의 의견이었다(p.306).

그가 여기에서 두 번째 근거로 내세우고 있는 것은 뇌신경 세포들의 작동은 그들 간에 일정한 신경회로를 설정해가는 식으로 이루어지고 있다는 사실이었다. 이것에 관한 설명은 크게 두 부분으로 나뉘어져 있는데 그중 첫 번째 부분은 신경망이 형성되는 기본 절차에 관한 것이었다. 이것의 요지는 대략 하나의 신경세포가 활성화되어서 일정한 신호를 그것의 축색돌기를 통해서 다른 신경세포에 보내게 되면 하나의 연접이 이루어지게 되는데, 연접에는 흥분적인 것과 금지적인 것이 있는 데다가 각기 다른 크기의「힘」을 가지고 있기에, 많은 연접들에 의해서 만들어진 신경망은 결국「그리고」와「또는」,「아님」과 같은 논리관계를 다룰 수 있는 컴퓨터의 기능을 할 수 있게 된다는 것이었다.

그중 두 번째 것은 실제로 이런 신경망이 어떻게 일종의 문법적 규칙의 역할을 수행하게 되는가를 보여주는 부분이었다. 그가 여기에서 하나의 실례로 보여주고 있는 것은 영어동사의 굴절형에 관한 것인데, 그의 설명에 따르면,「Bill be's」가 아니라「Bill is」라는 규칙을 배우는 신경적 절차는 대략 다음과 같은 것이었다. 그것의 첫 번째 부분은 인칭과 수, 시제, 상 등에 관한 자질들의 정보를 지니고 있는 일군의 신경세포들로부터 3인칭, 단수, 현재, 습관성이라는 정보가 도출되어 한 신경세포에 모아지는 절차이고, 그것의 두 번째 부분은 그 세포가 굴절형「-s」를 지니고 있는 신경세포를 자극하자, 그것은 다시 접미사「z」를 지니고 있는 신경세포를 자극하게 되는 절차이고, 그것의 세 번째 부분은 첫 번째 부분을 마무리한 신경세포가 정보를 정신적 사서부에서 도출된「be」에 송부하여, 거기에서 다시「i」와「z」라는 소리로 이루어진「is」를 찾아내는 부분이다 (p.319).

다)「빈 서판」

그의 이 세 번째 책은 두 번째 책이 나온 지 8년 뒤에 나온 것이기에, 누구나 일단은 이것과 두 번째 책 사이에 찾아볼 수 있는 그의 학문적 성향의 차이는 첫 번째 책과 두 번째 책 사이에서 찾아 볼 수 있는 그것과 비슷할 것이라고 생각하기가 쉬울 텐데, 사실은 그렇지가 않다. 우선 서명을 놓고 보았을 때 이것의 것에서만은 언어라는 단어가 쓰이고 있지 않다는 사실이 이것이 앞에 나온 것과는 크게 다른 성격의 책이라는 사실을 상징적으로 나타내 주고 있다. 그리고 그는 이 서명은 영국의 경험주의 철학자였던 Locke이 처음으로 사용한 이래 이른바 「천성이냐 학습이냐」라는 철학적 논쟁의 핵심어휘로 쓰이고 있는 「타불라 라사(tabula rasa)」를 영어로 의역한 것이라고 밝히고 있는데, 이런 의미에서도 이것은 다분히 상징적이다. 한 마디로 말해서 이 책은 더 이상 언어나 언어습득에 관한 이론을 다룬 책이 아니고, 인간의 정신구조나 문화에 관한 이론을 다룬 책이다.

그러나 너무나 당연한 말이 될는지 몰라도 그가 이 책에서 내세우고 있는 인간관이나 학문관은 첫 번째와 두 번째 책에 이미 내세웠던 것과 똑같은 것이거나 아니면 그것을 약간 더 확대하고 발전시킨 것이지, 송두리째 새로운 것은 아니다. 그게 그렇다는 것은 우선 그가 두 번째 책의 끝부분에서 「언어본능은 따라서 우리에게는 빈 서판이나 밀랍 덩어리나 표준사회과학 모형의 일반 목적용 컴퓨터가 아니라 적응된 연산적 모듈들로 이루어져 있는 정신이 있다는 것을 말해주고 있다.」와 같은 말을 하고 있다는 사실로써 익히 알 수가 있다(p.427).

물론 이 책에서 그가 구체적으로 인간이나 학문에 관해서 어떤 이론을 내세우고 있는가를 살펴보는 것이 그런 사실을 더 확실하게 확인할 수 있는 최선의 방법인데, 크게 보았을 때 일단 편의상 「反 빈 서판 이론」이라 이름 붙일 수 있는 그의 이론에는 다음과 같은 네 가지 특징이 있다고 볼 수가 있다. 첫 번째로 그의 이론은 Chomsky의 언어이론을 모형으로 한 것이라고 볼 수가 있다. 예컨대 그는 이제는 빈 서판의 시대는 가고 마음의 연산이론의 시대에 들어섰다는 것을 가장 분명하게 보여주는 예로 Chomsky의 언어혁명을 들고 있다.

우선 그는 1950년대에 등장한 인지과학을 우리의 마음을 과학적으로 연구할 수 있게 한 최초의 학문으로 보고서, 그것의 핵심개념으로서 1) 정신세계는 정보와 연산, 피드백 등의 개념을 통해서 물리적 토대를 가질 수 있다와, 2) 마음은 결코 빈 서판이 아니다. 빈 서판은 아무것도 할 수 없기 때문이다, 3) 마음 안의 유한한 조합 프로그램에 의해서 무한한 행동이 산출될 수 있다, 4) 다양한 문화에 드러나 있는 피상적인 차이 밑에는 보편적인 정신기구가 있다, 5) 마음은 상호작용하는 여러 부분들로 이루어진 복잡한 체계이다 등을 내세우고 있는데, 사실은 이들은 모두가 Chomsky가 그 동안 내내 보편문법이론을 설명하면서 해오던 말이다. 차이가 있다면 그러니까 언어라는 단어가 쓰였던 자리에 마음이나 문화라는 단어가 쓰였다는 것 정도이다(pp.72~85).

그 다음으로 그는 위의 다섯 가지 개념 중 두 가지를 Chomsky의 언어이론을 그대로 원용하여 설명하고 있다. 이렇게 한 첫 번째 개념은 무한한 행동은 유한한 프로그램에 의해서 생성될 수 있다는 세 번째 개념인데, 여기에서 그는 그 근거로 Chomsky가 강조해 온 문법규칙의 「순환성」의 특성을 「She thinks that he thinks that they think that he knows.」와 같은 예문을 곁들여 제시하고 있다. 이렇게 한 두 번째 개념은 모든 문화의 근간이 되는 것은 보편적인 정신구조라는 네 번째 개념인데, 여기에서 그는 Chomsky의 「원리와 매개변항의 문법」 이론을 그 근거로 제시하고 있다. Chomsky의 이론에 의하면 영어와 일본어가 어순상 큰 차이가 있는 언어인 이것은 틀림이 없지만, 사실은 이런 차이는 어린이의 몸 안에 내재되어 있는 공통의 보편문법이 후천적인 언어경험에 의해서 서로 다른 매개변인을 택한 결과일 뿐이라는 것이었다(p.82).

두 번째로 그의 이론은 우리의 능력이나 지식의 내재성을 강조하는 이성주의적인 이론이다. 물론 그동안에 언어적 사실들을 근거로 하여 이런 인간관이나 정신관을 내세워 온 사람은 Chomsky나 Jackendoff이었다. 이런 의미로 보아서도 그의 사유체계는 Chomsky나 Jackendoff의 것과 별로 다르지 않다는 것이 분명하다. 그의 이론이 철두철미하게 내재주의적인 것이라는 것은 다음과 같은 두 가지 사실들이 익히 뒷받침하고 있다. 첫 번째로 그는 여기에서 Locke의 경험주의를 위시하여 Descartes의 2원론, Rousseau의 낭만주의 등을 신랄하게 비판하고 있다. 예컨대 그는 Descartes의 2원론에 따르자면 정신은 「기계속의 유령」일 따름이고, Rousseau의 낭만주의에 의하자면 인간의 원래가 「고상한 야만인」이었기에 나쁜 속성은 모두가 학습을 통해서 얻어진 것이 될 수밖에 없다고 비꼬았다.

두 번째로 그는 여기에서 1980년대에 Rumelhart와 McClelland 등 의해서 창안된 연결주의를 일종의 신경험주의 이론이나 신행동주의 이론으로 보고서 그것의 비과학성을 들춰내는 데 있는 힘을 다 쏟고 있다. 앞에서 이미 말이 나왔듯이 이 이론은 최신의 뇌과학이나 컴퓨터 공학적인 지식을 근거로 삼고 있으면서도 Chomsky의 내재이론을 전적으로 거부하는 것이어서 그런지 출현과 동시에 변형주의자들로부터 강력한 공격을 받게 되었는데, 그 공격자 중의 하나가 바로 그였다. 그러니까 여기에서 그는 「언어의 규칙」과 같은 논문에서 그가 이미 주장한 것들을 다시 한 번 반복하고 있는 셈이다.

이 책에서의 그의 연결주의에 대한 비평은 크게 모형에 관한 부분과 사실에 관한 부분의 두 부분으로 나뉘어져 있다고 볼 수가 있는데, 우선 첫 번째 부분에 있어서는 그는 이 모형의 한계성으로 이것에서는 1) 종류로서의 이름과 개체로서의 이름을 구별할 수가 없고, 2) 문장의 구조성이 밝혀지지가 않으며, 3) 명사의 수량이 표현될 수가 없고, 4) 문법규칙의 순환적인 사용이 불가능하며, 5) 범주적 추리작업을 할 수가 없다는 점 등을 들었다. 그 다음으로 두 번째 부분에 있어서는 그는 이 모형에서는 영어의 동사의 과거형을 배울 때 「frilg」와 같은 생소한 동사가 주어지면 「frilged」라는 정상적인 과거형을 배우지 못하고 「freezled」와 같은 엉뚱한 과거형을 배우게 된다는 사실과, 「ring」에 「rang」와 「ringed」의 두 과거형이 있듯이 소리는 같지만 의미에 따라 과거형이 달라지는 동사들을 구분하지 못한다는 사실 등을 들고 있다(pp.153~156).

세 번째로 그의 이론은 우리의 마음이나 문화의 문제들을 설명하는데 있어서 신경학이나 유전학 등에서 밝혀진 사실들을 근거로 내세우려고 하는, 일종의 생물학적 이론이다. 우선 그는 이제는 인지신경학의 발달로 우리의 「지각과 인지, 언어, 감정 등이 모두 우리의 뇌에서 비롯된다」는 사실이나, 우리의 사고와 경험의 복잡성과 맞먹는 복잡성을 뇌세포와 신경망에서도 찾을 수 있다는 사실 등을 알게 되었다고 주장한다. 그 다음으로 그는 이제는 행동유전학의 발달도 「인간과 다른 동물을 구분하는 사고, 학습, 감정의 모든 잠재력은 수정란의 DNA에 담긴 정보에 집중되어 있다」는 사실을 알게 되었다고 주장한다(p.95). 이것의 실례로 그는 일란성 쌍둥이들은 으레 비슷하게 생각하거나 느낀다는 사실과, FOXP2 유전자에 이상이 있으면 언어장애가 일어나게 된다는 사실 등을 들었다.

네 번째로 그의 이론은 우리의 마음의 정체는 그것의 계통발생적 역사와 적응과정을 밝힘으로써 알 수가 있다고 생각하는, 일종의 진화심리학적 이론이다. 그는 두 번째 책에서 했던 것처럼 이 책에서도 자기가 궁극적으로는 하나의 확고부동한 다윈주의자임을 드러내고 있는데, 여기에서 그가 주장하는 바는 결국 우리의 정신과 그것에 의해서 만들어진 문화가 자연적 선택이라는 진화절차에 의해서 생겨난 것이라는 것이니까 그의 다윈주의는 그동안의 어느 진화론자나 생물학자의 것보다 한결음 앞선 것이라고 볼 수가 있다.

그가 여기에서 우리의 마음과 문화가 진화의 산물이라는 것을 실증하는 데 내세우고 있는 근거는 크게 네 가지인데, 그중 첫 번째 것은 우리의 신체적 기관 중 가장 기능적이며 정교하게 만들어진 것으로 알려진 눈이 바로 오랜 진화과정을 통해서 생겨난 것이라는 사실이다. 우리의 눈은 동물의 것과 아주 비슷한 데다가 망막이 특별히 잘 발달된 점 등으로 미루어서 이것이「그 이전 조상들의 것보다 더 잘 작동하도록 설계된 복제품」임이 분명하다고 그는 주장하고 있다. 그러니까 그는 우리의 정신적 능력도 우리의 신체적 기관과 동일한 진화과정을 밟았다고 보는 것이다(p.105).

그중 두 번째 것은 우리의 정신적 능력 중 가장 특이한 것으로 볼 수 있는 언어가 바로 오랜 진화과정을 거쳐서 생겨난 것이라는 사실이다. 우리의 언어가 오랜 진화과정의 산물이라는 것은 어린이들에게는 「음파로부터 단어와 규칙을 추출하고 그것으로써 새 문장을 무제한적으로 발화하고 이해하는 정신적 연산체계」가 내재되어 있다는 사실로써 익히 알 수 있다고 그는 주장한다(p.120). 그가 여기에서 보편문법이라는 단어를 굳이 쓰고 있지 않지만 그 발상법이 Chomsky의 것과 똑같은 것이라는 것은 더 말할 나위가 없다. 한 가지 특이한 것은 그는 여기에서 어린이들은 언어와 마찬가지로 문화도 이런「선천적 기구」에 의해서 배운다고 본 점이다.

그중 세 번째 것은 우리의 선험적 능력 가운데는 다른 사람의 정신 상태나 가치체계, 의도 등을 파악할 수 있는「마음의 이론」이라는 능력이 있다는 사실이다. 이 능력에 의해서 우리는 정상적인 언어생활도 할 수 있고, 정상적인 문화학습도 할 수 있다는 것은 자폐증 환자들의 행동을 보면 익히 알 수 있다고 그는 주장한다. 예컨대 그는 그들은 다른 사람의 마음을 읽을 수 있는 능력이 없기 때문에 다른 사람과 정상인의 것과 같은 대화를 가질 수 없다고 본다. 또한 그는 아무리 발달된 것일지라도 로봇은 인간과 대화를 나눌 수 없는데, 그 이유도 바로 같은 것으로 본다.

그중 네 번째 것은 우리의 문화와 행동에는 보편성을 지니고 있는 것들이 대단히 많다는 사실이다. 예컨대 그의 설명에 따르자면 Chomsky가 보편문법이 우리의 언어에는 있다고 주장한 것과 비슷하게, D. Brown은 우리의 문화에는 「보편민족」이 있다고 주장을 하고 나섰을 정도로 모든 사람들의 사고방식과 생활양식 등에는 공통적인 것들이 대단히 많다는 것이다. 물론 우리의 문화와 행동에서 이런 보편성을 발견할 수 있다는 것은 곧 우리의 정신이 오랜 진화과정을 거치면서 보편적인 구도를 갖게 되었다는 것을 말해주는 것이었다(p.111).

제2장 뇌과학자들의 두 가지 주요 연구과제

1. 언어기능의 측위화

지난 150년 동안의 뇌과학자들의 언어와 뇌의 관계에 대한 연구는 크게는 언어기능의 측위화와 언어처리 체계라는 두 가지 과제가 중심이 되어 이루어졌다고 볼 수가 있는데, 어떤 의미에서 보자면 이들 중 첫 번째 것은 지금까지의 그들의 연구업적을 종합적으로 평가해 볼 수 있는 과제인 반면에, 두 번째 것은 그들의 연구의 앞으로의 과제로 남아있는 것이라고 볼 수가 있으니까 이들 간에는 성취도나 중요성에 있어서 일정한 차이가 있는 것이 확실하다. 더 구체적으로는 현재까지 그들의 대부분은 첫 번째 과제와 관련된 사실을 밝히는 데 그들의 노력을 집중시켜 왔으며, 따라서 뇌과학은 결국 이 첫 번째 과제를 통해서 지금의 수준까지 발달되게 되었다고 볼 수가 있다.

뇌에 대한 연구가 그동안에 이런 궤도를 그리게 된 이유 중 가장 기본적인 것은 물론 바로 이것이 뇌의 구조와 기능적 특징 중 가장 특이한 점이기 때문이다. 다시 말하자면 뇌과학에서 이런 현상이 일어나게 된 것은 뇌의 구조와 기능이 언어와 뇌의 관계에 관한 한 모든 연구가 일단 이 과제로부터 시작되게 되어 있기 때문인 것이다. 또한 역사적으로는 뇌과학 자체가 Broca의 언어영역의 발견으로부터 출발되었다는 사실도 중요한 이유일 수가 있다. 그가 발견한 언어영역뿐만 아니라 그 후에 발견된 언어영역들이 모두 다 좌반구에 집결되어 있으니까 이 과제는 당연히 뇌연구 전체의 주도적인 과제로 자리 잡게 된 것이다.

그리고 뒤집어 생각을 해 볼 것 같으면 이런 집중 현상은 언어기능의 측위화를 위시한 모든 언어와 뇌의 관계에 대한 문제들을 뇌과학적으로 구명하는 것은 원래가 대단히 어렵고 복잡한 일이기 때문에 일어나게 되었다고 볼 수도 있다. 바꾸어 말하자면 만약에 이 과제가 몇 사람의 연구에 의해서 쉽게 끝이 날 수 있는 것이었다면 지난 150년 동안 내내 대부분 사람들이 그것에 매달려 있었을 리가 없다. 근본적으로 보았을 때는 그러니까 이런 집중현상이 뇌과학의 분야에서 일어나게 된 것은 너무나 당연한 일인 것이다.

그런데 사실은 이런 집중현상의 배경에는 이런 필연적인 이유에 일종의 우연적인 이유까지가 합쳐져 있다는 데 그 특이성이 있다. 여기에서 말하는 우연적인 이유란 바로 1960년대 이후 Chomsky의 언어이론의 등장으로 뇌과학은 한편으로 보았을 때는 언어학의 도움을 필요한 만큼 받을 수 있는 학문으로 바뀌게 되었고, 다른 한편으로 보았을 때는 그것과 치열하게 경쟁을 해야 하는 학문으로 바뀌게 되었다는 사실이다. 그의 언어이론의 핵심이 되고 있는 것이 언어의 종 특이성과 언어능력의 내재성, 언어처리의 모듈성, 통사적 능력의 일반적 지능과의 구별성과 같은 개념들인데, 어느 방향으로든 이들 개념들의 타당성을 검토하는 것을 뇌과학의 과제로 받아들이기로 하는 한은 뇌과학자들의 관심은 응당 언어기능의 측위화의 문제에 집중될 수밖에 없었던 것이다. 가장 중요한 사실은 그런데 그 동안까지의 연구결과는 언어학자와 뇌과학자 모두가 반길 수 있는 것이었다는 점이다. 다시 말해서 그동안의 연구는 언어학자로서는 그들의 언어이론이 틀린 이론이 아니라는 것을 생물학적으로 확인시켜 준 것이었고, 뇌과학자로서는 그들의 연구방향이 잘못된 것이 아니라는 것을 언어학적으로 확인시켜 준 것이었다.

(1) 증거

오늘날 뇌과학자 치고서 측위화의 사실, 즉 우리가 가지고 있는 두 개의 반구 중 왼쪽 것이 언어기능을 전담하는 곳이라는 것을 인정하지 않는 사람은 하나도 없다. 그리고 추측컨대 그들에게 만약에 어떤 술어 하나로 지난 150년간에 걸친 그들의 연구업적을 요약할 수 있겠는가 라고 묻는다면 그것은 측위화라는 말이라고 그들은 하나같이 대답할 것이다. 또한 그들은 아마도 측위화가 하나의 이미 과학적으로 확립된 사실이라는 것은 일찍이 Lenneberg(1966)가 주장했듯이 전 인구의 97%가 언어기능이 좌뇌에 측위화되어 있고, 나머지 3%만이 그것이 우뇌에 측위화되어 있다는 사실 한 가지만으로써 익히 알 수 있다고 주장할지도 모른다.

그렇지만 따지고 보자면 사정이 이렇게 되기까지의 과정은 지난 150여년 동안의 뇌과학 자체의 발전의 역사나 다름이 없다. 우선 이 학문의 창시자라 할 수 있는 Broca가 바로 이 학설의 창안자였다는 사실이 그런 사실을 가장 상징적으로 실증하고 있다. 그가 1861년에 발견한 「브로카 영역」은 좌반구에 위치하고 있기 때문에 큰 의미에서 볼 것 같으면 그때 발표한 그의 논문을 그가 측위화에 관한 문제를 최초로 제기한 것으로 볼 수도 있다. 그러나 그가 정식으로 이 문제를 다룬 것은 그로부터 4년 뒤인 1865년에 낸 논문에서였다. 최초의 논문과 마찬가지로 이것도 다수의 실어증 환자들의 뇌구조에 대한 해부학적 연구의 결과가 바탕이 된 것이었는데, 여기에서 그는 좌뇌의 어느 영역이 손상을 입게 되면 으레 언어장애증이 일어나게 되는데, 우뇌의 어떤 영역이 그렇게 되는 경우에는 언어장애증이 일어나지 않는다는 사실을 근거로 해서, 언어에 관련된 모든 작업은 좌뇌에서 이루어지는 것이 분명하다고 주장했다. 그러니까 그는 이 논문에서 그 후 몇 백 년에 걸쳐서 천착하게 될 연구주제를 뇌과학자들에게 던져준 셈이다.

이런 의미에서 보면 그 후에 있게 된 여러 뇌과학자들의 관찰이나 실험들은 기존의 학설에 대한 일종의 확인 작업과 같은 것이었는데, 그중 첫 번째 것으로 볼 수 있는 것은 1949년에 Wada가 실시한 좌뇌 측의 경동맥에 소듐 아미탈이라는 마취제를 주사기로 주입시키는 실험이었다. 그의 실험에 따르자면 일단 이 방법으로 피실험자의 왼쪽 뇌를 마비시키게 되면 즉각 일종의 실어증 증상이 나타나게 되었는데, 이것은 바로 그의 언어기능은 그의 왼쪽 뇌에서 전담하고 있다는 것을 드러내 주는 사실이었다. 물론 이 방법은 일부분 사람에 있어서는 언어가 왼쪽이 아니라 오른쪽에 측위화되어 있으니까 뇌수술을 필요로 하는 환자의 언어가 어느 쪽 뇌에 측위화되어 있는가를 식별해내는 데 좋은 방법으로 쓰일 수 있었다.

그중 두 번째 것으로 볼 수 있는 것은 Penfield와 Roberts가 1959년에 낸 책에서 밝힌 것인데, 이것에 따르자면 이들이 이 문제와 관련하여 실시한 실험에는 크게 두 가지가 있었다. 그중 첫 번째 것은 전기자극법에 의해서 뇌조직 중 어느 부분이 언어능력과 직접적으로 관련되어 있는가를 알아내는 실험이었는데, 이 방법에 의하여 이들은 좌반구내의 브로카 영역과 베르니카 영역, 보조운동영역 등의 세 곳이 그런 부위라는 사실을 확인할 수 있었다. 좁게 보자면 물론 이들의 업적은 보조운동영역이라는 세 번째 언어 관련 영역을 발견해냈다는 점이었다. 그러나 넓게 보자면 이들의 업적은 측위화의 이론의 타당성을 확인했다는 점이었다.

그중 두 번째 것은 운동영역의 신체부위의 통제방식과 감각영역의 정보입수방식이 그렇듯이 언어처리도 「교차적 듣기」의 방식대로 이루어지게 된다는 사실을 알아내는 것이었다. 이들은 우선 전기자극법에 의하여 좌우 두 반구의 운동영역과 감각영역들은 각각 반대쪽 신체부위의 동작을 통제하고, 그곳으로부터 정보를 입수하게 된다는 사실을 밝혀내어 이른바 난쟁이 그림을 작성해내는 데 성공했다. 이들의 이에 따르는 관심은 자연히 그렇다면 언어처리도 똑같이 교차적인 방식으로 이루어지는가를 알아보는 것이었는데, 실험의 결과는 예측대로였다. 즉, 이들은 여러 사람에 대한 실험을 통해서 오른쪽 귀로 들은 말은 왼쪽 뇌에 송부되고 있고, 왼쪽 귀로 들은 말은 오른쪽 뇌에 송부되고 있는 것을 확인할 수 있었다. 언어처리를 담당하는 곳은 왼쪽 뇌이기에, 왼쪽 귀를 통해서 오른쪽 뇌에 일단 송부된 말은 곧바로 뇌량을 이용해서 왼쪽 뇌로 송부된다는 것이 이들의 설명이었다.

Fromkin과 Rodman(1974)의 설명에 따르자면 이들의 교차적 듣기의 이론은 그 뒤의 여러 사람들의 실험으로 그 타당성이 더욱 확실하게 드러나게 되었다. 예컨대 피실험자의 양쪽 귀에 이어폰을 꼽은 다음에 오른쪽 귀에는 「boy」라는 낱말을 들려주고 왼쪽 귀에는 「girl」이라는 낱말을 들려주게 되면 그는 으레 「boy」라는 낱말을 더 잘 인식하였다. 이런 차이는 「girl」이라는 단어를 인식하는 데는 그 소리가 뇌량을 통과하는 만큼의 시간이 더 걸린다는 데서 비롯되는 것이었다. 또한 여러 가지의 청각신호에 관한 실험을 통해서 실험자들은 오른쪽 귀는 언어를 인식하는데 더 앞서는 반면에, 왼쪽 귀는 웃음이나 기침과 같은 비언어음을 인식하는 데 더 앞선다는 사실을 확인할 수 있었다(p.315).

그중 세 번째 것으로 볼 수 있는 것은 Gazzaniga와 Sperry가 1967년에 실시한 분할뇌에 관한 실험이었다. 양쪽 뇌를 중간에서 연결하고 있는 뇌량을 제거하게 되면 이들은 서로 분할된 상태에서 작동하게 마련이기에 이 실험법은 일찍이 Penfieled와 Roberts가 발견해 낸 사실을 다시 확인하는 데 최적의 것일 수 있었다. 또한 Fromkin과 Rodman(1974)의 설명에 의하면 이 실험법은 사람뿐만 아니라 원숭이나 고양이와 같은 동물에게도 쉽게 적용될 수 있는 것이기에, 인간의 두뇌는 동물의 두뇌 사이의 차이를 알아내는 데도 좋은 방법일 수 있었다.

이들이 예시하고 있는 실험은 다음과 같은 두 가지인데, 이것만으로도 누구나 인간과 동물의 두뇌의 차이는 바로 언어적 기능의 유무와 직결되어 있다는 사실을 익히 알 수가 있었다. 우선 뇌를 분할한 원숭이를 대상으로 한 실험은 두 눈 중 한쪽에만 빛을 비추고서 어떤 신체적 반응이 일어나는가를 알아보는 것이었는데, 이로써 사람과 마찬가지로 동물도 감각운동작용은 두 반구간에 교차적으로 이루어지고 있다는 사실과, 동물에게 있어서는 두 반구가 같은 기능을 수행하고 있다는 사실을 확인할 수 있었다. 더 구체적으로 말하자면 이 원숭이의 좌시야에만 빛을 비추게 되면 왼손만이 움직였고, 반대로 그것의 우시야에만 빛을 비추게 되면 오른손만이 움직였는데, 이것은 곧 왼쪽이나 오른쪽 눈으로 들어온 정보는 각각 반대쪽 뇌에 송부되고 있다는 것을 실증하고 있었다.

그 다음으로 뇌를 분할한 사람을 대상으로 한 실험은 두 눈을 가린 상태에서 양쪽 손위에 서로 다른 과일을 놓고서 그것들을 말로 말해보라고 요청하는 것이었는데, 이로써 동물의 두뇌와는 다르게 인간의 두뇌는 비대칭성이 그 특징이라는 사실을 확인할 수가 있었다. 예컨대 두 눈을 가진 상태에서 피실험자의 왼손위에 사과를 놓아주고서 그것을 말로 묘사해 보라고 요청을 하게 되면 그는 그렇게 할 수 없는 데 반하여 그의 오른손 위에 바나나를 놓아주고서 그런 요청을 하게 되면 그는 그렇게 할 수가 있었다. 다시 말하자면 이 실험만으로써 실험자는 좌뇌가 바로 언어뇌라는 사실을 익히 확인할 수 있었다(p.314).

　Gazzaniga와 Sperry가 실시한 실험도 크게 보자면 이것과 비슷한 것이었다. 이들이 뇌분할 수술을 받은 환자들에게 실시해 본 실험은 문자와 단어, 숫자 등을 한쪽 눈에만 보여주고서 그것을 말로 표현할 수 있는지를 알아보는 것이었다. 실험의 결과는 미리 예측했던 대로, 오른쪽 눈에 그런 것들을 보여주었을 경우에는 말로의 표현이 가능했지만, 왼쪽 눈에 그런 것들을 보여주었을 경우에는 그것이 불가능했다. 그런데 이들이 이번 실험을 통해서 알게 된 또 한 가지 중요한 사실은 피실험자들은 이런 경우 말로 표현은 할 수 없어도 이해는 하고 있었다는 사실이었다. 예컨대 그들에게 왼쪽 눈에 문자나 단어, 숫자를 보여주고서 각각의 해당하는 실물을 많은 물건 가운데서 가려내 보라고 했더니, 그들은 그렇게 할 수 있었다.

　그중 네 번째 것으로 볼 수 있는 것은 1966년 Lenneberg가 「결정적 시기설」을 내세우면서 제시한 자료들이다. 그는 언어습득의 결정적 시기설로 유명한데, 사실은 이 가설은 그동안까지 많은 뇌과학자들이 주장해 온 언어기능의 측위화의 이론을 보다 포괄적이고 분명하게 확인한 것에 지나지 않는다. 예컨대 그는 그의 논문(1966)에서 「종 특이적인 현상의 하나인 언어발달은 뇌의 지배성과 성숙적 역사라는 인간 특유의 두 가지 특성과 신체적으로와 구조적으로, 발달적으로 연관되어 있다」라는 말을 하고 있다(p.246). 이런 의미에서 볼 것 같으면 그의 결정적 시기설에 의하여 더 이상 측위화의 이론을 놓고서의 논쟁이나 검증작업은 필요 없게 된 것이다.

　측위화의 이론과 관련하여 그의 연구업적의 가치를 이렇게까지 높게 잡을 수 있는 것은 지금까지는 누구도 그만큼 이 문제를 종합적이고 장기적인 방법으로 연구한 사람이 없기 때문이다. 그의 연구의 특징 중 첫 번째 것은 연구방법의 포괄성이다. 그의 말을 그대로 빌리자면 그는 그동안에 제시된 「해부학적, 조직학적, 생화학적, 전기생리학적」 연구결과들을 종합한 결과 자기의 언어습득이론을 만들어 낼 수 있었다. 그뿐만 아니라 그는 연구의 대상도 정상아를 위시하여 난쟁이, 귀머거리, 야생아, 저능아 등으로 최대한 확대하였다. 특히 정상아의 경우 그 수를 무려 500명으로까지 늘리기도 했다.

그의 연구의 특징 중 두 번째 것은 보기 드물게 장기적인 관찰법을 기본 연구법으로 삼았다는 점이다. 그가 말하는 결정적 시기란 만 13,4세경인 사춘기이니까 이 가설이 최소한 한해 두해에 걸친 관찰이나 한두 번의 실험으로는 만들어지지 않았을 것이라는 것을 누구나 익히 짐작할 수가 있다. 몇몇 개인을 계속적으로 13,4년 동안 연구하지는 안했는지 몰라도 어린이들은 연령대별로 묶어서 몇 년에 걸쳐서 연구한 것은 의심할 여지가 없다. 예컨대 그는 이 논문에서 그는 500명의 어린이들을 3년 이상 관찰한 결과 어린이들을 언어습득의 보편성과 규칙성을 확인할 수 있었다는 말은 하고 있다(p.225).

그의 연구의 특징 중 세 번째 것은 그것에서 밝혀진 사실들이 측위화 현상을 이해하는 데 대단히 중요한 것들이라는 점이다. 그의 연구는 원래가 종합적이고 장기적인 성격의 것이었기에, 언어의 측위화 과정을 신체와 두뇌의 성숙과정과 연관시켜서 살펴볼 수가 있었다. 이 연구에 의하면 예컨대 태어나서부터 3개월까지는 두 개의 반구가 완전히 동질적인 것으로 남아있다가 옹알거림을 시작하는 4개월부터 약간씩 이들 간에 동질성이 사라지기 시작하여 언어습득이 완료되는 3세에서 5세 사이에 좌반구로의 언어기능의 측위화가 끝나는 식으로 좌뇌로의 측위화 과정은 언어습득과정과 병렬적으로 이루어지는 것으로 되어 있다.

또한 이 연구에 의하면 이들 두 과정은 신체적 성숙과정과 밀접하게 연관된 상태에서 진행되는 것으로 되어 있다. 우선 신체적 성숙과정의 일부로 볼 수 있는 것이 바로 제일 중요한 두뇌의 성숙과정인데, 언어습득이 시작할 때 어린이의 두뇌는 성인의 것의 60%에 이르기까지 비교적 빠르게 발달되었다가 그 후부터는 성장이 느리게 진행되는 식으로 이것과 이들 두 과정은 밀접하게 연관되어 있다. 물론 이 시기에 쉽게 관찰될 수 있는 것이 일어선 자세나 걸음걸이, 손놀림 등과 같이 동작의 공동작용 능력의 발달정도인데, 이것도 이들 두 과정과 밀접하게 연관되어 있다. 특히 여기에서는 언어습득이 본격적으로 진행되는 3세경에 어린이들은 오른손잡이와 왼손잡이로 나뉘게 된다는 사실을 명시하고 있다.

이 연구에서는 더 나아가서 실어증의 회복 가능 시기에 대해서도 상당히 합리적인 견해를 제안하고 있다. 쉽게 말하자면 여기에서는 언어기능의 측위화 과정과 두뇌의 성숙과정은 병진적으로 진행되게 되어 있다는 사실을 실증하고 있기 때문에 두뇌의 유연성의 이론이 맞을 수밖에 없다는 것이 저절로 밝혀지게 되어 있었다. 예컨대 이 연구에 따르면 좌반구로의 측위화 과정이 완료되기 이전인 3세경까지는 그 기능의 우반구로의 이동이 가능하지만, 그 후 10년 정도가 지난 11세에서 14세 사이에는 좌반구로의 측위화가 일종의 고정 상태에 들어가 있는 탓으로 실어증의 회복은 절대로 불가능하다. 이렇게 보자면 결국 결정적 시기 이후에는 언어습득만 불가능한 것이 아니라 실어증 회복도 불가능 한 것인데, 그 이유는 이때가 되면 두뇌에 유연성이 없게 되기 때문이다.

그중 다섯 번째 것으로 볼 수 있는 것은 1968년에 Geschwind와 Levitsky가 역사상 처음으로 해부학적인 방법으로 두 반구의 비대칭성을 밝혀낸 사실이다. 이들은 대부분 사람들의 경우에는 왼쪽 뇌의 측두엽에 있는 헤슬회의 뒷부분이 오른쪽 뇌의 상응부분보다 넓다는 사실을 밝혀냈는데, 이것은 바로 우선 구조적으로 좌반구는 지배적인 반구로 기능할 수 있게 되어 있다는 것을 실증하고 있는 것이었다. 그런데 흔히 측두엽의 평면부로 불리는 이 영역은 베르니케 영역의 일부이다. 따라서 이 영역이 상대적으로 더 넓다는 것은 결국 좌반구의 언어영역이 우반구의 상응영역보다 넓다는 말이나 같은 말이다. 이런 사실은 그러니까 언어기능이 좌반구에 측위화되어 있다는 것을 구조적으로 실증하고 있는 것이다(그림 1 참조).

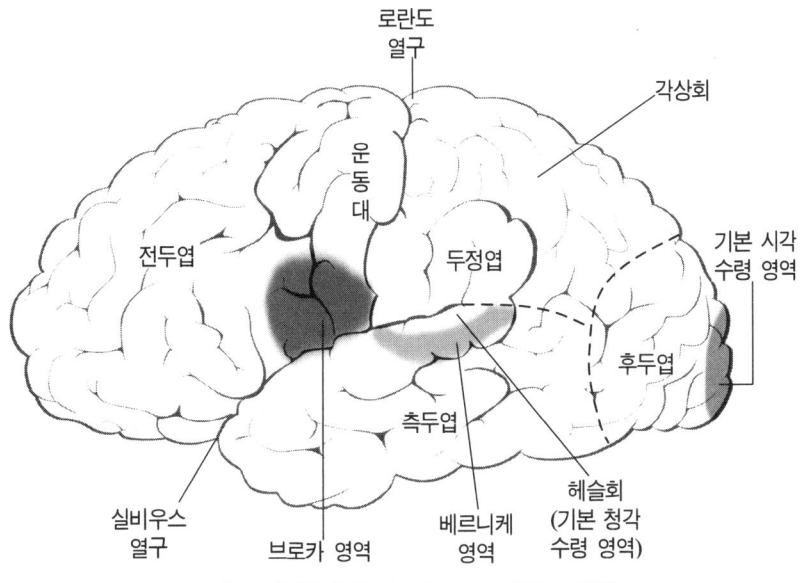

그림 1. 좌반구의 구조(K. Bayles, 1979: p.307)

그런데 사실은 이들의 이 평면부의 발견에 문제점이 없는 것은 아니었는데, 그것은 바로 그런 사실은 이들이 연구한 대상 중 약 65%에게서만 확인할 수 있었고, 나머지 대상 가운데는 두 반구에 있는 해당 부위의 넓이가 같은 사람들과 우반구의 해당부위가 거꾸로 좌반구의 그것보다 더 넓은 사람들이 들어 있었다는 점이었다. 이것은 물론 작게는 언어영역의 구조에 무시할 수 없는 개인차가 있다는 것을 말해주는 사실이고, 크게는 언어기능과 관련된 모든 뇌과학적 이론에는 으레 예외사항이 있게 마련이라는 것을 말해주는 사실이다.

그러나 65%라는 비중을 크게 믿은 나머지 Geschwind는 그 후 10여년에 걸쳐서 이 사실이야말로 좌뇌 지배성의 이론을 가장 확실하게 뒷받침하는 것이라는 내용의 논문들을 단독으로나 다른 사람과 공동으로 꾸준하게 발표하였다. 그는 특히 이 부위에 잘못된 신경연결이 있게 되면 으레 난독증이 발생한다는 사실을 근거로 내세워서 이 부위의 언어영역으로서의 중요성을 강조하였다. 그의 이런 견해는 그의 동료인 Galaburda와 Kemper가 1979년에 어린이 난독증 환자에 대한 사례연구의 결과를 발표하게 되면서 더욱 힘을 얻게 되었다.

1970년대에는 Witelson(1973)이나 Wada(1975) 같은 뇌과학자들에 의해서 어린이들의 두뇌는 바로 태아 때부터 좌반구의 이 부위가 우반구의 상응부위보다 더 크게 되어 있다는 사실이 밝혀지면서 Geschwind의 좌뇌 지배성이나 비대칭성의 이론이 한층 더 큰 설득력을 갖게 되었다. 그 이유는 물론 이 사실은 결국 작게는 좌뇌로의 측위화의 현상은 뇌구조적으로 이미 프로그램 되어있다는 것을 뒷받침하는 것이고, 크게는 언어학자들이 내세우는 언어의 종 특이성이나 내재성의 이론을 생물학적으로 뒷받침하는 것이기 때문이다.

(2) 우반구의 기능

궁극적인 의미에서 볼 것 같으면 인간의 두뇌를 구성하는 두 개의 반구는 항상 같이 움직이고 있게 되어있기 때문에 측위화의 이론에는 마땅히 우반구의 기능의 문제까지가 포함되어야 한다. 이렇게 함으로써 일차적으로는 두 반구 간의 비대칭성이 보다 분명하게 드러나게 될 것이고, 이차적으로는 이 이론의 진의가 보다 진지하게 논의될 수가 있을 것이라는 것은 우리의 상식만으로도 익히 짐작할 수가 있다. 그럼에도 불구하고 그 동안까지는 과학에서 말하는 이른바 분할과 집중의 원리에 충실한 나머지 우반구의 기능에 대한 연구는 거의 무시되다시피 되어 온 것이 사실인데, 이런 의미에서 보자면 측위화의 이론에 대한 연구는 이제 겨우 제1단계를 마친 것에 불과하다고 볼 수가 있다.

그런데 다행스럽게도 일부 뇌과학자들은 그동안에도 뇌에 대한 연구를 대세와는 크게 다르게 하였으며, 그 결과 그들은 뇌의 전체적인 구조와 움직임을 이해하는 데뿐만 아니라 지금의 측위화의 이론의 문제점이나 한계성을 파악하는 데도 적지 않은 기여를 할 수 있게 되었다. 이들의 연구덕분에 지금으로서도 우리는 우반구도 최소한 다음과 같은 세 가지 사실로 보았을 때 언어적 기능을 수행하고 있음이 분명하다는 것을 알게 되었으며, 그래서 Bayles(1979) 같은 사람은 지금까지 지배적인 학설로 받아들여져 왔던 좌반구 지배설이나 우위설은 이제「두 반구의 상보적 특이화설」로 대치되어야 한다고 주장하고 나서게끔 되었다(p.319).

그녀는 이런 주장의 근거로 기본적으로 좌우 두 반구의 인지적 방식과 기능은 상보적이라는 사실을 내세우고 있다. 우리의 뇌가 그렇게 탁월하게 인지적 작업을 수행할 수 있는 것은 우선 좌우 두 반구가 서로 정반대적인 인지적 방식에 의하여 서로 정반대적인 기능을 수행하고 있기 때문이라는 사실은 오늘날에 와서는 뇌과학자 누구나가 익히 인정하는 우리의 뇌의 놀라움의 한 가지이다. 이것을 실증하는 실험으로서 그녀는 Kimura가 1966년과 1973년에 실시한 시각적 인지의 지배성에 관한 실험과 교차적 듣기에 관한 실험을 들었다. 예컨대 첫 번째 실험은 피실험자들에게 좌우시야 중 한쪽에게만 셋으로부터 열 개에 이르는 작은 점들을 80밀리초 동안 보여주고서 그들의 수를 알아맞히게 하는 것이었는데, 그 결과는 예측대로 왼쪽 시야에 보여주었을 때가 오른쪽 시야에 보여주었을 때보다 성적이 훨씬 우수하게 나타났다. 이것으로써 실험자는 부분적인 분석절차를 거치지 않고서 전체적인 모양을 한꺼번에 인지하는 데는 우반구가 좌반구보다 앞서있음을 알 수가 있었다.

그 다음으로 두 번째 실험은 교차적 듣기에 관한 것으로서, 피실험자들에게 먼저 양쪽 귀에 서로 다른 곡조를 동시에 들려주는 식으로 한쪽 귀에 모두 네 개의 곡조를 들려준 다음에, 이들 중에서 자기가 확실히 들었다고 생각되는 두 곡조를 골라내게 하는 것이었는데, 그 결과는 미리 예측한 대로 그들은 대개가 왼쪽 귀에 들려준 곡조들을 오른쪽 귀에 들려준 곡조들보다 훨씬 더 잘 기억하고 있었다. 이로써 실험자는 바로 우반구가 음악적 기능을 전담하는 반구이고, 음악을 인지하는 절차는 분석적인 것이 아니고 전체적인 것이라는 사실을 확인할 수 있었다.

그녀는 또한 그동안에 여러 뇌과학자나 심리학자들에 의해서 발견된 두 반구의 기능적 대립성의 현상을 자기의 두 반구의 상보적 특이화설의 근거로 제시하기도 했다. 그녀는 간단히 말해서 우리의 두뇌가 좌반구는 언어와 쓰기, 읽기, 시순적 판단, 연상적 사고, 연산, 분석적 절차, 오른쪽 시야로부터의 정보처리 등을 담당하는데 반하여, 우반구는 비언어적 환경음의 처리와 입체적 인식, 공간시각적 기능, 음악적 곡조의 인식과 기억, 비언어적 상상, 전체적 절차, 왼쪽 시야로부터의 정보처리 등을 담당하는 식으로 되어 있는 이상 그중의 어느 한쪽을 지배적인 기능을 수행하는 것으로 보는 것보다는 양쪽 모두가 일종의 상보적인 관계를 유지하고 있다고 보는 것이 맞는 일이라고 주장한 것이다(p.320).

아쉽게도 그러나 그녀는 자기의 이론이 이처럼 뇌전체가 수행하는 기능을 놓고 보았을 때만 적용될 수 있는 것이 아니라 언어 기능 하나만을 놓고 보았을 때도 적용될 수 있는 것이라는 말은 하지 않고 있다. 이런 점으로 미루어 보아서는 그녀가 제안하려는 이론은 기존의 이론의 대안이 될 수 없는 것임이 분명하다. 다시 말하자면 그녀의 양분법에 있어서도 확실히 언어적 기능은 좌반구에서 전담하는 식으로 되어 있으니까 기존의 좌반구 지배설이나 우위설을 그녀도 이미 인정하고 있는 것이나 다름이 없다. 그녀가 여기에서 제안하고 있는 것은 그러니까 기존의 이론에 대한 하나의 대안이 아니라 그것과는 별개의 뇌의 기능에 관한 한 이론인 것이다.

그런데 사실은 그녀의 이론이 적용대상을 언어기능 한 가지로 잡았을 때도 성립될 수 있으며 따라서 기존의 좌반구 지배설에 대한 하나의 대안이 될 수 있다는 것을 실증하는 일은 그렇게 어려운 일이 아니다. 단도직입적으로 말해서 언어를 더 이상 Chomsky식으로 보지 말고서 하나의 의사소통의 도구로 보게 되면 되는 것이다. 우선 언어가 의사소통의 도구로 쓰이는 경우에는 반드시 일정하게 비언어적 의사소통체계의 도움을 받게 되어 있다는 것은 의사소통학자나 동작학자에 의해서 이미 분명하게 밝혀진 사실이다. 비언어적 의사소통체계의 중심부에 있는 것이 얼굴의 표정과 손짓인데, 그녀의 양분법에 따르자면 상대방의 손짓이나 얼굴의 표정을 읽는 일은 우반구에서 하게 되어 있다.

또한 언어란 궁극적으로 소리의 연속체로서 말을 할 때는 여러 가지의 억양형이 쓰이게 되어 있다는 것은 언어학자들에 의해서 이미 확실하게 밝혀진 사실인데, 그녀의 양분법에 따르면 음악적 운율감을 파지하는 일은 으레 우반구에서 하게 되어 있다. 그리고 언어가 정보전달의 수단일 뿐만 아니라 감정표현의 수단이기도 하다는 것은 이미 시인이나 문학이론가들에 의해서 익히 밝혀진 사실인데, 그녀의 양분법에 따르자면 상대방의 정서나 감정 상태를 파악하는 일은 우반구에서 으레 하게 되어 있다.

오늘날 우리로 하여금 우반구도 언어기능을 담당하고 있다는 것을 믿을 수 있게 만든 두 번째 사실은 모든 사람의 경우에 좌반구로 언어기능이 측위화되어 있는 것이 아니라 극소수이기는 하지만 일부의 경우에는 그것이 우반구로 측위화되어 있다는 사실이다. 그동안에 많은 뇌과학자들을 흥미롭게 만든 것은 언어기능의 측위화에 있어서의 이런 일반 대 예외의 현상이 잘 쓰는 손의 현상과 밀접하게 연관되어 있다는 사실이었다. 물론 이런 현상에 관한 정확한 통계를 내는 일이 쉬울 리가 없다. 그리고 지금까지의 대부분의 연구는 일반적인 현상의 의의나 중요성에 초점을 맞춘 것이었기에 예외적인 현상에 대한 연구에는 아직도 손이 닿지 못하고 있다고 볼 수가 있다.

그러나 자세히 살펴볼 것 같으면 현재 우리가 알고 있는 사실은 일정한 연구단계를 거쳐서 얻어진 것이라는 것은 의심할 여지가 없다. 예컨대 1950년대에는 Penfield와 Roberts 같은 사람들이 언어기능의 좌반구의 측위화 현상은 전 인구에 일률적으로 일어나는 현상이라고 주장했고, 그 후 1960년대에 와서는 Lenneberg 같은 사람이 그런 현상은 전 인구의 97%에 일어나는 현상이라고 주장했다. 이때까지만 해도 그러니까 뇌과학자들은 이런 현상이 압도적이라는 사실만을 강조했지 그것이 잘 쓰는 손의 현상과 일정한 관련성을 가지고 있다는 점에는 그다지 큰 의미를 부여하지 않았던 것이다. 예컨대 Lenneberg(1966)는 자기의 결정적 시기설과 관련되는 근거들을 제시하는 자리에서 어린이들의 언어습득이 본격적으로 진행되는 3세에서 5세 사이에 좌반구로의 언어기능의 측위화 현상도 일어나고 잘 쓰는 손의 현상도 일어난다는 사실은 밝히면서도 이들 두 현상의 밀접한 관련성에 대해서는 아무런 말도 하지 않았다.

그러나 1970년대에 이르러서 실어증에 대한 연구가 활발해지면서 언어기능의 측위화의 현상에 대한 논의도 다시 활기를 띠게 되었고 그 결과 이것과 잘 쓰는 손의 현상 간에는 밀접한 관련성이 있다는 사실이 밝혀지게 되었다. 그렇게 해서 오늘날에 와서는 뇌과학자들의 대다수가 이 문제에 관해서 크게 두 가지 사실을 인정하게 되었는데, 그중 첫 번째 것은 대부분 사람들에게 있어서는 언어기능이 좌반구에 측위화되어 있지만 일부 사람들에게 있어서는 그것이 우반구에 측위화되어 있거나 아니면 두 반구 모두에게 측위화되어 있다는 사실이고, 그중 두 번째 것은 특히 왼손잡이 중 일부에게서 두 반구 모두에게 언어기능이 측위화되어 있는 현상이 발견되는 점으로 미루어 보아서, 언어기능의 측위화 현상과 잘 쓰는 손의 현상간의 관련성을 명확하게 구명하는 일이 그렇게 쉬운 일은 아니라는 사실이었다.

이 문제에 대해서 오늘날 대부분의 뇌과학자들이 거의 같은 의견을 가지고 있다는 것은 다음과 같은 두 사람의 그것에 대한 견해가 거의 같다는 사실 하나만으로도 익히 알 수가 있다. 먼저 1987년에 나온 「언어백과사전」에서 Crystal은 오른손잡이의 경우에는 95% 이상이 언어기능이 좌반구에 측위화되어 있어서 그 현상이 비교적 단순하지만, 왼손잡이의 경우는 60% 이상은 좌반구에나 두 반구에 그것이 측위화되어 있고 나머지는 우반구에 그것이 측위화되어 있는 식으로 그 현상이 자못 복잡하다고 말하고 있다(p.258).

그 다음으로 2003년에 나온 「두뇌와 행동」에서 Garrett은 90% 이상의 오른손잡이와 3분의 2정도의 왼손잡이는 언어기능이 좌반구에 가 있지만, 나머지는 그것이 우반구에 가 있거나 아니면 두 반구에 섞여 있다고 말하고 있다(p.210). 이들 모두가 이런 통계수치의 출처는 밝히지 않고 있어서 확실한 것은 알 수가 없지만, 두 책의 출판시기에는 15년 정도의 간격이 있음에도 불구하고 대동소이한 의견을 내고 있는 점으로 미루어 보아서, 이것이 뇌과학자들 사이에서 하나의 정설처럼 되어 있다는 것을 알 수가 있다.

오늘날 우리로 하여금 우반구도 언어기능을 담당하고 있다는 것을 믿을 수 있게 만든 세 번째 사실은 좌반구에 손상이 있게 되면 언어기능은 으레 우반구가 담당하게 된다는 사실이다. 언어기능에 관한 한 우반구가 일종의 보완체계의 기능을 수행하게 된다는 사실은 그 동안의 여러 뇌과학자들의 실어증 환자들에 대한 연구를 통해서 밝혀졌는데, 이것과 관련하여 같이 밝혀진 사실은 이런 현상은 두뇌가 유연성을 완전히 잃기 이전의 시기, 즉 아주 어린 어린이의 경우에만 일어날 수 있다는 것이었다. 예컨대 Lenneberg(1966)의 연구에 따르자면 3세에서 10세 사이의 어린이가 좌반구에 손상이 있게 되면 언어기능은 바로 우반구로 이동되게 되지만, 성인이나 사춘기 이후의 청소년에게 그런 일이 생기게 되면 언어기능은 그대로 좌반구에 남아 있게 된다. 이것은 물론 실어증으로부터의 완전한 회복은 성인의 경우에는 대단히 어려운 일이라는 말이나 같은 말이다. 또한 Garrett(2003)은 언어기능이 우반구로 이동할 수 있는 시기를 5세 이전으로 보았다.

1) Zaidel의 우반구의 어휘적 기능설

우반구의 언어적 기능에 관한 한 그 동안에 한 연구 중 가장 의미 있는 것 중의 하나가 Zaidel(1983)에 의한 것일 텐데, 그 이유는 몇 가지 실험에 의해서 그는 우반구에서도 부분적으로나마 분명히 어휘처리의 기능을 수행하고 있음을 실증했기 때문이다. 그의 연구는 실험의 대상자로 뇌분할 환자와 정상인 모두를 삼은 데다가 그 종류도 시각적인 것으로부터 청각적인 것에 이르기까지 다양했기 때문에 일종의 종합적인 연구의 성격을 띠고 있었다. 한마디로 말해서 이 연구는 그로 하여금 지금까지의 좌반구 지배설이나 우위설은 마땅히 재해석되어야 한다는 것을 누구보다도 자신 있게 주장할 수 있게 한 것이다.

그가 첫 번째로 한 실험은 분할된 좌뇌와 마찬가지로 분할된 우뇌에도 어휘의 청각적 표현체들을 다루는 능력이 있는가를 알아보는 것이었다. 한 번에 한쪽 뇌에로만 시각적 자극을 전달하게 하는 일종의 「콘택트 렌즈」기법을 사용하여, 2명의 뇌분할 환자에게 어휘의 이해력을 측정하는 「피바디 그림 어휘검사」와 구의 이해력을 측정하는 「견본검사」의 두 검사를 실시해 본 결과, 이들의 우반구에는 12세에서 18세까지의 정상아들의 것과 맞먹는 청각적 어휘력이 있음을 확인할 수 있었다. 좌반구의 것과 비교했을 때 우반구의 어휘는 그 수가 훨씬 적고, 의미가 지시적인 것이 아니라 함의적인 것이라는 특징이 있었다. 이들에게는 또한 UCLA에서 개발한 「의미 및 통사능력 시험」에 의한 검사도 실시해 보았는데, 그 결과 우반구의 조동사와 굴절형의 청각적 능력이 좌반구의 그것보다 크게 떨어진다는 것을 알게 되었다.

그가 두 번째로 실시한 실험은 우반구에 어휘의 문자적 표현체를 다루는 능력이 있는가를 알아보기 위한 것이었는데, 이들에게 「피바디 그림 어휘검사」의 읽기판과 철자법 검사의 두 검사를 실시해 본 결과, 이들의 우반구의 시각적 어휘력은 7세에서 10세 사이의 정상아들의 것과 비슷한 것으로서 결국 그것의 청각적 어휘력보다 크게 떨어진다는 것을 확인할 수 있었다. 특히 놀라운 것은 좌반구와는 다르게 우반구에는 문자를 소리로 바꾸는 능력이 아예 없다는 사실이었다.

세 번째로 그가 실시한 실험은 두 반구 간의 이런 어휘력의 차이가 정상인들에게도 똑같이 있는 것인가를 알아보기 위한 것이었는데, 모두 세 가지의 「어휘결정」의 과제를 5명의 뇌분할 환자와 정상인들에게 실시해 본 결과 뇌분할 환자에게 있어서의 그 차이가 정상인에게 있어서의 그것보다 크다는 것을 알 수 있었다. 5명의 뇌분할 환자들에게 주어진 세 가지 과제 중 첫 번째 것은 시각적 예비과제로서, 먼저 100밀리 초 동안에 하나의 예비낱말을 오른쪽 시야나 왼쪽 시야에 비춰 준 다음에, 500밀리 초

뒤에 다른 목표낱말을 같은 쪽이나 반대쪽에 50초 동안 비춰주고서, 그것이 진짜 영어단어인가 아닌가를 결정짓게 하는 과제였다. 그중 두 번째 것은 시각적 단어들을 청각적인 것으로 바꾼 것이었고, 그중 세 번째 것은 예비낱말에 관한 부분은 없이 목표낱말에 관한 부분만으로 된 과제였다.

첫 번째인 시각적 예비과제를 통해서 얻은 결과는 두 반구 모두에게 어휘력이 있기는 하나, 좌반구 쪽의 것이 분명히 더 빠르지는 않지만 더 정확한 것이라는 것이었다. 그 다음의 것인 청각적 예비과제에 있어서는 두 반구 간에 아무런 고정된 우열관계도 발견되지 않았다. 세 번째 것인 목표 낱말만에 의한 과제를 통해서 얻은 결과는 좌반구가 의미 있는 우월성을 가지고 있다는 것이었다. 그러니까 첫 번째 과제를 통해서 얻은 결과보다 한층 더 뚜렷한 것이 바로 이 세 번째 과제를 통해서 얻은 결과였으며, 따라서 종합적으로 보았을 때는 두 반구 모두에게 어휘력이 있기는 하나 우반구에는 청각적인 것만 있고 시각적인 것은 없다는 결론을 내릴 수 있었다.

그 후 Allen Radant는 이들 세 가지 과제를 정상인들에게 실시해 보았는데, 그 결과는 두 반구 모두에게 어휘력이 있는 것은 물론이고 시각적인 능력이 우반구에도 있다는 것이어서 결국 뇌분할 환자들을 대상으로 해서 얻은 것과 크게 다른 것이었다. 이것은 곧 뇌분할 환자들의 경우에 있어서는 우반구가 읽기에 기여를 하지 못하는데 반하여 정상인들에게 있어서는 우반구가 그것에 일정하게 참여를 하고 있다는 말이나 같은 말이었다. 다시 말해서 실험자는 이 실험을 통해서 이런 간단한 과제에 있어서도 정상인들의 경우에는 「두개의 반구가 하나보다 낫다」는 사실을 분명히 드러내주고 있다는 결론을 얻을 수 있었다(p.118).

이상과 같은 세 가지 실험의 결과를 종합해 볼 때 그는 다음과 같은 두 가지 사실을 알 수가 있었다. 첫 번째로 그는 좌우 반구가 수행하는 언어적 기능은 일종의 상보적인 것이라는 사실을 알 수가 있었다. 예컨대 좌반구에서는 어휘 의미의 해석은 물론이고 음운 분석과 통사적 처리와 같은 주요 언어기능을 담당하는 데 반하여, 우반구에서는 일부 어휘의 의미해석과 화용적 규칙 적용, 정의적 의미 판단의 기능 외에 여러 가지의 비언어적 의사소통 요소들을 다루는 기능을 담당하고 있는 것으로 판단되었다.

두 번째로 그는 이런 연구에는 으레 언어의 핵심적 구조가 무엇이며 의사소통적 상호교섭에는 언어 이외에도 어떤 감각운동적 수단들이 쓰이게 되는가와 같은 근본적인 문제가 문제가 되게 되어 있다는 사실을 확인할 수 있었다. 그가 보기에는 특히 좌반구에 있어서의 언어적 능력 대 일반적 지능간의 구별을 목적론적인 입장에서 하는 것은 대단히 어려운 일일 수밖에 없었다. 그는 마지막으로 이와 같은 뇌분할 환자에 대한 연구를 통해서 알 수 있는 것은 Chomsky의 언어이론에 대한 생물학적 지지는 「기껏해야 온건한 것」밖에 되지 못한다는 것이라는 점을 강조했다 (p.120).

2) Benowitz 등의 우반구의 정서적 기능설

얼굴의 표정이나 정서의 감지 등과 같은 비언어적 의사소통의 기능을 주로 수행하는 곳은 우반구이며, 따라서 그것은 언제나 언어적 의사소통의 기능을 주로 수행하는 좌반구와 상보적인 관계를 유지하고 있게 되어 있다는 사실을 보다 분명하게 실증해 낸 연구로는 1984년에 Benowitz를 위시한 6명의 학자들이 실시한 「준언어적 정서의 단서를 감지하는 데 있어서의 우반구의 기여(Contributions of the right cerebral hemisphere in perceiving paralinguistic cues of emotion)」에 관한 연구를 들 수가 있다.

이 연구의 의의에는 크게 두 가지가 있다고 볼 수가 있는데, 그중 첫 번째 것은 이로써 그 동안에 Chomsky의 언어이론의 영향으로 뇌과학의 분야에서 거의 무시되다시피 해 온 의사소통에 있어서의 양반구의 공동 참여성의 문제가 정식으로 제기되었다는 점이다. 흥미롭게도 이것의 연구자들은 1872년에 Darwin이「인간과 동물에 있어서의 정서의 표현(The expression of the emotions in man and animals)」에서 밝힌 내용을 자기네 연구의 동기부여자로 삼고 있다. 예컨대 그는 일찍이 이 책에서 진화론적으로 보아서는 언어적 의사소통보다 비언어적 의사소통이 기본적인 것이라는 것과, 분노나 혐오, 즐거움을 나타내는 얼굴의 표정은 으레 유아 때 갖게 될 뿐만 아니라 모든 문화에 공통적이라는 사실로 미루어 보아서 생물학적으로 유전된 특성임이 확실하다는 주장을 했는데, 이들이 보기에는 이제는 그의 주장을 뇌과학적으로 실증할 때가 된 것 같다는 것이다.

그중 두 번째 것은 이것은 우선 연구할 비언어적 의사소통의 요소를 얼굴의 표정과 몸의 움직임, 목소리의 억양성 등으로 잡은 데다가 우반구 손상자 7명과 좌반구 손상자 4명 등 모두 11명의 뇌 손상자와 몇 명의 뇌분할 환자를 그 대상으로 삼는 식으로 지금까지의 이 문제와 관련된 연구 중 가장 철저한 것이라는 점이다. 물론 무엇보다도 중요한 것은 이것에서 얻어진 결과들은 그동안에 일부 사람들에 의해서 주장되어 온 양반구의 상보적 기능설이 틀린 것이 아니라는 것을 익히 실증하고 있다는 사실이다. 이들은 이것으로써 두뇌구조에 대한 Darwin의 진화설을 뒷받침할 수 있게 되었다는 말은 하지 않았다. 그렇지만 이들은「이런 결과를 통해서 첫 번째로 내릴 수 있는 결론은 비언어적 의사소통의 감수성은 두뇌에서 언어적 능력과는 단절되어 있으며, 따라서 본질적으로 두 개의 영역은 정반대의 반구를 필요로 하게 된다는 것이다.」라는 말은 하고 있다(p.88).

이들이 이 연구에서 실시한 검사는 이들 중 한사람인 Rosenthal이 그의 동료들과 함께 일찍이 개발한 「비언어적 감수성 측정법(PONS)」을 사용한 것이었는데, 이것은 그동안에 많은 일반인들을 대상으로 해서 얼굴표정과 몸 움직임, 목소리의 억양형 등으로 표출되어 있는 정서적 상태들을 제대로 해석할 능력이 있는가를 알아보는 데 쓰이던 것이기에, 이것을 쓰게 되면 그 결과를 일반적인 기준치와 비교해 볼 수 있는 이점이 있게 되어 있었다. 이 측정법에서는 16밀리의 흑백필름에 의해서 총 220개의 항목을 식별하게 되어 있었는데, 각 항목에서는 2초 동안의 시간에 총20가지의 한 여자의 모습에 대한 장면들 중 한 가지가 보이게 되어 있었다.

매 장면은 모두 11가지의 서로 다른 표현법으로 묘사가 되었다. 우선 이들 중 다섯 가지는 순전히 시각적이거나 청각적 정보만이 전달되도록 한 것이어서, 구체적으로는 얼굴만 보이고 목소리는 없는 것을 비롯하여, 목에서 무릎까지의 몸만 보이고 목소리는 없는 것, 얼굴과 몸을 보이고 목소리는 없는 것, 무작위로 연결시킨 말소리만 나오고 아무 모습도 없는 것, 전기적으로 내용을 바꾼 말소리만 나오는 것 등이었다. 나머지 여섯 가지는 이런 요소들을 서로 다르게 조립한 것으로서, 구체적으로는 얼굴과 무작위적으로 연결시킨 말소리를 합친 것을 위시하여 얼굴과 내용을 바꾼 말소리를 합친 것, 몸과 무작위로 연결시킨 말소리를 합친 것, 몸과 내용을 바꾼 말소리를 합친 것, 모습 전체와 무작위로 연결시킨 말소리를 합친 것, 모습 전체와 내용을 바꾼 말소리를 합친 것 등이었다. 피실험자의 과제는 두 가지의 주어진 대답 중에서 가장 묘사가 잘된 것을 고르는 것이었는데, 피실험자 중 많은 사람이 난독증에 걸려 있어서 선택할 대답은 장면이 나오기 전에 미리 읽어주었다.

이 검사를 받은 11명의 뇌손상자들은 나이와 성, 배경, 지능, 손상영역 등에 있어서와 마찬가지로 검사의 결과에 있어서도 분명한 이질성이나 개별성을 드러냈다. 그렇지만 손상된 뇌가 어느 쪽이냐에 따라서 두 집단

간에는 현저한 차이를 보이고 있었다. 예컨대 전체적인 성적으로 보았을 때 우반구가 손상된 피실험자들의 평균점수는 평균치로부터 1.86±0.40의 표준편차만큼 떨어져 있었는데 반하여, 좌반구가 손상된 피실험자들의 그것은 평균치로부터 0.48±0.33의 표준편차만큼 떨어져 있었다.

두 집단 간의 차이는 물론 정서표현의 매체별로 분석했을 때 더욱 분명하게 드러났다. 우반구가 손상된 피실험자들의 경우를 보면 우선 그들은 얼굴표정에 관한 과제보다 몸 움직임에 관한 과제를 더 잘 하고 있었고, 그 다음으로는 무작위로 연결시킨 말소리에 관한 과제보다 내용을 바꾼 말소리에 관한 과제를 더 잘하고 있었다. 그에 반하여 좌반구가 손상된 피실험자들의 경우에는 그 결과가 정반대로 나타났다. 즉, 이들은 우선 몸 움직임에 관한 과제보다 얼굴표정에 관한 과제를 더 잘하고 있었고, 그 다음으로는 내용을 바꾼 말소리에 관한 과제보다 무작위로 연결시킨 말소리에 관한 과제를 더 잘하고 있었다. 두 집단 간의 매체별 성적의 차이는 그러니까 일종의 상보성을 띠고 있었다(p.86).

연구자들이 두 번째로 한 연구는 뇌분할 환자를 대상으로 한 것이었는데, 피실험자의 수가 모두 5명으로 줄어든 것과 검사의 항목수가 얼굴만의 것 20개와 몸만의 것 20개, 무작위적으로 연결시킨 말소리의 것 20개, 내용을 바꾼 말소리의 것 20개식으로 모두 80개로 줄어든 것이 첫 번째 것과 다른 점이었다. 검사의 규모는 작아졌지만 그 결과는 첫 번째 것에 못지않게 의미 있는 것이었다. 예컨대 간질병으로 13세 때 분할수술을 받은 LB라는 이름의 24세의 오른손잡이가 보여 준 결과는 첫 번째 검사에서 얻은 것과 동일한 것이었다. PONS 검사의 시각 부분에서 그의 우반구는 얼굴표정에 관한 항목에서는 완전히 정상인과 똑같은 성적을 거둔 데 반하여(50°의 백분위수), 몸 움직임에 관한 것에서는 겨우 5° 백분위수의 성적만을 거두었다. 그리고 그의 좌반구는 그것과 정반대의 유형을 보여주었다. 즉, 언어적인 방법으로 대답을 선택하게 했더니 그는 몸 움직임에 관한 것에 있어서는 26°의 백분위수의 성적을 보였지만 얼굴표정에 관한 것에 있어서는 겨우 4°의 백분위수의 성적만을 보였다(p.87).

3명의 다른 피실험자들이 보여 준 결과는 LB가 보여준 것만큼 대조적인 것은 아니었다. 우선 시각적 매체에 관한 과제에 있어서는 이들 중 두 명은 얼굴에 관한 것과 몸에 관한 것 모두에 있어서 똑같이 낮은 성적을 보였지만, 나머지 한 명은 몸에 관한 것에 있어서는 정상적인 성적을 보이면서 얼굴에 관한 것에 있어서는 최하위의 성적을 보였다. 그 다음으로 청각적 매체에 관한 과제에 있어서는 그들 중 한 사람은 내용을 바꾼 것을 무작위로 연결시킨 것보다 훨씬 잘한 데 반하여, 나머지 두 사람은 그들 두 가지 사이에서 별다른 차이를 보이지 않았다.

다섯 번째 피실험자는 DW라는 이름을 가진 20세의 남자였는데, 8세 때 우반구 절개 수술을 받은 이래 좌반구만이 쓰이고 있다는 점이 앞의 네 사람들과 다른 점이었다. 그런데 DW가 보여준 성적은 그가 좌반구만을 쓰고 있다는 것을 확실하게 드러내 줄 정도로 분명한 것이었다. 예컨대 시각적 매체에 관한 과제에 있어서는 그는 얼굴표정에 대한 것에서는 어쩌다가 한 번씩 맞히는 식의 성적을 보였고 몸 움직임에 대한 것에서는 26°의 백분위수의 성적을 보였다. 그러나 청각적 매체에 관한 과제에 있어서는 그는 내용을 바꾼 항목에서는 82°의 백분위수의 성적을 보이고, 무작위로 연결시킨 항목에서는 16°의 백분위수의 성적을 보였다(p.88).

이상과 같은 검사 결과들을 종합해 본 결과 연구자들은 다음과 같은 몇 가지 중요한 사실들을 알게 되었다. 첫 번째로 그들이 이 연구를 통해서 알게 된 사실은 언어적 의사소통행위와 비언어적 의사소통행위가 두 반구 모두에서나 아니면 그중 어느 쪽에서 주관되는 것이 아니고, 먼저 것은 좌반구에서 주관되고 다음 것은 우반구에서 주관되는 식으로 두 반구가 상보적으로 기능하고 있다는 것이었다. 우리의 의사소통에는 으레 언어적인 매체 이외에도 비언어적인 매체가 같이 동원되게 되어 있다는 사실을 감안한다면 이것은 대단히 중요한 사실임이 분명했다.

　두 번째로 그들이 이 연구에서 알게 된 사실은 비언어적 의사소통 정보의 제일 큰 양은 얼굴의 표정에 의해서 전달된다는 것이었다. 사실은 그동안에도 일부 사람들이 얼굴이 정서전달의 기능을 주도적으로 수행한다는 주장을 해 왔었는데, 그것이 잘못된 것이 아님이 이번에 다시 한 번 밝혀진 것이다. 우반구에 손상을 입은 환자가 갖게 되는 문제 중 제일 큰 것이 바로 얼굴의 표정이 나타내는 신호를 제대로 읽지 못하는 것이었다. 구체적으로 말하자면 이번에 연구의 대상이 된 총 7명의 우반구 손상자 중 5명이 얼굴표정만을 다루는 항목에 있어서 4°의 백분위 수나 그 이하의 성적을 나타냈다.

　그런데 그동안에는 대부분 사람들이 우반구의 기능 중 가장 중요한 것이 바로 얼굴인식의 기능이라고 생각해 왔으며, 따라서 그것의 정서파악의 능력이 논의될 적마다 으레 그것과 그것의 얼굴인식의 능력의 관련성이 주요 논의거리가 되어 왔었다. 우선 이번 연구로 이들 두 능력의 근거지가 똑같이 우반구의 후두엽과 측두엽이 접합되어 있는 영역이라는 사실은 확인할 수 있었다. 그렇지만 이번 연구로 이들 두 능력이 일종의 동질적인 것은 아니라는 사실도 확인되었다. 예컨대 총 7명의 우반구 손상자 중 6명은 얼굴의 정서를 파악하는 능력은 제대로 가지고 있지 못하면서도 얼굴을 식별하는 능력은 제대로 가지고 있었는데 반하여, 나머지 1명의 경우는 그것과는 정반대였다.

　그런데 사실은 우반구에 있는 정서파악의 능력과 얼굴인식의 능력이 이렇게 두 가지의 별도의 능력이라는 것은 정상인들을 대상으로 한 연구를 통해서 이미 밝혀져 있었다. 그동안에 실시한 몇 가지 연구에 따르자면 얼굴인식의 능력에 있어서 보다는 정서파악의 능력에 있어서 우반구의 우월성이 더 뚜렷이 드러났다. 예컨대 친숙한 얼굴을 인식하는 일에 있어서의 두 반구 사이의 시간차이는 우반구가 좌반구보다 조금 빠르게 해낼 수 있는 정도의 차이밖에 되지 않았지만, 감정에 찬 얼굴을 보고서 반응을 보이는 데의 두 반구 사이의 그것은 무감정적인 얼굴을 보았을 때의 차이의 무려 두 배에 이르렀다. 그러니까 이번 연구에서 뇌분할 환자의 좌반구에는 얼굴의 정서를 파악하는 능력이 전혀 없다는 사실이 드러난 것은 그동안의 이 문제에 대한 일반적인 통설을 재확인해 준 것에 지나지 않았다(p.90).

세 번째로 그들이 이 연구를 통해서 알게 된 것은 얼굴의 표정과는 대조적으로 몸 움직임을 파악하는 능력은 우반구에 측위화되어 있지 않다는 것이었다. 예컨대 우반구 손상자 중 4명은 얼굴표정을 판단하는 과제보다 몸 움직임을 판단하는 과제를 최소한 1.5 표준편차만큼 더 잘 수행했고, 또한 뇌분할 환자들의 경우에는 좌반구에 얼굴의 정서를 파악하는 능력보다 훨씬 더 큰 몸의 움직임을 파악하는 능력이 있음을 보여주었다. 이렇게 몸의 움직임을 파악하는 일을 좌반구가 전담하게 된 것은 아마도 몸의 움직임은 일종의 규약화된 특수기호의 연속체이기 때문일 것이다. 또한 몸의 움직임의 정서표현의 기능에 관한 연구가 아직 제대로 되지 않은 것도 그런 이유의 하나가 될 수 있을 것이다.

네 번째로 그들의 이 연구에 의해서 알게 된 것은 음성의 자질을 크게 음색과 음조의 두 가지로 잡았을 때 이들의 각각을 파악하는 일은 서로 다른 반구에서 담당하고 있다는 것이었다. 일단 이런 사실은 그전에 발표되었던 음악의 청취력에 관한 실험의 결과, 즉 음색에는 우반구가 더 예민하고 음조에는 좌반구가 더 예민하다는 주장과 일치하는 것이었다. 그렇지만 이번 연구의 결과 가운데는 이런 일반론을 반증하는 것도 들어있었다. 예컨대 우반구 손상자 중 몇 명은 내용을 바꾼 것에 대한 과제와 무작위로 연결시킨 것에 대한 과제 모두에 있어서 아주 낮은 성적을 거두었는데, 사실은 첫 번째 것에서는 음조가 그대로 유지되도록 되어 있는데 반하여 두 번째 것에서는 음색이 그대로 유지되도록 되어 있기 때문에, 일반론에 따르자면 이들은 응당 첫 번째 과제에서만은 더 좋은 성적을 거두게 되어 있었다. 이런 의미에서 보자면 음성의 정서성을 식별하는 일을 어느 반구에서 담당하느냐의 문제를 놓고서 학자들이 오늘날 우반구의 전체적인 우위설을 내세우는 사람과 좌반구의 동일 개입설을 내세우는 사람으로 나뉘어져 있다는 사실을 그대로 받아들이는 것이 그들이 지금 택할 수 있는 최선의 방책이었다(p.91).

3) 잘 쓰는 손의 현상과의 관계

일찍이 Penfield와 Roberts이 밝혀냈듯이 두 반구는 상호교차적으로 지각운동적 기능을 수행한다. 구체적으로 말해서 오른쪽 눈이나 귀로 들어온 정보는 으레 왼쪽 뇌에 송부되고 왼쪽 눈이나 귀로 들어온 정보는 으레 오른쪽 뇌에 송부되는 식으로 두 반구는 각각 반대쪽 외부 기관과 연결되어 있다. 너무나 당연한 일이겠지만 그런데 이런 상호교차성의 원리는 손이나 발과 같은 사지와 뇌의 관계에서도 그대로 적용된다. 다시 말하자면 오른쪽 손이나 발의 움직임은 으레 왼쪽 뇌에서 통제하게 되어 있는 반면에 왼쪽 손이나 발의 움직임은 으레 오른쪽 뇌에서 통제하게 되어 있는 것이다.

이렇기 때문에 누구라도 일단은 우리만의 행동적 특성의 하나인 잘 쓰는 손의 현상과 언어능력의 측위화의 현상 사이에는 밀접한 관계가 있을 것이라는 추리를 해 볼 수가 있다. 이런 추리의 타당성은 먼저 두 현상의 분포적 비율의 비교만으로도 쉽게 실증될 수가 있다. 예컨대 현재까지 알려진 바에 의하자면 전 인구의 90% 이상이 오른손잡이이고, 전 인구의 95% 이상인 경우에는 언어능력이 좌반구에 자리잡고 있으니까, 두 현상 간에는 일정한 상관관계가 있을 것이라는 것을 누구나 익히 짐작해 볼 수가 있다. 또한 한 걸음 더 나아가 보자면 바로 이런 통계적 수치 때문에 그 동안에 많은 사람들은 잘 쓰는 손의 현상을 지배적 반구설의 근거로 내세울 수가 있었던 것이다.

이런 추리의 타당성은 그 다음으로 진화론적으로도 실증될 수 있다. 지금까지 나온 오른손잡이의 현상에 대한 연구논문 중 가장 대표적인 것이 Coren과 Porac이 1977년에 발표한 「오른손잡이로서의 50세기 : 역사적 기록(Fifty centuries of righthandedness : the historical record)」인데, 이것에 따르자면 우리 인간이 오른손잡이로 살아온 것은 제목 그대로 지난 5000년 전부터였다는 것이다. 이들은 특히 원숭이들에게는 일정하게 유능한 손이 있지 않다는 사실을 근거로 내세워서 이런 특성은 인간 특유의 유전적인 것이라고 주장하고 있다. 물론 이런 주장은 일찍이 Lenneberg가 언어기능의 측위화 절차가 시작될 때 한쪽 손을 더 집중적으로 쓰는 현상도 나타나게 된다고 말한 것과도 일정한 관련성이 있다.

그렇지만 사실은 감히 모든 뇌과학적 문제는 예외에서 나온다는 말이 이것에서만큼 들어맞는 곳이 없다고 말할 수 있을 정도로 이들 두 현상간의 관계는 생각처럼 단순하지가 않다. 우선 전 인구의 10% 이내인 왼손잡이나 양손잡이 가운데는 왼쪽 뇌에 언어가 측위화 되어 있는 사람이 오른쪽 뇌에 언어가 측위화되어 있는 사람보다 훨씬 더 많다. 또한 일부 사람들의 경우에는 손은 오른손이 지배적인 기능을 하는데 발은 반대로 왼쪽 발이 그런 기능을 하고, 그런가 하면 다시 눈은 오른쪽 눈이 그런 기능을 하는 식으로 지각운동적 기능이 모두 다 같은 쪽으로 측위화되어 있지도 않다.

그리고 Corballis와 Beale(1976)의 설명에 따르면 잘 쓰는 손의 현상을 순전한 유전적인 현상으로 보는 것보다는 유전적 요소와 후천적인 요소가 합쳐져서 나타나는 현상으로 보는 것이 더 합리적이라는 것이다. 이들은 이런 주장의 근거로 잘 쓰는 손의 경향은 부모로부터 자식으로 100% 유전되지는 않는다는 사실을 들고 있다. 예컨대 이들은 왼손잡이를 대상으로 한 조사를 통해서 부모 중 한쪽만이 왼손잡이인 경우에는 자식이 왼손잡이로 태어나는 비율은 20%인데, 둘 다 왼손잡이인 경우에는 그런 비율은 55%로 증가가 되며, 또한 둘 다 오른손잡이인 경우에도 그런 비율은 8%나 된다는 사실을 밝혀냈다.

이런 의미에서 볼 때 크게는 언어기능의 측위화 이론을 제대로 이해하는 데이고, 작게는 언어기능의 측위화 현상과 잘 쓰는 손의 현상 간의 상관관계를 이해하는 데 크게 도움을 줄 수 있는 연구가 일찍이 Milner와 Branch, Rasmussen(1968)이 123명의 뇌 손상자들을 대상으로 해서 실시한 연구이다. 이 연구가 이루어진 곳이 바로 몇 년 전에 Penfield와 Roberts이 집중적으로 실어증의 문제를 연구하던 「몬트리올 신경연구소」라는 점도 특별한 의미가 있지만, 연구대상자가 역사상 최다로 123명이나 되었다는 점은 더욱 특별한 의미가 있다. 이 연구는 한마디로 말해서 실어증 연구의 발전에도 일정하게 기여를 한 연구이다.

그게 그렇다는 것은 이들이 발표한 논문의 제목은 「두뇌적 지배성에 대한 관찰(Observations on Cerebral Dominance)」이면서도 그 내용의 절반 정도는 J.E.와 J.B., F.T., D.R.등의 4명의 환자들에 대한 임상보고라는 사실만으로써 익히 알 수가 있다. 그렇지만 큰 틀에서 보면 이런 임상보고도 언어능력의 측위화의 현상이 실제로는 대단히 복잡한 현상이라는 것을 드러내주는 것에 지나지 않는다. 이런 의미에서는 이것의 가치는 왼손잡이나 양손잡이와 같은 소수인들의 언어능력의 측위화 현상을 가장 심도 있게 연구한 데 있다고 볼 수가 있다.

 이 연구에서 쓰인 실험방법은 1949년에 Wada가 최초로 개발하여 사용했던 이래 일종의 표준방법으로 쓰였던 것으로서, 서로 다른 날에 한 환자의 서로 다른 경동맥에 마취제를 주사해서 정해진 실험의 절차에 의해서 좌우 반구 중 어느 것이 언어기능을 담당하고 있는지를 알아보는 것이었다. 이번에 쓰인 실험 절차는 그 동안 내내 고정적으로 쓰였던 것으로서, 먼저 환자에게 몇 가지 일상적인 사물들의 이름대기와 요일의 이름을 앞뒤로 반복하기, 숫자세기, 읽기 등에 관한 연습을 시킨 다음에, 그가 다리는 움직이고 팔은 들고 손가락은 움직이면서 숫자를 세고 있는 동안에 한쪽 경동맥에 3초에 걸쳐서 200밀리그램의 마취제를 주사하는 것이 그것의 기본 절차이었다.

 마취제를 주사하고 나면 곧 마취된 반구의 반대쪽에 반신 마비증이나 반맹증이 나타났다. 그러나 언어적 능력에 있어서는 어느 쪽 반구를 마취시키느냐에 따라서 적지 않은 차이를 보였다. 예컨대 비지배적인 반구를 마취시키게 되면 피실험자는 처음 몇 초 동안의 혼돈기가 지나고 나면 바로 숫자세기와 이름대기, 요일반복 등을 정상적으로 할 수 있었는데 반하여, 지배적인 반구를 마취시켰을 경우에는 그는 그런 언어적 과제들을 제대로 수행할 수가 없었다. 이런 부전실어증은 약 10분 후면 사라지게 되어 있었다.

 이상과 같은 실험을 총 123명의 피실험자에게 실시한 결과 연구자들은 잘 쓰는 손과 언어능력의 측위화 현상 간의 상관관계에 대한 다음과 같은 의미 있는 통계자료를 얻을 수 있었다. 우선 이들 중 4명의 실험 절차는 만족스럽지 못한 것이었기에 나머지 119명의 실험 결과만으로 이 자료는 만들어지게 되었다. 먼저 오른손잡이의 경우에 있어서는 총 48명 중 그것의 90%에 해당하는 43명은 좌반구에 언어능력이 측위화되어 있는데 반하여 그것의 10%에 해당하는 5명은 그것이 우반구에 측위화되어 있는 식으로 나타났다. 그러니까 이들 가운데 양쪽 뇌에 언어능력이 측위화되어 있는 사람은 하나도 없다는 말이었다.

그 다음으로 왼손잡이나 양손잡이의 경우에 있어서는 총 71명의 대상자를 다시 어릴 때 좌반구에 손상이 없었던 집단과 있었던 집단으로 나누어서 알아보게 되었는데, 그 이유는 어릴 때 좌반구에 손상을 입게 되면 많은 경우에 오른쪽에 반신마비증을 일으키게 되어서 결국은 왼손잡이가 될 수밖에 없기 때문이었다. 이들 중 어려서 좌반구에 손상을 입지 않은 사람은 모두 44명이었는데, 이들은 그것의 64%에 해당하는 28명은 언어기능이 좌반구에 측위화되어 있는데, 그것의 20%에 해당하는 9명은 그것이 우반구에 측위화되어 있으며, 그것의 7%에 해당하는 7명은 그것이 양쪽 뇌에 측위화되는 식으로 나뉘어져 있었다. 그에 반하여 이들 중 어려서 좌반구에 손상을 입은 사람은 모두 27명이었는데, 이들은 그것의 67%에 해당하는 18명은 언어기능이 우반구에 측위화되어 있는데, 그것의 22%에 해당하는 6명은 그것이 좌반구에 측위화되어 있으며, 그것의 11%에 해당하는 3명은 그것이 양쪽 뇌에 측위화되는 식으로 나뉘어져 있었다 (p.369).

이런 통계자료를 놓고 보았을 때 연구자들이 이번 연구를 통해서 알게 된 사실은 크게 세 가지라고 볼 수가 있었다. 첫 번째로 이들은 이번에 그동안에 하나의 통설로 받아들여졌던 언어기능의 좌반구에의 측위화 이론의 타당성을 다시 한 번 확인할 수가 있었다. 예컨대 오른손잡이의 90%가 그렇다는 것은 특별히 새로운 사실이 아닐는지 몰라도 왼손이나 양손잡이의 64%가 그렇다는 것은 분명히 특별히 주목할 만한 사실이었다. 무엇보다도 더 주목할 가치가 있는 것은 어려서 좌반구에 손상을 입은 사람 중 22%의 경우에도 그렇다는 점이었다. 왜냐하면 이것은 좌반구에 어려서 이상이 있게 되면 언어기능을 바로 우반구가 대신해서 담당하게 된다는 일반론에 대한 하나의 예외적인 사실이기 때문이다.

두 번째로 이들은 이번에 잘 쓰는 손의 현상과 언어기능의 측위화 현상 사이에는 일정한 상관관계가 있다는 것을 보다 확실하게 확인할 수가 있었다. 물론 이것의 주된 근거가 될 수 있는 것은 바로 오른손잡이의 절대 다수, 즉 90%는 언어기능이 좌반구에 측위화되어 있다는 사실이었다. 그동안의 연구에 의하여 두뇌의 두 반구는 각각 정반대 쪽 신체부위를 통제하고 있다는 사실이 분명하게 밝혀졌다. 따라서 일단 이 사실로써 우리는 좌반구의 기능상의 지배성이 오른손이 더 유능한 손으로 쓰이게 된 원인일 것이라는 추리를 충분히 할 수가 있다. 넓은 의미에서 보자면 이런 원리는 왼손이나 양손잡이의 경우에도 똑같이 드러나 있다고 볼 수가 있다. 이들 중 어려서 좌반구에 아무런 손상을 입지 않은 사람의 경우에는 20%가 언어기능이 오른쪽 뇌에 측에 측위화되어 있고, 손상을 입은 사람의 경우에는 67%가 그렇게 되어 있기 때문이다.

세 번째로 이들은 이 연구를 통해서 왼손이나 양손잡이의 경우에 있어서는 오른손잡이의 경우에 있어서만큼 언어기능의 측위화 현상이 뚜렷하게 일어나고 있지 않다는 것을 확인할 수가 있었다. 이들의 경우에 있어서는 우선 상당수가 언어기능이 오른손잡이처럼 왼쪽 뇌에 측위화되어 있는 데다가, 그 다음으로는 일부가 그것이 양쪽 뇌에 측위화되어 있기 때문에 오른손잡이의 경우에 있어서처럼 어느 쪽 뇌에 언어기능이 측위화되어 있는가를 판단하기가 쉽지가 않았다. 결국 이렇게 볼 것 같으면 이들은 여기에서 언어기능의 측위화의 이론은 그동안에 알려졌던 것처럼 단순한 것일 수는 없다는 사실을 확인한 셈이었다.

이 연구가 그동안까지 실시했던 것 중 가장 광범위한 것은 틀림이 없었지만, 그렇다고 해서 이것에 일정한 한계성이 없었던 것은 아니다. 첫 번째로 문제가 될 수 있는 것은 이것은 간질병 환자들을 대상으로 한 것이지 정상인들을 대상으로 한 것이 아니라는 점이다. 이런 의미에서 보자면 이번 연구의 결과는 앞으로 정상인들을 대상으로 한 이런 연구의 결과와 비교해 보는 것이 바람직한 일이다. 두 번째로 문제가 될 수 있는 것은 여기에서는 왼손잡이와 양손잡이가 같은 대상으로 묶여 있다는 점이다. 세 번째로 문제가 될 수 있는 것은 여기에서는 왜 오른손잡이의 경우와는 다르게 왼손이나 양손잡이의 경우에는 일부나마 언어기능이 두 반구에 측위화되는 현상이 일어나게 되는지에 대해서 아무런 설명이 없다는 점이다.

2. 언어처리 체계

지난 150년에 걸친 뇌과학자들의 언어와 뇌의 관계에 대한 연구 성과를 총결산할 수 있는 것이 바로 언어처리 체계에 대한 이론이다. 그러니까 이 과제는 어떤 의미로 보아서나 언어기능의 측위화의 과제보다 한 단계 뒤에 있거나 아니면 한 차원 위에 있는 과제인 셈인데, 그 동안까지의 뇌과학자들의 노력은 언제나 과학에 있어서는 부분에 대한 연구가 전체에 대한 연구의 기초가 될 수밖에 없어서인지 이 두 번째 과제 쪽 보다는 첫 번째 과제 쪽에 집중되어 왔다. 그렇지만 궁극적인 의미에서 보자면 이들 두 과제는 따로따로 떨어져 있을 수 있는 것들이 아니다. 다시 말할 것 같으면 그동안의 언어기능의 측위화의 과제에 대한 연구 덕분에 오늘날 일정한 수준의 언어처리 체계에 대한 이론도 내세워질 수가 있게 되었다고 보는 것이 맞는 일이다.

그게 그렇다는 것은 그동안에 언어처리 체계의 이론은 좌반구내의 언어영역의 발견의 순서에 따라서 발달되어 왔으며, 그 결과 오늘날 그것의 표준이론이라 할 수 있는 것이 바로 브로카 영역이나 베르니케 영역과 같은 실비어열구 주변의 언어영역들이 어떻게 체계화되어 있는가에 관한 이론이라는 사실로써 익히 알 수가 있다. 물론 최근에는 일부 사람들이 언어처리에는 언어영역 이외의 부위를 적지 않게 참여하게 되며, 따라서 그것의 체계를 실비어열구 주변의 언어영역 중심의 것으로부터 두뇌전체의 것으로 바꾸어야 한다고 주장하기도 한다.

그렇지만 이런 주장은 결국 일종의 확대된 언어처리체계 이론이 필요하다는 것인데, 그것의 기본이 되는 것은 역시 지금까지 연구해 온 기본적 언어처리체계 이론이라는 것은 더 말할 나위가 없다. 그런데 사실은 이런 대립성의 근거는 뇌의 구조적 특성을 살펴보기 이전에 언어의 기능적 특성을 살펴보는 것만으로도 쉽게 확인될 수 있다. 예컨대 언어는 화자의 전언적인 정보만 전달하는 것이 아니라 그의 감정이나 의지, 태도 등도 전달한다. 또한 언어를 처리하는 작업은 다른 지적인 작업이나 행위와 마찬가지로 으레 기억력이나 집중력, 동기 같은 일반적인 요소들에 의해서 크게 영향을 받게 되어있다. 그리고 낱말이나 문장의 언어적 의미는 으레 상황이나 문맥에 의해서 정해지게 되어 있으며 더 나아가서 그것은 으레 비언어적 의사소통의 수단과 함께 쓰이게 되어있다. 언어의 기능을 일단 이렇게 넓게 보게 되면 언어처리 체계에 대한 개념도 넓게 잡게 되는 것은 너무나 당연한 일이다.

그리고 사실은 뇌의 구조적 및 기능적 특성으로 보아서도 언어처리체계의 이론은 기본적인 것보다는 확대된 것이 더 바람직한 것이라는 사실이 이미 밝혀져 있는 것이나 다름이 없다. 크게 보았을 때 우선 아무리 언어영역이 종뇌의 피질에 위치하고 있다고 하나, 그 부위가 독자적으로 움직이고 있는 것이 아니라 그 밑에 있는 일부 하부구조들과 같이 움직이고 있다는 것은 뇌과학의 세계에서 이미 널리 알려진 사실이다. 이것은 곧 언어처리시 그 체계의 일부로 피질하부구조 중 일부분이 참여하고 있거나, 아니면 그런 구조들이 피질에 위치한 언어영역의 작동을 직접적으로 돕고 있다는 증거일 수가 있다.

그런데 사실은 그런 하부구조들이 구체적으로 어떤 것인가에 대해서도 이미 많은 사실이 알려져 있다. 그들 중 첫 번째로 꼽을 수 있는 것이 바로 시상이다. 일찍이 Penfield와 Roberts도 좌반구에 있는 시상의 핵이 여러 가지 감각적 정보를 연결하는 기능을 수행하는 곳이어서 언어처리 작업에 있어서도 깊숙이 관여하게 될 것이라는 주장을 했는데, 그 후 Ojemann(1976)에 의한 연구로 그것이 결코 틀린 주장이 아니라는 사실이 분명해졌다. 예컨대 그는 여러 가지 실험을 통해서 언어처리시 가장 긴요한 역할을 하게 되는 것이 단기 기억력인데, 이 능력을 주관하는 곳이 시상이라는 사실을 밝혀냈다.

그들 중 두 번째로 꼽을 수 있는 것은 변연계이다. 뇌간의 윗부분을 애워싸고 있는 이 부위는 크게 둥근 띠모양의 뇌회를 비롯하여 편도체, 해마상 융기 등으로 이루어져 있는데, 이곳이 바로 공포나 비애와 같은 여러 감정들을 통제하는 곳이라는 것은 이미 널리 알려진 사실이다. 따라서 일단은 누구나가 언어가 감정의 표현체이기도 하다는 사실만으로써 언어처리시에도 으레 이 부위가 일정한 역할을 수행하게 될 것이라는 것을 쉽게 추리할 수가 있다. 그런데 최근에 와서는 이 부위가 기억작용을 위시하여 동기형성, 학습절차 조정 등과 같이 언어활동과 직접적으로 연관되어 있는 작업들을 주관하는 곳이라는 사실이 밝혀지게 되었다. 이것은 곧 언어처리시에는 으레 이 부위도 일정한 기능을 담당하게 된다는 의미가 된다. 그런데 이 부위와 관련하여 무엇보다도 중요한 사실은 우반구가 이 부위의 자동적 작동을 통제하고 있다는 것이다.

그들 중 세 번째로 꼽을 수 있는 것은 뇌저신경절이다. 여기가 바로 모든 지적 활동을 통제 내지는 조절하는 곳이라는 것은 이미 잘 알려진 사실이다. 그러니까 일단 언어처리가 인지적 작업의 한 가지라는 사실을 인정하기만 하면 언어처리시에는 응당 이 부위도 일정한 역할을 담당하게 될 것이라는 추측을 어렵지 않게 해 볼 수가 있다. 그런데 최근에 와서는 여기에서 많은 동작의 유형들을 관리하고 있다는 것이 밝혀졌다. 말하는데 있어서는 으레 많은 양의 조음에 관련되는 발음기관들의 움직임이 있게 되고, 쓰기에 있어서는 많은 양의 한쪽 손의 움직임이 있게 되어 있으니까, 언어처리과정에는 결국 좌반구의 두정엽에 있는 운동영역 뿐만 아니라 이 부위도 같이 참여하게 되어 있는 것이다.

이렇게 보면 결국 확대된 언어처리체계이론은 일종의 뇌 전체의 구조와 기능에 관한 이론이 되어야 한다는 말인데, 지금으로서는 그런 이론의 구축을 시도하려는 사람이 없는 것은 너무나 당연한 일이다. 그 이유 중 제일 큰 것은 물론 뇌과학적 연구가 아직은 그렇게 할 수 있을 만큼 진전되어 있지 않다는 사실이다. 극단적으로 말해서 현재로서는 누구도 언제쯤 그것이 그런 단계에 이르게 될지를 예측할 수조차 없다. 이런 한계성은 그러니까 언어처리 체계에 대한 연구의 한계성이라기보다는 뇌과학적 연구의 한계성인 셈이다.

그 이유 중 두 번째 것은 지난 150년간의 연구로 일단 언어적 기능을 협의로 잡고 보면 그것을 전담하는 영역이 따로 있다는 것이 이미 밝혀졌다는 사실이다. 예컨대 Caplan(1988)이 보기에는 뇌과학에서 언어적 기능 중 「핵심적인 것」만을 다루는 것은 지금의 언어학의 언어이론과도 맞아 떨어지는 것이기에 그것의 과학적 정당성은 이미 담보된 것이나 다름이 없었다. 더 구체적으로 말하자면 언어의 핵심적 기능이란 듣기에 있어서는 단어와 문장의 형식을 인식해서 그것에 알맞은 의미를 배정하게 되고,

말하기에 있어서는 거꾸로 「어휘적이거나 어형적, 문장적 요소들의 형식적 부호를 선택하고 구조하고 생성하게 되는 기능」이라는 것이다. 그리고 무엇보다도 중요한 사실은 뇌과학에서 이미 이런 일을 전담하는 영역들이 따로 있다는 사실이 밝혀졌다는 것이었다(p.239).

(1) 결합주의적 모형

언어처리는 어느 한 부위나 영역에서 이루어지는 것이 아니라 언어의 구성요소들을 전문적으로 처리하는 여러 영역들의 결합체에 의해서 이루어진다는 발상법을 결합주의라고 한다면, 지금에 와서도 결합주의의 타당성을 인정하지 않는 사람은 하나도 없다. 이것은 곧 지금까지의 모든 언어처리 체계에 대한 논의는 결국 어떤 것을 최선의 결합주의적 모형으로 볼 수 있겠느냐의 문제로 귀결이 되게 되어 있었다는 말이나 같은 말인데, 그게 그렇다는 것은 1960년대 이후 뇌과학의 분야에서 하나의 표준형으로 인정받고 있는 이른바 「베르니케-게쉬윈드 모형」이 이름 그대로 Wernicke가 최초에 내세웠던 발상법을 그 후에 Geschwind가 발전시킨 것이라는 사실로써 익히 알 수가 있다.

그런데 사실은 결합주의적 모형의 발전의 역사는 2단계로 보는 것보다는 3단계로 보는 것이 더 합리적인데, 그 이유는 1874년에 Wernicke가 베르니케 영역의 발견과 함께 이 영역과 브로카 영역간의 긴밀한 정보교류에 의해서 언어처리가 이루어진다고 주장하고 나선지 11년 뒤에 Lichtheim(1885)이 역사상 처음으로 개념 담당부 중심의 언어처리 체계도를 제안했기 때문이다. Wernicke가 제안했던 브로카와 베르니케 두 영역의 연결형을 일단 제1단계적 결합주의적 모형으로 치자면 그가 제안한 개념 담당부 중심형은 그것의 제2단계적인 것이 되는 셈이다.

그런데 그보다 더 중요한 사실은 Caplan(1988)이 정확히 지적하고 있듯이 Lichtheim의 모형을 1965년에 Geschwind와 그의 동료들이 제안한 모형의 원형으로 볼 수가 있다는 점이다. 그게 그렇다는 것은 그가 그 당시에 제안했던 모형은 읽기와 쓰기와 관련된 영역을 일단 제외시키고 보자면 아래와 같은 3각형형으로 되어있다는 사실로써 익히 알 수가 있다. 여기에 나와 있는 3개의 거점 중 주목을 끄는 것은 두말할 필요도 없이 그가 「개념중심부」라고 명명한 거점 B이다. 거점 A는 베르니케영역에 있는 청각형태의 어휘저장부이고, 거점 M은 브로카영역에 있는 발화계획부이니까, 이들은 이미 알려진 거점이나 마찬가지이다.

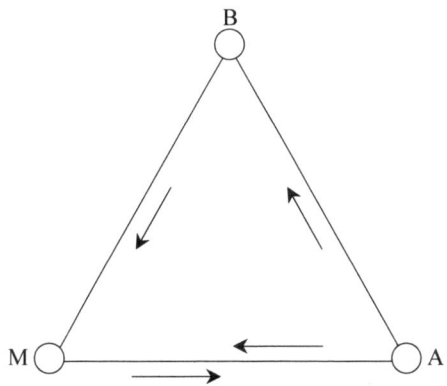

그림 2. Lichtheim의 체계도를 축약한 것(Caplan, 1988: p.240 참조)

이 3각형 모형이 가지고 있는 가지고 있는 제일 큰 특징은 물론 기본구조가 언어는 크게 소리와 의미의 두 부분으로 이루어져 있다는 우리의 언어학적 지식과 잘 맞아 떨어져있는 탓으로 이것에 의해서는 듣기와 말하기라는 두 개의 언어처리과정이 모두 다 그럴싸하게 설명될 수 있다는 점이다. 이런 의미에서 볼 때 이 모형을 해석하는 데 있어서 가장 중요한 요점으로 작용하는 것이 바로 유독 거점 M과 거점 A간에 있어서만은 정보교류가 양방적으로 이루어진다는 점이다. 우선 이것에 의해서는 듣기의 절차가 어떻게 설명될 수 있는가를 살펴보면, 먼저 귀로 들어온 청각적 정보가 거점 A인 베르니케 영역으로 송부가 되게 되면 거기에서 그것에 해당하는 음운적 표현체를 찾아내게 되고, 그 다음에는 이 표현체가 거점 B인 개념중심부에 보내지게 되어 거기에서 의미해석이 이루어지게 된다.

그 다음으로 이것에 의해서는 어떻게 말하기의 절차가 설명될 수 있는가를 살펴보면, 먼저 거점 B인 개념중심부로부터 일정한 정보가 거점 M인 브로카 영역에 보내지게 되면 그것은 바로 거기에서 어휘의 음운적 표현체가 저장되어 있는 거점 A인 베르니케 영역으로 전달이 되고, 그 다음에는 그곳으로부터 그것에 해당되는 음운적 표현체가 다시 거점 M으로 송부되게 되고, 마지막으로는 그곳에서 이 체계도에는 들어있지 않는 운동영역으로 발음에 관한 정보가 전달된다.

이렇게 보자면 이 모형의 약점에는 크게 두 가지가 있다는 사실이 당장 드러나게 된다. 첫 번째로 이것에는 발음과 관련된 정보를 통제하는 운동영역이 빠져있는데, 뒤에 가서 Penfield와 Roberts의 발견으로 그 중요성이 특별히 부상되게 되었듯이 이 영역은 말을 하는 데 있어서 입안의 여러 조음기관에 최종적인 지시를 내리는 필수적인 기능을 수행하게 된다. 이들은 예컨대 브로카와 베르니케의 기존의 두 영역에 이 영역을 추가해서, 언어처리체계는 결국 이들 3대 거점으로 이루어졌다고 생각할 만큼 자기네들의 이 영역의 발견을 의미 있는 일로 여겼다. 굳이 따지자면 이들이 생각한 언어처리체계도 일종의 3각형체계였었는데, 그것은 Lichtheim이 그보다 훨씬 앞서서 내세웠던 3각형체계와는 엄청나게 다른 것이었던 것이다.

두 번째로 이것에서는 거점 B로 표시되어 있는 개념중심부의 위치가 밝혀져 있지 않은데, 결국에는 이 영역의 설정으로 그가 자기 나름의 언어처리모형을 내세울 수 있게 되었다는 점을 고려한다면 이 약점은 첫 번째

약점보다 훨씬 더 본질적인 약점이라는 사실이 저절로 드러난다. 그가 이 중심부의 위치에 대해서 한말은 그것은「연합피질에 넓게 퍼져있다」는 말 정도인데, 운동과 감각영역을 제외한 모든 영역이 연합영역이라는 사실을 감안한다면 그의 말을 정의적인 말로는 볼 수가 없다. 이런 의미에서 볼 것 같으면 그가 내세운 모형은 일종의 사실적인 것이 아니라 구도적인 것이라고 볼 수가 있다.

20세기에 이르러 Wernicke와 Lichtheim의 구상을 완성시킨 사람은 Geschwind이었는데, 두 말할 필요도 없이 이 일은 그가 역사상 처음으로 개념중심부의 정확한 위치를 찾아냄으로써 가능할 수 있었다. 그가 찾아낸 개념중심부의 위치는 좌뇌의 두정엽의 아랫부분으로서, 이곳은 측두엽과 두정엽, 후두엽이 서로 맞닿아 있는 곳인 데다가, 바로 각상회가 자리하고 있는 곳이다. 그가 1964년과 1965년의 논문에서 밝힌 바에 의하면 각상회가 수행하는 기능에는 크게 우선 청각영역과 시각영역에서 획득된 정보들을 개념이나 의미로 전환하는 것과, 그 다음으로는 시각과 청각, 운동영역에서 얻어진 정보들을 하나로 연합시키는 것 등의 두 가지가 있었다. 이 부위가 언어처리시 결정적 기능을 수행하게 된다는 것은 여기에 이상이 있게 되면 으레 실독증이나 실서증에 걸리게 된다는 사실로써 익히 알 수가 있었다. 그뿐만 아니라 그는 여기에 이상이 있으면 으레 물체에 제대로 이름을 붙이지 못하는 실명증에 걸리게 된다고 보았다.

물론 그는 운동영역도 언어처리의 한 거점으로 보았다. 그러니까 그는 일단 알기 쉽게 말해서 옛날의 2거점체계나 3거점체계를 4거점체계로 만드는 데 성공한 것이다. 그런데 Garrett(2003)이 이른바「베르니케-게쉬윈드 모형」이라고 이름붙인 이 체계가 머지않아서 하나의 언어처리의 표준형으로 받아들여지게 된 것은 이것에 의하면 듣기와 말하기의 절차에 대한 설명뿐만 아니라 읽기와 쓰기에 대한 설명이 종합적이고 체계적으로 이루어질 수 있기 때문이었다. 그리고 무엇보다도 중요한 사실은 이 체계가 나온 이후 이보다 나은 것이 나오지 못했다는 사실이었다.

예컨대 아래에 제시된 그림에 따를 것 같으면 언어처리의 절차들은 대략 다음과 같이 정리될 수가 있다. 먼저 말하기의 경우를 살펴보게 되면, 그것은 우선 베르니케 영역에서 일정한 개념이나 의미에 대한 음운적 형태를 찾는 일을 마치게 되면 그것은 바로 브로카 영역에 송부되게 되고, 그 다음에는 브로카 영역에서 그것을 기초로 해서 일정한 운동 프로그램을 만들어가지고 그것을 바로 운동영역에 송부하게 되며, 마지막으로는 운동영역에서는 그것을 바탕으로 해서 각 조음기관에 필요한 신경적 지시를 내리게 되는 식이 된다.

그 다음으로 듣기의 경우를 살펴보면, 그것은 먼저 귀를 통해서 일정한 음운적 정보가 청각영역에 들어오게 되면 바로 일정한 청각상이 만들어지게 되고, 그 다음에는 그것이 바로 베르니케 영역에 송부되게 되어 그곳에서 그것에 상응하는 개념이나 의미를 찾아내게 되는 식이 된다. 세 번째로 읽기의 경우를 알아보자면 그것은 먼저 눈으로 들어온 시각적 정보를 바탕으로 해서 시각영역에서 일정한 시각상이 만들어지게 되면 그것은 바로 각상회에 보내지게 되며, 그 다음으로는 거기에서 그것이 음운적 형태로 전환된 다음에 베르니케 영역에 송부되게 되며 마지막으로는 그곳에서 개념이나 의미파악이라는 마무리 작업을 하는 식이 된다. 그런데 때로는 낭독이라는 언어활동도 하게 되는데, 이런 경우에는 마지막 절차 다음에 발음과 관련된 절차, 즉 그것에서 얻어진 정보가 바로 브로카 영역에 보내지게 되고 그렇게 되면 거기에서는 다시 조음에 필요한 정보를 운동영역에 보내게 되는 절차를 추가시키면 된다.

네 번째로 쓰기의 경우를 살펴보자면 그것은 먼저 베르니케 영역으로부터 나타내고자 하는 개념이나 의미에 대한 정보가 각상회에 송부되게 되면 그곳에서는 그것에 상응하는 시각적 유형이 만들어지게 되고, 그 다음에는 그 유형이 다시 베르니케 영역을 거쳐서 브로카 영역에 보내지게 되면 거기에서 그것을 근거로 한 손놀림을 위한 운동적 유형이 만들어져서 운동영역에 송부되게 되고, 마지막으로는 그곳에서 그것을 근거로 해서 손에게 필요한 운동적 지시를 보내게 되는 식이 된다. 쓰기의 경우에는 으레 일단 쓴 것을 눈으로 확인하는 절차가 수반되게 되어 있기 때문에 이때에는 으레 쓰기와 읽기의 두 절차가 같이 진행되게 되어 있다고 볼 수도 있다.

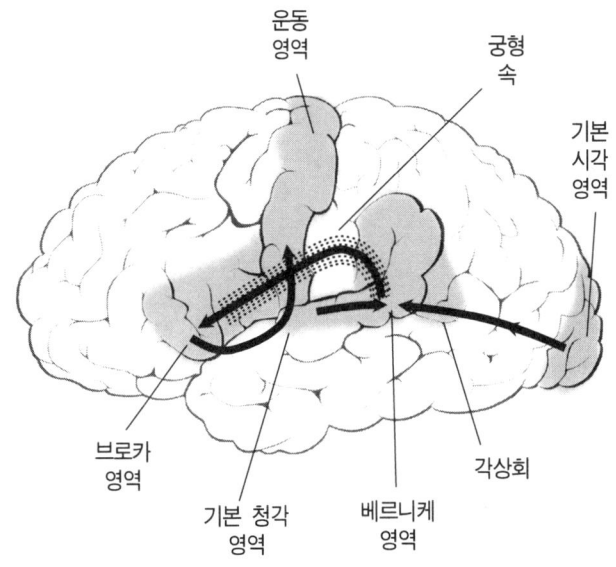

그림 3. 베르니케-게쉬윈드 모형(Garrett, 2003: p.237)

(2) 3구조 모형

언어를 소리와 의미의 결합체로 보았을 때 그 동안까지 발전시켜 온 결합주의적 모형의 제일 큰 한계점은 개념이나 의미의 문제를 제대로 설명할 수 없다는 것이다. 예컨대 Lichtheim의 체계도에 있어서는 개념이나 의미를 전담하는 영역의 구체적인 위치와, 그곳과 브로카 영역이나 베르니케 영역 간의 정보교류의 절차 등이 명시되어 있지 않다. 또한 Wernicke와 Geschwind의 모형에 있어서는 개념이나 의미를 주관하는 곳이 각상회와 베르니케 영역의 두 곳으로 되어있다. 더구나 이것에 있어서는 이들 두 곳과 브로카 영역간의 정보교류가 일방적인 것으로 되어있다.

그런데 다행이도 최근에 이르러는 이런 결합주의적 모형의 태생적인 한계성을 명석하게 해결할 수 있는 모형이 제시되었는데, Damasio 부부가 「뇌와 언어(Brain and Language)」(1992)라는 논문에서 제안한 「3구조 모형」이 바로 그것이다. 이 모형을 도표로 나타내 보면 아래의 것처럼 될 수가 있는데, 이것만으로도 이 모형은 종전의 결합주의적 모형과 크게 다른 것이라는 것을 당장 알 수가 있었다. 예컨대 종전의 모형을 소리기반적인 것으로 보자면 이것은 의미기반적인 것으로 볼 수가 있고, 또한 종전의 모형을 단층적인 것으로 보면 이것은 다층적인 것으로 볼 수가 있다. 한마디로 말해서 이 모형은 종전의 것보다 언어처리의 개념을 한 차원 높인 것이다.

그림 4. 3구조 모형

그런데 이 모형의 진짜 특징은 지금까지의 뇌과학적 내지는 신경언어학적 연구의 결과를 기초로 한 것일 뿐만 아니라 최근의 일부 심리언어학적 이론과 언어학적 이론과도 잘 맞아 떨어지는 것이라는 점이다. 예컨대 일찍이 심리언어학자인 Levelt나 Garret은 단어나 문장은 「표제어

(lemma)」라는 요소가 매체수단이 되어서 개념으로부터 생성된다는 이론을 내세운 바가 있는데, 제3의 구조체를 인정한다는 점에 있어서 그것은 이 모형의 이론과 같다고 볼 수가 있다. 또한 최근에 Jackendoff나 Lakoff 와 같은 언어학자들은 각각 개념구조의 이론이나 인지적 구도의 이론 등을 내세우기 시작했는데, 언어적 구조의 기본이 되는 것을 소리가 아니라 개념이나 의미로 본다는 점에 있어서 이런 이론들의 입장은 이 모형의 그것과 같다고 볼 수 있다.

물론 이 모형은 어디까지나 언어처리에 관한 하나의 뇌과학적 모형이기 때문에 이것의 가치를 궁극적으로 판단할 수 있는 것은 과연 이것이 충분한 만큼의 뇌과학적인 증거를 근거로 하고 있느냐 하는 것인데, 이들의 논문을 읽어보게 되면 그런 것은 일종의 기우에 불과하다는 것을 당장 알 수가 있다. 지금까지의 거의 모든 뇌과학적 이론들이 그랬듯이 이 모형의 이론적 타당성도 전적으로 뇌손상자들이나 실어증 환자들에 대한 임상적 관찰의 결과에 의해서 검토되고 있다. 그런데 이런 임상적 관찰과 연구는 이들 스스로가 한 것이 아니라 그 동안에 여러 사람들이 해 온 것들이다. 이런 의미에서 볼 것 같으면 이 모형은 완전히 독창적인 것이라기보다는 여러 사람들의 의견을 하나로 종합한 것으로 보는 것이 맞는 일이다.

우선 이 모형에서는 개념구조를 그것을 구성하는 세 개의 구조 중 가장 기본이 되는 것으로 보고 있는데, 이들은 자기네의 이런 생각이 잘못된 것이 아니라는 것을 크게 두 가지 사실로써 익히 알 수 있다고 본다. 그중 첫 번째 것으로 이들이 내세우는 것은 진화론적 사실이다. 이들은 인류가 진화해 온 과정으로 보았을 때 그들에게는 언어가 생기기 전에 먼저 사물이나 사건, 관계 등을 정신적 표현체로 범주화하는 능력이 있게 되었을 것으로 추리하고 있다. 그중 두 번째 것으로 내세우는 것은 어린이들의 성장과정에 관한 사실이다. 이들은 어린이들은 낱말이나 문장을 말할 수 있기 이전에 지능의 발달에 힘입어서 이 세상에 대한 지식이나 일정한 개념들을 획득하는 일에 매달리게 된다고 보고 있다. 그러나 이 문제와 관련해서 이들은 「개념체계에 이상이 있는 어린이도 문법은 제대로 배우고 있다는 사실도 미루어 보아서, 통사적 조작에 필요한 기구는 자율적으로 발달될 수 있는 것 같다.」는 단서를 달고 있다(p.30).

개념구조와 관련하여 이들이 강조하고 있는 점은 크게 두 가지인데, 그중 첫 번째 것은 이것은 좌우 두 반구의 전 신경체계에 널리 펼쳐져 있다는 사실이다. 물론 이런 사실은 언어구조는 좌반구의 실비우스 열구 주변에 자리하고 있다는 사실과 대조적이다. 이런 사실은 또한 개념이나 의미를 전담하는 위치에 관한 한 Geschwind의 의견보다 Lichtheim의 의견이 더 옳다는 것을 뒷받침하고 있다. Lichtheim의 의견과 달라진 것이 있다면 그것은 색채에 대한 개념은 시각영역 근처에 저장되어 있고, 명사적 개념은 측두엽의 하부에 저장되어 있다고 보는 식으로 아직은 부분적이긴 해도 개념의 종류에 따르는 저장된 영역의 구획화를 시도하고 있다는 점이다.

그중 두 번째 것은 이 구조가 일종의 계층적 구조성을 지니고 있다는 사실이다. 이들은 간단히 말해서 이 구조는 감각체계와 운동체계를 통해서 얻어진 정보들이 개념화되어 만들어진 하층적 범주조직과 그런 개념이나 범주들이 여러 가지 자질에 따라서 더 큰 단위로 묶여서 만들어진 여러 층의 상층적 범주조직들로 이루어져 있다고 본다. 특히 이들은 바로 이런 구조성으로 인하여 이 구조 자체가 독자적으로 추상화와 은유라는 두 가지의 인간특유의 고차원적인 인지작업을 수행할 수 있다고 생각한다. 그동안 많은 언어학자들이 언어의 원형을 은유적인 것으로 보아왔다는 점을 감안한다면, 이 구조에 이런 특성이 있다는 것만으로도 세 개의 구조 중 기본이 될 자격이 있다고 볼 수가 있다.

그런데 이들의 이론에 따르자면 이 구조에 이런 중요한 인지적 능력이 있는 것은 결국 개념형성의 절차가 일종의 신경망 형성의 절차이기 때문이다. 이들은 우선 우리의 머리 안에 들어있는 개념들은 고정적인 그림과 같은 표현체일 것이라는 전통적인 생각과 전혀 다르게, 그들은 「감각영역과 운동영역에서 일어나는 신경활동의 기록」이라는 신경과학적인 견해를 나타내고 있다. 이들 기록들은 다시 말해서 「연접적 연결의 유형」으로서, 이들은 어떤 사물이나 사건을 규정짓는 일련의 활동들을 재생시킬 수 있을 뿐만 아니라 서로 관련된 유형들을 자극할 수도 있다는 것이다 (p.32).

이들의 설명에 의하면 신경적 기록들이 이상과 같은 기능을 수행할 수 있는 것은 그들이 형성되는 절차가 아주 빠르면서도 동시에 일어나는 여러 미시적인 절차들의 연속체이기 때문이다. 이것은 곧 미시적 인지절차들은 으레 서로 다른 기능적 영역에서 일어나게 된다는 말이나 같은 말인데, 여기에서 한 가지 특기할 만한 사실은 하나의 기능적 영역은 여러 개의 하위영역으로 나뉘어져 있다는 점이다. 예컨대 시각영역의 경우에는 그것은 색깔이나 모양, 움직임 등을 전담하는 작은 하위영역들로 나뉘어져 있는 것이다. 이와 같은 미시적 인지 절차에 의해서 생겨난 기록들을 일단 1차적 수준의 기록으로 보면 기록에는 2차적 수준의 것과 3차적 수준의 것도 있다. 2차적 수준의 기록이란 두뇌내의 여러 「수렴영역」에 자리하고 있는 기록으로서, 그 형태는 한 집단의 신경세포들이 많은 수의 돌기와 축색들에 의해서 서로 연결되는 식으로 되어 있다. 이 기록의 기능은 여러 개로 세분되어 있는 미시적 기록들을 하나의 신경적 유형으로 통합시키는 것이다. 따라서 이 2차적 기록을 자극시키게 되면 여기에 연결되어 있는 미시적 기록들이 동시에 자극을 받게 되어서, 결과적으로는 미시적 기록들이 만들어질 때 겪었던 신체적 경험이 재현되게 되는 것이다.

3차적 수준의 기록이란 서로 관련되어 있는 개념들을 더 큰 단위의 것으로 묶는 역할을 하는 기록인데, 이것이 자리하고 있는 곳도 일종의 「수렴영역」으로 볼 수가 있기 때문에 두뇌 내에는 최소한 두 계층의 수렴영역이 있는 셈이다. 2차적 수준의 기록에서 하는 일을 1차적 범주화 작업으로 보자면 여기에서 하는 일은 2차적 범주화 작업으로 볼 수가 있으며, 따라서 종합적으로 보았을 때는 세 개 수준의 기록들이 항상 유기적으로 작동하고 있다고 볼 수가 있다. 이들의 말을 직접 빌리자면 「어떤 실체들의 본질적 자질과 상호교섭시의 절차들은 서로 촘촘히 짜인 모양으로 표현되어 있는 것이다.」(p.33)

이 모형에서 두 번째로 중요한 구조로 간주될 수 있는 것은 바로 언어구조인데, 이것의 위치와 기능, 작동절차 등에 관해서는 그동안에 이미 많은 것이 알려져 있기 때문인지, 여기에서의 이들의 설명은 다분히 반복적인 성격을 띠고 있는데, 굳이 한 가지 특기할만한 사실이 있다면 그것은 그동안의 뇌과학적 연구의 전통에 맞추어서 실어증에 대한 연구를 통해서 밝혀진 사실들을 주된 증거로 내세우고 있다는 점이다. 이런 의미에서인지 이들은 원래가 실어증 환자들에 대한 연구를 통해서 이 모형에 대한 기본적인 개념을 갖게 되었다는 말도 하고 있다(p.37).

이들의 이 구조에 대한 설명 중 기본이 되고 있는 것은 역시 이것의 좌반구로의 측위화현상에 관한 것이다. 이 구조는 좌반구 중에서도 일반적으로 언어영역으로 불리는 실비우스 열구 근처의 특정영역만을 차지하고 있기 때문에 이것을 이루고 있는 신경체계의 수가 개념구조의 그것보다 훨씬 적다는 것이 이것의 첫 번째 특징이다. 이것의 두 번째 특징은 개념구조와는 다르게 아주 적은 경우이기는 하나 이것이 좌반구에 측위화되어 있지 않는 경우도 있다는 점이다. 그러나 이들은 대략 오른손잡이의 99%와 왼손잡이의 3분의 2의 경우에는 이것이 좌반구로 측위화되어 있다는 점으로 보아서 지난 150년 동안에 주장되어 온 좌반구의 지배성의 이론은 더 이상 의심할 여지가 없다고 본다.

이들의 이 구조에 대한 설명 중 두 번째 부분은 이것의 조직과 작동절차에 관한 것이다. 이들은 우선 이 구조에는 음운과 음운연결체, 통사적 규칙 등의 세 가지 표현체가 자리하고 있다고 본다. 한 가지 특기할 사실은 왜 어휘적 표현체를 어느 한 영역에 자리하고 있는 독립된 표현체로 보지 않는지에 대해서는 아무런 설명이 없다는 점이다. 그 다음으로 이들은 이것의 작동절차를 우선 두뇌 내부로부터 자극을 받게 되면 이 안의 체계들은 말이나 글로 쓰일 어휘를 형성하기도 하고 문장을 생성해내기도 하고, 그 다음에 말이나 글에 의하여 외부로부터 자극을 받게 되면 그들은 청각적이거나 시각적 신호에 대한 최초의 처리작업을 수행하게 된다는 식으로 설명하고 있다(p.30).

그런데 이들이 이 구조의 작동절차와 관련하여 특별히 강조하고 있는 점은 이 구역은 운동 및 전운동영역과 직접 연결이 되어있기도 하면서도 피질 하부의 통로에 의해서도 연결이 되어있는 탓으로, 「언어처리시에는 피질영역간의 "연합적 체계"와 피질하부의 통로에 의한 "습관적 체계"가 병렬적으로 작동하게 된다는 사실이다. 피질하부에는 시상과 뇌저신경절이 있는데, 뇌저신경절은 소뇌와도 연결되어 있다. 그러니까 아직은 정확하게는 알지는 못해도 언어처리가 실비우스 열구일대에 있는 영역에서만 이루어지는 것이 아니라 피질하부에서도 이루어진다고 보는 것이 옳다는 말이다. 이들은 심지어 「로란도 열구의 앞부분 영역에 말의 운율과 문법을 책임지는 체계가 들어있는 것 같다」와 같은 말도 하고 있다(p.36).

이 모형의 세 번째 구조는 중재구조인데, 이들은 우선 좌반구를 이것이 자리하고 있는 곳으로 보고 있다. 이 구조의 기능은 개념구조와 언어구조를 연결시키는 것이기 때문에 언어구조가 위치하고 있는 좌반구에 이것도 같이 위치하고 있다는 것은 일단 쉽게 수긍이 갈만한 현상이라고 볼 수가 있다. 다시 말해서 이것은 개념구조로부터 어떤 개념을 도출한 다음에 언어구조에서 그것에 상응하는 어휘형식을 만들어내게 하거나, 아니면 언어구조로부터 어떤 어휘를 송부 받은 다음에 개념구조에서 그것에 상응하는 개념을 자극하는 일을 하게 되니까, 이것이 작업의 능률상 언어구조 근처에 있어야 하는 것은 너무나 당연한 일이라고 생각할 수가 있다.

그렇지만 이 구조는 어휘와 개념만을 중재하는 것이 아니라 문장과 개념도 중재한다는 사실이나, 아니면 이른바 「어휘중재체계」도 예컨대 명사의 경우에는 일반명사를 위한 것과 고유명사를 위한 것으로 나뉘어져 있는 식으로 세분화되어 있다는 사실 등을 고려한다면, 이것이 언어구조와 같은 반구에 위치하고 있는 진짜 이유는 이것은 결국 또 하나의 언어구조이기 때문인지도 모른다. 물론 이렇게 보게 되면 이 모형의 기본개념 자체가 흔들리게 되니까 이들로서는 이런 발상법을 받아들일 리가 없다. 이들은 단지 실어증 환자들에 대한 연구를 통해서 이 구조의 위치가 좌반구라는 것을 확인하게 되었다는 말만을 하고 있다(pp.38~39).

그런데 크게는 이 모형 자체의 문제가 될 수 있고, 작게는 이 구조의 문제가 될 수 있는 것이 아직까지는 어휘중재체계의 전체적인 모습이 밝혀지지 않았다는 점이다. 지금으로서 이들이 실어증 환자를 통해서 확인할 수 있게 된 것은 「이 체계는 좌반구의 후두엽과 측두엽을 잇는 축 주변에 자리하고 있는데, 일반적인 명사의 중재체계는 그 구역의 뒷부분에 위치하고 있고, 고유 명사의 그것은 그 구역의 앞부분에 위치하고 있다」는 것 정도이다. 그리고 다른 사람들의 실어증 환자에 대한 연구를 통해서 이들이 추리할 수 있는 것은 동사와 기능어의 중재체계는 좌반구의 전두엽과 두정엽에 위치하고 있다는 것과, 이들 품사들은 으레 문장의 핵심어가 된다는 사실로 미루어 보았을 때 이것은 문장중재체계와 겹쳐 있을 가능성이 크다는 것이었다. 그러나 어휘의 종류가 이들 세 가지가 전부가 아니라는 것은 이들 자신도 익히 인정하고 있다(pp.39~40).

  앞에서 이미 언급이 되었듯이 이들이 자기네들의 3구조 모형설의 타당성을 실증할 수 있는 근거로 내세우고 것은 실어증 환자에 대한 연구결과이다. 따라서 이들이 여기에서 제시하고 있는 여러 가지 연구결과 중 적어도 다음과 같은 두 가지는 이 모형의 뇌신경적 실체를 제대로 파악하는데 필수적인 요소가 될 것이 분명하다. 그중 첫 번째 것은 「색채어 실어증」이라는 특이한 실어증을 앓고 있는 환자들에 관한 연구로서, 이들은 이것 한 가지만으로도 자기네가 내세우는 이론이 결코 허구적일 것이 아니라는 사실을 익히 알 수 있다고 주장한다. 그것은 이들의 연구결과 이 실어증은 크게 세 가지의 각기 다른 증상으로 나뉠 수 있다는 것이 분명해졌기 때문이다. 이 병을 앓는 환자 중 첫 번째 부류에 속하는 사람들은 색맹증 환자들이었다. 이런 환자들은 사물의 색채를 지각하거나 상상하는 능력을 상실한 사람으로서 그들에게는 이 세상 모든 것이 회색빛 한 가지로 보이게 되어 있었다. 그런데 최근에 이들은 동료인 Rizzo와 함께 이 질병의 병소가 어디인지를 밝히는 데 성공했다. 다시 말하자면 이들은 색맹증 환자들에 대한 연구를 통하여 오로지 좌우 두 반구의 후두엽에 있는 언어 뇌회의 한 부위, 즉 「V2」와 「V4」영역이 위치하고 있는 부위가 손상을 입게 되었을 경우에만 이 증상이 생기게 된다는 사실을 알아냈다. 이것은 곧 바로 이 부위에 색채적 개념들을 다루는 체계가 위치하고 있다는 것을 말해주고 있었다.

  색채어 실어증에 걸린 환자중 두 번째 부류에 속하는 사람들은 음운형 생성력에 이상이 있는 사람들이었다. 이런 환자들은 으레 좌반구의 측두엽의 후단부와 두정엽의 하단부에 일정한 손상을 입고 있었으며, 그들에게는 비단 색채에 관한 개념뿐만 아니라 모든 범주의 개념에 상응하는 음운형을 생성해내는 능력이 결여되어 있었다. 한마디로 말해서 그들의 개념구조는 정상인데 그들의 언어구조에는 이상이 있는 것이었다. 예컨대 그들에게 청색의 물건을 보여주게 되면 그들의 입으로부터는 「blue」라는 단어 대신에 「buh」와 같은 미완성어가 나왔는데, 이것으로 미루어 보아서 그들의 개념획득능력에는 아무런 이상이 없다는 것을 알 수 있었다.

이 병에 걸린 환자 중에는 첫 번째와 두 번째 부류에 속하지 않는 사람들도 있었는데, 이들이 연구한 바에 의하면 그들에게는 색채에 대한 개념과 그것에 상응하는 색채어를 연결시키는 능력이 결여되어 있었다. 쉽게 말해서 이 세 번째 부류의 사람들은 이들의 모형에 있어서의 중재구조에 이상이 있는 환자인데 그런 의미에서인지 이들은 그들을 「특이한」 색채어 실어증 환자로 분류하고 있다. 그들의 실어증 증세가 얼마나 특이한가 하는 것은 몇 가지 실험에 의해서 쉽게 확인될 수 있었다.

먼저 이들은 색칠한 나무토막을 가지고서 흑백사진에 나와 있는 물체들의 색깔을 알아맞히게 하는 실험에 의해서 그들의 색채를 감지하는 능력에는 아무런 이상이 없음을 확인할 수 있었다. 예컨대 그들은 흑백사진 안의 바나나 옆에는 노란색 나무토막을 갖다 놓았고, 그 안의 잔디밭 옆에는 녹색 나무토막을 갖다 놓았다. 그러나 그 다음의 색채의 이름을 대게 하는 실험을 통해서는 그들에게는 일종의 실어증이 있다는 것이 당장 드러나게 되었다. 예컨대 그들에게 녹색이나 노란색을 보여주고서 무슨 색이냐고 물으면 그들의 대답은 으레 「blue」나 「red」이었다. 그 뒤에는 이와는 정반대로 그들에게 먼저 색채어를 말해주고서, 그것에 맞는 색깔을 골라내게 하는 실험도 실시했는데, 이것의 결과도 역시 앞의 것과 다르지 않았다. 이상과 같은 실험결과를 보고서 이들은 이런 환자들의 문제는 「색채어 개념체계와 어휘형성체계를 중재하는 체계에 있는 것 같다」는 결론을 내릴 수 있었다(p.32).

그중 두 번째 것은 「A.N.」과 「L.R.」, 「G.J.」 등 3명의 명사 실어증 환자들에 대한 연구로서, 이것을 통해서 명사 중재체계의 위치와 그것이 일반명사를 위한 것과 특수명사를 위한 것으로 나뉘어져 있다는 사실 등을 확인할 수 있을 만큼 이들에게는 대단히 의미 있는 연구이었다. 먼저 「A.N.」과 「L.R.」에 대한 연구를 통해서 이들은 실어증에는 명사실어증이라는 것이 따로 있다는 것과, 그것은 다시 일반명사에 대한 것과 특수명사에 대한 것으로 세분될 수 있다는 것을 확인할 수 있었다. 그리고 무엇보다도 중요한 것은 이것을 통하여 이들은 명사실어증은 결국 명사중재체계에 이상이 있을 때 나타나는 증상이라는 것을 확인할 수 있었다.

이 두 환자들의 증세를 좀 더 자세히 살펴보면, 우선 이들의 개념상 기능력에는 아무런 문제가 없다는 것을 여러 가지 실험을 통해서 확인할 수 있었다. 예컨대 실험자가 이들에게 어떤 사물의 그림을 보여주고서, 그것이 어떤 물건인지를 제대로 알고 있는지를 알아보았더니 이들은 거의 모든 범주에 속하는 사물들이 어떤 물건인지를 알고 있었다. 이들에게는 또한 관련되는 소리를 듣고서 사물을 알아맞히는 실험과, 눈을 가린 상태에서 손에 쥐여 준 사물이 무엇인지를 알아맞히는 실험도 실시되었는데, 이들에서도 이들은 정상적인 결과를 보였다(p.38).

그러나 흥미롭게도 이들은 개념에 맞는 명사를 상기하는 데 있어서는 적지 않은 어려움을 보이고 있었다. 예컨대 「A.N.」에게 너구리의 그림을 보여주었더니 그는 「이게 어떤 짐승인지 알아요. 뒤뜰에 나타나서 쓰레기통을 뒤지지요. 그렇지만 이름을 대지는 못하겠네요.」라고 대답했다. 평균적으로 이들이 명사를 제대로 상기하는 경우는 전체의 절반 이하였다.

이런 실험은 모두가 일반명사에 관한 것이었는데, 자세히 살펴보자면 이들의 명사 상기능력은 신체부위에 대한 것은 완벽한데 악기나 연장과 같은 인공물에 대한 것은 그렇지 못하는 식으로 명사의 종류에 따라서 일정한 차이가 있는 것은 사실이지만, 크게 볼 것 같으면 전 종류의 일반명사에 있어서 이들은 제한된 상기능력 밖에 가지고 있지 못하다는 결론을 내릴 수 있었다(p.39).

그런데 「A.N.」과 「L.R.」은 고유명사들을 상기하는 데도 똑같은 어려움을 겪고 있었다. 이들은 예컨대 친구나 친척의 이름을 제대로 대지 못할 뿐만 아니라 유명 인사나 지역의 이름도 제대로 대지 못했다. 그러나 이들에게 얼굴을 제대로 인식하지 못하는 실인증이 있는 것은 아니었다. 그러니까 결국 이것도 일반명사의 경우와 동일한 증상임이 분명한데, 뇌의 손상부위와 언어적 능력의 결손간의 상관관계로 보았을 때, 일반명사의 중재체계는 좌반구의 측두엽의 뒷부분에 위치하고 있고, 고유명사의 그것은 같은 측두엽의 앞부분에 위치하고 있는 식으로 두 개의 중재체계가 서로 다른 곳에 위치하고 있음을 알 수 있었다.

더욱 흥미로운 사실은 이들의 언어적 능력의 결손이 명사에만 국한되어 있다는 것이었다. 연구자들은 여러 가지 실험을 통해서 이들의 동사나 전치사, 접속사, 대명사 등을 생성하는 능력은 정상인들의 그것에 조금도 못지않다는 사실을 밝혀낼 수 있었다. 더구나 이들의 문장 생성능력에도 아무런 이상이 없었다. 다시 말하면 이들의 말이나 글 가운데 다른 점이 있는 것은 일반명사나 고유명사 대신에 「thing」이나 「stuff」, 「it」, 「she」와 같은 대용어들이 쓰이고 있다는 것뿐이었다. 이들의 말은 발음이나 운율 상으로도 정상적인 것이었다. 이런 사실로 미루어 보아서 동사의 중재체계는 전두엽과 두정엽에 자리하고 있을 것이라고 추리할 수 있었다. 연구자들의 이상과 같은 발견은 그 후 「G.J.」라는 제3의 실어증 환자에 대한 연구를 통해서 다시 확인될 수 있었다(p.40).

(3) 문제점

지금까지 검토한 두 가지의 언어처리모형이 똑같이 일종의 시형적인 것이지 완성된 것은 아니라는 것은 어느 언어학자나 언어심리학자에게 물어보아도 쉽게 얻을 수 있는 대답이다. 아마도 이 정도의 시형들을 만드는데도 150년이라는 긴 세월과 많은 사람들의 노력이 소요될 만큼 이것이 어려운 과제이며, 따라서 이들이 결코 아직은 완성품이 아니라는 것을 누구보다도 잘 알고 있는 사람들은 바로 이들을 만든 본인들일 것이다. 현재까지 알려진 바에 의하면 실어증 환자의 대부분은 브로카 영역과 베르니케 영역, 좌반구의 각상회 중 어느 한곳에 이상이 있는 사람들이다. Geschwind의 각상회의 발견은 그만큼 그 의의가 크다. 그렇지만 그는 자기가 제안한 언어처리모형을 하나의 진일보한 것으로 보았지 완성된 것으로 보지는 않았다.

또한 Damasio 부부는 그들의 논문의 끝을 「언어현상의 심오한 복잡성을 고려한 나머지, 일부 사람들은 과연 언어를 나타나게 하는 신경기구를 이해할 수 있게 될 것인가에 대해서 의구심을 갖고 있을 것이다. … 그러나 최근까지 이루어진 발전을 보았을 때 이런 구조들은 결국에 가서 파악이 되고 이해가 될 것이라고 우리는 믿는다. 질문은 할 수 있을 것인가가 아니라 언제냐 인 것이다.」처럼 맺고 있는데, 아마도 이들은 이렇게 겉으로는 큰 소리를 치고 있으면서도 속으로는 그 언제가 가까운 장래는 아니라는 것은 익히 알고 있을 것이다(p.41).

그런데 사실은 우리는 그동안의 언어학이나 심리언어학의 발달에 힘입어 앞으로 완성될 언어처리모형은 대개 어떤 것이어야 하는가에 대해서 이미 기본적인 지식을 가지고 있다고 볼 수가 있다. 그러니까 우리는 바로 이런 지식을 가지고서 지금의 모형들에는 어떤 문제점이나 한계성이 있는가를 쉽게 파악할 수가 있는 것인데, 이런 의미에서 볼 것 같으면 이 과제는 뇌과학자들의 마음먹기에 따라서는 그동안보다는 훨씬 더 효율적인 접근법으로 추구될 수 있는 것임이 분명하다. 일종의 통합적인 접근법, 즉 하향적인 접근법과 상향적인 접근법이 하나로 합쳐진 것이 바로 그런 접근법인데, 이것이 그 동안까지의 상향일변도의 접근법보다 더 효율적일 것이라는 것은 더 말할 나위가 없다. 그리고 결국은 이렇게 하는 것이 언어와 뇌의 관계에 대한 연구가 진정한 의미에서의 학제적인 연구가 될 수 있는 한 지름길일 수도 있다.

언어학과 언어심리학에서 그동안에 거두어들인 지식을 기본으로 해서 평가하게 되면, 지금의 이들 두 모형이 가지고 있는 문제점들은 크게 언어의 구조나 기능과 관련된 것과 두뇌의 조직이나 작동절차와 관련된 것의 두 범주로 나눌 수 있다는 것이 바로 드러난다. 이것은 곧 완성된 언어처리모형은 우선은 어떻게 언어가 이미 언어학에서 밝혀진 것과 같은 기능을 수행하게 되는가를 설명할 수 있어야 하고, 그 다음으로는 두뇌가 어떻게 언어처리시에 이미 뇌과학이나 언어심리학에서 밝혀진 것과 같이 작동하게 되는가를 설명할 수 있어야 한다는 말이나 같은 말이다. 따라서 사람에 따라서는 언어학에 비하여 뇌과학이나 심리언어학은 발달의 속도가 늦다는 점을 감안한다면 이들 두 가지 기준 중 두 번째 것은 실제로는 적용이 불가능할 만큼 이상적인 것이 아니냐고 반문할 수도 있을 것이다. 그렇지만 그런 사람들도 어떤 의미에서는 두 번째 기준이 첫 번째 기준보다 더 중요한 기준이라는 사실은 인정할 것이다.

1) 언어의 구조나 기능과 관련된 것

언어의 구조나 기능상으로 보았을 때 이들 모형들은 무엇보다도 먼저 통사나 문법조직과 그것의 기능에 대해서 제대로 된 설명을 할 수 없다는 문제점을 지니고 있다. 간단히 말하자면 Chomsky의 것이 굳이 아닐지라도 지금의 언어이론의 대부분이 통사론 중심의 것이라는 사실을 완전히 무시한 상태에서 만들어진 것이라는 점이 이들 모형들의 첫 번째 특징이다. 거의 모든 실어증 환자들이 보이는 공통된 증상이 바로 알맞는 명사를 대지 못하는 것이어서인지, 아니면 말의 기본단위는 낱말이라는 그들 나름의 언어관을 가지고 있어서인지, 그동안까지의 뇌과학자들의 관심은 통사나 문법의 문제에까지는 미치지 못했다.

엄밀한 의미에서 보자면 물론 그들이 실문법증이라는 증상이 따로 있다는 것을 인정하지 않은 것은 아니다. 그렇지만 결국 그들은 실문법증 환자를 브로카 실어증환자의 범주에 집어넣을 수밖에 없었는데, 그 이유는 이들의 말은 으레 문법뿐만 아니라 음운적으로나 어휘적으로도 하자가 있는 것인 데다가, 문법적 하자성만을 따로 분리해내기가 쉽지 않기 때문이었다. 또한 솔직히 말하자면 일부 뇌과학자들은 그 동안에 언어학자들의 주장대로 문법적 능력이 별도로 있다는 것을 실증해내는 데 성공하기도 했다. 그러나 이들의 연구는 Linebeager(1983) 등에 의한 실문법증 환자의 정문과 비문의 식별능력에 관한 연구처럼 심리학적인 방법에 의한 것이지 생리학적인 방법에 의한 것은 아니었으며, 결국은 그래서 이들의 연구결과는 뇌과학자들이 언어처리체계를 만드는 데 아무런 영향을 주지 못했다.

이런 장식적인 연구의 대표적인 것으로 볼 수 있는 것이 바로 Kolk에 의한 브로카 실어증 환자의 문법적 능력에 관한 연구이다. Zurif와 Blumstein(1978)의 「언어와 뇌(Language and the Brain)」라는 논문에서 인용되고 있는 이 연구는, 한동안 뇌과학적 연구가 절대적으로 Chomsky의 언어이론의 영향을 받았음에도 불구하고 실제에 있어서는 단 한번도

「문법영역」을 찾거나 설정하는 쪽으로 뇌과학자들의 관심이 가지는 않았다는 사실을 단적으로 드러내 주는 것이다.

흥미롭게도 우선 Kolk는 마치 Chomsky의 언어이론의 타당성은 실어증 환자에 대한 연구를 통해서도 익히 실증될 수 있다는 것을 보여주려는 듯이, 그가 표층구조와 심층구조간의 관계를 밝히는 것이 곧 문법이라는 변형문법적 문법이론을 내세우면서 고정 예문으로 사용했던 이른바 「easy문」과 「expect문」을 실험의 자료로 사용했다. 다시 말해서 Kolk는 실어증 환자에게 문법적 능력이 있는지를 확인할 수 있는 방법은 그가 Chomsky의 말대로 「John is eager to please.」와 「John is easy to please.」는 문법적으로 서로 다른 문장이고, 또한 「Bill expected John to go home.」과 「Bill persuaded John to go home.」은 문법적으로 서로 다른 문장이라는 것을 알고 있는지를 알아보는 것이라고 생각했던 것이다.

그의 실험은 한명의 실어증 환자에게 이상과 같은 네 가지 종류의 문장들을 새로 가르쳐보는 것이었는데, 그 방법은 「이야기 완성법」이라는 것으로서 이들 문장 중 한 가지로 마무리가 되도록 되어있는 이야기를 들려준 다음에 여러 번에 걸친 반복연습 끝에 스스로 이야기를 마무리시킬 수 있게 되었는지를 알아보는 것이었다. 그 결과는 이 환자는 「eager문」과 「persuade문」은 정상인처럼 쓸 수 있지만, 「easy문」과 「expect문」은 그렇지 못하는 식으로 나왔으며, 그는 그래서 이 환자에게는 정상인과 같은 문법적 능력은 없다는 결론을 내렸다. 그러나 그는 이것으로써 인간의 언어능력 중 기본이 되는 것이 바로 문법적 능력이라는 사실이나, 더 나아가서는 그것이 바로 브로카 영역 안에 존재한다는 사실을 알 수 있다는 말은 하지 않았다. Zurif와 Blumstein이 보기에는 결국 이 연구는 뇌과학적 연구의 흐름과는 아무런 관계가 없는 것이었던 것이다.

너무나 당연할 말이 되겠지만, 그 동안에 언어학의 영향으로 뇌과학의 분야에서도 문법능력에 관한 연구가 적지 않게 있었음에도 불구하고 뇌과학적 연구의 흐름은 옛날 그대로 도도히 흘러왔다는 것을 가장 분명하게 드러내주고 있는 것은 바로 언어처리에 대한 Geschwind의 모형이나 Damasio 부부의 모형이다. 앞에서 이미 살펴보았듯이 이들은 하나같이 언어학자들이 내세우는 언어이론과는 전혀 맞지 않는 모형들이다. 비판적으로 말하자면 이들에서는 언어처리과정을 말소리를 단어별로 처리하는 과정 정도로 보고 있으니까, 언어학자들이 생각하는 언어와 여기에 있어서의 언어 사이에는「루비콘 강」만한 거리가 있는 것이다.

두말할 필요도 없이 이들 모형이 이런 비평을 듣게 되는 것은 이들에 있어서는 결국 문법영역이 하나의 독립된 거점으로 내세워지지 않고 있기 때문이다. 예컨대「베르니케-게쉬윈도 모형」이란 기존의 모형에 각상회라는 새 영역이 추가된 것에 지나지 않는다. 그리고 Geschwind가 문법능력의 중요성을 특별히 강조한 적도 없다. 그런가 하면 Damasio 부부가 문법능력과 관련해서 하고 있는 말은 그들의 언어처리모형 자체의 타당성을 의심하게 할 만큼 엉뚱하기까지 하다. 이들은「동사와 기능어는 통사적 구조의 핵을 이루는 것들이기 때문에 통사적 중재체계가 이들과 중첩되어 있을 것이라는 추리는 합당한 추리일 것이다」와 같은 말을 하고 있는데, 이렇게 되면 문법을 다루는 곳은 언어구조의 일부가 아니라 중재구조의 일부라는 말이 되어버린다(p.40).

언어의 구조나 기능상으로 보았을 때 이들 모형들이 가지고 있는 그 다음 문제점은 이들로써는 문장의 의미가 어떻게 파악되는지를 설명할 수 없다는 점이다. 문법을 다루는 곳이 따로 없는데 의미를 다루는 곳만 따로 있을 리가 없을 것이라는 것은 한 문장의 문법적 의미는 그것의 문법적 구조에 의해서 표현되게 되어있다는 사실만으로써 익히 짐작할 수가 있다. 그런데 의사소통시 의미는 문장별로 처리되게 되어있다. 그러니까 이들은 언어사용시에 실제로 두뇌가 움직이는 모습을 제대로 묘사한 것이 아님이 분명하다.

이들에 의해서는 우선 한 문장의 의미 중 기본적인 것으로 볼 수 있는 명제적인 의미가 어디에서 어떻게 처리되는지를 알 수가 없다. 예컨대 「John is eager to please.」라는 문장의 의미를 도출하기 위해서는 주어자리에 있는 「John」을 주격으로 해석해야만 되는데 반하여, 「John is easy to please.」라는 문장의 의미를 도출하기위해서는 그것을 목적격으로 해석해야만 되는데, 이들 모형들로서는 이런 작업이 어떻게 이루어지는 것인지를 설명할 수가 없다. 그 방법은 Chomsky의 주장대로 문법을 다루는 곳이 따로 있어서 거기에서 필요한 변형절차를 밟게 된다든지, 아니면 어휘의미를 다루는 곳에서 「eager」와 「easy」라는 형용사에 의미를 부여할 때 각각에 서로 다른 언어적 제약이 부여된다고 보아야 하는데, 이들 중 어느 것도 이들 모형으로는 합리화될 수가 없다.

우선 Geschwind의 모형의 경우를 살펴보면, 이것에서는 베르니케 영역이 어휘의 개념이나 의미만을 다루게 되어있지 어휘의 언어적 내지는 통사적 특성은 다루게 되어있지 않으며, 따라서 결국에는 브로카 영역에서만 문장의 의미는 다루어지게 되어있다. 그렇다면 일단 말하는 경우는 베르니카 영역에서 얻어진 정보는 바로 브로카 영역으로 송부된다는 식으로 설명이 될는지 몰라도 듣기의 경우는 언어처리가 으레 베르니케 영역에서 끝나게 되어 있으니까 그렇지가 못하다. 다시 말하자면 듣기의 경우에도 베르니케 영역은 브로카 영역의 도움을 받게 되어있는 것인데, 이런 말을 Geschwind 자신은 한 적이 없다.

그 다음으로 Damasio 부부의 모형의 경우를 살펴볼 것 같으면, 이것으로는 이런 설명이 더욱 불가능하다. 이들의 추리에 따르자면 동사와 기능어의 중재체제와 문장 중재체제는 좌반구의 전두엽과 두정엽이 연결되고 있는 곳에 같이 자리하고 있다. 이런 사실로 미루어서 이들은 문법을 통사 규칙의 집합체가 아니라 동사중심의 문장 유형으로 보고 있음이 분명하다. 다시 말하자면 이들은 문장의 의미는 한 동사와 그것의 앞뒤에 나오는 어휘의 논항관계에 의해서 결정된다고 생각하고 있는 것인데, 이런 문법관의 한계성을 가장 잘 드러내주는 예가 바로「John is eager to please.」와「John is easy to please.」의 의미를 구별시키는 일이다. 심지어 이들은 문법을 다루는 구조에는 언어구조는 없고 중재구조만 있다고 생각하기까지 한다. 그러니까 결국 이들은 자기네 모형으로 한 문장의 명제적 의미는 어떻게 처리되게 되는가를 설명하려고 하는 것은 아니라는 것이 너무나 확실하다.

그런데 사실은 명제적 의미는 문장이 나타내는 의미 중 가장 기본적인 것에 지나지 않아서, 그 밖에도 함의적인 의미를 비롯하여 중의적인 의미, 관용적인 의미, 은유적인 의미 등과 같이 문장의 구조와는 별관계가 없는 의미들도 적지 않게 있다. 따라서 이들 모형들이 완전한 모형이 될 수 있으려면 응당 이렇게 확대된 의미들이 어떻게 처리되는가까지를 이들로써 설명할 수 있어야 하는데, 현실은 그렇지가 못하다. 이렇게 확대된 의미의 문제까지를 제대로 설명할 수 있으려면 언어처리모형 안에는 그 동안에 뇌과학자들이 말해온 언어영역 이외의 영역이 필요한 만큼 설정이 되어야 하는데, 이것은 지금의 뇌과학의 수준으로는 감히 상상도 할 수 없는 일이다.

극단적으로 말해서 이들 모형들은 다음과 같은 문장의 의미의 문제와는 아무런 관계가 없는 것들이다. 예컨대 문장의 구조상 유사한 명제적 의미를 나타내고 있을 것 같은「I'm telling you.」와「You're telling me.」라는 말은 실제에 있어서는「정말이야.」와「다 알고 있어.」와 같이 서로 판이한 의미를 나타내게 되고, 또한「We are not out of the woods yet.」라는 말은 「숲에서 아직 나오지 않았다.」는 자의적인 의미 외에 「아직 곤란을 벗어나지 못했다.」는 은유적인 의미도 나타내게 되는데, 이들 모형들은 분명히 이런 현상까지를 설명하려는 모형은 아니다.

2) 두뇌의 조직이나 작동절차와 관련된 것

두뇌는 하나의 조직체이기 때문에 좌뇌의 피질에 있는 언어영역만이 독립적으로 움직인다는 것은 실제에 있어서는 절대로 있을 수 없는 일이다. 그리고 언어를 사용하는 경우에도 두뇌는 그것의 知情意의 기능을 다 수행하게 되어있지 그중 어느 한 가지만을 수행하게 되어있지 않다. 특히 여기에서 주목할 사실은 두뇌의 이들 세 가지 기능들은 서로 간에 밀접한 관계를 유지한 상태에서 수행되게 되어있다는 점이다. 이렇게 보자면 그동안에 제안된 언어처리모형들은 모두가 언어처리체계는 일종의 자율적이고 독립적인 체계라는 가정 하에서 만들어진 것들이라는 것을 당장 알 수가 있다.

이런 가정이 결국에는 잘못된 것이라는 것은 이들 두 언어처리모형은 하나같이 다음과 같은 몇 가지의 결정적인 한계성을 지니고 있다는 사실로써 익히 알 수가 있다. 그중 첫 번째 것은 이들로써는 언어처리도 일종의 인지적 작업이라는 사실을 설명할 수가 없다는 점이다. 물론 언어능력과 언어사용을 별개의 것으로 보려는 Chomsky 같은 통사론자는 언어처리가 일종의 인지적 작업이라는 사실을 인정하지 않을 것이다. 그렇지만 언어를 의사소통의 도구로 간주하려는 Van Dijk 같은 화용론자는 그렇지가 않다. 그는 의사소통 자체를 일종의 인지절차로 보며, 따라서 언어사용의 모형은 마땅히 인지적 모형이어야 한다고 생각한다. 그러니까 안타깝게도 뇌과학분야에서 내세워지고 있는 지금의 언어처리모형들은 통사론자들의 언어이론과도 잘 맞지 않을 뿐만 아니라 화용론자들의 언어이론과도 잘 맞지 않는 것들인 것이다.

그뿐만 아니라 이들 모형들은 심리학자나 심리언어학자들의 생각과도 잘 맞지 않는 것들이다. 예컨대 심리학들은 다른 인지적 작업에 있어서와 마찬가지로 언어처리에 있어서도 단기기억부와 장기기억부가 대단히 중요한 역할을 당당하게 된다는 생각한다. 그들은 단기 기억부는 언어 사용시에 문장 하나하나를 직접 처리하는 곳이니까 그 역할이 대단히 클 수밖에 없을 것이고, 또한 장기 기억부는 언어 사용시에 필요한 정보나 지식을 공급해주는 곳이니까 그 역할이 대단히 클 수밖에 없다고 보는 것이다. 그런데 이들 모형에서는 어떤 기억부도 언어처리의 거점으로 내세우고 있지 않다.

이들 모형들이 사실적인 언어의 모습을 설명하기에는 대단히 부적절한 것이라는 것을 비교적 쉽게 확인할 수 있는 방법 중 한 가지는 Van Dijk(1984)이 일찍이 「대화와 인지(Dialogue and Cognition)」라는 논문에서 제안했던 대화의 인지적 모형의 내용을 살펴보는 것이다. 그는 간단히 말해서 대화를 하나의 인지적 구조물로 보아야 한다는 견해를 가지고 있었던 것인데, 그 근거는 대화의 거의 모든 차원, 즉 아래와 같은 일곱 가지 차원에 있어서 인지력이 그것의 운용자의 역할을 하게 된다는 사실이었다.

1. 문장간이나 차례 사이의 음성적 및 음운적 연관성 유지
2. 개시어나 종결어, 통과어 등의 사용으로 어형적 및 어휘적 서순성 유지
3. 불완전문이나 반복문 등의 사용으로 통사적 연관성 유지와 문체적 일관성 유지
4. 문장간의 내포적 및 외연적 의미관계 유지
5. 문장들의 화용적 적절성 유지
6. 차례 지키기나 수사적 장치의 사용으로 상호교섭의 틀 유지
7. 제도적 제약이나 문화적 규칙, 참여자의 신분, 대화의 문맥 등으로 보아서의 대화의 사회문화적 적절성 유지(pp.1~2)

이들 두 모형들이 지니고 있는 두 번째 한계성은 이들로써는 언어는 본래의 통사적 기능과 의미적 기능 외에 지시적 기능과 같은 언어외적인 기능도 수행하게 된다는 사실을 설명할 수가 없다는 점이다. Luria의 말을 그대로 빌리면, 두뇌는 여러 개의 연결체적 체계로 이루어져있는 탓으로 언어처리의 작업은 그것 자체로 끝나는 것이 아니라 그것은 으레 일정한 행동이나 동작을 유발시키거나 금지시키는 기능도 같이 수행하게 되는데, 이를 위한 조건은 바로「신경절차의 강도와 균형성, 유동성이 유지되어서 고도의 신경활동이 이루어지도록」하는 것이다. 그런데 이들 두 모형들은 하나같이 이와 같은 뇌 전체의 움직임이나 조건에 대해서는 아무런 중요성도 부여하지 않고 있다(p.353).

그가 특이하게도 언어의 기능을 통사적인 것과 의미적인 것, 지시적 내지는 화용적인 것 등의 세 가지로 보게 된 것은 몇십 년에 걸친 어린이와 파킨슨 병 환자들을 대상으로 한 실험의 결과가 그렇게 나왔기 때문이었다. 그런 실험중의 한 가지가 바로 그가 (1968)「발달과 해체에 있어서의 언어의 지시적 기능, 제2부(The directive function of speech in development and dissolution, Part II)」라는 논문에서 밝힌 파킨슨 병 환자들을 대상으로 한 실험이다. 이들 실험은 실제로는 30여 년 전에 실시되어서 그 내용이「인간충돌의 성격(The nature of human conflicts)」이라는 책에서 소개되었던 것인데, 이번에 여기에서 다시 자기의 언어처리이론의 근거로 그들을 제시하고 있는 것이다.

파킨슨병이란 피질하부에 있는 운동부위가 손상을 입은 나머지 수의적 운동을 전혀 할 수 없게 된 병이다. 그런데 그가 보기에는 이 병에 걸린 사람들의 피질 안에 있는 운동영역에 어떤 이상이 있는 것은 아니니까, 운동의 중심기능부의 위치가 피질하부에 있는 기구로부터 피질에 있는 기구로 옮겨지게 된다면 사정은 달라지게 마련이었다. 물론 그렇게 할 수 있는 방법은 언어적 지시에 따라서 어떤 동작이나 운동을 하게 하는 것이었다. 이런 가정이 타당한 것이라는 것은 다음과 같은 간단한 실험을 통해서 실증될 수 있었다.

이 실험은 환자 한 사람에게 모두 세 가지의 서로 다른 형태의 행동적 지시를 차례대로 내려서 그 반응을 보는 것이었다. 첫 번째 지시는 단순한 리듬에 맞게 손가락으로 책상을 두들겨 보라는 것이었는데, 전체적인 근육의 긴장도가 바로 상승되는 바람에 그의 동작은 20에서 30초 사이에 멎어버렸다. 그 다음으로 두 번째 지시는 「지금! 지금!」이라는 언어적 신호에 따라서 손가락을 두들기라는 것이었는데, 이때의 그의 동작은 피질에 있는 영역들의 규제를 받는 것이어서 꽤 오래 지속될 수 있었다. 마지막으로 세 번째 지시는 실험자의 질문을 듣고서 손가락의 두들김으로 대답을 대라는 것이었는데, 예컨대 「자동차에는 바퀴가 몇 개 있지요?」나 「콤파스에는 끝이 몇 개 있지요?」와 같은 질문에 각각 네 번과 두 번씩 손가락을 두들기는 식으로 그는 손가락을 움직이는 데 아무런 어려움을 보이지 않았다. 이것은 곧 그의 운동체계가 그의 언어체계의 일부가 되게 되면 그 기능이 정상화된다는 것을 말해주고 있었다(p.355).

그러나 그는 이 첫 번째 실험의 결과를 가지고서 언어에는 지시적 기능도 있다는 주장을 강력히 내세우기에는 자신이 없었다. 그 이유는 이것에서 피질 자체에 이상이 있는 경우에도 언어는 지시적 기능을 수행하게 되는가라는 더 중요한 질문에 대한 대답을 얻을 수는 없기 때문이었다. 그 숙제는 그런데 그 후 30여 년 만에 Homskaja에 의한 일련의 실험에 의해서 해결되었다. 실험의 대상자는 대뇌무력증에 걸린 어린이었는데, 이런 환자들의 특징은 신경절차의 강도와 균형성을 잃은 나머지 과도한 행동을 억제할 능력을 가지고 있지 못하다는 것이었다.

이중 첫 번째 실험은 나이가 9세와 12세인 두 명의 대뇌무력증 환자들을 대상으로 하여 손에 고무 벌브를 쥐어준 다음에 붉은 빛이 비치면 그것을 누르고, 푸른 빛이 비치면 그것을 누르지 말라는 지시를 하고서 실행상태를 관찰하는 것이었다. 두 신호간의 간격을 길게 하면서 그들을 천천히 비춰주게 되면 이들은 지시대로 움직이는 데 아무런 어려움을 겪지 않았다. 그렇지만 이들 신호들이 일단 빠르게 비춰지게 되면 상황은 급속히 바뀌었다. 이들은 자주 「또 틀렸군!」하면서 푸른 신호에도 벌브를 누르는 것이었다.

이것에 이은 두 번째 실험은 동일한 절차의 반응을 이번에는 「눌러」와 「누르지 마」라는 언어적 반응과 같이 하게 하는 것이었다. 다시 말해서 여기에서의 지시는 붉은 빛이 비치면 「눌러」라는 말을 하면서 벌브를 누르고, 푸른 빛이 비치면 「누르지 마」라는 말을 하면서 그것을 누르지 말라는 것이었다. 이것의 결과는 예측대로 긍정적이었다. 즉, 피실험자들은 더 이상 첫 번째 실험에서와 같은 실수나 잘못을 저지르지 않았다. 이런 결과는 그들의 언어적 반응과 동작적 반응이 하나로 통합된 데서 비롯되는 것으로 판단되었는데, 그것의 근거로는 이들 명령문을 「알겠다. 알겠다.」라는 단조로운 말로 바꾸었더니 다시 실수나 잘못을 저지르게 되었다는 사실을 들 수 있었다(p.357).

마지막인 세 번째 실험은 두뇌의 전체적인 기능이 대뇌무력증 환자보다 훨씬 더 떨어져있는 나이가 10세인 정신박약아를 대상으로 한 것으로서, 그 절차는 우선 충분이 일종의 습관이 형성되었다고 판단될 수 있을 때까지 피실험자에게 느린 속도로 붉은빛에는 벌브를 누르고 푸른빛에는 누르지 않는 훈련을 시킨 다음에, 이것과 정반대의 동작, 즉 붉은 빛에는 벌브를 누르지 않고 푸른빛에는 누르는 동작을 시켜보는 것이었다. 실험의 결과 정상아나 대뇌무력증 환자라면 아주 쉽게 할 수 있는 이 과제를 피실험자는 제대로 할 수 없다는 사실이 밝혀졌다.

대뇌무력증 환자의 경우처럼 이 환자도 언어행위의 도움으로 동작의 비정상성을 어느 정도까지는 극복할 수 있지 않을까 하는 생각에서 관련된 실험을 실시해 보았는데, 그 결과는 역시 부정적이었다. 먼저 그에게 붉은 신호에는 「누르지 마」라고 말하고 푸른 신호에는 「눌러」라고 말하는 식으로 반응을 동작적인 것으로부터 언어적인 것으로 바꾸도록 했는데, 그 결과는 여전했다. 그 다음에는 그로 하여금 말과 동작을 같이 하는 절차, 즉 푸른 신호가 나오면 「눌러」라는 말과 함께 벌브를 누르고, 붉은 신호가 나오면 「누르지 마」라는 말과 함께 그것을 누르지 않는 절차를 밟게 했는데, 결국에는 이런 절차 자체가 그에게는 너무 버거운 절차라는 사실이 드러났다(p.360).

이상과 같은 일련의 실험들을 통해서 그는 크게 두 가지 사실을 확인할 수 있었다. 첫 번째로 그는 언어처리는 하나의 독립적인 작업이 아니라 다른 작업과 밀접하게 연관되어 있는 작업이라는 것을 확인할 수 있었다. 구체적으로 그는 언어에는 신체적 동작의 수행을 강화하는 기능, 즉 지시적 기능도 있다는 것을 확인할 수 있었다. 두 번째로 그는 두뇌가 제대로 작동하려면 으레 신경절차의 강도와 균형성, 유동성이 일정하게 유지되어야 한다는 사실을 확인할 수 있었다. 결국 그의 연구가 밝혀낸 것은 두뇌는 언제나 부분적으로 아니라 전체적으로 우직이게 되어 있다는 점이었다. 그런데 이들 모형에서는 이런 점이 전혀 고려되어 있지 않다.

이들 두 모형들이 가지고 있는 세 번째 한계성은 이들로써는 언어처리 시의 의지력의 역할에 대해서는 어떤 설명도 할 수가 없다는 점이다. 일단 의지력을 어떤 반응이나 행동을 수의적으로 선택하거나 추진하는 정신적 능력으로 정의하고 보자면, 우리는 우리 자신들의 내성적 방법만으로도 언어처리가 일종의 의지적 작업이라는 것을 익히 알 수가 있다. 예컨대 어린이가 우유를 먹고 싶을 때 우유병에 손을 내미는 것도 그의 의지에 의한 행위이듯이, 그가 입으로 「우유 줘.」라고 말하는 것도 그의 의지에 의한 행위인 것이다.

물론 엄밀하게 따지자면 언어가 일반적으로는 수의적 행위이지만 때로는 반사적 행위일 수도 있다고 주장할 수가 있다. 우선 누군가가 길에서 「안녕하세요」라고 말하는 경우나, 심지어 전철에서 어느 두 사람 간에 오가는 말이 들리는 경우에 언어처리절차는 반사적으로 수행된다고 보아야지 수의적으로 수행된다고 볼 수는 없다. 그러나 이들과 정반대의 경우도 있을 수 있다. 예컨대 우리는 똑같은 말을 정상적인 목소리로 말할 수도 있지만 상황에 따라서는 고함소리로나 속삭이는 소리로 말할 수 있고, 또한 다른 사람의 말을 건성으로 들을 수도 있는가 하면 두 귀를 곤두세워서 경청도 할 수가 있으며, 또한 같은 글을 아주 빠르게 속독을 할 수도 있는가 하면 아주 느리게 정독을 할 수도 있다. 그리고 일반적으로는 듣기보다는 말하기가 더 의식적인 일이고 읽기보다 쓰기가 더 의식적인 일로 알려져 있다.

이런 예들을 통해서 우리는 우선 의지력과 관련해서 첫 번째로 부딪히게 되는 문제는 바로 그것의 강도의 문제라는 것을 알 수가 있다. 물론 이것은 결코 쉬운 문제가 아니다. 그러나 편의상 일단 그것을 약, 중, 강의 세 가지로 나누어 볼 수는 있다. 먼저 약한 강도의 의지력이 작용하는 경우란 거의 반사적으로나 자동적으로 언어처리가 이루어지는 경우이다. 길에서 인사말을 주고받는 경우나 새로 생긴 가게의 간판을 읽는 경우 등이 바로 그런 경우이다. 그 다음으로 중간 정도의 의지력이 작용하는 경우란 일정한 주의력과 동기가 주어진 상태에서 언어처리가 이루어지는 경우이다. 우리가 일상적으로 하고 있는 대화가 바로 이런 상태에서 언어처리가 이루어지는 경우이다. 마지막으로 강도가 높은 의지력이 작용하게 되는 경우란 두뇌가 고도로 긴장된 상태에서 언어처리가 이루어지는 경우이다. 어떤 문제를 놓고서 서로 간에 말싸움을 하는 경우나, 교수가 강의를 하는 경우, 작가가 소설을 쓰는 경우 등이 바로 이런 경우들이다.

이런 예들을 통해서 우리는 의지력과 관련해서 두 번째로 다루게 되는 문제는 그것의 실체에 관한 것이라는 것을 알 수가 있다. 솔직히 말하자면 전문가인 심리학자들마저도 우리의 직감이나 내성을 통해서 우리가 알고 있는 것 이상을 알고 있다고 말할 수가 없을 정도로 의지력은 여전히 미지의 대상으로 남아 있는데, 그 이유는 이것은 너무나 추상적이고 포괄적인 개념이어서 지력이나 정서력과 같이 관찰이나 실험을 쉽게 할 수 없기 때문이다. 예컨대 농구공을 던져서 바스켓에 들어가게 하는 실험에서 일정한 목적의식을 갖고서 그렇게 하는 경우가 그냥 그렇게 하는 경우보다 더 좋은 성적을 냈다고 한다면, 실험자는 이를 통해서 집중력이나 동기부여의 중요성을 알게 되었다고 말하지 의지력의 중요성을 알게 되었다고는 말하지 않는다. 간단히 말해서 의지력이란 술어 자체가 하나의 철학적인 것이지 심리학적인 것은 아니다.

그런데 의지력은 단독으로 작동하는 것이 아니라 인지력이나 정서력과 밀접히 연관된 상태에서 작동한다. 다시 말하면 지정의의 세 능력은 서로 엉켜 있어서 한편으로는 인지력과 정서력은 으레 의지력의 원천능력이 되고 있기도 하고 다른 한편으로는 그것에 의해서 통제를 받고 있기도 하다. 예컨대 한 개인이 심한 공포감에 사로잡히게 되면 강한 의지력이 생기기도 하고, 반대로 의지력이 완전히 상실되기도 한다. 그러나 경우에 따라서는 그의 강한 의지력으로 공포감을 억제할 수도 있다. 인지력과 의지력의 관계도 마찬가지여서, 어떤 상황이나 사실에 대한 인지적 분석과 판단이 기초가 되어서 강한 의지력이 발동되기도 하지만, 거꾸로 강한 의지력에 의해서 인지적 작업의 효율이 높아질 수도 있다. 결국 의지력의 실체는 이래서 파악이 어려운 것이다.

그런데 사실은 의지력이라는 개념은 뇌과학자들에 의해서도 쓰이고 있지 않는데, 그 이유는 일단 두뇌 내에 그것을 전담하는 부위를 설정하는 일부터가 현재로서는 대단히 어려운 일이기 때문이다. 이 점에 있어서 의지력은 정서력이나 인지력과 아주 대조적이다. 예컨대 대부분의 뇌과학자들은 오늘날 정서력의 전담부위는 변연계내의 시상과 편도체, 해마상 융기 등인데 반하여 인지력의 그것은 전두엽의 피질이라고 보고 있다. 특히 이들은 정서력을 전담하는 부위들은 갖가지 동작이나 행위들을 위해서 동기를 부여하고 신체조직간에 항상성을 유지하는 기능도 수행하고 있다고 본다. 결국 이렇게 보자면 이들은 현재 인지력과 정서력의 전담부위를 알고 있다는 말은 물론이고, 더 나아가서는 변연체계내의 여러 부위들은 바로 의지력의 전담 부위도 되는 것 같다는 말을 할만도 한데, 그렇게는 절대로 하지 않는다. 간단히 말해서 이들은 아직은 의지력의 전담부위를 찾지 못한 것이며, 따라서 이 분야에서 그런 개념 자체가 쓰이지 않는 것은 너무나 당연한 현상인 것이다.

그렇지만 심리학이나 뇌과학이 생겨나기 훨씬 이전에 이미 철학에서는 의지적인 것을 두뇌의 3대 기능 중 하나로 보았었다. 그리고 우리는 자신의 언어사용시의 심리작용에 대한 내성만으로도 이런 철학자들의 생각이 틀린 것이 아니라는 것을 익히 알 수가 있다. 다시 말하자면 우리는 우리들 스스로의 경험에 의해서 두뇌 내에서의 언어처리는 반사적이거나 피동적인 작업이 아니라 의지적이고 능동적인 작업이라는 것을 쉽게 알 수가 있다. 그러니까 일단은 뇌과학에서도 의지력은 두뇌 전체에서 관장된다는 정도의 가정을 내세우는 것이 바람직한 일이다.

물론 무엇보다도 중요한 사실은 의지력의 존재와 역할을 인정하고 나면 지금까지 제안된 것보다 훨씬 더 합리적인 언어처리 절차를 설정할 수 있게 된다는 점이다. 예컨대 Wernicke의 모형이나 Damasio 부부의 모형으로는 언어를 처리하는 데는 각 부위나 영역이 차례대로 움직이는 일종의 연속적인 절차뿐만 아니라 여러 부위나 영역이 동시에 참여하는 일종의 병렬적인 절차도 쓰이게 될 것이라는 사실을 추리할 수가 없다. 다시 말하자면 그들로써는 예컨대「The house raced past the barn fell.」과 같은 이른바「정원통로 효과문」들이 어떻게 제대로 처리되게 되는가, 아니면「He does not speak to anybody.」라는 문장의 의미는「anybody」에 강세를 주느냐 주지 않느냐에 따라서 달라진다는 사실을 제대로 설명할 수가 없다(강세를 주면 그것은「누구하고도」라는 의미를 나타내지만 그렇지 않으면 그것은「정해진 사람 아니고서는」라는 의미를 나타낸다(Carlson, 1984: p.324).).

더 구체적으로 말하자면, 첫 번째 예문이 제대로 처리될 수 있으려면 어휘의 의미를 처리하는 베르니케 영역과 문장의 구조적 문제를 처리하는 브로카 영역이 서로 정보를 교환할 수 있게 동시에 작동되고 있어야 될 것이고, 또한 두 번째 예문이 제대로 처리될 수 있으려면 이들 두 영역 외에 발음문제를 처리하는 운동영역도 서로 간에 정보를 교환할 수 있게 동시에 작동되고 있어야 될 것인데, 이렇게 되기 위해서는 언어처리시에 쓰이는 신경회로에 전체가 동시에 일정한 신호에 따라서 활성화되는 특성이 있어야 할 것이다. 이것은 곧 언어처리 때는 뇌의 어느 부분만이 아니라 그 전체가 움직이게 된다는 말이나 같은 말인데, 이것을 가능하게 하는 것은 결국 언어 사용자의 의지력이라고 볼 수가 있다.

제3장 실어증 연구의 양면성

1. 언어와 뇌의 관계에 대한 연구를 주도해 온 연구

언어와 뇌의 관계에 대한 연구의 효시는 Broca의 「Leborgne(Tan)」이라는 실어증 환자에 대한 연구였다는 사실만큼 언어와 뇌의 관계에 대한 연구와 실어증 연구 간의 불가분적인 관계를 단적으로 설명해주고 있는 것은 없다. 왜냐하면 그가 이렇게 해서 일찍이 「브로카 영역」을 발견한 것이 계기가 되어서 언어와 뇌의 관계에 대한 연구가 정식으로 시작된 데다가, 그 후 오늘날에 이르기까지 변함없이 그의 연구방법은 이 연구의 주된 연구방법으로 자리잡고 있기 때문이다. 예컨대 그동안에 이 분야를 하나의 학문으로 키우는 데 크게 기여를 한 뇌과학자치고 넓은 의미에서의 실어증 연구자가 아닌 사람은 하나도 없었다.

그런데 사실은 이러다 보니까 실어증학이라는 학문명은 생기게 되었으면서도 언어와 뇌의 관계에 대한 그것은 생겨나지 않는 식의, 주객이 전도되는 현상이 나타나기도 했다. 그러니까 굳이 따지자면 실어증에 대한 연구가 그동안 내내 이어져 온 것은 그것 자체의 학문적 존재이유와 필요성 때문이었지, 크게는 뇌과학이나 신경학의 발전을 위해서나, 작게는 언어와 뇌의 관계에 대한 연구의 발전을 위한 것은 아니었던 것이다. 그게 그렇다는 것은 예컨대 1874년에 Wernicke가 처음으로 베르니케 실어증을 일종의 청각적 이해의 장애증으로 규정한 이래 그것의 정당성을 실증하려는 연구가 1981년의 Baker 등에 의한 것처럼 100년 뒤에까지도 계속되거나 또는, 1947년에 Luria가 처음으로 「외상성 실어증(Traumatic aphasia)」이라는 책을 내자 1961년에는 Russell과 Espir가 같은 서명의 책을 내는 식으로 실어증 연구의 학문적 연계성이 유지되고 있다는 사실로써 익히 알 수가 있다.

그렇지만 그동안에 실어증에 대한 연구가 비록 의도적이었던 것은 아닐지라도 뇌과학이나 신경언어학과 같은 상위적인 학문의 기초를 다지고 그것의 발전을 이끌어왔다는 것은 부인할 수 없는 사실이다. 그러니까 공교롭게도 실어증학은 하나의 목적적 학문으로서의 가치보다는 하나의 도구적 학문으로서의 가치가 더 크게 인정받을 수밖에 없는 운명을 타고난 셈인데, 그 이유는 물론 뇌과학이나 신경언어학에서 쓸 수 있는 고증적인 자료나 사실치고서 어떤 기준으로 보아서도 실어증 환자에 대한 연구를 통해서 얻은 것 만한 것은 없기 때문이었다.

이 연구의 이런 간접적인 기여성은 특히 최근에 이르러 언어와 뇌의 관계에 연구가 하나의 최신의 학문적 과제로 부상하게 되면서 더욱 그 가치를 인정받게 되었다. 언어학도 하나의 첨단학문이고 뇌과학도 하나의 첨단학문인데, 앞으로 이들 두 학문의 발전을 도모할 수 있는 과제가 바로 이것인 것으로 판단되었기 때문에 이런 현상이 일어나게 된 것인데, 우연히도 그동안의 실어증에 대한 다양한 연구결과는 언어학자나 뇌과학자가 이 과제와 관련된 기본 이론들을 세우는 데 기초자료가 될 수 있었던 것이다. 그러니까 만약에 실어증에 대한 연구가 지난 150여 년 동안에 걸쳐 지금의 수준으로까지 발전되지 않았더라면 Chomsky 같은 언어학자가 아무리 이 과제의 중요성을 강조하고 나서도 지금과 같이 빠른 시일 안에 뇌과학이나 신경언어학의 핵심 과제로 자리잡지는 못했을 것이다.

이런 주장이 틀린 것이 아니라는 것은 앞에서 이미 살펴보았듯이 이 과제와 관련하여 그동안에 성취한 연구 업적들이 모두 다 실어증에 대한 연구결과를 바탕으로 해서 이루어진 것이라는 사실로써 쉽게 확인될 수 있다. 예컨대 오늘날 뇌과학자나 신경언어학자들이 이 과제에 대한 연구 업적 중 제일 기념비적인 것으로 내세우고 있는 「측위화의 이론」이나 「모듈성의 이론」, 「언어의 종 특이성의 이론」 등은 모두가 실어증에 대한 연구결과를 근거로 해서 만들어진 것들이다. 물론 Chomsky의 언어이론이 이 일에 적지 않게 도움을 준 것은 사실이다. 그러나 이런 도움은 어디까지나 도움일 따름이었지 그것이 도출된 이론의 주된 근거가 될 수는 없었다.

또한 오늘날 이 분야에서 Geschwind의 것이나 Damasio 부부의 것과 같은 언어학적으로나 심리언어학적으로 보아서 아주 그럴싸해 보이는 언어처리 모형들이 제안될 수 있게 된 것도 그 동안에 실어증에 대한 연구가 꾸준히 계속되어 왔기 때문이었다. 그동안의 언어처리체계의 발달과정이 크게 국부주의적인 단계로부터 시작하여 결합주의적인 단계를 거쳐서 전체론적인 단계에 이르는 식으로 된 것도 따지고 보자면 그동안의 실어증 연구의 역사가 그대로 반영된 것에 지나지 않는다. 이런 사실로 미루어 볼 때 엄밀한 의미에서 볼 것 같으면 하나의 구도나 시안에 불과한 지금의 모형들이 보다 충실하고 완성된 것으로 앞으로 발전될 수 있게 하는 것도 결국은 실어증에 대한 연구일 것이다.

그런데 지금까지의 역사로 보았을 때 실어증 연구가 진정한 의미에서 언어와 뇌의 관계에 대한 연구에 기여한 것은 연구자들로 하여금 이 과제의 난삽성을 미리 알아차리게 한 것이라고 볼 수가 있다. 실어증 연구가 그동안에 외견상으로는 하나의 독립된 학문을 출발시킬 수 있을 만큼 큰 업적을 이룩한 것 같지만, 실제로는 이 연구의 시발점이었던 브로카 실어증에 대한 연구도 아직 제대로 마무리된 것이 아니다. Brain(1968)이 예컨대 「브로카 실어증의 성격은 아직도 불확실하다. 그것은 중앙어휘기구와 운동음운기구를 중개하는 생리적 조직의 파손에서 비롯되는 것 같은데, 브로카 실어증이 운동불능적 실구어증이나 중앙실어증이나 또는 이들 모두와 결합되어 있는 경우가 대단히 흔할 것이 분명하다.」와 같은 말을 한 것이 지금으로부터 약 40년 전인데, 지금에 와서도 그것에 대해서 이보다 덜 애매한 말을 할 수 있는 사람은 하나도 없다(p.330).

실어증 연구가 이런 상태에 이르게 된 것은 두말할 필요도 없이 본래부터 실어증에는 난해성의 속성이 있기 때문이다. 아마도 대부분의 연구자들은 실어증 연구가 이런 상황에 이르게 된 것을 1) 우선 근본적으로는 실어증은 일종의 생리적 현상이 아니라 심리적 현상인 데다가, 2) 실어증의 종류가 대단히 많고 그 증상이 다양하며, 3) 손상된 뇌의 부위를 정확히 해부학적으로나 생리학적으로 파악하기가 쉽지 않고, 4) 실어증 환자에게서 얻은 언어자료를 언어조직별로 분석하기가 쉽지 않으며, 5) 실어증 환자의 나이를 비롯한 신체적 조건이 동일하지가 않고, 6) 연구자가 생리학자냐 임상병리학자냐에 따라서 연구방향이 달라진다는 사실 등을 알게 되면서 너무나 당연한 일로 받아들일 것이다.

그런데 한 단계 더 근원적으로 따져보면 이 연구에 난해성의 속성이 있는 것은 궁극적으로는 이것은 뇌과학과 언어학의 발달로 이제 겨우 그것의 대강만이 알려지게 된 뇌의 조직과 언어의 구조에 대한 연구나 다름이 없기 때문이다. 다시 말해서 뇌의 조직이나 기능이 지극히 복잡하고 난해한데다가, 언어의 조직이나 기능도 그에 못지않게 복잡하고 난해한 이상 실어증 연구가 지금과 같은 혼돈의 시기를 맞이하게 되는 것은 하등 이상한 일이 아닌 것이다.

이렇게 보자면 이 연구의 역사와 현황은 언어와 뇌의 관계를 연구하려는 연구자들에게 이미 가장 중요한 명제를 터득시켰다고 볼 수가 있는데, 그것은 바로 그것의 난삽성에 관한 것이다. Chomsky는 일찍이 언어학에서 그동안에 획득한 지식이 대단한 것인 이상 이 연구는 앞으로 큰 어려움 없이 진첩될 것이라고 생각했고, 또한 Jackson(1988) 같은 신경언어학자는 일찍이 「지금까지 이 분야에서 얻은 자료들은 언어이론의 주장을 평가할 수 있는 근거로 쓰일 수 있을 것」이라는 말을 하기도 했다. 그러나 이 연구의 지금의 현황을 정확히 파악해 본 사람이라면 이런 생각이나 말은 모두가 한낱 개인적인 바람에 불과한 것이라는 것을 당장 알아차릴 수 있다. 역시 작게는 이 연구이고, 크게는 뇌과학이나 신경언어학의 앞길이 생각만큼 평탄할 수 없으며, 따라서 학문적 성과에 대해서 조급한 기대를 거는 것은 바람직한 일이 아니라는 것을 연구자들에게 미리 가르쳐 준 것이 실어증 연구가 이들 학문의 발전에 기여한 것 중 제일 큰 것인 것이다(p.269).

2. 현황

(1) 분류법

실어증 연구의 현황을 우선 개관적으로 파악할 수 있는 방법은 지금까지 밝혀진 실어증의 종류와 그들 하나하나의 원인과 증상을 살펴보는 것이다. 그런데 사실은 이 일 자체가 실어증 연구가 현재 얼마나 혼돈스런 상태에 있는가를 단적으로 보여줄 수 있을 만큼 복잡한데, 그 이유는 분류의 기준과 대상이 사람과 시기에 따라서 바뀌어 왔기 때문이다. 예컨대 양대 실어증이라 할 수 있는 브로카 실어증과 베르니케 실어증은 뇌의 손상된 부위를 기준으로 해서 분류된 것이지만 失名症과 실문법증은 언어적 조직에 따라서 분류된 것이다. 또한 실어증 연구에서는 실독증과 실서증처럼 문자언어의 사용에 있어서의 장애증도 실어증의 종류에 넣고 있다. 더 나아가서는 사람에 따라서는 양대 실어증을 주된 증상에 따라서 각각 표현적 실어증과 이해적 실어증이라고 부르기도 한다.

그런데 실어증 연구자 중에는 이상과 같은 일차적 분류에 만족하지 않고서 이차적 분류의 필요성을 내세우는 사람도 적지 않게 있다. 그런 예중 대표적인 것으로는 실명증을 다시 어휘산출 실명증과 어휘선택 실명증, 특수어 실명증 등으로 세분하는 것이나, 실서증을 다시 전두엽 실서증과 두정엽 실서증으로 나누는 것을 들 수가 있다. 또한 사람에 따라서는 실독증을 표층실독증과 심층실독증으로 나누기도 하고, 문법이상증을 실문법증과 대립시키기도 한다. 물론 이런 세분화의 현상은 실어증학이 크게 발달해서 나타난 현상이라기보다는 실어증의 증상이 대단히 복잡하기 때문에 나타나게 된 현상으로 보는 것이 맞는 일이다.

사정이 이런 탓으로 오늘날 비교적 널리 쓰이고 있는 실어증에 대한 분류법은 크게 전통적인 것과 현대적인 것의 두 가지로 나뉠 수가 있다. 전통적인 분류법을 대표하고 있다고 볼 수 있는 것은 Crystal(1987)이 「캠브리지 언어 백과사전(The Cambridge encyclopedia of language)」에서 제시한 것으로서, 이것에서는 문자언어와 관련된 실독증과 실서증을 제외하면 브로카 실어증과 베르니케 실어증, 전체적 실어증의 세 가지가 실어증의 종류로 내세워지고 있다. 한마디로 말해서 전통적인 분류법이란 실어증의 종류를 최대한으로 줄인 분류법인 것이다.

전통적인 분류법과는 정반대쪽에 있는 것이 바로 현대적인 분류법인데, 이것을 대표하고 있다고 볼 수 있는 것은 Garman(1990)이 「심리언어학(Psycholinguistics)」에서 제시한 것이다. 그런데 사실은 그가 여기에서 제시하고 있는 분류법은 1979년에 Kertesz가 「실어증과 연관된 장애(Aphasia and associated disorders)」라는 책에서 제안했던 것이다. 그렇지만 Kertesz의 분류법을 그의 여러 가지 실험의 결과를 인용하면서, 「오랜 혼돈기를 거쳐서 최근에 형성된 주류적인 전통의」 일부로 보는 점으로 보아서 그가 이것을 최상의 것으로 받아들이고 있다는 것은 의심할 여지가 없다(p.426).

이 분류법에서는 실어증이 문자언어와 관련된 것들을 제외하고서 모두 여덟 가지로 나뉘어져 있는데, 흔한 실어증의 범주에 드는 전체적 실어증과 브로카 실어증, 베르니케 실어증, 실명증 등의 네 가지와 드문 실어증의 범주에 드는 고립실어증(혼합 피질횡단실어증)과 피질횡단 운동실어증, 피질횡단 감각실어증, 전도실어증 등의 네 가지가 그들이다. 그러니까 이 분류법이 Crystal이 제안한 분류법과 차이가 나는 점은 흔한 범주에 드는 실어증의 가짓수가 넷으로 하나 늘었다는 점과, 드문 실어증의 범주에 드는 네 가지 실어증이 그들에게 더 추가되었다는 점이다.

이렇게 보자면 결국 이들 두 분류법 중 어느 것이 더 많이 실어증 연구의 현황을 파악하는 데 도움을 줄 수 있는 것인가를 판단하기 위해서는 더 추가된 다섯 가지의 실어증들이 실제로 어떤 것들인가를 알아보면 된다는 말이 된다. 다시 말하면 만약에 그들 다섯 가지 실어증들이 하나같이 3대 실어증과 굳이 구별할 필요가 없거나 아니면 구별하기가 아주 어려운 것으로 밝혀진다면 우리의 판단은 당연히 Crystal이 제안한 것 쪽으로 내려지게 마련인 것이다. 그런데 결론부터 말하자면 우리의 예측이 정확한 것으로 판명되었다.

먼저 주요 실어증의 한 가지로 내세워진 실명증에게 과연 그럴만한 자격이 있는 것인가를 살펴보자면, 다음과 같은 다섯 가지 사실로써 그럴만한 자격이 없다는 것을 알 수가 있다. 첫 번째로 이것의 원인으로 보통 좌반구의 각상회의 손상을 내세우는데, 그렇다면 각상회의 기능은 베르니케 영역의 기능과 겹쳐 있다는 말이 된다. 그리고 실제에 있어서는 이것은 두뇌내의 어느 곳에 손상이 있어도 나타나는 증상이다. 두 번째로 적절한 명사를 대지 못하는 증상은 일종의 보편적인 증상이기 때문에 이것을 브로카 실어증이나 베르니케 실어증과 같은 주요 실어증과 제대로 구별하기가 대단히 어렵다. 예컨대 Geschwind(1972)는 베르니케 실어증의 대표적인 사례로「Before I was in this one here, I was over in the other one. My sister had the department in the other one.」을 들었었는데 따지고 보자면 이것은 실명증의 사례일 수도 있다(p.78). 세 번째로 실어증을 나누는 데는 발음을 위시하며, 동사와 같은 다른 품사의 어휘, 문법, 문장 등도 기준이 될 수 있는데, 굳이 명사만을 기준으로 삼는다는 것이 합리적이지 못하다. 네 번째로 이 증상은 개념설정의 능력에 이상이 있어서 생기는 것인지, 아니면 언어화의 능력에 이상이 있어서 생기는 것인지를 식별하기가 어렵다. 다섯 번째로 이 증상은 일반적으로 말하기나 쓰기와 같은 표현적인 언어능력에 국한되어 나타난다.

그 다음으로 희소실어증이라는 범주로 묶여진 네 가지 실어증들이 과연 주요 실어증들과는 별도로 설정될만한 자격들이 있는지 살펴보면, 우선 전도 실어증의 경우, 다음과 같은 세 가지 사실로써 그럴만한 자격이 없다고 볼 수가 있다. 첫 번째로 이 실어증의 증상은 크게 보았을 때 브로카 실어증이나 베르니케 실어증의 그것과 아주 유사하다. 예컨대 이 실어증에 걸린 사람의 말하기의 능력은 베르니케 실어증 환자의 그것처럼 적절한 낱말을 대는 데 어려움을 겪거나 때때로 억양형이 정상적인 것이 아니라는 점 등을 제외하고는 정상인들의 것에 가깝다. 그리고 그의 듣기의 능력은 브로카 실어증 환자의 그것처럼 정상적이다.

두 번째로 이 실어증은 브로카 실어증과 베르니케 실어증만큼 병적인 증상이 심하지도 않을뿐더러 자주 나타나지도 않는다. 다시 말하자면 이 실어증에 걸릴 사람은 브로카 실어증 환자나 베르니케 실어증 환자와는 다르게 정상인들과 정상적인 대화를 나눌 수 있다. 세 번째로 이 실어증의 원인영역이 브로카 영역이나 베르니케 영역만큼 중요한 영역이 아니다. 이것은 전도실어증이라는 이름이 잘 말해주고 있듯이 브로카 영역과 베르니케 영역을 잇고 있는 궁형색에 이상이 있게 되면 생겨나는 병이다. 또한 손상된 부위가 실비우스 열구 일대에 있다고 해서 일부 연구자들이 이것을 주요 실어증의 한 가지로 보려고 하는 것도 사실이다. 그러나 최근에는 그 원인 영역을 베르니케 영역 근처로 보아야 한다는 주장도 나오고 있는데, 이런 사실로 미루어 보아서도 이 실어증을 따로 독립시키지 않고서 베르니케 실어증이나 브로카 실어증의 일부로 보는 것이 크게 잘못된 것이 아님을 알 수가 있다.

두 번째로 피질횡단 운동실어증의 경우를 살펴보면, 다음과 같은 세 가지 사실로써 이것은 그럴만한 자격이 없다고 내세울 수가 있다. 첫 번째로 이것의 증상은 브로카 실어증의 증상과 거의 같은 데다가 이것의 발생률은 아주 낮다. 예컨대 브로카 실어증 환자와 마찬가지로 이것의 환자도 듣기의 능력에는 아무런 이상이 없고 단지 말하기의 능력에 있어서만 말을 시작하는 데 약간 힘들어한다든가 말하는 도중에 자주 말을 더듬거나 반복하는 경우가 생기는 식으로 약간의 비정상성을 보인다. 브로카 실어증이 그렇듯이 결국은 이것도 이름 그대로 일종의 운동실어증인 것이다.

그 다음으로 이것의 원인 영역은 브로카 영역과 아주 가까우면서 전두엽을 횡단하는 두 영역으로 알려져 있다. 원인영역의 위치가 브로카 영역과 아주 가까운 곳이라는 것은 우선 이곳만이 독립적으로 손상을 입기보다는 브로카 영역과 같이 손상을 입을 가능성이 높다는 것을 의미한다. 그리고 만약에 이 곳만이 독립적으로 손상을 입었다고 하면 그것은 곧 언어 처리의 기본영역에 어떤 이상이 생긴 것은 아니라는 의미가 되어버린다. 세 번째로 이것의 증상은 브로카 실어증으로부터 회복되는 과정에 자주 나타나는 것으로 알려져 있다. 이런 사실로 미루어 보았을 때 이것을 일종의 경증 브로카 실어증으로 보아도 큰 무리가 없음을 알 수가 있다.

세 번째로 피질횡단 감각실어증의 경우를 살펴보면, 이것에서도 바로 앞에서 내세웠던 것과 같은 성격의 사실들이 발견될 수가 있다. 첫 번째로 이것의 증상은 베르니케 실어증의 그것과 크게 다르지 않는데다가, 이것의 발생률은 상대적으로 아주 낮다. 쉽게 말해서 이것은 피질횡단운동실어증과 일종의 대칭을 이루고 있는 셈이다. 예컨대 베르니케 실어증 환자와 마찬가지로 이것의 환자도 말하기의 능력에는 아무런 이상이 없고 듣기의 능력에 있어서만 제시된 이름의 사물을 잘 가려내지 못하거나 지시대로 잘 행동을 수행하지 못하는 식으로 일정한 한계성을 보인다. 이것의 환자도 결국은 베르니케 실어증 환자가 그렇듯이 단어나 문장의 의미를 제대로 파악하지 못하는 것이다.

그 다음으로 이것의 원인영역은 베르니케 영역의 주변이면서 측두엽과 두정엽을 횡단하는 두 영역으로 알려져 있다. 따라서 이것의 원인영역과 베르니케 영역간의 관계에 대해서도 피질횡단 운동영역의 그것과 브로카 영역간의 관계에 대해서 추리해 보았던 것과 동일한 추리를 해 볼 수가 있다. 세 번째로 이것의 환자는 베르니케 실어증 환자가 그렇듯이 아주 제한된 읽기와 쓰기의 능력 밖에 가지고 있지 못하다. 이런 점으로 미루어 보아서도 이것을 일종의 경증 베르니케 실어증으로 간주해도 큰 무리가 없을 것이다.

네 번째로 고립실어증의 경우를 살펴보면, 이것의 또 한 가지 이름은 혼합 피질횡단실어증이라는 사실이 모든 것을 다 말해주고 있다고 볼 수가 있다. 이 두 번째 이름에 따르자면 이 실어증은 앞의 두 피질횡단실어증을 하나로 합친 것이 되는데, 그렇다면 이것은 곧 언어처리의 기본영역과 그 둘레부위를 연결시키는 영역 전부에 이상이 있는 나머지 결과적으로는 언어처리의 기본영역만이 완전히 고립된 상태에서 작동하면서 나타나는 증상이라는 의미가 된다.

그러니까 사람에 따라서는 일단은 이 실어증의 증상은 앞의 두 피질횡단 실어증의 증상보다 훨씬 더 중증일 것이라고 추리하게 될 것이고, 따라서 그들과는 달리 이것만은 하나의 독립된 실어증으로 인정하는 것이 합리적이지 않겠느냐고 생각하게 될지도 모른다. 그렇지만 우리는 다음과 같은 세 가지 사실을 근거로 해서 그런 생각이 맞지 않다고 주장할 수 있다. 첫 번째로 그들 두 실어증도 대단히 드문 실어증인데, 이것은 그들보다 훨씬 더 드문 실어증이다. 예컨대 일찍이 Kertesz(1979)가 150명의 환자들을 8가지의 실어증별로 분류해 보았더니 이 실어증에 걸린 환자는 그중 가장 적은 3%에 불과했다(Garmen, 1990: p.427).

그 다음으로 이것의 증상은 두 피질횡단 실어증의 그것과 서로 정확히 구별하기가 불가능할 정도로 거의 같다. 예컨대 이것의 환자는 으레 심한 실명증 증상도 보이고 반응적인 발화밖에 못하는 증상도 보이는데, 이런 증상들은 피질횡단 운동실어증 환자에게서도 쉽게 발견될 수 있는 것들이다. 또한 이것의 환자는 으레 지극히 제한된 청각적 이해력만을 가지고 있고, 읽기와 쓰기의 능력도 자발적인 읽기와 쓰기는 전혀 할 수 없을 정도로 극도로 한정되어 있는데, 이런 증상들은 피질횡단 감각실어증 환자에게서도 쉽게 발견될 수 있는 것들이다.

세 번째로 이것의 원인영역을 정확히 찾아내기가 대단히 어려운데, 그 이유는 일반적으로 손상을 입는 부위가 대단히 넓기 때문이다. 다시 말할 것 같으면 이론상으로는 이것의 병소는 좌반구의 전두엽에 있는 두 횡단영역과 측두엽과 두정엽에 있는 두 횡단영역이어야 하는데, 실제에 있어서는 그것은 으레 그들보다 더 넓은 영역이 되고 있다. 그리고 경우에 따라서는 이런 횡단 부위만 손상을 입은 것이 아니라 인접해 있는 실비우스 열구일대의 영역들도 같이 손상을 입는다. 또한 환자별로 손상된 부위의 넓이도 다르게 나타난다. 결국 이래서 이 실어증을 전체적 실어증과 구별하는 것은 그다지 쉬운 일이 아니다.

(2) 다섯 가지의 기본적 실어증

실어증 연구의 현황을 파악해 볼 수 있는 방법 중 두 번째 것은 다섯 가지의 기본적 실어증에 대한 연구가 오늘날 어디까지 와 있는가를 알아보는 것인데, 첫 번째 방법은 전체적인 상황을 총괄해 보는 일종의 일차적 평가방법인데 반하여 이 방법은 그것을 통해서 얻어진 결과를 재확인하는 일종의 이차적 평가방법이라는 특징을 가지고 있다. 다시 말하면 일차적 평가방법에 의해서 오늘날 대다수 사람들에 의해서 기본적 실어증으로 받아들여지고 있는 것에는 브로카 실어증과 베르니케 실어증, 전체적 실어증 등의 세 가지의 말에 관한 것에 실독증과 실서증 등의 두 가지의 글에 관한 것이 보태진 것이라는 사실이 밝혀진 이상, 그들 다섯 가지에 대한 연구현황을 파악해 보는 것이 곧 실어증 연구의 현황을 이차적으로 평가해 보는 방법이 되는 것이다. 그러니까 결국은 이 평가를 통해서 밝혀진 연구결과는 실어증에 대한 지난 150년간에 걸친 연구의 실적의 전부나 다름이 없다.

1) 브로카 실어증

실어증 연구는 바로 이 실어증에 대한 연구로부터 시작된 데다가, 여러 가지 실어증 중 가장 흔히 앓는 것 중의 하나가 바로 이 실어증이어서 그런지, 이것을 가장 대표적인 실어증으로 내세우는 것이 이 분야의 한 전통처럼 되어버렸다. 그러니까 이미 오래전에 베르니케 실어증과 함께 이것은 이른바 「고전적 실어증」의 자리를 확보할 수 있었던 것인데, 사실은 이것이야말로 그 동안의 실어증 연구의 양면성을 가장 잘 드러내주고 있는 것이다. 다시 말하자면 그동안에 이것에 대한 연구가 한편으로는 뇌과학이나 신경언어학의 발전을 이끌어오기도 했지만, 다른 한편으로는 이 학문의 앞날이 얼마나 험난한 것인가를 가르쳐주기도 한 것이다.

그게 그렇다는 것을 우리는 이것에 대해서 지금까지 밝혀진 사실치고서 문제거리나 논쟁거리가 되지 않는 것이 거의 없다는 점으로써 익히 알 수가 있다. 첫 번째로 이것의 원인영역은 좌반구의 전두엽의 실비우스 열구 근처에 있는 부분, 즉 브로카 영역으로 알려져 있는데, 사실은 이런 일반적인 견해 뒤에는 손상된 영역을 하나의 작은 병소로 볼 것이냐 아니면 그것의 주위까지를 포함한 보다 넓은 영역으로 볼 것이냐의 문제가 그대로 남겨져 있다. 그런데 결론부터 말하자면 브로카 영역이라는 말을 일단 첫 번째 의미가 아니라 두 번째 의미로 해석하게 되면 이 문제는 해결된 것이나 다름이 없는데, 이런 해석이 마땅한 것이라는 것을 우리는 다음과 같은 두 가지 사실로써 확인할 수 있다.

그중 첫 번째 것은 Broca가 최초로 이 영역에 대한 설명을 할 때 그것의 의미는 이미 함의적인 성격을 띠고 있었다는 사실이다. 그는 오직 「Tan, tan」이라는 말밖에 하지 못했다고 해서 그렇게 이름이 붙여진 그의 첫 번째 환자의 뇌의 상태에 대한 진찰결과를 「해부를 해 보았더니 좌반구의 실비우스 열구에 하나의 낭종이 있는 것이 발견되어서 이것을 제거시켰더니 전두엽과 측두엽 사이에 달걀만한 공동이 생겼다. 그런데 뇌연화증은 이 공동의 한계를 넘어서 진행이 되어서 좌반구의 상당한 부분이 점진적으로 파괴되는 결과를 가져왔다.」처럼 말했다(Kertesz, 1979: p.124, Garman, 1990: p.436). 그러니까 그 자신도 이 환자의 뇌의 손상부위가 꽤 넓다는 것을 잘 알고 있었던 것인데, 표현을 마치 그것이 하나의 작은 병소인 것처럼 하게 된 것은 그 당시에는 의사들이「뇌의 파괴는 하나의 병소가 시발점이 되어 주변으로 확대되는 식으로 이루어진다」는 것을 하나의 정설로 받아들이고 있었기 때문이었다(Bayles, 1979: p.322).

그중 두 번째 것은 그 동안 내내 실어증 학자들 간에는 어디까지를 브로카 실어증의 원인영역으로 볼 것이냐의 문제를 놓고서 끊임없는 논쟁이 있어 왔는데, 그것을 하나의 병소영역으로 보는 것이 아니라 일종의 확대된 영역으로 보려는 의견이 지배적이었다는 사실이다. 그런 의견 중 대표적인 것이 바로 일찍이 Mohr(1976)이「브로카 영역과 브로카 실어증(Broca's area and Broca's aphasia)」라는 논문을 통해서 밝힌 것이었다. 그가 해부학적인 방법으로 연구한 바에 따를 것 같으면 실어증 환자의 손상된 두뇌영역은 흔히 말하는 브로카 영역보다 넓은 영역이었다. 특히 그 영역이 그 이웃에 있는 운동영역까지 뻗어있는 경우가 많았다. 그리고 손상된 영역의 크기가 개인마다 다르기도 했다.

두 번째로 이것의 일반적인 이름이 표현적 실어증이나 운동 실어증이라는 사실이 잘 말해주고 있듯이 그 동안에는 이것을 주로 조음이나 발음의 능력에 이상이 있는 질병으로 간주해 온 것이 사실인데, 오히려 이것을 문법의 능력에 이상이 있는 것으로 보아야 하지 않겠느냐는 의견이 나올 수 있다. 다시 말하자면 이것의 실체를 놓고서는 이것을 일종의 음소 착어증으로 보려는 견해와 이것을 일종의 실문법증으로 보려는 견해가 맞설 수 있다는 점인데, 이런 현상이 나타날 수 있는 근본적인 소지는 물론 이것 자체에 있는 것이지만, 흥미롭게도 그것은 실어증 연구의 역사적 배경이 그대로 반영된 결과이기도 하다.

먼저 이 실어증에 걸린 사람의 말의 한 예를 살펴보게 되면 오늘날 이런 의견대립의 현상이 학계에서 나타나고 있는 것이 하등 이상한 일이 아니라는 것을 쉽게 알 수가 있다. 다시 말할 것 같으면 이 실어증 환자가 하는 말은 아래의 「Ford씨」의 말처럼 정상적인 말과는 너무나 다른 말이기에, 그것을 한편으로는 조음이나 발음의 능력에 이상이 있는 말로도 볼 수가 있고, 다른 한편으로는 문법적 능력에 이상이 있는 말로도 볼 수가 있는 것이다. 또한 사람에 따라서는 이것을 어휘적 능력에 있는 이상이 있는 말로 볼 수도 있다.

> 의사 : Why are you in the hospital, Mr. Ford?
> 포드 : Arm no good. Speech... can't say... talk, you see.
> 의사 : What happened to make you lose your speech?
> 포드 : Head, fall, Jesus Christ, me no good, str, str... oh Jesus... stroke.
> 의사 : I see, Could you tell me, Mr. Ford, What you've been doing in the hospital?
> 포드 : Yes, sure. Me go, er, uh, P.T. nine o'cot, speech... two times... read... wr... ripe, er rike, er, write... practice... getting better.
>
> (Gardner, 1975: p.61)

우선 발음의 측면에서 보면 그의 말에는 1) 정상적인 유창성과 용이성이 결여되어 있다는 것과, 2) 낱말의 음소를 바꾸거나, 음소나 음절을 아예 줄여버리는 특징들이 있다는 것이 쉽게 알 수가 있다. 일찍이 Blumstein(1973)은 이 실어증 환자가 자주 저지르는 음운적 오류형에는 이상의 대치와 단순화 외에 추가와 동화 등도 있음을 밝혀냈었다. 그리고 이 예로는 잘 알 수 없게 되어있는 또 한 가지의 중요한 특징은 한 번에 단어 하나나 둘을 발음하는 관계로 정상적인 억양형은 쓰이지 않게 된다는 점이다.

그 다음으로 문법의 측면에서 보면 그가 한 말은 모두가 이른바「전보문」이나「一語文」이어서, 쉽게 말해서 그것에서는 어떤 종류의 문법적 규칙도 쓰이고 있지 않다고 볼 수가 있다. 문법적인 장치를 예컨대 어순과 어형, 기능어 등의 세 가지로 잡을 수가 있는데, 그의 말에서는 이들 중 어느 것 하나도 제대로 쓰이고 있지 않다. 굳이 따지자면「I am no good.」이라고 해야 할 말을「Arm no good.」이나「Me no good.」이라고 하는 사실로 미루어 보아서 그에게 서술문의 어순에 대한 기본적인 지식은 있는 것이 아닌가 하는 의심을 가져볼 수도 있다. 그렇지만 주어를 생략한 문장이나 동사를 생략한 문장을 정상적인 문장으로 볼 수는 없다. 그가 한 말 가운데는「read」나「write」,「practice」처럼 동사 하나로 이루어진 것도 많다. 그는 결국 여기에서 문장을 쓰고 있는 것이 아니라 낱말을 쓰고 있는 것이다.

어형과 기능어의 경우는 일탈성이 더 심하다. 예컨대 문법적으로 보자면 마땅히「fall」이라는 동사는「falls」나「fall」중 한 가지 형태로 쓰여야 하는데 그렇지가 않다. 그런가하면 놀랍게도「two times」라는 말에서는 복수표시가 제대로 되어 있다. 그리고「Me no good.」이나「Me go」와 같은 말들이 정상문이 아니라는 것은 더 말할 나위가 없다. 또한 그의 말에서는 관사나 전치사, 대명사와 같은 기능어가 단 한 가지도 쓰이고 있지 않다. 예컨대「P.T.」와「nine o'cot」라는 말 앞에는 응당「to」와「for」와 같은 전치사가 쓰여야 하는데 그렇지가 않다.

그런데 이 실어증에 대한 연구의 역사는 실어증 전체에 관한 연구의 역사나 다름이 없어서 그런지, 이들 두 견해는 동시에 나타난 것이 아니라 차례로 나타났다. 그 순서는 당연히 발음의 문제에 초점을 맞춘 견해가 먼저이었고, 문법의 문제에 초점을 맞춘 견해가 그 다음이었다. 이런 역사적 배경과 관련하여 무엇보다도 중요한 사실은 애당초 Broca는 운동설을 주장했다는 점이다. 다시 말해서 그는 이 실어증 환자의 증상은 말의 표현을 제대로 하지 못하는 것이라고 생각했던 것인데, 그 당시의 한 의사가 이렇게 표현력이 곧 언어력이라고 생각하는 것은 너무 당연한 일이었다고 볼 수가 있다.

그 후 이런 운동설이 이 실어증에 대한 지배적인 학설로 자리를 굳히게 되는 데는 많은 연구자들의 연구결과가 그 힘이 되었다. 예컨대 Goodglass와 Kaplan(1972)은 「실어증과 관련 질병의 평가(The assessment of aphasia and related disorders)」라는 연구서에서 이 실어증의 증상을 언어능력은 제대로 가지고 있으나 표현력에 있어서 일정한 한계성을 드러내는 것으로 보았다. 이런 주장의 근거로 이들은 이 실어증을 앓는 사람들의 이해력에는 아무런 이상이 없다는 사실과, 그들의 말에서는 숫자로 복수의 의미를 나타내거나 부사로 시제를 나타내는 식의 대안적 표현들이 적지 않게 쓰이고 있다는 사실 등을 들었다. 이 무렵에 이 실어증에 대해서 이런 의견을 나타낸 사람 가운데는 Lenneberg(1973)도 있는데, 그는 앞에서 이미 설명이 있었듯이 누구보다도 먼저 Chomsky의 언어이론을 지지하고 나선 사람이었다.

그런데 이 무렵은 뇌과학이나 신경언어학이 Chomsky의 언어 이론의 영향을 받기 시작하는 시기여서 Lenneberg와는 전혀 다르게 그의 이론을 지지하고 나서는 사람들도 적지 않았다. 이런 사람 중 대표적인 사람이 Zurif와 Blumstein으로서, 이들이(1976) 「언어와 두뇌(Language and Brain)」이라는 논문에서 주장한 문법설은 분명히 Chomsky의 언어이론을 뇌과학 분야에서 활용한 것이면서 전통적인 운동설에 대한 하나의 대안이 될 수 있는 이론이었다. 이들은 우선 이제는 Chomsky가 주장하는 대로 실어증 연구자들에게도 언어수행과 언어능력을 구별하는 혜안이 필요하다고 보았다.

다시 말해서 이들은 브로카 실어증을 실어증학자들이 그동안에 운동실어증으로 보아온 것은, 그들의 언어에 대한 몰이해, 즉 문장을 만드는 문법적 능력이 곧 언어능력이며 따라서 발음의 능력이란 그것을 수행하거나 표현하는 능력에 불과하다는 것을 잘 모르는데서 비롯되었다고 보고서, 그러니까 이제부터 이 실어증에 대한 연구가 이것을 일종의 실문법증, 즉 언어사용자의 제대로 된 문장을 만들어내는 능력에 이상이 있는 증상으로 보는 입장에서 이루어져야 한다고 생각했던 것이다. 물론 이들은 이렇게 하는 것이 결국은 언어학과 뇌과학이 서로 손을 잡게 되는 길이기도 하다는 점을 의식하고 있었다.

이들은 우선 이 실어증을 일종의 실문법증으로 볼 수 있는 일반적인 근거로, 말에서 나타나는 문법적인 하자들이 쓰기에서도 그대로 나타난다는 사실과, 이 실어증의 회복과정에서 잘 회복되는 어휘는 명사나 동사와 같은 내용어들이지 관사나 전치사와 같은 기능어들은 아니라는 사실을 들었다. 그러나 이들은 자기네들이 주장하는 문법설의 타당성이 실증되려면 응당 보다 구체적인 실험적인 근거가 필요하다고 판단한 나머지 실제로 이 실어증 환자를 대상으로 해서 관계사절에 관한 것으로부터 대명사화에 관한 것, 구 구조에 관한 것, 관사에 관한 것에 이르기까지의 꽤 광범위한 실험을 실시해 보았다. 실험의 결과는 예상했던 대로 여서 이 실어증 환자의 구조가 복잡한 관계사절의 의미를 이해하는 능력이나 대명사의 조응관계를 파악하는 능력, 구구조의 구조적 의미를 파악하는 능력, 관사의 기능적 의미를 파악하는 능력 등은 지극히 제한되어 있었다.

그렇지만 사실은 이들의 것과 같은 이런 주장으로 인하여 이 실어증에 대한 연구는 그 방향이 전통적인 것으로부터 현대적인 것으로 바뀌게 된 것이 아니라, 오히려 두 방향이 서로 더 치열하게 맞서가는 상황에 이르게 되었다. 그러니까 좋게 말하자면 이 실어증에 대한 연구는 그 동안에 그만큼 더 발전하게 된 것이고, 나쁘게 말하자면 훨씬 더 혼란스러워진 것이다. 예컨대 Kean(1977) 같은 사람은 바로 이 무렵에 똑같은 기능어 생략의 현상을 놓고서 이것은 문법력 결여의 증상이 아니라 음운력 결여나 아니면 두 능력의 공동적 결여의 증상으로 보아야 한다는 식으로 이들과는 정반대의 의견을 내놓았다. 또한 Linebarger 등(1983)은 네 명의 이 실어증 환자들에게 문법성 판단에 관한 실험, 즉 「The girl langhed the clown.」과 같은 모두 열 가지의 비문들을 들려주고서 이것들이 비문이라는 것을 알고 있는지를 알아보는 실험을 실시해 본 결과, 이들의 정답률이 82%나 된다는 사실을 알게 되었고, 그래서 그들은 이들의 문제점은 문법적 능력에 있는 것이 아니라 처리적 능력에 있는 것이라는 결론을 내렸다.

세 번째로, 이 실어증을 연구하다 보면 작게는 이것과 **失行症**이나 운동쇠약증을 정확히 구별하기가 대단히 어렵고, 크게는 실어증 연구 자체가 실제로는 대단히 어려운 과제라는 사실을 알게 된다. 실어증학자들은 일찍이 실행증이나 운동쇠약증이 실어증만큼이나 제대로 구명하기가 힘든 증상이라는 사실을 익히 알아차린 나머지 그들을 실어증 연구의 대상에서 아예 배제시키는 지혜를 발휘했다. 그들의 정의에 따르면 실어증이란 중앙언어체계에 이상이 생겨서 나타나는 병만을 말하는 것으로서 운동이나 감각체계와 같은 주변적 신경체계에 이상이 있어서 나타나는 병은 거기에 포함되지 않았다. 다시 말하자면 언어병리학과 실어증학을 엄격히 구별시키려는 것이 지금까지의 실어증 연구의 한 전통이었다.

그러나 문제는 브로카 실어증에 대한 연구 한 가지만으로도 실제로는 이런 인위적인 구별이 그렇게 용이하지 않다는 것이 바로 드러나게 되어 있다는 데 있다. 이런 문제점을 가장 큰 단점으로 지적한 사례가 바로

Darley가 1968년에 발표한 논문의 제목을 「언어실행증 : 107년간의 술어적 혼돈(Apraxia of speech : 107 years of terminological confusion)」이라고 붙인 사실이다. 그는 Broca때부터 오늘날에 이르기까지 이것에 대한 정확한 정의와 분류부터가 이루어지지 않고 있다고 보았던 것이다.

이런 어려움의 근거로는 다음과 같은 세 가지를 들 수가 있다. 첫 번째로, 일반적으로 브로카 실어증이 나타나게 되면 일종의 실행증도 같이 나타나게 되므로 이들 두 가지를 구별하기가 대단히 어렵다. 예컨대 많은 경우 브로카 실어증 환자는 말하는 데만 어려움을 보이는 것이 아니라 입술이나 혀를 움직이는 데도 어려움을 보인다. 이것은 곧 브로카 영역이 손상을 입게 되면 언어적 능력에 있어서만 이상이 있게 되는 것이 아니라 운동적 능력에 있어서도 이상이 있게 된다는 것을 의미하거나, 아니면 브로카 영역이 손상을 입는 경우에는 운동영역도 으레 같이 손상을 입게 된다는 것을 의미하게 된다.

두 번째로, 브로카 실어증의 특징은 발음이나 조음을 의식적이거나 의도한 대로 할 수 없다는 것인데, 실행증에서도 이와 똑같은 특징을 발견할 수가 있다. 예컨대 브로카 실어증 환자는 여러 번 반복한 표현이나 짧은 길이의 관용적 어구들은 정상적으로 말할 수 있는데 반하여, 새로운 표현이나 복잡한 어구들은 그렇게 하지 못하듯이, 실행증 환자는 무의식적이고 자연발생적인 동작들은 제대로 할 수 있지만, 의식적이고 수의적인 동작들은 그렇게 하지 못한다. 이렇게 이들 두 증상의 동작적 제약성이 유사하기 때문에 서로를 명확히 구별하기가 쉽지가 않다.

세 번째로, 실행증 환자의 말은 많은 점에 있어서 실어증 환자의 말과 닮았기 때문에 겉으로 드러난 말만 가지고는 이들 두 환자를 구별하기가 대단히 어렵다. 예컨대 Lesser(1978)는 일찍이 Darley가 연구한 것을 기초로 해서 실행증의 특징으로 13가지를 내세운 바가 있는데 이중 대부분은 실어증의 그것과 다를 바가 없다. 참고로 그 대표적인 점을 몇 가지 들어보면 1) 말의 속도가 느리고 억양형이 비정상적인 것이라는 것을 위시하여, 2) 말을 시작하는데 힘들어하며 더듬거림이 흔하다는 것, 3) 길이가 짧은 어휘보다 긴 어휘가 발음하기 어렵다는 것, 4) 음운적 오류가 일정하지 않다는 것, 5) 말하기의 능력이 듣기나 읽기, 쓰기 등의 능력보다 못하다는 것 등이 그들이다(Garman, 1990: p.465).

2) 베르니케 실어증

이 실어증은 보통 이해적 실어증이나 감각적 실어증으로 불리고 있는데, 이 점 하나만으로도 이것이 브로카 실어증과는 대립적이거나 상호보완적인 특징을 지니고 있는 실어증이라는 것을 익히 알 수가 있다. 일찍이 Wernicke는 이 실어증의 브로카 실어증과의 차이점으로 손상된 영역이 좌뇌의 측두엽의 아랫부분이라는 것과, 반신불수증을 동반하지 않는다는 것, 음소착어증이나 어휘착어증이 심하다는 것, 신조어를 많이 사용한다는 것 등을 들었었는데, 사실은 이 실어증의 특이성을 알아보기 위해서는 굳이 이런 구체적인 사실들을 확인해 볼 필요도 없다. 그 이유는 누구라도 이 실어증 환자가 하는 말을 들어보게 되면 이것은 유창은 하지만 내용이 없는 식으로 브로카 실어증 환자의 말과는 너무나 대조적인 말이라는 것을 당장 알 수 있기 때문이다.

이런 역사적 배경 외에도 현실적으로는 이것의 환자의 수가 브로카 실어증 환자의 수만큼 많은 탓으로 그동안의 이 실어증에 대한 연구는 브로카 실어증에 대한 것만큼 활발했다. 그러니까 지금쯤에는 누구나 이것의 실체에 대해서는 더 이상 논쟁거리가 없게 되었을 정도로 많은 것을 알게 되었을 것이라고 생각하기가 쉬울 텐데 사실은 그렇지가 않다. 그동안의 브로카 실어증에 대한 연구로 실어증 연구의 양면성이 더 뚜렷하게 드러났듯이 그동안의 이 실어증에 대한 연구로도 똑같은 양면성이 드러나게 된 것이다. 이것은 곧 앞으로도 이것에 대한 연구는 브로카 실어증에 대한 것과 함께 실어증학의 양대산맥이 될 것이라는 의미이기도 하다.

바꾸어 말하자면 지금 우리는 이 실어증에 대해서 이런 예측이 틀린 것이 아니라는 것을 알 수 있을 만큼은 알고 있다는 말인데, 그게 그렇다는 것은 실제로 아래와 같은 이것의 실례를 분석해 봄으로써 익히 확인될 수가 있다.

의사 : Do you like it here in Kansas City?
환자 : Yes, I am.
의사 : I'd like to have you tell me something about your problem.
환자 : Yes, I ugh can't hill all of my way. I can't talk all of the things I do, and part of the part I can go alright, but I can't tell from the other people. I usually most of my things. I know what can I talk, and know what they are, but I can't always come back even though I know they should be in, and I know should something eely I should I know what I'm doing... (Bayles, 1979 : p.323)

이 실례를 통해서 우리는 우선 이 실어증의 증상은 말은 유창하게 많이 하지만 의미가 없는 말만을 하는 것이라는 점을 확인할 수가 있다. 예컨대 의사의 두 번째 질문에 대한 그의 답은 정상인들의 그것보다 몇 배 길고 (아마도 빠르지만) 결국은 아무 내용이 없는 횡설수설에 불과하다. 그렇지만 이 환자의 말을 일단 앞에서 검토한 브로카 환자의 말과 비교해 보거나, 아니면 정상인의 말을 기준으로 해서 그것의 무의미성의 근거를 찾아보게 되면 이 실어증이 사실에 있어서는 브로카 실어증보다도 훨씬 더 난해한 실어증이라는 것을 쉽게 알 수 있다.

이 예를 통해서 첫 번째로 알 수 있는 사실은 이 실어증을 실명증과 정확히 구별한다는 것은 대단히 어려운 일이라는 것이다. 어떤 말이 무의미한 것은 크게 보았을 때 문장들이 문법적인 규칙을 어기고 있기 때문이거나, 아니면 그들안에서 알맞은 어휘가 쓰이고 있지 않기 때문이라고 볼 수가 있는데, 이 환자의 말을 분석해보면 이들 두 이유 중 두 번째 것이 훨씬 더 결정적인 것이라는 것을 알게 된다. 다시 말하자면 애당초 Wernicke가 이 증상을 착어증으로 본 것이 잘못된 것이 아니라는 것을 이 예에 의해서도 확인할 수가 있다.

우선 착어증이란 그의 정의에 따르면 낱말의 음소의 일부를 다른 것으로 바꾸거나 아니면 그 전체를 다른 말로 바꾸는 증상이다. 그러니까 넓은 의미에서 말하자면 착어증이란 맞는 어휘를 쓰지 못하는 증세, 즉 실명증의 일종이라고 볼 수가 있다. 그리고 그가 말했던 신조어증이라는 것도 큰 의미에서 보면 일종의 실명증이라고 볼 수가 있다. 구체적으로 이것에서 그 증거를 찾아보자면 첫 번째로 「things」나 「something」, 「they」, 「do」와 같은 이른바 대용어들이 많이 쓰이고 있다는 사실과, 두 번째로 「go」나 「come」과 같은 오용어들이 쓰이고 있다는 사실, 세 번째로 「hill」이나 「eely」와 같은 신조어들이 쓰이고 있다는 사실이다.

이 실어증을 실명증의 일종으로 볼 수 있게 하는 두 번째 사실은 이것에서는 있어야 할 낱말이 생략되어서 무의미문이 되는 경우가 대단히 많다는 사실이다. 예컨대 「I usually most of my things」에서는 동사가 빠져 있고, 「I know should something eely I should I know what I'm doing...」에서는 동사와 주어가 같이 빠져 있다. 그런가 하면 이것에서는 「I know」와 「I can't」라는 어구가 각각 다섯 번과 네 번에 걸쳐서 쓰이는 식으로 같은 표현이 반복적으로 쓰이는 특징도 찾아볼 수 있는데, 넓은 의미에서는 이것도 이 증상을 일종의 실명증으로 볼 수 있는 근거가 될 수가 있다. 일찍이 Albert 등(1981)은 이런 증상을 말을 빨리 하려는 심리적 압력으로부터 비롯되는 것으로 본 적이 있는데, 언어능력의 측면에서 보자면 그런 견해보다는 이것을 실명증의 일종으로 보는 것이 더 합리적이라고 볼 수가 있다.

　이 실어증을 실명증의 일종으로 볼 수 있게 하는 세 번째 사실은 이 실어증 환자는 으레 실명증의 가장 대표적인 증상인 「이름을 대지 못하는 증상」을 보이고 있다는 사실이다. 물론 이런 사실은 이 예와 같은 환자의 말을 분석해봄으로써 알 수 있는 성질의 것이 아니라 실물을 차례대로 보여주고 이름을 대게 하는 식의 별도의 실험을 통해서만 알 수 있는 것이다. 그런데 이 실험은 비교적 하기 쉬운 실험이어서 그런지 비교적 많은 연구자들이 그동안에 이것을 실시하였으며, 그 결과 거의 같은 결론을 얻을 수 있었다. 그리고 굳이 따지자면 이 예에서 환자가 단 하나의 구상명사도 쓰고 있지 않다는 것도 하나의 방증이 될 수가 있다.

　이 예를 통해서 두 번째로 알 수 있는 것은 베르니케 실어증 환자의 말은 문법적으로도 완전하지 않은데, 그 일탈성이 브로카 실어증 환자의 말에서 발견될 수 있는 것과 크게 달라서, 결국에는 문법과 실문법증에 대한 정의가 문제가 될 수 있다는 사실이다. 예컨대 브로카 실어증 환자의 말의 특징은 기능어와 어형변환 등이 전혀 쓰이지 않는다는 점인데, 이 예에서는 「of」나 「from」, 「in」과 같은 전치사도 쓰이고 있고, 「the」와 같은 관사도 쓰이고 있으며, 「and」나 「even though」와 같은 접속사도 쓰이고 있고, 심지어는 「things」나 「I'm doing」에서처럼 복수나 시제표시도 제대로 되어 있다.

　그러나 그의 말 가운데는 마지막 긴 문장이나 「part of the part I can go alright」, 「I usually most of my things」, 「I know what can I talk」처럼 문법적 규칙을 어기고 있는 문장들이 대단히 많다. 간단히 말하자면 그의 문장 중 많은 것들은 어순의 규칙이나 구조성의 규칙을 어기고 있다는 것인데, 이것은 곧 브로카 실어증 환자는 작은 문법적 규칙들을 다루는 능력이 결여되어 있는 데 반하여, 이 실어증 환자 큰 문법적 규칙들을 다루는 능력이 결여되어 있다는 것을 의미한다. 언어학적 시각에서 보자면 구조성이나 어순에 관한 규칙이 기능이나 어형에 관한 것보다 더 기본적이다. 이런 의미에서 볼 것 같으면 그동안에 실문법증에 대한 논의를 꼭 브로카 실어증 환자만을 대상으로 해서 해 온 것이 잘못된 것임을 알 수가 있다.

사실은 그런데 일부 실어증 학자들은 탈문법성의 문제가 베르니케 실어증을 다루는 데 있어서도 마땅히 중심적 논제의 하나가 되어야 한다는 것을 잘 알고 있었다. 이런 사람 중 대표적인 사람으로 꼽을 수 있는 사람이 바로 Goodglass와 Butterworth인데, 이들은 흥미롭게도 실문법증(agrammatism)과 대립시켜서 錯文法症(paragrammatism)이라는 것을 따로 설정할 것을 주장하고 나섰다. 두말할 필요도 없이 이들은 이렇게 되면 브로카 실어증과 베르니케 실어증의 두 가지로 대별하는 그동안의 전통과 잘 어울리게 될 뿐만 아니라, 실어증의 대표적인 증상의 한 가지인 탈문법성도 정도나 성격에 따라 크게 두 가지로 나뉘게 되기 때문에, 실어증에 대한 연구가 한층 더 발전할 수 있게 된다고 생각했던 것이다.

그러나 이런 평가는 일종의 선의의 평가일 따름이라는 데 이들의 주장의 문제점이 있었다. 간단히 말해서 이들의 업적은 분명히 베르니케 실어증에서 나타나는 탈문법성이 브로카 실어증에서 나타나는 그것과 다르다는 것을 알아낸 나머지, 이것에 착문법증이라는 이름을 새로 붙여준 것까지이고, 그 다음부터의 이것에 대한 논의는 오히려 이들의 문법성에 대한 몰상식성만을 드러내고 있었다. 예컨대 Goodglass(1976)는 이것에 대한 정의를 「어순이 전도된 문장이나 잘못된 시제, 대명사, 성, 전치사 등은 별로 없고, 주된 결함은 말을 하는 가운데 잘못 선택된 어휘나 구를 대치시키는 증상, 즉 착어증」이라고 내렸었는데, 이 말은 곧 브로카 실어증에서 발견되는 결함은 문법적인 것이나 베르니케 실어증에서 발견되는 것은 어휘적인 것이라는 말이나 같은 말이다(p.238). 그의 정의에 따르자면 결국 베르니케 실어증을 기술하는 데는 착어증이라는 용어 하나면 되지, 굳이 착문법증이라는 용어를 따로 만들어 쓸 필요가 없는 것이다.

이런 논리적 모순성은 Butterworth(1979)의 견해에서도 똑같이 찾아볼 수 있다. 그는 베르니케 실어증의 제일 중요한 증상은 말을 지나치게 빠르게 하는 점이며, 이것의 부수적인 증상이 바로 착어증과 착문법증 같은 것이라고 보았다. 이런 견해야말로 Chomsky가 말하는 언어수행과 언어능력의 구별을 전혀 하지 않는데서 나온 견해이어서, 결국 그는 한 개인의 언어적 능력에는 어휘에 관한 것이나 문법에 관한 것이 따로 있다는 사실마저도 인정하지 않고 있는 것이다. Goodglass와 마찬가지로 그도 굳이 착문법증이라는 용어를 따로 만들어 쓸 필요가 없는 데도 만들어 쓰는, 자가당착적인 일을 하고 있는 것이다.

그렇지만 이 환자의 말만 가지고도 베르니케 실어증의 중요한 증상 중 한 가지가 탈문법성인데 그것은 브로카 실어증의 한 증상으로 내세워지는 실문법증과는 다른 것이라는 것을 쉽게 알 수가 있다. 강조삼아 다시 반복하면 이 실어증의 중요한 증상 중 한 가지는 분명히 어순이나 구조성에 관한 문법적 규칙을 어기고 있는 문장들이 적지않게 쓰이고 있다는 점이다. 그리고 Goodglass나 Butterworth 같은 사람은 베르니케 실어증에서 드러나는 탈문법성의 심각성은 브로카 실어증에서 드러나는 그것보다 훨씬 약하다고 보는데, 언어학적 시각에서 보자면 그 점에 대한 견해가 정 반대일 수도 있다.

이 예를 통해서 세 번째로 알 수 있는 것은 베르니케 실어증의 제일 두드러진 특징은 말의 무의미성이기 때문에 이것과 失認症을 구별하기가 때로는 대단히 어려울 수밖에 없다는 사실이다. 이 환자의 말을 그대로 해석하자면 그는 지금 자기가 무엇을 말하고자 하는가는 알고 있는데 그것을 말로 나타내지 못하는 병을 앓고 있는 것이다. 그러니까 이론상으로는 그의 병은 일단 그의 개념이나 의미체계에는 아무 이상이 없는데 그것을 언어화하는 데 실패하는 병이라고 볼 수가 있다. 언어화란 쉽게 말해서 어떤 개념이나 의미를 어휘의 형태로 바꾸는 절차를 말하는 것이어서, 듣기의 경우에는 그것은 청각된 청각상과 그것에 대응하는 어휘를 연결시키는 절차가 되고, 말하기의 경우에는 그것은 표현하려는 개념이나 의미와 그것에 대응하는 어휘를 연결시키는 절차가 된다.

그런데 사실은 이 예로써 익히 알 수 있듯이 말하기의 경우를 놓고서는 이런 설명법이 그럴싸하다고 쉽게 말할 수가 있지만 듣기의 경우를 놓고서는 그렇지가 못한데, 그 이유는 청각기관이나 감각영역에 이상이 있는 경우에도 똑같은 현상이 나타나게 되기 때문이다. 듣기에 장애가 오는 것은 크게 말소리를 듣고서도 청각상이 만들어지지 않는 경우와, 청각상은 만들어졌지만 그것과 그것에 대응하는 어휘가 결합되지 못하는 경우, 그렇게 결합된 어휘가 그것에 대응하는 개념이나 의미로 바꾸어지지 못하는 등의 세 가지 경우라고 볼 수가 있는데, 첫 번째 경우를 가리켜서 보통 청각장애증이라고 부르고 두 번째와 세 번째 경우를 가리켜서 청각적 실인증이나 의미적 실인증이라고 부르고 있다. 그러니까 적어도 듣기의 경우로 보아서는 언어처리의 절차가 개념화와 언어화 등의 두 단계가 아니라 청각상화와 언어화, 개념화 등의 세 단계로 이루어져 있다고 보아야 하는 것이다. 이런 견해는 앞에서 살펴본 Damasio 부부의 언어처리이론과 일치하기도 한다.

그런데 여기에서 문제가 될 수 있는 것이 언어적 증상으로 보아서는 이런 장애현상을 베르니케 실어증으로 볼 수도 있고 의미나 청각적 실인증으로 볼 수도 있다는 사실이다. 이런 혼돈상은 브로카 실어증과 조음적 실행증 간의 그것과 유사하다. 예컨대 베르니케 실어증의 큰 특징 중의 한 가지가 청각적 이해력이 없다는 점인데, 이런 증상은 청각적 실인증의 증상과 다를 바가 없다. 또한 이 실어증 환자들은 으레 읽기와 쓰기에 있어서도 듣기와 말하기에서 드러내는 것과 유사한 장애 증세를 보이는데, 이것 역시 그들의 개념이나 의미체계에 이상이 있음을 보여주는 증거일 수가 있다.

물론 이 예를 통해서는 알 수 없겠지만 이 실어증의 마지막 문제가 될 수 있는 것이 바로 이것의 원인영역으로 알려져 있는 베르니케 영역과 그 주변 부위와의 관계이다. 브로카 실어증에 있어서와 마찬가지로 이 실어증에 있어서도 비교적 좁은 병소영역만이 손상을 입는 경우보다는 그 주변 일대가 넓게 손상을 입는 경우가 더 많은데, 한 가지 차이점이 있다면 브로카 영역이 자리하고 있는 곳보다 베르니케 영역이 자리하고 있는 곳이 신경조직적으로 더 복잡하면서도 언어처리시에 더 중요한 역할을 담당하게 되는 곳이라는 점이다.

베르니케 영역의 근처에는 언어처리시에 그곳과 함께 작동되게 되어 있는 두 부위가 있는데, 그중 한 부위는 바로 각상회이다. 앞에서 이미 살펴보았듯이 이 회는 측두엽과 두정엽, 후두엽이 합쳐진 자리에 위치하고 있어서 청각과 운동, 시각 등의 세 가지 체계들이 서로 접합되어 있는 곳이다. 그러니까 굳이 Geschwind의 말에 의지하지 않더라도 이 부위가 언어처리시에 결정적인 역할을 수행하게 될 것이라는 것을 누구나 익히 짐작할 수가 있다. 예컨대 읽기를 하는데 있어서는 이 부위에서 이루어지는 시각적 정보를 청각적 정보로 변환하는 절차가 핵심적인 절차가 될 것이라는 것을 누구나 쉽게 짐작할 수 있다. 또한 그는 이것이 위치하고 있는 두정엽을 개념체계의 본거지로 보기도 했다. 많은 경우에 있어서 베르니케 영역에 손상을 입게 되면 이 부위나 두정엽의 일부까지도 같이 손상을 입는 것으로 알려져 있다.

그중 또 한 부위는 베르니케 영역의 바로 위에 위치하고 있는 헤슬회인데, 이것의 기본 기능은 청각적 정보를 수령하여 관련된 곳에 송부해 주는 것이다. 그러니까 이 회가 손상을 입게 되면 청각적 이해 절차가 첫 단계부터 진행되지 못하게 되어 있는 셈인데, 지금까지 알려지기로는 많은 경우에 있어서 베르니케 영역이 손상을 입게 되면 이 부위도 같이 손상을 입는다. 또한 일부 실어증 학자들은 이 부위를 실명증의 본거지로 보기도 한다. 결국 이렇게 보면 베르니케 영역과 그것을 둘러싸고 있는 영역들의 언어처리에 관련된 역할이 브로카 영역과 그 주변 영역들의 그것보다 더 크다고 볼 수가 있다.

3) 전체적 실어증

브로카 실어증과 베르니케 실어증이 그렇듯이 이 실어증의 명칭도 손상된 뇌의 영역에 따라서 붙여진 것인데, 여기에서의 「전체적(global)」이라는 말은 좌반구의 실비우스 열구 일대에 있는 두 언어영역 즉, 브로카 영역과 베르니케 영역이 「통째로 합쳐진」이라는 의미로 쓰이고 있다. 그러니까 간단히 말하자면 이 실어증은 브로카 실어증과 베르니케 실어증이 하나로 합쳐진 실어증이어서, 그 증상도 일단은 이들 두 실어증의 증상들이 모두 합쳐진 것이라고 볼 수가 있다. 그렇지만 이 실어증 환자에게 있어서는 으레 말하기와 듣기의 능력뿐만 아니라 읽기와 쓰기의 능력도 극도로 제한되어 있다는 점을 감안한다면 이것을 이들 두 실어증에 더해서 실독증과 실서증 등이 하나로 합쳐진 것으로 보는 것이 더 마땅한 일이다.

앞에서 이미 살펴보았듯이 브로카 실어증과 베르니케 실어증은 언어능력상 서로 대칭적 내지는 보완적인 성격을 띠고 있다. 따라서 이들 두 증상이 하나로 합쳐졌다는 말은 곧 언어능력의 전부가 송두리째 사라졌다는 말이나 같은 말이 된다. 그러니까 우선 이 실어증만큼 언어처리를 전담하는 부위들은 따로 있는데, 그들은 좌반구의 실비우스 열구 일대에 모여있다는 사실을 확실하게 드러내주는 것은 없다. 그리고 더 나아가서는 이 실어증을 통해서만이 브로카 실어증과 베르니케 실어증의 여러 특징들도 더 잘 확인할 수 있다고 볼 수가 있다.

이 실어증을 언어기능상 전체적 실어증으로 볼 것 같으면 다른 실어증은 부분적 실어증에 해당한다. 그러니까 다른 실어증들은 상대적으로 병적인 증상이 부분적이고 가벼운데 반하여 이 실어증의 그것은 전체적이고 심각하다는 것이 이 실어증의 제일 두드러진 특징이다. 이 점에 대해서 구체적인 예를 몇 가지 들어볼 것 같으면 먼저 말하기의 능력에 있어서는 한두 개의 독립적인 낱말이나 구들을 말할 수 있을 뿐, 자신의 이름이나 일상적인 인사말들도 말할 수가 없는 수준이며, 듣기의 능력에 있어서는 상대방의 몸짓과 얼굴의 표정 등의 도움으로 그의 말의 뜻을 대충 짐작하는 수준이다. 이 실어증 환자의 문자언어에 관한 능력도 이와 비슷해서 읽기의 경우에는 몇 개의 낱말의 의미만을 이해할 수 있는 수준이고, 쓰기의 경우에는 한두 개의 낱말만을 쓸 수 있는 수준이다. 이 실어증의 특징을 토의하는 데 있어서 이것의 실례를 예시하는 경우는 한번도 없는데, 따지고 보자면 이 실어증의 증상이 얼마나 심각한가 하는 것을 이것만큼 단적으로 보여주는 사실도 없다.

이 문제와 관련해서 여기에서 참고해 볼 만한 가치가 있는 것은 바로 Kertesz(1979)가 150명의 실어증 환자들을 대상으로 해서 실시한 실어증의 심각성에 관한 검사의 결과이다. 이 검사의 특징은 현재까지 개발된 검사법 중 가장 잘된 것으로 알려진 「서양 실어증 배터리(Western Aphasia Battery)」를 사용하였다는 점이다. 이 검사법은 그동안에 실어증 연구자들이 사용해 온 시험법들을 종합한 것이어서, 검사항목으로는 자발적인 말의 유창성을 위시하여 반복하기, 이름대기, 읽기, 쓰기 등 모두 17가지가 들어있다.

그는 이 검사의 결과를 실어증 지수라는 이름으로 알기 쉽게 수치화했는데, 그가 이렇게 해서 만든 실어증 지수표에 의하면 정상인들의 지수는 99.6인데 반하여 브로카 실어증과 베르니케 실어증의 그것은 각각 35.2와 41.4이고, 전체적 실어증의 그것은 6.2이었다. 이 수치를 그대로 믿는다면 그러니까 전체적 실어증의 언어적 기능성은 브로카 실어증과 베르니케 실어증의 그것의 1/6과 1/7 밖에 되지 않고, 정상인의 그것의 1/15 밖에 되지 않는 것이다. 이것을 다시 병적 증상의 심각성으로 바꾸어 보면 전체적 실어증의 심각성은 브로카 실어증과 베르니케 실어증의 그것보다 각각 여섯 배와 일곱 배만큼 심각한 것이다(Kertesz, 1979: p.72, Garman, 1990: p.427).

이 실어증의 그 다음 특징은 흔히 「불가석성의 실어증」이라고 불릴 정도로 회복이 되는 경우가 극히 드물다는 점이다. 물론 넓은 의미에서 볼 것 같으면 이 특징을 따로 떼어놓는 것보다는 첫 번째 특징의 일부로 보는 것이 더 타당한 일일는지도 모르는데, 그 이유는 정상으로의 회복이 어려운 것은 결국 그 증상의 심각성이 크기 때문이라고 볼 수가 있기 때문이다. 그래도 굳이 이 점을 제2의 특징으로 내세우려고 하는 것은 첫 번째로는 다른 실어증에서와는 다르게 이것에 있어서만은 증상의 다양화 현상을 발견할 수 없기 때문이고, 두 번째로는 이 점은 발병의 원인과도 깊게 관련되어 있기 때문이다. 예컨대 우선 모든 실어증의 85%가 뇌졸증에 의해서 생겨난 것인데, 그중에서도 이 실어증은 뇌졸증의 증세가 최고로 중증일 때 생겨나게 되어 있으며, 그 다음으로는 실어증 중 1/4은 3개월 이내에 회복이 되고, 다른 1/4은 1년이 지난 뒤에 고정이 되어 버리는데,

그중 한 가지가 바로 이 실어증이다.

이렇게 볼 것 같으면 일반적으로 왜 이 실어증에 대한 언급이 언어와 뇌의 관계에 대한 논의에 있어서는 배제되고 있는가에 대한 대답이 이미 나와있는 것이나 다름이 없다. 한마디로 말해서 뇌과학자나 신경언어학자의 입장에서 볼 것 같으면 이 실어증의 증상은 언어와 뇌의 관계를 밝히는 데 아무런 증거가 될 수 없기 때문에 그 자체를 언급할 필요가 없는 것이다. 그러나 언어병리학자나 의사의 입장에서 보면 이것도 대단히 중요한 실어증이다. 그 이유는 이것의 발병률은 브로카 실어증이나 베르니케 실어증의 그것에 못지 않기 때문이다. 예컨대 다시 Kertesz가 1979년에 실시한 연구결과를 인용해 볼 것 같으면 총 150명의 실어증 환자 중 브로카 실어증 환자와 베르니케 실어증 환자가 차지하는 비율은 각각 17%와 15%인데 비하여 이 실어증 환자가 차지하는 비율은 16%였다 (Kertesz, 1979: p.71, Garman, 1990: p.427).

4) 실독증

언어학자의 입장에서 볼 것 같으면 우선 언어하면 으레 음성언어를 가리키게 되기 때문에 읽기와 쓰기와 같은 문자언어의 사용능력에 이상이 생기는 경우는 말하기와 듣기와 같은 음성언어의 그것에 이상이 생기는 경우처럼 본격적으로 연구할 대상이 될 수 있는 것은 아니다. 그렇지만 실어증학자의 입장은 그렇지가 않는데, 그 이유는 실독증이나 실서증과 같은 문자언어 특유의 실어증이 엄연히 따로 존재하고 있는데다가, 이들에 대한 연구도 결국에는 언어와 뇌의 관계를 밝히는 데 적지 않은 도움을 줄 수 있기 때문이다.

그러니까 일단은 누구나가 브로카 실어증이나 베르니케 실어증을 일차적 실어증으로 보는 반면에 실독증이나 실서증을 이차적 실어증으로 보는 식의 일종의 통합적인 입장을 취할 수 있는 것인데, 이렇게 되면 결국은 실어증의 연구영역이 예컨대 두 배로 넓어지는 결과가 되기 때문에 이것은 곧 오늘날의 실어증학의 모습은 백 년 전의 그것과 이미 크게 달라져 있다는 것을 전제하는 입장이 된다. 그러나 안타깝게도 이런 변화를 꼭 발전적인 것으로만은 볼 수 없다는 데 바로 문제점이 있다. 극단적으로 말할 것 같으면 오늘날에 와서 이런 식의 연구대상이나 과제의 확대로 실어증학은 얼마나 양면성이 심한 학문인가 하는 점만을 더욱 뚜렷하게 부각시켰을 따름이다.

다시 말하자면 그 동안의 연구로 실독증과 실서증도 실제에 있어서는 브로카 실어증과 베르니케 실어증에 못지않게 연구하기에 복잡하고 난해한 과제라는 사실이 밝혀진 것인데, 이런 판단의 근거가 될 수 있는 사실로는 대략 다음과 같은 여섯 가지를 들 수가 있다. 그중 첫 번째 것은 이들 실어증의 원인영역에는 좌반구의 두정엽에 있는 각상회도 전두엽의 브로카 영역과 측두엽의 베르니케 영역과 함께 들어가게 되었다는 사실이다. 1965년에 Geschwind에 의해서 각상회가 발견되기 이전까지는 브로카 실어증이나 베르니케 실어증이 그렇듯이 전두엽의 브로카 영역이나 측두엽의 베르니카 영역이 손상을 입게 되면 실독증이나 실서증도 나타나게 된다고 생각되었다. 그러나 각상회의 발견으로 이들 실어증의 원인영역 중 기본이 되는 곳은 브로카 영역이니 베르니케 영역이 아니라 바로 여기라는 사실이 알려지게 되었다.

각상회는 청각적 정보와 시각적 정보, 운동 감각적 정보들이 서로 교환되거나 함께 연합되는 곳이다. 그러니까 이 회의 발견으로 이들 실어증은 일단 문자를 음소와 대응시키는 기구에 이상이 있는 경우에 발생되게 된다는 사실이 밝혀진 셈이다. 그런데 실어증 연구자의 입장에서 보자면 이런 사실은 곧 이차적 실어증에 대한 연구가 일차적 실어증에 대한 그것보다 오히려 더 어려울 수 있다는 것을 암시하고도 있었다. 즉, 그들이 보기에는 일차적 실어증에 대한 연구에는 브로카 영역과 베르니케 영역만이 관련되게 되는데 비하여 이차적 실어증에 대한 연구에는 그들 두 곳에 더해서 각상회까지 관련되게 될 것이 분명했다.

그중 두 번째 것은 일반적으로는 이차적 실어증은 일차적 실어증과 같이 나타나며, 이차적 실어증만이 나타나는 경우는 그렇게 흔하지가 않다는 사실이다. 무엇보다도 먼저 이런 사실은 지금처럼 이차적 실어증을 간단하게 실독증과 실서증의 두 가지로 나누는 것이 합리적인 분류법이 될 수 없다는 것을 증거하고 있다. 그 다음으로 이런 사실은 각상회를 이차적 실어증의 원인영역 중 기본적인 영역으로 보려는 Geschwind의 견해에 제동을 걸 수 있게 하는 사실이다. 다시 말해서 사람에 따라서는 이런 사실을 근거로 해서 모든 실어증의 기본적인 원인영역은 브로카 영역과 베르니케 영역이라는 주장도 할 수가 있다.

그중 세 번째 것은 많은 경우에 실독증과 실서증은 각각 독립적으로 나타나는 것이 아니라 중복해서 나타나게 된다는 사실이다. 그러니까 굳이 따지자면 이차적 실어증의 종류에는 실독증과 실서증, 실독실서증의 세 가지가 있는 셈인데, 이것 역시 왜 이차적 실어증에 관한 연구는 일차적 실어증에 관한 것과는 다른 방식으로 이루어져야 하는가에 대한 하나의 근거가 될 수 있다. 예컨대 누구라도 일단은 실독실서증이라는 이름의 글에 관한 통합적 실어증이 존재한다는 사실을 통해서 이차적 실어증은 기본적인 언어능력에 이상이 생긴 증상이지 표현양태에 이상이 생긴 증상이 아닐 것이라는 추리를 익히 할 수가 있다. 또한 브로카 실어증과 베르니케 실어증 사이에는 일종의 대칭성이 있는데 반하여, 실독증과 실서증 사이에는 일종의 동상성이 있다.

그중 네 번째 것은 이들 실어증은 이론상으로는 실행증이나 실인증과 구별이 되는 것처럼 생각할 수 있지만 실제로는 그렇지 못하다는 사실이다. 엄밀하게 따지자면 브로카 실어증이나 베르니케 실어증의 경우도 마찬가지이다. 그렇지만 특히 이들 실어증의 경우에 문제가 되는 것은 궁극적인 의미에서 볼 것 같으면 이들은 시각적이거나 근육운동적 능력과 직접적으로 연관이 되어있는 것들이기 때문이다. 또한 실제에 있어서는 운동과 감각영역에 손상을 입은 결과 실독증이나 실서증이 나타나게 되는 경우도 있다.

그중 다섯 번째 것은 읽기와 쓰기에 있어서는 으레 좌우 두 눈을 이용한 시각작용이 결정적인 역할을 하게 되어있는 탓으로 이차적 실어증을 연구하는 데 있어서는 좌우 두 반구의 기능을 상보적인 것으로 볼 수밖에 없게 된다는 사실이다. 일차적 실어증을 연구하는 데는 지배적 반구인 좌반구만을 연구의 대상으로 삼아도 된다. 그렇지만 이차적 실어증을 연구하는 데 있어서는 우반구도 그것에 포함시켜야 하는데, 그 이유는 물체의 형태나 공간적 위치 등을 인지하는 기능을 그것이 가지고 있기 때문이다. 더 구체적으로 말하자면 그것은 문자를 인지하는 일은 좌반구가 아니라 우반구에서 하게 된다고 판단될 수 있기 때문이다.

그중 여섯 번째 것은 이들 실어증은 증상이 워낙 다양하기 때문에 제대로 파악하기도 쉽지 않고 분류하기도 쉽지 않다는 사실이다. 물론 이 점에 있어서는 일차적 실어증이라고 다를 리가 없다. 그렇지만 브로카 실어증이나 베르니케 실어증과는 다르게 실독증이나 실서증은 일반적으로 각각 심층적인 것과 표면적인 것으로 대별되고 있는 사실로 미루어 보아서는 이들에 있어서는 증상의 다양성이 더 심하다고 볼 수가 있다. 또한 일차적 실어증의 증상을 분석하는 데는 크게 자유발화나 대담적인 방법과 실험적인 방법의 두 가지가 쓰일 수 있었는데 반하여, 이차적 실어증을 분석하는 데는 주로 실험적인 방법밖에 쓰일 수 없는 것도 연구에 어려움을 가중시키는 요소일는지도 모른다. 예컨대 그동안에는 실독증의 증상을 파악하는 데는 독해력 분석과 소리 내 읽기, 단어와 물체 연결 짓기 등의 방법이 쓰였고, 실서증의 증상을 파악하는 데는 자발적 쓰기와 복사, 받아쓰기 등의 방법이 쓰였는데, 이들로써는 결국 그들의 증상의 대강만이 파악될 수 있었다.

상대적으로 짧은 기간에 걸친 것이기는 해도 그동안의 실독증에 대한 연구는 이상과 같은 문제점만 노출시킨 것이 아니라 일정한 업적도 거두어들일 수 있었는데, 이런 업적에는 크게 두 가지가 있다고 볼 수가 있다. 그중 첫 번째 것은 이것의 원인과 원인영역에 관한 것으로서, 이것에는 크게 시각체계의 이상과 음소와 문자의 상호전환 체계의 이상, 중앙언어 처리 체계의 이상 등의 세 가지가 있는 것으로 밝혀졌다. 원인이 이렇게 많다는 것은 실독증이 생각처럼 구명하기 쉬운 실어증이 아니라는 것을 의미한다.

시각체계에 이상이 있는 경우란 간단히 말해서 두 눈의 안구로 들어온 정보가 후두엽에 있는 시각영역에 송부되어서 거기에서 일정한 시각상이 만들어지는 작업이 이루어지지 못하는 경우를 말한다. 그러니까 실독증이 이 원인으로 인하여 생겼다는 말은 「O」나 「No」와 같이 하나나 그 이상의 문자로 이루어진 단어를 눈으로 보고서도 그것의 철자적 형태를 제대로 지각하지 못한다는 말이나 같은 말이 된다. 이런 의미에서 보자면 세 가지 원인 중 가장 기본적이면서도 비언어적인 원인이 바로 이 원인인 셈이다.

시각영역에서 만들어진 시각상은 바로 지식이나 개념을 다루는 영역으로 송부가 되어서 거기에서 그것에 대응하는 의미나 개념과 결합되게 되는데, 이런 절차를 일반적으로 인지절차라 부른다. 이런 인지절차가 제대로 작동되지 않으면 이른바 시각적 실인증에 걸린 것인데, 실독증도 결국은 이런 시각적 실인증의 일종으로 해석될 수가 있다. 그런데 실독증과 관련된 절차는 예컨대 물체 실인증이나 색채 실인증과 같은 일반적인 실인증에 관련된 그것과 약간 다르다고 보아야 하는데, 그 이유는 언어적 지식이나 개념은 음소적인 형태별로 저장이 되어있는 탓으로 먼저 시각상을 청각상으로 바꾸는 절차를 거쳐야 하기 때문이다. 다시 말하자면 읽기에 있어서는 문자를 음소로 전환하는 절차가 인지절차의 전반부에 해당하는 것이다.

Geschwind의 주장에 따르자면 좌반구의 두정엽에 있는 각상회가 바로 이 전환절차가 이루어지는 곳이다. 그러니까 일단 각상회가 손상을 입게 되면 실독증이 나타난다고 볼 수가 있다. 그런데 1979년에 Galaburda와 Kemper가 낸 논문에 의할 것 같으면 베르니케 영역의 일부분이라 할 수 있는 헤슬회의 세포조직이 비정상적인 어린이들은 으레 일정한 실독증이나 난독증을 앓고 있었다. 이렇게 볼 것 같으면 두정엽과 측두엽 모두가 이 절차에 참여하고 있다고 보는 것이 합리적일 것인데, 어차피 베르니케 영역은 언어적 의미나 개념을 다루는 곳으로 알려져 있는 이상 이 말을 베르니케 영역과 그 주변영역이 이 절차에 참여하고 있다는 말로 바꾸어도 무방할 것이다.

그밖에 실독증은 좌반구의 실비우스 열구 일대에 있는 중앙언어처리영역에 이상이 있어도 나타나게 되는데, 문자언어는 음성언어를 표현양태만 바꾼 것이라는 사실을 고려한다면 이런 주장이 나오는 것은 너무나 당연한 일이라고 볼 수가 있다. 또한 적지 않은 경우에 이차적 실어증은 일차적 실어증과 같이 나타나고 있다는 사실도 무시할 수가 없다. 더 나아가서는 그 동안까지의 표준적인 실어증 검사법에는 으레 읽기와 쓰기에 대한 항목도 들어 있었다는 사실도 무시할 수가 없다. 그래서인지 일찍이 Benson(1979) 같은 사람은 실독증과 실서증을 브로카 실어증과 베르니케 실어증의 부수적인 실어증으로 간주해 버렸다.

　그렇지만 이런 주장은 이차적 실어증의 원인과 그에 따르는 원인영역을 최대로 확대하다 보니까 결과적으로는 이차적 실어증의 설정 자체를 무의미하게 만들었다는 비판을 받을 수가 있다. 더 극단적으로 말하자면 이런 주장이야말로 아직도 크게는 실어증 자체이고 작게는 실독증이나 실서증에 대한 연구가 초보적인 단계를 벗어나지 못했다는 것을 단적으로 드러내 주는 사실일 따름이다. 무엇보다도 이런 주장은 드물기는 해도 음성언어의 능력에는 아무런 이상이 없으면서 실독증과 실서증만을 앓게 되는 사람도 있다는 사실을 설명하기에는 부적절한 주장이다.

　실독증에 관해서 그 동안에 거두어들인 업적 중 두 번째 것은 이것의 증상과 종류에 관한 것이다. 이런 업적 중 가장 대표적인 것은 바로 Marshall과 Newcombe에 의한 표면적 실독증과 심층적 실독증으로의 양분법이다. 한마디로 말해서 실독증의 증상에는 가벼운 것과 무거운 것이 있다는 것이 이들의 발상법이니까 이것에서는 응당 무엇을 기준으로 했을 때 이런 분류법이 가장 합리적인 것이 될 수 있겠느냐가 문제가 될 수 있는 것인데, 흥미롭게도 이들이 사용한 기준은 언어처리의 기구이다. 다시 말할 것 같으면 이들은 문자를 음소로 바꾸는 기구에 이상이 있어서 생기는 것을 표층적 실독증으로 보고, 시각상에 의미나 개념을 연결시키는 기구에 이상이 있어서 생기는 것을 심층적 실독증으로 본 것이다.

　먼저 이들은 어떤 것들은 심층적 실독증의 특징적 증상으로 내세우고 있는가를 살펴보게 되면 이 점이 분명해진다. 이들이 (1980) 심층적 실독증 환자에 대한 관찰과 실험을 통해서 밝혀낸 사실은 이 실독증 환자가 저지르는 오류에는 크게 1) 의미적 오류(예: act→play, close→shut, dinner→food, afternoon→tonight)와, 2) 파생적 오류(예: wise→wisedom, strange→stranger, pray→prayer, birth→born), 3) 시각적 오류(예: stock→

shock, quiz→queue, crocus→crocodile, saucer→sausage), 4) 기능어 오류 (예: for→and, his→she, the→yes, in→those), 5) 조작어 오류(예: wux→ don't know, wep→wet, dup→damp, nol→no idea) 등의 다섯 종류가 있다는 것이었다(Crystal, 1987: p.272).

　이상의 특징들을 자세히 검토해 보면 이들 중 제일 대표적인 것이 바로 첫 번째 특징이라는 사실이 바로 드러난다. 다시 말하자면 이들이 다섯 가지로 분류해 놓은 특징들은 의미적 오류라는 첫 번째 특징 하나로 총괄될 수 있는 것이다. 그 이유는 파생적 오류는 더 말할 나위도 없고 시각적 오류나 기능어 오류, 조작어 오류도 지각된 시각상에 정확한 의미나 개념 대신에 비슷한 것을 연결시키는데서 비롯되는 오류로 볼 수 있기 때문이다. 더 구체적으로 말하자면 심층적 실독증이란 한 단어를 의미나 기능이나 발음상으로 유사한 것으로 잘못 읽는 실어증인 것이며 이런 의미에서는 이 실독증을 의미적 실독증이라고 부르는 것이 더 나을는지도 모른다.

　그런데 사실은 또 한 가지 사실에 의해서 이 실독증을 이렇게 고쳐 부르는 것이 더 나을는지도 모르겠다는 생각을 굳히게 되는데, 이것의 환자는 으레 구상어들을 제대로 읽는 데는 별 문제가 없지만 추상어들은 제대로 읽지를 못한다는 사실이 바로 그것이다. 쉽게 말해서 의미나 개념의 수준이 한 단계 높은 단어가 추상어이다. 그러니까 이것의 환자가 추상어의 이해에 문제가 있다는 말은 곧 그의 의미처리기구에 이상이 생겼다는 말이나 같은 말이다. 따지고 보자면 이것의 환자가 기능어 오류를 많이 저지르는 것도 기능어도 일종의 추상어이기 때문에 그런 것이다. 결국 이렇게 볼 것 같으면 심층적 실독증 환자에게도 일정한 수준의 독해력이 있음이 분명하다.

　심층적 실독증을 만약에 의미적 실독증으로 부를 수 있다면 음소적 실독증으로 마땅히 불릴 수 있는 것이 바로 표층적 실독증이다. 간단히 말하면 이것이 드러내는 증상들은 문자적 형태의 단어가 음소적 형태의 단어로 제대로 전환되지 못한 데서 비롯되는 증상들이다. 그런데 문자적 형태를 음소적인 것으로 전환시키는 작업의 기본이 되는 것은 정상적인 시각적 능력으로 문자적 형태를 제대로 파악하는 일이다. 이 실독증에 걸린 환자의 문제가 그의 의미적 능력이나 기구에 관련된 것이 아니라 그의 시각적 능력이나 기구에 관련된 것이라는 것을 우리는 다음과 같은 두 가지 사실로써 익히 알 수가 있다. 첫 번째로 그는 단어를 부분적으로나 문자별로는 읽을 수 있지만 전체적으로는 읽지를 못한다. 예컨대 그는 「begin」을 「begging」처럼 읽은 나머지 그 뜻을 「구걸」로 알거나, 「listen」을 「listan」처럼 읽은 나머지 그 뜻을 「권투선수의 이름」으로 안다.

그 다음으로 그는 철자법이 까다롭거나 불규칙적인 단어들을 제대로 읽지를 못한다. 예컨대 그는 「yacht」나 「brought」와 같은 단어를 제대로 읽지 못한다. 그리고 그에게는 일반적으로 으레 짧은 단어보다는 긴 단어가 문제어가 된다. 그러니까 결국은 그는 친숙하고 일상적인 단어로 된 글은 대충 읽을 수가 있지만 생소하고 기술적인 단어가 많이 섞인 글은 제대로 읽을 수가 없는 것이다. 한 가지 흥미로운 것은 조작된 무의미 단어들을 심층적 실독증 환자는 전혀 읽어내지 못하는데 반하여, 이 실독증 환자는 어느 정도까지는 읽어낼 수가 있다는 사실이다. 아마도 이것은 전자에게는 단어를 통째로 읽는 경향이 있는데 반하여 후자에게는 그것을 문자별로 읽는 경향이 있기 때문에 나타난 차이점일 것이다.

5) 실서증

이론상으로 볼 것 같으면 실독증과 실서증은 작게 보자면 입력체계와 출력체계로 하나의 짝을 이루고 있으면서도 크게 보자면 둘다가 똑같이 시각작용을 기본으로 한 언어처리체계의 이상현상이라는 의미에서 음성언어의 듣기 실어증과 말하기 실어증 사이의 것과 동일한 관계를 유지하고 있다고 볼 수가 있다. 그런데 실제에 있어서는 이런 대비관계가 성립되지를 못하게 되어 있는데, 그 이유는 아직까지는 듣기 실어증이나 말하기 실어증 같은 것들이 발견되고 있지 않기 때문이다. 물론 그동안까지는 으레 브로카 실어증과 베르니케 실어증을 각각 표현적 실어증과 이해적 실어증으로 불러왔으니까 그들을 말하기 실어증과 듣기 실어증으로 불러도 되지 않겠느냐는 의견이 있을 수 있다. 그렇지만 단적으로 말해서 이들 두 실어증은 서로 다른 종류의 것이지 말하기 실어증과 듣기 실어증 식으로 하나의 짝을 이루고 있는 것은 아니다.

그에 비하여 실독증과 실서증 사이의 차이는 언어처리의 방향성의 차이일 뿐이다. 쉽게 말할 것 같으면 이들간의 차이는 문자언어를 눈을 통해서 인지하는 데 이상이 있는 것과 문자언어를 손으로 쓰는 데 이상이 있는 것 사이의 차이일 뿐이다. 그래서인지 실서증을 실독증의 한 대칭적 내지는 부치적 실어증으로 보려는 것이 그동안의 학계의 관례이었다. 또한 실제에 있어서 실서증은 실독증과 함께 나타나는 경우가 단독으로 나타나는 경우보다 훨씬 더 많다는 사실도 이런 관례가 만들어지는 데 큰 근거가 되었다.

실어증 학자들이 실서증을 실독증과 대칭적인 것으로 보고 있다는 것은 우선 이것의 원인과 원인 영역에 대한 설명법이 실독증에 대한 것과 똑같다는 사실에 의해서 익히 확인될 수가 있다. 실독증의 원인으로는 예컨대 시각체계의 이상과 음소와 문자의 상호전환체계의 이상, 중앙 언어처리체계의 이상 등의 세 가지가 내세워지고 있는데, 설서증의 경우에는 이 가운데서 첫 번째 것만이 별도의 것으로 내세워지고 있다. 다시 말하면 실서증의 첫 번째 원인으로는 좌반구의 로란도 열구 일대에 있는 운동과 감각영역의 이상이 내세워지고 있는 것이다.

실서증이란 결국 손으로 문자를 제대로 쓰지 못하는 증상이기에 이것의 첫 번째 원인으로 운동과 감각영역의 이상을 내세우는 것은 너무나 당연한 일이다. 이 실어증 환자는 문자들을 아주 크게 밖에 쓰지 못하기도 하고, 그와는 반대로 아주 작게 밖에 쓰지 못하기도 하며, 또한 그들을 아주 느리고 왜곡된 모양으로 쓰게 된다는 사실이 그것의 근거가 될 수 있다. 그런데 요즘에 와서는 이것의 첫 번째 원인으로 좌반구의 전두엽의 중간쯤에 있는 「엑스너(Exner)」영역의 이상도 내세워지고 있다. 원래 이 영역은 일찍이 1881년에 Exner에 의해서 발견된 곳인데, 대부분 사람들이 처음에는 문자언어 영역이 음성언어 영역과 따로 있다는 의견에 쉽게 동의를 할 수 없었고, 그 뒤에는 국부론이 전체론보다 맞다는 의견에 쉽게 동의를 할 수 없었던 탓으로 학계에서 아예 인정을 받지 못하다가 최근에 이르러 이것에 대한 이론이 바뀌게 된 것이다.

실어증 학자들이 실서증을 실독증과 대칭적인 것으로 보고 있다는 것은 그 다음으로 이것의 종류를 실독증의 경우처럼 심층적 실서증과 표층적 실서증의 두 가지로 잡고 있다는 사실에 의해서 익히 확인될 수 있다. 그런데 무엇보다도 놀라운 일은 이들 두 실서증들은 명칭만 두 실독증과 같은 것이 아니라 그 증상도 두 실독증과 똑같다는 사실이다. 이것은 곧 문자언어에 관한 실어증은 결국 그 실체가 둘이 아니라 하나라는 것을 말해주는 것이기에 언어처리체계에 관한 이론을 내세우는 데 중요한 사실로 받아들여질 수 있다.

참고삼아 이들 두 실서증의 증상이 어떤 것인가를 살펴보면 우선 심층적 실서증은 주요 증상이 적혀 있는 낱말을 그대로 복사하지 않고서 기능이나 의미상으로 유사한 낱말로 바꾸어 쓴다는 점과, 기능어들을 제대로 쓰지 못한다는 점, 구체어는 비교적 잘 쓸 수 있지만 추상어는 그렇지 못하다는 점, 무의미한 조작어는 실제로 있는 낱말로 바꾸어 쓴다는 점 등이니까 쉽게 말해서 심층적 실독증의 복사판이라 할 수 있는 것이다. 다시 말해서 심층적 실독증을 의미적 실독증을 부를 수 있듯이 이것도 의미적 실서증이라 부를 수 있는 것이다(예: blom→flower, bun→cake).

그 다음으로 표층적 실서증은 주요 증상은 철자법이 단순하고 규칙적인 단어를 쓰는 데는 큰 어려움이 없지만 그것이 복잡하고 불규칙적인 것은 그렇지가 못하다는 점과, 문자를 개별적으로는 쓸 수 있지만 단어 전체를 쓰는 경우에는 생략하기도 하고 더 첨가하기도 하며 다른 것으로 잘못 쓰기도 하는 점, 글자의 모양을 왜곡시켜서 쓰거나 느리고 큰 글씨체로 쓴다는 점 등이니까, 결국은 이것은 표층적 실독증의 복사판이라 할 수가 있다. 이런 의미에서 볼 때 표층적 실독증을 음소적 실독증으로 부를 수 있는 것과 마찬가지로 표층적 실서증도 음소적 실서증으로 부를 수 있을 것이다(예: biscket→bisket).

3. 실어증 연구의 한계성

지난 150년에 걸친 연구결과를 정리해 볼 때 실어증 연구는 앞으로도 생각보다 어렵고 시간이 많이 걸리는 연구가 될 수밖에 없는데, 그 이유는 첫 번째로는 언어처리에 관련된 뇌의 조직이나 작동절차에 대해서 아직도 제대로 알고 있지 못하기 때문이고, 두 번째로는 실어증의 증상이나 원인에 대해서 아직도 제대로 알고 있지 못하기 때문이라는 사실을 어렵지 않게 확인할 수가 있다. 그런데 첫 번째 원인을 어느 의미로는 본질적인 것으로 볼 수가 있고, 두 번째 원인을 현실적인 원인으로 볼 수가 있으니까 실어증 연구의 한계성에는 크게 본질적인 것과 현실적인 것의 두 가지가 있는 셈이다.

그런데 이들 가운데서 우리가 특별히 유념하고 있어야 할 것은 바로 현실적인 한계성인데, 그 이유는 그것을 제대로 알고서 개선하거나 극복하려고 노력하는 일이 곧 이 연구의 발전을 도모하는 일이 되기 때문이다. 이 연구가 그동안에 드러낸 현실적인 한계성에는 크게 세 가지가 있다고 볼 수가 있는데, 그중 첫 번째 것은 실어증의 증상에 대한 자료수집과 분석이 충분하고 필요한 만큼 이루어지지 못했다는 점이다. 물론 이 말은 곧 그것에 대한 검증방법이 아직 제대로 개발되지 못했다는 말과 같은 말이다.

이것의 증거로는 두 가지를 들 수가 있다. 먼저 첫 번째 것은 그동안에 가장 널리 쓰였던 「서양 실어증 배터리」가 외견상으로는 최고로 과학적인 검증법인 것처럼 보이지만 내용상으로는 별로 만족스럽지 못한 검증법이라는 사실이다. 첫 번째로 이것에서 검사하는 모두 17가지의 항목 가운데는 읽기와 쓰기와 같은 문자언어에 관한 것도 있고, 또한 그리기와 계산과 같이 일반적인 지능에 관한 것도 있다. 그 다음으로 이것에서는 자유표본적 반응의 유창성 검사를 0점부터 10점까지의 기준에 의하여 실시하게 되어 있는데, 이런 세분된 기준은 실제로는 쓸 수가 없다. 예컨대 이것에서는 「대부분의 문장들은 완전하면서 약간의 조동사나 일반적인 어휘, 굴절형 등에서 주저하게 되면」 9점을 맞게 되어 있는데, 이런 경우는 「이따금씩 완전한 문장을 쓰면서도 어휘를 찾는 데 어려움을 보여서」 8점을 맞게 되는 경우와 잘 구별이 되지 않는다. 그리고 무엇보다도 중요한 사실은 이것에서는 피검사자의 개성이나 심리적 요소 등은 아예 고려사항에 넣지 않았다는 점이다(Kertesz 1979).

이것의 두 번째 증거로 내세울 수 있는 것은 Chomsky의 언어이론의 영향을 크게 받았던 1970년대에 실어증 학자들 사이에 벌어졌던 브로카 실어증을 「언어능력과 언어수행력」 중 어느 것에 이상이 있는 경우로 보아야 하느냐에 관한 논쟁이다. 먼저 맞는 그림 고르기와 같은 심리학적 실험을 통해서 브로카 실어증을 Chomsky가 말하는 언어능력, 즉 문법적 능력에 이상이 있는 경우로 보려는 사람은 Zurif와 Blumstein(1976)이었다. 이들은 브로카 실어증 환자들을 대상으로 해서 관계사절(예: The apple that the boy is eating is red.)과 대명사문(예: The boy watched the man bandage himself.), 관사문(예: Press the red one.) 등을 제대로 이해할 수 있는가를 광범위하게 실험해 본 결과「결국 브로카 실어증 환자에 대한 임상적 인상은 통사적 처리기구에 관한 최소한의 요구사항을 충족시키지 못함에도 불구하고 이해력은 상대적으로 그대로 보존되어 있는 것처럼 보였다」와 같은 결론을 얻을 수 있었다(p.245).

그런데 사실은 이들의 이런 견해에는 브로카 실어증 환자의 문법적 능력은 으레 의미나 일반적인 지력의 도움을 적지 않게 받는 상태에서 작동되는 것 같다는 단서가 붙어있었다. 그러니까 이들이 이 연구를 통해서 갖게 된 문법관은 Chomsky의 것과 똑같은 것은 아니었던 것이다. 예컨대 똑같은 관계사절이면서도「The apple that the boy is eating is red.」는 이해율이 높지만「The boy that the dog is patting is fat.」는 그렇지 못하는 것은 결국 의미나 일반적인 지력의 힘이 여기에 개입되고 있다는 증거이었다. 또한 똑같은 대명사문이면서도 지시물과 대명사간의 거리가 최소화되어 있는「The boy watched the man bandage himself.」는 이해를 잘 하지만 그 거리가 그렇지 않은「The boy, watching the man, bandaged himself.」는 이해를 잘 못하는 것도 그런 증거의 일부이었다. 추측컨대 이들이 이 연구의 결론을 단언적인 형태가 아니라 추론적인 형태로 내리게 된 것도 바로 이런 이유 때문일 것이다.

그런데 문법적 능력에 관한 것으로 브로카 실어증을 보려는 이들의 견해는 비슷한 시기에 다른 사람들이 이들의 실험결과와는 정반대적인 실험

결과를 내세우게 되면서 하나의 일방적인 견해가 되고 말았다. 우선 Kean (1977)은 브로카 실어증을 실문법증으로 보려는 견해를 지나치게 언어학적인 것이라고 반박하고 나섰다. 그는 이 실어증 환자들이 기능어와 문법적 어형소들을 잘 쓰지 못하는 것은 그들에게는 음운적 표현력이 결여되어 있거나 아니면 그것과 문법적 능력이 같이 결여되어 있기 때문이라고 주장했다. 또한 Linebarger 등 (1983)은 모두 네명의 이 실어증 환자들을 대상으로 비문의 식별력에 관한 실험을 실시해 보았는데, 이들의 정답률은 82%나 되었으며, 그래서 그들은 이들의 문제점은 문법적 능력에 있는 것이 아니라 표현이나 언어처리적 능력에 있는 것이라는 결론을 내렸다.

이렇게 근본적인 문제를 놓고서 실어증 학자들의 의견이 두 갈래로 갈라지는 것은 하등 이상한 일이 아니다. 그러나 문제는 그동안의 논쟁 양상으로 보았을 때 이런 평행선이나 대립적인 현상은 앞으로도 그대로 계속될 가능성이 크다는 데 있다. 그 원인은 물론 첫 번째로는 이 실어증과 관련된 언어적 자료를 충분히 수집하기가 여간 어려운 일이 아닌데다가 그 다음으로는 설사 충분한 자료가 수집되었다고 해도 그것에 대한 제대로 된 분석이나 해석방법이 아직은 개발되지 못했기 때문이다.

실어증 연구의 현실적 한계성 중 두 번째 것으로 지적될 수 있는 것은 병소영역을 기준으로 해서 실어증을 분류하다 보니까 분류자체도 제대로 될 수가 없고, 각 실어증의 증상과 원인에 대해서도 통일된 설명법이 있을 수 없게 되었다는 점이다. 이 두 번째 한계성의 산 증거라 할 수 있는 것은 바로 실명증이다. 이 실어증은 간단히 말해서 전통적 실어증 연구의 이단자라 불리기에 딱 알맞은 실어증인데, 그게 그렇다는 것은 우선 그 이름이 브로카 실어증이나 베르니케 실어증처럼 병소영역에 의해서 붙여진 것이 아니라 증상에 의해서 붙여진 것이라는 사실이 익히 말해주고 있다.

그런데 사실은 병소영역을 기준으로 하는 한 이 실어증은 굳이 따로 독립적인 실어증으로 설정될 자격이 없다. 현재까지는 베르니케 영역의 후하부가 이 실어증의 병소영역으로 내세워지고 있는데, 실제로는 이 영역을 베르니케 영역과 구분하는 일은 그리 쉬운 일이 아니다. 그보다도 더 중요한 사실은 이 실어증은 심지어는 우반구의 영역들을 포함한 다른 여러 영역들의 손상에 의해서도 일어나게 된다는 사실이다. 쉽게 말하면 바로 이렇기 때문에 이 실어증의 발견자는 있을 수 없었던 것이고, 또한 바로 이렇기 때문에 이 실어증의 명칭은 그동안에 하나의 특수명사가 아니라 보통명사처럼 쓰였던 것이다.

그런데 이런 특이성보다 어떤 의미에서는 더 특이한 사실은 이 실어증의 증상은 현재까지 알려진 모든 실어증의 공통된 증상이라는 점이다. 물론 이것은 근본적으로 우리의 언어처리체계가 단어를 기본 단위로 해서 작동되고 있기 때문이라고 볼 수도 있고, 아니면 이 실어증의 원인영역들이 뇌 전체에 흩어져있기 때문이라고 볼 수도 있다. 이런 원인적 특이성과 증상적 특이성으로 인하여 결국에는 이것은 언어처리체계의 구조를 들여다 볼 수 있는 하나의 창구처럼 쓰일 수 있었다. 바꾸어 말하자면 궁극적으로는 실어증 학자들은 이 실어증에 대한 연구 한 가지만으로 실어증에 대한 모든 것을 논의할 수도 있었다.

그러나 결과적으로 보아서는 이 실어증의 이런 범실어증적 특성은 실어증 연구를 더 발전시키는 데 기여를 한 것이 아니라 오히려 그것의 혼란상을 더 가중시키는 데 일조를 했다. 우선 이 실어증을 하나의 독립적인 실어증으로 설정한 기준이 문제가 될 수 있다. 예컨대 앞에서 이미 인용한 Kertesz(1979)의 분석표에는 이 실어증에 대해서 이런 의심을 충분히 가질 수 있을만한 근거가 이미 제시되어 있다고 볼 수가 있다. 먼저 여기에서는 이 실어증의 발생률이 29%대 15, 16, 17% 식으로 다른 세 가지의 주요 실어증의 것의 두 배 정도로 나타나 있는데, 이것은 곧 이 실어증을 가려내는 데 쓰인 기준이 가장 느슨한 것이었을 것이라는 추측의 근거가 될 수가 있다.

그 다음으로 여기에서는 이 실어증 환자의 기능적 수준이 85.5점으로 나와 있는데, 정상인의 것이 92.9점이라는 사실이나, 전체와 브로카, 베르니케 실어증 환자들의 것이 각각 6.2점과 35.2점, 41.4점이라는 사실을 고려한다면, 이것 역시 이 실어증을 가려내는 데 쓰인 기준이 가장 느슨한 것이었을 것이라는 추측의 근거가 될 수 있다. 더구나 여기에서는 이 실어증은 다른 실어증의 수반 없이 단독으로 나타나는 경우가 거의 없다는 사실과, 이것도 다른 실어증처럼 경증인 것과 중증인 것으로 세분될 수 있다는 사실 등에 대한 언급이 아예 없다. 이렇게 볼 것 같으면 여기에서 이 실어증을 규정하는 데 쓰인 기준은 느슨한 것이 아니라 애매한 것이었을 것이라는 추측도 충분히 할 수가 있다.

그 다음으로 이 실어증의 이런 범실어증적 특성으로 인하여 실어증 연구 자체가 다분히 어휘편향적이거나 비체계적인 모습을 띠게 될 수 있다. 실어증 연구 자체가 얼마든지 어휘편향적인 성격의 것으로 바뀔 수 있다는 것을 단적으로 드러내주는 사실은 바로 Damasio 부부(1992)가 「3구조 모형」이라 불릴 수 있는 언어처리이론을 내세우게 된 사실이다. 이들의 이론의 핵심사상은 개념체계와 언어적 표현체계 사이에 매개체계가 존재한다는 것인데, 사실은 그것보다도 더 중요한 사실은 이것을 이들은 「어휘적 매개체계」라고 명명했다는 점이다. 한마디로 말해서 이들이 보기에는 여러 낱말들이 적절하게 조립될 수 있는 규칙이 곧 통사적 규칙이기 때문에 언어처리체계는 결국 개별적인 낱말들을 처리하는 체계에 불과한 것이었다. 이들의 이런 어휘중심적 언어처리관의 극치는 어휘는 품사별로 서로 다른 영역에서 처리되게 되어있다는 것이었다.

이 실어증의 이런 특성 때문에 실어증 연구 자체가 어휘편향적인 것으로 바뀔 수 있다는 것은 그 동안에 유독 이 실어증에 대한 연구에 있어서만은 어떤 의미에서는 아무런 의미가 없고, 또 다른 의미에서는 오직 그것의 혼란성과 난해성만을 더 증가시키는 세분화 작업이 시도되었다는 사실이다. 이런 시도 중 가장 대표적인 것으로 볼 수 있는 것이 Benson (1979)에 의한 실명증의 3분법이다. 그는 실독증과 실서증 환자들에 대한 연구를 통해서 실명증을 원인에 따라서 의미나 개념을 제대로 갖지 못한 데서 비롯되는 의미적 실명증과, 의미나 개념과 대응되는 음운형태를 찾지 못하는데서 비롯되는 어휘선택적 실명증, 선택된 음운형태대를 제대로 발음하거나 쓸 수 없는 데서 비롯되는 어휘생성적 실명증 등의 세 가지 종류로 나눌 것을 제안했는데, 이 의견에서는 어휘를 곧 언어로 보려는 것과, 두뇌안의 원인영역들이 밝혀져 있지 않다는 것, 실명증의 증상과의 관계가 밝혀져 있지 않다는 것, 실명증을 브로카나 베르니케 실어증의 한 증상으로 보려는 주장에 대한 해명이 없다는 것과 같은 문제점들이 발견될 수 있다.

이런 시도 중 또 한 가지 대표적인 것으로 볼 수 있는 것은 실명증을 기능별로나 아니면 범주별로 분류하려는 시도이다. 우선 일부 실어증 학자는 실명증을 먼저 음성언어에 관한 것과 문자언어에 관한 것으로 대별한 다음에, 다시 그들을 듣기와 말하기, 읽기, 쓰기에 있어서의 것들로 세분하기도 하는데, 이런 분류는 결국 실어증 전체를 분류하려고 하는 것만큼 어렵고 무의미한 일이다. 실명증의 증상은 어떤 검사법에 의해서 검사하느냐에 따라서 그 결과는 얼마든지 달라질 수 있고, 또한 일반적으로는 표현적 기능에 있어서의 성적이 이해적 기능에 있어서의 그것보다 좋게 나오게 되어있다.

다른 한편에 있어서는 실명증을 어휘의 품사별로나 지각의 범주나 대상별로 분류하려는 실어증 학자도 있는데, 이것 역시 욕심이 능력보다 앞서가는 현상일 수 있다. 예컨대 현재로서는 실명증 환자중에는 명사만 제대로 사용하지 못하는 환자가 있는가 하면 동사나 형용사와 같은 다른 품사의 어휘도 제대로 사용하지 못하는 환자가 있다든가, 아니면 그들은 대용어를 주로 쓰는 환자와 유사어를 주로 쓰는 환자로 나뉠 수가 있다는 등의 이들의 주장을 이론화할 능력이 없다.

또한 일부 실어증 학자들은 실명증을 지각의 범주나 대상별로 세분하려고 하는데, 이런 시도도 현재로서는 제대로 이론화될 가능성이 낮은 것이다. 예컨대 이들은 실명증을 물체 실명증이나 색채실명증, 풍경실명증, 얼굴실명증, 신체부위 실명증 등으로 나누려고 하는데 이런 분류법은 시각작용에 대해서 지금보다 훨씬 많은 것이 알려지기 전까지는 실어증 연구에 별 도움이 될 수가 없다. 그리고 무엇보다도 이런 식으로 실명증 연구가 발전되다보면 실어증 연구가 본의 아니게 언어나 인지작용보다는 지각작용에 더 큰 비중을 주는 쪽으로 기울게 될 위험성도 있다.

실어증 연구의 현실적 한계성 중 세 번째 것으로 볼 수 있는 것은 연구자들이 이 분야에 언어학이나 심리언어학적인 지식을 충분히 적용시키려는 노력을 하지 않았다는 점이다. 예컨대 언어학과 이 연구의 관계는 현재로서는 좌반구의 실비우스 열구 일대에 있는 영역이 바로 Chomsky가 말하는 언어능력이 내재되어 있는 영역으로 볼 수 있다는 말밖에 할 수 없을 정도로 소원되어 있는데, 이래가지고는 이 연구는 앞으로도 뇌과학적 연구를 통해서 언어학적 이론의 타당성을 증거하겠다는 뇌과학자들의 야심과는 너무나 먼 거리에 머물러 있을 수밖에 없다.

그동안의 실어증 연구의 수준이 언어학이나 심리언어학 연구의 수준과 얼마나 떨어져있는가 하는 것은 이들 분야에서 현재 무엇이 논쟁거리가 되고 있는가를 살펴보게 되면 당장 알 수가 있다. 우선 이 연구와 언어학의 경우를 비교해 보면 이 연구에서는 브로카 실어증이 실문법증인가 아니면 음운적 실행증인가의 문제가 중요한 논쟁거리가 되어 있는데 반하여, 언어학에서는 보편문법의 실체를 어떤 것으로 보아야 할 것인가의 문제가 중요한 논쟁거리가 되어 있다. 물론 더 중요한 것은 문법이라는 말을 한쪽에서는 기능어나 어형소를 가리키는 말로 생각하는데 반하여 다른쪽에서는 무한한 문장을 생성해 낼 수 있는 일련의 규칙들을 가리키는 말로 생각한다는 사실이다.

그런데 사실은 이들 두 학문간의 수준적 차이는 논쟁거리나 연구의 대상이 한쪽에서는 언어력의 최소한도의 것에 국한되어 있는데 반하여 다른 쪽에서는 그것의 최대한도의 것까지 확대되어 있다는 사실에서 더 쉽게 확인될 수가 있다. 예컨대 실어증 연구에서는 그동안에 최대로 제한된 수준의 음운론과 어형론, 통사론, 의미론에 관한 논의가 이루어져 왔다고 볼 수가 있다. 그러나 언어학에서는 최대로 높여진 수준의 이상의 네 영역에 관한 것 이외에 화용론에 관한 논의도 이루어져 왔다. 더 나아가서는 언어학에서는 후단언어학이라는 이름으로 언어력과 일반 지능의 관계나 언어와 문화의 관계 등도 논의의 대상으로 삼았다.

그 동안의 실어증 연구의 수준은 지금의 심리언어학의 그것과도 일정한 차이를 보이고 있다. 심리언어학이 하나의 현대적 학문으로 출발한 것은 1960년대에 Chomsky가 변형문법이론을 내세운 것이 계기가 되었다는 사실과, 언어가 처리되는 심리적 절차를 실험적인 방법으로 구명하는 일이 그것을 기술적인 방법으로 기술하고 분석하는 일과는 전혀 다른 일이라는 사실 등을 감안한다면 우선 이것이 언어학만큼 크게 발달되지는 못했을 것이라는 추측을 누구나 익히 해 볼 수가 있다. 그럼에도 불구하고 이 학문에서는 이미 언어처리모형의 주요 구성부를 메시지부와 어휘부, 통사부, 작업기억부, 조음/수동체계, 청각/시각체계로 잡을 정도로 언어력을 전인적인 능력으로 보는 전통이 세워져있다(Garman, 1990: p.182). 그리고 이 학문에서는 Morton(1980)의 「어소(logogen) 모형」이나 Marslen-Wilson과 Welsh(1978)의 「연대(cohort) 모형」과 같이, 정신적 어휘부의 설정을 전제로 하는 독자적인 언어처리이론을 내세우게도 되었다.

이렇게 보자면 그동안에 언어학이나 심리언어학에서와는 다르게 이 연구에서는 언어를 전체적이 아니라 부분적인 입장에서 보아온 셈인데, 그렇게 되면 언어 전체는 더 말할 것도 없고 그것의 부분마저도 제대로 파악하기가 쉽지 않다는 데 문제가 있다. 그 이유는 언어는 여러 체계로 이루어진 하나의 유기적인 구조체이고, 언어사용은 인간의 모든 능력이 동원이 되는 일종의 전인적인 행위이기 때문이다. 예컨대 이 연구에서는 어휘의 의미나 문법 같은 것은 그것을 관장하는 부위가 따로 있어서 독립적으로 처리되는 것으로 생각해 왔었다. 그러나 어떤 언어처리시에도 모든 구성체계가 동시에 움직이게 되어있고, 또한 이때에는 으레 일반적인 지력이나 정서력도 참여하게 되어있다는 것을 심리언어학자들은 이미 밝혀 놓았다.

4. 국부론과 전체론간의 논쟁

실어증 연구의 첫 번째 선구자인 Broca를 국부론자로 부르는 데는 아무런 이견이 있을 수 없지만 두 번째 선구자인 Wernicke를 그렇게 부르는 데는 얼마든지 이견이 있을 수 있는데, 그 이유는 분명히 Wernicke는 베르니케 영역이 하나의 언어영역이라는 점만을 강조한 것이 아니라 이 영역과 브로카 영역은 신경조직이나 기능상으로 서로 밀접하게 연결된 영역이라는 점도 강조했기 때문이다. 다시 말하자면 Wernicke야말로 실어증 연구자 중 최초의 결합주의자였으며, 따라서 그동안의 실어증 연구의 전통은 그에 의해서 세워진 것이나 다름이 없었다. 그게 그렇다는 것은 그 후에 등장한 Lichtheim의 언어처리 모형이나 Geschwind의 언어처리 모형 등이 하나같이 그의 모형을 확대한 것이라는 사실로써 익히 알 수가 있다.

그런데 사실은 그의 결합주의는 브로카 영역뿐만 아니라 베르니케 영역도 하나의 언어영역이라는 국부론을 전제로 한 이론이었는데다가, 결국에는 결합주의를 한 단계 확대한 것이 바로 전체론이니까 그의 이론에는 이미 국부론과 전체론과의 싸움의 씨앗이 뿌려져 있는 셈이었다. 이런 의미에서 보자면 우선 지난 150여년에 걸친 실어증 연구의 역사는 국부론과 전체론간의 싸움의 역사이었다 볼 수가 있고, 또한 그 당위성이나 지금까지의 양상으로 보아서 이 싸움은 앞으로도 쉬지않고 계속될 것이 분명하다.

그런데 일단 과거에 있어서처럼 미래에 있어서도 이 싸움의 모습이 곧 실어증 연구의 모습일 것이라는 입장에 서게 되면 이 싸움의 결과는 이미 알려진 것이나 다름이 없다는 데 제일 두드러진 특징이 있다. 다시 말할 것 같으면 이론상으로는 현실론과 이상론간의 그것처럼 쉽게 결판이 날 수 없는 싸움같이 보일지 몰라도 실제에 있어서는 이미 결판이 나 있는 것이나 다름이 없는 싸움이 바로 이 싸움인 것이다. 이렇게 볼 것 같으면 미래는 과거의 연장이라는 말대로 지난 150여년에 걸친 이 연구의 모습을 돌이켜 볼 뿐 아니라 더 나아가서는 이 연구의 앞으로의 모습을 헤아려 보는 데 하나의 창문의 역할을 할 수 있는 것이 바로 이 싸움이다.

지금까지의 이 싸움의 양상을 통해서 우리가 알 수 있는 것에는 크게 세 가지가 있다고 볼 수 있는데, 그중 첫 번째 것은 이것의 기본적인 성격에 관한 것이다. 이 싸움은 궁극적으로는 실어증 연구의 학문적 패러다임을 결정짓는 싸움인데, 다행스럽게도 이것은 그동안에 원래의 것을 새것으로 바꾸는 것이 아니라 오히려 그것을 더 확고하게 다지는 기능만을 수행했다. 이것은 곧 처음에 Broca에 의해서 세워진 이 연구의 학문적 패러다임이 그 후에도 Wernicke와 Penfield와 Roberts, Geschwind 등에 의해서 그대로 유지될 수 있었던 것은 바로 국부론이라는 정론이 있었기 때문만이 아니라, 그것의 문제점과 한계성을 정확히 제시해 주는 전체론 이라는 반론이 있었기 때문이기도 하다는 말이나 같은 말이다. 이런 의미 에서 보면 실어증 연구의 전통적인 학풍이 국부론 중심의 것이라는 것은 더 이상 의심할 여지가 없다.

그게 그렇다는 것을 우리는 크게 두 가지 사실에 의해서 확인할 수가 있다. 그중 첫 번째는 그동안에 실어증 연구의 발전을 이끌어 온 사람 들이 모두다 국부론자들이라는 사실이다. 예컨대 Wernicke와 Penfield와 Roberts, Geschwind 등을 그동안에 이 연구를 지금의 것처럼 발전시킨 주역으로 치는 것은 궁극적으로는 그들이 베르니케 영역과 운동감각영역, 각상회와 같은 언어 관련 영역들을 발견했기 때문이다. 다시 말하자면 이들은 하나같이 근본적으로는 Broca와 다름없는 국부론자들이었으며, 이들의 이런 입장이 언어영역들은 하나의 체계를 이루고 있다는 이른바 결합주의라는 작동이론이 내세워졌다고 해서 달라질 수는 없는 것이었다. 그리고 무엇보다도 중요한 사실은 그동안의 이 연구의 발전은 실비우스 열구 일대의 언어영역에 대한 연구를 중심점으로 삼고서 원의 영역을 차 차 확대하는 식으로 이루어져왔다는 점이다.

그렇다고 해서 이런 국부론 중심의 발전양식에 우여곡절이 없었던 것 은 아닌데, 이것의 가장 좋은 예가 바로 Exner 중추의 발견과 관련된 학자 들간의 논쟁이다. 오늘날에는 실서증을 「전두엽 실서증」과 「두정엽 실서 증」으로 양분하는 사람이 나올 정도로, 이 영역의 쓰기의 능력을 전담하 는 곳으로서의 자격을 아무도 의심하지 않는다. 그러나 1881년에 독일의 신경학자인 Sygmund Exner에 의해서 처음으로 이 영역이 발견되고서 그 후 100여년이 지날 때까지는 그렇지를 못했는데, 그 이유는 이 연구의 전체적인 학풍이 국부론이 전체론에 다분히 밀리는 식으로 바뀌어 있었기 때문이었다. Wernicke가 베르니케 영역을 발견한 것은 1874년이었으니까 Exner 중추의 발견은 거의 같은 시기에 이루어진 것이나 다름이 없다. 그럼에도 불구하고 무슨 편견 때문인지 이 영역의 자격을 놓고서만은 무려 100여년에 걸쳐서 논쟁이 그치지 않았다. 그렇지만 최근에 이르러 몇몇 학자들이 이 영역의 역할에 대한 평가를 다시 하면서 그 긴 논쟁이 마침내 종결되게 되었다. 결국 기구한 우여곡절 끝에 이 영역도 국부론 중심의 학세의 일부분으로 자리잡게 된 것이다.

그중 두 번째 것은 그 동안에 제안된 전체론들은 하나의 체계가 이루어질 수 있을 만큼 유기적이고 누진적인 것들이 아니라 극단적으로 말하자면 백인백색식의 산발적이고 독립적인 것들이라는 사실이다. 한마디로 말해서 전체론들은 하나같이 이론상으로는 그럴듯하면서도 실증적인 근거는 제대로 제시하지 못하고 있는 것들이기에 그중 어느것도 하나의 체계적인 이론으로 발전될 수가 없었다. 이런 의미에서 볼 때 그동안에 나온 전체론 중 가장 대표적인 것으로 볼 수 있는 것이 바로 Brain(1968)의 「생리학과 심리학의 복합이론」이다. 이 이론의 특징은 지금까지의 생리학적 연구에 앞으로의 심리학적 연구가 합쳐졌을 때만 그 증상을 식별하는 일부터가 가능하다고 보는 정도로 그동안의 국부론적 실어증 연구를 극단적으로 비판한 것이라는 점이다. 그러니까 이것은 일종의 극단적 전체론인 셈이다.

그는 먼저 언어처리체계는 청각적 음소기구와 중앙 어휘기구, 어휘의 미기구, 문장기구, 운동음소기구 등의 다섯 가지의 음성언어 관련 기구들과, 이들 위에 얹혀 있는 읽기 기구와 쓰기 기구 등의 두 가지의 문자언어

관련 기구들로 구성되어 있다고 보았다. 그러니까 표면상으로는 그는 Broca나 Wernicke보다도 한 수준 더 나아간 국부론자이고, Chomsky에 못지않은 모듈론자였다고 볼 수가 있다(p.328). 그렇지만 실제에 있어서는 그가 하나의 극단적인 전체론자에 불과했다는 것은 이 체계의 작동요령을 다음과 같은 두 가지 방법으로 설명하고 있다는 사실로써 쉽게 알 수가 있다.

첫 번째로 그는 생리학적으로는 실어증은 생리적 기구의 하나나 그 이상이 손상을 입었을 때 나타나게 되어 있지만, 실제에 있어서는 어느 한 기구만이 손상을 입게 되는 경우는 거의 발견되지 않는다는 사실을 들었다. 예컨대 중앙어휘기구와 어휘의미기구, 문장기구가 위치하고 있는 곳은 지배적 반구의 측두엽의 일부영역과 인접한 두정엽의 일부영역일 텐데, 이 영역의 손상은 일반적으로 넓게 일어나고 있는 점으로 미루어 보아서 이들 세 기구들이 으레 같이 망가지게 되어 있다고 볼 수가 있다는 것이다.

두 번째로 그는 심리학적으로는 이런 기구들 간에는 복잡한 기능적 상관관계가 설정되어 있기 때문에, 이들 중 어느 한 기구만이 기능을 제대로 수행하지 못하는 현상은 일어날 수 없다는 사실을 들었다. 예컨대 만약에 중앙어휘기구가 제대로 기능을 수행하지 못하게 되면 당연히 두 개 이상의 어휘로 문장을 만드는 문장기구도 같이 제대로 기능을 수행하지 못하게 될 것이며, 또한 만약에 중앙어휘기구는 정상적으로 기능을 하는데 어휘의미기구가 제대로 기능을 수행하지 못하게 되는 경우에도 같은 결과가 나타나게 마련인데, 그 이유는 문장기구에서는 으레 의미 있는 문장들이 만들어지게 되어 있기 때문이다(p.329).

그런데 그가 내세우고 있는 것은 일종의 극단적인 전체론이라는 것은 실제로는 그가 언어능력안에 지각력을 비롯하여 사고력, 감각운동력 등도 포함시키고 있다는 사실로써 익히 알 수가 있다. 예컨대 그는 「어휘의 의미는 첫 번째로 사용자의 주변에 있는 어떤 것을 지시할 수 있는 능력이나 적절한 상념을 유발시킬 수 있는 능력에 달려있기 때문에, 결국에는 어휘기구는 지각과 사고의 생리적 근거와 연결되어 있어야 한다」나,(p.322) 「실어증은 지배적 반구의 청각적 수용영역과 말초운동영역에 작은 손상이 있는 경우에도 일어나는 점으로 미루어 보아서 손상의 위치보다는 정도가 더 중요할 수 있다」(p.329)와 같은 말을 하였다.

그는 그런데 엄밀하게 따지자면 이런 전체론은 긍정적으로 볼 것 같으면 그동안의 국부론 중심의 학풍의 태생적 문제점과 한계성을 정확히 지적해 낸 것이라고 평가될 수도 있겠지만, 부정적으로 볼 것 같으면 하나의 공허한 발상에 불과한 것이라고 평가될 수가 있다. 이 이론의 비과학성은 크게 두 가지 사실에 의해서 드러나있는 셈인데, 그중 첫 번째 것은 「실어증을 통해서 언어와 관련된 생리적 조직들을 유추해내는 것은 거의 불가능한 일이다.」라는 그의 주장이 지난 150여년에 걸친 많은 실어증 연구자들의 연구결과와 정면으로 배치가 된다는 사실이고,(p.330), 그중 두 번째 것은 언어기구들은 단독적으로가 아니라 연합적으로 작동하게 되어 있다는 주장을 하는 마당에서 그가 내세우고 있는 심리학적 근거는 실제로는 심리학적인 것이 아니라 언어학적인 것이라는 사실이다. 그러니까 그는 말로는 실어증 연구가 앞으로 새롭게 도약하려면 종전의 생리학적인 방법에 심리학적인 방법이 새로 합쳐져야 한다고 주장하면서도, 실제에 있어서는 그런 심리학적인 방법이 어떤 것인가에 대해서는 아무런 의견도 제시하지 못한 것이다.

그동안에 제안된 전체론 중 또 한 가지 대표적인 것으로는 Schuell과 Jenkins(1959)가 내세운 「기저능력이론」이다. Schuell(1950)이 처음에 전체론 쪽으로 언어처리관이 기울게 된 것은 실어증과 의사실어증을 정확히 구분하는 것은 거의 불가능에 가까운 일이라는 것을 알게 되면서부터였다. 예컨대 그는 병인학적으로 보았을 때 의사실어증은 하나의 단순한 원인의 결과가 아니라「언어전 수준에 있어서의 여러 가지 고장의 결과일 것이다」와 같은 말을 하였다. 간단히 말하자면 그는 의사실어증이나 실어증은 중앙언어처리기구에 이상이 있을 때만 나타나는 것이 아니라 감각운동기구에 이상이 있을 때도 얼마든지 나타날 수 있다는 사실을 전체론의 근거로 내세운 것이다.

그러나 그가 그 후 Jenkins와 함께 이 연구의 폭과 심도를 한층 확대해 가게 되면서 그 근거는「모든 언어적 기능의 기저에는 공통된 언어능력이 자리하고 있다」는 식으로 바뀌게 되었다. 예컨대 이들은 1959년에 발표된「실어증에 있어서의 언어적 결함의 성격(The nature of language deficit in aphasia)」이라는 논문에서 모든 실어증 환자들을 대상으로「미네소타 실어증 진단법(Minnesota Test for the differential diagnosia of aphasia)」에 의하여 표준화 검사를 실시해 본 결과「그들의 증상 가운데는 공통적인 것이 많다는 것을 알게 되었으며, 그래서 이런 현상은 핵심적 언어능력에 이상이 생긴 결과일 것이라는 추리를 하게 되었다」는 말을 하였다. 다시 말하자면 이제 이들은 언어처리체계는 으레 전체적으로 작동되게 되어있으며, 따라서 실어증 현상을 단일적인 것으로 보는 것이 마땅한 일이라고 생각하게 된 것이다.

이런 전체론적 발상법은 Jenkins이 그의 동료들과 함께 실어증에 대한 연구를 증상분석과 뇌손상분석의 두 방면으로 진첩시키게 되면서 더욱 확고부동한 것이 되었다. 예컨대 1975년에 그와 그의 동료들이 발표한「슈엘의 성인실어증(Schuell's aphasia in adults)」이라는 논문에는「관찰된 의사소통적 결함은 양태별로 특이한 것이 아니며 꽤 인상적인 오류의 규칙성을 드러내고 있다. 이런 규칙성은 발생하는 오류의 종류와 손상부위의 수준 모두에서 발견될 수 있다」는 말이 나오고 있는데(p.101), 이 말은 곧 임상적으로나 뇌과학적으로나 실어증은 단일 현상으로 보아야 한다는 말이나 같은 말이니까, 이들의 전체론도 일종의 극단론의 단계에까지 가 있었던 것이다.

그런데 우리는 이들의 전체론이 앞으로 실어증 연구가 발전을 하는 데는 별 기여를 하지 못할 것이라는 것을 다음과 같은 두 가지 사실로써 쉽게 짐작할 수가 있다. 첫 번째로 이들은 자기네들이 말하는 동일한 언어처리체계가 구체적으로 어떤 것인가에 대해서 자세하게 설명할 의무를 가지고 있는데, 그렇게 하지 않고 있다. 예컨대 이들의「사고에는 이상이 없는데 그것을 언어화나 어휘화하는 데 이상이 생기면 실어증이 발생한다」는 정도의 말은 현재까지 알려진 언어처리체계에 대한 지식마저도 완전히 무시하는 것에 지나지 않는다. 물론 이들이 말하는 동일한 언어처리체계가 그 동안에 대부분의 실어증 연구자들이 말해오던 중앙언어처리체계도 아니라는 사실이 더욱이 문제를 어렵게 만들고 있다.

그 다음으로 그동안에는 다른 과학적 연구들이 그래왔듯이 실어증 연구도 궁극적으로는 상향적이거나 부분적 연구가 하향적이거나 전체적 연구의 기초가 된다는 원칙하에서 진행되어 온 셈인데, 이들의 전체론은 실어증 연구자들에게 이런 원칙을 전면으로 거부하기를 권장하는 이론이다. 또한 실어증 연구는 뇌의 손상부위와 실어증의 증상 중 첫 번째 것을 연구의 기준으로 삼는 학문으로서 성장해왔던 것인데, 이들의 이론에 따르자면 이들중 두 번째 것을 연구의 기준으로 삼아야 한다. 결국 이렇게 보면 이들의 전체론은 현재로서는 받아들일 가능성이 전혀 없는 패러다임의 혁명을 실어증 연구자들에게 요구하는 이론이며, 바로 그렇기 때문에 이것의 운명은 지난 150여년간의 실어증 연구의 흐름과는 아무런 관계없이 독자적으로 흘러가게 되어 있다고 볼 수가 있다.

지금까지 제안된 전체론 중 세 번째로 검토해 볼만한 것으로는 1982년에 Brown이 「신경언어학에서의 계층성과 진화(Hierarchy and evolution in neurolinguistics)」라는 논문에서 제안한 3단계 언어처리이론이다. 1970,80년대는 대부분 연구자들이 「언어의 자율성이론」이나 「모듈성의 이론」과 같은 언어학적 이론들을 등에 업고서 전통적인 국부론적인 입장을 한층 강화시키는 시대였는데도, 그는 특이하게도 일부 소수 연구자들이 내세우는 전체론을 지지하고 나섰다. 우선 이런 입장을 그가 「동적인 견해」라는 말로 표현했던 사실로 미루어 보아서 그의 전체론이 두뇌의 조직과 작동원리를 근거로 한, 일종의 거시적인 이론이라는 것을 알 수가 있다.

그가 언어처리이론은 마땅히 동적이거나 거시적인 것이어야 한다고 생각하게 된 것은 두뇌는 원래가 하나의 유기적인 조직체인데다가 그것의 활동과 작업을 지휘하는 신경체계는 으레 전체적으로 작동하게 되어있다는 사실을 잘 알고 있기 때문이었다. 예컨대 1980년에 발표한 「두뇌구조와 언어산출: 동적인 견해(Brain structure and language production)」라는 논문에서 그는 피질하부에 있는 촘촘한 신경조직은 언제나 여러 피질영역간의 긴밀한 정보교류를 가능하게 한다는 사실과, 두 반구를 연결하고 있는 뇌량은 언제나 그들 간의 긴밀한 정보교류를 가능하게 한다는 사실을 근거로 해서 언어산출은 일종의 전뇌적인 작업이지 좌반구에 있는 언어영역만에 의한 작업은 아니라는 주장을 했다. 그는 자기 주장의 타당성은 말을 하거나 글을 쓰는 능력은 결국에는 일종의 동작적 능력인데, 이런 동작은 으레 로란도 열구 일대에 있는 아주 복잡한 운동영역들이나 전운동영역들의 잘 협조된 작동에 의해서 만들어지게 되어 있다는 사실이 익히 뒷받침하고 있다고 주장했다.

그러나 그의 전체론의 실체는 언어처리의 과정을 크게 세 개의 단계로 보게 되면서 보다 뚜렷해졌다. 그는 간단히 말해서 언어처리 작업은 일종의 전뇌적인 작업이기 때문에 그것은 한꺼번에 이루어지지 않고서 초기단계와 중간단계, 최종단계 등의 세 가지 단계로 나누어져서 이루어지게 된다고 생각했던 것인데, 이런 발상법은 물론 그전까지는 아무도 갖지 못했던 것이었다. 그가 1982년에 발표한 논문에 의하면 언어처리작업의 첫 번째 단계는 두 반구의 변연계에서 일종의 준비나 기초적인 작업이 이루어지는 단계인데, 이런 작업의 대표적인 것이 바로 일정한 주의나 긴장상태의 유지나 감정적이거나 의지적 요소의 개입 등이다.

그 다음으로 그것의 두 번째 단계는 본격적으로 언어처리작업이 이루어지는 단계인데, 흥미롭게도 그는 이때의 작업은 좌반구의 실비우스 열구 일대에 있는 언어영역 중 각각 다른 영역에서 음운적 틀을 만들어내는 일과 적절한 어휘를 골라내는 일의 두 가지로 나뉘어져서 이루어지게 된다고 보았다. 더 구체적으로는 그는 좌반구에 있는 언어영역들을 전면부와 후면부로 양분한 다음에 전면부에서는 전체적 억양형이 형성된 후에 개별음소의 선택이 결정되는 식으로 음운적 작업이 이루어지게 되고, 후면부에서는 의미적 내용에 맞추어 찾은 어휘형에 음소적 형태를 부여하는 식으로 어휘적 작업이 이루어진다고 본 것이다.

마지막으로 그것의 세 번째 단계는 두 번째 단계에서 얻어진 언어형태가 말이나 글의 모습으로 바뀌게 되는 단계로서, 이때의 작업은 전두엽과 두정엽에 있는 운동영역과 감각영역에서 이루어지게 된다. 그런데 그는 이 마지막 단계의 작업을 하는 데는 어떤 의미에서는 첫 번째와 두 번째 단계의 작업을 하는 데 개입되는 것보다도 더 넓은 피질영역이 개입되게 된다는 점을 강조하였다. 그 이유는 이 단계의 작업을 위해서는 으레 두 반구에 있는 운동영역과 전운동영역, 감각영역들이 모두 개입되기 때문이었다.

흥미롭게도 그는 자기의 이런 전체론의 타당성은 이것은 바로 뇌의 계통발생적 진화과정과 일치한다는 점에서 찾을 수 있다고 주장했다. 예컨대 1970년에 Sanides가 발표한 논문에 의하면 인간이 언어를 가지게 된 것은 결국 그의 두뇌의 두 반구에 신피질이 발달한 나머지 거기에 언어영역이 자리할 수 있게 된데다가, 그에 부수하여 운동과 감각영역의 조직과 기능도 크게 달라지게 되었기 때문인데, 그의 두뇌에 이런 진화과정이 일어난 것은 겨우 몇만년전에 불과하다는 것이다. 다시 말하자면 그는 진화론적으로 보아서 언어처리에는 우리의 「신뇌」뿐만 아니라 「구뇌」도 참여하게 되어있다고 보는 것이 맞는 일이라고 본 것이다.

  그렇지만 그의 전체론의 결정적 한계성은 역시 적어도 그동안까지는 실어증 연구를 통해서 두 번째와 세 번째 단계 때 개입되는 영역들에 대한 사실만이 밝혀졌지, 첫 번째 단계 때 개입되는 부위에 대해서는 거의 밝혀진 것이 없다는 데서 찾을 수가 있다. 더 구체적으로는 일부 실어증 연구자들에 의해서 그동안에 밝혀진 것은 변연계 일대의 부위들이 언어처리에 참여를 하는 것은 사실인데, 무엇보다도 중요한 것은 그것은 어디까지나 간접적인 것이지 직접적인 것은 될 수가 없다는 것이었다. 그러니까 그의 전체론의 한계성은 언어 처리를 직접적으로 관장하는 영역과 그것에 간접적으로 밖에 영향을 주지 못하는 영역에 동일한 자격을 부여한 점과, 어떻게 간접적인 영향밖에 주지 못하는 영역이 그 작업을 전담하는 영역을 이끌어가게 되는가에 대한 적절한 설명이 없다는 점이라고 볼 수가 있다.

  지금까지의 이 싸움의 양상을 통해서 두 번째로 우리가 알 수 있는 것은 그동안에 그래왔듯이 앞으로도 이 학문의 연구자들의 주된 관심은 언어처리의 거점영역들을 더 찾아내는 데와 그들간의 연결 관계를 밝히는 데 모아지게 될 것이라는 것이다. 쉽게 말해서 이 연구에 있어서 이 싸움이 길게 이어지는 것은 그동안에 제안된 국부론들로서는 먼저 언어능력에 관한 모든 것이 설명될 수 없다는 것이 너무나 분명하기 때문이다. 예컨대 이론상으로 보면 말을 하거나 들을 때 전달할 메시지를 정하거나 상대방의 의도를 해석하는 과정이 각각 최초와 최후의 과정이 될 것이 뻔한데, 아직까지는 어떤 국부론에서도 이런 일을 어디에서 하게 되는지를 다룬 적이 없다. 일단은 누구나 우리의 두뇌 안에는 사고부나 판단부와 같은 곳이 있을 것이라는 가정 정도는 해볼 만도 한데 실제로는 그렇지도 못했다. 또한 말을 할 때는 문법적 규칙뿐만 아니라 화용적 규칙도 지켜야 하는데, 이 규칙이 바로 사고부나 판단부에서 다루어지는 것일 수도 있겠다는 가정도 해볼 만한데 실제로는 그렇지도 못했다. 간단히 말해서 그동안에는 모두가 언어처리의 거점영역들을 이른바 핵심적 언어처리체계를 세운다는 미명하에 최소한의 것으로 제한 것이다. 그렇지만 앞으로는 뇌의 구조와 기능에 대한 지식이 증가되면서 그 거점영역의 수가 더 늘어나게 될 것이 확실하다.

또한 그동안에 제안된 국부론들은 모두가 기껏해야 두세 개의 거점영역들을 연결시키는 일종의 부분적 결합이론에 불과한 것들이기 때문에 앞으로 연구자들의 노력은 보다 복합적이고 확대된 결합이론을 만드는데 집중될 것이 분명하다. 이 일은 크게 거점영역의 수의 증가에 부수해서 결합의 장을 확대하는 것과, 결합의 양식을 정교화하는 것의 두 가지가 될 텐데, 굳이 따지자면 이들 중 어느 한 가지를 먼저 하는 것 보다는 이들을 같이 하는 것이 바람직하다고 볼 수가 있다. 왜냐하면 뇌의 구조나 신경체계의 특성으로 보아서 그동안에 제안된 것과 같은 단선적인 결합양식보다는 하나의 거점이 나머지 거점 모두와 연결되는 식의 복합적인 결합양식이 더 합리적인 것일 가능성이 높기 때문이다. 이렇게 보자면 결국 앞으로 연구자들의 과제는 기존의 국부론을 수정하고 확대하는 일이라고 볼 수가 있다.

　지금까지의 이 싸움의 양상을 통해서 우리가 세 번째로 알 수 있는 것은 앞으로 이 학문의 발전은 생각만큼 쉽고 빠르게 이루어지지는 않을 것이라는 것이다. 이런 판단의 근거가 될 수 있는 것은 바로 앞에서 논의한 과제들이 신경언어학이나 뇌과학의 학문적 판도를 결정지을 수 있을 만큼 어렵고 궁극적인 것들이라는 사실이다. 예컨대 Brown의 주장대로 만약에 운동영역에서의 어휘형태를 음성화하는 작업이 으레 전체적 억양형을 먼저 선택한 다음에 그 안에 개별적인 음소를 맞춰 넣는 식으로 이루어지려면, 이 영역은 마땅히 브로카 영역이나 베르니케 영역과 신계체계적으로 연결되어 있어야 하는데, 이런 신경체계를 발견하는 일이 쉬운 일일 리가 없다.

제4장 뇌과학과 언어학의 이질성

1. 제기된 문제점

 언어와 뇌의 관계에 대한 연구의 역사는 그동안에 먼저 실어증 학자들만에 의해서 그것이 이루어지다가 그 후에 언어학자나 신경언어학자들이 이 일에 참여하게 되는 식으로 진행되어 왔다고 볼 수가 있는데, 따지고 보자면 이런 역사적 배경만큼 지금의 이 연구의 성격을 파악하는 데 도움을 줄 수 있는 것도 없다. 한마디로 말해서 지금의 이 연구는 좋게는 뇌과학과 언어학이 서로 긴밀하게 협조를 할 수 있는 장이라고 볼 수도 있고, 나쁘게는 이들 두 학문들의 상이성이나 이질성이 뚜렷이 부각되는 장이라고 볼 수도 있다.
 그런데 안타깝게도 이들 두 학문이 정식으로 서로 협조를 하기 시작한 후의 이 연구의 역사, 즉 지난 40여년에 걸친 이 연구의 역사는 학제적 학문의 좋은 쪽 특성보다는 오히려 나쁜 쪽 특성을 더 많이 드러내는 역사이었다. 사정이 이렇게 되는 데는 크게 두 가지 요소가 작용했다고 볼 수가 있는데, 그중 첫 번째 것은 역시 두 학문의 이질성이다. 원래가 학제적 학문은 여러 학문영역의 경계선상에 있는 과제를 두 개나 그 이상의 학문이 공동으로 연구하기 위하여 생겨나는 것이기에, 적어도 이론상으로는 우선 참여학문간에 학문적 융합이 이루어지느냐 그렇지 못하느냐가 그것의 궁극적인 성공여부를 결정짓게 되어있는데, 실제에 있어서는 이 일이 여간 드문 일이 아니다. 결론적으로 말할 것 같으면 지난 40여년간의 이 연구의 역사도 결코 하나의 예외일 수는 없었던 것이다.

뇌과학과 언어학이 서로 얼마나 이질적인 학문인가 하는 것을 알기 위해서는 우선 이들에 있어서 얼마나 서로 다른 연구방법이 쓰이고 있는가를 살펴보면 된다. 먼저 뇌과학에서 쓰이고 있는 연구방법은 자연과학의 등장과 함께 그것의 주된 연구방법으로 자리잡은 완전한 귀납적 방법이다. Broca에 의한 브로카 영역의 발견이 전형적으로 말해주고 있듯이, 뇌과학적 연구에서 기본적으로 쓰이고 있는 연구방법은 관찰이나 실험, 자료수집, 분석, 유추, 분류 등의 절차에 의해서 뇌의 구조와 기능의 실체를 파악해서 그것에 관한 이론이나 원리를 구축해 내는 것이다. 굳이 한 가지 특이한 점이 있다면 비정상적이거나 병적인 상태의 것을 주된 연구대상으로 삼았다는 점이다.

그에 반하여 언어학에서 쓰이고 있는 연구방법은 일반적으로 가설형성법으로 불리는 일종의 수정된 귀납법이다. 일찍이 Peirce가 제안한 것을 Chomsky가 크게 유행시킨 이 연구법은 간단히 말해서 귀납법의 한계성을 연역법의 장점으로 보완한 것이기에 전통적인 귀납법보다 더 수준 높은 연구결과를 얻어낼 수 있다는 특징을 가지고 있었다. 예컨대 이 연구법의 기본 절차는 먼저 문제점이 될 만한 자료들을 최소한도로 수집하고, 그 다음에 그것에 대한 분석을 토대로 해서 일정한 가설을 설정하게 되며, 마지막으로는 그 가설의 타당성에 대한 검증작업을 더 많은 자료를 통해서 실시하게 되는 식으로 되어 있으니까, 이것에 의한 연구의 핵심적 과제는 자료수집이 아니라 이론구축이 되게 마련이다. 이 점은 귀납법에 의한 연구의 그것은 으레 더 많은 양의 자료를 수집하고 분석하는 일이라는 사실과 크게 대조가 된다. 굳이 한 가지 특이한 점이 있다면 두 번째 절차 때 가설을 설정하는 데는 연구자의 직감이나 육감 같은 것이 크게 작용하게 된다는 사실이다.

그런데 사실은 무엇보다도 중요한 사실은 연구방법이 이렇게 서로 다르다 보니까 자연히 학문적 풍토나 분위기도 서로 다르게 되었다는 것이다. 다시 말해서 이렇게 서로 다른 연구방법들을 사용하다 보니까 자연히 한쪽에서는 언어의 구조성이나 보편문법의 모형과 같은 거시적이고 추상적인 이론을 내세우는 데 연구의 초점을 맞추게 되었는데 반하여, 다른 쪽에서는 각상회의 발견이나 실서증의 분류와 같은 미시적이고 구체적인 사실을 밝히는 데 연구의 초점을 맞추게 된 것이다. 물론 뇌과학자들은 이런 결과는 결국 뇌의 구조나 기능을 구명하는 일이 언어의 구조나 기능을 구명하는 일보다 훨씬 시간이 많이 걸리고 어려운데서 비롯되었다고 주장할 수도 있다.

이것과 관련하여 또 한 가지 주목할 사실은 자칫 잘못하면 이런 학문적 풍토나 분위기의 차이가 학문적 수준의 차이로 보일 수도 있게 된다는 점이다. 지금의 이 연구의 현황은 비교를 하는 사람이 어느 쪽 학문을 전공하든 간에 이들 두 학문에서 거론되는 주제의 수준이 같지가 않다는 것을 우선 인정하지 않을 수가 없게 되어 있다. 예컨대 언어학에서 그동안에 주로 다루어지던 주제는 「복합명사구 제약」이나 「의미역 이론」과 같이 첫 번째로는 문법적 능력에 관한 것이고, 두 번째로는 그것의 보편적인 원리나 이론을 지향한 것이라는 특징을 가지고 있었다. 그에 비하여 실어증학에서 그동안에 주로 다루어지던 주제는 「브로카 실어증과 베르니케 실어증의 증상적 차이점」이나 「읽기와 쓰기에 있어서의 각상회의 역할」과 같이 첫 번째로는 표현적 능력에 관한 것이고, 두 번째로는 그것의 현상이나 사실에 관한 것이라는 특징을 가지고 있었다.

그러니까 일단 언어의 어떤 면을 다루고 있느냐의 시각에서 보았을 때는 언어학 쪽이 실어증학보다 상당히 앞서 있다고 볼 수가 있는데, 문제는 이런 언어적 주제상의 차이를 두 학문 간의 학문적 수준의 차이로 오해하기가 쉽다는 데 있다. 물론 이런 오해는 언어학자들이 주로 하게 되어있다. 예컨대 이들은 아직은 뇌과학이 언어의 구조성이나 보편문법의 모형과 같이 언어의 본질적 특성에 관한 문제를 다룰 수 있을 만큼은 발달되지 못했다고 주장할지도 모른다. 더 나아가서 이들은 따라서 앞으로 언어와 뇌의 관계에 대한 연구의 주도권은 언어학 측이 장악해야 한다고 주장할지도 모른다.

지난 40여 년 동안의 이 연구의 역사가 학제적 학문의 장점보다는 오히려 취약성을 더 드러내는 역사가 되는 데 크게 작용했다고 볼 수 있는 두 번째 요소는 연구자들의 기질의 상이성이다. 너무나 당연할 일일는지 모르지만 이 연구에 참여하고 있는 언어학자와 뇌과자의 기질을 보게 되면 한 학문의 학자들의 기질은 그것에서 쓰이는 연구방법의 특성에 따라서 일단 형성된 다음에는 크게 바뀌지 않게 되어있다는 사실을 아주 쉽게 확인할 수가 있다. 이런 의미에서 볼 것 같으면 결국에는 순수한 귀납법 대 수정된 귀납법식의 연구방법상의 이질성이 두 학문에 있어서 학문적 풍토가 서로 달라지는 원인이 되었을 뿐만 아니라 학자들의 기질도 서로 달라지는 원인이 되었다고 볼 수가 있다. 그리고 더 큰 안목에서 보자면 두 학문 간의 학문적 수준의 차이도 결국에는 그것에 귀인될 수 있을지도 모른다.

그런데 문제는 학문적 연구도 결국은 사람에 의해서 이루어지는 것이므로 어느 학문의 발전에 미치는 영향의 크기로 보아서는 연구자의 기질이 연구방법보다도 더 중요한 요소일 수가 있다는 점이다. 특히 언어와 뇌의 관계에 관한 연구와 같이 서로 이질적인 두 개의 학문들이 이끌어가고 있는 학제적 학문에 있어서는 그것이 결정적인 요소로 작용할 가능성이 높다. 단도직입적으로 이 연구의 경우를 살펴볼 것 같으면 언어학자들에게는 다분히 이상주의적이고 우월의식이 강한 기질이 있는데 반하여, 뇌과학자들에게는 다분히 현실주의적이고 신중성이 강한 기질이 있는 한은 이들 사이에서 긴밀한 협조정신이 생겨나기를 기대하는 것은 어리석은 일이었던 것이다.

그게 그렇다는 것은 물론 지난 40여년에 걸친 이 연구의 역사가 잘 보여주고 있다. 굳이 이 연구의 주된 책임자를 가리자면 그것은 언어학자가 아니라 뇌과학자인 것이 분명하기 때문에, 우선 그동안에 뇌과학자들의 언어학에 대한 태도가 어떠했는가를 살펴보게 되면 그 점이 확실해진다. 크게 보았을 때 그동안에 뇌과학자들이 언어학에 대하여 취한 태도에는 긍정적인 것과 부정적인 것, 절충적인 것 등의 세 가지가 있다고 볼 수가 있는데, 긍정적인 것의 가장 대표적인 예로 내세울 수 있는 것이 바로 Aram등이(1985)「초기 소년기의 단일반구의 손상에서 발생되는 언어 및 인지적 후유증(Verbal and cognitive sequelae following unilateral lesions acquired in early childhood)」이라는 논문에서 드러낸 태도이다.

한마디로 말해서 이들의 좌반구에 손상을 입은 유아실어증 환자들을 대상으로 한 연구는 뇌과학적인 방법이 언어학자들이 내세우는 언어이론의 타당성을 검증할 수 있는 궁극적인 방법이라는 것을 입증하는 데 조금도 모자람이 없는 것이었다. 이것에서 첫 번째로 눈에 띄는 점은 연구의 대상자로 성인이 아니라 앞으로 말을 배울 나이의 어린이를 택함으로써 간접적으로나마 그동안에 언어학 측에서 내세우던 언어능력의 내재성에 관한 검증을 하게 되었다는 사실이고, 두 번째로 주목되는 점은 손상된 곳이 좌반구의 브로카 영역이라는 사실을 밝혀냄으로써 부분적으로나마 그동안에 언어학 측에서 내세우던 모듈성의 이론에 대한 검증을 하게 되었다는 사실이며, 세 번째로 주목되는 점은 이 영역에 손상을 입은 어린이들은 어려서 일반적인 지능은 큰 지장 없이 발달이 되는데 반하여 문법적 규칙들은 제대로 배우지 못할 뿐만 아니라 성인이 되어서도 이런 문법적 하자성은 사라지지 않는다는 사실을 밝혀냄으로써 그동안에 언어학 측에서 내세우던 언어능력의 자율성에 관한 검증을 하게 되었다는 사실이다.

그 다음으로 부정적인 태도의 가장 대표적인 예로는 Brownell 등이 (1986) 「우반구에 손상을 입은 환자들의 추리력 결손증(Inference deficits in right brain-damaged patients)」이라는 논문에서 보여준 태도를 들 수가 있다. 언어학적 이론들의 지원 하에서 측위화 현상에 대한 연구가 뇌과학의 연구흐름을 주도해 가던 1970년대 때부터 전체론이나 단일언어능력론 등의 이름으로 정반대적인 방향으로 이 연구를 이끌어가던 연구자들이 있어왔다. 앞에서 이미 그들의 논문을 살펴본 Zaidel이나 Schuell 등이 바로 그런 사람들이다.

이런 사람들의 공통점은 물론 언어학자들과는 다르게 언어의 조직이나 구조가 아니라 그것의 처리과정을 연구의 주된 과제로 삼다보면 자연히 그것을 정적인 과정이 아니라 동적인 과정으로 보게 마련이라고 생각한 점인데, 이런 점에 있어서는 Brownell 등도 똑같았다. 그런데 이들이 한 연구의 특이한 점은 언어적 능력의 개념을 어휘력이나 문법력과 같은 기본적인 것을 넘어서서 화용력까지로 확대했다는 점이다. 사실은 언어학자 중에도 Sperber와 Wilson과 같이 회화력이나 화용력을 문법적 능력보다 더 상위적인 것으로 내세우려는 사람이 없는 것은 아니었다. 그렇지만 이들이 반통사론자로서 언어학의 주도권을 잡기에는 역부족이었다. 이런 의미에서 보면 이번 연구는 반통사론적이면서도 반언어학적인 연구였다고 볼 수가 있다.

이들이 여기에서 밝힌 점은 우반구가 언어처리과정에서 주로 담당하는 역할은 개별적인 문장들을 긴 이야기나 담화로 엮어가는 것이라는 점이었다. 좌반구에서 담당하는 문장생성작업에는 이 반구는 보조적인 역할밖에 하지 않는다는 점을 고려한다면 분명히 두 반구는 언어처리의 작업을 상보적으로 분담해서 하고 있는 셈이다. 그런데 한 가지 특별히 주목할 것은 이들은 우반구에 있는 이런 화용적 능력을 추리력으로 보았다는 사실이다. 이런 의미에서 보자면 이 연구는 일단 Sperber와 Wilson이 내세우는 「관련성의 이론」의 타당성을 뇌과학적으로 실증한 것이라고 볼 수가 있다. 또한 이 연구는 그동안에 일부 뇌과학자들이 내세우던 두 반구의 기능적 차이성은 처리의 대상에 있는 것이 아니라 통합적인 것 대 분석적인 것 식의 작동의 양식에 있는 것이라는 주장을 뒷받침하는 것이라고 볼 수도 있다.

그러니까 이 연구는 결국에 가서 다음과 같은 두 가지 점을 놓고서 논쟁을 벌이게 되어 있는 연구이다. 첫 번째 논쟁거리는 이들이 말하는 추리력까지를 과연 언어력으로 볼 수 있느냐 하는 것이다. 이들이 연구한 바에 의하면 우반구에 손상을 입은 환자는 으레 첫 번째로는 개별적인 명제들을 하나의 응집된 이야기로 묶어가지를 못하고, 두 번째로는 이런 이야기의 주제를 파악하지를 못했는데, 이렇게 보자면 이들은 자기네들이 말하는 추리력을 큰 의미에서의 언어력의 일부로 보고 있음이 분명하다. 그러나 그동안에는 좌반구에 있는 문장생성의 능력만을 언어력으로 보았다.

여기에서의 두 번째 논쟁거리는 이들이 말하는 추리력을 일반적인 지력과 어떻게 다르다고 볼 수 있느냐 하는 것이다. 만약에 그것을 일반적인 지력의 일부로 본다면 그동안에 언어능력의 독립성이나 자율성을 강조해 오던 언어학자나 일부 뇌과학자들의 주장이 틀린 것이 된다. 또한 그와는 반대로 그것을 일반적인 지력과 다른 것으로 본다면 판단력이나 기억력,

지식력 같은 것도 결국에는 그렇게 해야 할 테니까, 언어를 처리하는 데는 추리력 이외의 다른 정신적 능력들도 참여하게 된다는 말이 되어 버리고 따라서 여기에서처럼 추리력을 특별히 내세울 이유가 없어진다. 이런 문제점이 있음에도 불구하고 이것이 하나의 대표적인 반통사론적이면서 반언어학적인 연구임에는 틀림이 없다.

세 번째로 절충적인 태도의 가장 대표적인 예로는 Caplan이 이미 앞에서 검토해 본 「실문법증에 있어서의 통사적 능력-어휘적 가설」이라는 논문에서 보인 태도를 들 수가 있다. 먼저 이것의 제목에서 통사적 능력과 어휘적 가설이라는 두 술어들이 적어도 언어학자의 입장에서 보면 그렇게 될 수 없음에도 불구하고 연합적으로 쓰이고 있다는 사실을 통해서 이 연구를 한 사람이 언어학에 대해서 일종의 절충적인 태도를 가지고 있는 사람이라는 것을 익히 알 수가 있다. 물론 언어학자는 마땅히 문법적 능력에 이상이 있는 증상으로 보게 될 실문법증을 그는 어휘적 능력에 이상이 있는 증상으로 보려고 했던 것이니까 엄밀하게 따지자면 그를 하나의 반통사론자로 보아야 하지 하나의 절충주의자로 볼 수는 없다. 그러나 그의 논문의 내용을 읽어 보게 되면 기본적으로는 친통사론적이거나 친언어학적인 태도를 가지고 있다는 것이 당장 드러난다.

이것의 증거로는 크게 두 가지를 내세울 수가 있는데, 그중 첫 번째 것은 이 연구가 실어증 환자들을 대상으로 한 실험적 연구임에도 불구하고, 실험에 쓰이는 언어적 자료와 실험결과의 분석, 방법, 그것에 쓰이는 술어 등은 모두가 Chomsky의 것을 그대로 복사한 것이라는 사실이다. 간단히 말하자면 이 연구는 Chomsky가 「통사적 이론의 양상」과 「규칙과 표현체」 등에서 내세운 문법이론의 타당성을 뇌과학적으로 검증하려는 것이 이것의 목적인 것처럼 되어 버린 것이다. 물론 이런 현상은 그 당시에 언어학 의존의 실어증 연구가 이른바 언어학적 실어증학이라는 이름 밑에서 하나의 새로운 학맥을 형성하고 있었다는 사실과도 무관하지 않다.

그중 두 번째 것은 여기에서 제안하고 있는 어휘적 모형이 실제에 있어서는 Chomsky의 통사적 모형을 기본으로 해서 만들어진 것에 지나지 않는 것이라는 사실이다. 그게 그렇다는 것은 우선 그가 자기의 가설을 어휘적 절점의 가설이라고 이름 붙인 사실만으로도 익히 알 수가 있다. 절점이라는 말은 일찍이 Chomsky가 수형도의 개념을 개발하면서 쓰기 시작한 것이다. 그보다 더 확실한 증거는 물론 그가 언어처리의 모형을 첫 번째로는 문장의 의미나 용도 등을 근거로 해서 어휘 간에 일정한 주제관계를 설정하고, 두 번째로는 선택된 어휘에 어휘범주적 정보에 따라서 명사나 동사, 형용사와 같은 통사적 표지를 부여하며, 세 번째로는 각 어휘에 하위범주화의 자질을 표시하는 식으로 모두 세 가지 절차로 이루어진 것으로 본 사실이다.

이 모형에서 물론 Chomsky의 모형에서 찾을 수 있는 구구조 규칙이나 변형규칙 같은 것은 찾을 수가 없다. 그러나 이것의 세 가지 절차 중 가장 핵심적인 절차라 할 수 있는 두 번째와 세 번째 것은 분명히 Chomsky의 모형에서도 쓰이고 있는 절차이다. 예컨대 통사적 표지나 하위범주화라는 술어는 원래가 Chomsky의 모형에서 쓰이던 것들이었다. 그런데 사실은 이 모형이 궁극적으로는 Chomsky의 1965년형 모형을 기본형으로 삼아서 만들어진 것이라는 것이 확실히 밝혀져 있는 것이나 다름이 없는데, 「즉, 개방급 어휘의 확인절차에 쓰이는 어휘적 표현에는 PP(전치사구), NP(명사구), VP(동사구), S(문), S̄(X바 문)와 같은 절점과 기타 초어휘적 범주 절점을 사용한 통사적 구조체도 포함될 것이다」와 같은 그의 말이 바로 그것의 산 증거이다(p.183).

그리고 또 한 가지 주목할 사실은 그는 자기의 모형이 이 무렵에

Bresnan(1980)과 Wasow(1977) 등이 Chomsky의 통사적 모형에 대한 하나의 대안으로 제안했던 어휘기능문법(LFG)과 유사하다는 점도 밝히고 있다는 점이다. 그가 유사하다고 생각하는 점은 물론 문법의 핵심부를 통사부나 변형부가 아니라 어휘부로 보고서, 바로 통사부나 변형부가 하던 일을 어휘부에서 하게 되도록 이 부를 최대로 확대하고 강화했다는 점이다. 이렇게 보자면 그는 자기의 모형을 만드는 데 Chomsky의 모형뿐만 아니라 Bresnan의 모형도 참조했음이 확실한데, 이것도 역시 그의 실어증 연구가 크게 언어학에 의존하고 있었다는 것을 잘 드러내 주는 사실이다(p.186).

그동안의 뇌과학자들의 언어학에 대한 태도를 이상과 같이 세 가지로 나누고 보자면 그 다음에 검토해 보아야 할 문제는 응당 이들의 세력분포인데, 한마디로 말해서 그동안에는 두 번째 것인 부정적인 태도가 나머지 두 가지 태도를 압도해 왔다고 볼 수가 있다. 그런데 사실은 뇌과학자들이 언어학에 대해서 부정적인 태도를 갖는다는 것은 결국에는 자기네들의 방식대로 자기네 학문을 이끌어가겠다는 말이나 같은 말이니까 하등 이상한 현상이 아니다. 다시 말하자면 지난 40여년의 역사는 이른바 언어학적 실어증학이란 한낱 한때의 시류를 편승한 허울좋은 허구에 불과한 것으로서 궁극적으로 실어증학에는 역시 뇌과학적 실어증학만이 존재할 수 있다는 것을 만천하에 드러낸 역사인 셈인데, 이것은 어떤 의미로 보아서나 지극히 자연스럽고 정상적인 현상이라고 볼 수가 있다.

한 가지 안타까운 것은 물론 결국 이렇게 되다 보면 누구나 일단 현실이 이상과는 너무 멀리 떨어져 나가는 것 아닌가 하는 아쉬움을 갖게 된다는 점인데, 그런 아쉬움은 현실을 그대로 받아들이는 것이 허황된 꿈을 꾸는 것보다 더 낫다는 자각으로 능히 물리칠 수 있다. 예컨대 누구라도 일단은 언젠가에 가서는 뇌과학자들의 대부분이 언어학에 대해서 최소한 절충적인 태도를 갖는 것이 바람직한 일이라고 생각할 수 있을 것이다. 다시 말해서 누구라도 언어와 뇌의 관계에 대한 연구를 궁극적으로 책임지는 학자는 뇌과학자일지라도 언어의 조직이나 구조적 실체에 대해서 제일 많이 알고 있는 학문이 언어학인 이상 그는 최소한 그것으로부터 일정하게 도움을 받은 상태에서의 연구가 그렇지 않은 상태에서의 그것보다 몇 배 나을 것이라는 점은 인정해야 한다고 주장할 수 있을 것이다.

그렇지만 결론부터 말하자면 가까운 장래에 지난 40여 년 동안에 형성된 학풍에 큰 변화가 일어나기를 바라는 것은 하나의 이상론에 불과하다. 쉽게 말해서 지난 40여 년 간의 역사는 뇌과학자와 언어학자 모두에게 연구방법이나 연구목적 등에 있어서 이들 두 학문은 대단히 이질적인 학문이어서, 이들이 하나로 융합되기를 바라는 것은 한낱 꿈일 뿐이고, 따라서 이들이 따로따로 하나의 평행선을 그어가며 발달해가는 것이 바로 현실이라는 사실을 가르쳐준 것이다. 명목상으로는 이들 두 학문이 당연히 협력적으로 연구를 해 나갈 수 있을 것 같고, 또한 이론상으로는 마땅히 그렇게 되어야 함에도 불구하고 현실은 그렇지를 못하는 것이 이 연구의 진짜 모습인 것이다. 그러니까 비판적으로 말할 것 같으면 그 동안에 그랬듯이 앞으로도 언어학자와 뇌과학자 모두가 동상이몽의 상태에서 벗어나지 못할 것이 바로 이 연구인 것이다.

2. 뇌과학적 언어관

뇌과학자와 언어학자가 이론상으로는 서로 밀접한 협조관계를 유지한 상태에서 작업을 해야 함에도 불구하고 실제에 있어서는 그렇지를 못하는 원인 중 제일 근본적인 것은 역시 이들이 서로 다른 언어관을 가지고 있다는 사실이다. 이런 의미에서 볼 때 최근에 Pratt과 Whitaker(2006)가 「실어증 증후군(Aphasia syndrome)」이라는 글에서 개진한 「비록 오늘날 누구나가 실어증이 두뇌의 손상에 기인한 언어적 장애라는 점에 있어서는 동의를 하지만, 언어의 정의와 만약에 그런 것이 있을 수 있다면 과연 어떤 언어적 체계가 언어적 이상증세를 기술하는 데 쓰여야 하는가를 놓고서의 논의 때문에 실어증의 기술의 문제에 있어서는 치열한 논쟁이 있어 왔다」와 같은 말은 제대로 정곡을 찌른 말임이 분명하다(p.321).

이들의 말을 뒤집어 볼 것 같으면 결국 실어증학자들은 그동안 내내 언어의 정의와 실어증의 언어적 기술체계의 문제를 놓고서 끊임없이 논쟁을 벌여 올 만큼 언어에 대한 확실한 지식과 견해를 가지고 있지 못하다는 것인데, 따지고 보자면 그들에게 이런 한계성이 생기게 된 것은 다음과 같은 세 가지 이유 때문이라고 볼 수가 있다. 첫 번째로 그들은 어디까지나 뇌과학자나 실어증 학자이지 언어학자가 아니기 때문에 그렇게 된 것이고, 두 번째로 그들은 일찍이 Broca 영역이 발견된 이래 실어증에 대한 연구는 으레 두뇌의 손상부위와 언어적 장애현상의 관계를 밝히는 것을 목표로 해서 이루어졌기 때문에 그렇게 된 것이며, 세 번째로 그들은 실어증의 증상은 대단히 복잡하고 다양해서 그것을 정확하게 기술하는 것은 여간 어려운 일이 아니기 때문에 그렇게 된 것이다.

(1) 언어의 조직성

한마디로 말하자면 그러니까 그동안에 뇌과학자나 실어증 학자들은 전문가적인 언어관이 아니라 일종의 상식적인 언어관을 가지고서 연구를 해왔던 셈인데, 그것은 다음과 같은 몇 가지 점에 있어서 언어학자들의 언어관과 구별이 될 수 있었다. 그것의 첫 번째 특징은 언어를 몇 가지의 자율적인 하위조직으로 이루어진 조직체로 본다는 점이다. 예컨대 그들은 언어는 어휘조직과 발음조직, 청각조직, 문법조직, 의미조직, 화용조직 등으로 이루어져 있다고 보았는데, 이런 견해는 물론 큰 의미에서 보자면 그들만의 것이 아니라 언어학자들의 것이기도 하다. 그러니까 결국에는 뇌과학자와 언어학자는 한쪽에서는 병적인 언어현상을 언어병리학적인 입장에서 관찰하고 분석하는데 반하여 다른 쪽에서는 정상적인 언어현상을 언어학적인 입장에서 기술하고 분석하는 식으로 서로 다른 연구방법을 사용했음에도 불구하고 발견한 사실은 거의 같은 것이 되어버린 것이다.

그런데 사실은 너무나 당연할 일이겠지만 언어의 조직성에 대한 뇌과학자의 의견이 언어학자의 그것과 세부적인 면에서까지 똑같은 것은 아니다. 먼저 언어학에서는 일반적으로 음운조직 하나로 통합되어 있는 소리에 관한 조직이 여기에서는 발음조직과 청각조직으로 나뉘어져 있다. 이렇게 된 이유는 물론 실어증 연구에서의 병적 언어현상에 대한 관찰과 기술은 반드시 뇌의 손상부위와의 연관 하에서 이루어지게 되어 있기 때문이다. 예컨대 Pratt와 Whitaker는 실어증의 종류를 일찍이 Goodglass와 Kaplan(1983)이 자기네들의 「보스톤 실어증 진단법(Boston Diagnostic Examination for Aphasia)」의 일부로 제안했던 대로 모두 브로카 실어증과 베르니케 실어증, 전도실어증, 실명증, 실서실독증, 피질횡단감각실어증, 피질횡단운동실어증, 혼합 피질횡단실어증, 청각실인증, 실서증, 실독증 등의 열한 가지로 잡았는데, 이중에서 우선 청각실인증이 왜 하나의 별도의 실어증으로 설정되게 되었는가를 알아보게 되면 이 점이 분명해진다.

청각실인증의 일반적인 명칭이 어휘귀머거리증인 사실로써 익히 알 수 있듯이, 이것의 주된 증상적 특징은 동물의 소리나 주위의 소음, 음악과 같은 다른 소리들을 듣는 데는 아무런 문제가 없으면서 유독 말소리만은 제대로 알아듣지 못하는 점이다. 그러니까 이 실어증에 걸린 환자는 그의 말하기나 읽기, 쓰기 등의 능력은 정상임에도 불구하고 그의 듣기의 능력에 이상이 있는 탓으로 정상적인 언어활동을 할 수가 없는 것이다. 그런데 사실은 이 실어증이 하나의 독립된 실어증으로 설정된 진짜 이유는 해부학적인 방법으로 이것의 병소가 바로 일반적으로 기본 청각영역으로 알려져 있는 좌반구의 헤슬회라는 사실이 밝혀졌기 때문이다.

그 다음으로 뇌과학자들의 언어의 조직성에 대한 지식은 언어학자들의 그것만큼 전문적인 것이 못된다. 언어학자들은 예컨대 음운조직이나 문법조직과 같은 하부조직들의 실체에 대해서 일단 완전한 분석작업을 마쳤을 때만큼의 많은 지식을 가지고 있다. 그래서 그들은 음운론이나 통사론과 같은 독립적인 학문분야를 개척할 수 있었다. 뿐만 아니라 그들은 저마다 여러 하부조직들이 어떻게 유기적으로 움직이게 되는가에 대한 이론, 즉 언어적 모형에 대한 의견도 가지고 있다. 그렇지만 뇌과학자들은 기껏해야 여러 하부조직들을 주관하는 부위가 서로 다른 곳이라는 사실만을 알고 있을 뿐, 그들 하나하나의 실체나 전체적인 언어적 모형에 대해서는 거의 아는 바가 없다.

(2) 문자언어

뇌과학자나 실어증학자의 언어관의 두 번째 특징은 문자언어도 음성언어와 다름없는 하나의 어엿한 언어로 간주한다는 점이다. 이 특징은 진정한 의미에서 그들의 언어관이 일종의 상식적인 것이라는 사실을 드러내 주는 것이라고 볼 수가 있는데, 그 이유는 언어학에서는 언어하면 으레 오직 음성언어만을 말하는 것이 이미 하나의 불문율처럼 되어 버렸기 때문이다. 더 구체적으로는 언어학자들은 처음부터 문자언어는 결국에 음성언어를 문자로 표현한 것에 지나지 않기 때문에 응당 오직 음성언어만

이 연구의 대상이 될 수 있다고 생각했던 것이다.

물론 엄밀히 따지자면 실어증학자라고 해서 음성언어와 문자언어 사이에는 이들을 적어도 일차적 언어와 이차적 언어로 구별해야 할 정도의 차이점이 있다는 것을 모르고 있었던 것은 아니다. 예컨대 일찍이 Broca와 Wernicke가 실시한 실어증 연구는 분명히 듣기와 말하기와 같은 음성언어적 능력에 이상이 있는 환자들을 대상으로 한 것이고, 또한 일찍이 Exner가 문자중추장애증의 설정을 주장하고 나섰을 때 이것이 학계에서 받아들여지지 않았던 것은 그렇게 되면 음성언어와 독립적으로 문자언어가 존재할 수 있다는 것을 인정하는 셈이 되기 때문이었다.

그러나 그 후 뇌에 손상을 입은 환자 중에는 듣기와 말하기와 같은 음성언어적 능력에는 거의 이상이 없으면서 읽기와 쓰기와 같은 문자언어적 능력에는 확실하게 이상이 있는 사람들이 있다는 사실이 밝혀지게 되면서, 실독증과 실서증은 실어증의 정당한 종류로 자리잡게 되었다. 그런데 문자언어는 일차적으로는 음성언어의 반영체이면서 이차적으로는 특수한 감각운동적 절차를 거쳐서 작동이 되게 되어있는 탓으로 어떤 의미에서는 실독증과 실서증에 대한 연구는 브로카 실어증과 베르니케 실어증에 대한 연구보다도 더 복잡하게 되어있고, 또한 그들의 원인영역을 찾는 일도 쉬운 일이 아니었다.

그래도 궁극적으로는 이들 실어증도 원인영역에 의해서 분류된 것은 틀림이 없었다. 예컨대 Goodglass와 Kaplan이 특이하게 실서실독증이라는 실어증을 따로 내세운 것은 그들이 이것의 주된 병소는 좌반구의 각상회라는 사실을 알게 되었기 때문이고, 또한 일반적으로는 실독증과 실서증의 두 가지가 문자언어적 실어증으로 내세워지고 있는데, 그 근거는 첫 번째 것의 주된 병소는 좌반구의 측두엽에 있는 시각연합영역이고, 두 번째 것의 그것은 좌반구의 전두엽에 있는 Exner영역이거나 두정엽에 있는 운동감각영역이라는 사실이었다. 이렇게 보면 뇌과학자나 실어증학자의 입장에서는 문자언어를 음성언어와 대등한 자격의 것으로 보는 것이 너무나 당연한 일이었던 것이다.

(3) 어휘중심성

이들의 언어관의 세 번째 특징은 어휘를 언어표현의 기본단위로 본다는 점이다. 물론 브로카 실어증과 베르니케 실어증을 두 가지의 대조적인 실어증으로 설정할 당시부터 그들은 각각 유창하지 못한 실어증과 유창한 실어증이나 아니면 표현적 실어증과 이해적 실어증으로 불리게 되었다는 사실로 미루어 보아서는 처음에는 이들이 어휘와 문장 중 어느 것을 언어표현의 기본단위로 삼아야 할지를 중요한 고려사항으로 생각하지 않았다고 볼 수가 있다. 그러나 그 후 실어증에 대한 연구의 심도가 깊어지면서 이들의 언어기술은 점점 어휘중심적인 것으로 바뀌게 되었다.

일단 실어증이 언어장애증이라는 사실을 상기한다면 누구나 별로 어렵지 않게 사정이 이렇게 되는 데는 크게 두 가지 사실이 근본적인 원인으로 작용했을 것이라고 추리해 볼 수가 있을 것이다. 그중 첫 번째 것은 실어증적인 언어자료는 거의 다가 어휘적인 문제들을 가지고 있는 것이라는 사실이다. 예컨대 실명증 환자들의 말의 특징은 발음이나 속도상 거의 정상적인 문장이면서 공허하거나 무의미한 어휘가 섞여 있다는 점이며 또한 브로카 실어증 환자의 말의 특징은 명사와 같은 내용어는 제대로 쓰이고 있는데 반하여 전치사와 같은 문법적 기능어들은 그렇지를 못하다는 점이고, 또한 베르니케 실어증 환자의 말의 특징은 대용어나 변형어, 신조어 등이 적지 않게 섞여 있다는 점이다.

그중 두 번째 것은 상식적으로 판단했을 때는 누구나가 개념이나 의미를 나타내는 기본단위는 결국에 어휘이기 때문에 말은 으레 어휘별로 하게 되어있다고 생각할 수 있다는 사실이다. 그러니까 실어증 학자들이 보기에는 문장은 단어들의 연속체에 불과하며, 따라서 실어증 환자의 발음이나 청취상의 문제도 어휘별로 검토될 수 있고, 그들의 의미상의 문제도 어휘별로 충분히 검토될 수 있는 것이다. 거기에다가 실어증 학자치고서 문장이나 표현은 상대적으로 길고 복잡해서 기술하고 분석하기가 힘이 드는데 반하여 어휘는 상대적으로 짧고 단순해서 기술하고 분석하기가 쉽다는 사실을 모르는 사람이 있을 리가 없다. 물론 무엇보다도 중요한 사실은 검사나 실험 때의 실어증 환자들의 반응이 대부분 어휘적인 것이라는 사실이다.

실서증과 실독증의 분류법을 살펴보게 되면 실제로 이들의 연구의 패러다임이 어휘중심적인 것이라는 것을 익히 확인할 수 있다. Pratt과 Whitaker의 글에서는 예컨대 일찍이 Kaplan(1998)등이 「실어증관련장애(Aphasia-related disorders)」라는 논문에서 제안했던 분류법에 따라서 실서증과 실독증의 종류를 각각 세 가지와 네 가지로 잡고 있는데, 이것 하나만으로도 우리는 지금까지의 실어증 연구의 기본 틀은 결국 어휘중심적인 것이었다는 것을 쉽게 확인할 수가 있다. 먼저 여기에서는 실서증의 종류로 음운적 실서증과 의미적 실서증, 어휘적 실서증 등의 세 가지가 내세워지고 있는데, 이 분류법의 특징은 첫 번째 것은 실제로 쓰이는 어휘는 그렇지 않은데 발음이 가능한 유사어들은 제대로 받아쓰지 못하는 증상이고, 두 번째 것은 받아 쓴 어휘의 의미를 제대로 알지 못하는 증상이며, 세 번째 것은 어휘의 철자법에 이상이 있는 증상으로 보는 식으로, 어휘를 철저하게 분석의 기본단위로 삼은 것이라는 점이다(p.325).

그 다음으로 실독증의 경우를 살펴보면 이것은 문자실독증과 어휘실독증, 일반실독증, 절반실독증 등의 네 가지로 나뉘어져 있는데, 이중 첫번째와 두 번째 것은 분명히 어휘를 분석의 기본단위로 삼은 것으로 볼 수 있지만 나머지 두 가지는 어휘와 문장의 두 가지를 그런 단위로 삼은 것으로 볼 수 있기 때문에 일단은 이 분류법은 실서증의 그것보다 어휘중심성이 약하다고 말할 수가 있다. 그렇지만 일반실독증에는 어휘의 의미나 문법적 관계에 장애가 있는 증상도 포함되게 되고, 또한 절반실독증에는 문장을 절반밖에 읽지 못하는 증세뿐만 아니라 단어를 절반밖에 읽지 못하는 증세도 들어가게 되어있다는 사실을 감안한다면 이것도 결국은 일종의 어휘기반적 분류법인 것은 의심할 여지가 없다(p.326).

(4) 절차적 체계

이들의 언어관의 네 번째 특징은 언어를 일종의 지식체계로 보지 않고서 뇌생리적 절차체계로 본다는 점이다. 실어증 학자가 이런 언어관을 갖고 있다는 것은 곧 문법적 지식이나 능력의 문제를 놓고서 언어학자와 정반대의 입장을 취한다는 것이나 같은 말이니까, 이것이야말로 앞에서 논의한 다른 특징들보다 훨씬 더 근본적인 특징이라고 볼 수가 있다. 예컨대 Chomsky와 같은 언어학자는 그동안 내내 그의 관심은 언어수행이나 언어사용의 현상을 밝히는 데 있지 않고서 문법적 지식이나 능력을 밝히는데 있다고 주장해 왔는데, 실어증 학자들이 보기에는 자기네들이 할 수 있는 것은 분명히 두 번째 과제가 아니라 첫 번째 과제였던 것이다.

이런 견해를 그들이 갖게 되는 것은 두말할 필요도 없이 근본적으로는 그들이 비정상적이거나 장애적인 자료를 가지고서 문법적 지식과 같은 언어의 본질이나 실체를 파악하려고 하는 것은 지극히 무모하거나 비과학적인 일이라는 것을 잘 알고 있기 때문이었고, 더 나아가서는 그들의 궁극적인 목적은 실어증의 실체를 밝히는 것이지 언어의 실체를 밝히는 것이 아니기 때문이었다. 그러나 그들에게 있어서는 일종의 현실적인 이유가 더 크게 작용했다고 볼 수가 있는데, 실어증의 증상은 으레 변이성이 대단히 크다는 것이 바로 그것이었다.

  실어증의 증상이 극단적으로 말해서 환자마다 다르기도 하고 관찰하는 시기마다 다르기도 하다는 것은 곧 실어증 연구의 일차적인 과제는 마땅히 그것을 제대로 파악하는 일이 되어야 한다는 말이나 같은 말인데, 이 작업에는 으레 환자의 뇌손상에 관한 사실뿐만 아니라 그의 인성이나 심리적 특성과 관찰이나 실험의 조건 등도 변수로 고려되어야 하기 때문에 그것이 절대로 용이한 작업일 수가 없다. 예컨대 최근에 Rochon(2000)은 총 37명의 영어사용의 브로카 실어증 환자를 대상으로 해서 통사적 증상과 어형적 증상, 어속적 증상상의 변이성을 확인하는 데는 일단 성공을 했지만 그것과 여러 변수간의 상관관계를 설정하지는 못했다.

  실어증 학자가 보기에는 그런데 이런 사실이야말로 왜 실어증을 언어적 지식이나 능력의 결손증이 아니라 그것을 실현시키는 절차에 이상이 있는 증상으로 보아야 하는가에 대한 가장 확실하면서도 사실적인 이유가 될 수 있었다. 다시 말하자면 그들이 보기에는 만약에 브로카 실어증이 Chomsky가 말하는 문법적 지식이나 능력에 결함이 있는 것이라면 그 증상이 개인과 시기에 따라서 그렇게 변이적이고 다양할 리가 없는 것이었다. 그리고 이런 의미에서 보자면 그들의 언어관이 언어학자들의 그것과 같을 수가 없는 것이 너무나 당연할 일이었다.

  1970년대에 이르러 언어학의 영향을 실어증학이 많이 받게 되면서 브로카 실어증의 한 증상인 실문법증에 대한 연구가 활발해지게 되었고, 그 결과 그것은 크게 언어중심적인 것과 절차중심적인 것의 두 흐름으로 나뉘게 되었다. 그런데 대부분의 실어증 학자들의 언어학에 대한 태도는 부정적인 것이어서 그런지 이들 두 흐름 중 대세를 잡게 된 것은 역시 절차중심적인 것이었다. 언어중심적인 실문법증 연구는 으레 언어학적 지식이나 이론의 타당성을 실어증학적으로 실증하는 일로 귀결되게 되어 있는데, 지금의 실어증학의 수준은 아직 그 정도까지 높아지지 못한 것이다.

그 동안에 실문법증에 대한 연구의 대세가 절차중심적인 쪽으로 기울어 왔다는 것을 증거하는 사실 중 단적인 것으로는 그동안에 실문법증을 언어처리의 절차상 이상이 있는 증상으로 보려는 가설이 여러 가지 제안되었다는 것을 들 수가 있다. 최근에 Kolk(2006)는 「실문법증 I : 절차접근법(Agrammatism I : Process approaches)」이라는 글에서 그런 가설 중 대표적인 것으로 사상의 가설을 비롯하여 자원한정의 가설, 타이밍의 가설, 생략의 가설 등의 네 가지를 들었는데, 하나의 현상을 놓고서 이렇게 많은 수의 설명법이 제안되었다는 것은 분명히 그동안에 이것에 대한 연구가 꽤 활발하게 진행되어 왔다는 것의 산 증거일 수가 있다.

물론 이런 사실은 뒤집어 생각해 보면 실어증 학자들의 절차중심적인 언어관이 아직은 그들이 기대하는 만큼의 학문적 성과를 거두지 못하고 있다는 것을 증거하는 것일 수도 있다. 다시 말하자면 이런 사실은 그들의 언어관의 이 특징도 다른 특징들과 마찬가지로 실어증 연구를 이끌어가고 있는 기본적인 원리라고 보기보다는 오히려 그것의 현상을 특징짓고 있는 것에 지나지 않는다는 것을 잘 드러내주고 있는 것이다. 그게 그렇다는 것은 Kolk의 글에서 소개되고 있는 바를 중심으로 해서 그 네 가지 가설들이 구체적으로 어떤 것인가를 알아보게 되면 익히 확인할 수가 있다.

그의 설명에 의하자면 네 가지 가설 중 가장 적절한 것으로 간주할 수 있는 것이 사상의 가설인데, 간단히 말해서 이것은 언어처리는 통사적 절차와 의미적 절차가 하나로 사상되는 절차인데, 이 사상 작업이 정상적으로 이루어지지 않는 경우가 바로 실문법증이라는 가설이다. 그가 이런 의견을 가지게 된 것은 첫 번째로는 이것은 언어처리를 통사적 표현체인

S-구조를 의미적 표현체인 D-구조와 사상시키는 절차로 본다는 점에서 언어학적인 근거를 어느 정도 가지고 있다고 볼 수가 있기 때문이고, 두 번째로는 최근에 그가(2003) 몇 명의 동료와 함께 실시한 이른바 「사건관련 잠재성」에 관한 실험의 결과가 정상인의 경우에도 의미적 요소가 통사적 요소를 으레 지배하고 있는 식으로 나왔기 때문이다. 그러나 이 가설의 결정적인 약점은 사상절차에 대한 뇌생리학적인 설명이 전혀 없다는 점이다. 예컨대 지금의 뇌생리학적 지식의 수준으로 보아서 능히 문법을 담당하는 브로카 영역과 의미를 담당하는 베르니케 영역간의 상호교섭의 결과가 바로 사상의 절차라는 말 정도는 할 수 있을 것 같은데, 아직까지는 이런 식의 설명조차 한 사람이 없다(p.120).

그가 두 번째로 내세우고 있는 자원한정의 가설이란 쉽게 말해서 첫 번째 가설을 다른 말로 바꾸어 놓은 것으로서, 실문법증은 통사적 지식의 결여에서 비롯되는 것이 아니라 참고할 수 있는 자원의 부족으로 인하여 의미적 처리가 늦어지는데서 오는 것이라는 것이 그것의 요점이다. 그는 이 가설의 첫 번째 근거로 바로 첫 번째 가설의 근거로 내세웠던 자기와 몇 명의 동료들에 의한 「사건관련 잠재성」에 관한 실험의 결과를 내세웠다. 즉, 그는 정상인들이 의미적으로 참고해야 할 사항이 적은 단순문에 있어서보다는 그것이 많은 복합문에 있어서 으레 문법성을 판단하는 데 어려움을 겪는 것으로 미루어 보아서 이 가설은 일단 타당한 것으로 받아들일 수 있다고 보았다.

그러나 그가 더 믿음직한 근거로 생각하는 것은 최근에 Avrutin(2001)이 어린이와 브로카 실어증 환자를 대상으로 한 의문사 의문문의 이해도에 관한 실험의 결과이었다. 그가 이것에서 얻은 결론은 간단히 말해서 문장을 이해하는 절차는 통사적 절차와 담화적 절차가 하나로 통합되는 절차이기 때문에 두 번째 절차가 복잡할수록 문장의 이해도는 으레 떨어지게 되어있다는 것이었다. 예컨대 브로카 실어증 환자들의 「Which lion did the tiger chase?」라는 의문문의 이해도는 「Who did the tiger chase?」라는 의문문의 그것보다 훨씬 떨어졌는데, 그 이유는 바로 앞 문장에 여러 사자에 대한 말이 나오고 있기 때문이었다. 그러나 이 가설도 첫 번째 가설과 마찬가지로 이것을 뒷받침할 수 있는 뇌생리적 근거가 전혀 제시되고 있지 않다는 한계성을 지니고 있다. 예컨대 현재 담화적 절차에는 우반구가 개입되게 되어있는 것으로 알려져 있는데, 그렇다면 결국 언어처리시의 양반구가 상호 교섭하는 과정이 제대로 밝혀지기 전까지는 이 가설의 타당성에 대한 논의는 유보되는 것이 마땅한 일이다.

그가 세 번째로 내세우고 있는 가설은 타이밍의 가설인데, 간단히 말해서 이것은 실문법증을 통사적 처리절차가 정상적인 속도로 이루어지지 않는데서 연유되는 것으로 보는 가설이다. 그런데 앞의 두 가설이 익히 시사하고 있듯이 통사적 처리 절차는 으레 단독으로 수행되는 것이 아니라 의미나 담화적 처리절차와 같이 수행된다. 따라서 이 가설은 자연히 통사적 처리절차만을 문제 삼는 것과 그것과 다른 것의 복합적 처리절차를 문제 삼는 것으로 나뉠 수가 있다. 이 가설을 놓고서 첫 번째 입장을 취한 사람으로는 Caplan과 Waters(1999)를 들 수가 있는데, 이들은 「언어적 작업기억과 문장이해(Verbal working memory and sentence comprehension)」라는 논문에서 언어처리시 작업기억부에서 수행되는 작업은 통사적 구조를 처리하고 역할을 부여하는 자동적 작업과, 화용이나 담화에 관련된 정보를 처리하는 통제적 작업으로 나뉘게 된다고 주장했다. 그러니까 이들은 브로카 실어증을 자동적 작업에 이상이 있는 증상으로 본 것이다.

그러나 그가 보기에는 이 가설은 두 번째 입장에서 세워졌을 때에만 타당성을 인정받을 수 있었는데, 이것의 가장 확실한 근거가 될 수 있는 것이 바로 그가(2003) 몇 명의 동료들과 같이 실시한「사건관련 잠재성」에 관한 실험의 결과이었다. 정상인들에게 아주 다양하게 복잡한 문장들을 아주 빠른 속도로 제시했을 때 발견하게 되는 오류의 양태를 실문법증 환자들에게서 쉽게 발견할 수 있는 사실로 미루어 보아서 실문법증의 원인은 비정상적인 작업기억력으로 볼 수 있다고 그는 주장했다.

그 밖에 그는 자기의 주장을 뒷받침할 수 있는 실험으로 두 가지를 내세웠는데, 그중 첫 번째 것은 그 자신이 사건관련 잠재성에 관한 연구의 일부로 실시한 중의성 해결에 관한 실험이었다. 예컨대 「He made a phone call to the bank.」라는 문장이 주어졌을 때 정상인들은 돈과 관련된 의미만을 활성화시키고 있었지만, 브로카 실어증 환자들은 100천분의 일초의 시간차를 두고서 그것과 강과 관련된 의미를 다 활성화시키고 있다가, 1,250천분의 일초 후에 가서야 그중 하나만을 활성화시키고 있었다 (p.122).

그중 두 번째 것은 그와 Hartsuiker 등(1999)이 네덜란드의 정상인과 실문법증 환자들을 대상으로 해서 실시한 주어와 술어간의 수의 일치에 관한 실험이었다. 이들은 그것 뒤에 수식구가 따를 때는 명사의 수는「the baby on the blankets」에서처럼 문법적으로나 개념적으로나 똑같이 단수일수도 있고 아니면「the label on the bottles」에서처럼 문법적으로는 단수이지만 개념적으로는 복수일 수가 있다는 점에 착안하여, 피실험자들에게 먼저「the king of the colonies」와 같은 명사구를 대주면서 반복하게 한 다음에, 그것을 예컨대「The king of the colonies-was powerful」처럼 완성시키는 과제를 부여했다.

그러니까 이것은 개념적 복수성을 실문법증 환자들이 정상인들만큼 잘 다루고 있는가를 알아보는 실험이었던 것인데, 그 결과는 예측대로였다. 즉, 정상인들은 개념적으로도 단수인 명사를 다루는 데 있어서보다 개념적으로는 복수인 명사를 다루는 데 있어서 더 많은 오류를 범하고 있었는데 반하여, 실문법증 환자들은 이런 차이를 보이지 않았다. 이런 결과는 곧 정상인들은 언어처리시 으레 통사적 정보와 개념적 정보를 동시에 사용하는데 반하여, 실문법증 환자들은 언어처리시 오직 통사적 정보만을 사용한다는 것을 의미하는 것이었다. 그는 이 가설의 타당성은 이미 컴퓨터 시뮬레이션에 의해서 검증된 바가 있다고 주장하고 있는데, 이것 역시 앞의 두 가설과 마찬가지로 아무런 뇌생리학적 증거를 가지고 있지 못하다(p.124).

그가 마지막이며 네 번째로 내세우고 있는 가설은 생략의 가설인데, 간단히 말해서 이것은 실문법증의 특징을 동사를 완전히 생략하거나 그것의 원형만을 사용하는 점으로 보는 가설이다. 실문법증 환자들이 이런 생략문밖에 쓸 수 없는 이유로, 그는 Indefrey 등(2001)이 독일어를 사용하는 환자들을 대상으로 해서 연구한 결과를 근거로 해서, 그들에게는 정상인만큼 두뇌를 활성화시킬 수 있는 능력이 없다는 사실을 들었다. 그는 또한 이것의 근거로 자기(2001)가 실어증 환자와 정상인, 2, 3세의 유아의 말의 비교작업을 통해서 얻은 결론을 제시하기도 했다. 즉, 이 연구를 통해서 그는 동사의 굴절형을 제대로 사용하지 못하게 되면 으레 잘못된 어순이나 주어의 탈락과 같은 다른 문법적 오류도 저지르게 된다는 사실과, 이런 점에 있어서 실문법증 환자의 말은 2, 3세의 유아의 그것과 아주 유사하다는 사실 등을 확인할 수 있었다. 그런데 사실은 이 네 번째 가설은 그 동안에 이미 많은 실어증 학자들에 의해서 브로카 실어증이나 실문법증의 주된 증상으로 밝혀졌던 것이 약간 다른 말로 되풀이되고 있는 것에 지나지 않는다. 그러니까 이것은 엄밀히 따지자면 절차에 관한 가설이 될 수 없는 것이다. 또한 그들은 이런 증상의 원인으로 브로카 영역의 손상을 내세웠다. 그러나 그는 여기에서 이런 말조차 하지 않고 있다(p.124).

(5) 반언어학적 입장

뇌과학자들의 언어관의 특징에 이상과 같은 네 가지가 있다는 것은 그들의 언어에 대한 기본적인 입장은 결국 언어학자들의 그것과 정반대적인 것이라는 말이나 같은 말이 된다. 그러니까 그들의 언어관의 특징을 알기 쉽게 한 가지로 집약하자면 반언어학적이라는 점이 바로 그것이 될 수 있는 것이다. 물론 이 말을 더 정확하게 표현하자면 반Chomsky적이라고 말해야 할지도 모른다. 왜냐하면 비록 오늘날 그의 언어이론이 언어학의 대세를 잡고 있다는 것은 아무도 부인할 수 없다고 할지라도, 그것과는 정반대적인 언어이론들, 즉 뇌과학자들의 입장과 같거나 유사한 입장을 보이는 언어이론들이 그것과 맞서고 있다는 것도 똑같이 부인할 수 없는 사실이기 때문이다.

크게 보았을 때 우리는 다음과 같은 두 가지 사실을 근거로 해서 뇌과학자들의 언어에 대한 입장은 비언어학적인 것이라고 말할 수가 있다. 첫 번째로 언어학자들은 형식과 기능 중 첫 번째 것이 더 중요한 것이라고 생각하는 데 반하여, 이들은 그 반대로 생각한다. 기능이라는 말을 일단 의미로 해석하자면 언어에 있어서는 언제나 형식이 기능이나 의미를 결정짓게 되어 있다고 생각하리만큼 언어학자들은 철두철미한 형식주의자이다. 그렇지만 이들이 보기에는 형식은 어디까지나 기능이나 의미를 나타내기 위한 한 수단에 불과하다. 심지어 언어학자들은 언어학이 하나의 과학일 수 있으려면 언어를 연구하는 데 있어서는 반드시 형식주의적 접근법이 쓰여야 한다고 생각하는 데 반하여, 이들은 기능주의적 접근법으로도 언어는 얼마든지 과학적으로 연구될 수 있다고 본다.

이들의 언어관이 이처럼 다분히 기능주의적인 것이라는 것을 우리는 다음과 같은 세 가지 사실을 통해서 익히 확인할 수가 있다. 그중 첫 번째 것은 이들은 언제나 문장이 아니라 어휘를 언어의 기본단위로 본다는 사실이다. 예컨대 언어학자들이 주로 던지는 질문은 어떤 문장이 문법적으로 맞는 문장이냐이지만 이들의 그것은 어떤 단어가 발음이나 의미상 아무런 하자없이 쓰이고 있는가이다. 이들이 보기에는 문장이란 두 개 이상의 단어들의 조립체에 지나지 않는다. 그중 두 번째 것은 이들은 언제나 언어가 어떤 형식성이나 구조성을 가지고 있는가에가 아니라 그것이 의미전달의 기능을 제대로 수행하고 있는가에 관심을 보이고 있다는 사실이다. 언어학자들은 우선 언어학에서 연구의 대상이 되는 것은 일종의 추상화된 언어이지 현실적인 언어는 아니라고 본다. 그들은 또한 말을 듣거나 말할 때 어떤 지각기관이 어떻게 작용하게 되는가 하는 것은 언어학의 과제가 될 수 없다고 생각한다.

그러나 이들이 보기에는 한 개인이 현실적으로 사용하고 있는 언어가 진짜 언어이고, 따라서 설사 그가 예컨대 「rain」이라는 단어에 관한 모든 언어적 지식, 즉 그것에 관한 음운적 및 의미적, 연어적 지식을 두루 가지고 있다고 해도 만약에 그에게 그것을 제대로 발음하고 유용하게 쓸 수 있는 능력이 없다면 그는 그 단어를 알고 있다고 볼 수가 없다. 다시 말할 것 같으면 이들의 생각으로는 언어사용의 현장에서 어느 개인이 구체적으로 사용하는 언어 즉, 어느 개인의 지각적 절차와 인지적 절차가 모두 작동되어서 산출된 언어만이 바로 언어연구의 대상이 될 수 있는 것이지 추상화되고 일반화된 언어는 그런 대상이 될 수 없었던 것이다.

그중 세 번째 것은 이들은 낱말이나 문장이 나타내는 의미에는 사서적이거나 명제적 의미 이외에 상황적 의미도 있는데, 이런 의미는 으레 언어분석을 낱말이나 문장별로가 아니라 담화나 상황별로 했을 때만 파악될 수 있다고 본다는 사실이다. 그러니까 이 말을 언어사용자의 입장에서 바꾸어 말해볼 것 같으면 그에게는 상황에 맞게 단어나 문장을 쓸 수 있는 능력뿐만 아니라 몇 개의 문장을 하나의 담화로 엮어가는 능력도 있어야 한다는 말이 되는 것이다. 물론 대부분의 경우에 언어는 서로 간에 말을 주고받는 형식을 취하게 되기 때문에 그에게는 결국에 하나의 담화로 엮어가는 능력이라기보다는 하나의 회화로 엮어가는 능력이 있어야 하는 셈이다.

그런데 이와 관련된 이들의 발상법 중 특이한 사항은 이런 담화나 회화적 능력을 이들은 언어적 능력의 일부가 아니라 일반적인 인지능력의 일부로 본다는 점이다. 다시 말하자면 이들은 언어는 근본적으로 일반적인 지력이나 기억력, 지식력 등의 일정한 도움 없이는 제대로 사용될 수가 없다고 생각하는 것인데, 이런 견해가 언어학자들의 그것과는 아주 대조적인 것이라는 것은 더 말할 나위가 없다. 예를 들어 보자면 화자가 청자에게 「It looks like rain(비가 올 것 같다).」이라는 말을 할 수 있으려면 그에게는 이 문장을 만들어 낼 수 있는 언어력뿐만 아니라 앞으로의 날씨를 예측할 수 있는 지력이나 아니면 청자는 틀림없이 이 말을 우산을 가져가라는 말로 알아들을 것이라는 판단력도 있어야 한다고 이들은 생각하는 것이다.

뇌과학자들의 언어에 대한 입장은 비언어학적인 것이라고 말할 수 있는 두 번째 근거는 언어학자들은 언어를 하나의 자율적이면서 특이한 정신기구로 보려고 하는데 반하여 이들은 그것을 의사소통적 행동의 일부로 보려고 한다는 사실이다. 큰 의미에서 보면 이런 대립성은 현대에 이르러 언어학이 하나의 새로운 학문으로 등장하면서 나타난 현상이기에, 이것은 유독 뇌과학자와 언어학자 사이에서만 발견될 수 있는 것이라기보다는 넓게 비언어학자와 언어학자 사이에서 발견될 수 있는 것이라고 볼 수도 있다. 다시 말하자면 그동안까지는 언어학자를 제외한 대부분의 사람들, 즉 그것을 진화론적이거나 사회문화적인 시각에서 연구하려는 사람들은 더 말할 필요가 없고, 심지어 심리학적이거나 생물학적인 시각에서 그것을 연구하려는 사람들도 언어를 일단은 의사소통의 도구로 보았지 특이한 구조체나 정신기구로 보지는 않았던 것이다.

Chomsky의 문법이론이 언어연구의 새 패러다임을 마련했을 무렵에 심리학자인 Bever(1970)는 다음과 같이 그것에 대한 하나의 대안을 제시했다는 사실이 그런 점을 잘 실증하고 있다. Chomsky가 통사론의 핵심적 주제로 이른바 「수용성」을 내세우고 나와서인지, 그는 먼저 수용성이 없는 말에는 문법성에 문제가 있는 것만 있는 것이 아니라 심리적 절차나 인지적 제약상에 문제가 있는 것도 있다는 사실을 들었다. 다시 말해서 그는 먼저 언어란 결국 정신적 구조체의 표현체가 아니라 의사소통적 행위의 표현체라는 점을 강조하고 싶었던 것이다.

예컨대 Chomsky는 으레 「I believe John to be a Martian.」은 수용성이 있는 문장이지만 *「I believe it that John to be a Martian.」은 그렇지 못한데, 그것은 바로 두 번째 것은 문법적인 규칙을 어기고 있기 때문이라고 주장해왔다. 그렇지만 그가 보기에는 실제로는 언어는 으레 의사소통의 한 도구로 쓰이고 있기 때문에 문법성에는 전혀 이상이 없는데도 수용성에는 문제가 있는 문장들이 적지 않게 있을 수 있었는데, 그중 첫 번째 것은 언어이해의 절차상 과도한 부담을 주게 되는 문장이었다. 예컨대 「The horse ridden past the barn fell.」은 그렇지가 않은데 ?「The horse raced past the barn fell.」은 수용성에 문제가 있는 문장이었다.

그중 두 번째 것은 특별한 발음 훈련을 받지 않는 한 제대로 말하기가 불가능한 문장으로서, ?「Peter Piper picked a peck of pickled peppers.」와 같은 문장이 바로 그런 것이다. 그에 반하여 「Peter Johnson picked a lot of ruined peppers.」와 같은 문장은 정상적인 문장이다. 그중 세 번째 것은

*「All bachelors are married.」와 같은 문장처럼 논리적 모순성을 지니고 있는 것이다. 다시 말해서 사람들은 일반적으로 「No bachelors are married.」와 같은 문장은 자주 쓰지만 앞의 문장은 그렇지가 않다. 물론 경우에 따라서는 *「The king isn't a king.」과 같은 모순문이 쓰일 수도 있는데, 이때는 물론 「king」의 의미가 「왕다운 사람」으로 바뀌어 있다.

그중 네 번째 것은 분명히 허위인 사실을 전제로 하는 것으로서 *「Why don't all the married bachelors get divorced?」와 같은 문장이 바로 그런 예이다. 그중 다섯 번째 것은 회화적 문맥상 잘못된 것으로서 「Where is the house?」라는 질문에 「The house is three miles north of the river.」라고 대답해야 할 경우에 *「The river is three miles south of the house.」라고 대답하는 것이 그런 예이다. 그중 여섯 번째 것은 인적 문맥상 잘못된 것으로서, 예컨대 「My eldest male sibling enjoys rhythmic relaxation in his abode.」라는 문장은 자기의 정신과 의사에게는 쓸 수 있지만 자기 휘하의 하사관에게는 쓸 수가 없다. 그중 일곱 번째 것은 그 이유를 정확히 알 수 없기 때문에 일반적으로 비문법적인 문장으로 분류되고 있는 것으로서, ?「I hope it for to be stopping raining when I am having leaving.」과 같은 문장이 그것의 한 좋은 예이다.

그가 보기에는 이상과 같이 수용성의 요소에는 Chomsky가 말하는 문법성 이외에도 여러 가지의 인성적인 요소가 있다는 것이 밝혀질 수 있는 한 언어에 대한 그의 견해가 잘못되어 있는 것이 분명했다. 간단히 말할 것 같으면 그는 언어가 자율적이고 독립적인 구조체라는 점에만 초점을 맞춘 나머지 그것이 언어행위라는 큰 구조체의 일부라는 사실을 인정하지 않는 잘못을 저지르고 있는 것이었다. 그래서 그는 우선 아래와 같은 개념적 등식을 제안했다. 이것에는 언어행위와 언어적 구조의 관계가 보다 명확하게 드러나 있다고 그는 본 것이다(p.168).

(언어행동의 구조)-(사회적 욕구+인간의 의사소통체계+심리적 기구+의미구조+의사소통체계의 생물학적 보편적 자질+인간의 인지체계)=(특이한 언어적 구조)

그 다음으로 그는 이런 개념적 등식은 어디까지나 이론적이고 가공적인 것에 불과한 것으로서 실제에 있어서는 괄호 안에 있는 여섯 가지 요소들은 따로따로 분리될 수 없는 것들이라는 점을 강조하였다. 그런데 「우리는 행동의 양상들을 마치 그들이 정수인 것처럼 보태거나 뺄 수는 없다. 오히려 우리는 언어를 여러 가지의 정신적 및 신경적 기구들이 서로 교섭하고 수정하게 되는 하나의 조직적 의사소통체계로 보아야 한다.」와 같은 말을 하는 점으로 미루어 보아서는 여섯 가지의 요소들을 하나로 합치게 되면 바로 언어행동의 구조가 생겨나게 되니까 결국에는 그의 등식은 (여섯 가지의 요소)+(특이한 언어적 구조)=(언어행동의 구조)처럼 바뀌어야 한다는 것이 그의 진의인 셈이다(p.168).

그런데 문제는 그의 이런 심리학적 언어관은 그것의 약점을 그대로 노정시키고 있다는 데 있다. 그의 말대로 그가 제시하고 있는 여섯 가지의 심리적 요소들은 하나의 독립된 정수처럼 다룰 수가 없다는 것이 바로 그 약점이다. 그러니까 나쁘게 말할 것 같으면 그 자신이 언어행동의 구조나 조직적 의사소통체계는 아직도 과학적으로 기술할 수 있는 대상이 되지 못하고 있다는 것을 인정하고 있는 것이다. 물론 심리학자들의 이런 전과학적인 태도는 언어학자들의 그것과 크게 대조적이다. 그들 간의 대립성이 얼마나 현저한가하는 것을 다시 한 번 확인해 볼 수 있는 방법은 구체적으로 Chomsky가 어떤 언어관을 가지고 있는가를 살펴보는 것이다.

최근에 Clark(2006)은 「과학으로서의 언어학(Linguistics as a Science)」이라는 글에서 Chomsky의 언어관 내지는 언어학관의 특징으로 다음과 같은 네 가지를 들고 있는데, 아마도 심리학적이거나 아니면 뇌과학적인 언어관의 실체를 들추어내는 데 이것만큼 정확한 반사경처럼 쓰일 수 있는 기준은 없을 것이다. 한마디로 말해서 이것을 보게 되면 누구나 그동안에 심리학자나 뇌과학자들이 사용해왔던 과학이라는 말은 Chomsky가 말하는 그것과 전혀 다른 것이라는 것을 당장 알 수가 있다.

1. 언어학의 주된 목적은 언어와 언어들에 대한 이론을 세우는 것이다.
2. 언어학의 궁극적인 목적은 언어와 언어들을 설명하는 것이다.
3. 언어는 일종의 정신적 현상으로 이해되어야 하고, 언어들도 정신적 현상으로 이해되어야 한다.
4. 인간의 정신과 언어지식의 인지적 체계에 대한 강력한 증거가 있다 (pp.230~231).

3. 귀납적 연구방법

20세기에 이르러서 어떤 대상을 어떻게 연구하는 것이 정말 과학적으로 연구하는 것이냐의 문제를 놓고서 일찍이 Kuhn(1970)은 혁명적 패러다임의 도입이라는 개념을 내놓았는가 하면 그 후 Popper(1972)는 가설의 論破라는 개념을 내놓았고, 또한 비슷한 무렵에 Chomsky는 가설의 형성이라는 개념을 내놓는 식으로 많은 논의가 학자들간에 있어온 것은 틀림이 없는 사실이지만, 따지고 보자면 이것에 대한 대답은 학문발전의 지난 역사가 이미 말해준 것이나 다름이 없다. 학문을 연구하는 방법에는 크게 연역법과 귀납법의 두 가지가 있는데, 이들을 각 학문의 상황과 조건에 따라서 알맞게 조립해 나가는 것이 최선의 방법이라는 것이 바로 그것이다.

이 말은 곧 각 학문마다 저마다의 독특한 전통에 따라서 저마다의 독특한 과학적 연구방법을 가지고 있다는 말이나 같은 말인데, 이런 사실은 언어학과 뇌과학에서 주로 어떤 연구방법들이 쓰이고 있는가를 살펴보게 되면 쉽게 확인될 수가 있다. 흥미롭게도 현재 이들 두 학문에서는 마치 어느 것이 더 나은 것이냐를 놓고서 경쟁이라도 하고 있듯이 연역법과 귀납법이 상호대립적으로 쓰이고 있다. 예컨대 Chomsky는 1960년대까지 Saussure나 Bloomfield 등이 내세우는 구조주의 언어학이 언어학의 궁극적인 목표를 달성하기에는 크게 부적절한 언어학으로 머물러 있을 수밖에 없었던 것은 바로 귀납법을 기본적인 연구방법으로 채택했기 때문이며, 따라서 이제부터는 마땅히 그것 대신에 연역법을 기본적인 연구방법으로 채택한「과학적인」언어학이 언어연구의 주도권을 잡아야 한다는 것은 하나의 학문적 당위라고 주장했다. 그가 말하는 과학적인 언어학이란 물론 자기가 창안한 변형주의 언어학이었다.

그렇지만 언어학에 이른바 Chomsky의 혁명이 일어난 후에도 뇌과학의 모습은 그가 그렇게 혹독하게 폄하했던 구조주의 언어학의 그것과 크게 다르지 않았다. 한마디로 말해서 뇌과학에서는 일찍이 Broca와 Wernicke에 의해서 세워진 귀납법 중심의 연구의 전통이 그 후 내내 그대로 이어져 온 것이다. 그리고 무엇보다도 중요한 사실은 그동안에 어느 누구도 이 학문의 더 나은 장래를 위해서는 패러다임이나 연구방법상의 혁명이 있어야 한다고 생각한 적이 없다는 점이다. 그리고 어떤 의미에서는 그보다도 더 중요한 사실은 지난 150년간의 이 학문의 역사는 분명히 발전의 역사이었지 정체나 답보의 역사는 아니었다는 점이다.

뇌과학적 연구의 연구방법상의 이런 특징은 두말할 필요도 없이 그것의 실례를 몇 가지 살펴보게 되면 당장 드러나게 마련이다. 여기에서 살펴볼 것은 두 가지인데, 이들을 특별히 선택한 이유는 이들은 언어학자와 뇌과학자 모두가 그동안에 이들 두 학문의 협동가능성의 가장 확실한 근거로 여겨온 측위화의 가설의 문제와 직접적으로 관련된 연구이기 때문이다. 이들 두 연구가 내용상으로는 전혀 다른 주제를 다루고 있으면서도 연구방법상으로 공통적으로 시사하고 있는 바는 첫 번째로는 귀납적인 연구방법이 뇌과학적인 연구에는 가장 잘 어울리는 연구방법이라는 점과, 두 번째로는 뇌과학과 언어학이 서로 협동할 수 있는 것은 결국은 각각이 정반대적인 연구방법을 쓰고 있기 때문이라고 볼 수도 있다는 점이다.

(1) 「지각절차의 운동체계와의 연결성(Perceptual processing links to the motor system)」

Studdert-Kennedy가 1983년에 발표한 이 논문은 한편으로는 그동안에 모두가 언어학과 뇌과학의 협동가능성의 가장 분명한 근거로 내세워오던 측위화의 가설을 긍정적인 방향에서 다시 논의하면서, 다른 한편으로는 그동안에 Chomsky의 언어이론의 가장 결정적인 맹점으로 여겨왔던 언어기원의 문제를 생물학적인 입장에서 새롭게 해결하려고 했다는 의미에서 Chomsky를 비롯한 여러 언어학자들의 특별한 주목을 받기에 충분한 논문이다. 특히 이것을 통해서 우리는 언어와 뇌의 관계에 대한 연구는 앞으로 마땅히 하나의 기여학문으로서나 아니면 수혜학문으로서 진화론과 밀접한 관계를 가질 수밖에 없다는 사실을 확인할 수가 있다.

동물행동학에서는 이미 오래전에 동물의 의사소통체계의 입력부와 출력부간에는 생물학적으로 미리 결정되어 있는 연결관계가 존재하고 있다는 사실이 밝혀져 있었기에 인간의 언어처리체계나 언어기원에 대한 과제도 그의 지각작용과 운동작용간의 연결관계라는 시각에서 접근할 수 있겠다는 생각은 누구나 쉽게 가질 수 있었다. 그런데 사실은 이미 Klatt과 Stefanski(1974)와 Lieberman(1980)에 의하여 동물이 노래나 신호를 배우는 절차와 인간이 언어를 배우는 절차가 같지가 않다는 사실이 밝혀져 있었다. 예컨대 새는 다른 새의 신호나 노래를 「아나로그」식으로 모방하는데 반하여, 인간은 말을 쉽게 조음할 수 있도록 자음과 모음별로 나누어서 듣고 있었다. 다시 말하자면 이들은 인간의 경우에 있어서는 말의 운동조직은 으레 일반적인 청각적 절차가아니라 변별적 지각의 절차, 즉 인간 특유의 음운적 청각절차에 의해서 중재되게 되어있다고 추리해 볼 수가 있었다. 그러니까 그가 보기에는 뇌과학자나 신경언어학자가 이제부터 해야 할 일은 실험적인 방법에 의해서 변별적 지각의 절차와 그런 지각절차와 운동절차간의 연관관계에 대한 구체적인 증거를 찾아내는 것이었다.

그의 생각으로는 지금까지 제시된 증거에는 크게 두 가지가 있다고 볼 수가 있는데, 그중 첫 번째 것은 Roberts와 Summerfield(1981)에 의해서 실시된 청각시각적 적응에 관한 연구의 결과이었다. 이들은 먼저 표준형 적응 패러다임에 대한 실험을 통해서 음성을 지각하는 절차는 반복된 청각행위에 따르는 일종의 적응의 절차라는 사실을 밝혀낼 수 있었다. 예컨대 두 소리 간의 경계선이 중간에 있으면서 /bɛ/ 소리로부터 시작하여 /dɛ/ 소리에 이르게 되는 인조적 음성 연속체를 준비해 가지고서, 이들 중 한 소리를 여러 번 반복해서 들려 준 다음의 피실험자들의 음성지각양태를 살펴보았더니, /bɛ/ 소리를 여러 번 들은 다음에는 /bɛ/ 소리에 대한 반응의 수가 줄면서 경계선이 /bɛ/ 소리 쪽으로 옮겨지게 되는데 반하여, /dɛ/ 소리를 여러 번 들은 다음에는 /dɛ/ 소리에 대한 반응의 수가 줄면서 경계선이 /dɛ/ 소리 쪽으로 옮겨지게 되는 식으로 그것은 확실히 일종의 적응의 절차를 밟고 있었다.

그 다음으로 이들은 일찍이 McGurk와 MacDonald(1976)에 의해서 발견된 청각시각적 효과의 방법을 사용해서 같은 실험을 실시해 보았다. 이것은 간단히 말해서 청각적 경험에 시각적 경험이 겹쳐지게 되면 음성

지각양태가 어떻게 달라지게 되는가를 알아보는 실험으로서, 예컨대 피실험자가 /gɛ/ 소리를 내고 있는 얼굴의 비디오를 보면서 동시에 /bɛ/ 소리를 확성기를 통해서 듣게 되면 그가 청각하는 소리는 어떤 것인가를 알아보는 실험이었다. 다시 말해서 이것은 청각시각적 효과, 즉 시각적 경험이 음성을 지각하는데 일정한 영향을 주게 된다는 사실을 확인하는 실험이었다.

실험의 결과는 긍정적이었다. 우선 피실험자들은 하나같이 청각적 /bɛ/ 소리도 아니고 시각적 /gɛ/ 소리도 아닌 제3의 /dɛ/ 소리를 들었다고 보고했다. 더 세분해 보자면 12명의 피실험자 중 6명은 /dɛ/나 /ðɛ/ 소리를 들었고, 그중 4명은 /klɛ/ 소리를 들었으며, 나머지 2명은 각각 /flɛ/와 /ma/ 소리를 들었다. 그 다음으로 그들의 적응효과는 하나같이 /bɛ/ 소리의 반응수가 현저히 줄면서 두 소리간의 경계선이 /bɛ/ 소리 쪽으로 크게 이동되는 식으로 나타났다. 이런 사실로 미루어 보아서 이 실험의 절차는 일반적인 소리를 지각하는 절차와 말을 지각하는 절차를 효과적으로 분리시킬 수 있는 절차임을 알 수가 있었다. 이 실험의 결과는 결국에 음운적 지각표상은 청각적인 것도 아니고 시각적인 것도 아닌 일종의 추상적인 것이라는 것을 말해주고 있었다(pp.31~32).

그중 두 번째 것은 이중지각의 효과에 관한 연구의 결과이었다. 이 연구는 일찍이 Rand(1974)가 개발한 것을 그 후에 Liberman 등이 더욱 발전시킨 것으로서, 인조적 음절의 음향적 구성소들을 분리시켜서 좌우의 귀에 제공해 주게 되면 청각적이고 음성적이라는 두 가지의 상이한 지각표상들이 생겨나게 된다는 것이 이것의 기본개념이었다. 예컨대 /da/ 소리로부터 /ga/ 소리에 이르는 인조적 연속음을 아홉 개의 포먼트로 나누었을 경우, 한쪽 귀에 제공하는 기본 포먼트는 /da/ 소리로 들렸고, 다른 귀에 제공한 한 전환 포먼트는 비언어적 「찍찍」 소리로 들렸다.

그런데 이들 두 포먼트를 좌우의 귀에 일정한 시간적 차이를 두고 제공해주게 되면 피실험자에게는 /da/ 또는 /ga/와 같은 하나의 융합된 음절과 비언어적 소리가 같이 들렸다. 그런데 음절소리는 어떤 전환 포먼트가 제공되느냐에 따라서 /da/ 소리로 들리기도 하고 /ga/ 소리로 들리기도 했지만, 비언어적 소리는 언제나 처음에 한쪽 귀에 들렸던 대로였던 것이다. 이런 사실은 그 후 다른 사람의 실험에 의해서도 익히 확인될 수 있었고, 그래서 연구자들은 자신있게 청각적 지각절차와 음성적 지각절차는 두 가지의 별도의 절차라는 가설을 내세울 수 있었다.

그런데 그가 Shankweiler와 함께 이런 좌우 귀의 대칭적 청각실험의 결과에 대하여 내린 결론은 이보다 훨씬 구체적인 것이었다. 즉, 이들(1970)은 일찍이 「말의 지각을 위한 반구적 특이화(Hemispheric specialization for speech perception)」라는 논문에서 바로 이런 실험의 결과야말로 좌반구 우위설의 가장 확실한 근거가 될 수 있다고 주장했다. 다시 말해서 이들은 이때에 이미 일반적인 청각작용에는 두 개의 반구가 모두 참여하지만 언어음의 지각절차는 좌반구만이 수행하게 되어있을 것이라는 추리를 하게 되었다(p.35).

그런데 그가 이번에 시도하는 추리는 그것보다 한단계 진전된 것이었다. 한마디로 말해서 좌반구에서 얻어진 음성적 지각표상은 소리와 조음 간에 하나의 인터페이스로서 기능을 하게 될 것이라는 것이 바로 그 추리인데, 이것은 작게는 측위화 현상의 기원과 기능에 대해서이고, 크게는 언어의 기원에 대한 하나의 지각운동적 가설일 수 있었다. 그는 예컨대 인구의 90%가 오른손잡이라는 사실과 미국수화의 구조 등으로 미루어 보았을 때 언어기능을 좌반구가 전담하게 된 것은 처음에는 도구사용을 위한 손가락과 손목, 손등의 협조적 동작을 위한 신경회로이고, 그 다음에는 후두와 연구개, 혀, 턱, 입술 등의 협조적 동작을 위한 신경회로가 좌반구에 생겨났기 때문이라고 주장했다. 그는 심지어 특수화된 언어음의 지각절차뿐만 아니라 통사구조의 신경조직도 정교하게 발달된 운동능력과 밀접한 연관관계를 유지하면서 생겨나게 되었을 것이라고 추리하였다(p.36).

언어와 뇌의 관계에 대한 연구의 궁극적인 과제는 진화론적인 접근법에 의해서 그들의 밀접한 관계를 밝히는 것 즉, 뇌과학적으로 타당한 언어진화설을 설정하는 것이라는 것을 제일 먼저 공언한 사람은 Geschwind이었는데, 그의 생각으로는 자기의 이 지각운동설은 그의 그런 희망에 대한 한 응답일 수가 있었다. 예컨대 그(1964)는 일찍이 「두뇌의 발달과 언어의 진화」라는 논문에서 말하는 능력이 듣는 능력보다 먼저 발달했다는 그 동안의 통설의 역설성을 지적하면서 자기나름의 연쇄적 작은 돌연변이설을 그 대안으로 내세웠었다.

그러나 일찍이 Darwin이 그랬던 것처럼 Geschwind도 그 가설을 위한 정확한 시나리오를 설정하는 일은 하지 못했다. 물론 Chomsky의 언어기원에 대한 그동안의 주장이 어느날 갑자기 언어능력이 생기게 되었다는 것이라는 점을 감안한다면 연쇄적 작은 돌연변이설을 내세운 것만으로도 그는 진화론자들의 체면을 유지하는 데 크게 기여했다고 볼 수가 있다. 그렇지만 결국에는 구체적으로 어떤 돌연변이들이 그가 말하는 작은 돌연변이들인가가 밝혀지기 전까지는 이 가설을 타당성 있는 것으로 간주할 수는 없다. 이런 의미에서 그의 지각운동설은 Darwin으로부터 Geschwind로 이어지는 진화론적 언어기원설의 연장선상에 있다고 볼 수가 있다.

그런데 흥미롭게도 그가 여기에서 제안하는 의견은 한 가지가 아니라 두 가지이다. 그중 한 가지는 청각적 능력과 시각적 능력의 연합현상을 첫 번째 돌연변이로 보려는 의견이고, 다른 한 가지는 운동적 측위화 절차를 지각적 측위화 절차보다 앞선 것으로 보려는 의견이니까 결국 그는 이 문제에 대해서 두 개의 정반대적인 의견을 가지고 있는 셈인데, 이것은 곧 작게는 그의 지각운동설이고 크게는 연쇄적 작은 돌연변이설이 아직은 하나의 가설의 수준을 벗어나지 못했다는 것을 말해주고 있다고 볼 수가 있다. 물론 누구나 근본적으로는 언어기원에 관한 학설은 어느 것이든 결국에는 이런 성격의 것일 것이라는 것을 어렵지 않게 추리해 볼 수 있다.

먼저 그가 말하는 연합능력설이 어떤 것인가를 알아보면 이것에서는 언어가 생겨나는 과정을 다음과 같은 세 가지 단계로 이루어진 것으로 본다. 그중 첫 번째 것은 어느 개인에게 어느 동물이 내는 소리를 그것의 시각적 모습과 연합시키는 돌연변이가 일어나게 되어서, 이 특성이 머지 않아서 모든 사람에게 퍼져 나가는 단계이고, 그중 두 번째 것은 그 후 또 다른 돌연변이에 의해서 인간이 동물이 내는 소리를 모방할 수 있게 되는 단계이며, 그중 세 번째 것은 또 한 가지의 돌연변이에 의해서 좌반구에 있던 일반적인 청각능력이 인간의 발성기구에 의해서 만들어지는 소리의 특성들을 식별할 수 있게 되는 단계이다. 그가 보기에는 이 시나리오는 오래전부터 사변적 언어기원론의 한 가지로 받아들여져 온 이른바「모방설(멍멍설)」을 정당화할 수 있는 것일 뿐 아니라 이름을 배우는 능력은 부분적으로나마 다른 영장류에게도 있는 것으로 밝혀져 있기에 일단은 그럴싸한 것임이 분명했다. 그렇지만 아직은 이것이 일종의 가상적 시나리오의 수준을 벗어나지 못한 것이라는 것도 역시 분명한 사실이었다(p.37).

그 다음으로 그가 말하는 운동적 측위화 선행설이 어떤 것인가를 알아볼 것 같으면, 그는 이 가설을 뒷받침할 수 있는 근거로 다음과 같은 세 가지 사실을 들고 있다. 첫 번째로 그가 내세우는 사실은 그동안에 많은 실어증 환자와 뇌분할 환자에 대한 연구와 정상인을 대상으로 한 실험을 통해서, 우반구에는 말을 인지할 수 있는 약간의 능력이 있기는 하지만 말을 할 수 있는 능력과 말의 조음절차를 통제하는 데 필요한 말소리를 음성별로 분할하는 능력은 없다는 것이 익히 밝혀졌다는 것이었다.

두 번째로 그가 내세우는 사실은 말소리를 순전히 청각적인 차원에서 지각할 수 있는 능력은 고양이와 개에게는 물론이요, 심지어는 일찍이 Kuhl과 Miller(1978)가 밝혀놓았듯이 친칠라에게도 있는 것으로 판단된다는 것이었다. 이런 사실은 곧 인간의 말은 일반적인 포유류의 청각체계와 잘 어울리는 것임을 말해주고 있었다. 그가 세 번째로 내세우는 사실은 이 가설로는 도구사용의 적응과정에서 제일 먼저 손의 움직임을 위한 측위화 절차가 있었다는 전제를 설정할 수가 있고, 더 나아가서는 말과 한쪽 손을 즐겨쓰는 현상간의 관련성과 말과 수화간의 유사성을 합리적으로 설명할 수 있다는 것이었다. 그러나 그는 이 논문의 끝을 자기의 첫 번째 의견과 마찬가지로 운동적 측위화 절차가 선행되었다는 이 의견도 어디까지나 하나의 미검증의 의견에 불과하다는 말로써 마무리했다(p.39).

(2) 「언어처리의 병렬체계 : 정상적인 두뇌에 있어서의 반구적 상보성 (Parallel systems for processing language : Hemispheric complementarity in the normal brain)」

우선 최근에 Chiarello가 발표한 이 논문은 많은 면에서 1983년에 Zaidel이 발표한 논문과 닮았다고 볼 수가 있다. 앞에서 이미 살펴보았듯이 그는 뇌분할환자와 정상인을 대상으로 해서 「콘택트렌즈」 기법이라는 일종의 교차적 시각법을 사용하여 좌우 두 반구에서는 청각적 어휘뿐만 아니라 시각적 어휘를 다루는 데 있어서도 서로 이질적이면서도 상보적인 절차들이 쓰이고 있다는 사실을 밝혀냈다. 그의 논문은 「나의 실험적인 자료를 통해서 나는 정상적인 언어처리시의 우반구의 기여는 특이한 것이며, 그것은 좌반구의 작업을 강화해 준다고 확신할 수가 있다」라는 말로써 결론지을 수 있을 만큼 과학적이고 가치 있는 것이었다(p.122).

그러나 이들 두 논문간에는 20년이라는 긴 시차가 있어서 그런지 이것은 적어도 다음과 같은 두 가지 점에 있어서 그것과 차이점을 보이고 있다. 첫 번째로 이것은 Zaidel의 것보다 훨씬 종합평가문의 성격을 많이 지니고 있는 논문이다. 예컨대 여기에서는 Zaidel이 1990년에 낸 「완전한 뇌분할 절차 후의 두 반구에 있어서의 언어기능(Language function in the two hemispheres following complete cerebral commissurotomy and hemispherectomy)」라는 것을 포함하여 수십편의 논문이 언급되고 있다. 그러니까 이것에는 Zaidel의 논문이 나온 뒤부터 최근에 이르기까지의 이 문제와 관련한 논문들이 총정리되어 있는 셈이다.

두 번째로 이것은 Zaidel의 논문보다 연구의 목표를 한 차원 높게 잡은 논문이다. 이런 차이성은 우선 이들 논문들의 제목 자체에 잘 드러나있다고 볼 수가 있다. 예컨대 Zaidel의 논문의 제목은 「두뇌내의 복합적 어휘 표현체에 대하여 : 두 반구의 경우(On multiple representations of the lexicon in the brain : The case of two hemispheres)처럼 되어 있으니까, 이 논문의 목표는 어휘처리는 흔히 생각하는 것처럼 좌반구에서만 이루어지는 것이 아니라 두 반구 모두에서 이루어진다는 사실을 밝히려고 하는 것이라는 것을 익히 알 수가 있다. 그에 반하여 이것의 제목은 「언어처리의 병렬체계 : 정상적인 두뇌에 있어서의 반구적 상보성」처럼 되어 있다. 그러니까 이것에서는 연구의 초점을 두뇌는 두 반구가 상보적으로 움직이는 하나의 병렬체계라는 사실을 구명하는 데 두고 있는 것이다.

그러나 이런 차이성을 보다 확실하게 확인할 수 있는 곳은 두 논문의 결론부이다. 바로 앞에서 이미 말이 나왔듯이 Zaidel이 그의 논문의 종결부에서 강조한 것은 결국 우반구가 언어처리 시에 특이한 방법으로 좌반구를 돕고 있다는 사실에는 더 이상 의심할 여지가 없게 되었다는 점이었다. 그러나 이 논문의 종결부에는 「인간의 정신의 가장 단순하면서도 가장 복잡한 성취는 지원적 두뇌체계의 분명한 이중성에 의존하고 있는지도 모른다」와 같은 말이 나온다(p.244). 그러니까 이것의 궁극적인 목표는 언어와 두뇌간의 문제뿐만 아니라 두뇌와 정신간의 문제에 대한 뇌과학적 접근법을 제시하려는 것이었던 것이다.

이것의 차이점을 이상과 같은 두 가지로 잡고 볼 것 같으면 이것은 곧 작게는 두 반구의 기능적 상보성에 관한 연구이고 크게는 뇌과학적 연구 전체에 대한 현황을 보여주고 있는 것으로 간주될 수 있기 때문에, 이것의 가치는 결국에 이것은 그동안에 언어학 측에서 내세워왔던 주장들에 대한 뇌과학 측의 한 응답일 수 있다는 데 있다고 볼 수가 있다. 그들이 그동안에 내세워 온 주장 중 첫 번째 것은 언어능력의 측위화와 모듈성에 관한 것이었다. 그래서 뇌과학적 연구도 자연히 그동안에는 이런 이론을 합리화하는 쪽으로 적지않게 기울여져 있었다.

그러나 이것에서는 그동안의 이런 언어학적 이론과 뇌과학적 연구의 흐름이 잘못된 것일 수도 있다는 사실을 드러내 주고 있다. 먼저 이것에서는 측위화 이론에 대한 재해석이 요구되고 있다. 간단히 말해서 이것에서는 측위화 이론은 이제 측위화 현상이 일어났다고 해서 언어처리가 전적으로 좌반구에서만 이루어지는 것은 아니라는 식으로 수정되어야 한다고 본다. 그 다음으로 이것에서는 모듈성의 이론도 이제는 마땅히 재해석 내지는 수정되어야 한다고 본다. 그동안까지는 언어능력과 관련된 모듈은 으레 좌반구에만 자리하고 있다고 생각했지만, 이제부터는 그런 모듈들은 좌우 두 반구에 널리 퍼져 있다고 보아야 한다는 것이다.

언어학 측에서 그동안에 내세워 온 주장 중 두 번째 것은 언어구조와 뇌의 조직이나 정신기구간의 관계에 관한 것이었다. Chomsky는 예컨대 그 동안에 쉽게 말해서 언어는 정신의 한 동상체인데 이제는 언어의 실체가 밝혀진 이상 정신기구의 실체를 밝히는 일은 일종의 단순한 유추작업에 불과하다는 입장을 취해왔다. 특히 그는 이들 두 능력은 모두가 결국은 뇌의 조직이나 작동절차의 반영체이기 때문에 이제부터는 이른바 생물언어학의 이름 밑에서 언어와 뇌, 정신 등의 문제가 같이 검토되어야 한다는 점을 강조했다. 물론 그답게 그는 뇌과학적 연구의 미진성이나 부진성을 이런 궁극적인 과제를 추구하는 데 있어서 제일 먼저 넘어야 할 장애물로 꼽았다.

그의 이런 도전적인 발언에 대해서 뇌과학자들은 그동안에 침묵을 지킬 수밖에 없었는데, 그들의 침묵에는 크게 그의 주장에 동의할 수 없다는 항의적 의미와 아직은 그의 주장에 대한 자기들 나름의 대안을 내놓을 수 있는 시기가 아니라는 자성적인 의미가 함의되어 있었다. 우선 그들에게는 Chomsky가 즐겨하던 말들이 모두 공허하게만 들렸다. 예컨대 그는 자주 언어가 정교한 규칙들에 의해서 움직여지는 최적의 연산체계인 점으로 보아서 정신기구도 그런 것으로 보아야 한다거나, 아니면 언어능력의 핵심이 되는 것은 규칙의 순환성인 점으로 보아서 정신기구의 그것도 그런 것으로 보아야 한다는 주장을 했는데, 그들이 보기에는 그 정도의 몇 가지의 추상적인 서술로써 정신기구의 특성이 모두 밝혀졌다고 볼 수는 없었다.

그러나 이론상 이런 언어학적 이론의 한계성은 마땅히 하나의 뇌과학적 이론에 의해서 지적되어야 함에도 불구하고 안타깝게도 현재까지는 그럴만한 자세와 준비가 되어 있지 않았었다. 이런 의미에서 볼 때 그가 여기에서 제안하는 병렬적 언어처리체계설 같은 것은 분명히 그동안까지의 언어학 우위의 일방적인 토론의 분위기를 뇌과학 우위적이거나 언어학과 뇌과학이 동등한 위치에서는 양방적인 분위기로 전환하는 데 일익을 담당할 수 있는 이론이었다. 다시 말할 것 같으면 이런 학설을 가지고서 앞으로 뇌과학자들은 언어와 뇌, 정신 등의 문제는 이제 언어학에서 뇌과학으로 가는 방식이 아니라 거꾸로 뇌과학에서 언어학으로 가는 방식으로 접근되어야 한다고 익히 주장할 수 있게 될 것이었다.

지금까지의 연구들을 종합해 보았을 때 작게는 우반구의 언어처리 능력에 관한 연구이고, 크게는 두 반구의 병렬적 언어처리에 관한 연구는 크게 연구대상과 연구과제라는 두 가지 축에 따라서 진전되어 왔다고 볼 수가 있었다. 우선 이 연구는 그 동안에 뇌분할 환자들을 대상으로 한 것으로부터 시작하여 정상인들을 대상으로 한 것으로 귀착되는 식으로 발전되어왔다. 이런 발전에 결정적인 역할을 하게 된 것은 바로 교차적 듣기법의 효용성을 크게 보강할 수 있는 교차적 시각법의 발견이었다. 간단히 말해서 교차적 시각법의 발견으로 연구자들은 정상인들을 대상으로 해서 청각적 실험뿐만 아니라 시각적 실험도 실시할 수 있게 된 것이다.

그 다음으로 이 연구는 한편으로 보자면 개별어휘의 음운이나 문자의 인식으로부터 시작하여 그것의 의미의 파악에 이르는 식이고, 다른 한편으로 보자면 어휘의 인식으로부터 시작하여 문장의 이해나 담화의 운용에 이르는 식으로 발전되어 왔다. 그러니까 그동안에 연구자들은 이제는 두 반구의 능력과 작동요령이 어떻게 서로 다르며, 두 반구가 어떻게 협동적으로 언어처리 작업을 하게 되는가를 익히 파악할 수 있을 만큼 언어능력의 거의 모든 면에 걸쳐서 연구를 해 온 것이다. 그리고 무엇보다도 중요한 사실은 이런 의미에서 이 연구는 분명히 작게는 언어와 뇌의 관계에 대한 연구이고 크게는 뇌과학 자체의 현재의 수준을 정확히 파악할 수 있는 하나의 중간보고서와 같은 것이라는 점이다.

그가 보기에는 그런데 이 연구에 대한 중간 보고서는 크게 어휘의 음운이나 문자를 인식하는 양상에 관한 것과 어휘의 의미를 인지하는 양상에 관한 것, 문장의 의미를 인지하는 양상에 관한 것 등의 세 부분으로 나누어서 만들어지는 것이 가장 합리적인 일이었다. 그 이유는 그동안 많은 연구자들의 연구로 우선 문장의 의미를 인지하는 절차에는 으레 문법적 능력이 개입하게 되어있는데다가, 어휘의 감각적 정보가 두뇌에 도달하게 되면 그것의 시각적 내지는 청각적 특징을 파악하는 「초기」의 부호화 작업과 그것의 문법적 특성과 의미를 파악하는 「후기」의 부호화 작업이 차례대로 이루어진다는 사실이 확실하게 밝혀졌기 때문이었다.

어휘의 초기의 부호화 절차에 대한 연구는 당연히 먼저 시작된 청각적 영역에 관한 것과 그 뒤를 따른 시각적 영역에 관한 것으로 나뉠 수 있었다. 우선 최근에 실시된 청각적 영역에 있어서의 초기의 부호화 절차에 관한 연구 중 특별히 주목할 만한 것은 Ivry와 Lebby(1998)에 의한 두 반구의 음절 식별력에 관한 것이었는데, 그 이유는 이들의 연구에 의해서 종전까지의 우반구에는 자음이나 모음과 같은 분절음들을 식별하는 능력은 없고 오직 억양과 같은 초분절음을 식별하는 능력만이 있다는 가설의 허구성이 확실하게 드러나게 되었기 때문이었다.

그런데 사실은 이들이 실시한 실험의 결과는 종전까지의 가설의 잘못됨을 밝혀내는 데 그친 것이 아니라, 좌우 두 반구들은 분절음들을 처리하는 데 있어서 상보적인 기능을 수행하고 있다는 사실까지를 밝혀주고 있었다. 이들은 고주파음에 의해서 구별되는 /ba/와 /da/라는 두 음절의 짝과, 저주파음에 의해서 구별되는 /ba/와 /pa/라는 두 음절의 짝을 만든 후에, 교차적 듣기법의 절차에 따라서 좌우 두 반구의 음절 식별력이 어떻게 다른가를 알아보았는데, 그 결과는 예측했던 대로 /ba/와 /da/를 식별하는 데는 좌반구가 월등히 나은 성적을 보이는데 반하여, /ba/와 /pa/를 식별하는 데는 우반구가 나은 성적을 보이는 식으로 나타났다. 이런 사실은 이 무렵에 Molfese 등(1997)의 전기 생리학적 실험에 의해서도 확인이 되었으며, 또한 비슷한 시기에 Ivry와 Robertson(1998)은 우반구가 전담적으로 운율을 처리하게 되는 것은 바로 운율성은 저주파음의 조절에 의해서 만들어지게 되기 때문이라는 이론도 내놓았다.

그에 비하여 최근에 실시한 시각적 영역에 있어서의 이런 절차에 관한 연구 중 특별히 주목할 만한 것으로는 Marsolek 등(1992)에 의한 우반구에서의 형태적 처리절차에 관한 연구를 들 수가 있었다. 이들이 실시한 실험의 절차는 대략 먼저 피실험자들로 하여금 대문자나 소문자로 인쇄된 「triangle」과 「combat」, 「deliver」와 같은 단어들을 읽게 한 다음에, 「com」과 같은 어간을 교차적 시각법대로 우측이나 좌측시야를 통해서 보여주면서, 첫 번째로 생각이 나는 단어로 이 어간을 완성시키도록 하는 것이었다. 이들이 먼저 발견한 사실은 피실험자들은 「com」이라는 어간을 으레 「comfort」와 같은 단어가 아니라 「combat」라는 단어로 완성시키는 식으로, 두 반구 모두에 있어서 주어진 단어가 일정한 촉발효과를 가져오게 한다는 것이었다.

그렇지만 이들이 발견한 사실 중 그보다 더 중요한 것은 우반구에서 나타나는 주어진 단어의 촉발효과는 문자의 모양에 따라서 달라지게 된다는 사실이었다. 다시 말해서 좌반구에서는 주어진 단어와 어간의 글자 크기가 같은 경우에나 다른 경우에나 그 효과가 동일한 것으로 나타나는데 반하여, 우반구에서는 그들의 크기가 같은 경우에 그들의 크기가 다른 경우보다 훨씬 더 큰 효과가 나타났었다. 이런 사실을 근거로 이들은 우반구는 단어의 형태를 세부항목 중심으로 인지하는데 반하여, 좌반구는 그것을 하나의 추상적인 표현체로 인지하는 식으로, 두 반구들의 형태적 처리절차는 상보적인 것이라는 결론을 내릴 수 있었다(p.234).

그 다음으로, 그동안에 실시된 어휘의 후기의 부호화 절차, 즉 어휘의 의미처리절차에 대한 연구 중 대표적인 것으로는 우선 그 자신이(1990)

동료들과 함께 실시한 연상적 촉발작용에 대한 연구를 들 수 있었다. 이들의 관심은 좌우 두 반구에서의 연상어간의 촉발작용이 같은가 다른가를 알아보는 것이었는데, 연구결과는 예측대로 「arm」과 「leg」처럼 연상관계가 강한 단어들간의 촉발작용은 두 반구 모두에서 비슷한 크기로 나타나지만, 「arm」과 「nose」처럼 그것이 약한 단어들간의 촉발작용은 오직 우반구에서만 나타나는 것으로 드러났다.

이와 유사한 연구로는 Burgess와 Simpon(1988)이 실시한 중의어의 의미처리에 관한 것을 들 수가 있었다. 이들이 사용한 방법은 두 연상어나 두 의미를 인지하는 데 걸리는 시간을 측정해 보는, 「자극개시 비동시성법(SOA)」이었는데, 실험의 결과 좌반구에서는 「bank」의 「은행」이라는 주의미와 「강」이라는 하위 의미를 35밀리초의 간격을 두고서 인지하는데 반하여, 우반구에서는 그 간격이 750밀리초인 것으로 드러났다. 이것은 곧 필요한 의미만을 가려내는 데 걸리는 시간에 있어서 우반구보다 훨씬 좌반구쪽이 빠르다는 의미이었다.

이와 관련된 또 한 가지 흥미로운 연구는 Anaki(1998) 등이 실시한 은유적 의미인지에 관한 것이었다. 이들은 예컨대 「stinging mosquito」라는 표현에서는 앞 단어가 「쏘는」이라는 자의적인 의미를 나타내고 있고, 「stinging insult」라는 표현에서는 그것이 「자존심을 상하게 하는」이라는 은유적인 의미를 내고 있기에, 좌우 두 반구들은 응당 바로 두 번째 표현의 의미를 파악하는 데 걸리는 시간에 있어서 일정한 차이를 보일 것이라는 것을 예측할 수 있었다. 교차적 시각법에 의해서 실험을 해본 결과 이들은 좌반구가 이 과제를 해내는 데는 200밀리초가 걸리는 데 반하여, 우반구가 이 과제를 해내는 데는 800밀리초가 걸리는 것을 알 수 있었다. 이런 사실을 놓고서 이들은 의미를 인지하는 절차에는 여러 가지 관련된 의미를 활성화하는 절차와 그중에서 하나만을 선택하는 절차의 두 가지가 있는데 좌반구에서는 두 번째 선택의 절차가 빠르게 이루어지는데 반하여, 우반구에서는 그것이 느리게 이루어지게 된다는 식의 설명을 내놓기도 했다 (p.239).

세 번째로, 그동안에 문장의 의미를 인지하는 절차에 관해서 실시한 연구중 대표적인 것으로 꼽을 수 있는 것은 Faust 등(1995)에 의한 정문과 비문의 차이성에 관한 연구이었다. 이들이 교차적 시각법을 사용하여 실시한 실험은 두 가지였는데, 그중 첫 번째 것은 문법적으로 맞게 된 문장과 그렇지 않은 문장간의 차이에 관한 것이었다. 이들이 「The rider saddled the horse.」와 같은 정문과 「The saddled the rider horse.」와 같은 비문을 두 반구에 차례로 제공해 주었더니, 좌반구에서는 정문의 경우에 비문의 경우보다 더 큰 촉발작용이 일어나게 되는데 반하여 우반구에서는 두 경우 모두에 있어서 동일한 크기의 촉발작용이 일어나고 있었다. 이런 사실은 곧 좌반구에서는 문법적 지식을 다루는 능력이 있기 때문에 문장의 의미를 인지하는 데 있어서 그것의 도움을 일정하게 받고 있지만 우반구에서는 그렇지가 못하다는 것을 말해주고 있었다.

그중 두 번째 것은 의미상으로 잘 조화되어 있는 문장과 그렇지 못한 문장간의 차이에 관한 실험이었다. 예컨대 「The patient swallowed the medicine.」이라는 조화문과 「The patient parked the medicine.」이라는 부조화문을 두 반구에 차례로 제공해 보았더니, 좌반구에서는 조화문의 경우에 부조화문의 경우보다 더 큰 촉발작용이 일어나고 있는데 반하여, 우반구에서는 두 경우 모두에 있어서 동일한 촉발작용이 일어나고 있었다. 이것은 곧 우반구에서도 어휘별 의미처리는 이루어지고 있지만 그곳에서는 그 결과를 하나의 통합된 의미로 결합시키는 일은 하고 있지 않다는 것을 의미하는 것이었다.

그는(1998) 또한 그 후 Chiarello와 함께 문장 내에서의 중의어의 처리

절차에 관한 실험도 실시해 보았는데, 이것에서도 다른 실험에서 얻은 것과 비슷한 결과를 얻을 수 있었다. 예컨대 「She stood in line and was second.」라는 문장을 제공했을 때 좌반구에서는 바로 문맥이나 문장 전체의 의미에 맞게 마지막 단어의 의미를 「두번째」로 처리하고 있었다. 그렇지만 이 경우 우반구에서는 이 단어의 의미를 「두번째」와 「초」의 두 가지로 처리하고 있었다. 그가 여기에서 내린 결론은 좌반구에서는 문맥에 의해서 중의어의 여러 의미 중 단 한 가지만이 결정되게 되지만 우반구에서는 중의어의 여러 의미가 그대로 유지되게 된다는 것이었다. 그는 또한 우반구는 바로 이런 특성으로 인하여 담화시에 필요한 상황적 추리력의 전담뇌가 될 수 있을 것이라는 추측도 할 수 있었다(p.241).

이상과 같이 지금까지의 양반구에서의 언어처리절차에 대한 연구들의 연구결과를 종합해 보았을 때, 그는 다음과 같은 두 가지 결론을 내릴 수 있었다. 그중 첫 번째 것은 좌우 두 반구의 언어처리체계의 비대칭에 관한 것이었다. 그가 보기에는 두 반구의 언어처리체계는 첫 번째로는 작동방식이나 요령에 있어서 대립성을 드러내고 있었다. 예컨대 좌반구에서의 언어처리작업은 빠르고 심층적이며 집중적이라는 특징을 가지고 있는데 반하여 우반구에서의 그것은 느리고 피상적이며 확산적이라는 특징을 가지고 있었다.

두 반구의 언어처리체계는 두 번째로 작동시간상으로 확실한 차이성을 보이고 있었다. 일부 정보는 두 반구에 동시에 송부가 되어 처리가 되지만, 다른 정보는 먼저 좌반구에게만 송부가 되어 처리가 된 다음에 우반구에서는 그 후 그 결과에 대응하는 절차를 밟는 식으로 처리가 되고 있었다. 세 번째로 이들 체계들은 의미 선택의 절차를 밟느냐 그렇지 않느냐의 면에 있어서 일정한 차이성을 드러내고 있었다. 예컨대 좌반구에서는 관련된 의미가 모두 활성화된 후에는 바로 그중 하나만을 선택하고 나머지는 제거시키는 절차를 밟고 있었지만, 우반구에서는 활성화된 의미 모두를 그대로 유지시키고 있었다.

그가 여기에서 두 번째로 내린 결론은 기존의 가설이나 이론의 재해석의 필요성에 관한 것이었다. 그가 보기에는 지금까지 제안된 가설이나 이론들은 하나같이 언어처리는 좌반구에서만 이루어진다는 가정하에서 만들어진 것들이었는데, 이제 그 가정이 잘못된 것이라는 것이 판명된 이상 그들에 대한 수정이나 재해석 작업을 해야 하는 것은 너무나 당연한 일이었다. 다시 말해서 언어행위의 거의 모든 면이 두 반구간의 긴밀한 협동의 필요성을 드러내주고 있다는 것은 곧 기존의 가설이나 이론들이 백프로 타당성이 있는 것은 아니라는 것을 단적으로 증거해주는 것이었다.

그런 가설이나 이론으로는 크게 세 가지를 들 수가 있었는데, 그중 첫 번째 것은 모듈성의 이론이었다. 이것은 간단히 말해서 언어적 모듈들은 좌반구에만 집중적으로 자리하고 있다는 이론이니까 이제는 더 이상 그대로는 받아들일 수 없는 이론임이 분명했다. 그중 두 번째 것은 측위화의 이론이었다. 이것은 그동안에 모든 언어처리는 좌반구에서 단독적으로 이루어진다는 식의 일종의 극단론을 지향하고 있었는데, 두 반구의 특성상 이런 극단론은 아예 성립될 수 없다는 것은 너무나 자명했다. 그중 세 번째 것은 언어능력의 내재성에 관한 이론이었는데, 이것은 으레 두 번째 이론과 연계된 형식으로 내세워졌다. 다시 말해서 인간의 언어능력은 좌반구내에 내재되어 있다는 것이 이것의 요점이었다. 그러나 그가 보기에는 우반구에서 언어처리시에 작동시키는 기구들은 언어처리만을 위한 특수한 기구가 아니라 일반적인 목적을 위한 기구였으며, 따라서 이제는 마땅히 이 이론의 타당성이 재검토되어야만 했다.

그가 이상과 같은 두 가지 결론을 내린 연후에 마지막으로 강조하고 있는 점은 지금의 언어와 뇌의 관계에 대한 연구나 언어와 정신의 관계에 대한 연구는 이제 겨우 첫 발을 내딛은 수준에 머물고 있기 때문에, 연구자들이 이런 궁극적인 문제에 대해서 정론을 펼 수 있게 되려면 언어적 영역에 있어서 뿐만 아니라 비언어적 영역에 있어서 이번 연구와 같은 연구들이 앞으로도 계속적으로 이루어져야 한다는 것이었다. 그가 여기에서 Chomsky의 이름을 명시적으로 거명하지는 않았다. 그렇지만 재해석되어야 할 가설이나 이론들이 결국은 언어학 측에서 제안된 것이라는 사실이나, 언어와 정신의 관계에 대한 문제도 일단은 언어학 측에서 제기된 것이라는 사실을 고려한다면 그의 비판이나 반성이 Chomsky를 염두에 둔 것이라는 것은 의심할 여지가 없다.

4. 뇌과학 주도의 연구

(1) 언어학 주도의 학풍

돌이켜 보자면 언어학과 뇌과학의 통합의 필요성을 역설한 언어학자에는 둘이 있다고 볼 수가 있는데, 그들 중 첫 번째 사람은 Jakobson이다. 예컨대 그는 역사상 처음으로 언어의 병적인 현상이 바로 실어증이니까 실어증에 대한 연구는 곧 언어학 연구의 지름길이 될 수 있다고 주장하고 나섰다. 그런가 하면 그는 실어증에는 유사성 장애증과 인접성 장애증의 두 종류가 있다고 내세우면서 「이 양분법은 아마도 실어증을 방출적인 것과 수용적인 것으로 나누는 고전적인 것보다 훨씬 더 제시성이 있는 것일 것」이라는 말을 함으로써 궁극적으로는 언어학이 실어증학의 선도 학문이 되어야 한다는 견해도 나타냈다. 그리고 무엇보다도 중요한 사실은 그는 결국에 언어학과 실어증학이 통합이 되게 되면 인간의 심리작용이나 정신기구에 관한 의문들이 많이 풀리게 되리라고 생각했다는 점이다.

그들중 두 번째 사람은 Chomsky인데, 우선 Jakobson의 경우에는 그의 주장은 일회성의 선언적인 가치밖에 지니고 있지 못했는데 반하여, 그의 경우에는 그의 주장이 지금까지도 언어와 뇌의 관계에 대한 연구의 발전에 적지 않은 영향을 주고 있다는 사실을 감안한다면 그를 Jakobson과 같은 반열에 올려놓은 것 자체가 잘못된 일이라고 볼 수가 있다. 더 구체적으로는 최근에 이르러 일단 형식상으로나마 언어학과 뇌과학간에 언어적 문제를 중심으로 해서 협동적인 연구 분위기가 조성되게 된 것은 결국은 그 때문이라고 볼 수가 있다. 그게 그렇다는 것은 우선 1980년에 와서 언어학적 실어증학이 생겨나게 되었다는 사실로써 익히 알 수가 있다.

그리고 그동안에 언어와 뇌의 관계에 대한 연구가 하나의 학제적 학문으로서의 기초를 다지는 데 그가 거의 결정적인 기여를 했다는 것을 무엇보다도 확실하게 증거해 주고 있는 것은 역시 오늘날 적어도 표면상으로는 뇌과학자들 중 많은 사람들이 그가 내세운 언어학 기반의 가설이나 이론들을 일단 타당한 것으로 받아들이고 있다는 사실이다. 다시 말하자면 지금까지 이 연구의 발전은 그가 내세운 문법적 규칙의 자율성이나 언어적 능력이나 지식의 내재성, 언어능력의 모듈성, 언어능력의 보편성 등에 관한 가설이나 이론들의 타당성을 생리학적이거나 실험적인 방법으로 실증하는 과정 중에 이루어진 것이나 다름이 없는 것이다.

그러나 이 연구의 특징은 몇 년 후에는 학풍이 이미 「시작이 반」이라는 속담이 적용될 수가 없는 상태로 바뀌어버린 데 있었다. 다시 말하자면 지금의 이 연구의 모습은 1980년대의 언어학과 뇌과학이 밀접하게 융합하던 모습과는 적지 않게 달라진 것이다. 그런데 사실은 이 연구의 진짜 특징은 「평행선의 모습」으로 볼 수 있는 지금의 모습이 결코 실망적이거나 부정적인 모습이 아니라는 점일지도 모른다. 왜냐하면 좁은 의미에서 볼때는 지금의 평행선의 모습은 초기의 밀착의 모습으로부터 한 단계 발전된 모습일 수가 있고, 넓은 의미에서 볼 때는 제2의 밀착의 모습을 준비하는 모습일 수가 있기 때문이다.

이 연구의 지금의 상황을 이렇게 긍정적으로 판단할 수 있는 근거로는 다음과 같은 두 가지 사실을 들 수가 있다. 첫 번째로 들 수 있는 사실은 이런 변화단계를 밟는 것이 최근에 생겨난 학제적 학문들의 일반적인 발전모형이라는 사실이다. 예컨대 1970년대 이후 이른바 언어학의 충격에 의해서 탄생된 학제적 학문으로는 심리언어학이나 언어습득론, 인지과학 등을 들 수가 있는데, 이들은 그동안에 하나같이 밀착의 단계로부터 평행선의 단계로 이행하는 발전과정을 밟았다. 그러니까 한마디로 말해서 이 연구의 지금의 모습도 정상적인 것이지 비정상적인 것이 아닌 것이다.

물론 이론적으로 생각하자면 어느 분야의 것이든 학제적 학문의 발전모형은 원래가 밀착과 격리의 두 절차가 여러 번 되풀이 되는 것일는지도 모른다. 그 이유는 이 세상에 연구방법이나 연구목표상 완전히 동질적인 두 학문이 존재할 리가 없으며, 따라서 어느 두 학문 간의 협조적 교류는 으레 처음에는 희망적이고 적극적이다가 그 다음에는 실망적이고 소극적인 것으로 바뀌는 식의 2단계 절차를 순환적으로 반복하게 되어 있기 때문이다. 그러니까 도대체가 학제적 학문의 장래에 과도한 희망을 거는 것도 지혜롭지 못한 일이지만 그것의 발전과정의 지진성에 크게 실망하는 것도 똑같이 지혜롭지 못한 일인 것이다.

그런데 사실은 언어학과 관련된 학제적 학문의 경우에는 이런 원론적인 이유 이외의 이유가 따로 있다고 보는 것이 정당한 판단일 것이다. 이들의 경우에는 하나같이 두 학문이 동등한 자격으로 참여하는 것이 아니라 언어학이 주도권을 잡은 상태에서 시작이 되었다는 점이 바로 그 것이다. 그런데 무엇보다도 중요한 사실은 초기의 황홀한 밀착기가 지나면서 언어학 자체가 적어도 두 가지의 문제점을 지니고 있음이 드러났다는 점이다. 주도권을 잡은 학문에 이렇게 큰 문제점이 있다는 것은 곧 그것이 결국에는 주도권을 더 이상 유지하지 못하게 되어서, 그 결과 두 학문의 세력과 영향이 서로간에 동등하게 작용하는 평행선의 시기가 오거나, 아니면 제2의 학문이 새로 주도권을 잡게 되는 신패러다임의 시기가 올 수 있다는 의미일 수가 있었다. 그러니까 간단히 말해서 언어학과 관련된 학제적 학문들에게는 짧은 밀착의 시기에 이어서 긴 평행선의 시기가 뒤따르는 식의 발전의 궤도가 미리 그려져 있던 셈이다.

이런 문제점 중 첫 번째 것은 언어학에서 제시하는 언어이론 자체가 그동안에 일정하게 고정되어 있지 않았다는 점이다. 그런데 이것과 관련된 더 큰 문제는 처음에는 규칙 중심의 이론이었던 것이 얼마 뒤에는 원리 중심의 이론으로 바뀌는 식으로 그동안에 언어이론의 차원과 내용이 너무 크게 달라져 버린 나머지, 결국에는 언어학에서 내세우는 언어이론을 더 이상 다른 학문 분야에서 쉽게 이해하거나 받아들일 수 없는 상황이 오게 된 점이다. 예컨대 그동안에 변형문법이론은 표준이론으로부터 출발하여 확대표준이론과 지배와 결속이론, 최소주의 이론 등으로 발전되어 나왔다고 보자면 세 번째인 지배와 결속이론부터는 모두가 뇌과학자들의 관심이나 이해의 수준을 이미 벗어난 것이었다.

그중 두 번째 것은 언어학에서 설정하는 학문의 목표가 지나치게 고차원적이고 고답적인 것이라는 점이다. 앞에서 이미 말이 나왔듯이 Chomsky는 언어의 구조적 특성은 바로 인간의 뇌의 조직이나 정신기구의 특성과 같기 때문에 언어학은 궁극적으로 생물언어학이 되어야 한다고 주장해왔었다. 그런데 문제는 이런 주장이 뇌과학자들에게는 일종의 자극제나 격려제의 역할을 하는 말로 들리지 않고서 정반대로 소외감이나 좌절감을 주는 말로 들린다는 데 있었다. 그들이 보기에는 첫 번째로는 과연 언어학에서는 이미 언어의 구조적 특성을 다 밝혀놓았다고 볼 수 있는지가 의심스럽고, 그 다음으로는 언제쯤에 그들이 뇌의 조직이나 작용의 특성을 완전하게 파악할 수 있겠느냐에 대해서 자신있는 대답을 할 수가 없었다.

두 학문간의 관계가 이끌고 이끌리는 관계가 되면 응당 이끌리는 쪽에서는 불만감을 갖게 마련인 것인데, 언어학과 뇌과학간의 경우에 있어서는 얼마되지 않아서 이상과 같은 결정적인 문제점들이 언어학 측에 있다는 것이 드러나기까지 했으니까, 그 관계가 오래가지 않아서 무너져버린다는 것은 이치상 조금도 이상한 일이 아니었다. 다시 말할 것 같으면 언어와 뇌의 관계에 대한 연구의 태생적 조건 중의 하나가 바로 초기의 학풍은 머지 않아서 제2의 학풍으로 대체되어야 한다는 것이었던 것이다. 그리고 이 연구의 과제가 어떤 의미로 보아서나 가장 궁극적이고 근원적인 것이라는 사실을 감안한다면, 이런 변화가 결국에는 길고 긴 연구과정의 일부에 불과한 것이라는 것도 의심할 여지가 없다.

(2) 뇌과학 주도의 학풍

이론적으로 따져 보았을 때는 일단 이 연구에서 언어학 주도의 학풍이 쇠퇴하게 되면, 언어학과 뇌과학 간의 교류가 거의 없는 상태에서 그들이 각각 저마다의 연구노선을 유지해가는 일종의 평행선적인 학풍이 나타나거나, 아니면 그전에 언어학이 했던 일을 이제부터는 뇌과학이 하게 되는, 일종의 뇌과학 주도의 학풍이 나타나게 될 것이라고 판단할 수가 있다. 첫 번째 경우는 그런데 구시기와 신시기간의 일종의 과도기적 현상으로 볼 수 있으니까, 이들 두 경우 중 어느 것이 실현 가능성이 더 있느냐

하는 것은 뇌과학의 능력이 얼마만큼 큰가에 의해서 결정되게 되어 있던 셈이다.

그런데 사실은 이 연구의 학풍 교체의 양태에 영향을 준 요소에는 그것 이외에 두 가지의 이차적인 요소들이 더 있다고 볼 수가 있는데, 토의의 편의상 여기에서는 그들에 대한 검토를 먼저 해보기로 한다. 이들중 첫 번째 것은 언어학적 지식의 무관성으로서, 학제적 연구에 있어서의 학풍 교체는 궁극적으로 참여하는 학문간의 기여성의 차이에 의해서 유발되게 되어 있다는 점을 감안한다면 이것이 첫 번째 요소에 못지 않게 중요한 요소라는 것을 익히 알 수가 있다. 앞에서 이미 말했듯이 적어도 1980년대 이후에 언어학자들이 거두어들인 연구업적들은 모두가 직접적으로는 이 연구와 관계가 없는 것들이었다. 그러니까 그들은 그동안 내내 언어학자의 기본임무는 언어의 실체를 기술적인 방법에 의해서 밝히는 일이라는 생각 밑에서 오로지 그 일에만 충실했던 것인데, 이런 자세는 어느 분야의 학자에게서나 공통적으로 찾아볼 수 있는 것이라는 것은 더 말할 나위가 없다.

구체적으로 지금까지의 Chomsky의 연구업적의 내용을 살펴보게 되면 이 점이 보다 분명해진다. 지난 4,50년에 걸친 그의 연구업적은 크게 대이론적인 것과 소이론적인 것의 두 범주로 나뉠 수가 있는데, 예를 들어보자면 언어의 보편성이나 내재성에 관한 이론이나 언어능력의 생물학적 기저에 관한 이론같은 것은 첫 번째 범주에 드는 것이고, 흔적 이론이나 X-바 이론 같은 것은 두 번째 범주에 드는 것이다. 그런데 이들 두 연구업적들은 서로 독립적으로 이룩된 것이 아니라 대이론들은 으레 소이론적인 연구의 결과가 근거가 되어서 만들어지거나 아니면 대이론이 소이론의 연구과제를 정해주는 식으로, 하나의 복합체를 형성해가는 방식으로 이룩되었다. 따라서 외부인에게는 당연히 대이론적인 연구업적이 더 많이 알려져 있겠지만 실제로 더 중요한 것은 소이론적인 연구업적이다.

소이론적인 측면에서 보자면 변형문법이론이라는 이름이 잘 말해주고 있듯이 그동안의 그의 연구는 전적으로 변형규칙에 관한 것이었다. 그의 문법이론의 역사는 한마디로 말해서 초기에는 첨가, 삭감, 이동, 통합 등으로 최대로 다양화되었던 것이 최근에는 「α를 이동하라」는 규칙 하나로 최소화되는 식의 변형규칙의 기능과 적용조건에 관한 연구의 역사나 다름이 없다. Harlow(2006)가 최근에 한 말을 빌리자면 그의 언어연구의 역사는 1) 규칙간의 교섭관계, 2) 순환성, 3) 파생된 구성체구조, 4) 통사부와 의미해석부 간의 관계, 5) 심층적 표현체의 추상성의 정도 등의 문제를 중심으로 한 변형규칙의 내용과 제약사항에 관한 논의의 역사라고 말할 수 있다(p.757).

그런데 따지고 볼 것 같으면 처음부터 뇌과학자들에게는 변형이라는 개념 자체가 공허하고 가공적인 개념에 불과했으며, 그래서 그것의 규칙이나 원리에 대한 논의가 아무리 높은 수준으로까지 진전이 되어가도 그것은 그들의 연구와는 아무런 관계가 없는 것이 될 수밖에 없었다. 예컨대 일찍이 그가(1957) 변형절차에는 크게 능동문을 수동문으로 바꾸는 것과 같은 단순변형절차와 두 개의 문장으로 복문이나 중문을 만드는 일반화 변형절차의 두 가지가 있다고 주장하고 나섰을 때와 마찬가지로, 그 후 그(1976)가 「The girls seem to him to like each other.」라는 문장은 원래는 「to like each other」라는 보문의 주어였던 「The girls」가 주문의 문두로 나가면서 그 자리에는 하나의 「t(흔적)」을 남기는 상승절차에 의해서 생성된다고 주장하고 나섰을 때나, 아니면 그 후 그가(1981) 변형규칙에는 「α를 이동하라」는 것 한 가지뿐인데 그것에는 수동화규칙과 상승규칙, 관계사화 규칙, 의문사이동규칙 등이 들어가게 된다고 주장하고 나섰을 때도 이런 지식은 결국에 그들에게는 아무런 소용이 없는 것이기에 전혀 관심을 보이지 않았다.

　이들 중 두 번째 것은 언어학자들의 태도와 관심의 소극성으로서, 이 점에 대해서 양쪽 사람들 모두가 그 동안에 일종의 착각현상에 빠져 있었다는 사실만으로도 이것의 중요성을 알 수가 있다. 이 연구가 1970년대 이후에 하나의 학제적 학문의 모습을 갖추게 되는 데 결정적인 역할을 한 것이 바로 언어학이기에, 언어학자와 뇌과학자 모두가 그동안에 언어학자들의 이 연구에 대한 태도와 관심은 응당 적극적인 것일 것이라는 생각을 가져왔었다. 그러나 실상을 따지고 보자면 그것은 일종의 원망이거나 착각일 따름이었다.

　그게 그렇다는 것은 그동안에 Chomsky를 위시한 언어학자들 중 자기네들이 내세우는 언어학적 이론들의 심리적 내지는 생물학적 실재성을 밝히는 일에 직접적으로 손을 댄 사람은 하나도 없었다는 사실로써 익히 알 수가 있다. 물론 이들로서는 당연히 그런 일은 심리학자나 뇌과학자들이 하는 일이라고 생각했을 것이다. 그리고 이들은 언어의 구조나 작동원리에 관한 이론이나 가설을 내세우는 일과 같이 심리학자나 뇌과학자들이 그동안에 감히 생각하지도 못했던 일을 자기네가 했으니까 결국에는 자기네가 심리학자나 뇌과학자들이 해야 할 일을 크게 도와주었다고 생각했을 것이다. 그렇지만 이들은 자기네가 내세운 이론이나 가설은 심리학적으로나 생물학적으로 실증되기 이전가지는 이 연구의 발전에 기여를 한 것인지 아니면, 방해를 한 것인지를 판단할 수 없다는 사실을 간과하고 있었다.

　그동안에 Chomsky를 비롯한 대부분의 언어학자들이 심리학이나 생물학에 대해서 다분히 고답적인 자세를 취한 나머지, 얼마나 심리학적이거나 생물학적인 방법으로 언어학적 이론들을 검증하는 일을 가볍게 여겨왔는가를 보여주는 말 중 가장 대표적인 것으로 볼 수 있는 것이 Smith(2006)가 최근에 「학문으로서의 언어학(Linguistics : Discipline of)」라는 글에서 한 말이다. 그는 여기에서 실제로는 그동안에 이 연구에 대해서 언어학자들이 얼마나 소극적인 자세를 취해왔는가를 잘 드러내주고 있다.

> 정신은 궁극적으로 두뇌(와 기타체계들)의 산물이며, 그래서 정신문제에 대한 근거는 이따금씩 신경조직의 연구로부터 얻어질 수 있다. 그러나 일반적으로 언어학자들은 정신과 두뇌의 관계(때로는 단순히 정신/두뇌의 문제라고도 한다)의 상세한 사항에 대해서는 불가지론적인 입장을 취한다. 즉, 우리는 인간의 지식의 일부에 대한 이론을 설정하기는 하지만, 우리에게는 그 지식이 좌반구의 측두엽에 국부화되어 있는가나, 그것이 두뇌전체에 분배되어 있는가 등의 문제는 그렇게 중요하지 않다. 이것은 흥미가 없어서가 아니라 현재로서는 신경구조에 대한 이론이 배아적인 수준에 머물러 있어서 언어적 이론의 설명에 아무런 도움을 주지 못하기 때문이다(p.385).

1980년대 이후 이 연구의 학풍이 평행선적인 것이 아니라 뇌과학 주도적인 것으로 바뀌게 하는 데 일차적인 요소로 작용한 것은 물론 뇌과학자들의 자세와 능력이다. 만약에 뇌과학자들의 자세와 능력이 연구의 주도권을 잡기에 부족했더라면 언어학이 더 이상 주도권을 잡을 수 없는 상황이 온 다음에는 바로 평행선적인 학풍이 뒤따르게 되었을 것이다. 그리고 평행선적인 학풍은 간단히 말해서 이 연구를 책임지고 이끌고 나갈 세력이 없는 학풍이다. 이런 의미에서 보았을 때 이 연구의 발전에 학풍이 뇌과학 주도적인 것으로 바뀐 것보다 더 크게 영향을 준 사건은 없었다고 볼 수가 있다.

우선 뇌과학자들의 이 연구에 대한 자세에 관해서 알아볼 것 같으면 너무나 당연할 일이겠지만 이들은 Broca와 Wernicke때부터 오늘날에 이르기까지 단 한 번도 이것이 자기네들의 기본연구분야라는 사실을 망각한 적이 없다. 심지어 언어학으로부터 적지않은 도움을 받게 된 1970년대에도 이 연구의 발전을 궁극적으로 책임지고 있는 사람들은 바로 자기네들이라는 이들의 생각에는 아무런 변화가 없었다. 예컨대 이들은 언어학적 가설이나 이론들의 타당성을 신경해부학적이거나 심리학적인 방법으로 실증해 주는 것이 바로 자기네들의 임무의 일부라고 생각할 정도로 이 연구에 대한 주인의식이 강했다. 그것의 가장 비근한 근거로는 이들이 자기네들의 학술지의 이름을 「두뇌(Brain)」나 「두뇌와 언어(Brain and Language)(1974년에 발간)」와 같이 정한 점을 들 수가 있다. 그러니까 이들이 보기에는 이 연구의 학풍은 언어학 주도의 학풍이 중간에 끼어있었던 것이 아니라 시종일관 뇌과학 주도의 것이었던 것이다.

그 다음으로 이들의 학문적 능력에 대해서 알아보면, 그 동안에 이들은 적어도 다음과 같은 네 가지 사실에 의해서 자기네들에게 이 연구를 독자적으로 이끌어 갈 수 있는 능력이 있음을 보여주었다고 볼 수가 있다. 그중 첫 번째 것은 오랜 시간에 걸쳐서 여러 연구자들이 동일한 과제나 문제를 지속적으로 연구한 나머지 그것에 관한 새로운 지식이나 이론을 내세워왔다는 사실이다. 이것의 가장 좋은 예가 아마도 언어처리체계에 대한 이론이 초기의 결합주의적인 것에서 최근의 전체론주의적인 것으로 발전되어 온 사실 것이다.

이런 과정을 통해서 물론 이들은 이 연구에서 다루는 과제들이 하나같이 궁극적으로는 대단히 어려운 것들이라는 사실이나, 아니면 자기네들이 그동안에 이룩해 놓은 것들은 다분히 부분적이고 잠정적인 것에 불과한 것이라는 사실도 알게 되었다. 그러니까 이들은 앞으로도 이런 재검토와 재연구의 과정은 반복될 수밖에 없다는 사실, 즉 하나의 학문이나 과학의 길이 원래 이런 것이라는 것을 확인하게 된 것이다. 이런 사실을 단적으로 드러내주는 것은 아마도 Broca실어증과 Wernicke실어증에 대한 연구는 실어증학의 역사가 만들어지는 기간 내내 끊임없이 이어져 왔음에도 불구하고, 그것은 이제 더 이상 계속할 필요가 없다고 생각하는 학자는 하나도 없다는 사실일 것이다. 그동안의 연구를 통해서 실어증의 증세는 거의 분류가 불가능할 정도로 복잡하고 다양하다는 사실이나, 언어장애의 원천영역은 브로카영역과 베르니케영역만이 아니라는 사실 등을 알게 된 이상, 이들이 자기네들의 연구는 앞으로도 계속될 수밖에 없다고 생각하는 것은 너무나 당연한 일일 것이다.

그중 두 번째 것은 그동안에 이들은 이 연구를 뇌과학 기반적인 방법으로 해온 결과 언어의 능력이나 체계에 대해서 몇 가지 중요한 독자적인 견해를 내놓게 되었다는 사실이다. 이런 견해 중 첫 번째 것으로 볼 수 있는 것은 바로 언어체계와 다른 인지적 체계간의 관계에 대한 것이다. 1980년대까지만 해도 언어학의 영향으로 이들은 언어체계는 어디까지나 하나의 자율적이고 독자적인 체계라는 생각을 가지고 있었다. 그렇지만 Dronkers와 Berndt(2003)의 말을 빌리자면 지난 몇십년간의 연구로 이들은 드디어 「언어는 두뇌내에서 독립적으로 기능한다는 모듈적인 접근법에서 벗어나, 기억력과 주의력, 지각력, 그밖의 인지적 능력들도 언어체계에 있어서 중요한 역할을 하게 된다」는 것을 알게 되었다(p.102).

이런 견해 중 두 번째 것은 언어능력의 국지화에 관한 것이다. 크게 보자면 뇌과학자들은 그동안에 언어능력의 원천영역을 놓고서 국지론자와 전체론자로 갈라져 있었다고 볼 수가 있지만 엄밀하게 따지자면 국지론자의 수가 전체론자의 수를 크게 앞지르고 있었는데, 이런 현상도 역시 언어학의 큰 영향 때문이었다. 그러나 지난 몇십년 간이 연구로 이들중 많은 사람들이 국지론보다 오히려 전체론이 맞다는 견해를 갖게 되었다. 우선 이들은 우반구가 언어처리시에 운율적 자질의 처리와 화용적 규칙의 적용과 같은 중요한 기능을 수행하게 된다는 사실을 알게 되었다. 그 다음으로 이들은 말을 하거나 들을 때 보조운동영역을 비롯하여 감각영역,

측두회, 신경절, 뇌량 등과 같은 Broca와 Wernicke영역 밖에 있는 부위나 영역들도 참여하게 된다는 사실을 알게 되었다. 이런 견해로 결국에는 언어능력을 지식적인 능력으로 보아야 하느냐 아니면 절차적인 능력으로 보아야 하느냐와 같은 보다 근본적인 문제도 제기되게 되었다.

그중 세 번째 것은 그 동안에 이들은 한편으로는 이 연구의 범위를 종전의 뇌손상자 중심의 것으로부터 정상인과 동물에 대한 것을 그것에 첨가시키는 식으로 확대해가면서, 다른 한편으로는 연구방법을 종전의 EEG(전자 뇌촬영도)법에 CAT(컴퓨터 X선 단층촬영)법과, MRI(핵자기 공명영상)법, PET(양전자방사 단층촬영)법 등을 추가하는 식으로 한층 더 과학화시켰다는 사실이다. 우선 정상인과 동물의 두뇌에 대한 연구를 통해서 이들은 그전까지 주로 뇌손상자의 두뇌에 대한 연구를 통해서 세워진 가설이나 이론들의 타당성을 다시 검증할 수 있게 되었다. 그런 가설이나 이론 중 대표적인 것이 언어의 내재성과 종 특이성에 관한 이론이나 언어능력의 측위화에 관한 이론 등이었다.

그 다음으로 새로운 기구들을 사용해서 이들은 뇌의 구조와 작동절차에 관한 지식을 심화시킬 수 있게 되었고, 또한 실어증에 관한 종전의 해부학 기반의 설명법을 크게 보강할 수 있게도 되었다. 물론 역설적으로 뇌의 조직이나 작동절차에 대해서 더 많은 지식을 갖게 되면서 이들은 앞으로 더 연구해야 할 과제가 많이 남아있다는 사실도 깨닫게 되었다. 예컨대 전체론자들이 내세우는 언어처리체계의 모형의 타당성을 검토하는 일은 그렇게 간단한 일이 아니라는 사실을 깨달을 수 있었다. 한마디로 말해서 이제 본격적으로 이들은 언어와 뇌의 관계에 대한 연구가 얼마나 시간소모적이고 난삽하면서도 최대로 가치있는 연구인가를 알게 된 것이다.

그중 네 번째 것은 그동안에 이들은 이 연구는 궁극적으로 하나의 학제적 학문의 성격을 띠고 있을 수밖에 없다는 점을 명심한 나머지, 타학문으로부터의 도움을 적극적으로 받아들여 왔다는 사실이다. 그러니까 이들은 주도학문의 학자로서의 역할을 제대로 한다는 것은 타학문으로부터의 정보나 지식을 최대로 확보해서 자기네들이 일종의 통섭적인 가설이나 이론을 전개하는 데 활용하는 것이라는 것을 익히 알고 있었던 것이다. 이들에게 일정하게 도움을 줄 수 있는 학문에는 언어학을 비롯하여 심리학, 신경학, 심리언어학, 신경언어학, 언어병리학 등이 있었다.

이들의 타학문에 대한 자세가 이렇게 개방적이었다는 사실을 단적으로 드러내주는 것은 아마도 현재 쓰이고 있는 실어증 연구를 위한 접근법에는 고전적 신경해부학적인 것을 위시하여 현대적 신경해부학적인 것, 언어학 및 심리언어학적인 것, 증후군적인 것, 치료적인 것 등이 있다는 사실일 것이다. Dronker와 Berndt(2006)는 이런 분류법을 역사적 발달과정에 따라서 만들어내기만 했지, 이것이 의미하는 바를 제대로 밝혀내지는 못했다. 그것은 바로 이렇게 접근법이 다양화되는 과정에서도 주도적인 학문의 자리는 으레 뇌과학이 차지하고 언어학을 비롯한 다른 학문들은 일종의 보조적인 학문의 자리만을 차지하고 있었다는 점이다.

우선 피상적으로 살펴만 보아도 이상의 다섯 가지 접근법 중 뇌과학적 접근법으로 볼 수 있는 것이 고전적 신경해부학적인 것과 현대적 신경해부학적인 것, 증후군적인 것 등의 세 가지나 되니까 그동안 내내 이 연구의 주도권은 뇌과학이 쥐고 있었다는 것을 누구나 익히 알 수가 있다. 그런데 언어학 및 심리언어학적 접근법도 실제로는 언어학자들이 사용한 것이 아니라 뇌과학자들이 사용한 것이다. 언어자료의 분석법과 언어구조에 관한 이론들은 언어학 측으로부터 제공받았지만 그들을 실어증 연구에 실제로 적용시킨 것은 바로 뇌과학자들이었다. 심지어 일부 뇌과자들은 이 접근법은 결국에 언어학적 이론이나 가설의 타당성을 뇌과학적으로 실증할 수 있는 접근법이라고 주장하기까지 했다.

제5장 앞으로의 발전방향

1. 뇌과학 주도의 발전

 오늘날까지의 이 연구의 역사가 우리에게 가르쳐주고 있는 것에는 크게 두 가지가 있다고 생각할 수 있는데, 그중 첫 번째 것은 처음에 그랬듯이 앞으로도 이 연구는 뇌과학이 주도권을 잡은 상태에서 발전되어 나갈 것이라는 점이다. 오늘날 언어와 뇌의 관계에 대한 연구가 하나의 학제적인 학문의 형태를 지니고 있어야 한다는 것을 부인할 수 있는 사람은 하나도 없다. Garrett(2003)의 말대로 뇌과학 자체가 300년에 걸친 과학의 역사의 결정체인데다가, 결국에는 그것과 언어학이 두 개의 기둥이 되어서 구축되는 학문이 바로 이 연구이니까 학제성이 이것의 제일 중요한 특성이라는 것을 누구나 쉽게 인정하게 되어있다.

 그러나 따지고 보자면 많은 사람들이 개념을 잘못 갖기가 쉬운 말이 바로 이 술어이다. 즉, 많은 사람들은 두 개나 그 이상의 학문들이 동등한 자격을 가지고서 공동적으로 연구에 참여하는 것을 학제성이라고 생각한다. 아니면 이들은 그런 학문들이 하나의 완전한 융합체를 이루는 것을 학제성이라고 생각한다. 그래서 이 연구의 경우를 놓고서는 이들은 으레 이것은 언어학과 뇌과학이 공동으로 이끌어가는 학문이어야 한다는 생각을 갖게 된다. 다시 말해서 이들은 하나의 「쌍두마차」나 경우에 따라서는 하나의 「다두마차」와 같은 형태가 이 연구가 취해야 할 최선의 형태라고 생각하는 것이다.

그러나 문제는 그렇게 되면 결국에 학제적 학문을 주인이나 책임자가 없는 학문으로 본다는 말이나 같은 말이 되는데, 이런 견해가 과연 이 연구의 경우에 적용될 수 있겠느냐는 하는 것이다. 이것에 대한 대답은 「아니다」인데, 이렇게 대답할 수 있는 근거로 우리는 이론상의 것과 사실적인 것의 두 가지를 제시할 수가 있다. 우선 이론상으로 보았을 때 학문도 기업과 크게 다르지 않아서 주인이나 책임자가 있는 경우가 그렇지 않은 경우보다 연구의 효율성이 제고되고 그래서 학문의 발달의 속도가 빨라진다고 볼 수가 있다. 또한 이 연구의 전통이나 학문적 성격으로 보았을 때 뇌과학자들을 이것의 주인이나 책임자로 보는 것은 너무나 당연한 일이다. 그리고 이 연구는 원래는 신경언어학으로 불렸다는 사실이 익히 증거하고 있듯이, 이것의 두 기둥이라 할 수 있는 것이 바로 신경학(뇌과학)과 언어학인데, 이론상 이것을 이끌어가게 되어 있는 것은 이들 중 신경학이나 뇌과학이지 언어학은 아니다.

그 다음으로 사실적으로 보았을 때 이 연구를 그동안에 이끌어 온 사람들은 분명히 뇌과학자들이었지 언어학자들은 아니었다. 우선 1970년대에 이르러 언어학의 영향을 크게 받기 이전의 신경언어학이나 실어증학이 뇌과학자 단독의 학문이었다는 것은 이미 누구에게나 익히 알려진 사실이다. 그러나 그것보다 더 중요한 것은 언어학과 심리학 등의 참여로 이 연구가 학제적 학문의 모습으로 탈바꿈한 이후에도 뇌과학자들의 이런 주체적 자세에는 아무런 변화가 없었다는 사실이다. 그러니까 한마디로 말하자면 이들은 지난 150년 내내 이 연구는 결국에 자기네들의 책임하에 이루어지는 것이라는 생각을 가지고 있었던 것이다.

이런 주장의 한 좋은 근거로 볼 수 있는 것이 바로 Chomsky의 변형문법이론을 최초로 실어증 환자들의 말을 분석하는 데 적용시킨 사람은 Whitaker라는 가장 대표적인 뇌과학자였다는 사실이다. Eling(2006)의 주장에 따르자면 Chomsky의 문법이론에 의해서 브로카 실어증과 베르니케 실어증의 증상을 분석한 그의 박사학위 논문이야말로 뇌과학과 언어학, 심리학 등이 이 연구를 공동으로 이끌어가는 학제적 학문의 시대의 시작을 알리는 신호탄이었던 것인데, 사실은 그는 실어증학의 발전에 결정적으로 기여한 「두뇌와 언어」라는 학술지의 발간인이기도 했고, 「신경언어학 연구(Studies in neurolinguistics)」라는 전집의 공동편집자이기도 했다 (p.399).

그런데 근원적으로 따져보자면 우리로 하여금 이 연구가 지금까지와 마찬가지로 앞으로도 뇌과학의 주도하에 이루어질 것이라는 것을 익히 짐작할 수 있게 하는 사실은 바로 아직도 뇌과학자들이 할 일이 많이 남아있다는 사실이다. 지난 150년간에 그들의 공로가 없었다면 이 연구가 지금의 수준으로까지 발전되지 못했을 것이라는 것을 누구나 쉽게 짐작할 수 있다. 그렇지만 그런 사람도 아마 그렇다면 뇌과학자들이 그동안에 한 일과 앞으로 할 일 중 어느쪽이 더 양이 많을 것이라고 생각되느냐라는 질문에는 앞으로 할 일이 더 많을 것이라고 대답하게 될 것이다. 바꾸어 말하자면 만약에 그가 이 분야의 전문가라면 그는 으레 그들이 그동안에 이룩한 것은 예컨대 집터를 잡고 다지는 일인 정도이어서 그 위에 건물을 짓는 일은 이제부터 해야 할 일이라는 것을 알게 되어있는 것이다.

(1) 언어장애증에 대한 연구

뇌과학자들이 앞으로 해야 할 일 중 첫 번째 것은 현재까지 축적된 이론이나 지식을 재검토해서 새롭게 발전시키는 일이다. 이런 이론이나 지식 중 가장 대표적인 것이 바로 실어증에 관한 것이라고 볼 수가 있는데, 결국에는 이것에 대한 연구가 뇌생리학이나 뇌신경학의 탄생의 기초가 되었다는 사실과, 그럼에도 불구하고 그 후에 실어증학이 따로 생겨날 정도로 그것이 대단히 구명하기 어려운 증상이라는 것이 밝혀졌다는 사실 등을 감안한다면 이들에 의해서 앞으로 이런 작업이 벌어지는 것은 너무나 당연한 일이라고 생각할 수 있다. 간단히 말해서 언어와 뇌의 관계에 대한 연구라는 이름이든, 아니면 뇌과학이나 신경언어학이라는 이름이든, 이들이 앞으로 연구해야 할 기본과제는 역시 언어장애증의 현상을 정확하게 밝히는 일인 것이다.

그런 근거로는 우선 아직까지도 실어증에 대한 분류작업이 완전히 끝난 상태는 아니라는 사실을 들 수가 있다. 이론상으로는 물론 브로카 실어증은 브로카 영역에 손상이 있는 환자에게 나타나고, 베르니케 실어증은 베르니케 영역에 손상이 있는 환자에게 나타난다고 보는 식으로, 병소영역별로 그것이 정확히 분류되게 되어있다. 그렇지만 실서증에는 Exner영역 실서증과 운동감각영역 실서증의 두 가지가 있고, 또한 실독증에는 시각영역 실독증과 의미영역 실독증의 두 가지가 있다는 사실이 익히 실증하듯이 그 일이 그렇게 간단하지가 않다. 그러니까 아직도 실어증에 대한 신경해부학적인 연구 자체가 종료된 것은 아니어서 앞으로도 제2나 제3의 게쉬윈드가 나타날 가능성이 적지 않게 있는 것이다.

실어증은 그동안에 언어장애의 증상에 의해서도 분류되었다. 그런데 이런 노력은 연구자들로 하여금 결국에 실어증은 뇌생리적 원인과 심리적 원인이 합쳐져서 생겨나는 것이기 때문에 제대로 기술해서 분류하기가 대단히 어렵다는 사실만을 깨닫게 했다. 그리고 무엇보다도 중요한 점은 이런 증상적 분류법은 신경해부학적 분류법과는 거의 별개의 것이라는 사실이었다. 예컨대 환자의 수가 가장 많으면서도 병적 증상이 가장 가벼운 실어증으로 알려진 실명증은 신경해부학적 분류법과는 아무런 관계가 없는 것이다. 또한 이런 분류법은 그동안에 개발하여 사용해 온 검사법이 결코 만족스런 것이 되지 못한다는 사실도 드러냈다. Dronkers와 Berndt(2003)의 주장에 따르자면 지금까지의 분류절차는 유창성과 청각 이해력, 반복력, 이름대기 등의 네 가지 영역에 걸친 검사를 실시해서, 그 결과를 가장 증상이 약한 실명증으로부터 그것이 가장 심한 전체적 실어증에 이르기까지의 일곱 가지 실어증으로 나누는 것이었는데, 문제는 이런 식으로 실제로 분류가 가능한 것은 전 실어증의 대충 절반 밖에 되지 못한다는 점이었다.(p.104)

실어증 분류의 이런 혼란상은 최근에 이르러 이것을 언어능력의 영역별로 세분하려고 하면서 더욱 심해졌는데 아마도 이것의 가장 대표적인 예가 바로 실문법증에 대한 논의일 것이다. 문법적 능력이 음운적 능력이나 의미적 능력 등과 함께 언어능력의 기본이 되는 것이라는 것을 누구나 익히 알 수 있어서인지, Kussmaul 이 실문법증이라는 용어를 실어증연구에서 처음으로 쓴 것은 지금으로부터 백년이 훨씬 넘는 1877년 이었다. 그러나 우연의 일치인지 몰라도 이것에 대한 연구와 논의가 본격적으로 시작된 것은 실어증연구에 Chomsky의 언어이론이 영향을 주게 된 1970,1980년대에 이르러서였다. 그의 언어이론은 문법론 중심의 것이니까, 그들로서는 일단 그것을 받아들이거나 거부하기 위해서도 실문법증에 대한 연구와 논의를 활발하게 해야 하는 것은 너무나 당연한 일이었다.

그러나 흥미롭게도 지난 2,30년에 걸친 이것에 대한 연구와 논의는 Chomsky의 문법모형의 변화과정에서 드러난 것에 못지않은 만큼의 문제점을 노정시켰다. 한 마디로 말해서 그동안의 이것에 대한 연구는 지금의 실어증의 한계성과 혼란상 등을 한 눈으로 파악할 수 있는 하나의 「창」이 되었다. 그동안에 드러난 이것에 관한 논쟁거리에는 크게 세 가지가 있었다고 볼 수 있는데, 그중 첫 번째 것은 일반적으로 이것을 브로카 실어증과 횡단피질 운동실어증의 가장 두드러진 증상으로 보는데서 생기는 문제점, 즉 이것을 언어 산출의 절차에만 관련이 되는 것으로 볼 것인가, 아니면 언어 산출과 언어이해의 절차 모두에 관련되는 것으로 볼 것이냐의 문제였다.

브로카 실어증의 특징이 기본적으로는 말하는 데 어려움을 겪는 점이라는 사실을 감안한다면, 전통적으로는 실문법증이 언어 산출의 절차에만 관련되는 장애증으로 이해되어 왔다는 것은 너무나 당연한 일이다. 예컨대 이것의 대표적인 증상인 화속이 느려지는 현상이나, 기능어나 문법적 어형소를 탈락시키는 현상, 문장의 구조가 전보문처럼 단순화되는 현상 등은 모두가 언어 산출의 절차와 관련되는 것들이다. 그러니까 전통적으로는 브로카 실어증을 일종의 운동실어증으로 보았듯이 실문법증도 일종의 운동실어증으로 보았던 것이다.

그렇지만 머지않아서 실어증 학자들은 원래가 언어적 행위에는 산출적인 것과 이해적인 것의 두 가지가 있는데 그것의 기본이 되는 문법적 능력을 오직 언어산출시에만 작동되는 것으로 보는 것은 잘못된 것이라는 데 착안을 하게 되었다. 다시 말해서 그들은 이제 Chomsky의 언어이론에 맞추려면 실문법증을 더 이상 일종의 운동실어증으로 보지 말고서 문법적 능력이나 지식을 상실한 증세로 보아야한다고 생각하게 된 것이다. 이래서 드디어 브로카 실어증이나 실문법증에 대한 연구는 말하기와 듣기의 두 차원에서 이루어지게 되었는데, 문제는 연구자에 따라서 그 결과가 다르게 나온 데 있었다.

예컨대 Marshall(1977)과 Crystal(1976) 등이 연구한 바에 따르자면 브로카 실어증 환자는 말할 때와 말을 들을 때 유사한 성격의 실문법증을 나타내고 있었다. 다시 말하자면 이들이 보기에는 문법적 능력은 기본적 언어능력의 일부이기에 그것의 장애증상은 마땅히 말을 할 때와 마찬가지로 말을 들을 때도 나타나게 되어 있었다. 브로카 실어증 환자들은 으레 짧고 간단한 문장은 잘 알아듣는데 반하여 길고 복잡한 문장은 그렇지를 못했다. 그렇다고 해서 이런 사실이 브로카 실어증의 특징은 언어 산출력상의 장애의 크기가 언어 이해력상의 그것보다 훨씬 크다는 사실을 뒤집는 것은 아니었다.

그러나 그 후 Miceli(1983)등과 Nespoulous(1988)등은 그런 병렬이론을 반박할 수 있는 연구결과를 내놓았다. 이들의 연구에 따를 것 같으면 실문법증 환자들은 탈문법적인 증상을 말을 할 때만 드러내고 있었지 말을 들을 때는 드러내고 있지 않았다. 다시 말하자면 이들이 연구한 실문법증 환자들은 언어 이해력에는 큰 장애가 없는 것으로 나타났다. 이들의 견해는 간단히 말해서 대부분의 실어증 학자들이 그 동안에 가지고 있던 전통적인 견해였다. 그러나 결과적으로는 이렇게 해서 이것을 병렬적인 증상으로 볼 것인가 아니면 비병렬적인 증상으로 볼 것인가 하는 것이 실문법증에 관한 첫 번째 논쟁거리로 등장하게 된 것이다.

실문법증에 관한 두 번째 논쟁거리로 등장하게 된 것은 이것과 착문법증의 관계였다. 원래가 실문법증은 브로카실어증의 제2의 이름과 같은 실어증이었는데, 1970년대에 이르러 일부 실어증 학자들에 의해서 베르니케 실어증 환자에게서도 그것에 버금가는 증상을 발견할 수 있다는 주장이 나오면서 그런 전통적인 개념을 다시 해석해야 할 필요가 생기게 되었다. 그것에 버금가는 증상이란 이른바 착문법증이었고, 이런 주장을 한 사람은 Goodglass와 Butterworth등이었다. 실어증학은 간단히 말해서 지난 150년에 걸쳐서 브로카실어증과 베르니케실어증 간의 차이점에 대한 논의를 중심으로 해서 발달된 학문이라는 사실을 감안한다면 이들의 착문법증에 대한 의견이 의미하는 바가 얼마나 큰가 하는 것을 익히 짐작할 수 있다.

우선 얼핏 보기에는 이런 의견은 이들 두 실어증의 대칭성의 개념과 제대로 조화를 이루고 있는 것처럼 보인다. 이들의 생각은 브로카실어증의 주요 특징을 실문법증으로 본다면 베르니케실어증의 그것에 해당하는 것이 바로 착문법증이라는 것이니까, 일단은 이들이 브로카 실어증이 베르니케실어증보다 더 기본적인 것이라는 인상을 주지 않게 하는 데 성공을 한 셈이다. 그리고 분명히 베르니케실어증의 주요증상에는 어휘선택을 제대로 하지 못한다는 것뿐만 아니라 구조가 제대로 된 문장을 쓰지 못한다는 것도 들어가니까, 누구라도 이것을 일종의 문법적 능력에 이상이 있는 것으로 볼 수가 있다.

그러나 브로카실어증과 베르니케실어증 간의 대립성을 실문법증과 착문법증이라는 두 개념으로 표현하게 되면 당장 그것을 생산적 실어증 대 이해적 실어증 식으로 나타내던 그동안까지의 이분법적 분석법을 재검토해야하는 문제점이 생기게 된다. 간단히 말하자면 이렇게 한다는 것은 곧 이들 두 실어증간의 관계를 대립적인 것으로부터 연속체적인 것으로 바뀌게 한다는 의미가 된다. 또한 이렇게 한다는 것은 종전까지 내세워왔던 모듈성의 이론을 완전히 부정한다는 의미가 되어 버린다. 다시 말해서 이렇게 한다는 것은 문법적 능력은 브로카영역에 자리하고 있고, 의미적 능력은 베르니케영역에 자리하고 있을 것이라는 그동안까지의 가설을 전적으로 부정한다는 말이나 같은 말이 되는 것이다. 그리고 무엇보다도 중요한 것은 이렇게 되면 결국에 가서는 그렇지 않아도 지금까지 실문법증의 실체를 놓고서 여러 가지 견해들이 맞서있던 판에 논쟁의 기름을 더 퍼부은 셈이 된다는 것이었다.

그런데 더 근본적인 문제는 실제에 있어서는 착문법증의 실체를 놓고서 실어증 학자들의 의견이 일치되어 있는 것도 아니라는 점이었다. 엄밀하게 따지자면 이런 논쟁의 소지를 제공한 장본인은 바로 착문법증이라는 용어를 최초로 사용하기 시작한 사람들이었다. 예컨대 그들은 자기네들이 말하는 착문법증이란 기능어나 문법적 어형소가 탈락되어 나타나는 현상이 아니라 단어들이 잘못 쓰이거나 대치되어 나타나는 현상이라고 주장했는데, 이런 어휘적 현상에는 원래가 착어증이라는 이름이 붙여져 있었다. 그러니까 그들이 한 일은 동일한 증세를 놓고서 이미 있던 이름에 또 하나의 이름을 추가시킨 것에 지나지 않았던 것이다. 나쁘게 말할 것 같으면 그들은 문법적 능력의 문제가 실어증연구의 핵심적인 과제로 부상이 되니까 그런 흐름에 부응했을 따름이었던 것이다.

물론 궁극적인 의미에서 보자면 그동안에 이런 논쟁이 더욱 뜨거워지게 된 것은 이것에 대한 여러 사람들의 연구 결과가 똑같게 나오지 않았기 때문이었다. 그동안의 착문법증에 대한 연구들은 크게 두 가지 문제점을 제기 시켰다고 볼 수가 있는데, 그중 첫 번째 것은 착문법증의 증상을 과연 베르니케 실어증의 주된 증상으로 볼 수 있느냐 하는 것이었다. 예컨대 일찍이 Albert등(1981)이 연구한 바에 따르자면 베르니케 실어증의 주된 증상은 과도한 화속이나 유창성의 현상과 어휘의 생략이나 대치의 현상이었다. 그러니까 이들은 무의미한 어휘들이 문장의 구조성이 무시된 채 길게 나열되는 것과 같은 착문법증을 결국에 말을 너무 빨리 하려다보니까 자연히 생겨나는 일종의 부작용적인 현상으로 본 것이다.

그중 두 번째 것은 실제로 실문법증과 착문법증을 정확하게 구별할 수 있느냐 하는 것이었다. 예컨대 일찍이 Heeschen(1985)이 연구한 바에 의하면 어휘의 생략이나 대치의 현상은 실문법증 환자에게서도 흔히 발견되는 현상인데다가 생략이나 대치가 되는 어휘가 주로 명사라는 점도 실문법증과 착문법증간의 공통점이었다. 그리고 문법적 어형소나 기능어가 탈락되거나 문장의 구조성이 파괴되거나 단순화되는 현상도 양쪽 모두에게서 발견되었다. 이들이 보기에는 그러니까 실문법과 착문법증을 엄밀하게 구분하려는 것 자체가 무의미한 일이었다. 다시 말하자면 그들의 생각으로는 실문법증이라는 용어가 하나만 쓰이는 것이 실어증 연구에 더 도움이 되었다.

  실문법증에 관한 세 번째 논쟁거리로 등장하게 된 것은 그 동안에 많은 사람들의 의견이 이것을 문법적 능력이나 지식이 아니라 언어 산출의 절차적 능력에 이상이 있는 증상으로 보려는 쪽으로 기울어진 것이 사실인데, 그렇다면 그들의 의견 중에서 어떤 것을 최선의 것으로 받아들일 수 있겠느냐 하는 것이었다. 전통적으로 실어증 연구자들은 브로카실어증을 일종의 운동장애증으로 보아왔으니까, 대부분 사람들이 실문법증도 이런 증상으로 보려고 하는 것은 너무나 당연한 일이다. 그러나 문제는 그 동안에 제안된 여러 가지 견해들은 하나같이 부분적으로는 일리가 있지만 전체적으로는 설명력이 없는, 불완전한 것들이라는 점이었다. 그러니까 결과적으로는 이것에 대한 논의는 작게는 그동안에 실문법증과 관련해서 제기된 세 가지 논쟁거리 중 가장 뜨거운 논쟁거리가 바로 이것이라는 사실만을 드러내게 되었고, 크게는 브로카 실어증이나 실문법증에 대한 지금까지의 연구가 대단히 미진하고 불완전한 것이라는 사실만을 드러내게 되었다.

  실어증 연구자들의 이 점에 대한 그 동안의 논의가 다분히 중구난방이었다는 사실을 우리는 크게 다음과 같은 두 가지 사실을 통해서 확인할 수가 있다. 그중 첫 번째 것은 앞에서 이미 상세히 검토했듯이 Kolk(2006)같은 사람이 제안한 의견도 피상적으로 보아서는 일리가 있는 것 같지만 심층적으로 따지자면 전혀 설명력이 없는 것이라는 사실이다. 그는 그 동안에 제안된 주요 절차적 이론으로는 크게 사상의 가설과 자원한정의 가설, 타이밍의 가설, 생략의 가설 등의 네 가지를 들고 있는데, 그 내용을 세부적으로 검토해보게 되면 이 분류법은 내용의 중복성과 근거의 이중성이라는 결정적인 두 문제점을 지니고 있음을 당장 알 수 있게 된다.

우선 이들 네 가지 가설들은 내용상으로 서로 중복되어 있다. 간단히 말하자면 두 번째부터 네 번째까지의 세 가지 가설들은 그가 이들 중 제일 대표적인 것으로 생각하는 사상의 가설을 약간 다른 설명법으로 바꾸어 놓은 것에 지나지 않는다. 다시 말해서 그는 일단 실문법증을 통사적 절차와 의미적 절차를 하나로 사상시키지 못하는 증상으로 본 다음에, 이들 중 의미적 절차상에 문제가 있다고 보는 가설은 자원한정의 가설이라고 이름 붙였고, 이들 중 통사적 절차상에 문제가 있다고 보는 가설은 타이밍의 가설이라고 이름 붙였으며, 두뇌적 능력의 제약성을 이런 사상 작업의 실패의 원인으로 보는 가설을 생략의 가설이라고 이름 붙인 것이다.

그 다음으로 이 분류법은 동일한 뇌생리적 근거에 의해서 만들어진 것이라고 볼 수가 없다. 바꾸어 말해서 이것은 실문법증은 브로카 영역의 손상에 의해서 생겨난다는 지금까지의 일반적인 견해를 파기한 분류법이다. 이것의 뇌생리적 근거상의 문제점에는 크게 두 가지가 있다고 볼 수 있는데, 그중 첫 번째 것은 네 가지 가설중 적어도 앞의 두 가지에서는 실문법증을 통사적 처리를 담당하는 브로카영역과 의미적 처리를 담당하는 베르니케영역이 같이 손상되어서 생겨나는 것으로 보고 있다는 사실이다. 이들 가설이 맞는다면 그러니까 실문법증은 더 이상 브로카실어증의 한 증상이 될 수가 없는 것이다.

그중 두 번째 것은 뒤의 두 가지에서는 언어영역의 손상과는 직접적으로 관계가 없는 것들이 실문법증의 원인으로 내세워지고 있다는 사실이다. 예컨대 그가 말하는 타이밍의 가설이란 실문법증을 작업 기억력이 비정상적일 때 일어나는 증상으로 보는 가설이고, 생략의 가설이란 그것을 두뇌의 움직임 전체가 정상적이지 못할 때 일어나는 증상으로 보는 가설이다. 한 마디로 말해서 이런 가설들은 실문법증을 포함한 모든 실어증들은 그 원인을 언어영역에서가 아니라 뇌 전체에서 찾아야 한다는 입장에서 세워진 것들이기에, 다분히 반전통적인 것들이라고 볼 수가 있다. 아무튼 이 분류법에서는 실문법증의 뇌생리적 근거를 한 가지로 보지 않고서 여러 가지로 보고 있다는 것은 의심할 여지가 없다.

 실문법증에 대한 논의는 그것을 언어 산출이나 이해의 절차적 능력에 이상이 있는 증상으로 보게 되면서 더욱 논쟁의 치열함이 증가되게 되었다는 것을 드러내주는 두 번째 사실은 Kean(1979)의 음운적 절차설이나 Byng과 Coltheart(1986)의 명제적 절차설과 같은 극단적인 이론들이 나오게 되었다는 사실이다. 예컨대 Kean은 실문법증을 일반적으로 강세를 받지 않는 어형소나 기능어, 즉「접어」를 탈락시키는 증상으로 보았다. 그러니까 그녀는 실문법증을 통사적 능력에 문제가 있는 것으로 보지 않고서 발음이나 청각의 능력에 문제가 있는 것으로 본 것인데, 이것으로는 구문적으로 복잡한 문장을 다루지 못하는 현상을 설명할 수가 없다.

 그런가하면 Byng와 Coltheart는 정반대로 실문법증을 최상위의 통사적 구조라 할 수 있는 명제적 구조를 산출하거나 이해하는 능력에 이상이 있는 증상으로 보았는데, 문장의 명제적 구조는 일반적으로 문법적 규칙보다는 어휘간의 의미적 관계에 의해 형성되게 된다는 사실로 보아서는 이것은 일종의 의미적 책략의 이론으로 볼 수가 있고, 또한 문장의 명제적 구조를 얻는 데는 으레 본능적인 판단력이나 분석력을 사용하게 된다는 의미로 보아서는 이것은 일종의 자기발견적 책략의 이론으로 볼 수도 있다. 그러나 이것으로는 기능이나 문법적 어형소가 탈락되는 현상을 설명할 수는 없다.

이것에 대한 연구가 본격적으로 시작된 것을 1970년대로 보자면 많은 뇌 과학자들의 특별한 관심과 함께 실문법증이 실어증연구의 핵심적인 과제로 떠오른 지도 벌써 40년이 지났다. 그러나 지금까지 살펴보았듯이 그 동안의 이것에 대한 연구는 안타깝게도 이것의 실체는 파악하려고 애를 쓰면 쓸수록 분명히 점점 더 파악하기가 힘들어지는 존재라는 사실만을 드러내주었다. 이런 사실을 그러나 꼭 부정적인 입장에서 받아들일 필요는 없다. 다시 말해서 이런 사실은 분명히 뇌 과학자들에게 앞으로 그들은 어떤 자세로 실어증이나 언어와 뇌의 관계에 대한 연구에 임해야 할지를 가르쳐 주고 있는 것이다.

　그런 가르침 중 첫 번째 것은 실어증이나 언어와 뇌의 관계에 대한 연구는 원래가 대단히 난해하고 복잡한 과제이기 때문에 누구나 옛날에 고르디우스의 매듭을 알렉산더 대왕이 한 칼로 끊은 것과 같은 경우가 어느 날 갑자기 오기를 기대해서는 안된다는 것이다. 다시 말하자면 이런 사실을 통해서 뇌 과학자들은 지금까지 그래왔듯이 앞으로도 과학이란 결국에 오랜 시간과 많은 노력이 드는 누적의 작업이라는 신념 밑에서 그 동안의 업적에 자기 나름대로의 조그마한 기여를 하는 것이 자기네들의 임무라는 것을 알게 되는 것이다.

　여기에서 뇌 과학자들의 연구자세가 이럴 수밖에 없다는 것을 가장 쉽게 확인할 수 있는 방법은 실제로 브로카실어증 환자의 말의 비정상성을 분석하려고 시도해보는 것이다. 예컨대 Dronkers와 Berndt(2003)는 브로카실어증이 어떤 실어증인가를 잘 보여주는 가장 대표적인 예가 바로 이 병의 환자가 신데렐라 이야기를 아래처럼 한 것이라고 주장한 적이 있는데, 이것을 분석해 보려고 하는 사람들은 누구라도 그 비정상성이 너무나 광범위하고 심각한 것이기에 이런 증상에 어느 하나의 이름을 붙이는 것 자체가 무리라는 것을 쉽게 알게 된다. 다시 말해서 그는 이것을 실문법증으로 볼 수도 있고 아니면 운동장애증으로나 동일어 반복증으로 볼 수도 있다는 것을 당장 알 수 있게 될 것이다.

One time...(8초) the girl...(13초) workin' workin'...(20초) two two two three two...(4초) two mother and two sister...(6초) ok...(21초) the man uh the prince prince(시간: 136초) (p.104)

그런 가르침 중 두 번째 것은 실어증이나 언어와 뇌의 관계에 대한 연구에 어느 한 접근법만을 적용시킨다는 것은 대단히 무모한 일이며, 따라서 이 연구는 앞으로도 뇌 과학자 주도로 이루어져야 한다는 말은 곧 앞으로는 이들이 다른 학문들로부터의 기여를 최대한 활용할 수 있어야 한다는 의미로 해석해야 된다는 것이다. 그동안에 실어증 학자들이 실어증연구에 사용해온 접근법은 크게 신경해부학적인 것과 증상기반적인 것의 두 가지라고 볼 수가 있는데, 이제는 이들 모두가 만족스런 것이 되지 못한다는 사실이 분명해졌다. 예컨대 실문법증은 전통적으로 브로카영역에 손상이 있을 때 나타나는 것으로 알려져 왔었는데, 이제는 환자의 기억력이나 집중력, 정서 상태 등에 따라서 그 증상이 크게 달라진다는 사실을 알게 되었다. 또한 이제는 바로 앞의 예만으로써 익히 알 수 있듯이 브로카실어증 환자가 한 말을 아무리 철저하게 분석해 보았자 탈문법성을 비롯한 그것의 언어적 비정상성을 제대로 밝혀낼 수가 없다는 사실도 드러났다.

그러므로 뇌 과학자나 실어증학자가 이제부터 할 일은 언어학과 심리학, 신경학과 같은 관련 학문들로부터 최대한의 도움을 받는 것이다. 그들의 전통적인 접근법이 다른 학문들로부터의 정보나 지식을 최대한으로 활용하는 것으로 바뀌게 되면 결국에는 그만큼 그들의 접근법이 강력해지는 것이다. 이렇게 해서 더 많은 연구 업적을 거둘 수 있게 된다면 그 이름을 언어학적 접근법이나 심리학적 접근법, 신경학적 접근법으로 바꿀 것이냐, 그렇지 않을 것이냐는 큰 문제가 되지 않는다. 이런 의미에서 볼 때 최근에 Nespoulous(2003)가 지금까지의 실문법증에 대한 연구과정을 일별한 끝에 Grodzinsky 등이 일찍이 한 말을 인용하면서「20세기말에 있어서의 실문법증 연구는 언어학자와 심리언어학자, 신경언어학자 간의 학제적 상호교섭이 어떤 것인가를 보여주는 하나의 전형적인 예이다. 그것은 명백히 미래의 연구는 원리에 따른 언어적 기술과 두뇌 손상에 후속된 언어적 행동에 대한 정교한 신경망적 검사가 결합되는 식으로 되어야 한다는 것을 강조하고 있다.」와 같은 결론을 내린 것은 너무나 당연한 일이라고 볼 수가 있다(p.52).

(2) 뇌 전체적인 연구방식

언어와 뇌의 관계에 대한 연구를 앞으로도 뇌 과학자들이 주도해 가면서 그것의 수준을 한 단계 격상시킬 수 있는 방법중 최선의 것은 연구의 주제를 지금까지의 것보다 다양화시키는 것이다. 그런데 뇌는 하나의 유기적 조직체이기 때문에 그것에 관한 연구의 주제를 다양화시킨다는 것은 곧 그것을 피상적인 것에서 심층적인 것으로 바꾼다는 의미나 아니면 부분적인 것에서 전체적인 것으로 바꾼다는 의미가 될 수밖에 없다. 이렇게 되면 두 말할 필요도 없이 이 연구는 한층 더 힘든 연구로 바뀌게 될 것이다. 그래도 그동안의 연구 결과가 익히 말해주듯이 이렇게 하지 않고는 이 연구의 수준은 격상될 수가 없다. 또한 따지고 보자면 바로 이것이 왜 이 연구는 앞으로도 뇌 과학자들이 이끌어가야 하는가에 대한 궁극적인 대답이다.

크게 보았을 때 뇌 과학자들은 이제부터 두 가지 방책에 의해서 이 연구의 수준을 높일 수 있다고 볼 수가 있는데, 그중 첫 번째 것은 지금까지의 언어영역 중심의 연구방식으로부터 뇌 전체적인 연구방식으로 서서히 방향을 바꾸는 것이다. 물론 우선 사실적으로 그동안의 연구 결과가 이런 변화를 촉구하고 있는데다가, 이론상 어떤 성격의 것이 되었든 간에 뇌 과학연구의 발전방식은 부분적인 연구와 전체적인 연구가 알맞게 균형을 잡아가게 되는 식이라는 사실을 감안한다면 이런 방향전환은 이제 하나의 필수적이고 당위적인 과제가 되었다고 볼 수가 있다. 따라서 지금까지의 뇌의 조직이나 작동절차에 관한 연구결과로 보아서 아무리 이 일이 신 패러다임을 이 연구에 도입하는 만큼 노력과 시간이 많이 소요되는 과제임이 분명하다할지라도 그것이 이 일의 회피나 지연의 이유가 될 수는 없다.

1) 감각운동 영역에 대한 연구

언어영역 중심의 것에서 뇌 전체적인 것으로 연구방식을 바꾸는 것은 일단 세 개의 단계를 밟는 것이 바람직한 것 같다. 그중 첫 번째 단계는 감각운동영역에 대한 연구를 확대하고 강화하는 것인데, 종전까지의 전두엽이나 두정엽에 있는 감각운동영역에서 하는 일은 측두엽에 있는 언어영역에서 하는 일을 보조하거나 아니면 그것의 통제 하에 이루어지는 것이라는 발상법이 최근에 이르러 일부 뇌 과학자들에 의한 지각운동설의 제안과 함께 그들 두 영역에서 하는 일의 관계는 오히려 그것과 정반대 일수도 있다는 역발상법의 도전을 받게 되면서 이런 확대 작업은 더 이상 미룰 수 없는 작업이 되어 버렸다.

더구나 최근에는 실독증이나 실서증과 같은 문자언어와 관련된 실어증에 대한 연구가 활발해지면서 후두엽에 있는 시각영역에서 하는 일의 중요성이 강조되게 되었다. 일찍이 Penfield와 Roberts가 보조운동영역의 역할을 강조하고 나선 것은 음성언어와 관련된 절차만을 염두에 두고 한 것이었다. 그렇지만 언어란 의사소통의 도구라는 점과 시각작용이 외부로부터 정보를 입수하는 주요 작용이라는 점을 감안한다면, 음성언어를 처리하는 데도 시각작용이 어떤 형식으로든 다소간에 참여하게 되어있다고 보는 것이 맞는 일일 것이다. 예컨대 최근에 이르러 일부 심리학자들은 우리의 지각절차가 시각절차의 복사품일 수 있다는 주장을 하기도 한다.

2) 우반구에 대한 연구

그중 두 번째 것은 우반구에 대한 연구를 더 확대하고 강화하는 것인데, 따지고 보자면 이런 식의 확대작업은 그동안에 이미 적지 않게 이루어졌다고 볼 수가 있다. 아마도 바로 앞에서 살펴본 Chiarello의 논문이 그것의 한 좋은 증거일 텐데, 사실은 이 논문이 진짜로 시사하는 바는 언어와 뇌의 관계에 대한 연구의 장래는 결국 두 반구의 비대칭성과 상보적 기능성에 대한 사실이 얼마만큼 밝혀지느냐에 따라서 결정되게 되어있다고 보았을 때 현재까지의 우반구에 대한 연구는 이제 겨우 그 기초를 다진 정도에 불과하다는 사실이다.

물론 굳이 이 논문에 의하지 않더라도 우리는 극소수의 사람에 있어서는 태어났을 때 우반구가 언어적 뇌로서의 역할을 하게 된다는 사실이나, 좌반구의 손상으로 그것이 더 이상 언어적 기능을 수행하지 못하게 되었을 경우에는 우반구가 그 기능을 맡게 된다는 사실, 정상인의 경우에 있어서는 우반구가 으레 말의 운율성을 처리하거나 화용적 규칙을 적용시키는 것과 같은 보조적이거나 주변적인 언어기능을 수행하게 된다는 사실 등을 이미 잘 알고 있다고 볼 수가 있다. 그러나 궁극적으로 이들 두 반구는 두뇌의 주요 조직인 탓에 결국에는 바로 여기에서 언어적 기능뿐만 아니라 기타 다른 행동적 기능이나 정신적 기능도 수행되게 되어있다는 사실을 감안한다면 그 정도의 지식으로 우리가 우반구에 대해서 충분히 알고 있다고 말할 수는 없다. 다시 말할 것 같으면 일찍이 Ivy와 Robertson (1998)은 언어적 영역에서 드러나 있는 두 반구간의 비대칭성은 비언어적 영역에 있어서도 그대로 드러나게 되어있다고 주장하고 나섰는데, 아직까지는 이런 주장을 익히 뒷받침 할 수 있을 만큼의 우반구에 대한 연구가 이루어졌다고 볼 수는 없다.

이들의 주장이 맞다면 이것은 곧 작게는 우반구의 기능에 대한 연구이고 크게는 좌우반구의 상보적 기능성에 대한 연구는 앞으로 언어와 뇌의 관계에 대한 연구뿐만 아니라 뇌과학 자체의 발달의 모습이 이것의 진전 양태에 따라서 결정되게 되어있을 만큼 중요하다는 말인데, 이런 의미에서 볼 때 우반구의 기능에 대한 연구는 앞으로 다음과 같은 세 가지 방향으로 더 확대 또는 강화되는 것이 바람직하다고 볼 수가 있다. 그중 첫 번째 것은 언어적 연구를 통해서 얻은 우반구의 작동적 특성에 관한 지식이나 이론의 타당성을 행동이나 인지적 영역에서의 실험에 의해서 확인하는 것이다. 다시 말하자면 앞으로는 뇌 과학자들이 언어처리의 원리를 찾는 일뿐만 아니라 그것을 행동이나 인지의 원리로 격상시키는 작업도 해야 한다는 말이다.

그런데 이 일이 의외로 쉬운 일일수가 있는데, 그 이유는 이들은 이미 언어처리의 문제를 다루면서 교차적 시각법이나 교차적 청각법과 같은 편리한 실험 방법을 개발해 놓았기 때문이다. 그러니까 극단적으로 말해서 이들은 종전에 사용하던 언어적 자료를 도형인식이나 문제해결에 관한 자료로 바꾸기만 하면 되는 것이다. 구체적으로 예를 하나 들어보자면 Charello의 논문에 따르자면 뇌 과학계에서는 그동안에 이미 좌우반구의 작동절차는 한쪽은 「빠르고, 깊고, 협소」한데 반하여 다른 쪽은 「느리고, 피상적이고, 넓은」식으로 상호 대립적이며, 따라서 어휘나 문장의 의미를 파악하는 절차도 한쪽에서는 구체적이고 상황과 직접적으로 관련된 의미를 포착하는데 반하여, 다른 쪽에서는 추상적이고 상황과 간접적으로 관련된 의미를 주로 포착하는 식으로 서로 다르다는 사실 등을 확실하게 밝혀놓았다고 볼 수가 있다.

그런데 사실은 이미 인지심리학계에서는 「통합 수반적 분석법(analysis by synthesis)」을 가장 잘 뇌 과학적 원리에 부합되는 인지절차로 내세우고 있었다. 이것은 원래가 뇌의 작동 절차는 컴퓨터의 그것과 동일할 것이라는 생각을 가지고서 컴퓨터의 유형 인식 절차에 대한 연구를 통해서 얻어낸 이론이었다. 그러나 이것은 분명히 좌우반구의 상보적 기능성과 관련된 이론은 아니었다. 그러니까 뇌과학자들은 이제부터 언어적 자료에 의한 실험의 결과와 비언어적 자료에 의한 실험의 결과를 비교해 가면서 통합 수반적 분석의 이론과 좌우반구의 상보적 기능성의 이론은 하나로 통합될 수 있다는 주장을 하면 되는 것이다. 다시 말해서 이들은 여러 가지 언어적 자료와 비언어적 자료에 의한 실험의 결과를 근거로 내세워서, 좌우 두 반구들은 정보처리시에 으레 우반구에서 그것을 주로 통합적으로나 하향적으로 하는 동안에 좌반구에서는 그것을 주로 분석적으로나 상향적으로 하게 되는 식으로 기능적 상보성의 원칙이 언제나 철저하게 지켜진 가운데 작동하고 있다고 주장을 하면 되는 것이다.

그중 두 번째 것은 지금까지는 실험용 언어자료로 일반적인 어휘나 문장들이 주로 사용되었는데, 이제부터는 그것을 시적 표현과 같은 다분히 정서적인 언어로 바꾸는 것이다. Charello도 간접적이거나 은유적인 의미를 처리하는 능력에 있어서는 좌반구보다 우반구가 앞서있는 것 같다는 말을 함으로써 언어의 정서적 의미를 처리하는 곳은 좌반구가 아니라 우반구일 가능성이 있다는 의견을 내놓았다. 그렇지만 그의 연구의 초점은 개념이나 정보적 의미가 어떻게 파악되는가를 알아보는 데 맞추어져 있었으며, 따라서 그가 실험에서 사용한 언어자료도 일반적인 어휘나 문장이지 특별히 정서적인 어휘나 문장은 아니었다. 그러니까 현재까지는 누구도 시적 표현의 이해절차에 대한 연구는 하지 않았던 것이다.

 이런 식의 방향전환이 결코 무의미하고 하찮은 것이 아닐 것이라는 것을 우리는 다음과 같은 두 가지 사실에 의해서 익히 예단할 수가 있다. 그중 첫 번째 것은 현재 뇌과학 분야에서 알고 있는 바에 따르자면 아름다움을 표현하거나 느끼는 것과 같은 감정이나 예술적인 작업은 으레 우반구에서 처리되고 있다는 사실이다. 그중 두 번째 것은 현재 시나 문학 분야에서 알고 있는 바에 따르자면 운문에 있어서는 산문에서와는 다르게 정보나 개념적 의미를 나타내는 일보다는 심미적인 정서를 나타내는 일이 기본적인 기능이 되고 있으며, 따라서 운문의 구조는 산문의 그것과 같을 리가 없다는 사실이다. 간단히 말해서 문학이론가들은 기능과 형식 모두에 있어서 시에서 쓰이는 언어는 일상적인 생활에서 쓰이는 언어와 전혀 다르다는 것을 익히 알고 있는 것이다.

 이렇게 볼 것 같으면 누구라도 쉽게 우반구에 대한 연구가 앞으로 이런 식으로 방향전환을 하게 되면 이것을 통해서 첫 번째로는 우반구의 기능 중 중요한 것은 감정이나 예술적인 작업을 처리하는 것이라는 종전까지의 뇌과학자들의 주장이 맞는 것이라는 것을 재확인할 수 있을 것이고, 그 다음으로는 좌우반구의 작동절차와 기능이 대척적이고 상보적이라는 것을 재확인할 수 있을 것이라고 예측할 수가 있다. 그리고 이 연구를 이런 식으로 바꾸어서 하게 되면 연구자들은 틀림없이 이런 방향전환의 진짜 이유는 바로 일상적인 언어에도 운문이나 시적 표현들이 적지 않게 섞여있을 뿐만 아니라 거기에서 쓰이는 산문이라고 해서 감정적 의미를 전혀 전달하지 않는 것은 아니기 때문이라는 것을 다시 한 번 인정하게 될 것이다.

 그중 세 번째 것은 지금까지의 뇌손상자를 주된 연구대상자로 삼는 학풍을 정상인을 주된 연구대상자로 삼는 학풍으로 바꾸는 것이다. 크게 보았을 때 그동안에는 우반구에 대한 연구도 좌반구에 대한 그것과 마찬가지로 뇌손상자들을 대상자로 해서 이루어져 왔다고 볼 수가 있다. 그 이유는 아마도 우선 근본적으로는 우반구에 대한 연구가 실어증 연구의 일환으로 시작되었기 때문일 것이고, 그 다음으로 기술적으로는 뇌 손상자들을 대상으로 했을 때보다 정상인들을 대상으로 했을 때가 실험하기가 더 어렵기 때문일 것이다. 다시 말해서 지금까지는 우반구에 대한 연구가 좌반구에 손상을 입은 환자나 우반구에 손상을 입은 환자, 인위적으로 두뇌를 분할한 환자 등을 대상자로 삼은 것이 주부가 되고 정상인을 대상으로 한 것이 보조부가 되는 식으로 이루어져 왔다.

그러나 이제부터는 크게 다음과 같은 두 가지 사실에 의해서 지금까지의 전통이 정반대 쪽으로 바뀌는 것이 바람직한 일이라는 것을 알 수가 있다. 그중 첫 번째 것은 우반구에 대한 연구의 목적을 일단 지배적 반구설의 타당성을 증명하기위한 것과 같은 기초적인 것에서 두 반구의 병렬적 작동설의 타당성을 증명하는 것과 같은 고차원적인 것으로 격상시키기 위해서는 비정상적인 뇌가 아니라 정상적인 뇌를 연구의 대상으로 삼아야 하는 것이 학리상 맞다는 사실이다. 그 동안의 연구로 분명해졌듯이 우선 뇌의 한곳에 손상을 입게 되면 그 사람의 심리나 정서상태가 정상적일 수가 없다. 그 다음으로는 뇌는 아주 조밀하게 조직되어 있는 유기체이기 때문에 한 부위나 영역에 손상을 입게 되면 으레 다른 부위나 영역의 움직임이 달라지게 마련이다. 그러니까 예컨대 좌반구에 손상을 입은 환자의 경우 그의 우반구가 정상적인 기능을 하리라고 예측하는 것은 뇌과학적 이치에 맞지 않는 것이다.

세 번째로는 정상인을 연구대상으로 하지 않는 한 뇌 전체가 하나가 되어서 작동한다는 주장, 즉 두 반구가 병렬적으로나 상보적으로 작동한다는 주장을 한다는 것 자체가 일종의 무리이다. 일찍이 Moscovich(1983. p.95)는 언어처리의 과정에 대해서 「정보 전달식 측위화 가설(the transmitted lateralization hypothesis)」을 내놓으면서, 그것의 두 가지 특징으로 우선 그것은 두 반구들이 공통으로 작동되는 초기 감각처리단계와 그 후 이들이 각각 비대칭적으로 특수화된 체계를 작동시키는 단계로 이루어져 있다는 점과, 그 다음으로는 이 두 번째 단계에서는 으레 두 반구 간에 정보교류가 활발하게 이루어진다는 점을 들었다. 이런 모형은 두 말할 필요도 없이 정상인의 경우에만 해당되는 것이다. 그리고 이 모형에 따르자면 두 반구를 잇는 뇌량은 정보처리가 하나의 흐름처럼 이루어지는데 결정적인 역할을 하게 되어 있다.

그중 두 번째 것은 그동안의 연구결과가 엄밀하게 따졌을 때는 뇌손상자를 대상자로 했을 때와 정상인을 대상자로 했을 때 간에는 일정한 차이가 있는 식으로 나타났다는 사실이다. 물론 그동안의 연구들은 뇌손상자 중심의 것이었기에, 설사 정상인을 대상자로 한 연구가 부분적으로 있었다 해도 그것은 으레 뇌손상자를 대상자로 한 연구의 결과를 보강하거나 재확인하기 위해서였지 이들 간의 차이점을 드러내기 위한 것은 아니었다. 그러나 Zaidel(1983)과 Moscovich(1983)의 논문들을 자세히 읽어보게 되면 이들에는 비록 의도된 결론만큼 명시적이고 강조된 형식의 것은 아닐지라도 두 가지 연구의 결과 간에는 일정한 차이점이 있었다는 사실이 밝혀져 있다는 것을 익히 알아차릴 수 있다.

앞에서 이미 상세히 살펴보았듯이 Zaidel의 우반구의 어휘적 기능에 관한 연구는 기본적으로 뇌분할 환자를 대상자로 한 것이었지만, 뇌손상자나 뇌분할환자, 정상인을 모두 대상자로 했을 때만 타당성이 높은 결론을 얻을 수 있다는 것을 익히 알고 있는 그로서는 응당 부분적으로나마 정상인에 대한 연구도 곁들이지 않을 수 없었다. 그러나 본의 아니게 이런 과정에서 그는 비정상인을 대상으로 한 연구의 결과와 정상인을 대상으로 한 연구에서 나온 것과 다를 수 있다는 것을 알아차릴 수 있었다. 그런데 무엇보다도 중요한 것은 그가 여기에서 그동안에는 대부분의 연구가 비정상인을 대상으로 하다보니까 우반구의 기능이 부당하게 축소되거나 무시되었을 가능성이 있다는 점을 착안하게 되었다는 사실이다.

이런 사실의 근거가 될 만한 말로는 우선 「뇌분할환자에 대한 연구와 정상인에 대한 연구를 종합해보게 되면 실제에 있어서는 분할된 우반구가 정상적인 우반구가 읽기에 기여하는 바를 크게 과소평가하고 있다는 것을 익히 알 수가 있다. 정상인의 좌반구는 읽기에 있어서 우반구의 참여를 지원하고 있는 것 같으며, 심지어는 이런 하나의 언어적 실험을 수행하는 데 있어서도 두 개의 반구가 하나보다 낫다는 것을 익히 말해주고 있다.」는 말과(p.118), 그 다음으로는 「뇌분할환자에 대한 연구가 언어적 자율성의 문제를 해결하는 데 얼마만큼 기여를 하게 되는가? 내 생각으로는 절단 증후군을 통해서 다분히 극적인 방식으로 이런 문제의 일부분이 해명될 수 있을 것이다. 그렇지만 그것에 대한 궁극적인 해석은 그대로 미해결 상태로 남게 된다. 절단은 반구적 능력의 한계점을 보다 분명하게 드러내 줄지도 모른다. 그러나 그런 연구는 사실적이고 정상적인 조건이 아니라 잠재적인 조건만을 기술하게 되어있다.」는 말(p.119) 등을 들 수가 있다.

Moscovich의 「정상인에 있어서의 언어처리 단계와 반구적 차이성(Stages of processing and hemispheric differences in language in the normal subject」라는 논문에서도 Zaidel이 한 말과 같은 내용의 말들을 발견할 수가 있는데, 그중 첫 번째 것은 두 반구간의 기능적 차이성이 실험의 결과만큼 크지 않을 수도 있다는 점을 지적한 「정상인에 있어서의 반구적 특이화 현상을 검증하는 일은 으레 그들이 두 반구간의 큰 차이를 반영하고 있다고 가정하는 경우에서 마저도 아주 작은 크기의 지각적 또는 운동적 비대칭성을 연구하는 것으로 제한되게 되어있다. 정상적인 두뇌의 상호연결성과 신경적 전달의 속도를 고려할 때 그것은 다르게 될 수가 없다. 따라서 자극 인식실험에서 한쪽 시계(또는 귀)가 다른 쪽의 것보다 반응시간이 30밀리초 빠르거나 정확성이 10프로 좋게 나오는 것을 근거로 해서 일단 유리한 시계(또는 귀)의 반대 쪽 반구가 그 과제를 수행하는 데 지배적인 역할을 하게 된다는 결론을 내릴 수 있다. 불행하게도 이런 차이마저도 때로는 지극히 가변적인 것 일수밖에 없는데, 그 이유는 다양한 집중성과 관련된 요소들이 어느 한 감각계에 있어서의 수행에 유리하거나 불리하게 작용할 수 있기 때문이다.」와 같은 말이다(p.96).

그중 두 번째 것은 언어적 과제를 통해서는 우반구의 내재적 능력이 제대로 드러날 수 없게 되어있다는 점을 지적한 「이런 연구들이 시사하는 바는 우반구에 언어적 정보를 의미적으로 처리할 수 있는 능력이 있는 것으로 판명되었음에도 불구하고 정상인들은 좌반구의 이 영역에 있어서의 우월한 능력에 주로 의지하는 경향을 보인다. 이런 기능적 국부화 현상이 일어나게 되는 것은 언어적 기능을 수행함에 있어서 좌반구가 우반구를 억제하기 때문이거나, 좌반구가 우반구에 앞서서 과제를 마쳐버리기 때문이거나, 아니면 사람이 우반구보다는 좌반구의 처리 절차에 더 어울리는 책략을 선택하기 때문일지도 모른다. 그 이유가 무엇이든지 간에 우반구의 내재적 능력은 정상적인 언어 수행에 제대로 반영되어있지 않으며, 그 결과 언어적 기능은 좌반구에만 배타적으로 국부화되어 있는 것처럼 보이는 것이다.」와 같은 말이다(p.98).

3) 피질하의 부위에 대한 연구

큰 의미로 보았을 때는 피질에 있는 언어영역들은 피질 밑에 있는 여러 조직들과 직접적으로 연결되어 있을 뿐만 아니라 으레 그들의 도움을 일정하게 받는 상태에서 작동하게 되어 있다는 것은 뇌과학계에서 이미 널리 인정된 사실이나 다름이 없다. 그러니까 이미 언어처리시에 피질 밑에 있는 여러 부위들도 일정한 역할을 하게 된다는 것 정도는 언어와 뇌의 관계에 대한 연구의 기본지식의 일부가 되어있는 셈이다. 그렇지만 아직은 작게는 언어영역에 대한 지식이나 크게는 언어처리의 체계나 절차에 대한 지식과 마찬가지로 이런 부위들의 기능에 대한 지식도 완전하고 확실한 것이라고 볼 수가 없다. 간단히 말해서 지금의 이런 부위에 대한 지식은 그것의 중요성을 알리기에 충분할 만한 것이다. 그래서 엄밀한 의미에서는 이런 부위에 대한 것도 아직은 앞으로 뇌과학자들이 수행해야할 연구과제의 한 가지로 남아있는 것이 분명한 것이다.

피질하의 조직 중 가장 중요한 것으로는 간뇌의 일부인 시상을 들 수가 있는데, 이것의 기능을 놓고서 이른바 연구자들의 견해가 「시상적 실어증」을 인정해야 한다는 것과 굳이 그럴 필요까지는 없다는 것으로 갈라져 있는 점 하나만을 보아서도, 우리는 피질하의 조직에 대한 연구가 미래의 연구과제의 한 가지로 남아있다는 사실을 익히 알 수 있다. 돌이켜 보자면 시상의 기능중의 하나가 전두엽과 측두엽을 기능적으로 연결시키는 것이며, 따라서 이곳의 손생으로 실어증이 일어날 수 있다는 것을 제일 먼저 시사한 사람은 Penfield와 Roberts(1959)였다.

그 후 Mohr등(1975)은 시상의 출혈에 의해서 실어증이 나타나게 된 사례를 발표했고, 또한 Ojemann(1983)은 시상과 그 주변조직에 전기적 자극을 주게 되면 언어기능이 마비된다는 사실을 발견하기도 했으며, 또한 Crosson등(1986)은 검시적인 방법으로 시상적 실어증이 실제로 있음을 밝혀내기도 했다. 그러나 대부분의 사람들은 그렇다고 해서 시상적 실어증을 브로카나 베르니카 실어증과 같은 성격의 것으로 볼 수는 없다고 생각하고 있었는데, 그 이유는 이것의 주 기능은 여러 가지의 감각적 정보들을 하나로 통합하거나 관련되는 피질영역에 전달하는 일이지 언어를 전담해서 처리하는 일이 아니라는 것을 익히 알고 있기 때문이었다. 다시 말할 것 같으면 시상적 실어증을 실어증의 한 종류로 인정하지 않는 것이 그 동안의 전통이었다.

그런데 이 문제와 관련하여 무엇보다도 중요한 사실은 그것의 조직과 위치, 피질영역과의 연결회로 등의 특이함으로 미루어 보아서 언어처리의 작업에 시상이 결정적인 역할을 담당하게 된다는 것은 더이상 의심할 여지가 없어졌음에도 불구하고, 그것이 구체적으로 어떤 것인가에 대해서는 아직도 확실한 지식을 얻지 못했다는 점이다. 이것에 대해서 현재까지 제안된 의견에는 크게 두 가지가 있다고 볼 수가 있는데, 그중 첫 번째 것은 청각이나 시각과 같은 감각적 정보들을 수집하고 통합해서 여러 피질영역에 전송을 하는 것이라는 것이다. 두 반구의 피질영역 중 대부분과 연결되어 있을 뿐만 아니라 각 영역과의 회로가 양방향으로 나있는 점 등이 이런 의견의 타당성을 증거한다고 볼 수가 있다. 그러니까 이 의견에 따르자면 시상에 이상이 있게 되면 귀나 눈을 통해서 들어오는 언어적 정보가 언어영역에 전달되지 못하게 되니까 결국에는 실어증의 현상이 일어나게 되는 것이다.

그중 두 번째 것은 변연계나 뇌저신경절, 망양체, 소뇌 등과 함께 주의력과 단기기억력, 동기운동 조정력 등을 유지해주는 것이라는 것이다. 이 의견에 따르자면 시상은 두뇌 외부로부터의 정보뿐만 아니라 두뇌 내부로부터의 정보를 총괄하는 곳이 되기 때문에 이곳이 언어처리시에 일종의 중앙통제부와 같은 역할을 하게 되는 셈이다. 그런데 두뇌의 조직이나 작동원리로 보아서는 이곳은 비단 언어처리시에만 이런 역할을 하게 되는 것이 아니라 다른 행동이나 인지 활동 때에도 이런 역할을 수행하게 될 것이라고 추리할 수가 있다. 그러니까 이 의견은 시상의 기능을 최고

수준의 것으로까지 확장한 것이라고 볼 수가 있다.

그런데 사실은 시상의 기능에 대해서 이렇게 의견이 둘로 나누어져 있는 것은 그것에 대한 연구가 아직은 초보적인 수준에서 벗어나지 못하고 있기 때문이다. 우선 언어영역에 대한 것에 비하면 시상에 대한 연구의 양은 크게 부족한 편이다. 그 다음으로 이것에 대한 연구는 언제나 다른 부위나 영역과의 연관 속에서 이루어져야 하기 때문에 하기가 아주 힘들다. 세 번째로 시상은 원래가 여러 가지의 감각적 신경조직들의 한 집합체인데다가 두뇌가 두 개의 반구로 나누어져 있듯이 크게 왼쪽부분과 오른쪽부분으로 나뉘어져 있어서, 언어처리에 관련된 기능을 수행하는 왼쪽부분에 대한 연구만으로는 그것에 대한 연구가 완벽할 수가 없다. 다시 말해서 왼쪽 부분에 대한 지식을 아무리 많이 얻는다 해도 오른쪽 부분에 대한 것과 이것이 일정한 균형을 이루기 전까지는 시상에 대해서 확실한 지식을 갖게 되었다고 말할 수는 없다.

피질하의 조직 중 시상 다음으로 언어처리시에 중요한 역할을 하는 것으로 알려져 있는 곳은 변연계인데, 뇌간을 둘러싸고 있는 이 체계는 우선 시상하부나 시상의 앞부분과 부분적으로 연결되어 있는데다가 그 다음으로는 이것은 대상 뇌회와 편도체, 해마상융기 등으로 이루어져 있는 탓으로, 시상의 기능에 못지않은 기능을 이것이 수행할 것이라는 것은 누구나 익히 짐작할 수는 있으면서도 이것에 대한 세부적인 연구는 아직도 크게 미진한 상태로 남아있다. 예컨대 현재까지 알려지기로는 편도체는 공포를 비롯한 여러 가지 감정과 여러 형태의 행동적 동기 등을 통제하는 곳이고, 해마상융기는 학습과 단기기억작용 등에 참여하는 곳으로 되어있다. 그러니까 언어도 일종의 감정적 표현체이고 의지적이고 학습된 행동이라는 점을 고려한다면 언어처리 작업에 이것이 직접간접으로 관여하게 될 것이라는 것을 누구나 쉽게 추리할 수가 있다.

그렇지만 이것의 작게는 시상하부와이고 크게는 시상 자체와의 관계에 대한 연구가 더 진전되기 전에는 이 체계의 이런 기능적 중요성에 대해서 정확한 지식을 가졌다고 볼 수는 없다. 그 이유는 먼저 시상 바로 아래에 있는 시상하부가 이것과 같은 기능을 수행하는 것으로 알려져 있고, 그 다음으로는 이것과 시상하부 모두가 시상과 조직상 연결되어 있기 때문이다. 그뿐만 아니라 일부 연구에 따르자면 이것에서 일어나는 자동적인 반응을 통제하는 곳은 바로 우반구이다. 이렇게 보면 감정이나 행동적 동기유발의 원천부위는 이것일지 몰라도 이것만이 그런 기능을 위하여 움직이고 있지 않다는 것은 의심할 여지가 없다.

피질하의 조직 중 세 번째로 중요한 기능을 수행하는 부위로 알려져 있는 것은 뇌저 신경절인데, 이것은 크게 꼬리모양의 신경조직과 렌즈모양의 신경조직으로 이루어져있다. 우선 이것이 두 반구의 기저를 이루고 있는 회백질에 위치하고 있는 점으로 미루어 보아서 모두 네 개의 신경절 중 적어도 좌반구 밑에 있는 두 개는 언어처리와 직접적으로 관련성이 있을 것으로 추리할 수가 있다. 실제로 Damasio 등(1982)은 꼬리 모양의 신경 조직의 손상으로 실어증이 일어나게 되는 사례를 발표했었고, 또한 Naeser와 Hayward(1978)는 뇌저에 있는 회백질의 손상으로 실어증이 일어나게 되는 사례를 발표했다.

이것의 주된 기능은 모든 근육의 움직임, 즉 동작을 조정하고 통제하는 것이다. 이 말은 곧 말하기나 쓰기가 이것의 조정과 통제 하에 이루어진다는 의미가 되니까 언어처리와 이것의 관계는 거의 절대적인 것일 것이라는 것을 누구나 쉽게 짐작할 수가 있다. 그동안에 이것에 대한 연구의 대부분은 실어증환자가 아니라 파킨슨 병 환자를 통해서 이루어졌지만 그래도 말을 할 때나 글을 쓸 때 이것에서 어떤 일을 담당하게 되는지에 대해서는 이미 확실한 지식을 가지게 된 것이나 다름이 없다. 그 이유는 물론 이것은 거의 모든 피질영역과 연결되어 있어서 결국에는 언어를 포함한 모든 행동에 동일한 원리와 요령으로 개입하게 되어있기 때문이다.

구체적으로 말하자면 이것이 하는 일은 다른 영역으로부터 송부된 음성적 내지는 문자적 정보를 바탕으로 해서 발음이나 손 움직임의 기본 프로그램을 만들어서 전두엽의 보조운동영역과 운동전 영역에 보내주는 것이다. 그런데 언어는 많은 부분이 습관적 행동이다. 그러니까 이곳은 발음이나 글씨쓰기의 동작적 유형의 저장소인 셈이다. 또한 최근에 밝혀진 바에 따르자면 이것은 여러 가지 기능이나 습관적 행동을 발달시키는 데 중재적 역할도 하고, 사고 행위를 조정하는 기능도 한다. 또한 학자에 따라서는 편도체를 이것의 일부분으로 보기도 한다. 이렇게 보면 인간이 하는 거의 모든 활동에 이것이 일정하게 관여하고 있다고 볼 수가 있다 (Turkington, 1996: p.41).

(3) 연구 주제의 다양화

뇌과학자들이 앞으로 이 연구의 수준을 한 단계 높일 수 있는 방책 중 두 번째 것은 지금까지 매달려오던 것과 전혀 다른 성격의 것을 연구주제로 내세우는 것이다. 크게 보았을 때 그동안에 이 연구를 이끌어온 발상법은 언어적 능력은 독자적이고 자율적인 능력이라는 발상법과 언어는 개념표현의 구조체라는 발상법의 두 가지였다. 뇌과학자들의 이런 발상법은 흥미롭게도 그들의 뇌조직관에서 나온 것이 아니라 그들의 언어관에서 나온 것인데, 여기에서 무엇보다도 중요한 사실은 그들의 언어관은 언어학 측으로부터 인정을 받고 있는 것이라는 점이었다.

그러나 앞으로도 이 연구가 과연 이런 고정된 틀 안에서만 이루어져야 하는가에 대해서는 모두가 꼭 긍정적인 대답을 하게 되어 있는 것은 아닌데, 그것의 주된 이유는 그 동안에 상당한 연구실적을 거둘 수 있었음에도 불구하고 적지 않은 문제점이 드러나게 되었기 때문이다. 예컨대 Caplan (2009)은 최근에 「언어 : 피질적 절차(Language : cortical processes)」라는 글의 결론에서 이런 사실을 정확히 지적하고 있다. 그의 글은 간단히 말해서 그동안에 언어영역을 중심으로 해서 이루어진 이 연구의 연구업적을 총정리한 것으로서, 지금까지 제안된 언어처리의 모형에는 크게 불변적 국부화 모형과 변화적 국부화 모형, 규칙적 분배 모형, 불변적 비규칙적 분배 모형, 변화적 비규칙적 분배 모형 등의 다섯 가지가 있는데, 이중 마지막 것을 제외한 네 가지가 통사적 처리절차에 초점을 맞추어서 만들어진 것이라는 것이 이것의 요지이었다. 그러나 이 글의 진짜 요점은 아마도 그가 본론부분에서 언급한 내용은 모두가 가정적인 것에 지나지 않는 것이라는 점을 강조한 아래와 같은 말일 것이다.

> 예컨대 아마도 음소인식과 어휘접근, 어휘적 의미 활성화 등의 기초가 되는 내용 지향적 활성화와 연합적 절차는 불변적으로 국부화 되어있는 반면에, 자연언어의 통사조직을 구성해내는 조립적 연산 절차는 그렇지 않을 것이다. 그러나 이런 주제의 많은 면들은 앞으로 현대적 인지 신경과학의 도구로써 더 연구되어야 할 과제로 남아있다(p.360).

두말할 필요도 없이 그가 여기에서 전제하고 있는 것은 앞으로 이 연구의 발전은 지금까지의 연구 풍토가 통사론 중심의 것으로 그대로 유지되어 나갔을 때 가능할 것이라는 사실이다. 그리고 그는 지금의 형편으로 보아서 앞으로 이 연구의 연구풍토가 바뀔 가능성은 거의 없다고 판단하고 있다고 볼 수도 있다. 그러나 아무리 지금까지의 연구풍토를 바꾸는 일이 어렵다고해도 그것의 한계성이나 문제점이 일정하게 드러난 이상은 그것을 수정하거나 보완하는 노력은 있어야 한다. 그것만이 바로 진정한 의미에서 이 연구의 발전을 도모하는 길이다.

1) 새로운 언어관의 도입

앞으로 크게는 연구풍토 전체이고 작게는 연구주제에 변화를 가져오게 하는 방법 중 첫 번째 것은 새로운 언어관을 도입하는 것이다. 그동안에는 이 연구에서도 언어학에서와 마찬가지로 언어는 개념표현의 구조체라는 언어관이 연구의 패러다임의 기저적 사상이 되어왔다. 그렇지만 그동안의 연구로 그런 전통적인 언어관은 적어도 두 가지 점에 있어서 언어의 실체와 일치하지 않는다는 사실을 알게 되었다. 다시 말할 것 같으면 지금까지의 연구를 통해서 설사 앞으로 더 많은 연구에 의해서 언어의 기본단위는 개념을 나타내는 어휘라는 사실이나 언어의 핵심부는 통사적 조직이라는 사실이 밝혀진다고 해도 그로써 언어의 실체의 전부가 밝혀진 것은 아니라는 사실을 알게 된 것이다.

이 연구가 앞으로 언어의 실체와 맞는 방향으로 발전하기 위해서는 첫 번째로 언어의 신체성을 밝히는 데 연구의 초점을 맞추어야 한다. 흥미롭게도 최근에 이르러 언어의 중요한 특징 중의 하나가 바로 그것의 기본단위나 구조가 우리의 신체적인 경험의 소산물이라는 점, 즉 신체성이라는 점이라는 것은 언어학자도 주장하고 있고 일부 뇌과학자도 주장하고 있다. 이런 반 전통적이고 반 변형주의적인 언어관을 내세우는 언어학자중 대표적인 사람은 Lakoff와 Langacker와 같은 인지언어학자들이다.

이름 그대로 언어를 우리의 인지작용의 한 반영체로 보려는 언어학이 인지언어학이다. 그런데 우리의 인지작용은 생물학적으로는 신경적 조직과 활동의 결과물이지만 심리학적으로는 우리의 신체적 경험의 결과물이다. 그래서 이들은 은유적 표현법 등을 가장 대표적인 예로 들면서 개별적인 어휘의 의미는 더 말할 나위가 없고 심지어는 문법적 구조도 우리의 신체가 외부환경과 상호교섭을 하는 과정에서 생겨난 것으로 본다. Langacker(2006)의 말을 그대로 빌리자면「의미는 진리치 조건에 의해서가 아니라 정신적 경험이나 개념화 절차에 의해서 정해지는 것」이며, 또한「문법은 개념적 내용을 구조화하고 상징화하는 장치로 정의」될 수 있는 것이다(p.538).

반면 일찍이 언어의 신체성을 주장하고 나선 뇌과학자로는 Lenneberg와 Studdert-Keneddy등을 들수가 있다. Lenneberg는 Chomsky의 언어이론을 지지하고 나선 최초의 뇌과학자인 셈인데, 그의 언어관은 따지고 보자면 Chomsky의 그것과 사뭇 달랐다. 예컨대 그 유명한「언어의 생물학적 기저」의 106쪽에는「생리적 절차들의 형식적인 양상은 문법적 절차들의 형식적 양상과 유사한 것 같다. 마치 이들 두 생리적 기구와 통사적 기구는 한쪽이 변화되어서 다른 쪽이 생겨난 것처럼 밀접하게 연관되어 있는 듯하다」와 같은 말이 나오는데, 이런 생각은 Chomsky의 인간의 통사적 능력이나 지식은 선험적으로 내재되어 있는 것이라는 생각과 크게 다르다. 간단히 말해서 그의 발상법은 언어의 문법적 구조는 인간의 지각이나 운동적 구조가 언어화된 것으로 볼 수 있다는 하나의 지각운동설이었던 것이다. 어떤 의미에서 보자면 바로 이런 발상법이야말로 언어는 생물학적인 기저를 가지고 있다는 그의 주장의 핵심사상이라고 볼 수도 있다.

앞에서 이미 자세히 살펴보았듯이, 크게 보았을 때는 Studdert-Kennedy가 1983년에 발표한 논문은 일찍이 Lenneberg가 가졌던 언어발생이나 기원에 관한 발상법을 구체화한 것이라고 볼 수가 있다. 다시 말하면 이것은 지각운동설을 Lenneberg의 발상법적인 수준에서 하나의 가설의 수준으로 발전시킨 것이라고 볼 수가 있다. 그러나 이것은 다음과 같은 두 가지 점에서 언어의 신체성의 특징을 더욱 분명하게 드러낸 것이라고 볼 수가 있다. 이런 의미에서 볼 때 Lenneberg의 책은 Chomsky가 자기의 언어이론을 생물학적으로 뒷받침하고 있는 것으로 볼 수 있을지 모르지만 이 논문은 그가 절대로 그렇게 볼 수 없는 것임이 분명하다.

첫 번째로 이것에서는 Lenneberg가 막연하게 생리적 절차들이라고 표현한 것을 지각절차에서 운동 체계가 태어나게 된다는 식으로 구체화했다. 지각작용과 행동을 정보의 입력 대 출력의 관계로 보게 되면, 큰 의미에서는 이들이 하나의 짝으로 묶여있겠지만 작은 의미에서는 전자가 후자의 선행자의 역할을 하게된다는 것은 누구나 익히 추리할 수가 있는데, 이것에서는 여러 가지의 실험을 통해서 청각이나 발성과 같은 음운적 능력이 좌반구에 자리하게 되는 과정을 밝혀냄으로써 이들간의 관계가 그렇다는 것을 실증했다. 다시 말할 것 같으면 이것에서는 우리의 음운적 능력은 일단 지각이라는 신체적 경험을 통해서 음성적 표상이 만들어지게 되면 그것이 인터페이스의 기능을 수행하게 되어서 발성기관에 의한 조음의 능력이 생겨나게 된 것이라는 점을 분명히 밝혔다.

두 번째로 이것에서는 도구사용을 위한 손놀림과 같은 신체적 경험이 결국에는 음운적 능력뿐만 아니라 통사적 능력의 바탕이 되었다는 가설이 제안되기도 했다. 이것을 편의상 운동신경설로 부르고 보면 이것의 요점은 언어기능이 좌반구에 생겨나게 된 과정을 처음에는 도구사용을 위한 손가락과 손목, 손 등의 협조적 동작의 신경회로가 만들어지고, 그 다음에는 후두와 연구개, 혀, 턱, 입술 등의 협조적 동작을 위한 신경회로가 만들어지게 되며, 마지막에는 음성을 지각하거나 발음하는 데 필요한 신경회로와 통사구조를 이해하거나 생성하는 데 필요한 신경회로가 만들어지는 식으로 본다는 것이었다. 그러니까 이 가설은 지각운동설 보다 언어의 신체성을 한층 더 강조한 가설인 셈이다.

그런데 앞으로 이 연구가 이런 방향으로도 발전되어야 할 근거로는 이상과 같은 학설 외에 뇌과학적인 사실도 들 수가 있다. 피질에 있는 언어영역들은 피질 밑에 있는 여러 부위들과 직접적으로 연결되어 있을 뿐만 아니라 언제나 그들의 도움을 일정하게 받는 상태에서 작동하게 되어 있다는 것이 바로 그런 사실이다. 그러니까 누구라도 일단 현재까지 익히 밝혀진 사실, 즉 피질하의 여러 부위들의 기본적인 기능은 원래가 우리의 본능적이거나 의도된 행동들을 유발하거나 통제하는 것이라는 사실과, 두뇌의 발달과정상 신피질보다 구뇌가 먼저 생겨났을 가능성이 크다는 사실 등을 그대로 인정하게 되면, 이것을 어렵지 않게 언어의 특성 중 제일 기본적인 것이 바로 신체성이라는 것을 뒷받침하는 사실로 받아들일 수 있게 된다.

먼저 시상과 언어처리의 관계를 살펴보게 되면 이 점이 분명해진다. 앞에서 이미 말이 나왔듯이 마치 두뇌의 중앙에 위치하고 있는 이유가 이것이기라도 하듯이 외부로부터 들어오는 모든 감각적 정보들을 정리해서 피질에 있는 영역들에 중계하는 것이 이것의 주된 기능이다. 그리고 이것은 모든 동작유형을 통제하는 뇌저신경절과 감정을 통제하는 편도체와도 연결되어 있다. 그러니까 이곳은 우리의 모든 지각작용과 동작을 총괄해서 관리하는 일종의 신체적 경험본부와 같은 곳인 셈이다. 그런데 두뇌의 발달과정으로 보았을 때 이곳이 피질에 있는 언어영역보다 먼저 생겨났다고 보는 것이 맞는 일이며, 따라서 이곳의 작동절차가 언어영역의 작동절차의 모형이 되었을 가능성이 크다.

이런 추리를 뒷받침하는 사실로는 시상은 시각절차에 있어서 으레 핵심적이고 주도적인 역할을 수행하게 된다는 사실이다. 예컨대 Sherman (2009)이 최근에 발표한 논문에 의하면 그 동안의 연구로 망막으로 들어온 정보는 시각영역을 거쳐서 막바로 피질영역으로 가는 것이 아니라 그 중간에 시상의 조정과 통제를 받게 되어있다는 것이다. 또한 피질 영역 간에 시각적 정보가 교류되는 경우에도 정보의 흐름이 「피질영역-시상-피질영역」처럼 되는 식으로 으레 중간에서 시상이 그것을 조정하고 통제하는 역할을 수행하게 된다는 것이다. 그런데 이때 시상에서 이루어지는 절차는 고차원적인 것으로 알려져 있다. 그러니까 결국 피질영역간의 정보 교류시 시상이 이렇게 능동적으로 정보를 조정하고 통제하는 역할을 하게 된다는 것은 곧 정보처리의 절차 자체가 시상에 의해서 결정된다는 말이나 같은 말이 된다.

그 다음으로는 뇌저 신경절과 언어처리의 관계를 살펴보게 되면 이 점이 분명해진다. 이것의 주된 기능은 모든 신체적 움직임을 유발시키기도 하고 억제하기도 하는 것인데, 그렇다면 으레 던져볼 수 있는 질문이 예컨대 말을 할 때 언어영역과 운동영역, 이 부위의 세 곳 중 어느 곳이 주도적인 기능을 수행하게 되는가 하는 것이다. 물론 이것에 대한 확실한 대답은 아직 아무도 할 수가 없다. 그러나 우리는 여기에서 다음과 같은 두 가지 사실을 근거로 해서 말을 할 때 일단 이 부위가 이런 역할을 수행하게 될 것이라는 대답을 내놓을 수가 있다. 그중 첫 번째 것은 말을 하는 것은 궁극적으로는 발성기관들이 알맞게 작동을 하는 것인데, 모든 신체적 움직임을 조정하고 통제하고 있는 곳이 바로 이 부위라는 사실이다. 특히 이곳은 대부분의 기능적이거나 습관적 동작의 유형들이 미리 저장되어 있는 곳이기도 하다.

그중 두 번째 것은 최근에 Caplan(2009)이 내세운 사실로서, 그의 주장에 따르자면 피질하의 조직중 시상은 어휘의 의미를 처리하는 일에 참여하고 있는데 반하여 이 부위는 어휘형성시의 규칙적용과 같은 「규칙 기저적인」 언어처리작업에 참여하고 있다는 것이다. 규칙기저적인 언어처리작업에는 개별적인 어휘를 형성하는 일 이외에 문장을 만들어내는 일도 들어가는데, 이런 작업은 브로카 영역에서 이루어지는 것으로 알려져 있다. 그렇다면 결국에는 언어처리시에 이 부위가 브로카 영역을 통제하게 되든가 아니면 그것과 같이 움직이게 되는가 중 어느 한 가지일 텐데,

지금으로서는 첫 번째일 가능성이 높다고 보는 것이 맞는 일이다. 그 이유는 언어적 행동이 아무리 특수한 것이라고 할지라도 궁극에는 일반적이고 전체적인 행동의 일부에 지나지 않기 때문이다(p.357).

이 연구가 앞으로 언어의 실체와 맞는 방향으로 발전하기 위해서는 두 번째로 언어의 감정성을 구명하는 데 연구의 초점을 맞추어야 한다. 우리는 우리 스스로의 언어적 경험만으로도 언어가 개념이나 정보만의 표현체가 아니라 감정이나 의지의 표현체이기도 하다는 것을 익히 알 수가 있다. 그러나 우리의 상식으로는 언어의 감정성이 사실은 그것의 주된 특징의 한 가지일 수 있을 것이라는 것을 추리할 수는 없다. 다시 말할 것 같으면 우리의 상식으로는 언어는 원래가 개념이나 정보를 전달하는 도구로 쓰이기 이전에 감정이나 태도를 나타내는 도구로 쓰였을 수도 있다는 생각을 할 수가 없다.

그러나 최근에 Damasio(1994)같은 뇌과학자는 연구를 통해서 사실은 감정적 정보가 개념적 정보보다 더 기본적인 것 일뿐만 아니라 우리의 인지적 작업은 이들 두 가지가 서로 밀접히 엉킨 상태에서 이루어진다는 사실을 밝혀냈다. 구체적으로 말해서 그는 우리의 감정은 신체적 경험에 대한 일종의 본능적인 반응이어서 많은 의지나 인지작용을 이것이 주도해 나가게 되어있다는 주장을 내놓았다. 예컨대 그는 우리가 어떤 결정을 내리는 경우에는 본능에 의해서 어느 쪽이 더 좋은 느낌을 주는가를 알게 된 다음에 그것을 궁극적인 판단의 기준으로 삼는다는 것이다.

흥미롭게도 그의 이런 주장은 최근에 와서 Johnson과 같은 철학자에 의해서 인간의 인지작용의 기본원리로까지 발전되게 되었다. 그(2007)는 「신체의 의미 : 인간의 인지작용의 미학(The meaning of the body : Aesthetics of human understanding)」라는 책에서 우리의 지식은 이성에 의해서가 아니라 감성에 의해서 획득되는 것이라는 「신체의미론」을 내세왔는데, 따지고 보자면 신체적 경험은 으레 먼저 뇌 내에 일정한 정동적 반응을 일으키게 되어 있으며, 그 다음에는 그것이 기저가 되어서 하나의 개념이나 의미가 생겨나게 된다는 발상법을 그보다 먼저 가졌던 사람은 바로 Damasio였다.

물론 언어의 가장 중요한 특징 중의 하나가 감정성이라는 사실, 바꾸어 말해서 정동적인 언어가 지적인 언어보다 더 기본적인 것이라는 사실을 우리는 보다 직접적으로도 확인할 수가 있는데, 피질 밑의 부위 중 감정 작용을 전담하는 것으로 알려진 부위의 특성을 살펴보는 것이 바로 그 방법이다. 그동안까지 알려지기로는 변연계의 일부인 편도체가 공포나 슬픔과 같은 감정을 유발시키는 중심 부위였다. 그런데 이곳이 수행하는 기능에는 그 밖에 동기부여와 학습과 기억작용도 있는 것으로 알려져 왔다. 그러니까 이것은 우선 감정 작용이 행동유발과 학습 작용의 기본이 된다는 것을 말해주고 있었다.

그러나 최근에 이르러 감정 작용과 뇌기구의 관계에 대한 연구가 활발해지면서 새로운 사실이 발견되기도 했다. 예컨대 LeDoux(2009)의 논문에 의하면 그런 사실로는 크게 세 가지를 들 수가 있는데, 그중 첫 번째 것은 편도체가 감정 작용의 중심부위인 것은 틀림이 없지만, 그것에 못지않게 중요한 기능을 하는 것이 중상신경체계의 모든 층과 연결되어있는 시상하부라는 것이고, 그중 두 번째 것은 감정 작용을 내재적인 것과 도구적인 것으로 나누었을 때 적어도 두 번째 것은 피드백이나 기억과 같은 인지작용을 거쳐서 학습된 것으로 볼 수 있다는 것이며, 그중 세 번째 것은 감각영역과 운동영역을 위시한 피질에 있는 많은 영역들에서 얻어지는 신체적 정보 중 핵심적인 것은 감정적인 것이라는 사실 등이었다. 그러니까 감정 작용이 우리의 기본적인 정신작용인 것은 틀림이 없지만 그렇다고 해서 그것이 독자적으로 움직이는 것은 아닌 이상 그것에 대해서 결정적인 이론을 내세우기에는 아직은 먼 거리에 있다는 것이 그의 생각이었다.

2) 새로운 인지관의 도입

새로운 언어관에 이어서 새로운 인지관을 모두가 도입하는 것도 앞으로 이 연구가 폭을 넓히고 주제를 다양화시킬 수 있는 방법 중의 한 가지이다. 넓은 의미에서 보았을 때는 언어처리도 일종의 인지절차인데, 언어학의 영향 때문이었는지 그 동안에는 이 연구가 언어처리는 일반적인 인지작용이나 인지절차와는 아무 관계가 없는 독자적인 작업이라는 전제하에서 진행되었었다. 이런 전제는 그런데 엄밀하게 따지자면 심리학적으로도 맞지 않고 뇌과학적으로도 맞지 않는 일종의 과학적 편의주의에서 나온 것이라고 볼 수가 있다. 이 전제는 모든 변수나 관련요소들을 언어처리 절차에서 배제시키겠다는 것이니까 이 절차를 연구하는 연구자로서는 마땅히 환영할 만한 전제이다. 그러나 실제로는 이런 식의 언어처리절차가 있을 리가 없다. 그러니까 그동안의 이 연구는 일종의 일단계적인 연구였던 것이다.

지금까지의 실어증에 대한 연구를 통해서 밝혀진 바에 의하자면 앞으로 이 연구가 한 단계 더 사실적인 것으로 발전할 수 있으려면 우선 언어처리시에 일반적인 지능이나 지력이 어떻게 개입되느냐의 문제가 더 깊게 연구되어야 한다. 예컨대 Sternberg와 Kaufman(2002)의 정의에 따르자면 지능이란 「의도적으로 실제적인 환경에 적응하고, 그것을 형상화하고 선택하는 능력」이다. 또한 Halstead의 생물학적 이론에 따르자면 지능의 요소에는 크게 「장통합적 요소」와 「추상적 요소」, 「동력적 요소」, 「방향적 요소」 등이 있는데, 이들은 주로 전두엽의 피질에서 관장되게 되어있다(Sternberg and Kaufman, 2002: p.590). 그러니까 언어적 능력보다 지능을 한차원 상위의 능력으로 보는 것이 학자들의 일반적인 견해이고, 그렇다면 논리적으로 보아서도 언어처리시에는 어떤 형식으로든 일반적인 지능이나 지력이 개입된다고 보는 것이 맞는 일이다.

그런데 사실은 이런 논리적 근거보다 더 신빙성 있는 근거가 될 수 있는 것이 바로 언어는 일반적으로 대화나 담론의 형식으로 쓰이고 있다는 사실이다. 우선 하나의 대화나 담론이 갖추고 있어야 할 조건에는 상황적 적절성을 비롯하여 문장 간의 응집성, 주제의 일관성 등이 있는데, 이런 것들을 충족시키는 능력, 즉 화용적 능력은 언어사용자의 이 세상에 대한 지식과 일반적인 추리력에서 나온다고 볼 수가 있다. 그리고 언어가 이런 형식으로 쓰이다 보니까 여러 가지 지시어나 대용어들이 많이 쓰이게 되는데, 이런 능력도 문법적인 능력이라기보다는 화용적인 능력이라고 볼 수가 있다.

이와 관련하여 또 한 가지 주목할 사실은 지금까지의 연구결과 이것을 주관하는 곳은 좌반구가 아니라 우반구라는 사실이 밝혀졌다는 점이다. 음운적인 능력과 어휘적인 능력, 문장적인 능력을 관장하는 곳은 좌반구인데, 화용적인 능력만은 우반구에서 관장한다는 것은 곧 화용적 능력은 언어적인 능력과 별개의 것이라는 것을 의미한다. 화용적 능력에 대해서 일단 이런 입장을 취한다면 이것을 일반적인 지력의 일부로나, 아니면 그것으로부터 나온 것으로 보는 것이 가장 합리적인 일이다. 그러니까 이런 사실도 언어처리시에는 으레 일반적인 지능이나 지력도 쓰이게 된다는 근거가 될 수 있다.

지금까지의 실어증에 대한 연구를 통해서 그 다음으로 드러난 바는 앞으로 이 연구가 한 단계 더 사실적인 것으로 발전할 수 있으려면 언어처리와 기억작용의 관계에 대해서 더 많은 연구가 이루어져야 한다는 것이다. 심리학에서는 그 동안에 기억작용은 우선 단기나 작업 기억과 장기기억으로 나뉘어진 다음에 장기기억은 다시 의미적 기억과 삽화적 기억으로 나뉘어진다고 보아왔는데, 이런 분류법 하나만으로도 우리는 언어처리 작업은 으레 기억작용과의 밀접한 관계 속에서 이루어지게 되어있다는 것을 익히 알 수가 있다. 그리고 뇌과학자들은 그 동안에 언어처리 작업에 관여하는 뇌의 부위나 영역은 기억작용과 직간접으로 관련 있는 곳이기도 하다는 사실도 밝혀냈다.

먼저 장기 기억의 일부가 의미적 기억으로 되어있다는 사실이 언어처리과정과 기억작용은 서로 불가분적인 관계에 있다는 것을 가장 웅변적으로 실증하고 있다. 의미적 기억이란 이 세상의 사실에 관한 기억인데, 이런 기억을 굳이 의미적인 것으로 정의한 것을 보면 이것이 결국에는 언어의 어휘를 매개체로 해서 이루어지는 작용이라는 것을 심리학자들은 익히 알고 있었던 것이다. 장기 기억부에 저장되어 있는 것은 쉽게 말해서 우리가 이 세상에 대한 경험을 통해서 얻은 지식이다. 그런데 그중의 일부가 낱말의 형태로 되어있다는 것은 곧 거기에는 낱말들이 학습되어 저장되어 있다는 말이나 같은 말이다. 따라서 언어처리 작업의 일부가 장기기억부를 활성화시키는 것이라는 것을 누구나 쉽게 짐작할 수 있다.

이런 추리를 뒷받침하는 사실로는 지금까지 실시된 이름대기에 관한 여러 가지 실험에 의해서 어휘들은 개념적 범주에 따라서 두뇌의 서로 다른 영역에 저장되어 있다는 것이 밝혀졌다는 점을 들 수 있다. Jonides 등(2002)의 논문에 의하면 PET법을 사용한 한 실험을 통해서 뇌손상환자와 정상인 모두에게 있어서 이름의 종류별로 뇌를 활성화시키는 영역이 달라진다는 사실이 분명하게 밝혀졌다. 예컨대 이 실험에 따르자면 유명인의 이름을 대는 경우에는 측두축이라 불리는 측두엽의 가장 앞부분이 활성화되고, 동물의 이름을 대는 경우에는 중간 측두회가 있는 측두엽의 약간 뒷부분이 활성화되며, 도구의 이름을 대는 경우에는 하부 측두회가 있는 측두엽의 가장 뒷부분이 활성화되고 있었다(p.808).

그 다음으로는 단기 또는 작업 기억부는 크게 음운적 절차와 시각 공간적 절차의 두 절차에 의해서 작동된다는 사실이 언어처리과정과 기억작용은 상호불가분적인 관계에 있다는 것을 가장 웅변적으로 실증하고 있다. 단기나 작업 기억부란 인지적 작업의 일부로서 몇 초라는 짧은 기간 동안에 필요한 정보를 처리해서 저장해 두는 절차이다. 따라서 일단은 언어가 정보나 개념의 표현체라는 사실 하나만으로 언어처리시에도 이 절차는 응당 참여하게 될 것이라고 생각할 수 있다. 그런데 Baddeley(1990)가 일찍이 제안한 모형에 의하면 이 기억부를 작동시키는 두 가지 절차 중 하나가 바로 음운적인 것이다. 그러니까 적어도 모든 인지적 작업의 절반은 언어를 매개체로 해서 이루어지리 만큼 언어처리절차는 일반적인 인지절차와 겹쳐지거나 엉켜있다고 볼 수가 있다.

그런데 Mayes(2002)의 논문에 의하면 최근에는 뇌과학적인 방법에 의해서도 Baddeley의 모형이 타당성이 있는 것이라는 사실이 밝혀지기도 했다. 이들은 예컨대 특히 좌반구의 측두엽과 연결되어있는 부위를 중심으로 해서, 좌반구의 두정엽에 손상이 있게 되면 음운적 단기기억작용에 이상이 있게 되는데 반하여, 우반구의 실비우스 열구에 손상이 있게 되면 시각공간적 단기기억작용에 이상이 있게 된다는 사실을 발견했다. 다시 말하자면 이들은 단기기억 장애증 환자들은 일반적으로 뇌의 어느 부위에 손상이 있느냐에 따라서 두 가지 형태의 증상 중 어느 한 가지만을 잃게 된다는 사실을 알게 된 것이다(p.761).

지금까지의 실어증에 대한 연구를 통해서 세 번째로 드러난 바는 앞으로는 이 연구가 주의력이 언어처리에 미치는 영향에 대해서 더 많은 것을 알게 되는 쪽으로 발전되어야 한다는 것이다. 언어도 일종의 뇌에서 이루어지는 인지절차의 결과물이기 때문에 언어처리절차는 으레 뇌의 긴장

상태나 작동요령에 따라서 일정한 영향을 받게 되어 있을 것이라는 것을 누구나 쉽게 짐작할 수가 있다. 그런데 심리학이나 뇌과학에서는 뇌의 긴장 상태나 작동요령을 관장하는 체계를 주의력 체계라고 부른다. 그러니까 언어처리 작업도 학습이나 기억의 절차와 마찬가지로 언제나 주의력 체계의 일정한 영향 하에서 이루어지게 되어 있는 것이다.

그런데 주의력 체계는 우리의 모든 행동이나 인지절차를 통제하는 것이어서 그런지 우리의 감각체계나 인지체계에 못지않게 복잡하고 난해한 체계이다. 엄밀하게 말하자면 지금의 주의력 체계에 대한 연구의 수준도 지금의 감각체계에 대한 그것처럼 겨우 기본적인 접근법을 세우는 데 성공한 정도이다. 그러나 그동안에 인지심리학자와 뇌과학자들이 밝혀낸 사실만으로도 기능상으로나 신경조직상으로나 언어처리 체계는 주의력 체계와 불가분적으로 엉켜있다는 사실은 어렵지 않게 확인될 수가 있다.

최근에 발표된 Dosenbach와 Petersen(2009)의 논문에 따르자면 주의력 체계가 수행하는 기능에는 크게 경계성 유지와 주의점 선택, 집행적 통제 등의 세 가지가 있는데, 따지고 보자면 이들은 모두가 언어처리작업과 직접적으로 관련되어 있는 기능들이다. 우선 경계성 유지란 뇌가 일정한 각성이나 긴장의 수준을 유지하고 있게 하는 것인데, 이런 경계성에는 본래적인 것이라는 특징과 가변적인 것이라는 특징이 있다. 예컨대 우리가 잠을 자고 있는 동안이 뇌의 각성상태는 우리가 깨어있는 동안의 그것과 다르고, 또한 우리가 평상심을 유지하고 있을 때의 뇌의 흥분상태는 우리가 몹시 흥분하고 있을 때의 그것과 같지가 않다. 그러나 이것은 주의력 체계의 세 가지 기능 중 가장 기본적인 것이어서 주의력 체계에 이상이 있으면 언어처리 작업이 제대로 이루어지지 않는 것은 바로 이 기능이 수행되지 않기 때문이다.

그 다음으로 주의점 선택이란 감각이나 인지작업이 집중적으로 이루어질 대상이나 영역을 선택하는 것인데, 이런 대상에는 공간적 위치나 시간적 간격으로부터 의미적 범주나 추상적 개념에 이르기까지 여러 수준의 것들이 들어갈 수 있다. 그리고 이 일은 현저한 자극에 의해서 비의도적으로 이루어질 수도 있고, 하향적 정신 기구에 의해서 의도적으로 이루어질 수도 있다. 이 일의 이런 특징들은 시각절차상에 잘 반영되어 있다고 볼 수가 있는데, 사실은 언어처리의 절차상에도 그들은 잘 반영 되어 있다. 예컨대 말을 할 때 일정한 주제나 상대방을 선택하는 것도 이 일의 일종으로 볼 수가 있고, 또한 말을 들을 때 그것의 요점이나 상대방의 태도 등을 파악하는 것도 이 일의 일종으로 볼 수가 있다.

세 번째로 집행적 통제란 선택된 감각이나 인지작업이 효율적으로 진행되도록 그것을 유발시키고 유지하며 조정하는 것인데, 이 일은 주로 하향적인 절차로 이루어진다는 것이 제일 중요한 특징이다. 물론 보기에 따라서는 하향인 절차와 상향적인 절차가 같이 쓰이고 있다고 말할 수도 있다. 왜냐하면 집행된 작업이 원하는 대로 이루어지고 있는지를 감청하는 데는 피드백과 같은 상향적인 절차가 쓰이게 마련이기 때문이다. 그러나 크게 볼 것 같으면 상향적인 절차는 하향적인 절차를 돕는 범위 내에서만 쓰이고 있다. 집행적 통제는 주로 하향적인 절차에 의해서 이루어지고 있다고 말할 수가 있는데, 이런 추리를 가장 강력하게 뒷받침할 수 있는 것이 바로 언어적 사실이다. 언어란 결국은 일종의 의도적이거나 목적지향적인 인지작업, 즉 주로 하향적인 절차에 의해서 이루어지는 인지작업인 것이다.

그리고 언어적 사실을 통해서는 그 동안에 뇌과학자들이 주의력 체계에 관해서 발견한 다른 사실들의 타당성도 쉽게 확인될 수가 있다. 첫 번째로 이들은 최근에 주의력 체계의 기능을 세 가지로 나누는 것은 맞는 일이지만 그렇다고 해서 그들을 따로따로 수행되는 것으로 볼 수는 없다는 주장을 내세우고 있는데, 이런 통합적인 기능이론의 타당성을 가장 쉽게 확인할 수 있는 경우가 바로 언어처리의 경우이다. 예컨대 그동안의 여러 가지 실어증에 대한 연구를 통해서 말을 듣거나 하는 경우에는 더 말할 것도 없고 글을 읽거나 쓰는 경우에도 일정하게 각성상태가 유지되는 일과 선택된 주의점에 따라서 작업이 제대로 진행되도록 통제하는 일이 같이 이루어져야 한다는 것이 이미 밝혀졌다.

그 다음으로 그 동안에 뇌과학자들은 주의력체계는 기능에 따라서 서로 다른 부위가 작동되게 되어있다는 사실을 밝혀냈는데, 이런 사실은 언어처리 절차와도 밀접한 관계가 있다고 볼 수가 있다. 예컨대 이 체계의 경계성 유지의 기능은 중뇌에 있는 부신수질체계의 작동결과를 시상이 여러 피질에 전달함으로 이루어지는데 반하여 그것의 나머지 두 기능은 전두엽과 두정엽에 있는 피질의 작동으로 이루어지는 것으로 알려져 있는데, 이런 사실은 언어처리 작업은 크게 피질하의 여러 부위들이 작동을 해서 언어영역을 일정한 수준으로 긴장시키는 준비부분과 구체적으로 언어영역에서 처리작업이 수행되는 부분으로 나뉠 수 있다는 사실과 일치한다. 특히 이들 중 두정엽은 전두엽과 측두엽, 후두엽과 밀접히 연결되어 있어서 모든 감각적 정보와 운동적 정보를 통합도 하고 조정도 하고 있는 곳인데 이곳의 주의력 체계의 핵심부가 된다는 사실은 언어처리 체계와 이 체계는 거의 동시에 움직이고 있다는 증거일 수도 있다.

2. 언어학의 기여

그동안의 이 연구의 역사가 우리에게 가르쳐주고 있는 것 중 두 번째 것은 언어학으로부터 도움을 많이 받을수록 이것의 발전 속도가 빨라지게 될 것이라는 것이다. 이런 역사적 교훈을 분명하게 보여준 시기가 바로 Chomsky의 언어이론과 실어증 연구가 거의 밀착된 관계를 유지할 수 있었던 1970년대 이후이다. 기껏해야 음운론과 어휘론 중심이었던 이 연구가 언어학의 도움으로 통사론 중심의 것으로 바뀌게 되었으니까 이 시기를 이 연구에 일종의 신 패러다임이 정착하게 된 시기라고 보아도 될 것이다. 다시 말하자면 과거에 신경언어학이나 실어증 연구로 불려오던 이 연구가 이때를 기해서 드디어 언어와 뇌의 연구라는 이름에 걸맞는 모습으로 다시 태어나게 된 것이다.

물론 엄밀한 의미에서 볼 것 같으면 그 후 이 연구가 이름에 걸맞는 이상적인 연구의 모습을 보여주었다고 볼 수는 없다. 앞에서 이미 지적했듯이 언어학과 뇌과학이라는 서로 이질적인 두 학문은 역시 상호 융합적인 관계보다는 일종의 뇌과학 주도적인 관계나 평행선적인 관계를 유지하게 되어 있었던 것이다. 그러니까 우리는 일단은 이런 뇌과학 주도나 평행선적인 관계 속에서 이들 두 학문이 서로 긴밀하게 협조를 해나가는 것이 앞으로 이 연구가 지니게 될 실제적인 모습이라는 것을 지난 몇 십년 동안의 역사를 통해서 배운 것이다. 그리고 무엇보다도 중요한 사실은 이 연구는 어떤 의미로 보아서나 대단히 궁극적인 과제를 다루는 것이기 때문에 어떤 학문적 모습을 갖게 되든지 간에 이것의 앞길이 무척 멀고 험난하다는 것이었다.

그런데 사실은 앞으로도 이 연구가 이런 모습을 그대로 유지해야 될 진짜 이유는 도움을 받는 쪽인 뇌과학보다는 오히려 도움을 주는 쪽인 언어학이 앞으로도 끊임없이 발전해나갈 것이 뻔하기 때문이다. 지난 몇 십년동안에 언어학은 20세기를 언어학적 전환의 시대로 만들 만큼 크게 발전했으며, 그래서 결국에는 거기에서 얻어진 이론이나 지식이 이 연구의 탄생에 산파적 기능을 수행했을 뿐만 아니라 그것의 발전에 안내자적인 역할도 할 수 있었다고 볼 수가 있다. 그렇지만 간단히 말해서 그 동안의 언어학의 발전은 Chomsky를 위시한 변형주의자들에 의해서 주도된 문법이나 통사론의 발전이었을 따름이지, 모든 면에 걸친 그것의 발전은 아니었다. 거기에 더해서 그동안의 변형주의적 학풍은 형식주의적인 언어연구의 한계성을 보다 뚜렷하게 드러내기도 했다. 그러니까 역설적으로 앞으로 언어의 실체를 파악하려는 언어학자들의 노력은 더 증가될 수밖에 없다는 사실이 더 분명해진 것이다.

(1) 화용론

큰 의미로 보자면 언어의 실체를 제대로 파악하려는 노력의 일환이고, 작은 의미로 보자면 그 동안의 변형주의 주도의 언어연구의 한계성을 보완하려는 노력의 일환으로 최근에 등장한 학풍에는 크게 세 가지가 있다고 볼 수가 있는데, 그중 첫 번째 것은 화용론적 학풍이다. 일단 화용론을 언어사용에 관한 원리나 규칙을 연구하는 분야로 치자면, 이것이 우선은 통사론이나 의미론과 밀접하게 연결된 분야이며, 그 다음으로는 어떤 의미에서는 이들보다 한 차원 높은 수준의 분야라는 것을 누구나 쉽게 짐작할 수가 있다. 다시 말하자면 언어란 결국에는 의사소통의 도구라는 대명제에 충실할 수 있으려면 모든 연구는 응당 화용론의 장으로 수렴되어야 한다는 것은 너무나 자명한 논리인 것이다.

그렇지만 현실은 역시 이론과는 달라서 그동안까지의 언어연구는 화용론적인 것을 일종의 보조적이거나 부차적인 것으로 보는, 통사론 중심의 것이었다. 두말할 필요도 없이 언어연구의 현실이 이렇게 되는 데 결정적인 역할을 한 것은 바로 변형주의 이론의 등장과 실적이었다. 분명히 지난 4,50년에 걸쳐서 언어학이 가장 앞서있으면서도 실적을 많이 낸 학문으로 성장할 수 있었던 것은 바로 Chomsky를 비롯한 많은 변형주의자들의 통사론적 연구가 있었기 때문이었다. 물론 그 이전에는 하나의 언어이론이 다른 학문의 발전에 이렇게 큰 영향을 준적이 없었다는 것도 특기할 만한 사실이다.

그런데 변형주의적 언어이론에는 언어의 참 모습을 기술하기에는 다음과 같은 태생적 한계성이 있었다. 첫 번째로 이것에서는 문장생성의 능력은 언어사용의 능력과 별개의 것으로 보다 보니까 실제로는 생략문이나 불완전문 등도 많이 쓰이고 있음에도 불구하고 완전문만을 기술의 대상으로 삼았다. 두 번째로 이것에서는 언어의 실제 모습은 화자와 청자 간의 회화나 담화임에도 불구하고 마치 개별적인 문장이 그런 것인 것처럼 가정을 했다. 세 번째로 문장의 기능이나 의미는 그것이 쓰이는 상황이나 문맥에 의해서 결정되는 경우가 많은데, 이것에서는 오직 명제적 의미만을 다루려고 했다. 네 번째로 언어사용의 능력이란 결국 한 개인이 일정한 의도 하에서 상황적으로 적절한 문장을 쓸 수 있는 능력인데, 이것에서는 「이상적인 개인」이 문법적으로 아무런 하자가 없는 문장을 만들어내는 능력만이 언어기술의 대상이 될 수 있지 그런 능력은 언어기술의 대상이 될 수 없다고 보았다.

이렇게 볼 것 같으면 아무리 겉으로는 큰소리로 인간에게는 보편문법이 내재되어 있다거나, 아니면 인간의 언어의 제일 큰 특징은 동일한 통사적 규칙을 몇 번이고 순환적으로 적용시킬 수 있는 점이라는 사실 등을 언어학의 역사상 최초로 발견한 것은 바로 자기네들이라고 주장한다고 해도, 그들도 속내로는 언어의 실체를 제대로 파악하기 위해서는 통사론인 것과는 전혀 별개의 화용론적인 연구가 필요하다는 것을 인정하고 있을 것이 분명하다. 더 구체적으로 말해서 그들도 틀림없이 「The nurse showed the woman some documents about herself.」는 중의문인데 반하여, 「The queen said the princess had disgraced herself.」는 하나의 비중의문이라는 사실을 구명하는 일과(Smith, 2010: p.395), 왜 「A」의 「We have to correct this?」라는 말에 「B」는 「Correct what?」이라고 말할 수 있는가를 구명하는 일은 서로 다른 일이라는 것을 잘 알고 있을 것이다.

그런데 그 동안의 화행론자나 화용론자들의 주장에 따를 것 같으면 화용론과 통사론은 접근방향은 다르지만 동일한 비중을 가진 연구 분야도 아니다. 이들은 예컨대 화용론은 마땅히 통사론보다 한 차원 상위의 것이며, 따라서 언어의 참모습은 오로지 화용론적인 연구를 통해서만 파악될 수가 있다고 본다. 그러니까 이들은 통사론에서 그동안에 언어에 대해서 아무리 새로운 사실들을 많이 찾아냈다고 한들 언어의 참모습이 그로써 드러나게 된 것은 아니라고 생각하는 것이다. 이런 의미에서 보자면 언어연구는 이제 언어는 음운적 조직과 어휘적 조직, 통사적 조직, 의미적 조직 등으로 이루어져 있는데, 이들 중 핵심적인 것이 통사적 조직이라는 지금까지의 형식위주의 언어관 대신에 화용적 조직이 이상과 같은 여러 조직들을 지배하고 통제하는 것이라는 기능 위주의 언어관 밑에서 다시 시작해야하는지도 모른다. 다시 말하자면 지난 4,50년간을 Chomsky의 혁명이 언어연구의 학풍을 크게 바꾼 기간으로 치자면 앞으로의 4,50년은 화용론적 혁명이 그런 역할을 할 수 있는 기간이 될 수 있을 것이라고 기대할 만하다.

그리고 그보다도 더 중요한 사실은 언어와 뇌의 관계를 연구하는 사람의 입장에서 볼 것 같으면 언어연구가 일단 화용론적 전환기를 맞이하게 된다면 지금까지의 국부적이고 언어영역 중심의 접근법 대신에 전체적이고 지각운동영역 중심의 접근법을 새로 쓰게 될 가능성도 있다는 사실이다. 예컨대 화용론자들의 주장대로 만약에 언어를 하나의 형식적 표현체로 보지 않고서 두 사람간의 협조적 행동으로 보게 된다면 뇌과학자들은 마땅히 좌반구에 못지않게 우반구에 대한 연구도 하게 될 것이고, 또한 피질에 있는 영역에 못지않게 피질 밑의 부위에 대한 연구도 하게 될 것이다.

이런 추리가 크게 틀린 것이 아니라는 것을 익히 뒷받침할 수 있는 것이 바로 그 동안에 있었던 우반구에 대한 연구의 결과이다. 앞에서 자세히 살펴보았듯이 일찍이 Benowitz(1984)등이 실시한 우반구의 정서적 기능에 대한 연구는 의사소통시에 상대방의 정서와 얼굴의 형태, 몸짓 등을 인지하는 일은 우반구에서 수행하게 되는데, 이런 비언어적 의사소통의 기능의 도움 없이는 언어적 의사소통도 제대로 이루어지지 않는다는 사실을 분명히 밝혀냈다. 이것은 그러니까 일단은 그동안에 좌반구에 대한 연구가 곧 언어와 뇌의 관계에 대한 연구라고 잘못 인식되어 온 것에 대한 하나의 경고인 셈이다.

또한 조금 앞에서는 Chiarello(2003)의 양반구의 기능적 상보성에 관한 연구의 내용도 상세히 살펴보았는데, 이것에서는 우반구는 으레 화용적 지식의 처리를 전담한다는 의미에서 언어처리작업에 직접적으로 참여하고 있는 반구라는 것을 분명히 밝혀냈다. 예컨대 그는 좌반구에서는 어휘의 의미를 문장의 문맥에 맞추어 빠르고 좁게 파악하는데 반하여 우반구에서는 그것을 그런 제한 없이 느리고 넓게 파악하는 점으로 미루어 보아서, 「표현된 자세한 세부사항 보다는 오히려 회화나 담론의 요지를 파악하는 것이 더 중요한 화용적 상황에서는」 우반구의 역할이 더 클 수도 있다고 내세우고 있다(p.241).

그런데 사실은 그 동안에 화행론자나 화용론자들에 의해서 획득된 화용적 현상이나 능력에 대한 지식은 다분히 기초적인 수준의 것에 지나지 않는다. 지금의 화용론의 수준은 한마디로 말해서 통사론의 그것과는 비교도 할 수 없을 정도로 낮은데 역설적으로 바로 그렇기 때문에 우리는 화용론을 앞으로 언어와 뇌의 관계에 대한 연구의 발전에 크게 기여할 수 있는 분야로 볼 수가 있는 것이다. 화용론이 역사가 따지고 볼 것 같으면 Chomsky의 통사론의 그것보다 긴데도 불구하고 이렇게 두 분야 간에 학문적 차이가 나게 된 것은 결국에는 화용적 현상을 통사적 현상처럼 과학적으로 기술하고 설명하는 것은 아주 어려운 일이기 때문이라고 볼 수가 있다.

우선 그 동안에 제안된 화용론적 이론들은 모두가 구체적인 규칙의 형식이 아니라 추상적인 원리나 가설의 형식을 취하고 있다. 예컨대 최초의 화용론적 이론이라 할 수 있는 Grice의 협력의 원리는 대화시에 청자와 화자가 지켜야할 모두 아홉 가지의 격률로 되어 있으며, Leech의 정중성의 원리는 그들로써 망라될 수 없는 현상도 설명할 수 있는 격률로 되어 있고, Sperber와 Wilson의 관련성의 이론에서는 그들을 대화자는 으레 언어로 표현된 것과 관련된 정보를 최대한 추리해내야 한다는 식의 하나의 인지적 원리로 합쳐버렸다.

그 다음으로는 그 동안에 있었던 화용적 사실들에 대한 논의도 모두가 엄격한 규칙의 형식이 아니라 일반적인 분류나 설명의 형식을 취하고 있다. 예컨대 Grice가 일찍이 제안했던 함의 이론을 그 후에 한 단계 발전시킨 것이 바로 Austin과 Searle의 간접화행이론인데, 언어적 사실에 대한 기술력과 설명력에 있어서 통사론적인 이론보다 크게 떨어진다는 점에 있어서는 그전과 크게 달라지지 않았다. 이들은 간접화행문에 대한 연구를 통해서 문장의 의미에는 언표적인 것과 비언표적인 것, 전언표적인 것 등이 있는데, 이들 중 주로 쓰이는 것이 두 번째 것이라는 사실을 밝혀냈다. 이들은 또한 화행문을 기능에 따라서 주장문, 요구문, 약속문등으로 분류한 다음에 이른바 화행동사에 의해서 화행문의 기능이 달라진다는 사실도 밝혀냈다. 더 나아가서 이들은 두 사람 간에 대화가 성공적으로 이루어지려면 화자의 성실성과 청자의 수용성과 같은 적절성의 조건이 충족되어야 한다는 사실도 밝혀냈다. 그렇지만 이들의 언어적 사실에 대한 분석과 설명의 수준은 실제로는「What time is it?」라는 직접문 대신에「Can you tell me the time?」이나「I wonder what time it is.」와 같은 간접문이 많이 쓰인다는 사실을 지적해내는 정도를 넘지는 못했다.

우연의 일치인지 몰라도 사실은 뇌과학자들의 화용적 능력과 관련된 부위나 영역에 대한 연구의 열도 어휘나 통사적 능력과 관련된 부위나 영역에 대한 것보다 크게 떨어진다. 한마디로 말해서 두 반구의 기능적 상보성을 내세우다 보니까 우반구에 대한 연구도 하게 되었고, 그러다 보니까 결과적으로는 화용적 능력이 어휘나 통사적 능력과 다르다는 것을 알게 되었지, 본격적으로 그것에 대한 연구를 시작한 것은 아니었다. 그러니까 앞으로 언어학 측으로부터 더 많은 양의 화용론적 이론이나 지식이 공급되게 되면 뇌과학자들의 연구 경향이 크게 바뀌게 될 수 있는 배경이 이미 만들어져 있는 셈이다.

이것의 한 증거로는 Martin등(2002)이 최근에「언어와 어휘적 처리(Language and Lexical processing)」라는 논문에서 우반구를 화용적 언어처리를 전담하는 곳으로 보려는 일반론은 아직 재검토할 여지가 많다고 주장하고 있다는 사실을 들 수가 있다. 이들도 일단은 우반구를 화용적 언어처리 작업에 깊숙이 관여하는 곳으로 보는 의견에는 동의를 한다. 이런 동의의 근거로 이들은 우반구에 손상을 입은 환자들의「Can you reach the bowl?」과 같은 간접 요구문이나 농담, 반어적인 평, 은유 등의 이해력은 좌반구에 손상을 입은 환자들의 그것보다 크게 떨어진다는 사실과, 정상인들에 있어서 우반구에서는 좌반구에서와는 다르게 최대로 확대되거나 간접적인 어휘의 의미까지도 처리되고 있다는 사실 등을 들었다.

그러나 이들은 교통사고 등으로 아무런 외상없이 앞머리를 다친 환자들은 까끔씩 화용적 이상 증상을 보이게 된다는 사실을 근거로 내세워서 적어도 당분간은 좌우반구의 전두엽도 우반구와 같은 역할을 하는 것으로 보는 것이 맞는 일이라고 주장했다. 예컨대 이런 환자들은 어떤 이야기를 할 때 문장 간에 응집성이 적절하게 유지되도록 하지 못하거나 아니면 그 내용을 크게 줄이고 있었다. 이들은 또한 다른 사람과 대화를 하는 경우에 있어서는 상대방의 입장을 전혀 고려하지 않는 문제점도 드러냈다. 그렇지만 이들은 마지막에 이런 증상은 어휘의 회상력이나 작업 기억력의 이상이 있다는 점을 감안한다면 전두엽 손상자에 대한 연구도 앞으로 더 많이 이루어져야 한다는 것은 더 말할 나위가 없다는 단서를 달고 있다.

(2) 의미론

언어는 궁극적으로 의미적 표현체이다. 그러므로 언어연구를 일단 화용론을 배제시킨 상태에서 할 수는 있으나 의미론을 배제시킨 상태에서 할 수는 없다. 의미 표현의 단위는 어휘로도 볼 수가 있고 문장으로도 볼 수가 있으니까 어휘론에서도 의미에 대한 연구를 할 수가 있고 통사론에서도 의미에 대한 연구를 할 수가 있는데, 가령 전자를 어휘적 의미론으로 부르고 후자를 문장적 의미론으로 부르자면 그 동안에 많은 발전과 논란이 있어왔던 것은 역시 의미론이 통사론과 겹쳐질 수밖에 없는 문장적 의미론에서였다.

그런데 우선 기본적으로 의미론은 통사론보다 난해할 수밖에 없는데, 그 이유는 문장의 형식이나 구조를 형식주의적인 방법으로 기술하는 것보다 어휘나 문장의 의미를 그렇게 하는 것이 훨씬 어렵기 때문이다. 거기에다가 의미는 다분히 객관적인 실체라기보다는 일종의 심리적 실체인 탓으로 형식적인 방법으로 기술하기가 대단히 어려울 수밖에 없다. 더 나아가서 언어는 많은 경우에 일정한 상황에서의 용법이나 기능을 그 의미로 보아야 하기 때문에 형식적인 방법으로 기술하기가 대단히 어려울 수밖에 없다.

그런데 사실은 그 동안에 의미론이 통사론보다 발전하지 못했던 것은 의미론의 이런 태생적 속성 때문이 아니라 통사론이 언어 연구의 학세를 이미 잡아버렸기 때문이었다. 그게 그렇다는 것을 단적으로 드러내주는 사실이 아마도 Chomsky가 내세운 변형문법이론은 그동안에 의미론과의 관계를 어떻게 설정하느냐 하는 것이 가장 핵심적인 문제점의 하나로 부상된 것은 사실이지만, 그렇다고 해서 통사론 중심의 언어기술 모형이 바뀐 적은 한 번도 없었다는 사실일 것이다. 지난 4,50년간의 변형문법의 발전의 역사는 의미론적인 문제가 통사론적인 토의에 개입되지 못하도록 하는 역사나 다름이 없었다.

구체적으로 말할 것 같으면 1970년대에 이르러 변형문법이론은 표준이론으로부터 확대표준이론으로 바뀌게 되는데, 바로 이런 수정작업의 도화선으로 작용한 것이 의미의 문제였다. 이때 변형주의자들은 크게 Katz와 Postal, Lakoff등을 중심으로 한 생성의미론자와 Jackendoff와 Klima등을 중심으로 한 해석의미론자로 나뉘게 되었는데, 두 파의 이름이 흥미롭게도 모두 통사론자가 아니고 의미론자 였다는 사실이 이때의 쟁점이 무엇이었는가 하는 것을 웅변적으로 말해주고 있다. 예컨대 생성의미론자들이 주장하는 바는 의미해석이 이루어지는 심층구조를 더 추상적인 것으로 만들어서 결과적으로는 변형절차의 역할을 더 확대하자는 것이었고, 해석의미론자들의 그것은 변형절차의 역할은 제한을 하고서 그 대신에 어휘부의 역할을 일정하게 인정하자는 것이었다.

이들 중 Chomsky의 지지를 받은 쪽은 해석의미론자들이었고, 따라서 큰 의미에서는 Jackendoff가 이른바 「주류파」에 속했던 것은 의심할 여지가 없다. 그렇지만 엄밀하게 따지자면 그의 언어관은 이때 이미 통사론 중심의 것으로부터 의미론 중심의 것으로 바뀌어 있었다고 볼 수가 있다. 앞에서 이미 살펴보았듯이 그는 이 무렵에 여러 가지 저서와 논문을 통해서 자기 나름의 독자적인 언어관을 내세우고 있었는데, 의미적 구조는 통사적 규칙에 투사적 규칙을 적용함으로써 얻어지는 것이 아니라 그것과 대등하게 독립적으로 존재한다는 말이나 언어적 의미이론은 개념구조에 대한 일반이론의 한 하위이론이라는 말, 의미구조를 이루고 있는 실체들은 인간의 정신이 이 세계에 대해서 만들어낸 구조체, 즉 우리의 내재적 인지능력의 일부라는 말 등이 그의 그런 언어관을 잘 나타내는 말들이었다.

그런데 최근에 Bezuidenhout(2006)는 Chomsky의 언어체계모형과 Jackendoff의 언어체계 모형이 이렇게 크게 달라진 것은 통사론과 의미론 간의 경계선에 대한 견해의 차이에서 나온 것이라기보다는 오히려 의미론과 화용론간의 경계선에 대한 견해의 차이에서 나온 것이라고 보아야 한다고 주장하고 나섰다. 그가 보기에는 둘 다 정신주의자임에도 불구하고 앞사람은 언어는 단일체계구조로 되어 있어서 화용적 정보는 언어체계내의 논리형식과 언어체계 밖의 개념의도체계간의 인터페이스에 의해서 얻어지게 된다는 통사론 중심의 언어체계관을 가지고 있는데 반하여, 뒷사람은 언어는 음운체계와 통사체계, 개념체계 등이 병렬적으로 움직이는 3체계 구조로 되어 있어서 화용적 정보를 도출해내는 인터페이스에도 음운체계와 통사체계간의 것을 위시하여 통사체계와 개념체계 간의 것, 음운체계와 개념체계간의 것 등의 세 가지가 있다고 보는 의미론 중심의 언어체계관을 가지게 되는 식으로, 이들의 언어체계관에서는 같은 점보다 다른 점이 훨씬 더 크게 드러나 있었다.

그런데 그가 보기에는 언어 체계모형에 대해서 이렇게 대척적인 두 가지 견해가 있게 되었다는 사실보다 더 중요한 것이 실제로 그 동안에 언어연구를 주도해온 것은 바로 Chomsky의 것이었다는 사실이었다. 다시 말하면 그가 보기에는 의미론적 연구나 화용론적 연구마저도 지금까지는 그의 통사론 중심의 언어체계모형의 틀 안에서 이루어져 올 수밖에 없을 만큼 Chomsky의 언어이론이 언어연구 전체의 대세를 잡고 있었던 것인데, 이것의 한 근거로 볼 수 있는 것이 최근에 Carston(2002)이 「기능적 독립성 원리」라는 반 Grice적인 화용이론을 내세운 사실이었다.

Carston의 화용이론은 Chomsky의 통사론 중심의 언어처리모형을 일단 맞는 것으로 받아들인 상태에서 만들어진 것이라는 의미에서 그동안에 Grice의 함의 이론을 기반으로 해서 발달해 온 전통적인 화용이론과 크게 다르다. 그녀의 생각으로는 문장의 의미해석 절차의 출발점이 되는 것은 논리형식으로서, 여기에서 먼저 어휘적 의미와 문법적 의미가 하나로 합쳐진 것, 즉 명제적 의미를 얻은 다음에 그것에 그 밖의 문맥적이거나 상황적인 의미를 추가시키는 것이 의미해석의 기본절차이었다. 그러니까 그녀는 의미조직을 통사조직과 별도의 것으로 보거나, 아니면 함의적의미를 명시적 의미와 아무런 관계가 없는 것으로 보려는 많은 화용론자들의 발상법을 잘못된 것으로 본 것이다.

그러나 우리의 입장에서 보았을 때 Bezuidenhout의 논문이 궁극적으로 우리에게 시사해주고 있는 것은 바로 의미론이나 화용론에 대한 연구는 결국에 언어적 체계와 지식이나 사고체계와 같은 비언어적 체계간의 상호교섭에 대한 연구가 될 수밖에 없기 때문에, 통사론에 대한 것보다 태생적으로 어렵게 되어 있는데, 지금까지의 연구결과로 보아서는 언제쯤 우리가 바라는 수준까지 이 연구가 발전하게 될지는 아무도 모른다는 점이다. 예컨대 그는 이 논문의 결론을 지금으로서는 누구도 Jackendoff가 내세우는 개념체계 중심의 의미론과 Chomsky나 Cartson이 내세우는 통사체계 중심의 의미론 중 어느 것이 더 나은지를 자신있게 말할 수 없다는 식으로 내리고 있다(p.190).

의미론의 현황과 앞날이 이렇게 크게 만족스럽고 밝지 못하다는 사실은 곧 뒤집어 볼 것 같으면 이 분야는 이제 막 개척이 시작된 분야나 다름이 없기 때문에 앞으로는 이 분야에서 새로운 언어적 정보나 지식이 많이 획득될 가능성이 매우 높다는 말이나 같은 말이어서, 지금까지는 많은 뇌과학자들이 통사론 중심의 연구방식을 유일한 연구방식으로 알아왔었다는 사실을 감안한다면 그런 가능성은 바로 언어와 뇌의 관계에 대한 연구에서 새 돌파구가 마련될 수 있는 가능성과 직결되어 있다고 볼 수도 있다. Jackendoff와 Cartson의 이론으로 익히 알 수 있듯이 의미론의 핵심적인 과제는 역시 언어와 사고의 한계를 밝히는 일이다. 이런 의미에서도 앞으로 의미론의 발전은 뇌과학 발전의 새로운 추진제가 될 수 있다고 볼 수가 있다.

(3) 인지언어학

언어학의 발전과정을 흔히들 음운론과 어형론, 통사론의 발전에 이어서 의미론과 화용론의 발전이 있게 되는 식으로 보는데, 이런 시각에서 보자면 1980년에 이르러 인지언어학이라는 새 언어이론이 등장하게 된 것은 같은 무렵에 의미론과 화용론이 통사론과 마찰을 빚는 현상이 일어나게 된 것과는 전혀 다른 성격의 변화임이 분명하다. 간단히 말하자면 앞의 현상은 언어학의 정상적인 발전과정의 일부로 볼 수 있는데 반하여 뒤의 현상은 지금까지의 그것의 학풍 자체에 근원적인 변화가 일어나는 현상 즉, 언어학내의 일종의 혁명적인 현상으로 볼 수가 있다. 따라서 적어도 이론상으로는 인지언어학적 연구의 결과가 의미론적이거나 화용론적 연구의 결과보다 뇌과학의 발전에도 더 큰 영향을 주게 될 것이라는 것은 더 말할 나위가 없다.

그런데 현재의 상황으로 보았을 때 그렇게 될 가능성은 거의 없다고 보는 것이 맞는 일인데, 그 이유는 이 언어학의 언어이론이 아무리 외양상으로는 그럴듯한 것이라고 할지라도 그것의 학세의 크기가 그 동안의 학세를 누를 수 있을 만큼 크지는 못하기 때문이다. 간단히 말할 것 같으면 이 언어학의 언어이론은 Chomsky의 변형주의적 언어이론에 대한 일종의 「안티테제」적인 것이다. 그러니까 이 언어학의 등장으로 그의 언어이론으로는 설명할 수 없는 언어현상을 설명할 수가 있게 된다든지 아니면 동일한 언어현상을 전혀 다른 방법으로 설명할 수 있게 된다든지 해서 언어연구의 양태가 그전보다 더 다양해졌다고 말할 수는 있을지는 모르지만, 그것의 언어이론이 그동안까지의 변형주의적 언어이론을 대신해서 언어학의 흐름을 주도하게 되었다고 말할 수는 없는 것이다.

그러니까 지금의 언어학의 상황은 다른 말로는 변형주의적 언어이론이 학세의 주도권을 잡은 상태에서 이 언어학의 언어이론이 일종의 2류 적인 학세를 이루고 있다는 식으로 묘사될 수가 있을 텐데, 상황이 이렇게 되는 근본적인 원인은 변형주의적 언어학 측에 있는 것이 아니라 이 언어학 측에 있다. 우선 이 언어학의 역사 자체가 변형주의적 언어학의 그것보다 짧은데다가, 연구 인원의 수와 연구업적의 양에 있어서도 변형주의적 언어학보다 크게 떨어진다. 그러나 이런 외형적인 원인보다 더 근원적인 원인으로 볼 수 있는 것이 바로 이 언어학은 하나의 대이론을 기반으로 한 것이 아니라 잡다한 소이론들을 기반으로 한 것이라는 사실이다. 예컨대 이 언어학은 우선 크게는 때로는 인지문법론으로 불리기도 하고 때로는 인지의미론으로 불리기도 하는 식으로 연구 분야가 고정되어 있지 않고, 작게는 Langacker의 「심상구도이론」이나 Lakoff의 「개념적 구조이론」, Fauconnier의 「인지적 혼합이론」, Sweetser의 「의미적 합성이론」, Traugott의 「문법화이론」 등을 하나로 통합시킨 언어학으로 알려져 있다.

학문의 역사로 보았을 때 군소이론의 집합체가 한 학문의 대세를 잡은 적이 없다.

그럼에도 불구하고 앞으로 이 언어학의 발전이 뇌과학의 발전에 일정한 기여를 하게 될 것이라고 기대하는 것은 이 언어학은 Chomsky의 형식주의적 언어학과는 정반대적인 인지주의적 언어학이기 때문이다. 한마디로 말해서 이 언어학에서 내세우는 언어이론들은 Chomsky가 내세우는 언어이론보다 뇌과학에서 훨씬 더 쉽게 받아들여질 수가 있는데, Langacker(2006)의 「언어연구의 궁극적인 목적은 언어를 인지적 실체로 기술하는 것이다. 인지문법에서 보는 바에 따르자면 언어적 구조는 궁극적으로 신경활동의 반복적인 유형으로 환원되게 되며, 그것의 다면적인 복잡성 때문에 은유적으로 말해서 언어는 컴퓨터 프로그램이나 논리적 연역체계보다는 생물학적 유기체에 훨씬 가깝다.」와 같은 말을 통해서 그런 사실을 익히 짐작할 수가 있다(p.539).

인지언어학자들의 언어이론이 얼마나 인지주의적인가하는 것은 그들 하나하나의 구체적인 언어관을 살펴보게 되면 당장 알게 되어있다. 먼저 Langacker의 「심상구도이론」이 어떤 것인가를 알아볼 것 같으면, 이것에서는 언어는 우선 개방적인 어휘체계와 폐쇄적인 문법체계로 이루어져있는데, 이들 중 두 번째 것이 바로 여러 가지 심상적 구도로 구성되어있는 하나의 개념적 구조체로 되어있다고 본다. 여기에서 말하는 개념적 구조체란 우리의 일반적인 지각력과 인지력에 의해서 만들어지는 것이다. 따라서 문장을 만드는 데 필요한 문법적 규칙들을 Chomsky처럼 언어특유의 것으로 보는 대신에 일반적인 인지력에 의해서 만들어지는 것으로 본다는 점이 그의 언어이론의 제일 큰 특징이 되는 셈이다.

그의 이런 문법이론은 「구문(construal)」이라는 개념을 중심으로 해서 세워진 것이기 때문에 이 개념이 어떤 것인가를 살펴보게 되면 그의 문법이론이 얼마나 반 Chomsky적인 것이고 인지주의적인가 하는 것을 쉽게 알 수가 있다. Taylor(2009)는 최근에 「인지의미론(cognitive semantics)」이라는 논문에서 구문화의 과정을 「The cat is on the mat.」라는 문장을 예로 해서 설명한 바가 있는데, 그는 여기에서 작게는 Langacfker의 문법이론의 핵심적 발상법이고 크게는 인지언어학 전체의 기본적인 언어사상의 정곡을 찌르고 있다.

그의 설명에 따르면 이 문장은 얼핏 보기에는 고양이와 매트에 관해서 관찰된 상황을 완전하면서도 객관적으로 언어화한 것처럼 받아들이기가 쉬운데, 사실은 꼭 그렇지는 않다는 것이다. 이 상황을 놓고서 화자가 「고양이가 매트 위에 있다」고 말을 하게 된 것은 그가 자기의 지각기구와 인지기구에 의해서 이 장면을 이런 식으로 범주화하고 구조화했기 때문이라는 것이다. 다시 말하자면 문장이란 인지적으로 구조화된 것을 언어로 표현한 하나의 구문이라는 것이 그의 생각이다.

그는 이런 구문화작업의 기저가 되는 인지기구에는 어느 장면을 전경 대 배경으로 나누어 인지하는 기구와(이래서 앞의 장면을 보고서 「The mat is under the cat.」와 같은 말을 하지 않게 된다) 어느 상황을 사물간의 힘의 동력관계로 인지하는 기구 등이 있다고 본다. 예컨대 공이 마루에 굴러가는 장면을 놓고서 「The ball rolled along the floor.」와 「The ball kept rolling along the floor.」라는 두 가지 문장이 쓰였다면 그것은 화자의 인지방식에 공의 움직임은 그것의 본래적 속성에서 비롯된 것이라고 본다는 것과, 공의 움직임을 저항하려는 힘이 있기는 한데 그것이 그렇게 할 수 있을 만큼 크지는 못하다고 보는 것의 두 가지가 있기 때문이라는 것이다(p.80).

그 다음으로 Lakoff의 「개념적 구조이론」이 어떤 것인가를 살펴볼 것 같으면 이것의 핵심적 발상법으로 볼 수 있는 것이 바로 우리에게는 「이상적인 인지모형」이 있어서 어휘적 범주화 작업이나 문장적 구조화 작업은 으레 이것이 기저가 되어서 이루어지고 있다는 생각이다. 그가 1987년에 낸「여자와 불, 위험한 것들 : 범주를 통해서 마음에 대해서 알게되는 것(Women, fire, and dangerous things : what categories reveal about the mind)」라는 책의 이름대로 그는 어휘와 문장은 결국에 각자가 가지고 있는 인지모형에 의해서 이루어진 범주화와 명제화의 작업의 결과물을 언어로 바꾼 것이기 때문에 우리의 정신구조를 알아내는 데 최선의 증표로 쓰일 수 있는 것은 바로 언어적 표현체라고 생각한 것이다(그가 조사한 바에 따르자면 호주의 한 원주민의 말에서는 여자와 불과 위험한 것들이 하나의 범주로 묶여 있었다).

그는 그런데 흥미롭게도 자기의 언어이론의 근거로 은유와 환유의 현상을 들었다. 우리의 일상적인 언어 안에 은유와 환유적인 표현이 대단히 많이 들어있다는 것은 곧 우리의 인지절차 중 가장 핵심적인 것의 하나가 은유적이거나 환유적인 것이라는 사실의 가장 확실한 증거라는 것이다. 더 구체적으로 말하자면 우리의 인지체계 내에는 일정한 수의「개념적 은유」가 들어있는데, 이런 추상적인 지식이나 개념들이 구체적인 언어적 표현의 형식을 취하게 된 것이 바로 은유라는 것이다. 예컨대 영미인들의 인지체계 내에는「논쟁은 전쟁이다」라는 개념적 은유가 들어있는 탓으로 영어에서는「Your claims are indefensible.」이나「His criticisms were right on target.」과 같은 표현들이 많이 쓰이고 있다는 것이다(1980: p.4).

세 번째로 Fouconniers의「인지적 혼합이론」의 내용을 살펴볼 것 같으면 이것은 크게 정신적 공간과 혼합이라는 두 개념을 기본 축으로 해서 만들어진 이론이다. 우선 정신적 공간이란 Langacker의 심상적 구도나 Lakoff의 개념적 구조에 해당하는 것으로서 언어처리시에 화자가 머리 안에 설정하는 개념적 표현체이다. 그 다음으로 혼합이란 두 개나 그 이상의 정신적 공간이 서로 섞여서 새로운 정신적 공간이 생겨나는 절차이다. 그러니까 이것은 Langacker와 Lakoff가 사용한 사상이라는 개념을 한층 더 동적인 것으로 강화시킨 것으로 볼 수가 있다. 예컨대 이 이론에 따를 것 같으면 「인생은 연극이다」라는 은유문이 처리되는 절차는 먼저 원천어 공간(예: 인생)과 목표어 공간(예: 연극)의 두 입력공간이 설정되게 되면 그 다음에는 이들 간의 공통적 자질을 바탕으로 해서 하나의 포괄적 공간이 생겨나게 되고, 마지막에는 이것을 참조하면서 두 개의 입력공간들이 혼합됨으로써 하나의 출력공간이 생겨나는 식이 된다(Fouconnier, G. and Turner, M.2002).

3. 심리학의 기여

이 연구의 기본적인 목적으로 보았을 때 앞으로 이것의 발전에 언어학이 기여할 수 있는 바는 직접적이거나 일차적인 것인데 반하여, 심리학이 앞으로 이것의 발전에 기여할 수 있는 바는 간접적이거나 이차적인 것이라는 것은 더 말할 나위가 없다. 그럼에도 불구하고 이 연구를 주도하고 있는 사람들은 틀림없이 앞으로 이것이 더 크게 발전 할 수 있으려면 적어도 다음과 같은 두 가지 면에 있어서의 심리학으로부터의 도움은 언어학으로부터의 그것에 못지않게 중요하다고 생각해야 한다고 생각할 것이다.

앞으로 이들이 받을 수 있는 심리학적 도움 중 첫 번째 것은 언어처리에 관한 새로운 지식이나 이론을 공급하는 것이다. 심리학자들은 원래부터 우리가 언어를 어떻게 습득하는가나 우리가 언어를 어떻게 처리하는가에 관한 연구는 자기네들 고유의 과제라고 생각해 왔기 때문에, 특히 Chomsky의 언어이론의 등장이 계기가 되어서 심리언어학이라는 하나의 학제적 학문이 탄생되게 된 1970년대 이후부터 그들 나름대로 이런 과제들을 연구하는 데 많은 노력을 기울여 왔으며, 그 결과 아직은 모두가 가설의 수준을 벗어나지 못하지만, 언어습득이나 언어처리에 대한 일정한 지식이나 이론을 얻을 수가 있었다.

(1) 심리언어학적 언어처리 모형

앞에서 이미 살펴보았듯이 지금까지 뇌과학자들도 가장 그럴싸한 언어처리 모형을 찾는 일이 곧 언어와 뇌의 관계에 대한 연구의 궁극적인 과제 중 하나라는 사실을 제대로 인식한 나머지 그 일에 일찍부터 힘을 기울여 왔다. 그렇지만 안타깝게도 그들의 성과는 결국에는 베르니케-게쉬운드의 결합주의적 모형을 아직까지는 최선의 것으로 받아들여야할 정도의 것에 지나지 못했다. 예컨대 현재 알려진 베르니케-게쉬운도 모형은 삼각형의 개념을 써서 개념부와 운동부, 청각부등의 세 거점간의 정보교류의 관계를 보여주는 것이었으니까, 언어처리 모형치고는 가장 기본적이거나 단순화된 것이라고 볼 수가 있다.

이런 것에 비한다면 현재 알려진 심리언어학적 언어처리모형은 한 단계 앞선 것임이 분명하다. 이런 차이는 물론 뇌과학자들의 것은 기본적으로 뇌의 조직과 작동요령을 근거로 한 것인데 반하여 심리언어학자들의 것은 언어사용자의 언어행위를 근거로 한 것이라는 데서 비롯된 것이다. 그리고 굳이 따지자면 심리언어학자들은 처음부터 언어를 이해하거나 생산하는 절차를 연구하는 것을 그들의 가장 기본적으로 과제로 삼고서 언어학적 지식을 많이 활용한 상태에서 정지 및 휴지현상 분석법이나 오류현상분석법과 같은 다양한 연구기법을 개발한 것이 그 원인이라고 볼 수도 있다. 아무튼 지금으로서는 뇌과학자들이 이런 결과를 사실 그대로 받아들이는 것이 자기네 연구를 앞으로 더 발전시키는 데 크게 도움을 받는 길이라는 것은 재론의 여지가 없다.

이런 판단이 잘못된 것이 아니라는 것은 Caplan(2002)이 최근에 「언어의 신경적 기저 : Language, Neural basis of」라는 논문에서 자기 나름대로의 독자적인 심리언어학적 언어처리모형을 제안하면서, 이것은 다분히 단순화된 것임에도 불구하고 「언어체계의 정보처리적 양상들을 충분히

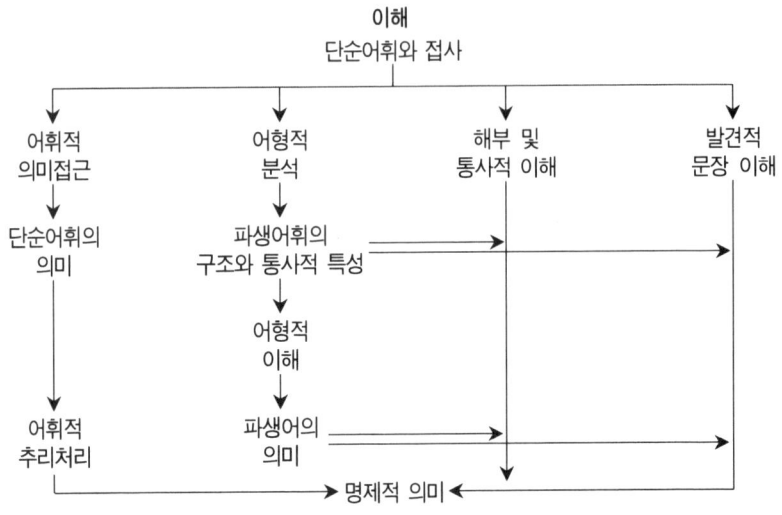

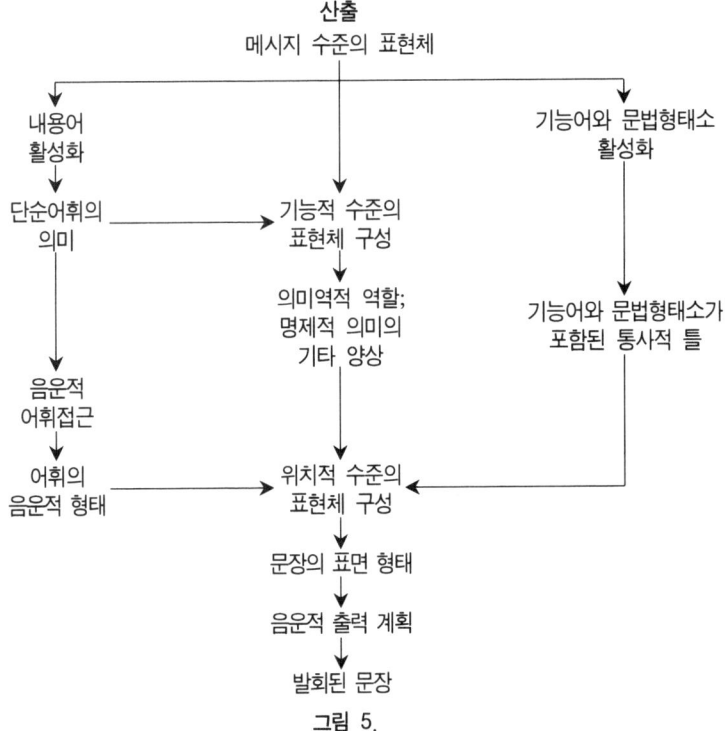

그림 5.

보여주고 있어서 언어의 신경적 기저에 대해서 심리언어학적 접근법을 적용시키는 데 하나의 적절한 출발처가 될 수 있다」와 같은 말을 하고 있다는 사실로써 익히 알 수가 있다. 간단히 말하자면 그는 이 자리에서 앞으로 뇌과학자들의 언어처리체계에 대한 연구는 심리언어학자들이 만들어 놓은 모형을 일종의 기준형으로 삼은 상태에서 이루어져야 한다는 것을 선언하고 있는 것이다. 이런 의미에서 그가 제안한 그림 5와 같은 모형은 여기에서 상세하게 검토해볼 만한 가치가 충분히 있는 것이라고 볼 수가 있다(pp.660~662).

Caplan의 이런 모형이 근본적인 면에 있어서는 그동안에 심리언어학자들이 내세워온 모형과 대동소이한 것이라는 것은 그동안에 그들이 내세워온 모형은 으레 언어처리절차를 크게 3단계로 보는 견해에 의해서 만들어졌다는 사실로써 익히 알 수가 있다. 예컨대 Levelt(2003)의 설명에 따르자면 먼저 언어 산출체계는 개념화부와 형태화부, 조음부 등의 세 가지 부분으로 이루어져 있어서, 그 절차도 우선 개념화부에서 화자의 의사소통적 의도에 따라서 메시지나 개념적 구조가 형성되게 되면, 그 다음에는 형태화부에서 문법적 기호화 과정과 음운적 기호화과정을 차례로 거치면서 그것에 대응하는 언어적 형태를 산출하게 되고, 마지막에는 조음부에서 조음적 동작의 연쇄체로 그것을 바꾸는 일을 집행하게 되는 식이 된다는 것이다. 쓰기의 경우에는 물론 그 연쇄체가 손놀림에 관한 것이 된다는 것도 그는 회상시켰다.

그 다음으로 언어이해 체계는 지각적(청각적 또는 시각적) 해독부와 해부부, 해석부 등의 세 가지 부분으로 구성되어 있어서, 그 절차도 먼저 지각적 해독부에서 입력된 자료를 언어적으로 해부할 수 있는 기호와 사상시키는 작업이 이루어지게 되면, 그 다음에는 해부부에서 문장을 통사적 규칙에 따라서 점진적으로 분해해가면서 그것의 의미를 파악하는 작업이 이루어지게 되고, 마지막에는 해석부에서 그렇게 얻어진 문장의 의미를 그것의 운율적 특성이나 상황적 내지는 문맥적 의미에 의해서 조정해감으로써 발화자의 의도된 의미를 추리해내는 식이 된다는 것이다. 그러니까 쉽게 말해서 심리언어학자들이 내세운 언어처리 모형은 언어의 조직에는 크게 음운적인 것과 통사적인 것, 의미적인 것, 화용적인 것 등의 네 가지가 있다는 언어학적 이론과 일치하는 것이다.

그런데 사실은 그의 언어처리모형이 그 동안에 심리언어학자들이 내세워온 것을 모형으로 한 것이라는 것을 단적으로 드러내 주고 있는 것은 바로 해부를 언어이해의 절차의 가장 핵심적인 작업으로 보고 있다는 점이다. 그 동안에 심리언어학자들은 해부라는 개념을 중심으로 해서 언어이해 모형을 개발시켜왔다. 따라서 그가 언어이해절차 중 통사적 처리와 관련된 부분을 해부적인 것과 발견적인 것의 두 가지로 잡았다는 것은 그의 언어이해 모형은 결국에는 이미 널리 알려진 심리언어학적인 것을 기본적인 골자는 그대로 둔 채 주변적인 부분만을 약간 변형하거나 확대한 것에 지나지 않는다는 것을 잘 드러내주는 증거이다. 더구나 그는 도표에는 발견적인 문장이해 절차가 따로 있는 것으로 해놓고 구체적으로 그것이 어떤 것인가에 대해서는 아무런 말도 하지 않고 있다. 그런데 일찍이 Bever(1970)같은 사람은 해부절차를 일종의 발견적인 절차로 보았었다. 이런 의미에서 보아서도 그가 수정하거나 확대한 부분은 중복적이거나 주변적인 부분에 지나지 않는다는 것이 확실하다.

그동안에 심리언어학자들이 내세운 해부절차가 구체적으로 어떤 것인가를 살펴보게 되면 그가 왜 이렇게 했는가가 저절로 드러난다. 심리언어학자가 보기에는 문장을 이해하는 절차는 그것을 구성하고 있는 단어들의 의미를 알맞게 연결시켜가는 절차이었다. 다시 말하자면 언어학자와는 다르게 그들은 문장의 의미를 이해하는 데는 으레 통사적인 작업과 어휘적인 작업, 화용적인 작업 등이 동시에 이루어지게 되어 있다고 생각했으며, 그래서 그 절차를 해부라는 특이한 이름으로 부르기 시작했다. 그러니까 이들의 생각으로는 실제로 어떤 해부절차가 쓰이고 있는가를 밝히는 일이 바로 언어이해절차를 밝히는 일이었는데 안타깝게도 그동안에는 그 일이 그렇게 쉬운 것이 아니라는 사실만이 확실하게 드러나게 되었다.

그 이유는 물론 크게 보았을 때 언어이해의 작업은 언어학적 지식이나 이론대로 이루어지지 않기 때문이었다. 그러니까 이들은 언어학이나 컴퓨터공학 등으로부터 일정하게 도움을 받아가면서 자기네들 나름의 독자적인 해부모형을 개발해내야 했는데, 지금까지의 심리언어학의 역사는 이 과제에 대한 연구의 역사라고 말할 수 있을 정도로 이 일은 어려운 일이었다. Anderson(2006)의 설명에 따르자면 처음에는 Frazier(1979)의 「정원길 모형」처럼 통사적 처리작업을 그것의 전부로 보는 일종의 통사론적 모형이 가장 지배적인 것으로 받아들여졌다. 통사론자들은 으레 문장의 구조를 기술하는 작업 중 첫 번째 것은 구구조 규칙에 따라서 통사적 수형도를 단계별로 그려보는 것이라고 주장해왔는데, 이런 문법적 파생의 발상법을 언어 이해의 경우에 그대로 적용시킨 것이 바로 이 모형인 셈이다. 예컨대 그는 「The horce raced past the barn fell.」과 같은 정원길 문장을 일반적으로 제대로 처리하고 있는 점으로 보아서 이 모형이 타당성이 있는 것이라고 볼 수가 있다고 주장했다.

그러나 그 후 이런 통사론적 모형의 한계성이 드러나게 되면서 상호교섭적 모형들이 그것의 대안으로 제안되게 되었는데, 그중 대표적인 것이 바로 MacDonald 등(1994)이 제안한 「제약기저 모형」이다. 이들은 의미가 하나가 아니라 두 가지로 해석될 수 있는 중의문에 대한 실험을 통해서 해부작업은 단 하나의 통사론적 절차에 의해서 이루어지는 일종의 연쇄적 작업이 아니라 통사적 정보뿐만 아니라 의미적 정보와 문맥적 정보,

화용적 정보, 사용빈도에 대한 정보 등이 상호교섭적으로 같이 사용되는 일종의 병렬적 작업임을 알게 되었다고 주장하고 나섰다. 특히 이 모형의 핵심사상은 결국에 언어이해시에는 으레 의미적 기준이 통사적 기준을 지배하게 된다는 것이었기에 이것의 등장으로써 언어이론 의존의 전통은 이미 깨진 것이나 다름이 없었다.

그런데 최근에 Clifton등(2003)이 「구조창출 모형」을 제안한 것이 계기가 되어서 통사적 절차의 역할에 대한 논의가 다시 살아나게 되었다. 이들은 한마디로 말해서 이번에 상호교섭적 모형의 한계성을 지적하고 나선 것인데, 그러다보니까 이들의 모형은 다시 통사론 중심의 것이 될 수밖에 없었다. 이들이 연구의 대상으로 삼은 것은 「The defendant examined by the lawyer turned out to be unreliable.」과 같은 축약 관계사절을 포함하고 있는 문장들의 이해절차이었는데, 여기에서 얻은 결론은 이런 문장들의 처음에는 잘못했다가 그 뒤에 바로 잡는 식의 처리작업은 으레 의미적 기준에 의해서가 아니라 통사적 기준에 의해서 이루어진다는 것이었다.

물론 해부에 대한 논쟁이 아직도 이렇게 심리언어학내에서마저 제대로 정리가 안되어 있음에도 불구하고 Caplan이 그것을 자기의 언어처리 모형의 기본개념으로 내세운 것은 틀림없이 그는 그 동안에 뇌과학자들이 내세운 모형과 그 동안에 심리언어학자들이 내세운 모형간의 차이는 바로 이것에서 비롯된다고 보았기 때문 일 것이다. 그의 생각이 맞다면 그러니까 우선 뇌과학자들이 앞으로 이 연구를 더 발전시키는 데 큰 도움을 줄 수 있는 것이 앞으로 심리언어학의 분야에서 얻어지는 해부절차에 관한 지식이나 이론이라고 볼 수가 있다.

그런데 따지고 보자면 그 동안에 심리언어학에서 이제 겨우 개념적으로 착안만 했지 아직 미해결의 상태로 남아있는 과제가 이것뿐인 것은 아니다. 우선 크게 보았을 때 언어이해의 절차에 대한 연구보다 언어 산출에 대한 연구는 크게 뒤떨어져있다. 그리고 구체적으로는 언어이해의 절차에 대한 연구도 그동안의 것들은 대개가 듣기에 관한 것이 아니라 읽기에 관한 것이었다. 하물며 현재로서는 어느 심리언어학자도 문장 단위의 수준에서 대화나 담론 단위의 수준으로 언제쯤에 언어이해나 언어 산출에 대한 연구가 격상되게 될는지에 대해서 확언할 수가 없다.

그런데 사실은 그동안에 일부 심리언어학자들은 언어의 단위는 어휘라는 생각에 집착한 나머지 언어이해의 절차에 대한 연구도 어휘를 단위로 한 상태에서 진행시켜왔다. 그런데 무엇보다도 흥미로운 사실은 이러다 보니까 이들은 해부라는 개념보다도 어떤 의미에서는 훨씬 더 독자적인 개념을 설정하게 되었다는 점인데, 정신적 어휘부라는 개념이 바로 그것이다. 정신적 어휘부란 의미적 표현체가 저장되어있는 곳이어서, 이해를 하는 경우이건 산출을 하는 경우이건 간에 언어처리 작업은 으레 여기가 중심부가 되어서 이루어지게 되어있다고 이들은 생각을 한 것이다. 그러니까 이들은 언어처리절차란 결국에 우리의 머리 안에 있는 정신적 어휘부가 활성화되는 절차 즉, 그곳에 들어있는 어휘에 신경감각적으로 접근해가는 절차라고 생각을 한 것이다. 예컨대 이들은 말을 듣는 경우의 심리적 절차는 귀를 통해서 지각되는 언어음이 그런 음운적 형태를 가진 어휘를 정신적 어휘부에서 활성화시키게 되면서 그것의 의미를 알게 되는 절차이고, 말을 하는 경우의 그것은 어떤 의미를 나타내는 어휘의 추상적인 형태가 언어적인 형태로 바뀌게 되는 절차라고 생각한 것이다.

그 동안에 많은 심리언어학자들의 정신적 어휘부와 관련된 문제에 대한 연구덕분에 어휘탐색절차에 관한 이론에는 크게 「어소(logogen)모형 이론」과 「연대(cohort)모형 이론」의 두 가지가 있을 수 있다는 것을 알게 되었다. 어소 모형이론은 일찍이 Morton(1969)이 제안했던 것으로서, 어휘를 탐색해내는 절차는 해당어휘를 한 번에 한 음소씩 연쇄적으로 추적해 가는 절차라는 것이 그 요점이었다. 이 이론을 일종의 연쇄적 처리 이론으로 치자면 곧 이어 일종의 병렬적 처리 이론이 제안되게 되었는데 Marslen-Wilson과 Welsh(1978)가 제안한 연대모형 이론이 바로 그것이었다. 이 이론에 따를 것 같으면 어휘를 탐색해가는 절차는 초기의 자극으로 시작되는 병렬적 작업을 통해서 여러 개의 후보어 가운데서 가장 적절한 것을 골라내는 절차이었다.

굳이 따지자면 연대모형 이론은 최근까지도 계속적으로 발전되어 나왔는데 반하여 어소모형은 그렇지를 못했다. 예컨대 McClelland와 Elman (1986)이 제안한 「흔적(TRACE)이론」과 Norris등(2000)이 제안한 「병합(merge)이론」 등이 다 그런 것들이다. 그렇지만 일부에서는 아직도 수정된 연쇄적 처리 이론들을 제안하고 있는 점으로 보아서 두 이론 간의 논쟁이 끝이 난 것은 아니라는 것이 분명하다. 예컨대 일단 여러 가지 실험을 통해서 말을 듣는 경우와 글을 읽는 경우의 심리적 절차가 같지 않다는 것을 알게 된 사람이라면, 어떤 경우에나 들어맞는 하나의 통일된 이론을 만들어내는 일이 그렇게 쉬운 일이 아니라는 것을 쉽게 인식하게 될 것이다.

하기야 언어처리절차를 실험이라는 심리학적인 방법으로 구명하는 일이 간단한 일일 리가 없다. 심리언어학에는 간단히 말해서 이 보다 더 근본적인 문제들이 아직도 미해결의 상태로 남겨져 있다. 예컨대 아직까지는 정신적 어휘부의 조직이 형태와 의미 중 어느 것을 기준으로 해서 되어있는 것인지나, 아니면 그 안에 음운적 표현체와 문자적 표현체가 따로따로 들어있는지에 대해서 심리언어학들이 합의한 바가 없다. 또한 그들 가운데는 정신적 어휘부가 있다면 정신적 통사부도 있다고 보아야 한다고 주장하는 사람도 있다. 더 나아가서는 그들 중에는 언어처리절차를 일반적인 인지절차나 기억절차와 별도의 것으로 보아온 전통을 비판하는 사람도 있다. 그러니까 뇌과학자의 입장에서 보면 심리언어학의 이런 현황은 곧 이것으로부터 앞으로 지금까지 받았던 것보다 더 많은 도움을 받을 가능성이 있다는 의미가 될 수 있다.

(2) 기억작용

아마도 심리학의 분야에서 그 동안에 가장 집중적으로 연구해온 과제 중의 하나가 기억작용의 심리적 절차를 밝히는 것이었을 텐데, 그 이유는 심리학자들은 여러 가지 실험이나 경험을 통해서 이 일은 곧 우리의 인지적 활동의 기저가 되는 학습 작용의 심리적 실체를 밝히는 일의 기본이 된다는 것을 잘 알고 있기 때문이었다. 인간의 행동을 자극 대 반응이라는 단순한 심리적 원리에 의해서 파악될 수 있다고 보았던 행동주의 심리학에서는 더 말할 나위가 없고, 인간의 심리작용 중 가장 핵심적인 것은 분석이나 추리와 같은 작업을 수행하는 인지작용이라고 보았던 인지주의 심리학에서도 기억작용에 대한 연구를 한때라도 중단한 적이 없었다. 특히 최근에는 뇌과학자들이 치매나 건망증에 대한 연구를 자기네들의 과제의 한 가지로 받아들이게 되면서, 일찍이 심리학자들이 밝혀놓은 기억작용에 관한 사실들이 뇌과학적으로 재검토되거나 더 확대되는 현상도 일어나게 되었다. 기억작용이라는 주제를 가지고서 심리학자와 뇌과학자가 공동으로 연구하는 시대가 도래한 것이다.

그런데 우리는 크게 다음과 같은 두 가지 근거에 의해서 기억작용에 관해서 심리학자들이 앞으로 새롭게 찾아내게 되는 사실들은 뇌과학자들이 언어와 뇌의 관계를 밝히는 데 많은 도움을 줄 수 있을 것이라는 것을 추리할 수가 있다. 그중 첫 번째 것은 어떤 의미로 보아서나 지금까지처럼 언어처리절차에 대한 연구를 언어처리절차는 기억작용과는 아무런 관계가 없는 절차로 보는 입장에서 하는 것은 바람직한 일이 아니라는 사실이다. 이것은 곧 뇌과학자들이 앞으로는 실어증에 대한 연구를 심리언어학자들에 의한 기억작용에 대한 연구결과를 최대로 참조하면서 하는 것이 바람직한 일이라는 말이나 같은 말인데, 다음과 같은 두 가지 사실만 가지고도 우리는 왜 그래야만 되는가를 익히 알아차릴 수가 있다.

그중 첫 번째 것은 따지고 볼 것 같으면 실어증학에서 연구하는 실명증과 신경과학에서 연구하는 의미적 기억장애증은 완전히 같거나 아니면 상당히 서로 겹쳐있는 것이라는 사실이다. 예컨대 실어증학에서는 실명증을 어휘를 제대로 대지 못하는 증상으로 정의하는데, 그런 증상은 다름 아닌 기억 장애증 연구에서 말하는 의미적 치매증상, 즉 어휘이해의 능력과 이름대기의 능력을 상실하고, 유창성과 문법성에는 이상이 없으면서도 점진적으로 언어가 퇴화되고 공허해지는 증상인 것이다. 그러니까 결국에는 똑같은 뇌과학자나 신경과학자들이 똑같은 증상을 놓고서 서로 다른 이름으로 부르고 있는 셈이다. (Fraders and Kopelman, 2009: p.755)

그런데 흥미롭게도 지금까지 두 분야에서 거두어들인 연구결과 중에는 서로 같거나 유사한 것이 대단히 많기까지 하다. 예컨대 실어증학에서는 일찍부터 실명증을 발음을 하는 데만 문제가 있는 착어증과 개념자체를 가지고 있는 못하는 의미적 실명증으로 양분해왔는데, 기억장애증 연구에서는 이것을 저장에 장애가 있는 증상과 접근에 장애가 있는 증상으로 양분하고 있다. 또한 실어증학에서는 일찍이 실명증은 명사의 종류나 사물의 범주별로 세분될 수 있다는 사실을 발견했는데, 기억장애증 연구에서도 유사한 사실을 발견할 수 있었다. 예컨대 기억 장애증 연구자들은 최근에 의미적 기억 장애증은 추상어 장애증 대 구체어 장애증으로 나뉘어 질수도 있고, 그림 장애증과 생물어 장애증대 무생물어 장애증으로 나뉠 수 있음을 알아냈다. 그리고 더 흥미로운 사실은 왜 이런 현상이 일어나는지에 대해서는 두 분야 모두에 있어서 아직도 확실한 대답을 내놓지 못하고 있다는 점이다. Mayes(2002)같은 사람은 예를 들어서 현재로서는 측두엽의 뒷부분의 영역에 손상을 입게 되면 인조물에 대한 기억에 장애가 오게 되고 그것의 앞부분의 영역에 손상을 입게되면 생물에 대한 기억력에 장애가 오게 된다고 알려져 있지만 이런 결론이 확정적인 것이 되기 위해서는 앞으로 더 많은 연구가 필요하다고 말하고 있다 (p.764).

그중 두 번째 것은 그 동안에 신경과학자들이 단기나 작업기억 작용에 대한 연구를 집중적으로 한 결과, 일단은 일찍이 Baddeley가 내세웠던 두 경로 모형의 타당성을 신경과학적으로 실증하는 데 성공했을 뿐만 아니라 더 나아가서는 그 동안에 실어증학에서 밝혀졌던 지배적 반구의 현상을 다시 한 번 확인할 수 있게 되었다는 사실이다. 예컨대 이들은 단기 기억장애증에는 크게 음운적 단기기억 장애증과 시각공간적 단기 기억장애증의 두 가지가 있는데, 전자의 병소는 좌반구의 두정엽이 측두엽과 연결되어 있는 부분이라는 사실을 알아냈다. 이 영역에 손상을 입은 환자는 음성어 반복 실험에 있어서 하나나 두 개의 소리만을 반복할 수 있어서, 정상인들이 일곱 개의 소리를 반복할 수 있는 사실과 크게 대조가 되었다.

그런데 음운적 단기기억 장애증 환자 가운데는 가벼운 실어증 증세를 보이는 사람도 있지만 인지적 능력이나 언어적 능력에 있어서는 아무런 이상이 없는 사람도 있었다. 이들의 예컨대 말을 알아듣는 능력이나 음운을 처리하는 능력은 거의 정상적이었다. 이것은 곧 언어적 능력은 음운적 단기 기억의 능력과 똑같이 좌반구에서 관장되고 있음에도 불구하고 궁극적으로는 그것과 별개의 것이라는 의미일 수 있었다. 그런데 이보다 더 흥미로운 사실은 음운적 단기기억력은 으레 시각공간적 단기기억력과 아무런 연관 관계가 없을 뿐만 아니라 후자의 병소는 우반구의 실비우스 열구 근처라는 것이었다. 그러니까 전혀 다른 방법으로 그 동안에 실어증 학자들이 내세웠던 지배적 반구의 가설의 타당성이 실증된 셈이다 (Mayes, 2002: p.761).

우리로 하여금 앞으로 신경과학자나 심리학자들에 의한 기억작용에 관한 연구결과가 뇌과학자들이 언어와 뇌의 관계를 밝히는 데 많은 도움을 줄 수 있을 것이라는 것을 추리할 수 있게 하는 두 번째 사실은, 우리의 장기기억부에 들어있는 지식은 일반적으로 의미적인 것과 삽화적인 것으로 나뉘고 있는데, 최근에 일부 신경과학자들에 의한 기억장애증에 대한 연구로 실제로는 의미적인 지식과 삽화적인 지식은 서로 겹쳐 있다는 사실이 구명되었다는 것이다. 삽화적인 지식이란 간단히 말해서 개인적으로 겪은 경험에 관한 지식인데, 이런 지식도 사실은 일정한 사물이나 사실들에 관한 개념적이거나 의미적 지식이 중심이 되어서 이루어진 것이라는 것이다.

삽화적 기억작용의 이런 특성은 그것의 절차를 입력에 관한 것과 회복에 관한 것으로 나누어서 살펴보게 되면 쉽게 드러나게 되어있다. 그동안에 신경과학자들이 연구한 바에 따르면 우선 삽화적 정보나 지식이 입력될 때 활성화되는 두뇌부위는 좌반구의 전두엽 전부와 해마상융기, 대상뇌회, 측두엽의 상부등 인데, 이중에서도 특히 중요한 기능을 수행하는 곳이 좌반구의 전두엽 전부이다. 예컨대 이 부위는 신어휘에 구문맥이 결합되거나 구어휘에 신문맥이 결합되는 경우에 가장 활발하게 활성화되는 점으로 미루어보아서, 여기가 바로 삽화적 정보나 지식의 가장 핵심부인 문맥에 관한 작업을 수행하는 곳인 것이 분명했다.

그에 반하여 삽화적 정보나 지식이 회복될 때 활성화되는 두뇌부위는 우반구의 전두엽 전부와 해마상융기, 두정엽의 하부와 중간부, 대상뇌회, 소뇌 등인데 이 가운데서 특히 중요한 기능을 수행하는 곳이 해마상융기와 우반구의 전두엽 전부이다. 예컨대 해마상융기는 어휘의 기억상태를 견고화시키는 일과 자동적으로 어휘를 회복하는 일을 하게 되는 반면에, 우반구의 전두엽 전부는 의식적으로 어휘를 회복하는 일과 좌반구의 전두엽전부와 측두엽 하부의 활성화를 막는 일을 하게 되는 식으로 이들 두 부위는 으레 적절한 회복 절차를 찾아내는 데 상호 협력적으로 작동하고 있었다(Jonides, Wager, and Badre, 2002: pp.806~807).

삽화적 기억작용이 이처럼 크게는 입력 때의 것과 회복 때의 것으로 나뉘어져 있고, 작게는 이들 두 작용은 비대칭적이라는 사실은 결국에 신경과학자들로 하여금 「입력절차와 회복절차간의 반구적 비대칭성모형」이라는 일종의 통합적 이론을 만들어 내게 했다. 이름 그대로 삽화적 기억작용의 제일 중요한 특징은 바로 두 개의 반구가 입력시에는 좌반구가 주로 작동하는데 반하여 회복시에는 우반구가 주로 하는 식으로 상호교차적으로 작동되면서 이루어지는 작용이라는 것이 이 이론의 요점이다. 엄밀한 의미에서 보자면 지금으로서는 이 이론을 중심으로 한 논쟁이 언제 끝날지는 아무도 모른다. 그러나 의미적 기억작용에 대해서는 이런 이론이 아직 나온 적이 없다는 사실 하나만으로도 이 이론이 얼마나 의미 있는 이론인가 하는 것을 익히 알 수가 있다.

그런데 뇌과학자의 입장에서 보자면 이 이론을 통하여 적어도 다음과 같은 두 가지 사실들을 추리해낼 수 있기에 이것은 대단히 의미 있는 이론으로 받아들여질 수 있을 것이다. 첫 번째로 그들은 이 이론은 결국에 삽화적 지식은 의미적 지식을 중심으로 한 지식이라는 것을 뒷받침하고 있는 것이라는 추리를 할 수가 있다. 이 이론에 따르자면 삽화적 정보나 지식을 입력시키는 절차는 좌반구의 전두엽 전부와 측두엽 하부에서 이루어지게 되어있는데, 이들은 바로 언어영역으로 불리는 부위들이다. 그러니까 쉽게 말해서 입력 때를 놓고 보자면 삽화적 기억작용은 의미적 기억작용과 같은 곳에서 이루어지고 있다는 것인데, 이것은 곧 삽화적 지식은 어휘나 의미적 지식을 기반으로 한 것이라는 추리의 근거가 될 수가 있다.

두 번째로 그들은 이 이론은 결국에 장기기억작용의 전단계라 할 수 있는 단기기억작용은 운율 또는 언어적인 경로에 의한 것과 시각공간적인 경로에 의한 것의 두 가지로 나뉠 수 있는데 첫 번째 것에 의한 기억작업은 좌반구에서 하게 되고, 두 번째 것에 의한 기억작업은 우반구에서 하게 된다는 의미로 해석될 수 있으니까 자기네들이 내세워온 전체론적 언어처리 이론의 타당성을 실증하고 있다고 생각할 수가 있다. 우선은 삽화적 정보나 지식을 입력할 때 활성화되는 부위는 모두 좌반구에 있는 데 반하여, 그런 것을 회복시킬 때 활성화되는 부위는 모두 우반구에 있으니까, 삽화적 기억작용시에는 두 개의 반구 중 어느 하나가 아니라 그들 모두가 작동하게 되어있을 것이라는 추리를 할 수가 있다. 그 다음으로는 장기기억부에는 의미적 지식과 삽화적 지식이 저장되어 있는 점으로 미루어보아서 단기기억작용과 장기기억 작용은 신경체계상 서로 연결된 것들이라는 추리를 할 수가 있다. 마지막으로는 기억작용도 언어처리절차와 마찬가지로 크게는 좌우반구의 상보성의 원리대로 이루어지고 있을 것이라는 추리를 할 수가 있다. 특히 삽화적 정보나 지식이 회복될 때의 우반구의 전두엽전부가 하는 역할이 좌반구의 전두엽전부와 측두엽 하부의 활성화를 억지시키는 것이라는 사실은 좌우반구의 상보성의 이론의 타당성을 실증하는 데 새로운 증거일 수가 있다.

(3) 인지작용

일단 우리가 가지고 있는 일반적인 지력이 작동되는 것을 인지 작용이라고 정의한다면, 언어와 같이 높은 수준의 정보적 표현체를 습득하거나 사용하는 데 인지작용이 전혀 개입되지 않는다고 생각한다는 것은 다분히 비상식적인 일일는지도 모른다. 그렇지만 그동안에 대부분의 뇌과학자 들은 언어와 뇌의 관계에 대한 연구를 바로 그런 비상식적인 고정관념을 가지고서 진행시켜왔다. 아마도 이들의 연구방식이 이렇게 굳어지는 데는 언어능력의 독자성을 언어연구의 대명제로 내세우는 언어학자들의 사고방식이 큰 영향을 주었을 것이다. 그리고 이들은 이미 실어증에 대한 연구를 통해서 언어능력이 일반적인 지력과 별개의 것이라는 사실을 확실하게 밝혀내기도 했다.

그러나 이들의 발견이 언어력과 인지력의 상호교섭성에 관한 것은 아니었다. 다시 말해서 아직까지는 이들의 관심이 우리가 상식적으로 익히 추리해볼 수 있는 일, 즉 우리의 의사소통이나 지적 행위가 언어력과 인지력의 상호교섭적인 작용에 의해서 이루어지는지를 구명하는 일에까지는 미치지 못한 것이다. 그렇지만 우리는 여기에서 다음과 같은 세 가지 사실들을 근거로 내세워서 가까운 장래에 이들의 연구 영역은 당연히 이런 식으로 확대되어 갈 것이라고 추리할 수가 있다. 이 말은 곧 언어와 뇌의 관계에 대한 연구의 궁극적인 과제는 언어와 사고의 관계를 밝히는 일이라는 말이나 같은 말이다.

그중 첫 번째 것은 Gardner(1999)가 이른바 「복합적 지능 이론」을 내세우면서 언어적 지능을 모두 여덟 가지의 것 중 가장 으뜸이 되는 것으로 보았다는 사실이다. 그는 예컨대 인간의 지능에는 언어적 지능을 위시하여 논리 수학적 지능, 공간적 지능, 음악적 지능, 신체운동적 지능, 대인관계적 지능, 자연관찰적 지능 등의 여덟 가지가 있다고 주장했으니까, 그의 이론의 제일 큰 특징은 인간특유의 활동이나 행동치고서 지능에 의하지 않은 것은 하나도 없다고 본 점이다. 그러나 그의 이론의 또 한 가지 특징은 이것에서도 다른 전통적인 이론에서처럼 추리나 분석, 판단과 같은 지적인 조작을 할 수 있게 하게는 능력을 가장 기본적인 것으로 내세우고 있다는 점이다.

　엄밀하게 따지자면 물론 그가 말하는 언어적 지능이란 언어를 도구로 해서 지적인 작업을 할 수 있는 능력이다. 따라서 그가 이것을 가장 중요한 지능으로 내세웠다는 것은 우리의 지적 작업 중 가장 많은 부분이 언어에 의해서 이루어지고 있다는 것을 의미하는 것이지, 언어를 습득하거나 사용할 때는 으레 일반적인 지력의 개입이나 도움이 있게 된다는 것을 의미하는 것은 아니다. 더구나 그는 한 개인의 언어적 지능 지수는 책읽기나 글쓰기에 관한 시험을 통해서 측정될 수 있다고 생각할 정도로 다분히 고루하면서도 편향된 언어관을 가지고 있었다. 그렇지만 그가 만약에 언어는 일종의 지적 표현체라고 생각하고 있지 않았다면 그것을 최고의 지적 도구로 내세우지 않았을 것이다. 이런 의미에서 볼 때 그가 언어적 지능에 대해서 생각하고 있는 바는 언어력과 일반적인 지력간의 상호연관성에 대한 하나의 간접적인 증거일 수가 있다.

　그중 두 번째 것은 언어의 문법체계와 어휘체계에는 논리적 전개나 추리작업을 하는 데 필요한 장치가 마련되어 있다는 사실이다. 이것은 우선 언어는 지적 조작을 하는 데 유용한 도구로 쓰일 수 있게 되어있다는 의미일 수가 있다. 그러나 이것은 언어가 쓰이고 있는 동안에는 일정한 인지작용이 일어나게 되어 있다는 의미로 해석될 수도 있다. 예컨대 언어에「if」와「because」,「but」,「and」와 같은 접속사들이 있다는 것은 이들이 쓰일 때마다 사물이나 사건간의 조건관계와 인과관계, 대립관계, 병렬관계와 관련된 지적 작업을 하고 있다는 것을 의미할 수가 있다. 또한 말을 할 때는 최대한 시간적 서순성의 원칙이나 공간적 인접성의 원칙, 주제적 일관성의 원칙 등을 지켜서 문장들이 유기적으로 연결되어 있도록 하며, 글을 쓸 때는 최대한 기승전결의 논리적 형식의 틀이 세워져 있도록 한다.

그중 세 번째 것은 최근에 Luzzatti와 Whitaker(2006)가 실독증과 실서증에 대해서 「이중노선 모형」이라는 새로운 이론을 제안했다는 사실이다. 간단히 말해서 이 이론은 읽기와 쓰기의 작업은 어휘적 노선과 준어휘적 노선에 따라서 이루어지는데, 어휘적 노선의 중간에는 인지적 체계가 자리하고 있다고 보는 것이기에, 전통적인 이론과는 너무 다르면서 최초로 언어처리절차에 있어서의 인지적 작용의 개입을 정식으로 인정하는 이론이라는 것이 그 특징이다. 일찍이 Wernicke가 실독증과 실서증에 대한 최초의 이론을 내세운 이래 이것에 관한 실어증학자들 간의 논쟁은 으레 언어 체계가 음성언어체계와 어떤 관계를 유지하고 있느냐의 문제로 귀결되었지, 단 한 번도 그것이 인지체계와 어떤 관계에 있는지가 문제가 된 적이 없었다. 이런 의미에서 보자면 이 이론은 하나의 도전적이면서 파격적인 이론임이 분명하다.

모든 파격적인 이론들이 다 그렇듯이, 이 이론도 궁극적인 의미에서는 전통적인 이론들이 하나같이 결정적인 한계성이나 문제점들을 지니고 있기 때문에 만들어졌다고 볼 수가 있다. 이들이 보기에는 그동안에 실독증이나 실서증에 관한 이론 중 가장 과학적인 것으로 받아들여져 왔던 것은 바로 Dejerine에 의한 해부학적 모형인데, 실제로는 이것으로도 제대로 설명할 수 없는 증상들이 적지 않게 발견될 수 있다는 데 문제점이 있었다. 그의 모형에서의 읽기 절차를 살펴볼 것 같으면 그것은 먼저 좌뇌나 우뇌의 후두엽에 있는 시각 센터에서 문자나 낱말의 시상이 지각되게 되면, 그것은 바로 각상회에 있는 시각기억 센터에 송부되어 확인을 받게 되고, 그다음으로는 그것이 다시 베르니케 영역에 있는 청각기억 센터에 보내져서 어휘적 의미를 찾게 되며, 마지막으로는 그것이 다시 브로카 영역에 있는 분절운동센터에 송부되는 식이었다.

이 이론에 따를 것 같으면 그러니까 각상회에 있는 시각기억 센터가 손상을 입게 되면 실서증을 동반한 실독증을 앓게 되는데 반하여, 좌반구의 후두엽에 있는 시각센터가 손상을 입게 되거나, 아니면 뇌량의 손상으로 우반구의 후두엽시각센터의 시각기억 센터와의 연결이 끊어지게 되면 순수 실독증을 앓게 되어 있었다. 그러나 최근에 여러 실어증학자들의 연구로 실서증의 증상에는 이런 원론적인 설명법으로는 제대로 설명이 될 수 없는 것들이 적지않게 있다는 것이 드러나게 되었는데, 의미적 대용 증상을 위시하여 문법적 기능어 난독증상, 추상어 난독증상, 저사용빈도 난독증상 등이 바로 그런 것들이었다. 더 나아가서 이 이론으로는 왜 실서증 환자들은 으레 불규칙어와 규칙적인 비어휘를 읽는 데 어려움을 겪게 되는지를 제대로 설명할 수가 없었다.

이들이 보기에는 이런 다양한 증상까지를 제대로 설명할 수 있는 모형은 결국에 문자나 어휘처리의 경로가 하나가 아니라 두 개로 설정되어 있는 모형이었다. 이것의 작동요령을 아래에 제시된 그림을 참고로 해서 살펴볼 것 같으면 두 가지 작동절차 중 첫 번째 것은 왼쪽 화살표의 진행에 따라 이루어지는 준 어휘적 절차이다. 이 경로의 중심부에 있는 부분이 바로 「철자의 음운으로의 전환부」라는 사실이 잘 말해주고 있듯이, 이 절차를 통해서는 「dog」나 「cake」과 같은 규칙어와 「balt」나 「mable」과 같은 철자법상으로는 어휘가 될 수 있는 비어휘가 처리되게 된다.

그중 두 번째 것은 오른쪽 화살표의 진행에 따라서 이루어지는 어휘적 절차인데, 이것의 특징은 「철자입력 어휘부」에서 얻어진 정보는 「인지체계」를 거쳐서 「음운출력 어휘부」로 송부되게 된다는 점이다. 그림에 나와 있는 대로라면 두 어휘부가 직접 연결되는 경우도 있는데, 이것에 대한 설명은 전혀 하고 있지 않는 점으로 미루어 보아서 제안자들이 결국에는 인지체계를 거치는 경우를 기본적인 절차로 보고 있음이 분명하다. 그런데 준어휘적 절차와 비교했을 때 이 절차의 진짜 특징으로 볼 수 있는 점은 그것보다 작동의 속도가 훨씬 빠르면서도 자동적으로 의미가 파악되고, 언어사용자가 이미 철자법을 알고 있는 어휘만을 처리하게 된다는 점이다. 물론 불규칙이나 철자법이 예외적인 어휘의 처리도 이것에서밖에 할 수가 없다.

    이 모형은 물론 완전한 모형은 아니다. 우선 이것의 결정적인 문제점으로 볼 수 있는 것은 인지체계의 기능과 내용에 대한 구체적인 설명이 없다는 점이다. 그 다음으로는 인지체계를 거치는 것이 의무적인 절차가 아니라 선택적인 절차가 됨으로써 인지체계 설정의 의미가 반감되었다. 세 번째로는 이 모형에서는 실제에 있어서는 대부분의 읽기절차가 어휘적 노선에 따라서 이루어지게 되어있다는 사실이 드러나 있지 않다. 그렇지만 이것에서 읽기나 쓰기의 절차의 핵심적인 부분의 하나가 바로 인지적 처리절차라고 본점은 분명히 뇌과학자들이 앞으로 새로운 음성언어의 처리 모형을 내세우는 데 있어서도 큰 참고가 될 수 있을 것이다.

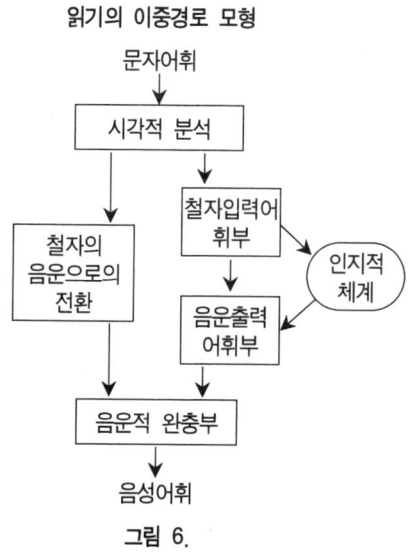

그림 6.

4. 신경학의 기여

신경학은 굳이 정의를 내리자면 뇌를 신경체계의 조직체로 보는 입장에서 그것의 조직이나 생리를 연구하는 학문이다. 그러니까 이 학문은 원래부터 뇌과학과 서로 떼어서 볼 수 없을 정도로 밀착되어 있으며, 따라서 뇌과학자들이 지금까지와 다름없이 이것으로부터 앞으로도 언어와 뇌의 관계를 연구하는 데 적지 않은 도움을 받게 될 것이라는 것은 누구나 쉽게 짐작할 수 있다. 더구나 뇌과학과 마찬가지로 이 학문도 두뇌의 손상으로 인하여 생겨나는 실어증이나 운동장애증, 간질 등을 진단하고 치료하는 것을 주목적으로 해서 발달 되어 왔다. 아마도 이것이 오늘날 뇌과학과 신경과학이 일종의 동의어처럼 쓰이게 된 이유일 것이다. 또한 바로 이런 동의어 현상은 신경언어학과 실어증학 사이에서도 발견될 수 있다.

(1) 신경체계의 두 가지 특징

1) 복잡성

신경학자들이 그동안에 신경체계에 관해서 알아낸 것 중 뇌과학자가 앞으로 언어와 뇌의 관계를 연구해 가는 데 일정하게 도움을 줄 수 있을 것으로 판단되는 것으로는 신경체계에는 크게 두 가지 특징이 있다는 사실을 들 수가 있다. 이들 중 첫 번째 것은 복잡성이다. 우선 그것의 기본단위인 신경세포의 수가 무려 1,000억 개나 되는데다가 그 하나하나가 평균 1,000개의 다른 신경세포와 연결되어 있다는 사실만으로도 우리는 이것이 감히 상상도 쉽게 할 수 없을 만큼 복잡한 체계라는 것을 익히 알 수가 있다. 그러니까 흔히들「복잡성에 있어서 인간의 두뇌에 맞설 수 있는 것은 없다.」라고 말하는데, 따지고 보자면 이것은 곧 그 안에 들어있는 신경체계만큼 복잡한 것이 있을 수 없다는 말이나 같은 말이다(Garrett, 2003: p.36).

그런데 신계체계의 복잡성의 진짜 특징은 단위 신경세포의 구조나 기능상으로는 더 이상 단순할 수 없을 만큼 단순한데 그것의 연합체가 수행하는 기능은 대단히 다양하고 복잡하다는 점이다. 다시 말할 것 같으면 우리 인간만이 언어나 높은 지능과 같은 특유의 능력을 가질 수 있는 것은 바로 신경조직의 기본 구성체인 신경세포가 대단히 복잡한 구조나 기능을 가지고 있어서가 아니라 그들이 아주 다양하면서도 복잡한 형태의 조직망을 만들어낼 수 있게 되어있기 때문이다. Garrett의 말을 다시 빌리자면 결국에는「신경세포가 행동에 있어서는 기만적일만큼 단순하면서도 기능에 있어서는 인상적으로 복잡하기」때문에 우리인간에게는 언어나 높은 지능과 같은 특유의 능력이 있을 수 있는 것이다(Ibid., p.33).

신경체계의 이런 특성을 알 수 있으려면 그러니까 신경세포의 구조와 작동요령을 살펴보면 된다. 간단히 말해서 신경세포는 여러 개가 서로 연결되어서 하나의 조직망을 만들어내기에 딱 맞는 구조를 가지고 있어서, 구체적으로는 정보를 저장할 수 있는 세포핵에 다른 신경세포로부터 정보를 수신하는 데 쓰이는 여러 개의 돌기와, 다른 신경세포에 정보를 발신하는 데 쓰이는 하나의 축색이 붙어 있는 식으로 되어있다. 따라서 신경세포는 비유적으로 말하자면 디지털 컴퓨터의 트랜지스터와 같은 것이다.

물론 지금의 여러 가지 신경체계에 대한 이론들이 하나같이 신경세포를 신경체계의 기본단위로 본다는 개념 밑에서 만들어진 것이라는 사실을 감안한다면, 이런 발상법은 너무나 당연한 발상법인 것처럼 생각되기 쉽다. 그러나 사실은 이것이 이른바「신경세포설」로 확고해지기까지에는 1890년대부터 1906년까지의 10여년에 걸친 여러 신경학자들의 끈질긴 신경해부학적인 연구가 있었다. 이 학설의 내용은 크게 두 가지였는데, 그중 첫 번째 것은 구조와 기능상으로 신경체계를 구성하고 있는 기본단위는 신경세포라는 것이고, 그중 두 번째 것은 여러 개의 신경세포들이 특이한 연결방법으로 하나의 연결체를 만들어내는 결과 신경체계는 아주 다양하면서도 복잡한 기능을 수행하게 된다는 것이었다. 이 학설은 그러니까 그전까지 많은 신경학자들이 믿어왔던「단일집단설」, 즉 신경체계를 하나의 세포막 안에 여러 개의 신경세포들이 무정형적으로 들어있는 것으로 보려는 이론과는 정반대적인 것이었다(Sajda, 2002: p.374).

그런데 이런 신경세포학설이 여러 신경이론들의 기본적인 것으로 받아들일 수 있게 된 것은 그 후 많은 신경학자들의 신경해부학적인 연구에 의해서 밝혀진 신경세포들의 연결방법과 그들 간의 정보교류방법에 관한 사실들이 그것의 타당성을 익히 뒷받침 하고 있기 때문이었다. 먼저 여러 신경세포들이 어떻게 서로 연결되어서 하나의 연결체를 만들어내는가를 살펴보자면 이것의 방법의 핵심적인 절차가 바로 연접의 절차이다. 연접이란 하나의 정보교류의 회로가 형성되도록 하나의 신경세포가 다른 신경세포들과 연결되는 절차 즉, 한 신경세포의 축색의 말단부가 다른 신경세포의 돌기와 이어지는 절차로서, 한 신경세포는 이렇게 해서 생긴 부분인 연접을 무려 60,000개나 가질 수 있다는 것이 이것의 제일 중요한 특징이다. 그러니까 두 개나 그 이상의 신경세포들이 서로 연결될 수 있는 이 절차에 의해서 감히 상상도 하기 힘들 정도의 많은 수의 신경세포 조직체가 생겨날 수 있는 것이다. 그런데 더욱 놀라운 것은 연접절차는 신경세포 사이에서만 일어나는 것이 아니라 하나의 신경세포와 하나의 근육세포 사이에서도 일어난다는 사실이다. 그래서 Angevine(2002) 같은 사람은 인간의 신경체계 내에 생겨날 수 있는 연접의 총수를 10^{14} 개로 잡고 있다.

그 다음으로 이렇게 해서 생긴 조직체가 어떤 식으로 정보교류작업을 수행하게 되는가를 살펴보면, 이것의 특징으로는 연접의 절차는 전기적인 것과 화학적인 것의 두 가지로 이루어져 있다는 점과, 하나의 신경세포는 정보의 수신처만 될 수 있는 것이 아니라 그것의 발신처도 될 수 있다는 점을 들 수가 있다. 먼저 연접에 쓰이는 매체가 어떻게 두 가지인가를 알아보자면, 일단 하나의 세포가 여러 돌기를 통해서 일정한 전기적 충동을 받아들이게 되면 그 충동은 곧 이어서 축색으로 보내지게 되는데, 축색의 말단부에서는 그것이 일종의 화학적 신경전달자로 바뀌게 되면서 이 축색과 다른 신경세포의 돌기 간에 연접절차가 일어나게 된다. 그러나 그렇게 해서 돌기에 도착하게 된 화학적 신경전달자는 바로 전기적 충동으로 다시 바뀌게 된다. 그러니까 연접의 절차란 결국에 전기적 매체가 화학적 매체로 일단 전환되었다가 다시 전기적 매체로 되돌아가는 절차인 셈이다.

그 다음으로 하나의 신경세포로부터 정보가 어떤 방식으로 다른 신경세포로 전달되는가를 알아보자면, 지금까지의 설명처럼 정보의 흐름이 일방향적으로 이루어지는 것이 그것의 기본방식이면서도, 그것 외에 전기적 충동을 다시 돌기를 통해서 거꾸로 보내는 것과 같은 이른바 비선형적인 방식도 있다는 것이 그 특징이다. 그런데 Sajda(2002)의 설명에 따르면 오늘날에 와서 신경학적 연구를 주도하고 있는 것이 바로「신경조직망이론」인데, 이 이론의 기본적인 발상법으로 볼 수 있는 것이 신경세포에서의 정보처리 방식은 비선형적이라는 생각이라는 것이다. 그는 신경조직이 학습이나 기억적응과 같은 다양한 기능을 수행할 수 있는 것은 연접절차에 비선형성이라는 특성이 있기 때문이라고 생각한다. 다시 말하자면 그는 정보의 흐름의 두방식중 가장 기본적인 것은 일방향적인 것이 아니라 비선형적인 것이라고 생각하는 것이다(p.375).

또한 Angevine(2002)의 설명에 의할 것 같으면 그동안에 신경학자들은 뇌조직의 모형으로 크게 「선형적 모형」과 「렌즈(lens)모형」, 「조직망 모형」 등의 세 가지를 내세워 왔는데, 따지고 보자면 이들은 모두가 신경회로의 연결관계나 정보교류의 방향성을 기준으로 해서 만들어진 것들이라는 것이다. 예컨대 선형적 모형이란 가장 기초적인 것으로서 자극은 으레 도로안내도처럼 단 하나의 통로 특수적인 방법대로 처리되게 되어있다는 이론이고, 렌즈모형은 자극은 많은 통로 중 어느 하나를 선택할 수 있지만 마지막에는 결국 같은 종점에 도달하게 된다는 이론이며, 조직망 모형은 가장 융통성이 큰 것으로서, 자극이 선택할 수 있는 통로도 여러 가지이고 마지막에 도달하는 종점도 여러 가지라는 이론이다. 그는 흥미롭게도 이 문제와 관련하여 이들 세 가지 모형을 현재로서는 다 타당한 것으로 보아야한다는 점과, 이들 외에도 다른 모형이 있을 수 있다는 점을 강조하고 있다(p.370).

2) 유연성

신경체계의 두 번째 특징은 유연성인데, 일단 이것을 신경조직의 연결체인 연접이 고정된 것이 아니라 가변적인 것이라는 점을 가리키는 말로 받아들이고 보면, 왜 이것을 첫 번째 특징보다도 더 중요한 특징으로 보아야 하는가가 자명해 진다. 우리 인간이 우리 특유의 지식이나 지능을 가질 수 있는 것은 우리에게는 탁월한 기억의 능력과 학습의 능력이 있기 때문인데, 따지고 볼 것 같으면 이들 두 능력은 결국은 새로운 연접절차에 의해서 새로운 신경조직을 갖게 되는 능력이다. 그러니까 만약에 우리의 신경체계가 유연성이라는 특성을 가지고 있지 못하다면 아무리 크고 복잡한 조직을 가지고 있더라도 우리의 두뇌가 지금의 것과 같은 기능을 수행할 수 없을 것이라는 것을 누구나 익히 알아차릴 수 있다.

물론 원래가 신경학자들의 주된 관심은 실어증이나 운동장애증의 진단과 치유에 있었기 때문에 그들이 이 특징의 중요성을 새삼 인식하게 되는 데는 우리의 뇌에는 뇌손상으로 인하여 상실된 가능 중 적지 않은 것을 재생시킬 수 있는 능력이 있다는 사실이 더 크게 작용했다고 볼 수도 있다. 예컨대 그들은 어릴 때 좌반구에 손상을 입게 되면 우반구가 그것에 대신해서 언어적 기능을 담당하게 되는데 반하여, 성인이 그렇게 되었을 경우에는 그렇게 되지 않는 다는 사실이나, 아니면 아주 중증인 경우가 아니라면 실어증이나 운동장애증 등이 부분적으로나마 개선될 수 있다는 사실을 기억이나 학습의 절차 중 기본적인 것 중의 하나가 연상절차라는 사실보다 더 의미 있다고 생각했을 것이다.

그러나 신경학적 연구방법의 발달에 힘입어서 정상적인 신경체계에 대한 연구가 활발해지면서 그들은 뇌의 실체에 관한 연구는 궁극적으로 그것의 유연성에 관한 연구로 귀결된다는 사실을 깨닫게 되었다. 신경체계의 유연성이 최근에 이르러 신경학적 연구의 주된 주제중의 하나로 등장하게 된 것은 그들이 그동안에 이 특성과 관련해서 다음과 같은 두 가지 사실을 밝혀낼 수 있었기 때문이었다. 그중 첫 번째 것은 신경체계의 유연성이란 크게 성숙후의 그것과 성숙전의 그것으로 나뉠 수 있는데, 이중 중요한 것이 바로 성숙전의 유연성, 즉 발달적 유연성이라는 사실이다.

예컨대 지금까지의 연구로 어린이의 신경체계 내에 자리하고 있는 연접의 수는 성인의 신경체계 내에 자리하고 있는 것보다 50% 더 많다는 사실이 밝혀졌다. 그러니까 두뇌의 성숙과정이란 바로 두뇌의 여러 영역이나 부위에 있는 중복되거나 과다한 연접들이 영역이나 부위별로 적절한 수로 조정되어가는 과정이나 다름이 없었다. 또한 어린이의 신경체계는 성인의 그것보다 더 많은 유연성을 가지고 있다는 것은 이 시기가 바로 신경세포의 수가 크게 증가되는 때라는 사실이 밝혀짐으로써 알 수가 있게 되었다. 종전까지는 신경세포가 생겨나는 시기를 잉태 후 42일부터 120일간의 태아기로 잡았었다. 그러나 최근에 이르러 생후 15개월부터 6년 사이에 신경세포의 수가 두 배로 증가된다는 사실이 밝혀졌다. 더 나아가서 최근에는 피질의 성숙과정이 제일 먼저 감각운동영역이 성숙되고, 그 다음에 언어를 관장하는 영역이 성숙되며, 마지막으로 복잡한 사회적 행위나 계획 등을 관장하는 전두엽 영역이 성숙되는 식이라는 제안도 나오기도 했다(Bavelier and Neville, 2002: p.564).

그중 두 번째 것은 신경체계가 형성되는 데 결정적인 역할을 하는 것이 바로 경험이라는 사실이다. 이 사실이 함의하는 바는 크게 두 가지라고 볼 수가 있는데 그중 첫 번째 것은 크게 보았을 때는 우리의 신경체계 내에서 연접적 조직체가 형성되거나 재형성되는 작업은 한 개인의 일생 동안 내내 계속되게 되어있다는 것이고, 그중 두 번째 것은 작게 보았을 때는 두뇌의 유연성에 차이가 있기 때문에 성숙전이나 성숙 후에 따라서 경험의 역할이 달라질 수 있다는 것이다. 바꾸어 말하자면 신경체계의 형성과정으로 보았을 때 응당 그것에 큰 변화가 일어나는 시기에 갖게 되는 경험이 그렇지 않은 시기에 갖게 되는 경험보다 더 결정적인 역할을 끼치게 되어있는 것이다.

그러나 최근의 연구로 경험과 신경체계의 변화의 관계에 대해서 그 보다 더 의미 있는 사실을 알게 되었다. 첫 번째로 신경체계 가운데는 이른바 감수성이 강한 시기에 한해서만 경험에 대해서 일정하게 반응을 하는 것들이 있는가 하면, 그와는 다르게 일생동안 내내 경험에 대해서 일정하게 반응을 하는 것들도 있다는 사실을 알게 되었다. 그 다음으로 감수성이 강한 시기에 경험에 의해서 일어나는 변화는 그 후에 경험에 의해서 일어나는 변화보다 뇌신경체계 전체의 조직에 더 심오하고 지속적인 영향을 미치게 된다는 사실을 알게 되었다. 이런 사실은 결국에 미성숙시기의 신경세포의 분자적 및 세포적 자질은 그 후에 가서의 그것과 같지 않다는 사실을 말해주고 있었다(Ibid., p.565).

그런데 흥미롭게도 Bavelier와 Neville(2002)은 뇌신경체계의 유연성에 관한 이런 특징을 가장 확실하게 확인해 볼 수 있는 방법은 언어습득시의 어린이들의 뇌조직의 변화과정을 살펴보는 것이라고 생각했다. 두말할 것도 없이 이 주제는 측위화의 이론이나 결정적 시기의 가설과 같은 매우 중요한 이론들이 이미 생겨나게 될 만큼 그 동안에 언어와 뇌의 관계에 대한 연구를 주도해온 것 중의 한 가지이다. 따라서 이들의 의견에 의할 것 같으면 그동안에 그랬듯이 앞으로도 언어와 뇌의 관계에 대한 연구의 핵심적 과제중의 하나는 뇌조직의 유연성의 실체를 밝히는 일이 되는 셈이다.

그런데 무엇보다도 중요한 사실은 이들이 여기에서 내세우고 있는 바들은 모두가 그동안에 미처 뇌과학자들이 제대로 관심을 보이지 못한 문제에 관한 것들이어서 결국에는 앞으로 그들의 연구에 적지 않게 도움을 줄 수 있는 것들이라는 점이다. 우선 이들도 어린이들의 언어습득에 관한 가장 중요한 사실은 그것의 보편성이라는 사실을 아무 주저 없이 인정한다. 그러나 근본적으로는 이들의 견해가 Chomsky와 같은 내재주의자들의 그것과 전혀 다르다는 것은 이들이 「시각의 발달처럼 경험이 언어발달을 안내해 가는데, 경험의 효과는 학습자의 나이, 즉 두뇌의 성숙 수준에 의해서 제약을 받게 되어있다.」고 주장하고 있다는 사실로써 익히 알 수가 있다(p.573).

이들이 보기에는 현재로서는 이상과 같은 주장을 익히 뒷받침할 수 있는 연구결과가 이미 나와 있다고 볼 수가 있는데, 성인의 경우처럼 어린이들은 만 3세경이 되면 어휘의미적 처리는 좌반구의 측두엽 후부와 두정엽이 연결되어 있는 부위에서 이루어지고, 문법적 처리는 같은 반구의 전두엽과 측두엽이 연결되어있는 부위에서 이루어지는 식의 두뇌의 기능적 특수화 절차를 마치게 된다는 것이 바로 그것이었다. 그 동안에 신경학자들은 「사건관련 電位法」이라는 새로운 연구방법을 사용해서 개별적인 어휘만을 쓸 수 있는 생후 20개월된 어린이들의 경우에는 개방어와 기능어가 동일한 부위에서 처리되고 있는데 반하여, 짧은 문장도 쓸 수 있는 생후 3년이 된 어린이들의 경우에는 이들이 서로 다른 부위에서 처리되고 있다는 사실을 밝혀냈다(p.573).

이들은 자기네 주장을 뒷받침하고 있는 또 한 가지 사실로서 일찍이 Johnson과 Newport(1989)이 실시했던 제2어에의 노출시기가 그것의 습득에 미치는 영향에 대한 연구의 결과를 들었다. 그들이 연구의 대상으로 삼은 사람들은 서로 다른 나이 때 미국으로 이민 와서 몰입교육으로 영어를 배운 한국인들이었는데, 특히 문법적 능력에 있어서 어릴 때 이민 온 사람과 나이가 들어서 이민 온 사람사이에는 큰 차이가 있음을 발견할 수 있었다. 예컨대 14세의 한국소년은 몰입교육을 4년밖에 받지 않았는데도 영어를 잘 구사할 수 있었는데 반하여, 25년을 그렇게 한 50세의 한국 장년은 그렇지를 못했다(p.575).

(2) 연결주의 이론

1) 반변형주의적 이론

굳이 따지자면 이 이론은 일종의 인지이론이나 심리언어학적 이론이지 신경학적 이론은 아니다. 그럼에도 불구하고 이것을 여기에서 다루게 된 것은 기본적으로 이것은 신경체계의 작동원리가 곧 인지나 학습의 원리가 되어야 한다는 발상법에서 만들어진 이론이기 때문이다. 이것은 그러니까 심리언어학자들이나 인지심리학자들이 만들어낸 하나의 신경조직망 이론인 셈인데, 이런 의미에서 보자면 이것은 앞으로 더 활발하게 신경학적 연구나 뇌과학적 연구가 이루어질 것을 촉구하고 있는 이론이라고 볼 수도 있다.

그런데 사실은 이 이론의 진짜 의의는 이것이 이것의 출현으로써 그동안에 Chomsky의 언어 이론이 기반이 되어서 학계의 주도권을 장악해오던 내재주의적 인지관에 대한 하나의 대안적 인지관이 생겨나게 되었다는 데 있다. 더 구체적으로 말할 것 같으면 최소한 1986년에 Rumelhart와 McClelland가 두 권으로 된 「병렬분배처리 : 인지의 미시구조 탐구 (Parallel Distributed Processing : Explorations in the microstructure of cognition)」라는 책을 편집해냄으로써 어떤 의미로는 내재주의와 경험주의가 팽팽히 맞서있는 시대이고, 또 다른 의미로는 학계의 대세가 내재주의 쪽으로부터 다시 경험주의 쪽으로 옮겨가는 시대가 도래하게 된 것이다.

물론 이론상으로는 이런 학문적 판국이 앞으로 뇌과학자들의 언어와 뇌의 관계에 대한 연구에 어떤 영향을 미치게 될는지에 대해서 크게 두 가지의 상반된 견해가 있을 수 있다. 그중 첫 번째 것은 그런 대국적 사정이 이 연구에는 별로 큰 영향을 주지 못할 것이라는 견해이다. 그동안에 뇌과학자들이 내재주의냐 경험주의냐와 같은 다분히 철학적이고 근원적인 문제에는 아예 관심을 보이지 안했었다는 사실이 이런 추측의 근거가 될 수 있다. 그중 두 번째 것은 결국에는 이 연구도 그런 대국적 사정의 변화에 일정한 영향을 받게 될 것이라는 견해이다. 그동안에 이 연구가 직접간접으로 Chomsky의 언어이론의 영향을 받았었다는 사실을 상기한다면 이런 추측이 결코 황당한 추측이 될 수가 없다.

그렇지만 실제에 있어서는 이런 대국적 사정이 이 연구에 미치는 영향에 대한 견해에는 오직 두 번째 것 하나만이 있을 수 있다고 보는 것이 맞는 일 일 것이다. 그 이유로는 다음과 같은 두 가지를 들 수가 있다. 첫 번째로 어차피 이 연구는 언어학 측으로부터 언어자료나 기술방법 등의 면에서 일정한 도움을 받게 되어 있는데, 만약에 언어학의 대세가 반 Chomsky적인 이론쪽으로 넘어가게 되면 이 연구에 제공되는 언어자료나 기술방법의 경향도 달라지게 되어있기 때문이다. 예컨대 그때가 되면 뇌과학자들이 문법중심적인 언어자료나 기술방법대신에 어휘나 기능중심적인 언어자료나 기술방법을 제공받게 될는지도 모른다.

두 번째로, 어차피 이 연구는 뇌과학자들의 학문적 성향에 따라서 그 방법이 정해지게 되어 있는데, 지금의 싸움은 결국에는 언어학적 인지이론과 신경학적 인지이론간의 싸움이기 때문이다. 그런데 너무나 당연한 말이지만 신경학과 뇌과학은 다 같이 뇌의 생리와 기능을 연구하는 학문이라는 의미에서 서로 분리되기가 어려울 정도로 가까운 학문들이다. 따라서 만약에 이 싸움이 지나치게 장기화되거나 아니면 이 이론의 승리로 끝날 경우에는 이들 두 학문이 공동으로 원래는 하나의 허구로 출발했던 이것의 타당성을 정식으로 생물학적으로 검증해야 될는지도 모른다. 그리고 일단 그렇게 되면 이 연구자체의 성격도 적지 않게 바뀌게 될 것이다. 이런 의미에서 볼 때 뇌과학자들은 마땅히 앞으로 작게는 이 이론의 발전양상이고 크게는 이것과 변형주의 이론 간의 논쟁의 추이를 지켜볼 수 있을 만큼의 이것의 내용과 문제점 등에 대한 지식을 갖고 있어야 할 것이다.

우선 이 이론의 내용을 살펴볼 것 같으면 이것은 크게 신경망의 구조 및 작동절차와 학습의 원리 등의 두 부분으로 나뉠 수 있다. 이것에서는 먼저 신경망은 입력단위층과 은닉단위층, 출력단위층으로 이루어진 3층식 구조를 가지고 있다고 본다. 여기에서의 단위는 신경세포에 해당하는 것으로서, 때로는 이것 대신에 절점이라는 용어가 쓰이기도 하며, 층은 하나의 음운층이나 어휘층에서와 같이 동질의 단위들의 한 집합체를 가리키는 용어이다. 이것에서는 그 다음으로 이런 신경망의 작동절차를 우선 동시다발적이나 병렬적인 것으로 본다. 다시 말하자면 여기에서는 하나의 자극에 의해서 신경망 전체가 고르게 활성화된다고 보는 것이다. 이것에서는 또한 신경망의 작동절차를 前方向적인 것으로 본다. 다시 말해서 여기에서는 정보처리는 으레 일단 외부로부터 일정한 신호를 입력단위층이 수령하게 되면 그것은 바로 은닉단위층을 거쳐서 출력단위층에 송부되며 거기에서는 그것을 다시 외부로 내보내는 식으로 이루어진다고 보는 것이다.

이것에서는 세 번째로 여러 단위나 절점들이 서로 연결되어 하나의 유형을 만들어낸 것이 바로 지식이나 학습의 내용이 되는 것인데, 이런 연결작업은 「무게」라는 이름의 연결의 힘에 의해서 이루어진다고 본다. 이런 연결을 가리켜 Rogers(2009)같은 사람은 「무게의 힘으로 이루어지는 단위간의 연접과 같은 연결」이라고 말하고 있다. 그러니까 그는 이 이론의 특징을 여러 신경세포간의 연접현상은 일종의 무게의 행렬표로 표현될 수 있다고 본 데 있다고 생각한 것이다. 다시 말하자면 이 이론에서는 여러 신경세포들이 어떤 유형을 만들어내느냐 하는 것은 그들 간에 어떤 무게의 교류관계가 있게 되느냐에 따라서 정해진다고 보고 있는 것이다 (p.75).

그 다음으로 이 이론에서는 어떤 것을 학습의 기본원리로 내세우고 있는가를 살펴보자면 이것에서는 학습은 결국에 새로운 신경조직의 탄생이나 구신경조직의 변화의 형태로 나타나게 되어 있기 때문에 정보처리의 기본 단위들을 연결시켜주는 무게의 크기에 변화를 주는 행위가 곧 학습의 행위라고 본다. Rogers의 설명에 따르자면 일찍이 Hebb(1949)은 신경조직상으로 보았을 때 학습은 으레 일종의 연상적 학습 원리를 따르게 되어있다고 주장하면서「세포A의 축색이 B를 자극하기에 충분할 만큼 가깝게 있고 또한 반복적이고 끈질기게 자극이 일어나게 되면 이들 모두나 그중 하나에 어떤 성장적 절차나 대사적 변화가 일어나게 되어서 결과적으로는 B를 작동시키는 세포중 하나로서의 A의 효율성이 증가되게 된다.」와 같은 말을 했는데, 오늘날의 연결주의는 그의 이런 학습이론을 구체적으로 절차화시킨 것이라는 것이다(Ibid. 75).

그의 설명이 틀린 것이 아니라는 것은 이 이론에서는 학습의 형태를 감독된 것과 감독되지 않은 것, 강화된 것의 세 가지로 잡고 있다는 사실로써 익히 알 수가 있다. 우선 감독된 학습이란 반복된 시행착오적 절차에 의해서 신경망의 체계가 만들어내는 출력과 감독자나 교사가 대주는 정답간의 차이가 조금씩 감소되어가도록 연결선들의 무게를 바꾸어가는 학습이다. 그 다음으로 감독되지 않은 학습이란 출력에 근거한 피드백은 전혀 하지 않으면서 오직 입력의 성격과 체계의 작동절차에 맞추어서 연결선들의 무게를 바꾸어가는 학습이다.

세 번째로 강화된 학습이란 첫 번째와 두 번째 학습의 중간치에 해당하는 것으로서, 정답 대신에 출력에 대한 평가점수를 대줌으로써 피드백 작업을 최소화시키는 학습이다. 그런데 뇌생리학적 원리로 보아서는 두 번째나 세 번째 것이 타당성이 더 높은 학습형태임이 분명함에도 불구하고, 그 동안에 이 이론과 관련하여 실시된 실험들은 거의다가 첫 번째 것에 관한 것들이다. 이런 사실로 미루어 보아서도 이 이론에서 채택하고 있는 학습원리가 다분히 경험주의적이거나 행동주의적인 것이라는 것이 확실하다(Kazdin, 2000, Vol.2: p.266).

2) 두 가지 학습의 실례

사실은 그 동안에 연결주의자들이 심혈을 기울여온 것은 이 이론의 이론적 틀과 그 특징들을 설명하는 일이라기보다는 오히려 이것에 의한 학습의 결과를 보여주는 일이었다고 볼 수가 있는데, 그 이유는 물론 이것은 사실은 궁극적인 의미에서는 하나의 언어학습에 관한 이론이기 때문이고, 두 번째로는 이렇게 하는 것이 결국에는 자기네 이론이 Chomsky의 언어이론보다 더 타당한 이론이라는 것을 드러내 줄 수 있는 가장 확실한 방법이기 때문이었다. 이들이 그동안에 제시한 학습의 실례중 주목을 많이 받은 것에는 두 가지가 있다고 볼 수가 있는데, 그중 첫 번째 것은 Rumelhart와 McClelland가 1986년의 기념비적인 책안에 수록한 「영어동사의 과거시제의 학습(On learning the past tense of English verbs)」에 관한 것이었다. 뒤에 가서 더 자세한 토의가 있게 되겠지만 변형주의자와 연결주의자간의 싸움이 시작되면서 변형주의자들이 첫 번째 공격의 대상으로 삼은 것이 바로 이 논문이었다는 사실 하나만으로도 이것의 비중의 크기를 익히 짐작할 수가 있다.

이 연구의 특징은 크게 두 가지라고 볼 수가 있는데, 그중 첫 번째 것은 심리적 실제성이 있는 모형, 즉 어린이들의 언어습득과정과 부합되는 모형을 만들려고 했다는 점이다, 이들은 그 동안에 Brown이나 Ervin, Kuczai등이 연구한 바를 분석한 결과, 어린이들의 동사의 과거 시제 습득 과정은 크게 아주 적은 수의 사용빈도가 높은 규칙 및 불규칙 동사의 과거형을 오류 없이 사용하는 첫 번째 단계와, 현재형에 -ed를 붙이면 과거형이 된다는 규칙을 배워서 규칙동사의 과거형을 불규칙동사의 과거형보다 더 많이 쓰게 될 뿐만 아니라 자주 이른바 과잉 일반화 현상을 일으키기도 하는 두 번째 단계, 과잉 일반화 현상이 사라지면서 불규칙동사의 과거형도 더 많이 사용하게 되는 세 번째 단계로 이루어져 있음을 알 수가 있었다. 그래서 일단 이들은 이런 3단계 습득 과정을 그대로 실현시킬 수 있는 신경모형을 만드는 것을 자기네 연구의 목표로 삼았다.

그중 두 번째 것은 시뮬레이션 방법에 의해서 이들이 만들어낸 신경모형이 어린이들의 머리의 역할을 충분히 해낼수 있는 것이라는 사실을 실증해냈다는 점이다. 우선 이 모형은 크게 학습행위가 이루어지는「유형형성부」와 과거시제형의 자질적 표현체를 음운적 표현체로 전환시키는「해독부」의 두 부분으로 구성되어 있는데 유형형성부에는 학습된 동사의 원형을 표현하는데 쓰이는「입력단」과 학습된 동사의 과거형을 표현하는데 쓰이는「출력단」의 두 단위만이 있다. 각 단에는 음운적 자질로 된 모두 여덟 개의 단위들이 들어있다. 그 다음으로 이 모형의 작동절차는 간단히 말해서 일종의 감독된 학습의 절차로서, 입력 신경망에는 동사의 원형을 입력시키고 해독 신경망에는 학습의 목표가 되는 그것의 과거형을 입력시킨 다음에, 반복된 활성화 작업을 통해서 이들 간의 차이가 없어지도록 각 단위간의 연결의 무게를 조정해가는 것이다.

그런데 이런 학습절차는 1962년에 이미 Rosenblatt이「지각 수렴의 절차」라는 이름으로 발표한 것이었다. 그러니까 이런 의미에서 볼 것 같으면 이 연구는 창의적인 것이라기보다는 일종의 응용적인 것인 셈이다. 그렇지만 무엇보다도 중요한 사실은 이 모형은 단 하나의 연상유형만 학습할 수 있는 것이 아니라 두 개나 그 이상의 연상유형도 학습할 수 있다는 사실을 밝혀냈다는 점이다. 예컨대 연구자들은 한 짝의 연상유형을 동시에 입력시킨 다음에 모두 20회에 걸친 연결강도의 조정 작업을 실시한 결과 이들의 학습을 성공시킬 수 있었다. 이들 중 하나는「제78번 규칙」으로 명명된 규칙동사의 과거형에 관한 것이었고 [입력의 벡터 : (258)→(257)], 나머지 하나는 하나의 불규칙동사의 과거형에 관한 것이었다. [입력의 벡터 : (147)→(147)]. 연구자들이 보기에는 물론 이런 절차는 어린이들의 동사의 과거형 학습의 절차와 일치하는 것이었다(pp.512~514).

연결주의자들이 그 동안에 제시한 주목 받을만한 실례 중 두 번째 것은

Elman(1992)에 의한 「문법적 구조와 분배적 표현체(Grammatical structure and Distributed representations)」에 대한 연구이다. 이 연구의 의의는 연결주의적인 신경모형과 학습원리가 문장수준의 문법적 규칙들을 배우는 데도 유용하게 쓰일 수 있다는 점을 실증해냈다는 데 있다. 더 구체적으로 말하자면 이 연구는 Chomsky의 변형주의 이론은 뇌신경학이나 컴퓨터 공학적 지식과 전혀 맞지 않는 것이며, 따라서 그동안에 그가 그렇게 폄훼해 오던 어휘문법이론과 구구조문법 이론이 사실은 뇌생리학적 타당성이 있는 것들이라는 사실을 실증해 낸 것이다.

연구자가 이 연구에서 실시한 실험은 크게 두 가지였는데 그중 첫 번째 것은 어휘적 범주구조에 관한 것이었다. 물론 그가 사용한 신경망 구조체는 입력부와 출력부 사이에 있는 은닉 단계부에 의해서 재순환적 정보처리를 할 수 있게 한 3층형 구조체 이었다. 이 구조체가 수행할 과제는 일찍이 Rumelhart등이 내세웠던 「후방전달식 오류 학습법」에 의해서 입력부에 입력된 단어를 보고서 그것에 후속되는 단어를 출력부에서 생산해 내도록 하는 것, 즉 「예측 과제」이었다. 더 구체적으로 말하자면 총 29개의 「boy」나 「eat」와 같은 명사와 동사를 가지고서 총 만개의 2어문이나 3어문을 만들어내는 것이 이 신경만이 한 일이었는데, 총 6회에 걸쳐서 단어들을 입력시키면서 여러 단위간의 연결의 무게를 조정한 결과 훈련을 다 마친 다음에 오류의 제곱 평균치는 0.88에 지나지 않았다.

그중 두 번째 것은 관계사절을 내포하는 복문을 산출하는 절차에 관한 것이었다. 먼저 여기에서는 문맥 제약적 구구조문법이 이 신경망구조체가 학습해야할 문법모형으로 설정되었다. 그 다음으로 여기에서는 여덟 개의 명사와 열두 개의 동사, 관계대명사 「who」, 고유명사 「John」과 「Mary」등 총 23개의 낱말과 하나의 마침표가 쓰였다. 이 구조체에서는 또한 「Boys who girls who dogs chase see hear.」와 같은 복문을 산출하는 경우에서처럼 관계사절 삽입의 절차를 몇 번이고 반복할 수 있었다. 마지막으로 이 구조체에서 산출되는 관계사절에는 선행사가 그것의 주어가 되는 것과 그것의 목적어가 되는 것의 두 가지가 있었다.

이 신경망 구조체의 학습단계에는 모두 네 가지가 있었다. 첫 번째 단계에서는 구구조문법에 의해서 만들어진 낱말로는 34,605개에 이르는 총 만개의 단문들을 문장 간에 아무런 간격 없이 모두 다섯 번 입력시켰다. 두 번째 단계 때는 입력의 횟수에는 변화가 없지만 입력되는 언어자료는 총 만개의 문장중 75%는 단문이고, 나머지 25%는 복문인 식으로 바뀌었다. 세 번째 단계에서는 입력의 횟수는 똑 같으면서 입력되는 언어자료는 총 만개의 문장 중 50%는 단문이고 나머지 50%는 복문인 식으로 바뀌었다. 네 번째 단계 때는 입력의 횟수에는 아무런 변화가 없지만 입력되는 언어자료는 총 만개의 문장 중 25%는 단문이고 나머지 75%는 복문인 식으로 바뀌었다.

언어처리 이론의 타당성을 뒷받침하는 것은 결국에 학습의 효율성이라는 것을 잘 알고 있는 그였기에, 크게 단문에서의 일치의 규칙에 관한 것과 동사의 논항구조에 관한 것, 관계대명사절에 관한 것 등의 세 분야에 있어서의 학습의 효율성을 분석해 보았다. 종합적으로 산출했을 때 이 신경망의 오류의 제곱 평균치는 0.177로 나타났고 벡터간의 각도의 평균 코사인치는 0.852로 나타났다. 첫 번째 실험에서는 그들이 각각 0.88과 0.916이었으니까, 이번의 학습성적은 첫 번째 것에 비하여 약간 떨어지는 것이었다. 그 이유는 학습할 과제의 난이도가 높아졌기 때문이었다. 그렇지만 넓은 의미에서 보자면 분명히 만족스런 학습 성적이었다.

3) 반증적 연구

그런데 곧 이어 변형주의자들이 이런 실험의 결과를 놓고서 다분히 비과학적인 것이라는 의견을 내놓게 되면서, 변형주의 이론과 연결주의 이론은 학문의 운명을 가를지도 모르는 대결의 장을 만들어내게 되었다. 이런 반증적 연구의 가장 대표적인 것이 바로 Pinker의(1991) 「언어의 규칙(Rules of Language)」이라는 논문이다. 이 논문에서 공격의 표적으로 삼은 것은 Rumlhalt와 McClelland가 5년 전에 발표한 영어동사의 과거시제 학습에 대한 연구이다. 그러니까 그가 하나의 변형주의자이긴 해도 결국에는 언어학자가 아니라 인지심리학자라는 점을 감안한다면 이로써 그는 우선 언어 습득의 문제는 언어학적 문제가 아니라 심리학적 문제라는 것을 만천하에 알린 셈이 된 것이다.

이 논문은 크게 연결주의자들이 일찍이 내세운 영어동사의 과거시제 학습에 관한 단일모형 이론의 문제점들을 지적하는 전반부와 그것에 대한 하나의 대안으로서의 규칙모형 이론의 이론적 근거를 제시하는 후반부로 구성되어 있다. 전반부에서 지적된 단일모형 이론의 문제점에는 세 가지가 있었는데, 그중 첫 번째 것은 이 모형으로는 이 세상에 현존하는 언어들의 굴절형들을 제대로 설명할 수가 없다는 점이었다. 예컨대 이 모형은 한편으로는 인간의 언어에는 아예 존재하지도 않는 거울처럼 분절을 뒤집는 굴절의 유형을 배울 수가 있는가하면, 다른 한편으로는 인간의 언어에서 아주 흔하게 쓰이고 있는 어간반복의 유형을 배울 수가 없었다.

그중 두 번째 것은 이 모형은 실제로는 비체계적인 혼합형도 산출하게 된다는 점이었다. 예컨대 이 모형에서는 「mail」의 과거형이 「membled」가 되기도 하고, 「tour」의 과거형이 「touder」가 되기도 했다. 그중 세 번째 것은 이 모형은 음운이나 의미의 단위가 아니라 어휘단위로서의 표현체를 가지고 있지 않기 때문에 동음이의어들을 제대로 식별하지 못하게 된다는 점이다. 예컨대 이 모형에서는 lie/lied와 lie/lay간의 구분이나 meet/

met와 mete/meted간의 구분을 제대로 할 수가 없었다. 이런 문제점들을 해결하기 위해서는 첫 번째로는 규칙동사를 학습하는 기구와 불규칙동사를 학습하는 기구가 서로 별개의 것이 되도록 하고, 두 번째로는 유사한 유형의 불규칙 동사들을 string/strung의 짝과 sling/slung의 짝이 서로 인접되어 있도록 하는 식으로 재분류 해야만 했다.

   이 논문의 후반부에서는 어떤 근거로 그가 내세우는 규칙모형 이론을 연결주의자들이 내세우는 단일모형 이론보다 더 과학적인 것으로 볼 수 있는가를 크게 연상절차의 두 가지 특징과 문법적 절차의 모듈성, 신경언어학적 증거 등의 세 분야로 나누어 설명하고 있다. 우선 그동안에 연상주의자들은 연상절차의 첫 번째 특징으로 으레 사용빈도를 내세워 왔는데, 최근의 실험에 의해서 그것이 학습에 그렇게 결정적인 요소로 작용하지 않는다는 사실이 밝혀졌다. 예컨대 최근에 심리학자들의 실험에 의해서 영어의 토박이 화자들은 불규칙 동사의 경우와는 다르게 규칙동사에 있어서는 사용빈도가 아주 낮거나 처음 듣는 동사의 과거형에도 이상한 느낌이나 불확실한 느낌을 전혀 느끼지 않는다는 사실이나, 과거형을 산출하거나 인지하는 속도에 있어서 규칙동사와 불규칙 동사 간에 일정한 차이를 드러내게 된다는 사실 등이 밝혀졌다.

   그동안에 연상주의자들은 연상절차의 또 한 가지의 특징으로 유사성을 내세워왔는데, 이 점에 있어서도 규칙동사와 불규칙동사 사이에서 똑같은 차이를 발견할 수 있었다. 우선 불규칙동사를 배우거나 사용하는 데 있어서는 유사성이 중요한 요소의 하나로 작용하고 있었다. 예컨대 어린이들은 사용빈도가 높고 구성원의 수가 많은 유형에 속하는 불규칙동사로는 일반화의 오류를 덜 저지르고 있었다. 그렇지만 규칙동사를 배우거나 사용하는 데 있어서는 형태의 유사성이 특별한 영향을 주고 있지 않았다. 예컨대 어린이들은 생소한 소리의 유형을 지닌 신어들을 으레 규칙

동사처럼 굴절시키고 있었다.

그렇다면 우리가 추구하는 과학적 언어습득이론이란 응당 연상주의 이론으로는 제대로 설명될 수가 없는 이상과 같은 현상을 제대로 설명할 수 있는 것이어야 하는데, 근래에 Chomsky를 위시한 변형주의자들이 내세우고 있는 「모듈성의 이론」이 바로 그것이라고 그는 본다. 일단 문법적 기구는 거의 자율적으로 움직이는 여러 개의 하부조직, 즉 모듈로 구성되어 있다고 보게 되면, 이들 두 가지 동사의 굴절절차의 상이성은 결국 이들의 절차가 서로 다른 곳에서 서로 다른 방식으로 이루어지고 있는데서 비롯된다고 볼 수가 있다는 것이다. 더 구체적으로 그는 불규칙동사의 과거형은 기억을 담당하는 하부조직에 하나의 어휘항목으로 기억이 되고, 규칙동사의 그것은 어형규칙을 담당하는 하부조직에서 「어근+-ed」와 같은 어형규칙의 적용으로 산출되게 된다고 보았다.

그가 보기에는 지금까지 알려진 몇 가지의 신경언어학적 사실들이 모듈성의 이론의 타당성을 실증하고 있기까지 했는데, 그중 첫 번째 것은 브로카 실어증 환자들은 으레 글을 읽는 데 규칙적인 굴절형들은 제대로 읽지 못하면서도 불규칙적인 굴절형들은 제대로 읽고 있다는 사실이었다. 그중 두 번째 것은 특수 언어장애자들의 동사의 과거형 사용에 있어서의 제약성의 현상이었다. 일찍이 Gopnik등이 연구한 바에 의할 것 같으면 현재형 문장을 과거형 문장으로 바꾸는 과제에 있어서 정상아들의 정답률은 78%인데 반하여 언어장애자들의 그것은 32%밖에 되지 않을 정도로 그들의 과거동사의 사용능력이 제한되어 있었는데, 특히 여기에서 눈에 띄는 점은 불규칙 동사의 과거형은 그래도 이따금씩 쓰이고 있는데 반하여, 규칙동사의 그것은 거의 쓰이고 있지 않았다는 점이었다.

그중 세 번째 것은 윌리엄스(Williams)증후군 환자들의 언어능력이 정상아의 그것과 별 차이가 나지 않는다는 사실이었다. 이 병에 걸린 어린이들은 성인이 되어서도 지능지수가 50정도 밖에 되지 않는다. 그러나 일찍이 Bellugi등이 밝혀 놓았듯이, 이들의 언어능력은 부분적으로는 정상아보다 16%정도 더 많은 과잉일반화 오류를 범하거나, 아니면 짐승의 이름으로 「dog」나 「cat」, 「pig」 등 대신에 「tyrandon」이나 「unicorn」, 「yak」 등을 대는 식으로 정상아의 그것과 일정한 차이를 드러내고 있었지만, 전체적으로는 이들의 언어능력은 정상아의 그것과 똑같다고 볼 수가 있었다.

 Pinker의 것과 함께 이런 반증적 연구의 또 하나의 대표적인 것으로 볼 수 있는 것이 바로 1988년에 Fodor와 Pylyshyn이 발표한 「연결주의와 인지적 구조체 : 비판적 분석(Connectionism and Cognitive Architecture : A critical analysis)」이라는 논문이다. Rumelhalt와 McClelland의 책이름이 「병렬분배처리 : 인지의 미시구조 탐구」인데 반하여 이것의 제목은 「연결주의와 인지적 구조체 : 비판적 분석」이라는 사실과, 그들의 책이 나오고 나서 바로 2년 뒤에 이것이 발표되었다는 사실 만으로도 누구나 이것이 Pinker의 논문보다 훨씬 더 큰 의미를 지니고 있는 논문이라는 것을 익히 짐작할 수 있었다. 간단히 말해서 이 논문은 연결주의자들의 도전에 대한 변형주의자들의 정식적인 응답이라고 볼 수가 있다.

 이 논문의 가치는 1980년대 이후의 학계의 모습을 연결주의의 등장으로 그것이 흔히 생각하듯이 변형주의대 연결주의의 대결의 장으로 바뀌게 된 것으로 보는 대신에, 그래서 그것이 고전적 인지주의대 신풍적 인지주의의 대결의 장으로 바뀌게 된 것으로 보았다는 점이다. 그러니까 여기에서는 연결주의의 실체는 그것을 하나의 언어습득이론이 아니라 하나의 인지과학 이론으로 보았을 때만 제대로 파악될 수 있다고 보고 있는 것이다. 그리고 무엇보다도 흥미로운 점은 여기에서는 변형주의를 고전적 인지주의의 대표자나 계승자로 보고 있다는 것이다.

이 논문의 목적은 왜 Rumelhalt와 McClelland의 주장과는 다르게 연결주의라는 이름의 신풍적 인지이론이 변형주의라는 이름의 고전적 인지이론의 대안은 절대로 될 수 없는가를 밝히는 것인데, 이것을 위하여 이들은 자기네들의 논의를 크게 세 가지 부분으로 나누어 진행시키고 있다. 그중 첫 번째 것은 고전주의와 연결주의의 차이점에 관한 것인데, 이 부분에서는 크게 인지적 표현체의 구조상의 상이성과 그것의 작동절차상의 상이성이 집중적으로 검토되고 있다. 이들이 보기에는 우선 고전주의에서는 인간의 인지체계를 하나의 상징적 표현체의 연산체계로 보아왔다. 그것은 조립적 통사구조와 의미구조를 지니고 있는데다가, 구조적 특성에 따라서 한 표현체가 다른 표현체로 변형될 수 있는 특성도 가지고 있다는 의미에서 하나의 상징적 표현체임이 분명했다. 그에 반하여 연결주의에서는 인간의 인지체계를 비상징적 단위들의 연산체계로 보고 있다.

이들이 보기에는 고전주의와 연결주의간의 이상과 같은 대립관계는 인지적 표현체의 작동절차에 있어서도 똑같이 드러나고 있었다. 예컨대 각각 **A&B**와 A,B등의 표지가 붙어있는 세 개의 절점으로 이루어진 신경망이 있다고 치자면 연결주의적 작동절차는 「A&B」라는 절점1을 먼저 자극하게 되면 그 다음에는 「A」라는 절점2가 활성화되는 것이다. 그런데 연결주의적 모형에서의 절점들은 상징적 표현체가 아니라 언어적 자질의 집합체이다. 그러니까 이 모형에서는 일정한 작동의 결과 두 절점에는 서로 다른 모양의 벡터가 생기게 되어있지, A&B나 A와 같은 단위가 생겨나는 것은 아니다. 그러나 고전주의적 모형에서는 각 절점에 나타나 있는 것 하나하나가 상징적 표현체이다. 따라서 이 신경망은 절점1의 자리에 있는 **A&B**는 각각 절점2와 절점3의 자리에 있는 **A**와**B**의 상위구조체임을 나타내고 있다.

그중 두 번째 것은 연결주의의 문제점에 관한 것인데, 엄밀한 의미에서 보자면 여기에서 논의되고 있는 것은 모두가 첫 번째 부분에서 이미 논의된 것들이다. 그게 그렇다는 것은 여기에서는 크게 다음과 같은 다섯 가지가 그런 것들로 지적되고 있다는 사실로써 익히 알 수가 있다. 첫 번째로, 연결주의에서는 개념을 인지적 작업의 기본단위로 보지 않는다. 예컨대 이 모형에서는 「bachelor」라는 개념은 「+ADULT, +HUMAN, +MALE, -MARRIED」와 같은 하위자질들의 집합공간에 하나의 벡터의 형태로 표시된다. 두 번째로 연결주의에서는 명제의 구조성을 인정하지 않는다. 물론 이 모형에서도 「John loves the girl.」이라는 문장은 「John→loves→the→girl」처럼 하나의 도표로서 표현되고 있다. 그렇지만 여기에서의 화살표는 두 절점간의 자극적 인과관계를 나타내고 있을 뿐이지 두 구성소간의 구조관계를 나타내주고 있지는 않다.

세 번째로, 연결주의에서는 행동주의나 연상주의의 원리를 학습 원리로 내세우고 있다. 물론 연결주의자들은 전통적인 연상주의 이론의 한계성은 은닉단위부의 설정으로 익히 극복될 수 있다고 본다. 그러나 공기적 통계원리나 빈도감수적 연결원리를 기본적인 학습 원리로 보는 데 있어서는 아무런 변화가 없다. 네 번째로, 연결주의에서는 추리도 학습과 마찬가지로 오직 연상적 절차에 의해서 이루어진다고 보고 있다. 다시 말해서 여기에서는 추리작용은 빈도와 유사성의 두 요소에 의해서 결정된다고 본다. 다섯 번째로, 연결주의적 모형은 충분한 생산력을 가지고 있지 못하다. 물론 연결주의적 모형에서도 순환성의 원리가 적용되고 있다고 볼 수가 있다. 그렇지만 이 원리가 적용되는 대상이 구조적 규칙이 아니라 연결적 규칙이기 때문에 모형 자체의 생산성에 크게 기여하지 못한다.

그중 마지막이며 세 번째 것은 연결주의의 장점과 발전방향에 관한 것인데, 엄밀하게 따지자면 여기에서 논의되고 있는 것은 앞의 두 부분에서 이미 논의된 것들이다. 그러니까 이 논문의 제일 큰 특징은 여기에서는 같은 이야기가 세 번이나 되풀이되고 있다는 점이다. 이 부분에서는 먼저 연결주의의 장점으로 여덟 가지가 내세워지고 있는데, 그중 첫 번째 것은 연결주의적 모형에서는 정보처리의 절차를 단열적인 것이 아니라 병렬적인 것으로 보는 점이고, 그중 두 번째 것은 연결주의적 모형에서는 큰 규모의 유형인식 작업과 기억회상 작업등을 할 수가 있다는 점이다. 그 이유는 이 모형에서는 여러 가지 절차가 병렬식으로 이루어질 수 있기 때문이다.

그중 세 번째 것은 연결주의적 모형에서는 규칙적인 행동과 불규칙적인 행동이 동일한 신경기구에 의해서 관장된다고 본다는 점이고, 그중 네 번째 것은 연결주의에서는 언어적 지식과 의식적 추리절차 이외에 비언어적 지식이나 직관적 지식 같은 것의 실체를 밝히는 것을 인지과학의 궁극적인 목표로 삼고 있다는 점이다. 그중 다섯 번째 것은 연결주의 이론에서는 인지기구의 부분적 손상과 소음 등을 인지작업을 저해하는 결정적인 요소로 간주하지 않는다는 점이고, 그중 여섯 번째 것은 기억을 수동적이고 정적인 절차가 아니라 능동적이고 동적인 절차로 본다는 점이다. 그중 일곱 번째 것은 연결주의에서는 인간의 인지작업을 「전부 아니면 전무」식인 작업으로 보는 대신에 일종의 연속체적인 작업으로 본다는 점이고, 그중 여덟 번째 것은 연결주의에서는 인간의 두뇌의 신경조직과 가장 유사한 인지모형을 만들려고 한다는 점이다.

이 논문의 세 번째 부분은 이상과 같은 여덟 가지의 연결주의의 장점들이 열거된 다음에 곧이어 모두 네 가지의 이것의 발전방향이 제시되는 것으로써 마무리가 되고 있는데, 그 내용이 어떤 것인가를 살펴보게 되면 역시 이것은 일종의 비아냥과 같은 것이어서 결국에는 이런 일은 상대방의 학문에 대한 기본적인 예의도 지키고 있지 못하다는 비난을 받기에 족한 일이라는 사실이 당장 드러난다. 그들 네 가지중 첫 번째 것은 앞으로도 과거처럼 반고전주의자로서의 입장과 이론을 확고하게 고수하는 것이고, 두 번째 것은 기존의 신경망중심의 표현방식을 버리고서 고전주의 측에서 내세우는 구조중심의 표현방식을 채택하는 것이며, 세 번째 것은 기존의 이론을 하나의 수행적 이론으로만 간주하고서 고전주의적 인지이론을 자기네 인지이론으로 받아들이는 것이고, 네 번째 것은 고전주의 이론과의 타협을 통해서만 기존의 모형이 개선될 수 있다는 충고를 아예 거부하는 것이다. 두말할 필요도 없이 연결주의자들이 보기에는 그들의 이론의 발전방향은 같은 말을 두 번 반복하고 있는 첫 번째 것과 네 번째 것뿐이다.

  그동안의 역사가 익히 말해주고 있듯이 이성주의와 경험주의간의 싸움은 으레 무승부로 끝나고 그 결과 학계에는 두 가지의 서로 다른 이론들이 하나의 평행선을 그어가는 현상이 나타나게 마련이다. 이번의 변형주의와 연결주의간의 싸움도 결국에는 그런 식으로 마무리가 될 가능성이 많은데, 그것의 근거로는 최근에 이르러서는 연결주의자들이 더 이상 문법지식의 내재성이나 언어능력과 언어수행의 구별성, 상징적 구성소, 순환성, 구조 의존성과 같은 이론적인 문제들에 대한 논의를 하는 대신에 보다 사실적인 모형을 만드는 일에 노력을 기울이기 시작했다는 사실을 들 수가 있다.

  Onnis등의 평가에 의할 것 같으면 현재의 연결주의적 연구가 당면한 과제는 첫 번째로는 아직도 초보적인 수준을 사실적인 언어입력의 복잡성을 다룰 수 있게 격상시키는 것이고, 두 번째로는 언어분석의 수준별로 제시된 모형들이 서로 인터페이스 할 수 있는 방안을 고안하는 것인데, 이 두 가지 면 모두에 있어서 적지 않은 발전을 거둘 수 있었다. 이들은 「언어처리에 대한 사실적인 모형들이 개발된다면, 그때는 언어처리의 성격에 대해서 뿐만 아니라 언어자체의 구조에 대해서도 과격하게 새로운 사고를 할 가능성이 있다」는 말을 할 정도로 연결주의의 장래를 밝게 보고 있다(p.90).

5. 진화론의 기여

아마도 그 동안에 언어와 두뇌의 관계에 대한 연구에 참여해 온 뇌과학자들은 누구나가 이들 두 가지 모두가 오랜 기간의 진화과정의 결과물이라는 것을 익히 알고 있었을 것이며, 따라서 자기네들의 연구도 궁극에는 진화론적인 성격의 것으로 바뀌어야 될 것이라는 것도 잘 알고 있을 것이다. 물론 그 동안에 이런 생각을 대담하게 표출한 측은 뇌과학 측이 아니라 언어학 측이었다. 예컨대 그동안에 Chomsky는 더 말할 나위가 없고 Jackendoff나 Pinker같은 언어학자들은 언어학은 결국에 생물학이 되어야 한다고 주장하면서 저마다의 진화론적 언어기원론을 내세웠었다. 그렇지만 뇌과학자 중에서 뇌와 언어의 진화적 발달과정에 대해서 일정한 의견을 내놓은 사람은 Geschiwind(1964)정도였다. 동물과는 달리 인간에게 있어서는 오랜 기간에 걸친 작은 조직적 변화의 누적으로 여러 가지 감각운동정보들이 연합될 수 있는 각상회가 발달되게 되어 그 결과 이름 붙이는 능력이 생겨나게 되었다는 것이 그의 진화론의 요지였다.

그런데 더욱 흥미로운 사실은 Chomsky는 전적으로 그것을 거부하는데 반하여 Jackendoff와 Pinker는 그것을 거의 그대로 인정하는 식으로 언어학자들의 언어진화에 대한 논의는 모두가 선택적 적응과정이라는 기존의 진화이론의 틀 안에서 이루어졌다는 점이다. 그러나 뇌과학자들의 입장에서 볼 것 같으면 아직은 이 문제에 대한 생물학적 사실 자체를 구명하는 일도 제대로 안된 상태에서 뇌 구조의 진화적 발달과정을 기존의 진화이론의 틀에 맞추어 살펴본다는 것이 별 의미가 없는 일 일수 있었다. 그러니까 언어학자들은 지금의 언어구조에 대한 지식을 이미 충분히 획득했다고 생각한데 반하여 뇌과학자들은 지금의 뇌구조에 대해서 아직 그렇게 하지 못했다고 생각하는 것이다.

그렇지만 우리는 크게 다음과 같은 두 가지 사실을 근거로 해서 진화론적 이론이나 지식은 앞으로 이 연구가 더 큰 발전을 이룩하는 데 일정하게 도움을 주게 될 것이라는 것을 추정할 수가 있다. 그중 첫 번째 것은 오늘날 인간의 생리적 및 정신적 특성과 관련된 연구들은 거의다가 저마다의 진화론적 이론을 구축하는 것을 최종 목표로 삼고 있다는 사실이다. 그러니까 따지고 볼 것 같으면 Chomsky를 위시한 언어학자들이 최근에 이르러 언어기원의 문제를 언어학의 궁극적인 과제로 거론하기 시작한 것이 절대로 예외적인 일이 아닌 것이다. 그런데 사실은 언어학보다 언어와 뇌의 관계에 대한 연구가 진화론적 이론을 구축하기에 더 유리하고 적절한 분야이다. 따라서 그것이 이 연구의 어떻게 보자면 너무나 당연한 목표이고 또 다르게 보자면 지극히 보람된 목표가 될 것이 분명하다. 물론 일부 뇌과학자들은 자기네들의 연구 수준이 아직은 그런 궁극적인 목표를 향해서 나아갈 수 있을 만큼 앞서있지 못하다고 생각할지도 모른다. 그렇지만 그들도 이 연구가 최종적인 목표를 그렇게 설정하지 않은 상태에서 시작되었으며, 따라서 이제라도 앞으로 더 큰 발전을 이루기 위해서는 이 연구가 목표설정 작업부터 다시 해야 한다는 사실은 인정하게 될 것이다.

그중 두 번째 것은 새로운 진화론적 이론이나 지식은 언어와 뇌의 관련성에 대한 사실을 구명하는 데 적지 않은 도움을 주게 된다는 사실이다. 최근에 이르러서는 진화생물학이나 진화유전학이라는 이름 밑에서 신경세포나 그 안의 유전자의 진화절차를 밝히는 일이 진화론의 일부로 자리

매김하게 되었는데, 이런 작업을 통해서 얻어진 지식들은 뇌의 조직적 내지는 기능적 특성을 이해하는 데 새로운 길잡이 역할을 하기에 족한 것들이다. 예컨대 최근에 진화생물학이나 진화유전학에서는 여러 가지 연구를 통해서 언어와 같은 인간특유의 능력의 내재성이나 모듈성을 논의하는 것이 얼마나 복잡하고 어려운 일인가 하는 것을 새삼 일깨워주고 있다. 간단히 말해서 그들은 두뇌의 신경조직의 제일 큰 특성은 조직의 유연성이며, 그것의 그 다음 특성은 기능의 다양성이라는 사실이 밝혀진 이상 그것의 형성에 있어서의 유전과 환경의 역할은 거의 동일한 것으로 보아야 한다고 생각하는 것이다.

(1) 언어 장애증 중심의 연구의 문제성

1) FOXP2 유전자에 대한 논쟁

Balaban(2006)이 최근에 발표한 「인지적 발달 생물학 : 역사와 절차, 운명의 수레바퀴(Cognitive developmental biology : History, process and fortune's wheel)」라는 논문은 지금까지의 실어증 중심의 연구방법은 따지고 보자면 언어와 뇌의 관계에 대한 연구를 제대로 하는 데는 지극히 위험하고 부적절한 방법일 따름이라는 사실을 익히 일깨워 주고 있는 논문 중의 하나이다. 이 논문의 목적은 그동안에 내세워진 생물학적 인지이론들은 두뇌의 신경회로가 형성되는데 있어서 유전자와 경험 중 어느 것을 결정적인 기능을 수행하는 것으로 보느냐에 따라서 크게 진화적 이론과 발달적 이론으로 나뉠 수 있는데, 사실은 이들 두 가지 이론들이 균형 있게 통합되었을 때만 제대로 된 생물학적 인지이론이 생겨날 수 있다는 사실을 드러내는 것이었다. 다시 말하자면 그는 여기에서 자기가 보기에는 진화적 심리학자로 자처하는 Pinker(2002)의 내재주의적 인지

이론도 일종의 극단론일 따름이고, 또한 발달적 심리학자로 자처하는 Elman(1996)등의 경험주의적 인지이론도 일종의 극단론일 따름이라는 사실을 밝히고 싶었던 것이다.

그런데 그는 흥미롭게도 이런 점을 증거 하는 사실로서 최근의 FOXP2 유전자를 둘러싼 논쟁을 들고 있다. 앞에서 이미 상세하게 살펴보았듯이 2002년에 발표된 Enard등의 논문에 의해서 이 논쟁은 크게는 앞으로 유전학적 진화이론을 과연 가장 과학적인 진화이론으로 받아들일 수 있느냐와 같은 진화론적인 문제로부터 작게는 Chomsky의 내재이론을 과연 생물학적인 근거가 있는 것으로 보아야 하느냐와 같은 언어학적인 문제에 이르기까지의 폭넓은 과제들의 문제 제기자의 역할을 하기에 이르렀다. 예컨대 Enard등이 인간과 동물간의 비교연구를 통해서 이 유전자는 인간특유의 언어유전자인데 이것은 지금으로부터 20만 년 전에 이른바 「선택적 싹쓸이」라는 진화절차에 의해서 생겨나게 되었다는 사실 등을 알게 되었다고 주장하고 나서자, 바로 Marcus와 Fisher(2003)는 「FOXP2는 말이나 언어의 유전자가 아니라 단지 여러 유전자가 개입되는 복잡한 신경통로의 한 요소일 뿐이라」고 반박하고 나섰다.

그런데 그가 보기에는 최근에 와서의 이 유전자에 대한 많은 연구자들의 집중적인 연구로 Enard등의 논문에 의해서 야기된 초기의 흥분은 급속하게 식어가고 있었다. 다시 말하자면 그가 보기에는 최근에 있었던 많은 연구로 이 유전자의 기능에 대해서 어떤 단언적인 결론을 내린다는 것은 다분히 비과학적인 일이라는 사실이 밝혀진 것이다. 이 유전자와 관련된 문제점으로는 크게 네 가지를 들 수가 있는데, 그중 첫 번째 것은 아직은 어느 특정한 유전자 변이와 어느 특정한 행동의 발달간의 관계가 의무적인 것인지를 확실하게 알지 못한다는 점이었다. 즉 최근에 총 16명의 환자들을 대상으로 해서 연구한 결과 FOXP2의 구조적 변이가 어느 개인에 있어서는 언어기능에 중요한 영향을 줄 수 있는데 반하여 다른 개인에 있어서는 그렇지 않다는 사실이 드러난 것이다. 이런 현상이 일어나는 것은 FOXP2가 두뇌의 세포내에서 하고 있는 일은 다른 유전자들의 활동과 중복되어 있거나, 아니면 그것에 조건적으로 의존하고 있기 때문이라는 결론을 내릴 수 있었다.

그중 두 번째 것은 아직까지는 FOXP2의 변이로 인하여 생기는 두뇌세포의 변화 중에 결정적 요소의 손실이나 간섭적 요소의 추가와 같은 일이 포함되는지에 대해서 확실하게 알고 있지 못하다는 점이었다. 예컨대 FOXP2가 손실되었을 경우에는 그로 인하여 세포들이 다른 유전자들을 더 많이 산출하게 되는 일종의 보상적 현상이 일어날 수도 있으며, 이런 보상적 반응들로 인하여 결국에는 관련된 세포에 비정상성이 나타나게 된다고 볼 수가 있었다. 그중 세 번째 것은 아직까지는 상이한 행동적 결함의 유형들이 동일한 병인으로부터 비롯될 수 있는지에 대해서, 다시 말해서 FOXP2의 기능의 변화로 직접적인 결과만 일어나는 것이 아니라 간접적인 결과도 일어나게 되는지에 대해서 확실하게 알고 있지 못하다는 점이다. 예컨대 말을 하는 데 어려움을 겪게 되는 사람들은 으레 언어행위 전체에 흥미를 잃게 된 나머지, 직접적으로는 FOXP2분자의 충격을 받지 않는 언어능력에 있어서도 일정한 장애증상을 보이고 있었다. 말의 이해력이나 높은 수준의 문법적 능력 등이 바로 그런 언어능력이었다.

그중 네 번째 것은 두뇌의 신경회로의 자질 중 많은 것들은 성인이 되어서도 유연성을 유지하고 있다는 점이다. 예컨대 FOXP2 변이로 인하여 생기게 된 어느 두뇌 영역의 비정상성은 그런 원인에 의하지 않고도 생겨나고 있었고 또한 이런 원인에 의한 언어장애증은 거의 다 아주 어린 나이 때 일어나고 있었다. 따라서 지금으로서는 누구도 이런 두뇌와 행동상의 비정상성은 변경 불가능한 것이라고 단언할 수가 없는 것이다. 지금으로서는 누구도 FOXP2유전자에 변이현상이 일어나 있는 성인들을 KE 가족 중에서 골라내어서 관련된 두뇌영역에 정상적인 FOXP2를 공급해주게 되면 그들의 행동적 결함이 확실하게 바로잡히게 될 것이라고 장담할 수가 없다.

그가 보기에는 FOXP2유전자와 언어장애증간의 관계가 이렇게 불확실하다는 사실은 곧 인지적 발달과정은 크게 유전적 역사와 일정한 문맥 내에서의 실제적인 발달절차, 개인적 발달절차의 통계적 자질 등의 세 가지 면에서 검토되어야 한다는 점을 재확인시켜주는 하나의 증거이었다. 다시 말해서 그가 보기에는 이런 사실은 Johannsen(1909)이 일찍이 내세운 이래 유전학 연구의 기본개념으로 받아들여져 오고 있는 개성의 특징 중 현상형을 유전형으로부터 구별시키는 개념, 즉 유전자와 환경의 기능적 상호의존성의 개념이 인지적 발달과정을 구명하는 데도 그대로 적용되어야 한다는 사실을 증거하고 있었다.

FOXP2 유전자에 대한 논의는 자기의 이론을 전개하는 데 일종의 서론부로 사용된 이상 그 뒤에는 바로 그것을 직접적으로 뒷받침할 수 있는 일련의 사실들을 후속시켰다. 그런 사실에는 최근에 학계에서 큰 관심을 끌게 된 발생학적 실험이나 뇌세포학적 연구, 뇌신경학적 연구의 절차 등이 포함되어 있었다. 한 가지 특기할 사항은 이미 진화 생물학적 연구에서는 인간과 동물간의 구분을 지킬 필요가 없게 되었다는 점을 분명하게 드러내고 있다는 점이다. 이런 의미에서 그는 여기에서 최근에 발표된 진화생물학적 실험과 연구의 결과들을 총동원하고 있는 셈이다.

이런 사실 중 첫 번째로 그가 제시하고 있는 것은 바로 19세기에 분자생물학의 발전에 크게 기여했던 개구리와 성개의 배 형성에 대한 연구이었다. 개구리의 배 형성에 대한 연구는 Roux에 의해서 실시되었는데, 그는 첫 번째 세포분할이 있은 직후에 그중 하나를 뜨거운 바늘로 죽이고서 나머지 하나만이 계속해서 발달해 가도록 했다. 그 후 Driesch는 성개의 배를 가지고서 큰 개념은 비슷하면서도 분리 방법은 두 개의 세포를 서로 분리시키는 식으로 약간 다른 실험을 실시해 보았다. 두 실험의 결과는 첫 번째 실험에 있어서는 두 개의 세포중 하나만이 배 세포로 성장해 가는 데 반하여 두 번째 실험에 있어서는 규모가 약간 작은 한 쌍둥이의 세포가 성장해가는 식으로 다르게 나왔다. 이런 차이로부터 그가 내릴 수 있는 결론은「발달은 하나의 청사진이 아니라 일종의 회화라」는 것이었다. 즉, 첫 번째 경우에는 죽은 세포의 세포막이 살아있는 세포에 접합됨으로써 그 세포에 여러 가지 발달에 필요한 신호를 보낼 수 있게 되었는데 반하여, 두 번째 경우에 있어서는 그렇지가 못하게 된 사실로 미루어 보아서, 세포의 발달절차는 세포간의 신호교환에 의존하고 있으며, 세포주변의 환경이 이 작업에 큰 영향을 주게 된다는 것을 알 수 있었다(p.310).

이런 사실 중 그가 두 번째로 제시하고 있는 것은 일본 메추라기의 생식선의 성적 구분이 일어나기 이전의 수컷과 암컷의 배들 간의 세포이식에 관한 연구이었다. 최근에 Gahr가 연구한 바에 의할 것 같으면 수컷의 두뇌를 암컷의 몸에 집에 넣는 일이나 아니면 그와는 정반대의 일등이 생식 호르몬의 방출의 발달 유형에는 아무런 영향을 주지 않고 있었다. 다시 말해서 그는 두뇌내의 스테로이드 처리 기구는 생식선의 성적 구분과 완전히 독립적으로 작동될 수 있다는 사실을 밝혀낸 것인데, 이것은 곧 세포가 언제 스테로이드 호르몬의 신호를 받느냐에 따라서 그것의 발달의 양태가 크게 달라진다는 것을 의미하는 것이었다. 이런 연구를 통해서 결국에는 주의와 정서, 지각, 행위 등의 체계들이 개입되는 복합적 행동회로의 형성 작업은 으레 결정적인 시기에 조직적으로 이루어진다는 것을 알 수 있었다(p.316).

이런 사실 중 그가 세 번째로 제시하고 있는 것은 포유동물의 두 눈으로부터의 시각적 정보가 일차 시각피질의 발달에 미치는 영향에 대한 연구이었다. 각 눈의 시각세포는 시상에 투사되어 있는데 각 시상은 기본적으로 한쪽 눈으로부터의 정보만을 중계할 수 있게 되어있다. 그리고 시상세포는 후두엽에 있는 시각피질 세포와 축색으로 연결되어 있으니까 시각피질 세포도 결국에는 한쪽 눈으로부터의 이 정보만을 받아들일 수가 있다. 그런데 이런 일차적 시각피질 세포들은 곧바로 연접절차에 의해서 이차적 세포집단을 형성하면서 두 눈으로부터의 정보를 다 수령할 수 있게 된다. 다시 말해서 두 눈으로부터의 정보는 후두엽에 있는 일차 시각피질의 제4층에서 처음으로 하나로 합쳐지게 되어 있는 것이다.

일차시각피질에 있어서의 이런 현상은 일반적으로 시각적 지배 종렬이 형성되는 현상이라고 불리고 있는데, 그동안의 열러 연구로 생후의 시각적 경험에 의해서 지배종렬의 유형이 달라지게 된다는 사실이 분명하게 드러났다. 예컨대 포유동물이 처음으로 시각작용이 시작된 후 일정하게 정해진 기간이내에 두 눈으로부터 균형 잡힌 입력을 공급받지 못하게 되면 이 종렬은 정상적으로 발달되지 못하는 것이었다. 특히 이런 기간 이후의 시각적 경험은 이 종렬의 형성에 아무런 영향을 주지 않는다는 사실은 이 기간 이후에는 시각적 신경회로가 유연성을 잃고서 고정되어 버린다는 의미이었다.

이상과 같은 사실을 통해서 그가 강조하고자 하는 바는 바로「어떤 시기에 있어서의 국부적 세포의 특성이나 세포상호간의 정보교환의 양태상의 작은 변이가 전체적으로 연결되어 있는 신경회로의 기능에 중요한 영향을 미치게 된다.」는 점이었다. 이런 견해는「원리의 증거」라는 연결주의의 인지모형관과 유사한 것이었다. 그가 이 논문에서 내린 결론은 결국 그동안에 밝혀진 여러 가지 생물학적 사실들은 왜 이제는 새로운 인지적 발달이론이 나와야 하는가를 인식시키기에 부족함이 없는데, 그 이론은

「결정적인 시기의 외부적 사건과 경험이 신호송부의 차원에 있어서의 세포간의 상호교섭의 양태를 바꾸게 되고, 또한 그런 상호교섭에는 통계적 특징이 있다는」 사실을 제대로 설명할 수 있는 것이어야 한다는 것이었다 (p.327).

2) 난독증 유전자에 대한 논쟁

앞으로는 신경유전학적 연구가 진화론과 인지이론의 발달을 이끌어갈 것이라는 주장을 펴는 데 있어서 그동안의 언어장애증과 관련된 연구를 그것의 근거로 내세우고 있다는 점에 있어서 Balaban의 논문과 비슷한 성격의 것으로 볼 수 있는 것이 바로 Ramus(2006)의 「유전자와 두뇌, 인지 : 인지과학자를 위한 안내도(Genes, brain, and cognition : A roadmap for the cognitive scientist)」이다. 여기에서는 특히 모듈성이나 내재성과 같이 최근에 와서 언어와 뇌의 관계에 대한 연구의 가장 근본적인 과제로 떠오른 주제에 대해서 지금의 유전학적 입장을 밝히고 있다.

이 논문에서 집중적으로 검토되고 있는 것은 지금까지의 난독증에 대한 연구의 역사와 현황이다. 지난 30년에 걸친 연구를 통해서 연구자들은 난독증은 대부분이 음운적 능력상의 결함에서 비롯되며, 이런 결함에는 으레 유전적 요소가 포함되어있다는 사실을 알게 되었다. 이런 연구의 효시는 1970년대에 있었던 Galaburda와 그의 동료들에 의한 네 명의 환자들에 대한 해부학적 연구로서, 이것에서 난독증은 하나의 우연한 증상이 아니라 전통적으로 언어영역으로 알려져 있는 좌반구의 실비우스 영역에 있어서 신경이동의 이상에서 오는 증상이라는 사실이 밝혀졌다. 그 후 일부 사람들은 여러 가지 두뇌 영상법을 사용해서 이런 사실의 타당성을 확인할 수 있었고, 그 결과 그것은 신경이동의 가설이라는 이름으로 불리게 되었다.

최근에 이르러서는 그런데 Grigorenko를 위시한 여러 유전학자들에 의해서 난독증과 관련된 유전자 연쇄군에 대한 연구가 연속적으로 이루어지게 되었고, 그 결과 이 질병과 관련된 유전자의 자리는 15q21상의 DYX1C1과 6p22상의 KIAA0319, 6p22근처의 DCDC2, 3p12상의 ROBO1등의 네 곳이라는 사실까지 밝혀지게 되었다. 그렇지만 그가 보기에는 그동안의 연구들 중에는 안타깝게도 이런 자리에서의 유전자의 변이와 난독증간에는 직접적인 관계가 있다는 것을 분명하게 드러내주고 있는 것은 하나도 없었다. 다시 말하자면 그의 생각으로는 지금까지의 난독증에 대한 연구는 다음과 같은 네 가지의 다분히 부정적이거나 아니면 회의적인 사실만을 알게 했을 따름이었다.

그중 첫 번째 것은 이상과 같은 「난독증 유전자들」은 실제에 있어서는 읽기 능력이나 기타의 언어능력과 직접적으로 관련된 유전자가 아니라는 사실이었다. 우선 이들은 두뇌 이외의 다른 기관에서도 발견될 수 있었으며, 따라서 이들은 신경이동 이외의 기능을 하고 있었음이 분명했다. 그중 두 번째 것은 이상과 같은 「난독증 유전자들」 중 어느 것도 음운적 능력과 관련된 영역에서만 발견되지는 않았다는 사실이었다. 이들은 일반적인 신경이동 유전자들로서, 이들은 신경이동이 필요한 곳이라면 어디서라도 그 일을 돕고 있는 것이다. 현재까지 발견된 이런 성격의 유전자의 수만 해도 349개나 되었다. 이런 사실로 미루어 보아서 난독증에는 으레 신경이동 유전자뿐만 아니라 이것과 상호 교섭하는 다른 유전자들도 개입되어 있을 것이라고 추리할 수가 있었다.

그중 세 번째 것은 난독증 유전자에는 지금까지 발견된 네 가지만 있는 것이 아니라는 사실이었다. 그가 보기에는 그런 유전자에는 최소한 세 가지가 더 있는 것이 분명한데, 그 근거로는 두 가지 사실을 들 수가 있다. 그중 첫 번째 것은 실독증은 여러 종류로 세분될 수 있을 만큼 이형적인 증상이라는 것이었다. 그중 두 번째 것은 단 한 가지 원인에 의해서 난독증이 생기게 되는 경우는 대단히 드물다는 것이었다. 난독증의 원인이 되는 유전자가 한 가지가 아니라 여러 가지라는 의미에서는 일찍이 Pennington이 제안했던 복합적 결함모형이 타당한 모형이었다.

그중 네 번째 것은 난독증 유전자의 발견에 관한 연구를 제외하고는 이상의 사실들과 관련된 많은 실험들이 인간 아닌 동물을 대상으로 한 것이기에, 앞으로는 더 많은 언어장애증이나 기타 인지적 장애증에 대한 연구가 인간을 대상으로 해서 이루어져야 한다는 사실이었다. 물론 난독증 유전자의 발견이 갖는 의미는 대단히 큰 것이었다. 그렇지만 앞으로는 난독증 환자와 정상인을 대상으로 한 연구를 통해서 이들 외에 어떤 유전자들이 좌반구의 실비우스 영역에서의 신경조직의 변이 절차에 개입되게 되는지가 밝혀져야만 했다.

난독증 유전자에 관한 연구의 현황을 이렇게 정리해 놓고 보면, 어느 특정한 두뇌영역에 있어서의 신경연결의 현상은 아주 복잡한 원인통로에서 수많은 유전자들이 상호교섭적으로 작용을 하게 되는 대단히 복잡한 현상이라는 것이 확실하다는 것이 그가 내린 결론이었다. 그는 지금의 난독증 유전자에 관한 연구의 현황으로 보았을 때 최근에 와서 진화론이나 뇌과학적 연구의 기본 과제가 되고 있는 모듈성이나 내제성의 문제도 이제는 마땅히 재검토가 되어야 한다고 생각한다. 예컨대 그는 「이제는 내제성이라는 말은 너무나 막연한 말이어서 지금의 과학적 시대에 있어서는 유용하게 쓰일 수 없게 되었다.」나, 「영역 특수성에 대한 토의는 결국 영역의 개념을 얼마나 엄격하게 정의 하느냐의 문제로 귀결 될 수밖에 없다」와 같은 말을 하고 있다(p.259).

(2) 인지력 기반의 진화이론

인간의 진화가 그의 특이한 인지력의 발달을 기반으로 해서 이루어졌다는 생각을 제일 먼저 가졌던 사람은 바로 Darwin이었다. 그는 두뇌의 발달에 힘입어 그의 인지력과 언어력이 순환적이면서도 상승적으로 발달한 과정이 인간의 진화과정이라고 보았다. 그러니까 그의 진화론은 인지력 기반의 이론이라고 해도 크게 잘못된 것이 아닌 것이다. 그런데 1980년대에 이르러서는 Dinwall(1988)이 Darwin의 이런 발상법을 좀 더 체계화시킨 진화론을 제안하기도 하였다. 「3단계 변환이론」이라고 이름 붙일 수 있는 그의 언어기원설에 따르자면 인간의 언어는 크게 두뇌에 단일적 내지는 복합적 개념들을 다룰 수 있는 인지력이 생기게 되는 제1단계와 추상적인 개념체계를 똑같이 추상적인 언어체계로 기호화하게 되는 제2단계, 언어체계에 신호적 방편이 생기게 되는 제3단계 등의 순서로 발달되었다는 것이다.

그런데 최근에 Amati와 Shallice(2007)가 「현대인의 출현에 대해서(On the emergence of modern humans)」라는 논문에서 「h-능력설」로 명명할 수 있는 일종의 최신형 인지력 기반의 진화이론을 제안하였다. 먼저 이들은 그동안에 여러 고생물학자나 인류학자들에 의해서 밝혀진 인간의 진화과정에 관한 사실들을 종합해보았을 때 인과가 일반적으로 「호모 사피엔스(Homo sapiens)」로 불리는 현대인으로 진화한 것은 구석기시대의 중기부터 후기에 이르는 사이였는데, 현대인의 특징은 두뇌의 크기를 포함한 몇 가지 신체적인 특이성을 가지고 있는 점 이외에 다음과 같은 열 가지의 「h-능력」을 갖고 있다는 점이라는 것을 알 수 있다고 보았다. 1) 언어, 2) 도구, 3) 기호와 신호, 기타 이체 동형적 표현체, 4) 동적인 개념, 5) 심미감, 6) 고차원 표현체, 7) 연산적 능력, 8) 범주화와 조직, 9) 마음의 이론, 10) 예견적 계획 그런데 이들이 보기에는 이상과 같은 열 가지 「h-능력」은 결국 추상적 투사력이라는 하나의 능력으로 수렴될 수가 있으며, 따라서 현대인의 진화과정을 밝힌다는 것은 어떻게 이 추상적 투사력을 그가 갖게 되었는가를 밝히는 것이었다. 이들은 우선 연산적 처리절차에는 그것의 복잡성에 따라서 제1형과 제2형, 제3형 등의 세 가지로 나뉘어 질수가 있는데, 바로 제3형의 처리절차를 수행할 수 있는 능력이 곧 추상적 투사력이라고 보았다. 이들의 설명에 따르자면 기본적인 인지절차에는 일정한 모듈에서 관례적인 행동이나 사고에 필요한 인지작업을 수행하게 되는 「r-절차」와 일종의 감독적 내지는 하향적인 방법으로 여러 가지 「r-절차」들을 비 관례적인 틀로 묶어내게 되는 「s-절차」의 두 가지가 있는데, 관련된 「r-절차」와 함께 하나나 그 이상의 비연결적 「s-절차」를 수행하는 것이 바로 제1형의 연산적 처리절차였다.

그리고 제2형의 연산적 처리절차란 제1형의 절차에 전망적 기억절차가 추가되는 절차이었다. 간단히 말하자면 이것은 하나의 「s-절차」를 통해서 얻어진 결과를 일단 기억부에 저장해 두었다가 그 후에 다른 자극이 있게 되면서 재활성화시키는 절차로서, 이로써 인간은 그의 목적이나 의도에 따라서 보다 적절한 시기에 아직 진행 중이던 「s-절차」를 완성시킬 수도 있으며, 비관례적 절차들을 오랜 기간에 걸쳐서 하나의 큰 조직체로 조직할 수도 있게 되었던 것이다. 이 절차에 의해서 인간의 「s-절차」들은 개방적인 것으로 바뀌게 된 것이다.

마지막으로 제3형의 연산적 처리절차란 이른바 「빗장걸기(latching)」라는 고차원적인 방법에 의해서 일련의 「s-절차」들을 연속적으로 연결시켜가는 절차이었다. 다시 말하자면 「빗장걸기」에 의해서 인간은 비관례적인 조작들을 지속적이면서도 다수준적으로 할 수 있게 된 것인데, 결국에 그래서 그는 문제풀기와 연역 내지는 귀납과 같은 추상적인 사고를 막힘없이 할 수 있게 된 것이다. 이런 연산적 처리절차는 우선 언어를 사용할 때 쓰인다. 그러나 이것은 그림 그리기나 게임놀이의 연장 고안과 같은 비언어적 영역에 있어도 똑같이 쓰인다.

이들이 이 논문에서 마지막으로 시도하고 있는 것은 지금까지의 신경과학에서의 연구결과들을 근거로 해서 이런 세 가지 형식의 연산적 처리절차들의 두뇌적 기저를 밝히는 것이다. 먼저 제1형의 기본요소인 「s-절차」는 고등 포유류들이 사용하는 것인데, 전두엽의 피질의 측배부가 이것을 전담하는 부위인 것으로 밝혀졌다. 이 절차는 저수준의 구조들을 책략적이고 하향적으로 조작하는 절차인데, 특히 인간에 있어서는 이 일에 있어서 우반구의 영역보다는 좌반구의 이 영역이 훨씬 더 중요한 역할을 하게 된다는 사실이 밝혀졌다. 또한 최근의 연구로 이 영역은 제3형의 핵심부인 새로운 책략의 산출작업에도 개입되는 영역이라는 사실이 밝혀졌다.

그 다음으로 제2형의 핵심요소인 전망적 기억 절차와 관련된 체계는 보다 제한된 종류의 동물에게만 있는 것으로 알려졌다. 그동안의 연구로 이 체계를 관장하는 곳은 전두엽의 측면부의 말단 부위인, 이른바 「브로드만(Brodmann) 제10영역」인 것으로 밝혀졌다. 예컨대 이 영역에 손상을 입은 환자들은 장기적 계획 작업을 수행하지 못했고, 의도를 설정하거나 실현하는 일도 하지 못했다. 또한 최근에 있었던 영상법적인 연구로 미래에 「s-절차」를 유발시키게 될 전망적 기억작용이 실제로 있게 되면 바로 이 영역이 활성화 된다는 사실도 밝혀졌다(p.374).

세 번째로 제3형의 핵심요소인 「빗장걸기」의 절차는 오랜 기간에 걸친 인과의 진화 과정에 의해서 태어나게 된 호모 사피엔스의 두뇌에 일종의 국면변환의 현상이 있게 되면서 생겨나게 된 것으로 밝혀졌다. 국면변환의 현상이란 간단히 말해서 제2형의 연산적 절차를 수행할 수 있던 두뇌의 구조나 조직자체에 어떤 질적인 변화가 일어나는 것이 아니라 연접의 수의 증가와 함께 신경회로의 연결성이 그전보다 훨씬 더 복잡해지는 현상을 말하는 것인데, 이것의 제일 큰 특징은 이런 변화가 아주 짧은 기간 내에 이루어 졌다는 점이었다.

최근에는 Treves(2005)가 컴퓨터 시뮬레이션 법에 의해서 신경세포간의 연결의 수가 증가되면서 이른바「유인자 신경망」이 구축되게 된다는 사실을 밝혀냄으로써「빗장걸기」의 절차의 진화과정에 대한 이런 추리가 타당성이 있는 것이라는 것을 실증하기에 이르렀다. 그의 설명에 따르자면 신경세포의 연결의 수가 늘어나게 되면 우선 상이한 입력에 대한 상이한 자극유형의 수, 즉 유인자의 수가 많아지게 되는데, 바로 이런 연결성이 하나의「결정적인 가치」를 지니게 되는 순간에「빗장걸기」의 절차가 생겨나게 된다는 것이었다. 다시 말해서 하나의 지극유형이 쇠퇴하게 되면 바로 그 다음의 새로운 자극유형이 생겨나게 되는 식의 변화가 반복되다가 신경세포간의 연결성이 제3형의 연산절차를 탄생시키는 결정적인 가치를 발휘하게 된다는 것이었다.

이들은 결론부에서 이 논문에서 자기네들이 내세우고 있는 바를 첫 번째로 인간의 출현은 추상적 투사력이라는 새로운 인지적 능력의 발달에 의존하고 있는데, 두 번째로 이 능력은「빗장걸기」라는 이름의 질적으로 새로운 두뇌의 연산능력의 발달에 의존하고 있으며, 세 번째로 이런 진화적 발달은 전두엽 앞부분의 피질의 어느 특수부분에서의 처리능력의 발달에 의존하고 있고, 네 번째로 어느 특수 연결성에 있어서의 신경적 매개변수의 계속적인 증가로「빗장걸기」의 능력이 생기게 되는 국면변환의 현상이 일어나게 되었으며, 다섯 번째로 연결성의 변화는 사회화와 육아와 같은 후성설적 영향의 대상이 된다는 등의 다섯 가지로 요약 하였다. 쉽게 말해서 이것이 바로 이들이 내세우는「h-능력설」인 셈이다.

그리고 이들은 마지막으로 자기네들의 「h-능력설」은 최근에 제안된 여러 가지의 진화이론들과 잘 조화를 이루고 있는 것이라는 점을 강조하기도 했다. 첫 번째로 일부 진화론자들은 언어를 인간의 인지능력의 발달에 결정적인 영향을 준 것으로 보고 있는데, 이들은 이런 견해와 자기네 이론은 절대로 상치되지 않는다고 보았다. 그 다음으로 Sperber같은 사람은 인간에게 언어가 생기게 된 것은 그전에 고차원적인 표현체를 생산 할 수 있는 능력이 있었기 때문이라고 주장하기도 하였는데, 이들이 보기에는 이런 생각도 자기네 이론으로 충분히 설명이 가능한 것이었다.

세 번째로 Stanovich와 West는 지능에는 「A형」과 「B형」의 두 가지가 있는데, 인간의 출현은 「B형」의 발달로 가능 할 수 있었다는 이론을 내세우고 있는데, 이들이 보기에는 제3형의 연산적 절차가 바로 「B형」의 지능에 해당하는 것이었다. 네 번째로 Houser등은 최근에 인간에게는 같은 규칙을 몇 번이고 되풀이해서 적용시킬 수 있는 순환성의 능력이 생기게 되면서 언어를 포함한 인간 특유의 인지적 능력이 생기게 되었다고 주장하고 나섰는데, 이들이 보기에는 이런 능력은 자기네의 제3형의 연산적 능력에 해당하는 것이었다. 다섯 번째로 최근에 Semendeferi등은 인간의 출현은 전두엽 말단부의 피질의 발달에서 비롯되었다고 주장하고 나섰는데, 이들이 보기에는 이런 생각은 자기네 이론에도 이미 포함되어 있는 것이었다(pp.379~380).

참고문헌

Albert, M., Goodglass, T., Helm, N., Rubems, A. and Alexander, M. 1981. Clinical Aspects of dysphasia. N.Y.: Springer.

Amati, D. and Shallice, T. 2007. On the emergence of modern humans. Cognition Vol. 103, No. 3.

Anaki, D., Faust, M. and Kravetz, S. 1998. Cerebral hemispheric asymmetries in processing lexical metaphors Neuropsychologia 36.

Anderson, A. 2006. Psyeholinguistics: overview. In Brown, K.(ed), Encyclopedia of language and linguistics. Vol. 10. N.Y.: Elsevier.

Angevine, J. 2002. Nervous System, Organization of. In Ramachandran, V.(ed). Encyclopedia of Human Brain. Vol. 3. N.Y.: Academic Press.

Aram, D., Ekelman, B., Rose, R. and Whitaker, H. 1985. Verbal and Cognitive sequelae following unilateral lesions acquired in early childhood. Journal of Clinical and Experimental Neuropsychology 7.

Avrutin, S. 2000. Comprehension of D-Linked and non-D-Linked wh-question by children and Broca's aphasics. In Grodginsky, Y., Shapiro, L. and Swinney, D.(eds). Language and the Brain. N.Y.: Academic Press.

Baddeley, A. 1990. Human memory: theory and Practical. Boston: Allyn and Bacon.

Baker, E., Blumstein, S. and Goodglass, H. 1981. Interaction between Phonological and semantic factors in auditory comprehension. Neuropsychologia. Vol. 19.

Balaban, E. 2006. Cognitive developmental biology: History, process and fortunes wheel. Cognition Vol. 101, No. 2.

Baldwin, J. 1985. Consciousness and evolution. science No. 2.

Balvelier, D. and Neville, H. 2002. Neuroplasticity, Developnental, In Ramachandran, V.(ed). Encyclopedia of Human Brain Vol. 3, No. 3: Academic Press.

Bayles, K. 1979. Language and the Brain. In Akmajian, A., Demers, R. and

Hosnish, R. Lingustics. Cambridge, MASS. The MIT Press.

Benowitz, L., Bear, D., Mesulam, M., Rosenthal, R., Zaidel, E. and Sperry, R. 1984. Contributions of the right cerebral hemisphere in perceiving paralinguistic cues of emotion. In Vaine, L. and Hintikka, J. (eds). Cognitive constraints on communication. Dordrecht: D. Reidel Publishing Co.

Benson, D. 1979. Aphasia, agexia and agraphia. N.Y. and Edinburgh: Churchill-Livingstone.

Bever, T. 1970. The cognitive basis for linguistic structures. In Hayes, F.(ed). Encyclopedia of language and lingusties, Vol. 11. N.Y.: Elsevier.

_____. 1970. The integrated study of language behavior. In Morton, J.(ed) Biological and social factors in psycholinguistics. Urbana : Univ. of Illionois press.

Bickerton, D. 1981. Roots of language. Ann Arbor, Mich.

_____. 1990. Language and Species. Chicago: Univ. of Chicago Press.

Blackburn, S. 2002. Meet the Flintstones. The New Republic, Nov. 25.

Blumstein, S. 1973. A phonological investigation of aphasic speech. The Hague: Mouton.

Brain, R. 1968. The Neurology of language In Old field, R. and Marshall, J. (eds), Language. England : Penguin Books Ltd.

Bresnan, J. 1968. The Passive in lexical theory. Occasional paper 7. Cambridge, MA: MIT center for the Cognitive Sciences.

Brown, F. 1980. Brain Structure and language production: a dynamic view. In Caplan, D.(ed). Biological studies of mental processes: Cambridge, MASS: MIT Press.

_____. 1982. Hierarchy and evolution in neurolingiuistics. In Arbil, N., Caplan, D. and Marshall, J.(eds). Neural models of lanaguage processes. N.Y.: Academic Press.

Brownell, H., Porter, H., Bihrle, A. and Gardner, H. 1986. Inference deficits in right brain-damaged patients. Brain and Language 27.

Burgess, C. and Simpson, G. 1988. Cerebral hemispheric mechanisms in the retrieval of ambiguous word meanings. Brain and Language, 33.

Butterworth, B. 1979. Hesitation and the production of verbal paraphasias and neologisms in jargon aphasia. Brain and language Vol. 8.

Byng, S. and Coltheart, M. 1986. Aphasia therapy research: methodological reguirements and illustrative results. In Hielmquist, E. and Nilssen, L.(eds). Communication and handicap. Ansterdam: Elsevier.

Caplan, D. 1983. Syntactic competence in Agrammatism Lexical hypothesis. In Studdert-Kennedy(ed). Psychobiology of language. Cambridge, MASS: The MIT Press.

_____. 1988. The biological basis for language. In Newmeyer, F.(ed). Linguistics: The Cambridge Survey III. Cambridge: Cambridge Univ. Press.

_____ and Waters, G. 1999. Verbal working memory and sentence comprehension. Behavioral and Brain Sciences 22.

_____. 2002. Language, Neural basis of. In Ramachandran, V.(ed). Encyclopedia of the Human Brain Vol. 2. N.Y.: Academic Press.

_____. 2009. Language: cortical processes. In Squire, L.(ed). Encyclopedia of Neuroscience. Vol. 5. San Diago, CA: Academic Print.

Carlson, L. 1984. Focus and dialiogue games. In Vaine, L. and Hintikka, J.(eds). Cognitive constraints in communication. Dordrecht: D. Reidel Publishing Co.

Carston, R. 2002. Thoughts and Utterances. Oxford: Blackwell.

Chiarello, C. 2003. Parallel systems for processing language hemispheric complementarity in the normal brain. In Banich, M. and Mack, M.(eds). Mind, brain and language. N.J.: L. Erlbaum Asrociates.

_____, Burgess, C., Richards, L. and Polliok, A. 1990. Semantic and Associative priming in the cerebral hemispheres: some words do, some words don't... sometimes, some places. Brain and Language 34.

Chomsky, N. 1957. Syntactic structures. The Hague Mouton.

_____. 1965. Aspects of The Theory of syntax. Cambridge, MASS: The MIT Press.

_____. 1968. Language and mind. N.Y.: Harcourt Brace govanovich, Inc.

_____. 1975. Reflections on Language.: N.Y.: Pantheon Books.

_____. 1976. Conditions on rules of grammar. Linguisitc Analysis 2.
_____. 1980. Rules and Reoresentations. Oxford: Basil Blackwell.
_____. 1981. Lectures on government and binding. Dordrecht: Foris.
_____. 1982. The Generative Enterprise. Dordredcht: Foris. Publications.
_____. 2002. On Nature and Language. Cambridge: Cambridge Univ. Press.
_____. 2005. Language and the Brain. In Saleemi, A., Bohn, O. and Gjedde, A.(eds). In Search of a language for the mind-brain. Aarhus: Aarhus Univ. Press.
Clark, B. 2006. Linguistics as a Science. In Brown, K.(ed). Encyclopedia of Language and Linguistics. Vol. 7. N.Y.: Elsevier.
Clifton, C., Traxler, M. and Mohamed, M. 2003. The use of thematic Role information in parsing: syntactic processing autonomy revisited. Journal of memory and language Vol. 49.
Corballis, M. and Beale, I. 1976. The psychology of left and right. Hillsdale, N.J.: Erlbaum.
Coren, S. and Parac, C. 1977. Fighty centuries of Right handedness: the historical record, Science 298.
Crossen, B., Parker, F., Kim, A., Warren, R., Kepes, J. and Tully, R. 1986. A case of thelamic aphasia with postmortem verification. Brain and language 29.
Crystal, D. 1987. The Cambridge Encyclopedia of Language. Cambridge: Cambridge Univ. Press.
_____, Fletchor, P. and Garman, M. 1976. The grammatical analysis of language disablility. London: Arnold.
Damasio, A. 1994. Descartes', Error: Emotion, reason and the human brain. N.Y.: Gosset Putnam.
_____ and Damasio, H. 1992. Brain and language. Scientific American, Sept.
_____, Damasio, W., Rizzo, M., Varney, N. and Gersh, F. 1982. Aphasia with non hemorrhagic lesions in the basal ganglia and interal capsule. Archives of Neurology 39.

Darley, F. 1968. Apraxia of speech: 107 years of terminological confusion. Paper presented to ASHA convention.

Darwin, C. 1871/1981. Descent of man and selection in relation to Sex.(Facsimile). Princeton: Princeton Univ. Press.

_____. 1872. The Expression of the emotions in man and animals. Appleton, London 1965.

Deacon, T. 1997. The symbolic species: the co-evolution of language and brain. N.Y.: Norton.

Dennis, M. 1983. Syntax in brain- injured children. In Studdert-Kennedy, M.(ed). Psychobiology of Language. Cambridge, MASS: The MIT Press.

Dingwall, W. 1988. The evolution of human communicative behavior. In Newmeyer, F.(ed). Linguistics: The Cambridge Survey III. Cambridge: Cambridge Univ Press.

Donald, M. 1991. Origin of modern mind: three stages in the evolution of culture and cognition. Cambridge, MA: Harvard Univ. Press.

_____. 1998. Mimesis and the executive suite: missing links in language evolution. In Hurford, J., Studdert- Kennedy, M. and Knight, C.(eds). Approaches to the evolution of language. Cambridge: Cambridge Univ. Press.

Dosenbach, N. and Petersen, S. 2009. Attentional networks. In Squirse, L.(ed). Encyclopedia of Neuroscience. Vol. 1. N.Y. Academic Press.

Dronkere, N. and Berndt, R. 2003. Aphasia: Overview. In Frawley, W.(ed). International Encyclopedia of Linguistics Vol. 1. Oxford: Oxford Univ.

Eling, P. 2006. Language disorders: 20th-century studies. Pre −1980. In Brown, K.(ed). Encyclopedia of language and lingustics. 6. N.Y. Elsevier.

Elman, J., Bates, E., Johnson, M., Karmiloff-Smith, A., Parisi, D. and Plunkett, K. 1996. Rethinking innateness. Cambridge, MA: MIT Press.

Enrad, W., Przeworski, M., Fisher, S., Lai, C., Wiebe, V., Kitano, T., Monaco, A. and Paabo, S. 2002. Molecular evolution of FoxP2, a gene involved in speech and language. Nature. Vol. 418.

Fauconnier, G. and Turner, M. 2002. The way We think, N.Y.: Basic Books.

Faust, M., Babkoff, H. and Kravetz, S. 1995. Linguistic processes in the two cerebral hemispheres: implications for modularity versas interactionsm Journal of clinical and Experimental neuropsychology, 17.

Faust, M. and Chiarello, C. 1998. Sentence context and lexical ambiguity solution by the two hemispheres. Neuropsychologia, 36.

Fodor, F. 1983. The modularity of mind. Cambridge, MA: The MIT Press.

_____. 1987. Psychosemantics. Cambridge, MA: The MIT Press.

_____ and Pylyshyn, Z. 1988. Connectionism and Cognitive Architecture: A critical analysis: Cognition. Vol. 28.

Fraders, A. and Kopelman, M. 2009. Memory disorders. In Squire, R.(ed) Encyclopedia of Neuroscience. Vol. 5. N.Y.: Academic Press.

Frazier, L. 1979. On Comprehending Sentences: Syntactic Parsing strategies. West Bend.: Indiana Univ. Linguistic Club.

Fromkin, V. and Rodman, R. 1978. An introduction to language. N.Y.: Holt, Rinehart and Winston.

Galaburda, A. and Kemper, T. 1979. Cytoarchitectonic abnomalities in developmental dyslexia: A case study. Ann. Neural. 6.

Gardener, H. 1999. Are there additional intelligences? The case for naturalist, spiritual and existential intelligences. In Kane, J.(ed). Education, information. and transformation. Englewood Cliffs, N.Y.: Prentice Hall.

Garman, M. 1990. Psycholinguistics. Cambridge: Cambridge Univ. Press.

Garrett, B. 2003. Brain and Behavior. Wadsworth: Thomson Learning.

Gazzaniga, M. and Sperry, R. 1967. Language after section of the cerebral commisures. Brain. Vol. 90.

Geschwind, N. 1964. The Development of the Brain and the evolution of language. Monograph series on Language and linguistics. Georgetown Univ. Press.

_____. 1965. Disconnection in animals and Man. Brain 88.

_____ and Levitsky, W. 1968. Human brain: Lef-right asymmetries in temporal spheech region. Science 161.

_____. 1972. Language and Brain. Scientific American 226.

_____. 1975. The aparaxias: neural mechanisms of disorders of learned movement. American Science 63.

_____. 1979. Specialization of the human brain. Scientific American 241(9).

_____. 1983. Biological Foundations of language and hemispheric dominance. In Studdert-Kennedy, M.(ed). Psychobiology of language. Cambridge, MASS: The MIT Press.

Goodglass, H. 1976. Agrammatism. In Whitaker, H. and Whitaker, H.(eds). Studies in Neurolinguistics. Vol. 1. N.Y.: Academic Press.

_____ and Kaplan, E. 1983. The assessment of aphasia and related disorders. Philadelphia: Lea & Febiger.

Harlow, S. 2010. Transformational grammar: evolution. In Brown, K.(ed). Concise encyclopedia of philosophy of language and linguistics. N.Y.: Elsevier.

Hartsuiker, R., Kolk, H. and Huinck, P. 1999. Agrammatic Production of Subject-Verb agreement: the effect of conceptual number. Brain and Language 69.

Hauser, M. 1996. The Evolution of Communication. Cambridge, MA: The MIT Press.

_____, Chomsky, N. and Fitch, W. 2002. The Faculty of Language. What is it, who has it, Who has it. How did it evolve. Science. Vol. 298.

Head, H. 1926. Aphasia and Kindred disordess of Speech, Cambirdge.

Hebb, D. 1949. The Organization of Behavior, N.Y.: Wiley.

Heeschen, C. 1985. Agrammatism versus paragrammatism, a fictitious opposition. In Kean, M. (ed). Agrammatism. Orlando, Fla: Academic Press.

Heidegger, M. 1971. Erlauterungen zu Holderlins Dichtung. Frankfurt am Main.

Indefrey, P., Brown, C., Hellwig, F., Amunts, K., Herzog, H., Seitz, R. and Hagoort, P. 2001. A neural correlate of syntactic encoding during speech production. Proceedings of the National Academy of Sciences of U.S.A 98.

Ivry, R. and Lebby, P. 1998. The neurology of consonant perception:

specialiyed module or distributed processors. In Beeman, C. and Chiarello, C.(eds). Right hemisiphere language comprehension: perspectives from cognitive neuroscience. N.Y.: L. Erlbaum Associates.

Ivry, R. and Rolertson, L. 1998. The Two sides of perception. Cambridge: MIT Press.

Jackendoff, R. 1972. Semantic interpretation in generative grammar. Cambridge, MA: The MIT Press.

_____. 1978. Grammar as evidence for conceptual structure. In Halle, M., Bresnan, F. and Miller, G.(eds). Lingustic Theory and Psychological Reality. Cambridge, MA: The MIT Press.

_____. 1994. Patterns in the mind: language and human nature N.Y.: Basic Books.

_____. 2002. Foundations of Language. Oxford: Oxford Univ. Press.

Jackson, C. 1988. Lingustics and speech-language pathology. In Newmeyer, F.(ed). Linguistics: The Cambridge Survey III. Cambridge: Cambridge Univ. Press.

Jakobson, R. 1941. Kindersprache, Aphasia and Allgemeine Lautgesetze. Uppsala. Keiler, A. 1968.(trans). Child language, Aphasia and Phonological Universals. The Hague: Mouton.

_____. 1971. Studies on Child language and aphasia The hague: Mouton.

_____. 1974. Form and Sinn. Munich.

_____ and Lubbe-Grothues, G. 1984. Two Types of discourse in Holderlin's madness. In Vaina, L. and Hintikka, J.(eds). Cognitive constraints on communication. Dordrecht, D. Reidel Publishing Co.

_____. 1987. Language in literatare. Cambridge, MASS: Harvard Univ. Press.

Jaspers, K. 1926. Strindberg and Van Gogh. Berlin.

Jenkins, J., Jimenez-pabon, E., Shaw, R. and Sefer, G. 1975. Schuell's aphasia in adults. Hagerstown, Md: Haper & Row.

Johnson, M. 2007. The meaning of the body: aesthetics of human understanding. Chicago: Univ of Chicago Press.

Jonides, J., Wager, T. and Badre, D. 2002. Memory. Neuroimaging. In

Ramachandran, V.(ed). Encyclipedia of the Human Brain. Vol. 2. N.Y.: Academic Press.

Kaplan, E., Gallagher, R. and Glosser, G. 1998. Aphasia-related disorders. In Sarno, M.(ed). Acquired aphasia San Diago: Academic Press.

Kazdin, A.(ed). 2000. Encyclopedia of Psychology. Vol. 2. Oxford: Oxford Univ. Press.

Kean, M. 1977. The linguistic interpretation of aphasic syndromes: agrammatism in Broca's aphasia, an example. Cognition. Vol. 5.

_____. 1979. Agrammatism: A phonological deficit? Cognition 7.

_____. 1981. Grammatical representations and the description of linguistic processing. In Caplan, D.(ed). Biological studies of Mental Processes. Cambridge, MA: The MIT Press.

Kertesz, A. 1979. Aphasia and associated disorders. N.Y.: Grune and Stratton.

Kimuna, D. 1966. Dual Functional Asymmetry of the brain in visual perception. Neuropsychologia, 4.

_____. 1973. The asymmetry of the human brain. Scientific American, March.

Kolk, H. 2001. Does agrammatic speech constitute a regression to child language? A three-way comparison between agrammatic, child and normal ellipsis. Brain and language 77.

_____. 2006. Agrammatism I: Process Approaches. In Brown, K.(ed). Encyclopedia of language and lingustics N.Y.: Elsevier. Vol. 1.

Kuhl, P. and Miller, J. 1978. Speech perception by the chinchilla: Idenitfication functions for synthetic VOT stimuli. Journal of Acoustic Society of America. 63.

Kuhn, T. 1970. The structure of scientific revolution. Chicago: Chicago Univ. Press.

Lai, C. et al. 2001. A novel forkhead-domain gene is mutated in a severe speech and language disorder. Nature. Vol. 413.

Lakoff, G. and Johnson, N. 1980. Metaphors We live by. Chicago: The Univ. of Chicago Press.

Lakoff, G. 1987. Women, fire and dangerous things: What categories reveal

about the mind. Chicago: Univ of Chicago Press.
Langacker, R. 2006. Cognitive grammar. In Brown, K.(ed). Encyclopedia of language and linguistics. Vol. 2. N.Y.: Elsevier.
LeDoux, J. 2009. Emotion Systems and the Brain. In Squire, L.(ed). Encyclopedia of Neuroscience. Vol. 3. N.Y.: Academic Press.
Lenneberg, E. 1964. A Biological perspective of language. In Lenneberg, E.(ed). New Directions in the study of Language. Cambridge, MASS: The MIT Press.
_____. 1966. The Natural History of Language. In Smith, H. and Miller, G.(eds). The Genesis of Language. Cambridge, MASS: The MIT Press.
_____. 1967. Biological Foundations of Language. N.Y.: John Wiley.
_____. 1968. Review of Speech and Brain Mechanism by W. Penfield and L. Roberts. In Oldfield, R. and marshall, J. (eds). Language. England: Penguin Books Ltd.
_____. 1973. The neurology of language. Daedelus 102.
Lesser, R. 1978. Linguistic investigations of aphasia. London: Arnold.
Levelt, W. 2003. Psycholinguistics: Overview. In Frawley, W.(ed). International Encyclopedia of Linguistics. Oxford: Oxford Univ. Press.
Lewontin, R. 1990. The Evolution of cognition. In Osherson, D. and Smith, E.(eds). An invitation to cognitive science. Vol. 3: Thinking. Cambridge, MA: The MIT Press.
Linchtheim, L. 1885. On Aphasia. Brain. 7.
Linebarger, M., Schwartz, M. and Saffran, E. 1983. Sensitivity to grammatical strycture in so-called agrammatic aphasiscs. Cognition. Vol. 13.
Luria, A. 1947. Traumatic aphasia. (English translation) The Hague: Mouton(1970).
_____. 1968. The Directive function of Speech in Development and dissolution, Part II. In Oldfield, R. and Marshall, J.(eds). Language. Penguin Books.
Luzzatti, C. and Whitaker, H. 2006. Acquired Impairments of written language. In Brown, K.(ed). Encyclopedia of language and linguistics. Vol. 1. N.Y.: Elsevier.

MacDonald, M., Perlmutter, N., and Seidenberg, M. 1994. Lexical nature of syntactic ambiguity resolution. Psychological Review. Vol. 101.
Marcus, G. and Fisher, S. 2003. FOXP2 in Focus: What can genes tell us about speech and language? Trends in Cognitive Science. Vol. 7.
Marshall, F. 1970. The Biology of Communication in man and animals. In Lyons, J.(ed). New Horizons in Linguistics. Middlesex, England: Penguin Books Ltd.
_____. 1977. Disorders in the expression of language. In Morton, J. and Marshall, J.(eds). Psycholinguistics: developmental and pathological. London: Elek.
_____ and Newcombe, F. 1980. The conceptual status of deep dyslexia and historical perspective. In Coltheart, M., Patterson, K. and Marshall, J.(eds). Deep dyslexia. London: Routledge & Kegan Paul.
Marslen-Wilson, W. and Welsh, A. 1978. Processing interactions and lexical access during word recognigion in continuous speech. Cognitive Psychology 10.
Martin, R., Newsome, M. and Vu, H. 2002. Language and Lexical Processing. In Ramachandran, V.(ed). Encyclopedia of the Human Brain. Vol. 2. N.Y.: Academic Press.
Mayes, A. 2002. Memory Disorders, Organic. In Ramachandran, V.(ed). Encyclopedia of the Human Brain. Vol. 3. N.Y.: Academic Press.
McClelland J. and Elman, J. 1986. The TRACE model of speech perception. Cognitive psychology. Vol. 18.
McGurk, H. and MacDonald, J. 1976. Hearing lips and seeing voice. Nature 264.
Miceli, G. ed al. 1983. Contrasting cases of Italian agrammatic aphasia without comprehension disorders.: Brain and Language, 19.
Milner, B., Branch, C. and Rasmussen, T. 1968. Observations on cerebral dominance. In Oldfield, R. and Marshall, J.(eds). Language. Penguin Books.
Mohr, J., Walters, W. and Duncan, G. 1975. Thalamic Hemorrhage and aphasia. Brain and Language. 2.

Mohr J. 1976. Broca's area and Broca's Aphasia. In Whitaker, H. and Whitaker, H.(eds). Studies in Neurolinguistics. Vol. 1. N.Y.: Academic Press.

Morton, J. 1969. Interaction of Information in word recognition. Psychological Review. Vol. 76.

_____. 1980. The Logogen model and orthographic structure. In Frith, U.(ed). Cognitive precesses in spelling. London: Academic Press.

Moscovitch, M. 1983. Stages of Processing and Hemisphric differens in language in the normal subject. In Studdert-Kennedy, M.(ed). Psychobiology of Language. Cambridge, MASS: The MIT Press.

Naeser, M. and Hayward, R. 1978. Lesion Localization in aphasia with cranial computed tomography and the B. D. A. E. Neurology 28.

Nespoulous, J. et al. 1988. Agrammism in sentence production without comprehension deficits: reduced availability of syntactic structures and 10r grammetical morphemes. Brain and Language. 33.

Nespoulous, J. 2003. Agrammatism. In Frawley, W.(ed). International Encyclopedia of Linguistics. Vol. 1. Oxford: Oxford Univ. Press.

Norris, D., McQueen, J. and Cutler, A. 2000. Merging information in speech recognition: Feedback is never necessary. Behavirol and Brain Sciences. Vol. 23.

Ojemann, G. 1976. Subcortial Language Mechanisms. In Whitaker, H. and Whitaker, H.(eds). Studies in neurolinguisticts. Vol. 1. N.Y.: Accdemic Press.

_____. 1983. Brain organization for language from the perspective of electrical stimulation mapping. Behaviorual and Brain Sciences 6.

Onnis, L., Chistiansen, M. and Chater, N. 2009. Connectionist Models of language processing. In Squire, E.(ed). Encyclopedia of Neuroscience. Vol. 3. N.Y.: Academic Press.

Penfield, W. and Rolerts, L. 1959. Speech and Brain Mechanism. Princeton: Princeton Univ. Press.

Pinker, S. 1984. Language Learnability and language development. Cambridge, MASS: Harvard Univ. Press.

_____. 1991. Rules of language. Science. Vol. 253. American Association for the advancement of Science.

_____. 1994. The language instinct: The New Science of language and mind. Penguin Books.

_____. 2002. The Blank Slate. N.Y.: Viking. 김한영(역) 2004. 빈 서판. 서울: 사이언스 북스.

Popper, K. 1972. The logic of scientific discovery. London: Hutchinson.

Pratt, N. and Whitaker, H. 2006. Aphasia syndromes. In Brown, K.(ed). Encyclopedia of Language and Linguistics. Vol. 1. N.Y. Elsevier.

Ramus, F. 2006. Genes, brain and cognition: A roadmap for the cognitive scientis. Cognition Vol. 101, No. 2.

Rizzolatti, G. and Arbib, M. 1998. Language within our grasp. Trends in Nurosciences. Vol. 21.

Roberts, M. and Summerfield, Q. 1981. Audiovisual presentation demonstrates that selective adaptation in speech perception is purely auditory. Percept and Psychophys 30.

Rochon, E., Saffran, F., Berndt, R. and Schwartz, M. 2000. Quantitative analysis of aphasic sentence production: further development and new data. Brain and language 72.

Rogers, T. 2009. Connectionist Models. In Squire, E.(ed). Encyclopedia of Neuroscience. Vol. 3. N.Y.: Academic Press.

Rumelhart, D. and McClelland, J. 1986. On Learning the past tense of English Verbes. In McClelland, D. and Rumelhart, D. and PDP Research Group.(eds). Parallel Distiributed Processing. Vol. 2. Cambridge, MA: MIT Press.

Rumelhart, D., McClelland J. and the PDP Research Group. 1986. Parallel Distributed processing: Explorations in the microstructure of cognition. Vol. 1: Foundations. Vol. 2. Psychological and Biological models. Cambridge, MA: MIT Press.

Russell, W. and Espir, M. 1961. Traumatic aphasia. Oxford: Oxford Univ. Press.

Sajda, P. 2002. Neural Networks. In Ramachandran, V.(ed). Encyclopedia of

Human Brain. Vol. 3. N.Y.: Academic Press.

Sanides, F. 1970. Functional Architecture of motor and sensory cortices in primates in the light of a new concept of neocortex evolution. In Nobock, C. and Montagna, W.(eds). Advances in Primatology. N.Y.: Appleton-Century-Crofts.

Schuell, H. 1950. Aphasia. Journal of speech disorder. Vol. 15.

_____ and Jenkins, J. 1959. The nature of language deficit in aphasia. Psychological Review. Vol. 66.

Sherman, S. 2009. Thalamic mechanisms in vision. In Squire, L.(ed). Encyclopedia of Neuroscience. Vol. 9. N.Y.: Academic Press.

Smith, N. 2010. Linguistics: Discipline of. In Brown, K.(ed). Concise encyclopedia of philosophy of language and linguisties. N.Y.: Elsevier.

Sternberg, R. and Kaufman, J. 2002. Intelligence. In Ramachandran, V.(ed). Encyclopedia of the Human Brain Vol. 2. N.Y.: Academic Press.

Studdert-Kennedy, M. 1983. Pereptual processing links to the motor system. In Studdert-Kennedy, M.(ed). Psychobiology of language. Cambridge, MASS: The MIT Press.

_____ and Shankweiler, D. 1970. Hemispheric specialization for speech perception. Journal of Acoustic Society of America. 48.

Szathmary, E. 2001. The Origin of the human language faculty: the language amoeba hypothesis. In Trabant, J. and Ward, S.(eds). New Essays on the origin of language. N.Y.: Mouton de Gruyter.

Taylor, J. 2009. Cognitive semantics. In Allan, K.(ed). Concise Encyclopedia of Semantics. N.Y.: Elsevier.

Treves, A. 2005. Frontal Latching networks: A possible neural basis for infinite recursion. Cognitive neuropsychology. Vol. 22.

Turkington, E. 1996. The Brain encyclopedia. N.Y.: Facts On File, Inc.

Van Dijk, T. 1984. Dialogue and cognition. In Vaine, L. and Hintkikka, J.(eds). Cognitive constraints on communication. Dordrecht: D. Reidel publishing Co.

Wada, J., Clarke, R. and Hamm, A. 1975. Cerebral hemispheric asymmetry in humans. Archives of Neurology. 32.

Wasow, T. 1977. Transformations and the lexicon. In Culicover, P., Wasow, T. and Akmajian, A.(eds). Formal Syntax. N.Y.: Academic Press.
Wexler, K. and Culicover, P. 1983. Formal Principles of Language Acquisition. Cambridge, MASS: The MIT Press.
Witelson, S. and Pallie, W. 1973. Left hemisphere specialization for language in the newborn: neuroanatomical evidence of asymmetry. Brain. 96.
Zaidel, E. 1983. On Multiple representations of the lexicon in the brain: The case of two hemispheres. In Studdert-Kennedy, M.(ed). Psychobiology of Language. Cambridge, MASS: The MIT Press.
_____. 1990. Language functions in the two hemispheres following comlplete cerebral commissurotomy and hemispherectomy. In Boller, F. and Grafman, J.(eds). Handbook of neuropsychology. Vol. 4. Amsterdam: Elsevier.
_____ and Blumstein, E. 1978. Language and Brain. In Halle, M., Bresnan J., and Miller, G.(eds). Linguistic Theory and Psychological reality. Cambridge, MASS: The MIT Press.